BARACK OBAMA

O historiador americano

Steven Sarson

BARACK OBAMA
O historiador americano

TRADUÇÃO
UBK Publishing House

© 2018, Steven Sarson
Copyright da tradução © 2020, Ubook Editora S.A.

Publicado mediante acordo com Bloomsbury Publishing Plc. Edição original do livro, *Barack Obama: American Historian*, publicada por Bloomsbury Publishing Plc.

Todos os direitos reservados. Nenhuma parte deste livro pode ser utilizada ou reproduzida sob quaisquer meios existentes sem autorização por escrito dos editores.

COPIDESQUE	Lohaine Vimercate e Bia Seilhe
REVISÃO	Larissa Oliveira e Gregory Oliveira Neres
CAPA	Adriana Brioso
ADAPTAÇÃO DE CAPA E PROJETO GRÁFICO	Bruno Santos
IMAGEM DE CAPA	Dennis Brack-Pool/ Getty Images.

President Barack Obama in the Oval Office, 4 August 2015.

Dados Internacionais de Catalogação na Publicação (CIP)
(Câmara Brasileira do Livro, SP, Brasil)

Sarson, Steven
 Barack Obama : o historiador americano / Steven Sarson; tradução UBK Publishing House. -- 1. ed. -- Rio de Janeiro: Ubook Editora, 2020.

 Título original: Barack Obama : american historian.
 Bibliografia.
 ISBN 978-85-9556-185-4

 1. Estados Unidos - História 2. Obama, Barack -Visões políticas e sociais 3. Opiniões políticas e sociais 4. Política e governo I. Título.

20-32450 CDD-973.932

Ubook Editora S.A
Av. das Américas, 500, Bloco 12, Salas 303/304,
Barra da Tijuca, Rio de Janeiro/RJ.
Cep.: 22.640-100
Tel.: (21) 3570-8150

Aos meus alunos.

AGRADECIMENTOS

Barack Obama acredita que uma união mais perfeita é um esforço coletivo; assim como, em uma escala menor, é escrever um livro. Portanto, devo um agradecimento especial. Primeiro, a todos na Bloomsbury, que ajudaram a fazer este livro acontecer, principalmente à editora de História Acadêmica Emma Goode, que não só foi imensamente útil a cada passo, mas também proporcionou que se alcançasse aquele perfeito equilíbrio de paciência e perseverança que os autores muitas vezes precisam. Agradeço também aos leitores acadêmicos da Bloomsbury por seus excelentes conselhos e precioso encorajamento — dois deles permanecem anônimos, mas é um grande prazer poder mencionar e agradecer a Frank Cogliano. Outros que contribuíram com conselhos valiosos em vários pontos sempre que eu os solicitava são Elaine Chalus, Sam Chambers, Jean-Daniel Collomb, Heather Dubnick, Jacqueline Fear-Segal, Alan Finlayson, Jean Kempf, Nathalie Morello, Pierre-Antoine Pellerin, Marie Plassart, Allan Potofsky, Marie-Jeanne Rossignol, Bertrand van Ruymbeke e Anne Verjus.

Um agradecimento extra vai para muitos dos citados anteriormente, por me ajudarem a me mudar para a França, onde uma nova liberdade acadêmica surgiu e me permitiu escrever este livro um pouco fora do normal. Agradeço também a todos os meus colegas da Universidade Jean Moulin em Lyon (novamente incluindo alguns dos já mencionados) por me contratarem e ajudarem a proporcionar um ambiente tão genuinamente acadêmico para pesquisar e ensinar. Agradecimentos muito especiais a Nathalie Morello, pois sem suas habilidades e sacrifícios a referida mudança nunca poderia ter acontecido.

Certamente este livro tem sido uma daquelas felizes ocasiões em que a pesquisa e o ensino se aproximam. Quando cheguei aqui, no outono de 2014, me pediram para dar um curso de mestrado em Educação, e fiquei encantado em aceitar. Então, ao me perguntarem o que eu poderia oferecer no âmbito prático a professores assistentes e seus alunos, de que maneira poderia combinar minha *expertise* em História Americana com conteúdos mais atraentes para os jovens, lembrei-me de ler os escritos e os discursos de Barack Obama. Como fiquei impressionado pela maneira que eles se basearam em percepção e conhecimento histórico, decidi ofertar um curso sobre esse assunto. E, como o presente livro é fruto desse curso, parece apropriado também dedicá-lo aos meus alunos — a todos aqueles a quem ensinei e com quem de fato aprendi ao longo de muitos anos. Muitos permanecem anônimos por necessidade, mas os agradecimentos devem ser feitos àqueles que influenciaram mais decisivamente a mim ou a este livro. Então, agradeço especialmente a Marine Abinal, Julien Agostini, Diego Alvez, Louise Beaver-West, Guillaume Braquet, Raphael Costarella, Lucas Daly, Sacha Debard, Domitile Dubois--Athenor, Selsebil El Blidi, Marie Ferandji, Claire-Anne Ferrière, Etienne Gimenez, Steven Gray, Charline Grimaldi, Richard Hall, Adrien Halliez, Elizabeth Hargrett, Loic Henry, Narimene Ibrahim, Melissa Kemel, Caroline Laplace, Sarah Loustalet-Turon, Marwa Maghrabi, Charlotte Maillet, Adeline Mary, Khaled Naimi, Lauralie Possenti, Lucie Ratail, Stella Rofi, Edwin Rose, Camille Seidlitz, Divine Servant, Carissa Sims, Camille Tardy, Mervé Taspinar, Cassandre Thibert, Ciara Thompson, Esther Wright e Luye Zhang.

INTRODUÇÃO
A paisagem dos nossos sonhos coletivos

UMA UNIÃO MAIS PERFEITA

Barack Obama anunciou sua chegada à cena política nacional americana na Convenção Nacional Democrata realizada em Boston, Massachusetts, em 27 de julho de 2004. Ele começou sua palestra naquela noite saudando a plateia em "nome do grande estado de Illinois, coração de uma nação, terra de Lincoln" — conectando a história da nação com a de seu estado adotado. Uma parte significativa do discurso que logo ficaria famoso começou com histórias pessoais que se uniram à história do país. De como seu pai "conseguiu uma bolsa para estudar em um lugar mágico, os Estados Unidos, e brilhou como um farol de liberdade e oportunidade para tantos que vieram antes dele". De como o seu avô materno se inscreveu no "Exército de Patton" no "dia seguinte a Pearl Harbor", e de como a avó "criou o bebê ao mesmo tempo em que foi trabalhar em uma linha de montagem de bombardeiros". De como os dois, posteriormente, "conseguiram estudar com a Lei GI (que estabeleceu um programa de assistência a veteranos de guerra), compraram uma casa por meio da Agência Federal de Habitação (FHA), e mais tarde se mudaram para o Oeste, para o Havaí, em busca de oportunidades".[1] Na sequência, o panorama maior e a longo prazo: "nosso orgulho", disse Obama, "se baseia em uma premissa muito simples, resumida em uma declaração feita há mais de duzentos anos: 'Consideramos que estas verdades são evidentes por si mesmas, que todos os homens são criados iguais, que são dotados pelo Criador de certos direitos inalienáveis, que entre esses estão a vida, a liberdade e a busca da felicidade'". E ele falou, como tantas vezes o faz, de esperança, fundamentando novamente as biografias dos indivíduos vivos em uma História nacional de experiência coletiva. De John Kerry, o candidato à presidência em 2004: "A esperança de um jovem tenente da Marinha que patrulha corajosamente o delta do Mekong." De John Edwards, o companheiro na chapa de Kerry: "A esperança do filho de um operário que se atreve a desafiar as probabilidades." E de sua própria: "A esperança de um garoto magricelo de nome engraçado que acredita que os Estados Unidos também têm um lugar para ele." E tudo o que disse era se assemelhava às esperanças que ressoavam através dos séculos: "a esperança dos escravos sentados ao redor da fogueira cantando canções de liberdade; a esperança dos imigrantes que partem para terras distantes."[2]

Barack Obama foi marcadamente histórico também em outros discursos. "Esperança", disse na noite de sua vitória na Convenção de Iowa, que proporcionou à sua campanha presidencial o impulso que o levou decisivamente à Casa Branca, "foi o que levou um grupo de colonos a se levantar contra um império; o que levou a mais extraordinária das gerações a libertar um continente e curar uma nação; o que levou jovens mulheres e homens a sentarem-se nos balcões de lanchonetes, enfrentarem mangueiras de incêndios e marcharem através de Selma e Montgomery em defesa da liberdade". E, mais uma vez, vendo a sua própria história no contexto da História de sua nação, ele continuou: "Esperança... esperança é o que me trouxe aqui hoje, com um pai do Quênia, uma mãe do Kansas, e uma história que só poderia acontecer nos Estados Unidos da América."[3]

Quando anunciou pela primeira vez a sua improvável candidatura à presidência dos Estados Unidos, em 10 de fevereiro de 2007, ele o fez em Springfield, Illinois, e certificou-se de chamar a atenção para as repercussões históricas do local: "À sombra do Velho Capitólio do Estado", disse ele, "onde Lincoln certa vez clamou para que uma casa dividida se unisse." Ele encontrou inspiração em Abraham Lincoln, que "através da sua vontade e de suas palavras... mudou uma nação e ajudou a libertar um povo". Obama, implicitamente, até se identificou com a fisionomia, o modo de atuação profissional e a filosofia adotada por Lincoln: "um advogado autodidata, alto e desengonçado de Springfield" que "nos diz que um futuro diferente é possível". Obama citou o décimo sexto presidente: "Quando Lincoln organizou as forças heterogêneas contra a escravidão, ouviram ele dizer: 'De elementos estranhos, discordantes e até mesmo hostis, nós nos reunimos dos quatro ventos, nos preparamos e lutamos para enfrentar a batalha.'" E em suas palavras finais, parafraseou o discurso de Gettysburg, adotando como sua a eloquência de Lincoln: "Vamos terminar o trabalho que precisa ser feito, e inaugurar um renascimento de liberdade nesta terra."[4]

E não só Abraham Lincoln. Barack Obama amarrou a campanha que ele estava começando a uma tradição de superação ante a tribulação que remonta à Revolução Americana: "O mais genial em nossos Fundadores", disse ele,

é que projetaram um sistema de governo que pode ser mudado. E devemos ter coragem, porque já mudamos este país antes. Perante a tirania, um bando de patriotas pôs um Império de joelhos. Perante a Secessão, unificamos uma nação e libertamos os cativos. Perante a Depressão, recolocamos profissionalmente as pessoas e tiramos milhões da pobreza. Acolhemos imigrantes em nossas terras, abrimos ferrovias rumo ao Oeste, aterrissamos um homem na Lua e ouvimos um chamado de um rei para deixar a justiça correr como a água, como um riacho poderoso.[5]

Então, ele disse a seus apoiadores que todos estavam dando continuidade à missão iniciada pelos Fundadores do país, como "um só povo, buscando o que é possível, construindo essa união mais perfeita".[6] Esses foram os temas aos quais Barack Obama retornou quando sua candidatura à Sala Oval estava em perigo um ano depois. A mídia havia descoberto sermões em que seu pastor, o reverendo Jeremiah Wright, era muito menos otimista sobre o passado dos Estados Unidos do que Obama, e o candidato respondeu com um discurso intitulado "Uma união mais perfeita", proferido na Convenção Constitucional da Filadélfia em 18 de março de 2008. Obama começou com algumas das mesmas palavras presentes na Constituição dos Estados Unidos: "NÓS, O POVO, a fim de formar uma união mais perfeita." E, então, ele fez o discurso mais historicamente informado que já havia feito, possivelmente o mais historicamente letrado já feito por qualquer presidente dos Estados Unidos ou candidato para esse cargo. "Há 221 anos", disse ele, "em um salão que ainda está do outro lado da rua, um grupo de homens se reuniu e, com essas palavras simples, inaugurou a improvável experiência americana de democracia. Agricultores e acadêmicos; estadistas e patriotas, que atravessaram um oceano para escapar da tirania e da perseguição, finalmente concretizaram sua declaração de independência em uma convenção na Filadélfia, que durou até a primavera de 1787."[7]

Em seguida, ele falou de como o trabalho dos Fundadores "estava manchado pelo pecado original da escravidão desta nação", mas também de como "a resposta à questão da escravatura já estava incorporada na nossa Constituição". Da sua própria herança africana e americana e dos antepassados escravizados de Michelle Obama e de outros. Das recordações amargas do reverendo Wright e de outros sobre a segregação e a privação do direito ao voto, bem como de outros fardos que os afro-americanos ainda não puderam se desvencilhar. E, ainda, das dificuldades que os outros também sofreram. Mas ele falou, acima de tudo, de como "através de protestos e lutas, nas ruas e nos tribunais, através da guerra e da desobediência civil e, sempre correndo grande risco", gerações de americanos haviam se esforçado para "estreitar essa lacuna entre a promessa de nossos ideais e a realidade de seu tempo". De como "os Estados Unidos podem mudar". De como, apesar de tudo, o país ainda se tornou, de alguma forma, "uma união mais perfeita".[8]

E, quando Obama se despediu do povo dos Estados Unidos em janeiro de 2017, ele o fez em sua cidade natal adotada, Chicago, no estado de Illinois. "Foi aqui que aprendi que a mudança só acontece quando pessoas comuns se envolvem e se engajam, e se reúnem para exigi-la", disse ele. E, depois, voltou-se novamente ao passado como forma de entender o presente e o futuro. "Depois de oito anos como seu presidente", disse ele,

ainda acredito nisso. E não é só a minha crença. É o coração do nosso ideal norte-americano — a nossa ousada experiência de autogoverno. É a convicção de que todos nós somos criados iguais, dotados de certos direitos inalienáveis pelo nosso Criador, entre eles a vida, a liberdade e a busca pela felicidade. É a insistência de que esses direitos, embora óbvios, nunca foram autoexecutáveis; que Nós, o Povo, através do instrumento da nossa democracia, podemos formar uma união mais perfeita.

Há 240 anos, o apelo da nossa nação à cidadania tem dado propósito e trabalho a cada nova geração. Foi o que levou os patriotas a escolherem a república em detrimento da tirania, os pioneiros a caminharem para o Oeste, os escravos a enfrentarem as ferrovias improvisadas até a liberdade. Foi o que impeliu imigrantes e refugiados a atravessarem os oceanos e o rio Grande. Foi o que levou as mulheres a chegarem às urnas. É o que alimenta a organização dos trabalhadores. É por isso que os soldados deram as suas vidas em Omaha Beach e Iwo Jima, no Iraque e Afeganistão. E a razão pela qual homens e mulheres, de Selma a Stonewall, estavam preparados para dar, também, a deles.[9]

E concluiu essa passagem com uma referência que, silenciosamente, colocou os acontecimentos mais recentes no contexto histórico. "Sim, o nosso progresso tem sido desigual", observou ele. "O trabalho da democracia sempre foi difícil. Sempre foi controverso. Às vezes, tem sido sangrento. A cada dois passos à frente, muitas vezes sentimos que damos um passo atrás." Mas ele permaneceu otimista mesmo assim: "A longa travessia dos Estados Unidos foi definida por um movimento progressivo", disse ele, "por um alargamento constante do nosso credo fundador para abranger a todos e não apenas a alguns".[10]

A PAISAGEM DOS NOSSOS SONHOS COLETIVOS

Podemos, também, encontrar esses mesmos temas nos livros de Barack Obama, mas em seus escritos, mais do que em seus discursos, ele aproveita a oportunidade para fazer reflexões mais longas e mais filosóficas sobre os significados da História norte-americana. No final de *The Audacity of Hope*, por exemplo, o então senador de Illinois refletiu sobre os altos e baixos dos cargos eletivos. Ele explicou que, quando os "baixos" chegavam, ele gostava de correr pela alameda na capital do país, local de tantos monumentos, memoriais e museus. Ele frequentemente parava, disse, no monumento a Washington, mas outras vezes continuava até o Memorial Nacional da Segunda Guerra Mundial, no monumento aos Veteranos do Vietnã e, finalmente, até o Memorial Lincoln.

Descrevendo o ânimo que este último lhe inspirava, Obama escreveu: "À noite, o grande santuário está iluminado, mas muitas vezes vazio. Entre colunas de mármore, li o discurso de Gettysburg e o segundo discurso de posse. Eu olho para a Piscina Refletora, imaginando a multidão silenciada pela poderosa cadência do dr. King e, além disso, para o obelisco iluminado e para a cúpula iluminada do Capitólio. E, nesse lugar", continuou ele, "penso nos Estados Unidos e naqueles que construíram o país". Sobre os "Fundadores da nação, que, de alguma forma, se elevaram acima de ambições mesquinhas e cálculos limitados para imaginar uma nação que se desdobra através de um continente". Sobre Abraham Lincoln e Martin Luther King, "que, em última instância, deram suas vidas a serviço do aperfeiçoamento de uma união imperfeita". E, também, sobre os não tão famosos: "Todos os homens e mulheres sem rosto, sem nome, escravos, soldados, alfaiates e açougueiros, construindo vidas para si mesmos e para seus filhos e netos, tijolo por tijolo, trilho por trilho, mão calejada por mão calejada, para preencher a paisagem de nossos sonhos coletivos."[11]

Para Barack Obama, então, o passado não é algo que se deva simplesmente explorar para conseguir alguns sons de aprovação da multidão. É algo que o informa e inspira. A esperança dos norte-americanos é, ainda hoje, para ele, "a esperança de escravos sentados em torno de uma fogueira cantando canções de liberdade. A esperança dos imigrantes ao partirem para terras distantes". Os americanos são, ainda hoje, como eram em 1787, "um povo, alcançando o que é possível, construindo essa união mais perfeita". E cada geração se conecta à seguinte em uma missão contínua "para estreitar a distância entre a promessa de nossos ideais e a realidade de seu tempo".[12]

Para Obama, então, o passado não é isolado do presente, mas uma parte do presente. No discurso da Filadélfia e em sua autobiografia, ele citou as famosas palavras de William Faulkner sobre essa questão: "O passado não está morto e enterrado. Na verdade, nem sequer é passado". E, para Obama, os Fundadores, as grandes figuras nacionais desde então, e também os "homens e mulheres sem rosto", que construíram os Estados Unidos não só "para si mesmos", mas também para "seus filhos e netos". Vivemos, portanto, na posteridade deles, em um mundo que eles criaram. Portanto, de certa forma, eles ainda estão conosco, fazem parte de uma única história contínua, pois ainda vivemos como eles viveram naquela "paisagem de nossos sonhos coletivos".[13]

BARACK OBAMA: HISTORIADOR AMERICANO

Podemos ver, pelo exposto anteriormente, que Barack Obama utiliza as mesmas ferramentas que os historiadores usam. Ele explora as matérias-primas da História, as fontes primárias, representadas pelos documentos fundadores e pelas palavras de Abraham Lincoln. Ele emprega conceitos analíticos, como continuidade e mudança. E insere temas interpretativos, como a tirania e a liberdade, a audácia e a esperança, a luta e o progresso e a construção de uma união mais perfeita. Este livro é sobre o modo que Barack Obama, como historiador, aplica esses materiais, conceitos e temas ao passado americano, embora eu espere que o livro também contribua para a nossa compreensão de Obama enquanto pessoa, político e presidente.[14]

Obama nunca dedicou um livro inteiro ou fez um discurso sobre toda a História norte-americana. Seus comentários sobre o assunto são comuns, estão espalhados por toda parte e incorporados em seus escritos e discursos. No entanto, é possível reunir seus comentários e reconstituí-los em uma narrativa ou conjunto de narrativas relacionadas, que compõem a História americana de Barack Obama.

Então, depois desta introdução geral, este livro continua com um prólogo que traça as origens e explora a natureza da teoria geral da História americana de Obama. É claro que muitos antes de mim ligaram as ideias de Obama às heranças intelectuais, como a religiosidade judaico-cristã, as filosofias gregas e romana clássicas, o Renascimento, o Iluminismo e o utopismo. Outros as atribuíram a tradições mais americanas, como o puritanismo, o transcendentalismo, as religiões afro-americanas e o pragmatismo filosófico. Outros, ainda, as ligaram a pessoas, instituições e eventos da própria vida de Obama. Muitos veem nele uma mistura de várias influências, e eu também. Mas as outras análises se concentraram mais no pensamento político de Obama. Embora esse pensamento político esteja intimamente relacionado com seu pensamento histórico, meu objetivo tem sido focar, de maneira mais específica, nas ideias de Obama sobre História, particularmente sobre a História americana. Como veremos, suas ideias políticas sobre consenso, conflito e progresso se manifestam em uma teoria whig da história americana. Ou, mais precisamente, em uma teoria radical de whig sobre a História americana, como um esforço contínuo e uma luta muitas vezes complicada para implementar os ideais que, em sua opinião, estão contidos na Constituição e na Declaração de Independência.

O Prólogo centra-se na historiografia de Obama, mas o resto do livro está concentrado na história dele. O capítulo um é sobre a América colonial britânica. Em *The Audacity of Hope*, Obama chamou a Declaração de Independência de "nosso ponto de partida enquanto norte-americanos", o que enfatiza a importância da Revolução Americana e parece, da mesma forma, descartar a rica história e as influências formativas do período colonial anterior. No entanto, nesse e em outros escritos e discursos, ele encontra vários pontos de partida norte-americanos na Era anterior. A América colonial parece ter tido pouca igualdade ou liberdade, mas ele demonstrou encontrar nela algumas buscas precoces pela felicidade. Os migrantes, que "atravessaram um oceano para escapar da tirania e da perseguição", foram, por exemplo, os primeiros exemplos da audácia e esperança de Obama. No Novo Mundo, segundo ele, essas pessoas e seus descendentes criaram comunidades, praticaram "virtudes domésticas" e experimentaram a "democracia local". No entanto, como também veremos, Obama associa habilmente a fundação das colônias à fundação do país, desdobrando aspectos exemplares da história colonial anglo-americana na história dos Estados Unidos.[15]

A história da América colonial de Barack Obama é, portanto, bastante teleológica, englobando pequenos trechos que ilustram aspectos incipientes do caráter nacional, existentes antes da independência e selecionados por ele a partir de uma perspectiva pós-independência. Em outras palavras, é mais uma pré-história dos Estados Unidos do que uma história das colônias americanas britânicas por si só. No entanto, essa tendência, com suas elisões da história colonial e inclusões de seus aspectos na história nacional posterior, ajuda Obama a estabelecer o que ele vê como a natureza radicalmente revolucionária da Independência dos Estados Unidos. Ajuda-nos, ainda, a ver mais claramente a maior completude, coerência e complexidade da história americana pós--independência também analisada por Obama.

O capítulo dois explora a Revolução Americana sob o ponto de vista de Obama, em particular como as ideias abstratas dos filósofos dos séculos XVII e XVIII se transformaram no que ele chama de "a substância do nosso credo comum", quando foram escritas na Declaração de Independência, a carta fundadora da nação.

Os princípios da Declaração foram também, para Obama, "a fundação do nosso governo", e o capítulo três explora como, para ele, a Constituição completou o processo de criação de uma nação e estabeleceu as condições para a sua perpétua renovação. Essa concepção da Constituição contém o que pode ser a mensagem histórica mais poderosa de Obama: que a "intenção original" dos Fundadores não era escrever em pedra os valores do século XVIII, mas sim criar o que Obama e outros têm por "democracia deliberativa", na qual as gerações posteriores poderiam discutir como tornar a "união mais perfeita" dos Fundadores algo ainda mais perfeito no presente e no futuro — o que poderíamos chamar de "intenção evolutiva" dos Fundadores. Obama rejeita, assim, tanto o determinismo das leituras originalistas da Constituição como o indeterminismo das leituras relativistas. Ele prefere realizar uma leitura historicista que concebe a Constituição como o elemento que contém os princípios fundamentais adaptados ou ampliados pelas gerações seguintes de acordo com os valores e necessidades em seus próprios tempos. Em outras palavras, Obama não só rejeita o originalismo como o redefine. A intenção original dos Fundadores, ele acredita, era evolutiva — eles pretendiam que nós adaptássemos suas palavras ao nosso mundo. A Constituição tem sido e deve continuar a ser uma ponte para o futuro e um caminho para o progresso, não uma cadeia para o passado e uma barreira para a mudança. Obama sabe que ele não é o primeiro a dizer isso, mas ele está no melhor lugar possível para fazer com que esses pontos sejam ouvidos.

Este livro tem, portanto, certo peso com relação à era revolucionária, em particular à Constituição e à Declaração de Independência. Isto porque, para Barack Obama, a Revolução Americana foi verdadeiramente determinante e revolucionária. Não só transformou as colônias em uma nação independente, mas também transformou o caráter do povo e a natureza de sua política. A doutrina da Declaração motiva os norte-americanos a aprofundarem e expandirem o alcance de seus ideais de igualdade e liberdade. "NÓS, O POVO", então, fazemos o trabalho de transformar esses ideais em realidade no dia a dia, seja por consenso, seja por meio de compromisso através das operações da Constituição ou, de uma forma mais contestadora, através de protestos, ou de alguma combinação dos três. Para Obama, esses documentos não são apenas fundadores, mas também formativos. A "doutrina escrita nos documentos fundadores", disse ele, "declarou o destino da nação". Não só a existência da nação, mas também o seu "destino". E, em outra ocasião, Obama citou a Constituição como segue: "Nós, o Povo... a fim de formar uma união mais perfeita", e a Declaração de Independência: "Consideramos que estas verdades são evidentes, que todos os homens são criados iguais." E depois continuou, dizendo: "Essas não são apenas palavras. São um ser vivo, um apelo à ação, um roteiro para a cidadania e uma insistência na capacidade de homens e mulheres livres para moldar o próprio destino." E, assim, o restante deste livro é sobre o modo que Obama vê o "destino" dos Estados Unidos, definido por esses documentos, como se estivesse se desenvolvendo ao longo do tempo.[16] Embora os Fundadores tenham formado uma "união mais perfeita", eles sabiam que a União deles não era perfeita. Como Obama reconhece amplamente, a mancha da escravidão permaneceu até o que seu herói Abraham Lincoln chamou de "um novo nascimento da liberdade" emergiu do conflito mortal. Como Obama admite, as histórias da escravidão e da Guerra Civil, exploradas no capítulo quatro, são exceções à regra de que a "democracia deliberativa" dos Estados Unidos promoveu o progresso por consenso, por compromisso ou por protesto pacífico. E, por mais que a abolição tenha tornado o país mais perfeito, ela não apagou o racismo, pois a escravidão eventualmente deu lugar à segregação e à privação de direitos. O capítulo cinco explora a Reconstrução, Jim Crow*, e o Movimento dos Direitos Civis, que finalmente tornaram a "união mais perfeita" ainda mais perfeita com a sua conclusão de que "nós vamos vencer". Embora essa letra tenha vindo de uma canção evangélica que ficou famosa na luta contra o racismo, para Obama, ela também se aplica mais amplamente às lutas pela igualdade para e pelos pobres brancos, imigrantes, mulheres, pessoas LGBT, pessoas com necessidades especiais e outros.

Os capítulos citados fornecem uma narrativa de algumas das histórias políticas e sociais dos Estados Unidos sob a ótica de Barack Obama. Mas há, também, outras narrativas que se sobrepõem; uma delas

---

* Jim Crow é uma personagem de teatro racista do *performer* e dramaturgo norte--americano Thomas D. Rice (1808-1860) e seu nome designou o conjunto de leis locais e estaduais de segregação racial do fim do século xix e início do século xx. Tais leis, aliadas à administração legislativa dos Democratas, foram severamente aplicadas na população negra, retirando direitos básicos fundamentais, como o de frequentar os mesmos locais e ter acesso aos mesmos serviços públicos que os brancos. O combate a essa política foram a Desobediência Civil e as Marchas Pelos Direitos Civis, que tiveram seu auge nas décadas de 1950 e 1960, por meio de líderes como Martin Luther King Jr.(1929-1968) e Malcolm X (1925-1965). (N. do R.)

socioeconômica, embora ainda política em muitos aspectos, e outra relativa à política externa. O capítulo seis remonta às eras fundadoras para explorar a história da economia e da sociedade americanas e, em particular, as relações de propriedade e liberdade. "O principal negócio do povo americano" pode ser o empreendedorismo, mas Obama usa essa frase de uma maneira diferente de quem a cunhou — Calvin Coolidge. Para Obama, os empreendedores de Coolidge não são apenas empresários privados, mas também funcionários públicos e trabalhadores. Daí o interesse histórico de Obama no governo enquanto um facilitador dos trabalhadores desde o tempo em que Alexander Hamilton era secretário do Tesouro. No entanto, daí também o seu interesse não hamiltoniano no governo enquanto protetor dos trabalhadores e dos pobres ou vulneráveis, concebido geralmente a partir do período do New Deal, de Franklin Roosevelt. Então, para Obama, a economia norte-americana tem promovido riqueza e oportunidade para muitos, mas, com um pouco de encorajamento do governo e do poder das pessoas, ela pode, um dia, proporcionar mais riquezas e oportunidades para a maioria e, quiçá, para todos — no espírito do credo americano na igualdade, vida, liberdade e busca pela felicidade.

No entanto, a ausência de uma história colonial americana de Obama obscurece as origens da economia no comércio de escravos, escravidão e outras formas extremas de exploração, e talvez, portanto, obscureça a dificuldade de erradicar a desigualdade histórica. Além disso, e talvez mais fundamentalmente, a ausência de uma "teoria crítica" de Obama ao capitalismo obscurece o grau em que os imperativos econômicos de um lado e, de outro, as ideias políticas sobre "propriedade" e "liberdade" existem em tensão entre si, tanto no passado como no presente.

O capítulo sete, "Além das nossas fronteiras", remonta mais uma vez ao início, explorando primeiro a tentativa imperfeita dos Fundadores de evitar o emaranhado de alianças e, em seguida, os enredamentos, também muitas vezes imperfeitos, dos tempos mais recentes. Mas, como a definição de "Estados Unidos" de Barack Obama depende, em grande parte, da adesão às ideias da Declaração de Independência e da noção de cidadania presente na Constituição, a história americana definida por ele classifica necessariamente as nações nativas americanas — embora nem todos os povos nativos americanos — como pelo menos parcialmente não americanas. É para acomodar esse aspecto da historiografia de Obama que a sua história nativa americana aparece, aqui, no mesmo capítulo que a sua história de política externa — como de fato acontece no capítulo oito do *The Audacity of Hope* de Obama, intitulado "The World Beyond Our Borders" ("O mundo para além das nossas fronteiras").

Como muitos americanos, Obama está profundamente perturbado com os aspectos imperialistas da expansão ocidental dos Estados Unidos, mas é difícil para ele, como é para muitos, imaginar a história americana sem algum tipo de destino manifesto.

Sobre as relações com os primeiros povos da América e com os outros povos do mundo, Obama admite que "nosso histórico é misto", mas ainda acredita que houve progresso. E essa avaliação é coerente com a história interna dos Estados Unidos. A União tornou-se sempre "mais perfeita" e, no entanto, permaneceu menos perfeita do que poderia ser. Sempre houve progressos, mas quase sempre lentos e conquistados com muita dificuldade. Mas, quando o progresso foi conquistado, essas vitórias, para Obama, sempre dependeram do fato de muitos trabalharem em conjunto para uma causa comum: na União, na forma da nação americana sob a Constituição, e em união, na forma de cidadãos agindo em conjunto para promover o seu credo.

Esse é um tema que se repete na história americana de Obama e, portanto, ao longo deste livro. Mas é, também, a suposição implícita à recontagem que Obama fez das histórias de indivíduos. Invariavelmente, Obama situa a história dos indivíduos no contexto das comunidades e de suas histórias, como vimos nas páginas anteriores, por vezes em comunidades específicas, mas sempre em uma comunidade nacional. Assim, ele apresenta a biografia como uma alegoria americana: daí o Epílogo, "Dentre muitos, um". E ele apresenta sua autobiografia da mesma maneira: daí "Barack Obama, da história americana".

A ordem dos capítulos deste livro, bem como o conteúdo deles, reflete a narrativa da história americana de Barack Obama, pelo menos como eu a entendo. Para reforçar o efeito — deste livro como uma reconstrução, bem como um comentário contínuo da história americana de Obama — os títulos dos capítulos e todos os intertítulos consistem em falas de Obama ou de figuras históricas que ele cita (com algumas exceções, cujas razões estarão claras quando você as vir). Há alguma repetição nos títulos e intertítulos, mas isso é um reflexo de como certas frases reaparecem regularmente na obra de Obama. Há também, ao longo do livro, algumas repetições de citações mais longas, certas passagens repetidas de momentos da vida de Obama e explicações atualizadas de acontecimentos históricos. Algumas dessas reprises são necessárias porque o material mencionado precisa ser reexaminado nos diferentes contextos em que surge. Mas outras são necessárias simplesmente porque eu gostaria que cada capítulo fosse independente do resto, para alcançar os leitores que estão interessados em um ou mais deles, mas não em todos.

Há comentários, quando relevantes, que descrevem a natureza das fontes utilizadas e os problemas envolvidos na sua utilização. Não menos importante, por exemplo, é a questão de saber quando e em que medida Obama está escrevendo ou falando para agradar a si próprio por razões pessoais ou quando e em que medida está escrevendo e falando para agradar aos outros, por razões políticas. Esse é o tipo de questão que eu trato quando faço uso deles em casos específicos ao longo de todo o livro. Mas eu deveria dizer algumas palavras gerais sobre esses tipos de questões aqui para que algumas coisas fiquem claras desde já — coisas que não têm a ver com fontes enquanto tal, mas com a questão talvez mais fundamental de como um historiador acadêmico como eu deve abordar o trabalho de um tipo diferente de historiador como Obama.

Barack Obama não é professor de História nem historiador profissional. Ele é, em primeiro lugar e acima de tudo, um político, é claro, e, como tal, ele representa e procura falar com todos os cidadãos, alguns dos quais gostam da História e sabem muito sobre ela, alguns dos quais não sabem. Assim, enquanto Obama fala extensivamente sobre aspectos da história americana em seus livros, especialmente em *The Audacity of Hope*, e ocasionalmente em discursos feitos sob certos contextos, como no "Uma união mais perfeita", grande parte de seu comentário histórico é breve e, às vezes, até um pouco opaco. No entanto, há substância na brevidade e significado na opacidade.

Algumas das referências históricas de Barack Obama, por exemplo, são apresentadas como imagens. No entanto, essas imagens são significativas. Por exemplo, uma cidade em cima de uma colina, uma luta revolucionária contra a tirania, uma nação que se expande através de um continente. Às vezes as imagens vêm em forma humana — um advogado autodidata, desengonçado e alto de Springfield, um pregador da Geórgia, um eleitor em Atlanta. Outras vezes essas figuras são, ou pelo menos parecem, mais abstratas — que todos os homens são criados iguais, a audácia da esperança, uma união mais perfeita. Alguns críticos veem tais imagens como chavões simplistas. Na verdade, cada uma delas é um símbolo e, portanto, repleta de sentidos, significados não ditos que a plateia compreende. Este livro explora esses símbolos e os seus significados.

Há omissões na história americana de Barack Obama. No entanto, essas omissões são significativas. Por exemplo, Obama fala relativamente pouco sobre a história dos nativos americanos, exceto quando menciona a exclusão parcialmente forçada e feita parcialmente por escolha deles da nação política, como definida (para Obama) pela Constituição e pela Declaração de Independência. Mas é precisamente esse fato que torna os nativos americanos menos uma parte da história de Obama e mais um assunto da política externa do país (daí a sua aparição no capítulo sete deste livro). Esse fato nos lembra que a história "americana" de Barack Obama é definida e delimitada por uma união política, não pela localização geográfica; pela história de um povo e não pela história de um lugar. Portanto, ele pode reconhecer as injustiças cometidas contra pessoas de fora, como os nativos americanos, sem contradizer suas convicções sobre os Estados Unidos enquanto uma união cada vez mais "perfeita". Assim, este livro examina não só o que Obama diz, mas os significados dos seus silêncios.

Há falhas na história americana de Barack Obama. No entanto, essas falhas são significativas. Por exemplo, Obama confundiu os Fundadores e as fundações das colônias e do país quando afirmou, em "Uma união mais perfeita", que "agricultores e acadêmicos; estadistas e patriotas, que atravessaram um oceano para escapar da tirania e da perseguição, finalmente concretizaram a sua declaração de independência em uma convenção na Filadélfia que durou até a primavera de 1787". No entanto, Obama sabe, obviamente, que os homens que fundaram as colônias originais não foram os mesmos que redigiram a Constituição 180 anos depois, então essa elisão provavelmente não foi um erro. É mais provável que tenha sido uma fusão criada por um truque retórico, que estabelece continuidades através de diferentes gerações de americanos — da audácia e da esperança e do clamor pela liberdade que liga o espírito dos fundadores coloniais ao dos Fundadores do país. Assim, mais uma vez, este livro pretende explorar os significados dessas elisões.

Há erros na história americana de Barack Obama. Ou, mais provavelmente, "erros". No entanto, esses erros são significativos. Por exemplo, como citado antes, Obama fala de "uma convenção na Filadélfia que durou até a primavera de 1787". De fato, a Convenção reuniu-se de maio a setembro, durante o verão de 1787, e não durante a primavera. Pode ter havido um lapso momentâneo de memória, mas o graduado *magna cum laude* na Harvard Law School, ex-presidente da *Harvard Law Review* e ex-professor que lecionou Direito Constitucional na Universidade de Chicago por mais de uma década certamente conhecia as datas da Convenção. E qualquer um pode verificar esse dado facilmente. Então por que ele cometeria esse erro, ou por que ele cometeria esse "erro"? Primeiro, não é um erro significativo, já que não prejudica a análise que se segue da raça na história americana. Então, alguma licença é certamente permitida para que se faça uma mudança de detalhes triviais se houver alguma razão para isso. E a razão pode ser que, para Obama, os Fundadores plantaram as sementes da nacionalidade em uma primavera após um frio inverno de colonialismo, como ele deixou implícito em outros contextos retóricos. A estrita precisão factual rende-se, assim, ao que Obama oferece como uma verdade metafórica mais profunda. Este livro também examina os significados de tais erros retóricos.

Eu não consigo enfatizar o suficiente, no entanto, que este livro não é sobre desmascarar, muito menos zombar ou humilhar, a história americana de Barack Obama ou sua maneira diferente de lidar com a História. Uma forma necessariamente diferente de lidar com a História.

Em primeiro lugar, Obama é, afinal, ou foi, um político e, acima de tudo, seu principal objetivo nesse papel foi e ainda é persuadir as pessoas a pensar e agir. Explicações elaboradas sobre as premissas históricas de sua política e de suas medidas, especialmente nos discursos, estão mais propensas a fazer as pessoas dormirem do que fazê-las sair para as ruas. A brevidade permitida por atalhos retóricos como símbolos, omissões, elisões, metáforas e até mesmo erros significativos é, portanto, nada mais nada menos do que aquilo que exigimos dos políticos. E as técnicas retóricas, e até mesmo os truques, não precisam ser equiparados a espremer a História para fins políticos e, no caso de Obama, não o são. As ideias políticas de Obama representam a continuação do que ele vê como tradições históricas americanas, então, da maneira como ele as vê, há uma continuidade natural entre o passado e o presente e uma consistência lógica em sua história e em sua política.[17]

Se o objetivo principal do político historiador é persuadir, o do historiador profissional é explorar e explicar. Mas fazê-lo de maneira eficaz exige que tentemos ver o mundo como o sujeito o vê e fazê-lo com respeito. E Barack Obama merece ser muito respeitado enquanto historiador. Ele tem um enorme conhecimento histórico, especialmente considerando que sua educação foi, em grande parte, na Literatura, na Política e no Direito, e que seus vários empregos sempre ocuparam muito de seu tempo, mesmo antes de se tornar a pessoa mais poderosa do planeta. E ele processa esse conhecimento prodigioso em narrativas e interpretações históricas coerentes. E conta bem a História, excepcionalmente bem. Um de seus maiores dons como historiador, por exemplo, é um talento extraordinário, talvez uma habilidade política, certamente uma arte retórica, para tecer cenas menores e transformá-las em um cenário maior. Ele tem um talento genuíno para a síntese histórica.

Mas o meu ponto principal aqui é ressaltar que o objetivo deste livro não é identificar "coisas boas" e "coisas ruins", mas sim tentar entendê-las. Quando identifico símbolos, omissões, elisões, metáforas, erros, entre outros, é para tentar explorar e explicar os significados mais profundos da história de Barack Obama nas formas descritas anteriormente e que serão explicadas com mais detalhes nas páginas seguintes. E, quando contesto as suas interpretações, é para tentar vê-las mais claramente à luz de uma perspectiva diferente. Porém, se eu concordo ou não com ele é irrelevante. O que me interessa é o que interessa a ele. O que importa é a história americana de Barack Obama. E isso é importante porque a história dele moldou a sua política e, por conseguinte, deve moldar a nossa compreensão da sua presidência e do seu legado. Porque Barack Obama construiu a sua Casa Branca nessa "paisagem dos nossos sonhos coletivos".[18]

PRÓLOGO
Uma união mais perfeita: a história americana de Barack Obama

Vamos começar a entender o que é a história americana de Barack Obama vendo primeiro o que ela não é.

DEUS AMALDIÇOE A AMÉRICA

Nos últimos dias de 2001, o reverendo Jeremiah Wright fez um sermão chamado "O dia da queda de Jerusalém". O nome evoca o tom das jeremíadas puritanas de Massachusetts do século XVII, sermões em que os ministros advertiam sobre a ira vingadora de Deus pelas numerosas heresias dos nova-iorquinos. E esse Jeremias dos dias modernos relatou que os acontecimentos recentes eram a retribuição divina pelos pecados da América no além-mar. Os ataques do 11 de Setembro mostraram, disse ele, que "o castigo vem a cavalo".[1]

Em outro sermão, em abril de 2003, e desta vez intitulado "Confundindo Deus e o Governo" e, portanto, igualmente evocativo do crítico comentário social e político das jeremíadas puritanas, Jeremiah Wright fez críticas mais abrangentes aos maus-tratos históricos dos Estados Unidos aos afro-americanos e outros povos não brancos, tanto em casa como no exterior. Os Fundadores tinham "mentido", disse ele, "sobre o seu credo de que todos os homens foram criados iguais... O governo mentiu nos seus documentos fundadores e o governo continua mentindo até hoje". E acrescentou que o governo "quer que cantemos 'Deus abençoe a América'. Não, não, não, não é Deus abençoe a América. Que Deus amaldiçoe a América — isso está na Bíblia — por matar pessoas inocentes. Que Deus amaldiçoe a América por tratar os nossos cidadãos como menos do que humanos. Que Deus amaldiçoe a América enquanto ela tentar agir como se fosse Deus".[2]

A ABC News divulgou os sermões pela primeira vez em 13 de março de 2008, e não apenas para ridicularizar a aparente atribuição de "Deus amaldiçoe a América" à Bíblia feita pelo reverendo. Aquelas palavras — "Deus amaldiçoe a América" — ainda mais ressonantes enquanto anáforas, eram sérias. Ou pelo menos elas foram levadas a sério vários anos depois, porque o aspecto espetacular dessa história foi que o reverendo Wright era o pastor na Trinity United Church of Christ em Chicago, o lugar de adoração de um dos principais candidatos à nomeação do Partido Democrata para concorrer à presidência dos Estados Unidos.

Barack Obama provavelmente sentiu que algo assim poderia acontecer, pois ele já havia estabelecido um grau de distância de Jeremiah Wright ao desconvidá-lo de última hora para fazer a oração de abertura no anúncio de sua candidatura à presidência, em fevereiro de 2007.

Isso aconteceu logo após um artigo na *Rolling Stone* sobre outros sermões possivelmente inflamados do pregador, por vezes, colérico. Mas eles permaneceram próximos. Afinal, o reverendo Wright tinha introduzido Obama na fé cristã, oficiado em seu casamento com Michelle Robinson e batizado suas filhas, Malia e Sasha, além de ser o seu pastor de longa data. No início da tempestade criada pela mídia, em março de 2008, Obama defendeu o dr. Wright na ABC dizendo que "é como se tivéssemos pegado as cinco coisas mais burras que eu ou você já dissemos em nossas vidas, as tivéssemos comprimido e exposto", embora

Wright tenha sido rapidamente dispensado de suas responsabilidades no Comitê de Liderança Religiosa Afro-Americana, que apoiava Obama. Então, como Wright continuou defendendo suas palavras nas semanas seguintes, Obama finalmente se livrou de seu pastor problemático. No fim de maio, a família Obama retirou sua afiliação à Trinity United Church of Christ, declarando que "as declarações segregadoras do reverendo Wright... entram em forte conflito com as nossas próprias opiniões".[3]

OS ESTADOS UNIDOS PODEM MUDAR

Embora a controvérsia tenha escalonado por algum tempo, Barack Obama já havia encerrado a crise com um discurso que fez em 18 de março de 2008, um discurso que é amplamente creditado por afastar sua campanha do deserto político que parecia estar cercando o caminho até a Casa Branca. "Uma união mais perfeita" é a mais analisada de todas as obras oratórias de Obama, e há até mesmo uma coleção de longos ensaios acadêmicos sobre "raça e 'Uma união mais perfeita' de Barack Obama", cujo título principal é simplesmente *The Speech*. Seções desse discurso, às vezes longas, aparecerão e reaparecerão devidamente neste livro. Mas meu ponto principal por agora é que, neste momento de crise, quando Obama precisou elucidar fundamentalmente quem era, ele usou a oportunidade oratória para mostrar o quão profundamente mergulhado ele estava na tradição americana. Ao fazê-lo, condensou muito do que pensava sobre o curso da história de seu país.[4]

Como Obama deixou claro na ocasião, o reverendo Wright não estava completamente errado. Em parte, o pregador canalizava a raiva afro-americana oriunda de mais de três séculos de injustiças históricas e o seu legado profundamente segregador e persistente. Precisamos, disse Obama, "nos lembrar que muitas das disparidades que existem na comunidade afro-americana hoje podem ser atribuídas diretamente às desigualdades passadas, de uma geração anterior que sofreu sob o legado brutal da escravidão e de Jim Crow". Depois de detalhar muitas dessas desigualdades e seus efeitos persistentes, Obama observou: "Para os homens e mulheres da geração do reverendo Wright, as memórias da humilhação, da dúvida e do medo não desapareceram, nem a ira e a amargura daqueles anos."[5]

No entanto, apesar de todo esse realismo, Obama se distanciou do pessimismo histórico do seu pastor. "O erro profundo dos sermões do reverendo Wright", disse Obama, "não é que ele tenha falado sobre o racismo em nossa sociedade. É que ele falou como se a nossa sociedade fosse estática; como se nenhum progresso tivesse sido feito, como se este país... ainda estivesse irrevogavelmente ligado a um passado trágico". Mas, disse ele, "os Estados Unidos podem mudar. Essa é a verdadeira genialidade desta nação. O que nós já alcançamos nos dá esperança — a audácia de ter esperança — no que podemos e devemos alcançar amanhã".[6]

Nessa última frase Barack Obama respondeu Jeremiah Wright com as próprias palavras do pastor. O termo "a audácia de ter esperança" obviamente ecoa *The Audacity of Hope*, o título de *Thoughts on Reclaiming the American Dream*, de Obama. E também, é claro, "A audácia da esperança", o título do discurso na Convenção Democrata de 2004, que tornou o nome de Obama conhecido. "A audácia *da* esperança" é o empréstimo ligeiramente esquecido ou alterado que Obama fez de "a audácia *de ter* esperança", frase que ele usou na Filadélfia, de um sermão que ouviu do reverendo Wright e que repetia com frequência.[7]

Mas Barack Obama não queria apenas dizer que os Estados Unidos podem mudar e que há esperança. Ele também queria explicar — explicar *como* podem mudar e *por que* há esperança. Para isso, ele começou do início. Obama iniciou o discurso de 18 de março com algumas das palavras de abertura da Constituição dos Estados Unidos: "nós, o povo, a fim de formar uma união mais perfeita." E depois: "Há 221 anos, em um salão que ainda está do outro lado da rua, um grupo de homens se reuniu e, com essas palavras simples, inaugurou a improvável experiência americana da democracia. Agricultores e acadêmicos; estadistas e patriotas, que atravessaram um oceano para escapar da tirania e da perseguição, finalmente concretizaram sua declaração de independência em uma convenção na Filadélfia que durou até a primavera de 1787."[8]

Começar o discurso com essas palavras foi uma maneira clara e inteligente de fazer com que Obama se identificasse imediatamente com os Fundadores da nação, com a Declaração de Independência e com a Constituição. Naturalmente, ele estava discursando na Convenção Constitucional da Filadélfia, realmente "do outro lado da rua" do Independence Hall, onde os Fundadores adotaram a Declaração de Independência, em 1776, e esboçaram a Constituição onze anos mais tarde. Ele estava fazendo isso na frente de uma galeria de bandeiras, um quadro visual de estrelas e listras. Todos esses sinais eram as formas implícitas, mas inconfundíveis, de Obama se identificar com o "grupo de homens" a quem se referia e, assim, sinalizar sua lealdade aos Fundadores da nação, e não aos seus críticos mais ferozes, que era o principal objetivo político da época. No entanto, abrir o discurso desta forma não foi um gesto vazio destinado apenas a refutar o reverendo Wright, apaziguar a imprensa e tranquilizar a opinião pública. As palavras que ele usou formam a base de sua compreensão da história americana.

A Declaração de Independência que Barack Obama mencionou contém o que ele chamou, no *The Audacity of Hope*, de "credo comum" americano: "CONSIDERAMOS ESSAS verdades como evidentes, que todos os homens são criados iguais, que são dotados de certos Direitos inalienáveis pelo seu Criador, que entre esses estão a Vida, a Liberdade e a busca pela Felicidade." Esse "credo comum" foi "nosso ponto de partida como americanos", Obama também escreveu, e isso constituiu "a fundação do nosso governo" porque, pelo menos implicitamente, os Fundadores o "concretizaram" na Constituição de 1787. A Constituição não criou uma união perfeita, como as histórias de escravidão e segregação amplamente atestam e como Obama afirmou naquela e em outras ocasiões. Mas ela criou uma "mais perfeita", na qual tais inimizades, como a escravidão e a segregação, poderiam, no futuro, ser lançadas no passado. E, assim, as pessoas com a audácia de ter esperança tiveram os meios para tornar a sua "união mais perfeita" ainda mais perfeita.[9]

Na melhor das hipóteses, esse processo histórico é um procedimento consensual em que o progresso emerge da conversa civil e de acordos. Muitas vezes, porém, trata-se de um conflito em que o progresso só é conseguido através de um protesto generalizado e, em alguns casos, através da guerra civil. E o processo é interminável. Até hoje, ainda há o que fazer. No entanto, Obama afirmou: "Os Estados Unidos podem mudar."[10]

A SUBSTÂNCIA DO NOSSO CREDO COMUM

O resto deste livro se baseia no breve resumo da história americana de Barack Obama. Antes de seguirmos, porém, quais são os princípios fundamentais da História que moldam a compreensão de Obama sobre o passado americano? Qual é a historiografia de Barack Obama?

Para ele, a história americana é impulsionada pela forma como ideias, instituições e ações interagem. A maneira como isso acontece no esquema histórico de Obama é resumido a seguir. As ideias abstratas dos escritos filosóficos europeus sobre igualdade e liberdade ganharam "substância" na forma dos imperativos morais do "credo comum", desenvolvidos na Declaração de Independência. Esse credo comum e a "fundação de nosso governo" foram então "concretizados" ao serem institucionalizados pela Constituição. Ela criou uma "democracia deliberativa" na qual, idealmente, o credo poderia ser transmitido para a realidade cotidiana por meio de uma legislação, tornando-se, até mesmo, um costume cotidiano.[11]

Ou, se esse processo não funciona por si mesmo, a Constituição pelo menos garante o direito do povo de agir para melhorar a própria vida e a dos outros e, assim, fazer com que os Estados Unidos se aproximem de seu credo fundador. O processo é muitas vezes repleto de lutas — sobretudo na Guerra Civil —, pode levar tempo e sempre há mais a ser feito. Como disse Obama em "Uma união mais perfeita":

> palavras em um pergaminho não seriam suficientes para libertar os escravos da servidão, ou fornecer a homens e mulheres de todas as cores e credos seus plenos direitos e obrigações enquanto cidadãos

dos Estados Unidos. O que seria necessário era americanos de gerações sucessivas que estivessem dispostos a fazer sua parte — através de protestos e lutas, nas ruas e nos tribunais, através de guerra e desobediência civil e sempre correndo grande risco — para reduzir a distância entre a promessa de nossos ideais e a realidade de seu tempo.[12]

Vale a pena observar aqui os pronomes que Obama aplica respectivamente a "ideais" e "tempo" ao final dessa passagem, e o plural e singular ligados a cada um deles. Quando ele diz "a realidade de seu tempo", ele sinaliza a era de determinadas gerações. Quando ele diz "nossos ideais", ele sinaliza as aspirações comuns de "gerações sucessivas" de americanos desde a fundação da nação em diante. A "realidade" é, assim, histórica, pertencente a um tempo particular. Os "ideais", no entanto, são eternos. Fazer os dois termos combinarem mais e mais, e assim tornar essa união mais perfeita, é basicamente o objetivo da história americana de Barack Obama.

A história americana de Barack Obama está, portanto, apenas raramente preocupada com as causas específicas e múltiplas de eventos individuais. Ele mal menciona, por exemplo, os impostos parlamentares britânicos e outras medidas que provocaram as rebeliões coloniais e a Revolução Americana, simplesmente incluindo-as sob a descrição generalizada de "tirania", como um resultado natural do domínio exercido pelo Império. Ele passa, ainda, por cima das transformações estruturais da economia e da sociedade americana que deram origem ao Abolicionismo mais militante e generalizado, que surgiu a partir da década de 1830 e que, talvez, tenha aberto o caminho para a Guerra Civil e para a emancipação. Também não fala muito do sofrimento dos escravos, dizendo muito mais sobre as lutas deles pela liberdade e eventual emancipação. E ele pouco diz sobre a interligação de fatores que deram origem à renovação da luta contra Jim Crow durante e após a Segunda Guerra Mundial. Mais uma vez, ele prefere concentrar-se na luta em si e na igualdade e liberdade expandidas, que dela resultaram. Para Obama, então, o que importa em última análise, e o que liga todos esses eventos, desde a Revolução Americana até a emancipação, à derrota da segregação, é que cada um deles é um resultado lógico, e eventual, da missão revolucionária em curso nos Estados Unidos. Essa missão busca estender a igualdade e a liberdade de acordo com o credo da Declaração de Independência. É esse progresso, contínuo e a longo prazo, de estender a igualdade e a liberdade, que importa mais para Obama do que as histórias passageiras de injustiça e opressão.

Com certeza, há múltiplas razões, complexas e inter-relacionadas para a escolha que Barack Obama fez de suas prioridades históricas. Naturalmente, como político, ele precisa evitar alienar as pessoas desnecessariamente e não insistir na tributação e em outras medidas opressivas, evitando ofender uma antiga pátria-mãe e nação imperial que, agora, é um aliado americano. E, também, não se deter nos detalhes da escravidão e da segregação evita afetar os americanos que não estão tão dispostos ou ainda não são capazes de enfrentar a plenitude dessas realidades da história americana. Obama fez mais do que qualquer outro presidente para modificar a história afro-americana e levá-la para a vanguarda da consciência popular, mas, nisso e em outras questões, ele é um gradualista. Certamente, a preferência de Obama pela arte da persuasão em vez de *big sticks* e *bully pulpits** o encoraja a focar, ao menos em público, menos nos aspectos negativos e mais nos positivos do passado, menos na opressão e mais na inspiração.[13]

Então, para Barack Obama, o *meta* importa mais do que o detalhe, o macro mais do que o micro, logo ele sempre dá prioridade ao que interpreta como o panorama geral. E, por essa razão, como historiador e não como político, ele privilegia a narrativa de longo prazo em detrimento de abordagens mais restritas do passado, concentradas em eventos individuais, instituições, grupos ou indivíduos. Portanto, geralmente, ele está mais interessado nos resultados dos processos históricos do que nos

---

* Termos usados pelo presidente norte-americano Theodore Roosevelt. Diplomacia do *Big Stick* é como ficou conhecida a política externa do presidente e *Bully Pulpits* é como Roosevelt se referia ao seu cargo, ou seja, como uma excelente plataforma para promover sua ideologia. (N. da E.)

detalhes dos próprios processos. Consequentemente, Obama também se interessa mais pela abolição das instituições opressivas do que pelos detalhes da existência dessas instituições. Inevitavelmente, é claro que a causalidade é crucial para a história narrativa, mas as narrativas de longo prazo tendem, naturalmente, a privilegiar interpretações abrangentes que explicam todo o curso dos acontecimentos e não as causas particulares de eventos individuais. E, como historiador, Obama acredita que a causa fundamental da mudança é o "credo" definido pela Declaração e sua implementação progressiva por meios constitucionais ou por outros meios que a Constituição garante, como os direitos naturais e civis dos cidadãos americanos.

A AUDÁCIA DA ESPERANÇA

Essa positividade é tão prevalente nas palavras escritas e faladas de Barack Obama que o historiador cultural e político Mark S. Ferrara classifica o seu discurso como "a retórica da esperança", e suas ideias como "utópicas". Utopia não tanto pelo fato das aspirações de Obama estarem localizadas em um "não lugar", como no sentido original da palavra em grego, mas pela capacidade de Obama de "imaginar um lugar melhor" do que o mundo como ele é, e pela sua preocupação com a "tensão dialética entre o *status quo* e o mundo ideal". Certamente, é verdade, como foi dito e citado anteriormente, que Obama, inflexivelmente, defende que os Estados Unidos devem estar à altura dos seus ideais. E, para ele, é aí que reside a ideia de que "os Estados Unidos podem mudar". Mas, por mais informativas, perspicazes e interessantes que sejam as ideias de Ferrara, parece-me que a utopia não capta a natureza completa da história americana de Barack Obama. Como historiador, Obama é demasiado sensível às complexidades confusas do passado — à natureza contingente das ideias, às continuidades dos fatos, aos limites do possível em qualquer momento e à imprevisibilidade do futuro — para propor o tipo de cenário antes e depois que qualquer definição de utopia inerentemente implica.[14]

Até mesmo a sofisticada definição de "utópico" do especialista Ferrara me parece ser muito binária, por abranger duas maneiras de abarcar as complexidades da história americana de Barack Obama. Primeiro, para Obama não há "dois polos do ideal e do real", como afirma Ferrara, nem uma simples dicotomia entre ideal e real, pois às vezes ele usa esses termos como uma espécie de estenografia. Para começar, as ideias não são apenas conceitos abstratos na mente de Obama. Elas também são, para ele, pelo menos nos Estados Unidos, forças ativas que podem mudar, e mudaram, as condições econômicas, sociais e políticas. Como antes mencionado, a essência da história americana de Obama é que as ideias abstratas do Iluminismo se tornaram tangíveis ao serem transformadas em um "credo" na Declaração, e ainda mais quando "concretizadas" na lei da terra pela Constituição. E, mais ainda, por meio de emendas constitucionais subsequentes, da legislação e da evolução do costume cotidiano. As ideias, portanto, operam em muitos níveis, do totalmente abstrato ao totalmente "real" e em todos os pontos intermediários.[15]

Considere as palavras do próprio Obama. As "verdades evidentes por si mesmas" da Declaração de Independência de que "todos os homens são criados iguais" e são "dotados de direitos inalienáveis à vida, à liberdade e à busca da felicidade pelo Criador" não são apenas "o nosso credo comum", mas "a substância do nosso credo comum". É difícil saber exatamente o que Obama quis dizer com "substância", mas, no contexto do discurso, parece significar duas coisas intimamente relacionadas. Em primeiro lugar, embora a Declaração não tenha validade jurídica, suas palavras são literalmente as palavras fundadoras da nação e, portanto, representam o padrão moral sob o qual a nação, frequentemente, deve se sustentar. E, a partir disso, é o poder dessas palavras fundadoras que motiva as pessoas a agir; o imperativo moral embutido nelas que dá às ideias a sua força. Como disse Obama ao citá-las em um discurso sobre os cinquenta anos do Domingo Sangrento em Selma, Alabama: "Essas não são apenas palavras. São um ser vivo, um apelo à ação, um roteiro para a cidadania e uma insistência na capacidade de homens e mulheres livres para moldar nosso próprio destino."[16]

Assim como Obama disse, ainda, na frase seguinte do mesmo discurso, "para Fundadores como Franklin e Jefferson, para líderes como Lincoln e Franklin Roosevelt, o sucesso do nosso experimento de autogoverno se baseou no engajamento de todos os nossos cidadãos neste trabalho". Desse modo, as palavras da Declaração também são, para Obama, "a fundação do nosso governo". Essas palavras particulares não aparecem na redação da Constituição, mas, na opinião de Obama, estão no espírito dela — na ideia de soberania popular embutida nas palavras "Nós, o povo", nos mecanismos políticos concebidos para criar uma "união cada vez mais perfeita", e nas proteções legais e políticas oferecidas pela Declaração dos Direitos e outras disposições constitucionais. Considere mais um aspecto que Obama diz em "Uma união mais perfeita": na Constituição, os Fundadores "finalmente concretizaram a sua declaração de independência". Tornaram-na real. O mundo de Obama, passado e presente, não é apenas uma idealização utópica. É um mundo de crenças que são pontos de partida em vez de finais perfeitos. Um mundo de ideias que têm "substância", que formam "bases" e são "concretizadas".[17]

E, além disso, vamos considerar outro conceito que, implicitamente, também mina a duplicidade do ideal/ real: a "união mais perfeita" que Obama frequentemente menciona e que deu título ao discurso da Filadélfia. Tal como a linguagem dos próprios Fundadores, o vocabulário de Obama é flexível o suficiente para acomodar termos absolutos tão modificados quanto "mais perfeitos". A união que os Fundadores formaram não era perfeita ou imperfeita, era "mais perfeita", ou seja, mais perfeita que os Artigos da Confederação que ela substituiu. A união que Obama descreve, desde o tempo dos Fundadores, nunca foi perfeita ou imperfeita, mas tornou-se "mais perfeita". E se a gramática de Obama não tem passado ou presente perfeitos ou imperfeitos, também não tem futuro perfeito. Como disse Obama na Filadélfia: "Esta união pode nunca ser perfeita, mas geração após geração tem mostrado que ela sempre pode ser aperfeiçoada."[18]

Na verdade, embora Obama frequentemente escreva e fale sobre um futuro mais perfeito, ele nunca detalhou um futuro perfeito. E, realmente, em um momento de introspecção política historicamente consciente, ele rejeitou de modo explícito a confiança necessária para prever tal fundamento. Discutindo o absolutismo dos abolicionistas, Obama observou que "às vezes foram os neuróticos, os fanáticos, os profetas, os agitadores e os irracionais — em outras palavras, os absolutistas — que lutaram por uma nova ordem social". E disse que ele, portanto, "não pode descartar sumariamente aqueles que hoje possuem uma certeza semelhante — o ativista antiaborto que faz piquetes na minha reunião da prefeitura, ou o ativista dos direitos dos animais que invade um laboratório — não importa quão profundamente eu discorde de suas opiniões". Mesmo quando, em retrospectiva, os absolutistas se revelam certos, apenas esses poucos fanáticos proféticos tiveram a perspicácia de enxergar isso com antecedência. E, na maioria das vezes, de qualquer forma eles acabam estando errados. Por isso, Obama não se considera como um deles, mesmo expressando admiração por alguns. Portanto, no máximo, ele é uma utopia "no meio do caminho": idealista, mas sem impor ideias prescritivas; visionário, mas livre de visões ofuscantes.[19]

Em sua incerteza sobre o futuro, Barack Obama é mais um aliado aos Fundadores dos Estados Unidos. Ou pelo menos em consonância com a maneira que eles interpretam suas próprias limitações epistemológicas. Obama argumenta que os Fundadores evitaram visões prescritivas do futuro precisamente porque sabiam que não conseguiriam prever como este seria. Porém, eram suficientemente visionários para proporcionar um meio constitucional através do qual as gerações seguintes pudessem encontrar seu futuro por si mesmas. Como diz Obama, "os Pais Fundadores e os ratificadores originais nos disseram *como* pensar, mas não estão mais por perto para nos dizer *o que* pensar. Estamos por nossa conta, e só podemos confiar em nossa própria razão e em nosso julgamento". Ele vê os Fundadores como o historiador e cientista político James T. Kloppenberg o vê: como "pragmáticos filosóficos". Isto é, tão idealista quanto, mas também prático, fundamentado em ideais e na realidade. Uma dessas realidades é que pessoas diferentes têm ideais diferentes, incluindo diferentes futuros ideais. Obama aceita, assim, que a busca pelos ideais individuais de cada um potencialmente trai os ideais mais importantes da própria democracia — a acomodação de diferentes pontos de vista. Então, ele aceita, por sua vez, a necessidade e, na verdade, a virtuosidade do compromisso como incorporado à política do país. Embora Barack Obama seja, de fato, idealista, também é ecumênico. Ele prefere, portanto, buscar a maior felicidade para o maior número, em vez de o futuro perfeito para alguns. E, por isso, é pragmático demais para ser utópico.[20]

CONSIDERAMOS QUE ESTAS VERDADES

Se Barack Obama não é um historiador utópico, que tipo de historiador ele é? Seus temas históricos centrais — o poder das ideias, a luta pela igualdade e pela liberdade, contra as forças da injustiça e da tirania e, sobretudo, o tema do progresso, que caracterizam a construção dessa "união mais perfeita" — me sugerem que ele é um whig.[21]

Mas deixe-me explicar isso. O termo "whig" é frequentemente utilizado como uma arma na violência verbal entre historiadores.* Geralmente, dizer que alguém é um "historiador whig" significa acusá-lo de exagerar na medida de existência de igualdade, liberdade e, por consenso, de subestimar a existência de desigualdade, opressão e conflito; de acreditar ingenuamente no progresso histórico e de ter um apego antiquado à Teoria do Grande Homem da História. Mas não acho nem quero dizer nada disso sobre Barack Obama. Enquanto ele certamente acredita na existência histórica dos ideais de igualdade e liberdade, e no progresso material muito real deles, essas coisas são, para Obama, muito contestadas e, portanto, precisam ser combatidas. Então, para Obama, o progresso não é linear: pode ser dolorosamente lento, pode haver retrocessos e, muitas vezes, são as pessoas, bem como ou até mais do que os seus líderes, que lutam por ele.

Além disso, muitas vezes esquecem que a historiografia whig surgiu

---

* O termo "whig" na Política em geral se refere aos partidos e pessoas com tendências liberais, em oposição aos *tories*, de tendências conservadoras. (N. da E.)

originalmente dos conflitos ideológicos polarizados e das mortais lutas revolucionárias que transformaram a Inglaterra, Grã-Bretanha, Europa e América do Norte nos séculos XVII e XVIII. E, também, frequentemente esquecem que existiam e existem diferentes tipos de whigs, e que o "whiggismo" mudou ao longo do tempo. A historiografia de Barack Obama é profundamente influenciada pelos whigs radicais do século XVIII, mais profundamente pelos "Pais Fundadores", homens que se autodenominavam whigs.[22]

O termo "whig" realmente originou-se na política inglesa como um insulto derivado de "whiggamors", referindo-se aos boiadeiros da Escócia. Surgiu pela primeira vez no discurso político durante a Crise de Exclusão (1678-1681) como uma ofensa destinada àqueles que visavam impedir que Jaime, duque de York, herdasse o trono inglês por suas preferências pelo Catolicismo e pela monarquia absolutista. Os apoiadores de Jaime, que acreditavam no direito divino dos reis e na não resistência à autoridade, foram apelidados de *tories*, derivado da palavra irlandesa *tóraí*, que significa fora da lei. Os *tories* garantiram que Jaime subisse ao trono em 1685, apesar dos esforços dos whigs para excluí-lo. Entretanto, whigs e *tories* articularam brevemente entre si e com William, Príncipe de Orange, para derrubar Jaime II em 1688, depois que ele provou, de fato, uma grande tendência a "seguir" o Papa e ao absolutismo. Depois da Revolução Gloriosa, porém, os whigs e os *tories* voltaram-se uns contra os outros e continuaram a ser os principais protagonistas da política britânica até a ascensão do Partido Liberal, em meados do século XIX, e do Partido Trabalhista, no início do século XX. Os *tories* ainda estão conosco, sempre assegurando que o progresso em direção à igualdade e à liberdade é um processo longo e, muitas vezes, doloroso.[23]

Embora os whigs tivessem em comum um compromisso com a monarquia constitucional e limitada, eles nunca foram muito homogêneos. Em um extremo do espectro estavam os whigs moderados, que acreditavam que a autoridade política derivava de uma Constituição Antiga, sob a qual os parlamentos governavam ao lado dos reis. Ocasionalmente, os whigs impugnavam os monarcas, garantindo assim os "direitos dos ingleses nascidos livres". No outro extremo estavam os whigs radicais, os quais acreditavam que a autoridade política derivava de direitos naturais ou dados por Deus. Os homens — geralmente significando exclusivamente "homens", mas às vezes, mais inclusivamente, significando "humanidade" e, portanto, abrangendo também as mulheres — nasciam iguais e tinham direitos naturais e inalienáveis à vida, liberdade e propriedade. Originalmente, as pessoas viviam em um "Estado de Natureza", mas, por meio de um "contrato social", elas voluntariamente consentiam em ser governadas, para melhor garantir suas vidas, liberdades e propriedades. No entanto, se o governo ameaçasse esses fins, o povo tinha o direito de alterá-lo ou aboli-lo, e de instituir um novo governo da forma que acreditasse que melhor garantiria a sua segurança e felicidade no futuro.

Os principais expoentes ingleses do whiggismo radical no fim dos séculos XVII e XVIII foram John Locke, autor de *Dois tratados sobre o governo* (1690), e, um pouco mais tarde, *commonwealthmen*, como John Trenchard e Thomas Gordon, os autores inicialmente pseudônimos das *Cato's Letters*. As *Cato's Letters* foram publicadas primeiramente como artigos de jornal entre 1720 e 1723 e depois coletadas como *Essays on Liberty, Civil and Religious, and other Important Subjects* em 1724, e em edições sucessivas nas décadas seguintes. O whiggismo moderado dominou a política inglesa e britânica durante um século e meio após a Revolução Gloriosa, mas o whiggismo radical de Locke, Trenchard e Gordon foi a versão mais lida nos Estados Unidos do século XVIII. Como a paráfrase do parágrafo anterior sugere, a Declaração Americana de Independência foi, sem dúvida, escrita na língua dos whigs radicais.[24]

Podemos ver o whig radical americano em Barack Obama na frequência com que ele observa ou cita a Declaração de Independência. E, talvez, possamos ver a profundidade de seu compromisso com os seus princípios na maneira que ele faz isso, às vezes. Em *The Audacity of Hope*, por exemplo, Obama iniciou uma seção de um capítulo sobre "Valores", citando a Declaração com a seguinte citação: "CONSIDERAMOS ESTAS VERDADES como evidentes por si mesmas, que todos os homens são criados iguais, que são dotados de certos Direitos inalienáveis pelo Criador, que entre esses estão a Vida, a Liberdade e a busca pela Felicidade." Algumas seções de *The Audacity of Hope* começam com maiúsculas, outras não, de modo que sozinhas podem não significar muito. Mas as outras maiúsculas aqui não são copiadas de nenhuma versão original ou anterior do documento que eu conheça, e parecem, portanto, ser invenções autorizadas por Obama ou por seus editores. O estilo tipográfico assemelha-se, no entanto, ao do século XVIII, e, portanto, transmite o efeito de transcrição, mesmo que não seja exatamente copiado. E o efeito pretendido pode até mesmo relacionar-se com as origens bíblicas do termo "transcrição". Na verdade, já vimos Obama chamar essas palavras de "credo", o mesmo termo usado pelo sociólogo sueco Gunnar Myrdal para descrever os ideais de igualdade e liberdade embutidos na Declaração, mesmo quando ele apontou que os Estados Unidos não conseguiram viver de acordo com seus ideais em relação à raça. É o mesmo termo utilizado por Martin Luther King para descrever a Declaração em seu discurso "Eu tenho um sonho", de 1963. Como a grande historiadora Pauline Maier mostrou, a Declaração tornou-se uma espécie de "escritura americana", parte do que o filósofo e cientista social Robert Bellah chamou de "religião civil" dos Estados Unidos.[25]

A reverência quase religiosa de Barack Obama pela Declaração de Independência pode indicar uma afinidade com uma marca particular da historiografia whig americana: o providencialismo. Os whigs providencialistas viram a Revolução Americana e outros avanços americanos não apenas como lutas pela igualdade e liberdade contra a iniquidade e a tirania, mas como batalhas cósmicas entre o bem e o mal, com Deus do lado da liberdade americana. Alguns perceberam um providencialismo por parte de Obama e atribuíram-no ao puritanismo, outros ao transcendentalismo. Essas ideias são intrigantes, mas, para mim, não são convincentes. Primeiro, apesar dos gostos de Jeremiah Wright, a influência do puritanismo da Nova Inglaterra no pensamento americano posterior é geralmente exagerada, como veremos no capítulo um. E, enquanto Obama evoca a influência inspiradora do sentido de missão dos puritanos, ele é intolerante à intolerância deles.

A tese transcendentalista, por outro lado, pode ter alguma influência. No discurso em Selma, Alabama, por exemplo, marcando os cinquenta anos da famosa marcha de lá até Montgomery, também no Alabama, pelo direito de voto, Obama resumiu a visão e a missão coletiva dos americanos da seguinte forma: "Nós somos o povo sobre quem Emerson escreveu: 'que, por causa da verdade e da honra, permanece firme e sofre por muito tempo', que 'nunca se cansa, desde que consiga ver longe o suficiente'".[26] No entanto, a historiografia de Barack Obama é decididamente pragmática. Vimos antes como o seu "pragmatismo filosófico" fundamenta o seu ideal de realismo prático. Também podemos ver uma rejeição decisiva das tentativas das teorias sobrenaturais em uma de suas discussões sobre a Constituição e a Declaração dos Direitos que, escreve ele, "parecem tão incrivelmente corretas que é fácil acreditar que são o resultado da lei natural, se não da inspiração divina". Portanto, ele "compreende" a visão de que "nossa democracia deve ser tratada como fixa e inabalável, a fé fundamentalista de que, se o entendimento original da Constituição for seguido sem questionamentos ou desvios e se permanecermos fiéis às regras que os Fundadores estabeleceram, então seremos recompensados e todo o bem fluirá". Tudo isso, porém, leva ao ponto muito prático de que a Constituição "não é um documento estático, mas sim vivo, que deve ser lido no contexto de um mundo em constante mudança".[27]

Essa referência à "fé fundamentalista" e outras imitações leves, mas ainda satíricas de expressões religiosas refletem uma rejeição da percepção providencial. Na verdade, como veremos em detalhes mais adiante, a retórica religiosa de Obama, por mais genuína que seja, assemelha-se mais aos secularistas do Iluminismo do século XVIII do que aos sofistas evangélicos de hoje. Ele se assemelha, com certeza, aos pregadores e ativistas abolicionistas e antissegregacionistas dos séculos XIX e XX, e, nessa medida, realmente é muito justo. Mas essa é apenas mais uma maneira de dizer que se baseia no bem da humanidade, em vez de ser arejado pela glória do Todo-Poderoso.

O QUE NOS TORNA EXCEPCIONAIS — O QUE NOS TORNA AMERICANOS

Barack Obama, portanto, tem mais em comum com os whigs não

providencialistas da era revolucionária americana e com os neowhigs de tempos mais recentes do que com os historiadores do século xix, que viam Deus (e não a crença em Deus) como um agente real na história humana e, especialmente, na história americana. Mas Obama compartilha a crença no "excepcionalismo americano" com muitos historiadores whig americanos de todas as épocas — até certo ponto. Como Obama observou no seu segundo discurso de posse:

Cada vez que nos reunimos para dar posse a um presidente, damos testemunho da força duradoura da nossa Constituição. Afirmamos a promessa da nossa democracia. Recordamos que o que une esta nação não são as cores da nossa pele ou os princípios da nossa fé ou as origens dos nossos nomes. O que nos torna excepcionais — o que nos torna americanos — é a nossa fidelidade a uma ideia articulada em uma declaração feita há mais de dois séculos: "Consideramos que estas verdades são evidentes por si mesmas, que todos os homens são criados iguais; que são dotados pelo Criador de certos direitos inalienáveis, que entre esses estão a vida, a liberdade e a busca da felicidade."[28]

O excepcionalismo americano às vezes é visto como problematicamente paroquial, caracterizando como "americanas" coisas que podem ter se originado em outro lugar ou serem amplamente compartilhadas, ou ambos. Mas o homem que vê a parte da sua infância que passou na Indonésia como uma experiência formativa, e que alimentou cuidadosamente os laços familiares africanos, dificilmente será tão limitado. De fato, Obama aprecia que muitas ideias adotadas pelos americanos realmente se originaram em outro lugar, e ele nomeia os ingleses Thomas Hobbes, John Locke e cita, mas não nomeia, Thomas Paine como exemplos de escritores que informaram a mente americana. O que é "excepcional" para Obama, como vimos e veremos, também, mais adiante, é que os Estados Unidos transformaram essas ideias em realidade por meio de crenças declaratórias e meios constitucionais.

Mas a ideia de que a adesão à Declaração de Independência, à Constituição e à democracia americana "une a nação" levanta novamente a questão de saber se a história whig em geral e, em particular, o whiggismo de Obama enfatizam em demasia a igualdade histórica, liberdade e consenso e pouco enfatizam a iniquidade, opressão e conflito. No fim do século xix, através da Grande Depressão dos anos 1930, os historiadores "progressistas" estavam em ascensão, enfatizando, compreensivelmente, a enorme desigualdade e conflito entre ricos e pobres no passado, que eles viam refletidos em seu presente. O fim da Depressão e o papel dos Estados Unidos nas vitórias sobre o nazismo alemão e o imperialismo japonês, mais a nova ameaça do comunismo totalitário, viram a ênfase neowhig em uma luta unificada pela liberdade contra a tirania elevar--se mais uma vez à eminência historiográfica. O Movimento dos Direitos Civis e a Guerra do Vietnã, porém, voltaram a chamar a atenção para as injustiças internas e externas, e encorajaram os historiadores neoprogressistas a salientar as iniquidades históricas que os neowhigs supostamente ignoravam de maneira complacente. Na verdade, "Uma união mais perfeita" e outros discursos de Obama têm sido criticados por enfatizar demais a harmonia histórica e subestimar conflitos raciais e outros tipos de conflitos do passado e do presente.[29]

Certamente, há tendências na história americana de Barack Obama que podem fazer com que sua interpretação do passado pareça excessivamente focada na igualdade, liberdade e consenso, e tão desatenta aos seus opostos, como alguns de seus críticos afirmam. Obama presta pouca atenção, por exemplo, aos conflitos internos durante a Revolução Americana, o Abolicionismo e o Movimento dos Direitos Civis. Ao falar e escrever especificamente sobre esses movimentos, ele geralmente está mais interessado nos bons resultados do que nas desavenças internas que, muitas vezes, foram uma parte do que os tornou dinâmicos.

Mas, quando escreve e fala mais amplamente sobre a história americana, Obama reconhece os dilemas dos revolucionários americanos sobre questões, por vezes, profundamente segregacionistas, como liberdade e excesso, liberdade e igualdade, e — acima de tudo — liberdade e escravidão. Além disso, para Obama, um ou outro tipo de conflito faz parte da dinâmica que, em geral, conduz a história americana. Muitas vezes, foi apenas através de lutas amargas e de conflitos sangrentos que a união americana tornou-se mais perfeita, especialmente na luta contra a escravidão e nas lutas pelos direitos civis. Na verdade, uma característica notável da história americana de Barack Obama a esse respeito é a importância da história afro-americana. Para Obama, como veremos, a luta pela liberdade e igualdade afro-americana não é um subenredo: ela é a principal força motriz da narrativa central.

Em suma, pode parecer que a história americana de Barack Obama, à primeira vista, enfatiza o consenso em vez do conflito, a igualdade em vez da desigualdade e a liberdade em vez da opressão. No entanto, o seu consenso não é unânime, mas pressupõe a existência de conflitos. Sua igualdade não é onipresente, mas pressupõe a existência de desigualdade. E a sua liberdade não é universal, mas pressupõe a existência de opressão. Em outras palavras, a História é verdadeiramente complicada, e a análise que Obama faz dela é adequadamente sofisticada.

O ARCO DO UNIVERSO MORAL

Além disso, pode parecer que a história americana de Barack Obama, à primeira vista, enfatiza demais o progresso, um conceito sobre o qual os historiadores profissionais tendem a ser céticos. E, de fato, Obama sabe e foi lembrado pela eleição de 2016 que, às vezes, os demônios mais obscuros derrotam os melhores anjos da nossa natureza. Como ele disse em seu discurso de despedida em 10 de janeiro de 2017 a respeito da história americana em geral, mas também em referência direta a eventos recentes: "Sim, o nosso progresso tem sido desigual. O trabalho da democracia sempre foi difícil. Sempre foi controverso. Às vezes, tem sido sangrento. A cada dois passos à frente, muitas vezes parece que damos um passo atrás."[30]

Na verdade, a atitude vencedora *versus* perdedora do Tea Party e do sucessor de Barack Obama na Sala Oval é a própria antítese dos fins inclusivos da política de Obama. Porém, as diferenças entre o 44° e o 45° presidente não são apenas sobre fins, mas também sobre meios; e em relação aos meios a América pode ter dado mais de um passo para trás em 2016. O modo de política do sucessor de Obama, como guerra por meio de mentiras armadas, representa uma ameaça existencial ao constitucionalismo americano, subvertendo a deliberação democrática e a construção do consenso construtivo que, para Obama, são análogos políticos dos conceitos filosóficos de verdade e razão. Então, ainda é mais notável que Obama mantenha sua fé na resiliência do sistema americano e, acima de tudo, em uma crença que ele presume ser adotada pela maioria dos americanos, talvez não pelo atual líder. Como ele disse nas palavras seguintes do seu discurso de despedida: "Mas a longa travessia da América foi definida por um movimento para frente, um alargamento constante do nosso credo fundador para abranger a todos e não apenas a alguns."[31]

No entanto, tudo isso não é mais nem menos do que Barack Obama acreditava uma década antes, quando falou de progresso, mas apontou em *The Audacity of Hope* que "em nenhum lugar está decretado que a História deva se mover em linha reta". A narrativa histórica dele, conforme relatada neste livro, inclui as falhas e retrocessos que acontecem no caminho para o progresso. E, como Obama observou em mais de uma ocasião, citando o reverendo Martin Luther King Jr., que havia citado o abolicionista do século XIX, reverendo Theodore Parker: "O arco do universo moral é longo, mas inclina-se para a justiça."[32]

Entretanto, Obama muitas vezes acrescenta a sua própria coda quando cita esse ditado. Em 2005, nas comemorações do 65º aniversário do grande líder dos direitos civis e depois do deputado, John Lewis, Obama falou sobre os ataques aos manifestantes pelo direito de voto em 1965, que incluía o próprio Lewis, em Selma, Alabama. Obama disse que "duas semanas depois do Domingo Sangrento, quando a marcha finalmente chegou a Montgomery, Martin Luther King Jr. falou à multidão de milhares e disse: 'O arco do universo moral é longo, mas inclina-se para a justiça'. Ele tem razão", acrescentou Obama, "mas sabe o que mais? Ele não se inclina sozinho. Inclina-se porque o ajudamos a inclinar-se dessa maneira. Porque pessoas como John Lewis e Hosea Williams, e Martin Luther King e Coretta Scott King, e Rosa Parks e milhares de americanos comuns com extraordinária coragem ajudaram a incliná-lo dessa forma". Em outras ocasiões, Obama atribui esse adendo ao próprio King. Alguns meses antes, quando ganhou a disputa pelo Senado em novembro de 2004, Barack Obama falou que "o dr. King disse que 'o arco do universo moral é longo, mas inclina-se para a justiça, desde que o ajudemos a inclinar-se nesse sentido'".[33]

De qualquer forma, o argumento de Obama é: o progresso pressupõe a existência de oposição e, portanto, de conflito. O progresso não é natural, fácil ou linear, e alcançá-lo é, muitas vezes, uma luta, que só pode ser vencida por "Nós, o povo". O que nos leva a um último ponto geral sobre a história americana de Barack Obama, o qual precisa ser mencionado antes de passarmos a explorar seus detalhes nos próximos capítulos.

ONDE A PERFEIÇÃO COMEÇA

Barack Obama acredita que o progresso histórico ou seu oposto não depende apenas de quem habita a Casa Branca ou assume outras posições de poder em um dado momento. Para Obama, a democracia americana e sua história também são sobre "todos os homens e mulheres sem rosto e sem nome, escravos e soldados, e alfaiates e açougueiros" sobre os quais ele escreveu no final de *The Audacity of Hope*. E, além disso, a "união mais perfeita" de Obama não é construída apenas nos momentos dramáticos, mas também em uma base mais gradual, "tijolo por tijolo, trilho por trilho, mão calejada por mão calejada". Portanto, não é apenas uma história política, mas também uma história social ou, pelo menos, uma história social da Política.[34]

O que nos traz de volta à Filadélfia de 2008 e, por extensão, à mesma cidade em 1787. Barack Obama começou seu discurso sobre "Uma união mais perfeita" com os Fundadores, como já vimos, mas terminou com uma história daqueles que ele vê como os seus sucessores modernos. O relato conta como, para Obama, o fenômeno das pessoas que trabalham juntas para melhorar suas vidas, para tornar real o credo da Declaração de Independência, pertence a uma tradição que data da convenção constitucional. A narrativa de Obama também ilustra o dom que ele tem de ligar o progresso de longo prazo à ação coletiva e, mais geralmente, de descrever as sinergias que ele vê entre os processos históricos e a vida cotidiana. "Há uma história em particular com a qual eu gostaria de deixar vocês hoje", disse ele:

uma história que contei quando tive a grande honra de falar no aniversário do dr. King em sua igreja, Batista Ebenezer, em Atlanta.

Há uma moça branca de 23 anos chamada Ashley Baia, que organizou nossa campanha em Florence, Carolina do Sul. Ela estava trabalhando para organizar uma comunidade predominantemente afro-americana desde o início desta campanha e, um dia, ela estava em uma discussão durante uma mesa-redonda em que todos estavam contando suas histórias e por que eles estavam ali.

Ashley disse que, quando tinha nove anos, sua mãe teve câncer. E, como ela precisou faltar vários dias de trabalho, foi dispensada e perdeu o plano de saúde. Elas tiveram que declarar falência, e foi aí que Ashley decidiu que precisava fazer algo para ajudar sua mãe.

Ela sabia que a comida era um dos gastos mais altos, então Ashley convenceu sua mãe de que o que ela realmente gostava e queria comer, mais do que qualquer outra coisa, era sanduíche de mostarda e *relish*. Porque esse era o prato mais barato para comer.

Ela fez isso por um ano, até a mãe melhorar, e disse a todos na mesa-redonda que a razão pela qual ela se juntou à nossa campanha foi para que pudesse ajudar milhões de outras crianças do país que também querem e precisam ajudar seus pais.

No entanto, Ashley poderia ter feito uma escolha diferente. Talvez, alguém tenha lhe dito ao longo do caminho que a fonte dos problemas de sua mãe eram os negros que viviam do seguro-desemprego por serem preguiçosos demais para trabalhar, ou os hispânicos, que entravam no país ilegalmente. Mas ela não fez outra escolha. Ela procurou aliados na sua luta contra a injustiça.

De qualquer forma, Ashley terminou de contar sua história e depois deu uma volta na sala, perguntando a todos os outros por que eles estavam apoiando a campanha. Todos eles tinham histórias e razões diferentes. Muitos mencionaram uma questão específica. E, finalmente, chegou a um idoso negro que esteve ali sentado o tempo todo em silêncio. E Ashley perguntou por que ele estava lá. E ele não mencionou uma questão específica, não falou sobre assistência médica nem economia. Ele não citou educação nem guerra. Ele não disse que estava lá por causa de Barack Obama, mas simplesmente disse a todos na sala: "Estou aqui por causa da Ashley."

"Estou aqui por causa da Ashley." Por si só, aquele único instante de reconhecimento entre aquela jovem branca e aquele velho negro não é suficiente. Não basta dar assistência médica aos doentes, nem empregos aos desempregados, nem educação aos nossos filhos.

Mas é por onde começamos. É onde a nossa união se fortalece. E, como tantas gerações passaram a perceber ao longo dos 221 anos desde que um grupo de patriotas assinou aquele documento na Filadélfia, é onde a perfeição começa.[35]

1
Nosso ponto de partida como americanos: as colônias americanas

O NOSSO PONTO DE PARTIDA COMO AMERICANOS

"CONSIDERAMOS QUE ESTAS verdades são evidentes por si mesmas, que todos os homens são criados iguais, que são dotados de certos Direitos inalienáveis pelo seu Criador, que entre esses estão a Vida, a Liberdade e a busca da Felicidade." Barack Obama descreve essas palavras da Declaração de Independência como "o nosso ponto de partida como americanos". Em alguns aspectos, essa afirmação é verdadeira. Enquanto uma ação política, em vez de um mero anúncio aleatório de princípios abstratos, a Declaração contribuiu para a criação dos Estados Unidos, o que certamente parece ser algum tipo de ponto de partida.[1]

Mas, ainda assim, Obama reconhece que houve de fato uma versão anterior dos Estados Unidos. As primeiras palavras da Declaração de Independência fazem alusão a essa América anterior. As palavras mais famosas citadas anteriormente formam a abertura do segundo parágrafo da Declaração. Pois, na verdade, ela começa da seguinte forma:

Quando, no curso dos acontecimentos humanos, se torna necessário que um povo dissolva os laços políticos que o ligavam a outro e assuma, entre os poderes da terra, a posição separada e igualitária a que lhes dá direto as leis da natureza e as do Deus da natureza, o respeito digno às opiniões da humanidade exige que se declarem as causas que os impulsionam à separação.[2]

Embora a Declaração de Independência certamente tenha sido o ponto de partida para os Estados Unidos como hoje se conhece, essas palavras nos recordam que ela também foi o ponto final de alguma outra coisa. Ou seja, que os recém-criados cidadãos dos Estados Unidos estavam abandonando o seu status de longa data como súditos coloniais da Grã-Bretanha.

Na véspera da independência, as colônias americanas que formariam os Estados Unidos compreendiam treze entre 25 colônias britânicas diversas, espalhadas desde as fazendas e locais de pesca do Canadá até as plantações de açúcar do Caribe. Essas colônias e seus povos estavam politicamente ligados uns aos outros e à "pátria-mãe" pela lealdade comum à Coroa britânica. Elas também estavam conectadas pelas redes de comércio governadas pelas leis de navegação, que confinaram o mercado colonial dentro de um sistema de comércio mercantilista britânico. As redes de comércio britânicas também ligaram estreitamente a Grã-Bretanha e suas colônias americanas à África. Vítimas do tráfico de escravos e de seus descendentes, juntamente com pessoas de todas as Ilhas Britânicas, partes da Europa continental e outras regiões do mundo, portanto, eram membros de um rico e, muitas vezes, profundamente dividido "mundo anglo-atlântico".[3]

Os mais afortunados entre os povos da América britânica estavam unidos por um senso de herança dos "direitos dos ingleses nascidos livres", por uma cultura comum e por laços de família e amizade. Os historiadores desse mundo anglo-atlântico têm demonstrado quão profundas e extensas eram essas conexões, heranças e lealdades comuns, apesar das diferenças entre as colônias e das muitas divergências de religião, raça, gênero, classe e status dentro delas. Até as pessoas mais infelizes da América britânica, os primeiros membros da diáspora africana, estabeleceram novas raízes nesse Novo Mundo. No início, fizeram-no involuntariamente e apenas como uma questão de sobrevivência, mas, ao sobreviverem, fundaram as culturas afro-caribenhas e afro-americanas que hoje enriquecem imensamente o nosso mundo. Os habitantes originais do continente também enriqueceram a vida dos recém-chegados de várias maneiras, que vamos explorar com mais detalhes no capítulo sete. Em suma, pelo menos desde a derrota dos franceses na Guerra dos Sete Anos (1756-1763), e possivelmente antes disso, o Império Britânico representava a mais poderosa e extensa entidade política e econômica, bem como a região cultural mais rica e diversificada que o mundo já havia conhecido.

No entanto, Barack Obama não explora a riqueza ou o dinamismo deste mundo. Pelo contrário, para Obama, as colônias americanas eram simplesmente arenas de tirania das quais, eventualmente, um novo povo se libertou. Como disse Obama em sua mensagem semanal na rádio no Dia da Independência em 2013, por exemplo: "Em 4 de julho de 1776, um pequeno grupo de patriotas declarou que éramos um povo criado igual — livre para pensar, adorar e viver como quiséssemos. Foi uma declaração ouvida ao redor do mundo — que já não éramos colonos, éramos americanos, e nosso destino não seria determinado para nós; seria determinado por nós." No gramado sul da Casa Branca, no início do mesmo dia, Obama disse o mesmo, mas depois acrescentou. "Naquele tempo da história humana", disse ele, "eram reis, príncipes e imperadores que tomavam decisões. Mas aqueles patriotas sabiam que havia uma maneira melhor de fazer as coisas, que a liberdade era possível e que, para alcançar sua liberdade, eles estavam dispostos a dar suas vidas, suas fortunas e sua honra. E assim iniciaram uma revolução".[4]

Barack Obama tinha reiterado essa ideia de império antes, e também tinha associado ainda mais claramente a autodeterminação nacional à liberdade individual. Obama incentivou a turma de graduação de 2006 da Universidade de Massachusetts, em Boston, por exemplo, a "buscar a felicidade que você deseja", mas lembrou-lhes de não tomar como certa a posição historicamente privilegiada. "Hoje", disse ele, "esse sonho soa comum — talvez até mesmo clichê — mas, na maior parte da história humana, tem sido tudo menos isso. Como um servo em Roma, um camponês na China", disse ele, "ou um súdito do rei George, havia poucos futuros improváveis. Não importava o quanto você trabalhasse ou lutasse por algo melhor, você sabia que iria passar a vida forçado a construir o império de outra pessoa, a sacrificar-se pela causa de outra pessoa."[5] Esses pontos de vista podem muito bem ter sido moldados mais pela memória da família de Barack Obama do que por uma profunda familiaridade com a história anglo-americana. Obama forneceu uma breve visão de sua perspectiva sobre as imposições do imperialismo em "A audácia da esperança", seu discurso na Convenção Nacional Democrata de 2004. "Meu pai era um estudante estrangeiro, nascido e criado em uma pequena aldeia no Quênia. Ele cresceu pastoreando cabras", continuou, "sua escola era um barraco de telhado de latão. O pai dele, meu avô, era cozinheiro, empregado doméstico dos britânicos." Essa foi uma história que contou em muitos de seus discursos anteriores, quando ainda era necessário que ele apresentasse quem era ao público.[6]

Ocasionalmente, Obama associou o imperialismo britânico na África com a escravidão e Jim Crow na América, talvez mais como uma forma de estabelecer suas próprias credenciais ancestrais como um americano negro, apesar de não ser descendente de escravos afro-americanos. Em discurso de campanha primária em 2007, em Selma, Alabama, local do Domingo Sangrento, o massacre dos manifestantes negros pelo direito de voto por tropas estatais, Obama disse à multidão: "Meu avô era um cozinheiro dos britânicos no Quênia. Cresceu em uma pequena aldeia e, durante toda a sua vida, foi apenas isso — um cozinheiro e um rapaz de casa. E era assim que o chamavam, mesmo quando tinha sessenta anos. Eles o chamavam de rapaz de casa. Não o chamavam pelo sobrenome, mas sim pelo primeiro nome. Parece familiar?" O autobiográfico *Dreams from my Father* ilustra ainda mais as histórias individuais de vidas limitadas e de potencial humano desperdiçado, bem como as tão conhecidas atrocidades que foram cometidas para sustentar o colonialismo britânico no Quênia. Embora a biografia escrita por David Remnick, *The Bridge*, tenha mostrado que os antepassados de Obama desfrutaram de certas oportunidades sob domínio britânico, certamente teriam desfrutado mais se tivessem as liberdades individuais, que são mais prováveis de existir com a autodeterminação nacional.[7]

Muitas opressões e atrocidades foram cometidas pelo Império Britânico na América e na África. No entanto, era um tipo diferente de imperialismo daquele descrito por Obama. Os recursos militares, monetários e de outra natureza, disponíveis para o Estado inglês no início do século XVII, foram menos abundantes do que os destinados ao Estado britânico nos séculos XIX e XX. No império posterior, os britânicos foram capazes de ocupar e administrar "colônias de exploração" de maneira central a partir de Londres, com relativamente poucos civis e militares no terreno. Geralmente, nesse "segundo" Império Britânico, os povos indígenas eram explorados para que seus recursos pudessem ser expropriados.

Em contraste, no "primeiro" Império Britânico, os povos indígenas foram expropriados para que seus recursos pudessem ser explorados. O Estado inglês mais antigo e com menos recursos teve que colonizar em colaboração com a iniciativa privada. O método-padrão era que a Coroa ou o Parlamento concedesse cartas a empresas ou proprietários que, então, ocupariam e administrariam "colônias de povoamento". Para atrair imigrantes e colonos a fim de repovoar a América, era necessário oferecer oportunidades econômicas relativamente extensas juntamente com a capacidade de desfrutá-las. Assim, as propagandas das colônias prometiam aos imigrantes incentivos como a liberdade religiosa e política, baixos impostos e, acima de tudo, terras baratas.

Obviamente, essa terra pertencia originalmente aos nativos americanos. Grande parte dela foi trabalhada por africanos e seus descendentes escravizados, de modo que, em muitos aspectos, a violência e o sofrimento foram ainda maiores no "primeiro" Império Britânico do que haviam sido no último. Além disso, as propagandas da Coroa subestimavam as dificuldades e os perigos envolvidos nas viagens transoceânicas e nos assentamentos americanos, e superestimavam a extensão das oportunidades para os indivíduos. No entanto, um número significativo de europeus livres foi capaz de construir algo para si, bem como de "construir o império de outra pessoa". E muitos certamente desfrutaram de melhores perspectivas na América colonial do que teriam desfrutado se tivessem ficado em casa.

Fora isso, Barack Obama menciona certos aspectos da vida nas colônias, que exploramos abaixo, mas ele fala principalmente de elementos isolados que não fornecem um panorama completo ou coerente da América britânica colonial. Na verdade, em alguns aspectos, a América colonial de Obama não era o que *era*, mas o que *não era*. Como vimos no prólogo e como veremos mais detalhadamente em capítulos posteriores, a história americana de Barack Obama é impulsionada pelo "credo comum" da Declaração de Independência, que infundiu a lei da terra na forma de uma Constituição que criou uma "democracia deliberativa", para que os americanos, com a audácia da esperança, pudessem e possam continuar construindo uma "união mais perfeita". Portanto, o que torna a sua história dos Estados Unidos completa e coerente é, precisamente, aquilo que, se ausente, tornaria a história da América colonial incompleta (embora não incoerente). A América colonial nem sequer tinha esse credo e ponto de partida comuns.

Há, porém, elementos na América colonial de Barack Obama que, mais tarde, se uniram em uma coalizão de fenômenos que, em sua opinião, ajudaram a moldar os Estados Unidos. Ou seja, a migração religiosa, o comunitarismo, as "virtudes domésticas", a "democracia local" das reuniões das cidades, a tirania britânica pós-colonial e o "pecado original" da escravidão nos Estados Unidos. Esses são elementos relevantes para a compreensão do que, para Obama, a América se tornou após a independência; e ele os vê a partir de uma perspectiva pós-independência. Portanto, eles compreendem menos uma história da América colonial do que uma pré-história dos Estados Unidos. Os historiadores consideram essa abordagem teleológica da história uma má prática, mas, por outro lado, Obama finge não fazer nada mais do que extrair das colônias as origens dos acontecimentos que se integram de forma mais consistente como uma consequência da independência. No entanto, isso significa que, para ele, os americanos têm uma série de pontos de partida no passado pré-Declaração.

Com exceção do domínio imperial e da escravidão, as características isoladas da vida colonial americana que Barack Obama identifica são aquelas que ele considera positivamente inspiradoras para os americanos das próximas gerações. A fuga migratória da tirania e perseguição religiosa do século XVII, a construção de novas comunidades, as tais virtudes domésticas, as experiências em democracia e a fuga revolucionária da perseguição política do século XVIII figuram em seus comentários dispersos sobre a história colonial americana como primeiros exemplos de audácia e de esperança. Havia pouca igualdade e liberdade no início da América de Barack Obama, mas havia essa busca pela felicidade. Às vezes, Obama traça uma linha direta entre as buscas precoces pela felicidade na era colonial e as que se iniciaram depois da Revolução. Assim, podemos recomeçar com a fundação do país e voltar no tempo a partir daí até a fundação das colônias.

EM UM SALÃO QUE AINDA ESTÁ DO OUTRO LADO DA RUA

Em comum com seus comentários sobre a Declaração de Independência, as observações de Barack Obama sobre a Constituição podem nos dizer muito sobre o que ele pensa a respeito da América colonial. Na introdução de "Uma união mais perfeita", o discurso "salvador de carreira" de 18 de março de 2008, Obama, primeiro, se concentrou nos Pais Fundadores e na formação de uma nova nação. Ele começou o discurso e deu o tom para o seu tema, citando algumas das palavras de abertura da Constituição: "NÓS, O POVO, a fim de formar uma união mais perfeita." E então ele explicou a procedência dessa frase da seguinte forma:

Há 221 anos, em um salão que ainda está do outro lado da rua, um grupo de homens se reuniu e, com essas palavras simples, inaugurou a improvável experiência americana na democracia. Agricultores e acadêmicos; estadistas e patriotas, que atravessaram um oceano para escapar da tirania e da perseguição, finalmente concretizaram sua declaração de independência em uma convenção na Filadélfia que durou até a primavera de 1787.[8]

A maior parte dessa passagem refere-se ao fato de que, embora os Fundadores tenham declarado a Independência em 1776, não criaram imediatamente um acordo político duradouro para os novos Estados Unidos. De 1776 a 1781, o país foi supervisionado pelo mesmo Congresso Continental que emitiu a Declaração de Independência. Ou, mais precisamente, *os* estados *foram* supervisionados pelo Congresso Continental, pois permaneceram constituídos em uma confederação de estados e não eram, ainda, uma nação federal. Depois de um período subsequente, em que muitos ainda viam a governança baseada nos Artigos da Confederação de 1781 como insuficiente, os Fundadores na Convenção de 1787, autodenominando-se "Nós, o povo dos Estados Unidos", finalmente redigiram a Constituição "a fim de formar uma união mais perfeita". A maioria dos estados ratificou o documento em 1788, e a nova constituição iniciou suas operações em 4 de março de 1789. A elaboração da Constituição foi finalmente concluída com a adoção da Declaração dos Direitos — as dez primeiras emendas — em dezembro de 1791.

Nos capítulos seguintes, trataremos mais detalhadamente desse processo de formação da nação e da alegação contestável de Barack Obama de que a Constituição foi um "experimento em democracia". Por agora, porém, quero tratar de certos aspectos da abreviação que Obama faz desses eventos neste discurso, incluindo algumas supressões, e até mesmo erros, que revelam muito sobre o que Obama pensa a respeito da América colonial. Mais especialmente, como ele sintetizou a época para enfatizar a ruptura que, para o ex-presidente, representa a Revolução Americana.

Em primeiro lugar, nas palavras de Obama há aquele sentido de tempo peculiarmente americano, manifestado na aparente notoriedade de que um edifício ainda deveria estar de pé após 221 anos. A ênfase na idade do Independence Hall chama, realmente, a atenção para a juventude do país, em vez da sua idade, pois ninguém, de fato, acharia notável um edifício ainda estar de pé depois de mais de dois séculos na Europa, por exemplo. E esse comentário de Obama tira, implicitamente, 34 anos da idade do edifício. Na verdade, o Independence Hall foi construído em 1753 para ser a sede do governo da Pensilvânia, portanto, ele já estava de pé há pelo menos 254 anos na época em que Obama discursou. Talvez essa seja uma observação trivial e, de qualquer forma, o ponto de referência retórica de Obama foi 1787 e não a data anterior. Por outro lado, há uma diferença entre os poucos mais de dois séculos de que falou Obama e os 250 anos que ele poderia ter mencionado.

Em todo caso, essa ênfase na juventude da América é silenciosamente reforçada pela associação de sua idade à criação dos Estados Unidos em 1776, e, mais especialmente, com o ano da elaboração da Constituição em 1787. Mais uma vez, isso parece razoável, considerando que o assunto de Obama naquele momento, realmente, era a criação dos Estados Unidos. Porém, como seu comentário sobre a Declaração de Independência que menciona "nosso ponto de partida como americanos", há uma omissão da América colonial acontecendo aqui. Pode-se igualmente datar "nosso ponto de partida como americanos", por exemplo, na fundação da primeira colônia inglesa permanente em Jamestown, em 1607, quatro séculos e um ano antes da época em que Obama estava falando. Mas isso não teria o efeito de enfatizar a juventude americana ou, mais importante, sua ruptura revolucionária. Ocasionalmente, Obama data as origens dos americanos ao período colonial, pelo menos no que tange aos peregrinos e aos puritanos das décadas de 1620 e 1630. Ele utiliza tal artifício apenas para incorporar esse aspecto da história colonial na história dos Estados Unidos, como veremos em breve.

A PRIMAVERA DE 1787

Dando prosseguimento, porém, há um erro na passagem anterior de "Uma união mais perfeita", ou talvez um "erro". E também, mas de uma maneira diferente, serve para enfatizar a natureza jovem e revolucionária da América como Barack Obama a vê. A Convenção Constitucional a que Obama se referiu foi organizada, de fato, em 14 de maio, conseguiu quórum em 25 de maio e se manteve até que os últimos delegados finalmente se dispersassem em 17 de setembro. Logo, a convenção durou até o verão de 1787, e não "até a primavera", como recorda Obama erroneamente. Esse pode ter sido um erro cometido devido ao fato das palavras terem sido escritas com pressa e discursadas apenas uma vez. Afinal, o discurso foi feito durante a crise política de meados de março de 2008, criada pela mídia para revelar alguns sermões antigos nos quais o então pastor de Obama, reverendo Jeremiah Wright, havia sugerido que os ataques de 11 de Setembro representavam "o castigo voltando a cavalo", e nos quais ele respondeu ao racismo na política americana interna e externa, tanto histórica como recente, com as palavras "Deus amaldiçoe a América". A escrita emergencial do discurso não passou pelo processo usual de escrita e revisão. Em vez de Jon Favreau redigir o discurso e Obama editar suas palavras, os dois inverteram os papéis, até então, habituais. Obama esboçou um discurso profundamente pessoal e, então, Favreau editou, os dois trabalharam incansavelmente dia e noite, tanto na campanha como no discurso antes do dia 18 de março, o momento da verdade. Talvez alguns erros tenham sido cometidos devido a esses desvios dos procedimentos normais. E, como o discurso era uma resposta a uma crise passageira, foi uma exceção, e não a norma dos acontecimentos dos meses seguintes. Ele não seria, portanto, repetido e aperfeiçoado no decurso da campanha.[9]

Ou, talvez, essa questão da primavera não tenha sido exatamente um erro. Barack Obama graduou-se *magna cum laude* na Harvard Law School, foi presidente da *Harvard Law Review* e, mais tarde, ensinou Direito Constitucional na Universidade de Chicago por doze anos. Ele sabia, pelo menos nesse momento, quando a Convenção Constitucional aconteceu e, em caso de lapso de memória, poderia ter pesquisado a data no Google. Ou Jon Favreau poderia ter mencionado isso ou ele próprio checado esse equívoco. Logo, a realocação da época da convocação foi provavelmente o resultado de uma decisão retórica de esquecer os fatos e, em vez disso, evocar o simbolismo da primavera. Ou, então, pode ter sido o resultado desse simbolismo já ter seduzido os redatores dos discursos, talvez inconscientemente, mas seria ainda mais revelador se fosse o caso.

Independentemente da razão, a primavera evoca imagens positivas de calor, crescimento e vida nova. Retórica e metaforicamente, implica despertar ou redespertar, renovação, novas possibilidades. O mesmo tipo de amanhecer que Ronald Reagan evocou em sua campanha de reeleição de 1984, quando fez a bizarra afirmação de que "é manhã novamente na

América". Favreau é fã da retórica de Reagan.

E, claro, a primavera chega após o inverno. Se a primavera representa o nascimento de uma nova nação, então o inverno talvez apresente o Império Britânico como velho, frio e moribundo, se não morto. Barack Obama, em outros discursos, associou o domínio britânico à época de inverno, e não de uma forma parecida com os cartões de Natal. A seguinte passagem do seu primeiro discurso de posse é mais factualmente precisa do que as linhas de "Uma união mais perfeita" no sentido de que os eventos descritos de fato aconteceram na estação atribuída a eles. Porém, enquanto imaginário, as palavras são igualmente evocativas:

> No ano do nascimento da América, no mais frio dos meses, um pequeno grupo de patriotas estava amontoado ao redor de fogueiras se extinguindo nas margens de um rio gelado. A capital havia sido abandonada. O inimigo estava avançando. A neve estava manchada de sangue. Em um momento em que o resultado da nossa revolução era incerto, o pai da nossa nação ordenou que estas palavras fossem lidas ao povo: "Que se diga ao mundo futuro... que, no mais profundo inverno, quando nada além da esperança e da virtude conseguiriam sobreviver... a cidade e o país, alarmados por um perigo comum, foram ao encontro [dele]".[10]

Quando se fala dessa forma, a literalidade do calendário não importa. Obama nos apresenta o nascimento do país como uma transformação metafórica do inverno para a primavera, da morte para a vida, da escuridão para a luz.

AGRICULTORES E ESTUDIOSOS; ESTADISTAS E PATRIOTAS

Posicionar um "ponto de partida" americano no fim do século XVIII e dizer que a Convenção Constitucional aconteceu entre o verão e a primavera de 1787 não são as únicas maneiras pelas quais Barack Obama liberta retoricamente os Estados Unidos de seu passado colonial britânico. Na Filadélfia, Obama também falou de "agricultores e acadêmicos; estadistas e patriotas, que atravessaram um oceano para escapar da tirania e da perseguição". Esses agricultores, acadêmicos, estadistas e patriotas, obviamente, são os revolucionários de Obama. Eles são o "grupo de homens" que "reuniu" e "inaugurou" a improvável experiência americana em democracia e que "concretizou a sua declaração de independência em uma convenção na Filadélfia". Mas, precisamente, quem eram essas pessoas, esses agricultores, esses acadêmicos, esses estadistas e patriotas? Em quem Obama queria que pensássemos quando disse essas palavras? E por quê?[11]

O candidato americano mais óbvio para a descrição de "agricultores e acadêmicos" é John Dickinson. Dickinson adotou o pseudônimo "um Agricultor" ao redigir suas *Letters from a Farmer in Pennsylvania*, inicialmente publicadas como uma série de artigos de jornal, o primeiro em 5 de novembro de 1767, e depois, no ano seguinte, publicadas novamente em forma de panfleto. Ele abriu a primeira de suas doze cartas da seguinte forma: "Eu sou um *Agricultor*, que se estabeleceu, depois de uma série de acontecimentos, perto das margens do rio *Delaware*, na província da *Pensilvânia*. Recebi uma educação liberal e vivi os momentos agitados da vida; mas agora estou convencido de que um homem pode ser tão feliz sem alvoroço quanto com este. Minha fazenda é pequena, meus servos são poucos e bons, tenho um pouco de dinheiro rendendo juros, não desejo nada mais, meu trabalho em meus próprios assuntos é fácil e tenho uma mente grata e satisfeita, que não é perturbada por esperanças ou medos mundanos." Dickinson foi, na verdade, um advogado altamente instruído e um político praticante, bem como um escritor político. Em outras palavras, ele era um erudito, e o autodenominado agricultor da Pensilvânia até hoje é lembrado como "O Homem da Revolução Americana".[12]

As cartas contestavam a "taxação sem representação" parlamentar britânica imposta pela Lei do Açúcar (1764), pela Lei do Selo (1765) e pelos Atos Townshend (1767). Também contestada pelas cartas, a Lei da Hospedagem (1765), que alojava soldados nas províncias à custa dos colonos, era uma ofensa adicional ao posicionamento de tropas em solo americano e não tinha o consentimento das legislaturas coloniais após o fim da Guerra dos Sete Anos em 1763. Além disso, Dickinson se opôs ao Ato Declaratório de 1766, que afirmava a autoridade parlamentar sobre as colônias "em todos os casos". Ele foi membro do Congresso Continental que se estabeleceu a partir de 1774 em oposição às novas medidas britânicas, embora não tenha assinado a Declaração de Independência, já que insistiu em pressionar pela reconciliação em vez de optar pela separação. Esta, em sua opinião, era prematura. Mais tarde, ele compensou essa teimosia ao liderar uma unidade armada de Delaware na Guerra da Independência e ao servir como delegado na Convenção Constitucional.

Assim, além de um autoproclamado fazendeiro e genuíno acadêmico, Dickinson foi também um estadista e um patriota. Ele e seus colegas do Congresso e da posterior Convenção foram, por definição, estadistas: lutaram em uma revolução e fundaram uma nação. E eram patriotas por autodefinição: eles assim se autodenominavam (do mesmo modo que os whigs) em oposição aos lealistas (também conhecidos como *tories*), que apoiavam as medidas britânicas. Retornaremos no capítulo dois às implicações igualitárias e democráticas da caracterização, feita por Obama, dos revolucionários americanos como "agricultores e acadêmicos; estadistas e patriotas" e à sua possível personificação em John Dickinson. Mas, por enquanto, será que esses agricultores, acadêmicos, estadistas e patriotas realmente "viajaram através de um oceano para escapar da tirania e da perseguição", como diz Obama?[13]

QUE TINHAM ATRAVESSADO UM OCEANO PARA ESCAPAR DA TIRANIA E DA PERSEGUIÇÃO

Em uma palavra, não. Embora mais imigrantes do que nunca tenham atravessado o Oceano Atlântico em direção à América britânica nos anos imediatamente anteriores à Independência, apenas oito dos 56 homens que assinaram a Declaração o fizeram. E nenhum deles o fez por conta de tirania e perseguição. Todos os oito tinham, de fato, atravessado o oceano para lucrar com as oportunidades oferecidas pela relativa liberdade da sociedade colonial americana. Dos outros 48, muitos tinham atravessado o oceano por motivos educacionais, políticos, comerciais e legais, mas todos nasceram nas colônias, incluindo John Dickinson. O bisavô de John Dickinson, Walter, tinha migrado da Inglaterra para a Virgínia em 1654. Um *quaker*, o Dickinson americano original conhecia a tirania e a perseguição, mas em 1659 ele estabeleceu uma plantação de tabaco chamada Croisadore no condado de Talbot, Maryland, onde John nasceu em 8 de novembro de 1732. John Dickinson passou a maior parte de sua infância na outra propriedade da família, Poplar Hall, no condado de Kent, Delaware, e dividiu a maior parte de sua vida adulta, como advogado, político e caligrafista, entre sua casa e a Filadélfia, Pensilvânia. Em 1753, ele atravessou o oceano na direção leste pela primeira vez, para estudar Direito no Middle Temple em Londres, viajando novamente de volta ao oeste três anos depois. Ele estava recebendo uma ótima educação, e não estava escapando da tirania e da perseguição.

Em todo caso, a frase "atravessaram um oceano para escapar da tirania e perseguição" evoca ritualisticamente os primeiros imigrantes das colônias. Dentre esses imigrantes, destacam-se mais especialmente os peregrinos, que atravessaram o Atlântico a bordo do *Mayflower* para fundar a Colônia Plymouth em 1620, e os puritanos, os quais atravessaram o oceano a bordo do *Arbella* e outras embarcações para fundar Massachusetts em 1630. Mas é claro que Obama sabe sobre essas pessoas e quando elas viveram. Em *The Audacity of Hope*, ele escreveu que os "Peregrinos vieram para nossas terras para escapar da perseguição e praticar o seu rigoroso Calvinismo sem impedimento". E, em um discurso de abertura na Universidade de Massachusetts, em Boston, em 2006, ele disse que "os primeiros colonos chegaram à costa de Boston, e Salem, e Plymouth, eles sonhavam em construir uma cidade sobre uma colina". Obama pode considerar os Pais Fundadores como patriarcas seculares da América, mas sabe perfeitamente bem que eles não viveram tanto quanto os seus colegas das Escrituras.[14]

Além de Plymouth e Massachusetts, sendo que a primeira delas foi absorvida pela segunda em 1691, as outras colônias da Nova Inglaterra foram fundadas da seguinte forma: New Hampshire em 1629, embora também tenha sido absorvida mais tarde por Massachusetts e só tenha se tornado uma cidade em 1691; Connecticut e Rhode Island em 1636, instituídas pela Coroa em 1662 e 1663, respectivamente. E essas nem foram as primeiras a serem estabelecidas. A primeira colônia inglesa permanente na América, na verdade, foi Jamestown, Virgínia, que se estabeleceu treze anos antes de Plymouth e quase quinhentas milhas ao sul. A outra fundada na América do Norte no início do século XVII foi Maryland, contígua à Virgínia, que foi instituída em 1632 e colonizada pelos ingleses dois anos mais tarde.

As guerras civis das Ilhas Britânicas na década de 1640 e o subsequente interregno interromperam o progresso imperial, exceto pelo "Design Ocidental" de Oliver Cromwell, que resultou na tomada da Jamaica dos espanhóis pelos ingleses em 1655. Mas uma nova onda de colonização americana seguiu a Restauração da monarquia em 1660. A Nova Holanda foi conquistada pela Inglaterra e se tornou Nova York em 1664, e o que anteriormente tinha sido parte da Nova Suécia e depois parte da Nova Holanda tornou-se Nova Jersey no mesmo ano, seguindo o mesmo processo. O *quaker* William Penn fundou a Pensilvânia em 1681, e quatro condados nos seus bairros do sul, que anteriormente eram holandeses e suecos e tinham sido parte de Maryland e também da Pensilvânia. Em 1701, elas se tornaram a colônia de Delaware. Localizada mais abaixo na costa atlântica, Carolina foi instituída pela primeira vez em 1629, embora não tenha sido colonizada pelos ingleses até ser reinstituída em 1663 e dividida em Carolina do Norte e Carolina do Sul em 1712. Finalmente, a Geórgia, instituída em 1732 e colonizada no ano seguinte, foi a última das treze colônias que formariam os Estados Unidos por meio da Declaração de Independência e da Constituição, em 1776 e 1787, várias gerações após a fundação de Jamestown.

Dado o estado precário da candidatura presidencial e da carreira política de Barack Obama em março de 2008, ele certamente tinha coisas mais urgentes a fazer em "Uma união mais perfeita" do que listar as datas de fundação de todas as treze colônias americanas. Mas, com as habilidades literárias de Obama, para não mencionar as de seu redator-

-chefe Jon Favreau, ele ou eles certamente poderiam ter encontrado uma maneira de evitar confundir os Fundadores das colônias e os Fundadores do país. No entanto, eles parecem ter usado suas habilidades literárias para o efeito oposto, pois a gramática da frase reforça a elisão temporal, talvez confirmando que o que temos aqui é uma combinação deliberada e não uma confusão acidental dos dois grupos de Fundadores.

;

Naturalmente, um ponto e vírgula, como em "Agricultores e acadêmicos; estadistas e patriotas", não é projetado para sinalizar uma nova direção ou uma mudança para um assunto diferente, mas para ir na mesma direção e desenvolver o mesmo assunto. Portanto, o que o ponto e vírgula faz no discurso é afirmar que os "agricultores e acadêmicos" eram os mesmos que os "estadistas e patriotas" da revolução, e ainda assim tinham atravessado um oceano para escapar da tirania e da perseguição. Se tirarmos o ponto e vírgula e quebrarmos a frase, então o que temos é isto: havia alguns agricultores e acadêmicos. Esses agricultores e acadêmicos também eram estadistas e patriotas. Os agricultores e acadêmicos, estadistas e patriotas também atravessaram um oceano para escapar da tirania e da perseguição. E também concretizaram a sua declaração de independência em uma convenção na Filadélfia em 1787.[15]

É claro que não se pode ouvir um ponto e vírgula na fala, mas a TV e o YouTube não mostram nenhuma indicação sonora ou visual de qualquer resolução para estas anomalias temporais. E, em todo caso, aquele ponto e vírgula estava no roteiro entregue à imprensa no dia e também está em *Change We Can Believe In*, a publicação oficial dos discursos da campanha de Obama na eleição de 2008. E, além do ponto e vírgula, há um tempo verbal no pretérito imperfeito audível na frase, recurso que também auxilia no esforço retórico necessário para comprimir o tempo histórico e, assim, confirmar ainda mais a fusão. Nas versões falada e escrita do discurso, os agricultores e acadêmicos, e estadistas e patriotas de Obama eram homens "que *tinham* atravessado um oceano para escapar da tirania e da perseguição". E é claro que *"finalmente* concretizaram a sua declaração de independência em uma convenção na Filadélfia".

Nesse âmbito, Barack Obama é famoso por admirar a qualidade da audácia, e essa elisão temporal é fantasticamente audaciosa. Arrasta os acontecimentos da história inglesa através de um século e meio e os transformam na história dos Estados Unidos. Mas por que ele faria isso? Parece que, para Obama, talvez alguns americanos coloniais possuíssem o mesmo tipo de "audácia" e "esperança" que ele vê nos revolucionários americanos. A fuga dos peregrinos da tirania e da perseguição talvez seja análoga à Declaração de Independência dos patriotas, e a cidade dos puritanos sobre uma colina talvez seja análoga à Constituição dos estadistas. Tão análogo que Obama as funde retoricamente. E, ao fazê-lo, estabelece uma espécie de continuidade entre os homens monumentais de cada fundação e os feitos memoráveis de ambos. E essa continuidade, por sua vez, implica um poderoso senso de destino histórico: uma longa e arrebatadora História, na qual a América sempre tratou de escapar da tirania e da perseguição; a América foi fundada sobre a liberdade, independentemente de quando essa fundação possa ter acontecido.

E esse não é o fim da inteligência dessa retórica, já que nela há, também, um toque de genialidade historiográfica. Pois, embora a ampliação da história dos Fundadores do país até os atos dos Fundadores coloniais dê impressão de uma história arrebatadora da liberdade americana, ela mantém intacto o sentimento de ruptura revolucionária que Obama está ansioso por criar. Para colocar isso nos termos do grande historiador francês Fernand Braudel, Obama constrói retoricamente uma *longue durée* e um *événement*, e eles acontecem *ao mesmo tempo*.[16]

Para Barack Obama, talvez, os Fundadores das colônias foram, em sua audácia e esperança, os primeiros praticantes da busca pela felicidade, enquanto os Fundadores do país articularam a ideia e adicionaram igualdade, vida e liberdade ao credo da América. Mas a avaliação positiva de Barack Obama sobre os Fundadores coloniais da Nova Inglaterra é um tanto restrita. Se os fundadores dessas colônias eram protoamericanos na audácia de sua fuga da tirania e da perseguição e, também, na es-

67

perança inerente à sua aventura, claramente eles eram pré-americanos nas tendências tiranas e persecutórias de sua religião, pelo menos de acordo com o sentido liberal e inclusivo do que é ser "americano" para Obama, como veremos um pouco mais adiante.

Além disso, a imagem que Obama faz sobre a migração e o assentamento das colônias é altamente seletiva, embora silenciosa. Ao contrário da mitologia popular, os peregrinos e puritanos não foram os únicos, nem os primeiros, nem os mais numerosos dos primeiros colonos americanos. Primeiro, os peregrinos predominavam em Plymouth e os puritanos em Massachusetts e na maioria das outras colônias da Nova Inglaterra. Mas poucos se aventuraram muito além desse lado nordeste da América colonial. A maioria dos imigrantes das colônias não era puritana, e eles certamente não foram os primeiros a chegar a Jamestown, nem os fundadores das outras colônias.

E, longe de escapar da "tirania e perseguição", a maioria desses imigrantes foi para os Estados Unidos em busca de sustento ou de uma vida melhor. E alguns, como o *quaker* e plantador de tabaco Walter Dickinson, estavam fazendo as duas coisas. Outros ainda eram prisioneiros condenados que, em vez de serem enforcados pelos seus crimes, foram transportados e, portanto, viajaram para a América para preservar as suas vidas e não para buscar seus meios de subsistência. E a maioria dos imigrantes europeus chegou à América como servos assalariados e não como pessoas livres. Todos eles, claro, eram invasores ou colonos naquilo que até então tinha sido ou ainda era terra de outras pessoas. Havia ainda outros imigrantes que, longe de escapar da "tirania e da perseguição", involuntariamente eram levados a ela, violentamente raptados na África e transportados à força para a América em correntes.

Obama não ignora essas outras pessoas — esses outros imigrantes ou nativos americanos livres e escravizados — mas, como veremos mais adiante neste capítulo e mais adiante no livro, ele escreve e fala delas em diferentes contextos históricos. Ele o faz mais extensivamente sobre escravos, por exemplo, mas quase sempre no contexto da escravidão enquanto uma instituição social e mais especialmente enquanto questão política. Obama raramente escreve ou fala dos escravos como imigrantes levados à força para as terras americanas. O fenômeno da migração é assim reservado aos peregrinos e puritanos que escaparam da tirania e da perseguição. Desse modo, peregrinos e puritanos podem ser representados como colonos arquetípicos primitivos, embora estivessem longe de ser típicos. E, dessa forma, a migração pode ser atribuída exclusivamente à história heroica da liberdade americana, e não à história trágica da escravidão americana ou associada a outras formas de infortúnio. Esse tipo de seletividade significa que a História pode permanecer, para Obama, bem como para muitos outros, um artigo de fé — um mito das origens americanas — considerando que os primeiros imigrantes coloniais e colonizadores eram refugiados religiosos.

Agora vamos olhar um pouco mais para a posição de Obama sobre peregrinos e puritanos da Nova Inglaterra antes de retornar a outros colonos e outras colônias em um ponto um pouco mais adiante no capítulo.

UMA CIDADE SOBRE UMA COLINA

Como diz Barack Obama em uma frase curiosamente ambígua em *The Audacity of Hope*, "os peregrinos vieram para nossas terras para escapar da perseguição religiosa e praticar o seu rigoroso Calvinismo sem impedimento". Essas são, é claro, as mesmas pessoas trazidas à mente pela referência de Obama em "Uma união mais perfeita", aqueles "que atravessaram um oceano para escapar da tirania e da perseguição". Voltaremos ao rigor do calvinismo mais tarde. Por agora, vamos nos concentrar na fuga da tirania e da perseguição.[17]

As autoridades religiosas e políticas inglesas tinham optado por uma forma moderada de protestantismo no reinado de Elizabeth I (1558-1603), mas os puritanos, chamados assim de maneira pejorativa, opuseram-se cada vez mais à ligação entre a Igreja Anglicana e o Estado inglês, à manutenção da hierarquia episcopal de bispos e arcebispos, ao uso de vestes pelo clero e a outros vestígios de idolatria "papista". Alguns preferiram o presbiterianismo, teologicamente calvinista, mas que tem o governo da Igreja sendo exercido por anciãos eleitos, como acabou se tornando a base da Igreja da Escócia. Outros favoreceram o congregacionalismo, também teologicamente calvinista, mas que tem o governo da Igreja sendo exercido por membros de congregações independentes. A maioria dos puritanos ingleses preferiu pressionar pela reforma da Igreja da Inglaterra a partir de dentro. Mas, em 1581, Robert Browne retirou sua congregação, Bury St. Edmunds, da Comunhão Anglicana, acelerando o crescimento do separatismo. A Lei da Uniformidade de 1559 tornou obrigatória a frequência na igreja, e essa e outras leis impuseram multas e prisão para quem não comparecesse à igreja paroquial anglicana ou conduzisse cerimônias independentes. Em 1593, a Lei da Religião e a Lei dos Católicos Romanos tornaram a situação ainda mais sombria ao ordenar que os separatistas se reconciliassem com a Igreja Anglicana dentro de três meses, caso contrário perderiam suas propriedades e seriam forçados a deixar o reino sob pena de morte. Essas leis visavam principalmente os católicos, mas os puritanos também temiam por si próprios, especialmente depois da execução, nesse mesmo ano, de Henry Barrowe e John Greenwood por apoiarem a separação.

Muitos separatistas procuraram refúgio na Holanda. Porém, mesmo lá eles não estavam seguros, como demonstrado pela tentativa de prisão de William Brewster em Leyden, em 1618, por publicar ataques contra a Igreja inglesa. Combinado com o fato de serem camponeses em uma cidade e, infelizmente, verem seus filhos se adaptarem à cultura do lugar, alguns começaram a considerar a América mais distante como um possível refúgio da tirania e perseguição inglesas, e também da tolerância holandesa. Depois de comprar terras do Conselho da Nova Inglaterra — o Estado, assim, ajudou e incentivou sua fuga — 35 dissidentes deixaram Leyden em julho de 1620, juntaram-se a outros na Inglaterra (incluindo alguns trabalhadores não dissidentes conhecidos como "Estranhos") e embarcaram para a América a bordo do *Mayflower* em setembro do mesmo ano. Em dezembro, 102 pessoas lideradas por William Bradford fundaram a colônia Plymouth em Cape Cod. Metade dos colonos morreu no inverno rigoroso que se seguiu, mas a colônia sobreviveu, graças, inicialmente, aos alimentos enterrados pelos nativos americanos locais, que viriam a morrer de doenças europeias, e depois cultivando alimentos sob a tutela do povo Wampanoag. Uma festa comemorativa no outono de 1621 ficou conhecida como o primeiro Dia de Ação de Graças.

Os peregrinos de Plymouth não foram os únicos puritanos a se estabelecerem na América. A colônia de Plymouth foi absorvida por Massachusetts em 1691, e esta foi fundada por puritanos não separatistas em 1630. Embora não fossem perseguidos como os peregrinos, os puritanos ficaram cada vez mais angustiados com a direção que a Igreja Anglicana estava tomando sob a tutela de Carlos I e de seu líder religioso William Laud. Depois de sua investidura como arcebispo de Cantuária em 1633, Laud começou a nomear bispos arminianos, seguidores do teólogo Arminius da Universidade de Leyden. Arminius e seus adeptos teorizavam que as pessoas poderiam escolher se aceitariam ou não a graça de Deus — uma ofensa inaceitável para calvinistas, que acreditavam na predestinação. A insistência de Laud em mover as mesas de comunhão do centro para o leste das igrejas parecia confirmar suspeitas obscuras de predileções papistas.

Os puritanos já tinham sido expulsos de cargos públicos, incluindo John Winthrop, um antigo juiz de paz e advogado do Tribunal de Wards e Liveries em Groton, Suffolk, Inglaterra. Em agosto de 1629, ele e outros onze anciãos puritanos se reuniram em Cambridge e decidiram se mudar para Massachusetts. A fase mais significativa da Grande Imigração começou no mês de março seguinte, quando a primeira leva das cerca de 20 mil pessoas chegou à Nova Inglaterra antes da eclosão da Guerra Civil na Inglaterra antiga.

É desses puritanos que Barack Obama toma emprestado essa analogia da América como "uma cidade sobre uma colina", um refrão repetidamente deturpado pelos presidentes e candidatos à presidência durante muitos anos. Seus expositores mais eloquentes antes de Obama foram John F. Kennedy, como presidente eleito ao se dirigir à Corte Geral de Massachusetts em janeiro de 1961, e Ronald Reagan, durante a campanha presidencial em 1980 e em seu discurso de despedida em 1989.

Obama usou essa analogia em seu discurso na cerimônia de formatura da Universidade de Massachusetts, em Boston, em 2 de junho de

2006, observando que "foi bem aqui, nas águas ao nosso redor, que a experiência americana começou. Quando os primeiros colonos chegaram à costa de Boston, e Salem, e Plymouth, eles sonhavam em construir uma cidade sobre uma colina. E o mundo assistiu, esperando para ver se esta ideia improvável chamada América seria bem-sucedida".[18] Embora tenha origem bíblica, derivada da parábola do sal e da luz no sermão de Jesus na montanha, a referida imagem primeiro adquiriu iteração americana em um sermão de John Winthrop intitulado "Um modelo de caridade cristã", supostamente pregado a bordo do *Arbella* na chegada a Massachusetts, em 1630. Na primeira parte do trecho a seguir, Winthrop expressa exatamente o tipo de comunitarismo de Obama — e também o amor que este tinha pela anáfora e pela prosa rítmica em geral:

Devemos estar unidos, neste trabalho, como um só homem. Devemos nos entreter com afeto fraterno. Devemos estar dispostos a nos livrar de nossas superficialidades para suprir as necessidades dos outros. Devemos manter juntos um comércio familiar com mansidão, gentileza, paciência e altruísmo. Devemos nos alegrar uns aos outros; fazer com que as condições dos outros sejam as nossas; ser felizes juntos, chorar juntos, trabalhar e sofrer juntos, tendo sempre diante de nossos olhos nosso grupo e comunidade no trabalho, como membros de um mesmo corpo.[19]

Subsequentemente, o sermão de Winthrop tornou-se mais escriturístico do que os discursos de Barack Obama, mas eu cito a seção seguinte para colocar o símile da "cidade sobre uma colina" em seu devido lugar no mundo de Winthrop:

Assim manteremos a unidade do espírito no vínculo da paz. O Senhor será o nosso Deus, e terá prazer em habitar entre nós, como Seu próprio povo, e nos abençoará em todos os nossos caminhos, de modo que veremos muito mais de Sua sabedoria, poder, bondade e verdade do que antes conhecíamos. Descobriremos que o Deus de Israel está entre nós quando dez de nós conseguirmos resistir a mil de nossos inimigos; quando Ele nos fizer um louvor e glória para que os homens digam sobre as plantações futuras: "Que o Senhor a faça semelhante ao da Nova Inglaterra."[20]

Imediatamente após o exposto, chegam as famosas palavras tão frequentemente evocadas: "Porque devemos considerar que seremos como uma cidade sobre uma colina." Essas palavras, porém, são menos um feliz resumo do significado da missão de Massachusetts do que uma transição para pressentimentos temerosos de fracasso. Logo depois de "seremos como uma cidade sobre uma colina" vem o seguinte:

Os olhos de todas as pessoas estão sobre nós. De modo que, se lidarmos de maneira falsa com o nosso Deus nesta obra que empreendemos, e o fizermos retirar de nós a sua ajuda, seremos transformados em uma história e um caso conhecido em todo o mundo. Abriremos a boca dos inimigos para falar mal dos caminhos de Deus e de todos aqueles que professam a favor de Deus. Envergonharemos os rostos de muitos dos servos dignos e faremos com que as orações deles se transformem em maldições sobre nós até que sejamos consumidos na boa terra para onde vamos.[21]

Portanto, não é de se surpreender que muitos puritanos tenham passado a maior parte do resto do século XVII discutindo e, às vezes, se enforcando por todas as formas de sacrilégio que irritariam a Deus e das quais eles poderiam se imaginar culpados.

Para Barack Obama, porém, a "cidade sobre uma colina" é algo mais do que uma colônia social e culturalmente homogênea, sob as regras de uma noção particular de uma religião que só aceita uma verdade. A "cidade sobre uma colina" de Obama — como mais tarde apresentada no discurso de abertura em Boston — é uma metáfora para uma inclusividade tolerante, que é a antítese da "cidade sobre uma colina" de Winthrop, símile de uma exclusividade intolerante. Como Obama disse à turma de formandos da Universidade de Massachusetts em Boston: "Na universidade mais diversa de toda a Nova Inglaterra, olho para um mar de rostos que são afro-americanos e hispano-americanos, e asiático-

-americanos e árabes-americanos. Vejo estudantes que vieram de mais de cem países diferentes, acreditando, como os primeiros colonos, que eles também poderiam encontrar um lar nesta cidade em uma colina — que eles também poderiam encontrar o sucesso neste lugar tão improvável." Esse não era o plano de Winthrop.[22]

VOCÊ TERIA PENSADO QUE EU ERA O COTTON MATHER

Embora Barack Obama se inspire na fuga dos puritanos da tirania e da perseguição, ele não tem tolerância para com a intolerância que fazia parte da missão puritana, tal como eles próprios a definiram. Ocasionalmente, o próprio Obama foi acusado de censura moral, mas a sua divertida recordação de um desses casos revela o quão distante ele realmente está da Massachusetts do século XVII. Comentando sobre o discurso que fez à Kaiser Family Foundation a respeito da descoberta de que "a quantidade de sexo na televisão dobrou nos últimos anos", Obama lembrou que ele também "não estava muito feliz com anúncios de remédios para disfunção erétil aparecendo [risos] a cada quinze minutos enquanto eu estava assistindo a um jogo de futebol com minhas filhas na sala". Nem com "um programa popular voltado para adolescentes, em que jovens sem nenhum tipo de apoio passam vários meses ficando bêbados e pulando nus em banheiras de hidromassagem com estranhos". Ele argumentou, portanto, que as empresas de televisão "deveriam adotar melhores padrões e tecnologias para ajudar os pais a controlar o que [é] transmitido em suas casas". Ele não argumentou que o governo deveria regular, muito menos censurar, a radiodifusão. No entanto, a julgar pelas reações ao discurso, ele lembrou: "Você teria pensado que eu era Cotton Mather."[23]

Cotton Mather (1663-1728) seguiu os passos da sua família no ministério puritano e na eficiência em impor castigos teológicos. Seus avós, John Cotton e Richard Mather, estavam entre os primeiros imigrantes de Massachusetts, cuja piedade o jovem Mather elogiou em sua *Magnalia Christi Americana* (1702). Seu pai foi Increase Mather, famoso como um dos "*jeremiahs*", cujos sermões atacaram as supostas heresias da segunda geração da Nova Inglaterra. Increase e a propagação de suas doutrinas são também infames por apoiarem o julgamento das bruxas de Salem em 1692. O livro *Memorable Providences* de Cotton Mather, um relato da feitiçaria exercida em crianças da família Goodwin em Boston, publicado em 1689, foi (desa)creditado por multidões inflamadas que fervilharam em Salem três anos depois. Ele também apoiou a nomeação do implacável caçador de bruxas William Stoughton para tenente-governador da colônia e chefe do tribunal de Salem. E promoveu o uso da evidência espectral nos julgamentos ao mesmo tempo em que advertia que o Diabo poderia plantar falsas evidências ao inventar visões dos espíritos dos inocentes nas mentes dos acusadores crédulos. Seu pai, Increase Mather, também advertiu contra o uso dessa evidência pelo mesmo motivo e, em janeiro de 1693, o governador William Phips o afastou do tribunal, uma medida que resultou em um rápido declínio no número de processos e, na verdade, no fim do surto de acusações. Antes disso, porém, dezenove pessoas foram enforcadas, quatro morreram sob custódia e outra foi esmagada até a morte entre pedras, em uma tentativa vã de lhe extrair uma súplica.

Cotton Mather não se importava só com a caça às bruxas. Ele experimentou a hibridização do milho, por exemplo, e seus interesses científicos se estendiam à experimentação com a inoculação da varíola. Este último esforço foi inspirado por Onesimus, um escravo de Mather que tinha sido imunizado contra a doença quando criança na África. O apoio de Mather para a inoculação até o colocou em apuros com outros ministros, os quais pensavam que isso interferia nas obras de Deus na criação de doenças.

Ao contrário de outros, porém, nem os Mathers nem William Stoughton se retrataram por seus papéis nos julgamentos de feitiçaria de 1692-1693, e assim suas reputações permanecem assombradas até hoje pelos fantasmas dos mortos de Salem. Esse é o tipo de coisa sobre a qual Barack Obama pode ter se referido quando fez referência ao "tipo de calvinismo rigoroso". Estritamente falando, Obama estava se referindo aos peregrinos que se separaram da Igreja da Inglaterra, ao contrário dos puritanos, que não o fizeram. Mas essa foi uma escolha política dos diferentes grupos de dissidentes; teologicamente, ambos os grupos aderiram ao mesmo tipo de calvinismo rigoroso. E, para Obama, como para muitos outros, Cotton Mather é, portanto, um símbolo de algo não americano ou talvez pré-americano. Na concepção de Barack Obama, Cotton Mather foi um oráculo de intolerância e fanatismo sobre o qual o Iluminismo pouco lançou seu brilho. O pregador puritano pode ter vivido na cidade sobre uma colina, mas ele não era um farol para o mundo.[24]

Barack Obama também não gosta de certas formas modernas de piedade. Embora seja cristão, não lhe dá nenhuma satisfação saber que "mais pessoas acreditam em anjos do que na Teoria da Evolução". Nem fica impressionado quando "os jogadores de futebol apontam para o céu depois de cada *touchdown*, como se Deus estivesse organizando as jogadas lá do céu". E "religião organizada", lembra Obama, "não tem o monopólio da virtude, e não é preciso ser religioso para fazer reivindicações morais ou apelar a um bem comum". Na verdade, Obama fica tão irritado quanto possível quando denuncia as piedades políticas e persecutórias modernas. Ele se esforça para respeitar os indivíduos religiosos e que, ainda assim, respeitam os outros (assim como ele mesmo), incluindo um médico, o qual o desafiou a mudar o texto em seu site sobre "ideólogos de direita que querem tirar o direito de escolha de uma mulher". No entanto, ele ressalta não ter qualquer "simpatia" por ativistas antiaborto "que intimidam e recorrem ocasionalmente à violência".[25]

Então, em resumo, ao entender "o impulso de restaurar um senso de ordem em uma cultura que está em constante mudança" e ao "certamente" apreciar "o desejo dos pais de proteger seus filhos de valores que consideram nocivos", Obama tem "pouca simpatia por aqueles que alistariam o governo na tarefa de impor a moralidade sexual. Como a maioria dos americanos, considero as decisões sobre sexo, casamento, divórcio e gravidez altamente pessoais — no cerne do nosso sistema de liberdade individual". Barack Obama não é nenhum peregrino ou puritano, e também não o é a maioria dos americanos.[26]

JÁ NÃO SOMOS APENAS UMA NAÇÃO CRISTÃ

Provavelmente, existem outros primeiros refugiados religiosos americanos que agradam mais a Barack Obama. Entre eles, talvez existam puritanos contra o puritanismo. Um deles foi Roger Williams, um dos primeiros imigrantes de Plymouth e um antigo ministro em Salem (muito antes dos julgamentos de bruxas). Williams, primeiro, teve problemas por atacar os líderes de Massachusetts que continuavam comprometidos com a Igreja da Inglaterra. Depois de se desculpar perante a Corte Geral por esse desaforo, ele encontrou ainda mais problemas ao defender a doutrina radical da liberdade de consciência, depois disso — ainda que com a conivência de John Winthrop — fugiu para Narragansett Bay e fundou Rhode Island como escape de um refúgio religioso. Entre aqueles que também foram para lá estava Anne Hutchinson, excomungada em 1638 por fazer a afirmação antinomiana de que a graça divina era uma revelação direta — apenas entre Deus e o indivíduo — ameaçando, assim, a pretensão do ministério puritano à autoridade de proclamar quem foi salvo e quem não foi. E, também, como mulher, por ameaçar implicitamente a ordem social patriarcal.

A diversidade religiosa não puritana da América inglesa também se manifesta no fato de que ela foi, até mesmo, às vezes, um refúgio para aqueles do outro lado do espectro cristão. George Calvert fazia parte da corte de Jaime I, mas teve que se retirar da vida pública em 1625, pois seu catolicismo o tornou incapaz de fazer o recém-requerido Juramento de Supremacia. Após receber o título irlandês de barão Baltimore, concedido por um rei arrependido, porém grato, Calvert começou a lançar-se em uma aventura colonial. No entanto, foi pouco depois de sua morte que seu filho Cecilius recebeu o direito sobre as terras de Maryland em 1632, colonizada pela primeira vez por católicos e protestantes em 1634. Maryland oferecia um grau de tolerância religiosa, embora os católicos praticassem a sua religião de maneira privada, de modo a não causar ofensa a nenhuma outra. Depois de muitos anos de conflito religioso e político, no entanto, o proprietário foi destituído e substituído pelo domínio real definitivamente protestante de William III e Maria II, como consequência da Revolução Gloriosa (1688-1689). Os Calverts finalmente receberam sua colônia em 1714, mas somente depois do quarto lorde Baltimore, Benedict Leonard Calvert, ter se convertido ao anglicanismo. O início do século XVII não foi uma era de paz, amor e compreensão entre as diferentes denominações cristãs. Então, uma experiência mais bem-sucedida de tolerância teve de esperar a instituição da Pensilvânia em 1681 e a sua colonização no ano seguinte. Desde o seu surgimento em 1650, os *quakers* ingleses (incluindo o já mencionado Walter Dickinson) foram perseguidos por se afastarem da Igreja estatal (puritana durante o interregno de 1649, mas novamente episcopal depois da restauração da monarquia em 1660), por se opor a fazer o juramento e mostrar deferência, e também pela adesão à liberdade de consciência e ao pacifismo. Essas ideias e experiências, bem como a crença *quaker* em uma "luz interior" — a voz de Deus em cada indivíduo — conduziram logicamente ao "experimento sagrado" de William Penn em liberdade religiosa.

Os não cristãos não eram especialmente bem-vindos lá, mas talvez seja pelo espírito da Pensilvânia, mais do que de qualquer outro lugar no início da América, que Barack Obama é capaz de dizer: "O que quer que já tenhamos sido, já não somos apenas uma nação cristã; somos também uma nação judaica, uma nação muçulmana, uma nação budista, uma nação hindu e uma nação de não crentes." Para Obama, então, a América de hoje é uma "cidade sobre uma colina", não porque adere a uma verdadeira religião, segundo o ideal puritano, mas por causa de tradições posteriores e opostas de liberdade religiosa e pluralismo étnico.[27]

VIRTUDES COMUNITÁRIAS, DEMOCRÁTICAS E DOMÉSTICAS

Mesmo enquanto rejeita a religiosidade ao estilo puritano, Barack Obama ainda valoriza o comunitarismo puritano (assim como a audaciosa fuga dos peregrinos e puritanos da tirania e da perseguição e seu esperançoso senso de missão). Esse comunitarismo é muito evidente no Pacto de Mayflower de 1620, que vinculou todos e cada um a um "pacto, e nos reuniu em um corpo político civil, para uma melhor Ordenação e Preservação". As cidades da Nova Inglaterra foram tipicamente fundadas em pactos semelhantes, os quais exigiam que os residentes vivessem em harmonia.[28] Já vimos o comunitarismo no coração do "Modelo da caridade cristã" de John Winthrop. O comunitarismo de Obama também é famoso por ser central para a estruturação dos seus ideais políticos e, por vezes, as suas palavras ecoam de perto as de Winthrop. Por exemplo, em um artigo de 1988 intitulado "Why Organize? Problems and Promise in the Inner City", na revista *Illinois Issues*, o organizador comunitário Obama expressou frustração com a natureza e o comportamento rebelde de diferentes grupos tentando — ou, mais apropriadamente, lutando para — ajudar pessoas nos bairros mais pobres de Chicago. Ele escreveu que "devemos encontrar uma maneira de unir os diversos interesses", usando assim a mesma metáfora de reciprocidade que Winthrop empregou quando disse que "devemos nos unir, neste trabalho, como um só homem". O "Why Organize?" de Obama foi escrito em um contexto muito diferente, e o seu conceito de organização era muito mais inclusivo, mas os sentimentos e os efeitos pretendidos são muito semelhantes.[29]

Barack Obama até provou estar disposto a enaltecer a grande qualidade do individualismo americano em favor de um eco modernizado do comunitarismo de Winthrop. Ao se apresentar à nação na Convenção Democrata de 2004, Obama deixou claro que "ao lado do nosso famoso individualismo, há outro ingrediente na saga americana. Uma crença de que estamos todos ligados como um só povo". Como ele explicou — ainda que usando uma referência bíblica, apropriadamente regenerada para a nossa era, para reforçar o seu ponto de vista:

> Se há uma criança no lado sul de Chicago que não sabe ler, isso importa para mim, mesmo que não seja minha filha. Se houver um idoso em algum lugar que não consiga pagar por seus medicamentos e tem que escolher entre o remédio e o aluguel, isso faz a minha vida pior, mesmo que não seja o meu avô. Se há uma família árabe-americana sendo cercada sem o benefício de um advogado ou do devido processo legal, isso ameaça a minha liberdade civil.

É este credo fundamental — sou o guardião do meu irmão, sou o guardião da minha irmã — que faz este país funcionar. É o que nos permite buscar os nossos sonhos individuais e ainda assim nos unirmos como uma única família americana.[30]

Como essas palavras inclusivas atestam, porém, as crenças de Obama baseiam-se em valores em geral e não em qualquer doutrina religiosa em particular. Como também diz Obama, "valorizamos a comunidade, o senso de vizinhança que se expressa desde a época em que famílias se uniam para construir os celeiros nas fazendas vizinhas ou", deixando seu imaginário viajar pelo tempo até o presente, "treinando o time de futebol". Ao discutir os modelos políticos que os Fundadores consideravam como possibilidades para os novos Estados Unidos, Obama faz referência à "democracia direta da reunião da cidade da Nova Inglaterra". Ele também apontou, em *The Audacity of Hope*, que "uma das minhas tarefas favoritas enquanto senador é hospedar reuniões da prefeitura".[31]

Os historiadores debateram durante muito tempo a natureza da comunidade na Nova Inglaterra colonial, incluindo a questão do quão "democrática" a cidade da Nova Inglaterra realmente era. Invariavelmente, as convenções da cidade da Nova Inglaterra exigiam a manutenção da harmonia entre os habitantes, e esta muitas vezes era alcançável entre pessoas de igual pensamento e que tinham atravessado o oceano por razões semelhantes. Muitos até tinham atravessado o Atlântico com seus vizinhos da antiga Inglaterra e recriado juntos, na nova, seus antigos bairros.

Com o passar do tempo, porém, mais e mais tensões surgiram. As novas gerações precisavam de novas terras cada vez mais distantes dos seus assentamentos originais, especialmente porque a primeira geração desfrutava de uma longevidade notável, com muitas pessoas chegando a mais de setenta anos. Novas convenções para novas cidades poderiam renovar as noções de comunidade até certo ponto, mesmo que às vezes reforçadas pelo "aviso" de apreensão e, caso contrário, estranhamento, mas, muitas vezes, eles não eram tão vinculantes na prática quanto os convênios acordados entre os membros da primeira geração. Então, os pregadores denunciaram em estrondosas "jeremíadas" a "decadência" da segunda e terceira gerações em relação com a supostamente superior devoção da primeira. E o mencionado surto de acusações de feitiçaria e execuções em 1692 é parcialmente explicado pelos tradicionalistas de Salem, que acusaram aqueles que residiam perto do porto mais comercial da vila de fazer negócios com o Diabo.

Nos primeiros anos, em especial, as reuniões da cidade da Nova Inglaterra frequentemente resolviam de maneira pacífica os conflitos individuais, decidiam sobre assuntos locais, nomeavam autoridades locais e elegiam representantes para a Corte Geral — a legislatura colonial em Boston. Estes representantes atuaram, muitas vezes, como delegados, expressando a opinião dos seus habitantes, mesmo que diferissem das suas. Qualquer um podia falar nessas reuniões. Contudo, enquanto todos os "homens livres" podiam votar, só os homens, e apenas os donos de propriedades, podiam ser plenamente "livres". Também, pelo menos nos primeiros anos, as reuniões da cidade muitas vezes eram mais sobre a criação de consenso e ocultação de conflitos do que sobre o encorajamento da expressão de pontos de vista divergentes. Talvez, foi apenas durante o conflito com os britânicos a respeito de impostos e outras medidas após a Lei do Açúcar, de 1764, que as reuniões da cidade tornaram-se "democráticas" em qualquer tipo de sentido moderno; reuniões em que a dissidência podia se articular de modo aceitável.[32]

São, também, os aspectos favoráveis da comunidade que Barack Obama valoriza e, por vezes, contrasta cuidadosamente com os aspectos inibidores. Em *The Audacity of Hope*, por exemplo, Obama faz eco aos *Two Concepts of Liberty* de Isaías Berlim (1958). Obama escreve sobre a liberdade "negativa", o "direito de ser deixado sozinho", seja pelas exigências excessivas conformistas de uma comunidade ou pela opressão exercida pela lei e pelo governo. Daí a afirmação, anteriormente mencionada, de que assuntos como "sexo, casamento, divórcio e gravidez" são "altamente pessoais" e "estão no cerne do nosso sistema de liberdade individual". Por outro lado, Obama ainda observa que "entendemos nossa liberdade também em um sentido mais positivo, na ideia de oportunidade e nos valores subsidiários que nos ajudam a perceber a oportunidade — todas essas virtudes domésticas que Benjamin Franklin popularizou pela primeira vez no *Poor Richard's Almanack*".[33]

Benjamin Franklin publicou seu almanaque todos os anos entre 1732 a 1758, com tiragens regulares de 10 mil exemplares. Embora considerada um fenômeno americano, a publicação teve muitas referências britânicas. Franklin publicou-a com o pseudônimo de Richard Saunders, inspirado no médico e astrólogo inglês do século XVII que fundou o almanaque *Rider's British Merlin* de Londres, publicado sob o nome de Cardanus Rider no século XVIII. Como Franklin havia trabalhado em uma gráfica de Londres, estava familiarizado com este tipo de atividade. Franklin, além disso, se inspirou em parte para compor a figura de "Poor Richard" em Isaac Bickerstaff, escritor pseudônimo dos "Bickerstaff Papers", as três cartas satíricas de Jonathan Swift de 1708-1709. Como Bickerstaff, Richard se autodenominou um "filomático" e astrólogo, e criou o hábito de fazer previsões ridículas e relatar falsamente as mortes de outros astrólogos. Alguns dos aforismos de "Poor Richard" tiveram origem no escritor e político da Restauração George Savile, o primeiro marquês de Halifax.

Ao longo dos anos, porém, o almanaque tornou-se cada vez mais um espelho do seu autor. Além da astrologia, aforismos e provérbios, o "Poor Richard" era famoso por poemas, jogos de palavras e jogos matemáticos, bem como por informações sobre astronomia, calendário e clima. Franklin, é claro, é famoso também por invenções práticas, sobretudo as lentes bifocais, o para-raios e o fogão epônimo.

ELE VIVEU DE FORMA ÚTIL

Barack Obama menciona Benjamin Franklin mais de uma vez em *The Audacity of Hope*. A segunda vez foi ao refletir a respeito de como ele próprio, inicialmente, tinha imaginado sua própria carreira. Obama lembrou-se de pensar sobre Franklin explicando à sua mãe a devoção dele ao serviço público: "Prefiro que me digam: 'Ele viveu bem', do que 'ele morreu rico'." Certamente, Franklin foi um dos americanos coloniais e revolucionários mais conhecidos e, em muitos aspectos, foi um grande modelo para Obama. Ele pode ter sido um dos acadêmicos, estadistas e patriotas que Obama tinha em mente em meados de março de 2008, embora "agricultor" não estivesse entre as numerosas vocações de Franklin. Talvez seja por isso que, em um de seus discursos de 4 de Julho para o povo americano, o presidente Obama reformulou sua caracterização dos Fundadores como "agricultores e empreendedores, médicos e advogados, ministros e um cientista que soltava pipas".[34]

Benjamin Franklin nasceu em 17 de janeiro de 1706, em Boston, Massachusetts. Mudou-se para a Filadélfia com dezessete anos e por volta de 1729 publicou *The Pennsylvania Gazette*. Mas foi o *Poor Richard's Alamanack* que lhe deu a fama e a fortuna que lhe renderam uma carreira pública altamente distinta. Nem todo o serviço público de Franklin era político. Sua paixão pessoal pela aprendizagem se manifestou publicamente quando se tornou o fundador e primeiro secretário da Sociedade Filosófica Americana em 1743, e ele também foi o primeiro presidente dela quando ajudou a relançá-la em 1769. Franklin foi, além disso, um fundador e o primeiro presidente a partir de 1751 da Academy and College of Philadelphia, que se tornaria, mais tarde, a Universidade da Pensilvânia. Seu interesse comercial como impressor o levou ao seu cargo de agente dos correios da Filadélfia e, posteriormente, de delegado geral dos Correios para as colônias britânicas em 1753. Mais tarde, foi o primeiro diretor-geral dos Correios dos Estados Unidos.

Esse interesse de Franklin na comunicação interna das colônias e entre elas ajudou a levá-lo para a política. Em 1754, ele participou do Congresso de Albany, uma conferência intercolonial para discutir como lidar com a expansão imperial francesa no Noroeste e com a ameaça que ela representava para os interesses e a segurança das colônias americanas britânicas. Franklin foi responsável pelo famoso cartaz "*Join, or Die*" ["Junte-se ou morra", em tradução livre] de uma serpente dividida, destinado a encorajar a cooperação intercolonial que acabou por ajudar a ganhar a Guerra da França e da Índia (1754-1760) e, por sua vez, a Guerra dos Sete Anos (1756-1763). Ainda que a proposta de um governo intercolonial de seu Plano de União de Albany não tenha dado resultado nesta fase, como com um plano de união apresentado pouco antes da Declaração de Independência, essas ideias influenciaram, mais tarde, a criação dos Estados Unidos — em oposição a treze estados não unidos e potencialmente hostis. Isso, por sua vez, tornou possível a elaboração da Constituição de 1787, redigida por uma convenção na qual Franklin foi um estadista ancião reverenciado. Franklin é, portanto, uma figura--chave na evolução inicial da união mais perfeita dos Estados Unidos.

Em 1757, a Assembleia da Pensilvânia nomeou Franklin como seu representante em Londres, e, posteriormente, outras colônias o adotaram para o mesmo fim. Franklin tornou-se, assim, uma espécie de embaixador americano não oficial na Inglaterra, transmitindo interesses provinciais e contestações ao rei, ministros, parlamentares e povo britânicos. Mais tarde, ele se tornou o primeiro ministro americano na França; depois disso, Paris reconheceu a independência dos Estados Unidos e formou uma aliança política, militar e econômica com a nova nação em 1778. Franklin cumpriu esse papel até 1785, embora já tivesse sido fundamental para, secretamente, garantir o abastecimento de suprimentos civis e militares franceses quando a Grã-Bretanha e as colônias entraram em guerra dez anos antes.

A guerra tinha iniciado de fato em abril de 1775, após os soldados britânicos terem disparado sobre um grupo armado de Massachusetts em Lexington Green e terem sido atingidos em Concord, embora o conflito não se tenha tornado oficialmente uma guerra de independência até o ano seguinte. Franklin foi um dos que pediram cautela com a independência até que houvesse apoio suficiente para garantir o seu sucesso. Como ele advertiu o Congresso Continental, de forma sombria, mas espirituosa: "Devemos ficar todos juntos, ou, com toda a certeza, ficaremos todos separados." Mas ele estava decidido em favor da separação assim que possível e, em 11 de junho de 1776, foi nomeado juntamente com John Adams de Massachusetts, Thomas Jefferson da Virgínia, Roger Sherman de Connecticut e Robert Livingston de Nova York para o Comitê dos Cinco, encarregado de elaborar uma declaração de independência. Jefferson ficou com a responsabilidade de escrever um primeiro esboço, mas Franklin desempenhou um papel importante ao sugerir revisões e orientar o produto acabado no Congresso Continental. E, como já mencionado, Franklin também estava entre aqueles que "finalmente concretizaram sua declaração de independência em uma convenção na Filadélfia" que durou até o verão de 1787.[35] Havia pelo menos um aspecto em que o colono britânico Benjamin Franklin não era muito americano pelos padrões de Barack Obama. Franklin escreveu sobre a sua preocupação com a migração de alemães para a Pensilvânia em suas *Observations Concerning the Increase of Mankind*, publicadas em 1751. "Aqueles que vêm aqui", queixou-se ele, "são geralmente o Tipo mais ignorante e Estúpido da sua própria Nação." E, de fato, "por que os Palatine Boors deveriam ser invadidos em nossos Assentamentos, e por meio do pastoreio conjunto, estabelecer sua Linguagem e Modos para a Exclusão dos Nossos? Por que a Pensilvânia, fundada pelos *ingleses*, deveria se tornar uma Colônia de Estrangeiros, que em breve será tão numerosa que nos 'germanizará' em vez de nós 'os anglificarmos', e nunca adotará nossa Língua ou Costumes, mais do que eles podem adquirir nossa Compleição?", perguntou ele.

Esse comentário sobre "compleição" pode parecer estranho para nós hoje, mas Franklin explica diretamente do século XVIII:

O número de Pessoas puramente brancas no Mundo é proporcionalmente muito pequeno. Toda a *África* é negra ou parda. A *Ásia* é principalmente parda. A *América* (excluindo os recém-Chegados) é totalmente parda. E, na *Europa*, os *espanhóis*, os italianos, os *franceses*, os *russos* e os *suecos* são geralmente aquilo a que chamamos morenos, assim como os *alemães*; já os *saxões*, com os *ingleses*, integram o Corpo principal dos Brancos na Face da Terra. Eu poderia desejar que seus Números aumentassem. E enquanto nós estamos, como eu costumo dizer, *Limpando* nosso Planeta, livrando a *América* das Florestas e, assim, fazendo este Lado do nosso Globo refletir uma Luz mais brilhante nos Olhos dos Habitantes de Marte ou *Vênus*, por que deveríamos, na Visão dos Seres Superiores, escurecer as Pessoas? Por que aumentar os Filhos da *África*, Plantando-os na *América*, onde temos uma Oportunidade tão justa, excluindo todos os Negros e Pardos, de aumentar o adorável Branco e Vermelho?[36]

Barack Obama nunca menciona esse lado de Benjamin Franklin. No entanto, a evolução de Franklin prova perfeitamente a importância, para Obama, da Revolução Americana e da independência da nação. Porque, tal como a América, Franklin mudou, o que nos leva a um aspecto final da vida de Franklin, o qual reflete, na opinião de Obama, aquilo de que os americanos se afastaram e se aproximaram em sua transição de súditos britânicos para cidadãos americanos.

No início de sua vida, Benjamin Franklin possuía escravos e, como impressor, publicou anúncios de vendas de escravos e de proprietários querendo recapturar fugitivos. No entanto, sua *Pennsylvania Gazette* também publicou artigos antiescravidão e, gradualmente, Franklin tornou-se contrário à escravatura do mesmo modo que se foi contrário à Grã-Bretanha. Em 1770, ele havia se libertado da ideia de propriedade humana, mas foi só depois da independência que ele criticou abertamente a instituição. Em 1787, enquanto governador da Pensilvânia — na verdade "presidente do conselho executivo supremo" sob a Constituição do pré-estado de 1790 —, ele se tornou presidente da Sociedade da Pensilvânia para a Promoção da Abolição da Escravatura. Posteriormente, ele escreveu vários ensaios contra a escravidão e, no início de 1790, a sociedade de abolição da Pensilvânia enviou uma petição ao Primeiro Congresso dos Estados Unidos. As palavras finais dela eram estas:

A partir da crença de que a liberdade igualitária era originalmente Parcial, ainda é o Direito de nascença de todos os homens, & influenciado pelos fortes laços da Humanidade e os Princípios de sua Instituição, seus Memorialistas veem-se obrigados a usar todos os esforços justificáveis para afrouxar os limites da Escravatura e promover um Desfrute geral das bênçãos da Liberdade. Sob estas Impressões, eles sinceramente suplicam a sua séria atenção ao Assunto da Escravatura, que você terá prazer em apoiar a Restauração da Liberdade para aqueles Homens infelizes que, sozinhos, nesta terra de Liberdade, estão degradados no Cativeiro perpétuo, e que, em meio à Alegria geral dos Homens Livres ao redor, estão gemendo em Subjeção Servil, que você irá promover meios para remover esta Inconsistência do Caráter do Povo Americano,

e irá promover a misericórdia e a Justiça para essa Raça angustiada, & que você Usará todos os poderes investidos em você para desencorajar todas as Espécies de Tráfico de Pessoas de nossos semelhantes.
Filadélfia, 3 de fevereiro de 1790

B. Franklin
presidente da Sociedade[37]

Esse foi o último ato público de "uma vida longa e útil" que finalmente terminou, depois de 84 anos, na noite de 17 de abril de 1790. E nos leva ao assunto que Barack Obama e outros chamaram de "pecado original da América". Antes de abordarmos isso diretamente, porém, devemos voltar à questão de onde exatamente estava o Jardim do Éden da América onde esse pecado original foi cometido.[38]

OS PRIMEIROS COLONOS

Como vimos anteriormente, normalmente assume-se que os primeiros e mais típicos colonos ingleses na América do Norte foram os peregrinos de 1620 e os puritanos de 1630, apesar de não terem sido nenhum deles. Em seu discurso na cerimônia de formatura da Universidade de Massachusetts, em Boston, em 2006, Barack Obama falou dos "primeiros colonizadores", termo que ele poderia ter usado para se referir especificamente aos fundadores da Nova Inglaterra em vez da América inglesa no geral. Exceto que ele também se referiu aos "primeiros colonizadores" que "chegaram à costa de Boston e Salem e Plymouth", sugerindo-os como os primeiros lugares de colonização e, portanto, os que chegaram lá como primeiros colonizadores em toda a América do Norte inglesa.[39]

Cerca de 20 mil imigrantes viajaram para a Nova Inglaterra durante a Grande Imigração dos anos 1630, a maioria deles puritanos, mas isso é uma pequena fração do total de 800 mil imigrantes que viajaram para a América do Norte inglesa e britânica durante todo o período colonial (e uma proporção ainda menor dos 2,6 milhões que foram para todas as colônias britânicas, incluindo as do Caribe). E, como também foi mencionado anteriormente, o primeiro assentamento colonial permanente ali foi fundado em Jamestown, Virgínia, em 1607, cerca de treze anos antes da chegada dos peregrinos e 23 anos antes da vinda dos puritanos. Os 105 primeiros colonos em Jamestown não eram calvinistas, separatistas ou qualquer outra coisa, e nem estavam escapando da tirania e da perseguição ou fundando qualquer tipo de cidade em uma colina. Eram funcionários, empregados e criados da Virginia Company, e sua missão inicial era enriquecer os proprietários da empresa, encontrando ouro e outros tesouros à maneira dos conquistadores espanhóis. Assim, mais da metade dos primeiros colonos eram soldados, outros quarenta eram cavalheiros, e o restante era composto por um médico, um pregador e alguns artesãos e operários, e eles fundaram um forte e não uma cidade de fato. Eles não eram uma população capaz de formar uma comunidade — não havia agricultores, nem famílias, nem mulheres, nem crianças.

Instalando-se perto de pântanos e do mar, os primeiros colonizadores sofreram com malária, intoxicação salina e disenteria contraída por beber, sem saber, a sua própria efluência, já que ela era levada para frente e para trás pela maré. Metade dos primeiros colonos morreu dentro de seis meses após a chegada ao éden americano, e as pessoas continuaram morrendo em proporções semelhantes até os anos 1650, quando os moradores finalmente perceberam que a chegada do outono, em vez da chegada da primavera, daria aos recém-chegados melhores chances de sobrevivência. No outono de 1609, uma frota de abastecimento com destino a Jamestown foi parcialmente afundada e espalhada por uma tempestade — eventos que inspiraram *The Tempest* de William Shakespeare — e, portanto, não conseguiu chegar à baía de Chesapeake, Virgínia. Metade dos colonos de Jamestown morreu durante o subsequente "período de fome" no inverno. Entre 1607 e sua falência e colapso em 1624, a Virginia Company enviou cerca de 7.500 colonos para Jamestown, mas, devido à doença, fome e guerra com os nativos americanos, a população era de apenas 1.200 quando Virgínia se tornou uma colônia real em 1625.

Mesmo assim, e apesar de a colônia ter permanecido insegura durante algum tempo, as sementes da prosperidade da Virgínia já tinham sido semeadas. O tabaco nativo era amargo demais para o gosto dos ingleses, mas, quando John Rolfe esteve temporariamente encalhado nas Bermudas pela tempestade de 1609, ele descobriu um tipo mais doce de erva. Depois de algumas experiências, Rolfe enviou, em 1614, uma primeira colheita comercial. A Virgínia nunca foi uma monocultura à maneira das colônias de açúcar do Caribe, mas o tabaco tornou-se a base da economia e da sociedade da Virgínia e, depois, de Maryland.

O tabaco é uma cultura que exige muito trabalho e, no início de 1620, John Rolfe observou, em uma carta ao tesoureiro da Virginia Company, Edwin Sandys, o início do que seria a solução para o problema da oferta de mão de obra em Chesapeake. "Mais ou menos no fim de agosto de 1619", ele contou, "um homem holandês de Warr... chegou em Point-Comfort, o nome do comandante é capitão Jope, seu piloto para as Índias Ocidentais é um sr. Marmaduke... Não trouxe nada além de vinte e poucos negros, que o governador e o cabo Marchant compraram para mantimentos." Esses "vinte e poucos negros" foram os primeiros registrados dos cerca de 300 mil africanos ou caribenhos africanos a chegar na América do Norte britânica colonial — quinze vezes mais do que o número de puritanos participantes da Grande Imigração dos anos 1630. E esses primeiros vinte e poucos negros chegaram mais de um ano antes de William Bradford, e mais de uma década antes de John Winthrop.[40]

Levou tempo para que a escravidão se tornasse o sistema de trabalho dominante na região de Chesapeake. Inicialmente, os plantadores dependiam mais dos trabalhadores assalariados, mais baratos de importar do que os escravos, devido às caras brutalidades exigidas pelos raptos e pelo transporte forçado de pessoas através do oceano. A maioria dos trabalhadores assalariados era jovem e do sexo masculino (em contraste com a imigração familiar mais comum para a Nova Inglaterra). No século XVII, a maioria havia saído da Inglaterra e do País de Gales, mas em quantidade superior proveniente da Escócia, Irlanda e outras partes da Europa no século XVIII. Eles geralmente vinham de locais onde a aquisição de propriedade seria improvável se permanecessem onde estavam, ou porque seus pais não tinham nada ou porque tinham muito pouco para deixar de herança para que todos os seus descendentes ficassem com o suficiente para desfrutar de independência econômica. Alguns se mudaram dentro da própria Inglaterra para encontrar novas formas de vida, muitos foram para a capital, Londres, que vinha crescendo rápido. Outros saíram de lá ou diretamente de casa para tentar a sorte no exterior, muitos para a Irlanda, alguns para outras partes da Europa, outros para o Caribe, mas muitos, também, para a América do Norte. Alguns foram atraídos pela propaganda sobre as colônias, que, muitas vezes, exagerava ao mencionar as oportunidades disponíveis e subestimava os perigos e as dificuldades envolvidos na imigração e colonização. Um grande número de condenados também imigrou após a Lei de Transportes de 1718, causando considerável consternação entre os colonos que já estavam na América.

Os empregados venderam-se aos comerciantes ou aos capitães dos navios na Inglaterra em troca da passagem ultramarina e, uma vez na América, suas escrituras foram vendidas aos colonos que necessitavam de trabalhadores, geralmente para a agricultura. O tempo de serviço variava, mas geralmente era entre cinco e sete anos, e os servos viviam na casa dos senhores ou em acomodações por eles fornecidas. Os senhores também eram responsáveis pela alimentação e vestuário dos servos, e eles ou os governos coloniais eram obrigados a pagar as taxas de liberdade ao final do contrato dos trabalhadores. No mínimo, essas contribuições incluíam um conjunto de roupas, instrumentos de trabalho e sementes; material suficiente para que o antigo servo iniciasse a sua vida livre. Às vezes, as cotas de liberdade incluíam a terra, embora mais frequentemente as pessoas tivessem de trabalhar por salários ou alugar fazendas ou oficinas, na esperança de um dia conquistar os meios necessários para fazer a própria vida. Às vezes, a servidão realmente era um caminho para a independência econômica. Em alguns lugares, até três quartos dos que sobreviveram ao período de servidão acabaram possuindo as próprias fazendas, embora essas histórias de sucesso tenham ficado mais escassas com o passar do tempo, à medida que a terra se enchia e se tornava mais cara para alugar e comprar.

De certa forma, porém, o sistema colonial de escrituras era semelhante a formas de servidão há muito conhecidas na Inglaterra, e os primeiros plantadores preferiam depender principalmente desses tipos mais familiares de trabalhadores. Então, em 1660 ainda havia menos de 2 mil africanos ou afro-americanos na Virgínia e em Maryland, superados em número por cerca de vinte para um por quase 34 mil brancos. E nem todos esses negros foram escravizados, pois a escravidão permaneceu relativamente subdesenvolvida em tais circunstâncias demográficas, devido à ausência de leis ou costumes ingleses que a definissem de forma tão sistemática como aconteceria mais tarde. Há indícios de discriminação racial precoce, não menos importante do que a noção que o branco europeu tinha do direito de escravizar os africanos de uma forma que não fariam uns aos outros. Mas também há evidências de que a escravidão não era tão solidificada como se tornaria depois. Em alguns casos, os escravos foram libertados após alguns anos, da mesma forma que os servos, e alguns dos libertados passaram a ser proprietários de fazendas e até mesmo de escravos.[41]

O PECADO ORIGINAL DA AMÉRICA

Na segunda metade do século XVII, porém, as coisas começaram a mudar. A economia inglesa melhorou e o número de destinos alternativos disponíveis para o inglês e outros imigrantes aumentou com a tomada da Jamaica dos espanhóis em 1655, de Nova York e Nova Jersey dos holandeses em 1664, e com a colonização da Carolina, em 1663, e da Pensilvânia, em 1681. Ao mesmo tempo, porém, os plantadores de Chesapeake tinham mais terra e mais capital para investir em sua consequente necessidade crescente de trabalhadores. Além disso, a Company of Royal Adventurers Trading into Africa, instituída em 1663 e renovada como Royal African Company em 1672, começou a considerar os plantadores de Chesapeake como clientes alternativos aos seus consumidores caribenhos, aumentando a oferta e diminuindo o preço das importações humanas para o mercado norte-americano. Assim, entre 1660 e 1710, a população negra de Chesapeake passou de menos de 2 mil para mais de 30 mil, e de uma a cada vinte pessoas para uma a cada três. Na década de 1760, a população negra de Chesapeake chegou a 200 mil, ou 40% de uma população total que chegava a meio milhão.

No final do século XVII e início do século XVIII, as legislaturas da Virgínia e de Maryland aprovaram leis que definiam os escravos como propriedade, estabeleceram a escravidão como uma condição para a vida e sujeitaram suas vítimas a formas distintas de disciplina e punição cruel e incomum. Como a escravidão foi definida, simultaneamente, como hereditária pela ancestralidade africana — em oposição à escravidão por diferenças religiosas ou como alternativa misericordiosa à morte para prisioneiros de guerra —, a invenção, ou pelo menos a evolução, da escravidão na América britânica foi acompanhada da invenção ou evolução do conceito de "raça". Como está claro, embora esteja implícito na história americana de Barack Obama, "raça" não é algo que, de alguma forma, herdamos. Apesar de todas as terríveis consequências práticas de agir sobre esse conceito, ele nada mais é do que uma construção ideológica ou cultural.

A escravidão não estava, de modo algum, confinada às colônias Chesapeake de Maryland e Virgínia. Ela apareceu pela primeira vez na América inglesa como um sistema econômico e social altamente articulado com o *boom* do açúcar no Caribe na década de 1640, embora, é claro, a escravidão nas plantações fosse muito conhecida na América espanhola e portuguesa. De Barbados, em particular, migrou para as Carolinas na década de 1660. Mais uma vez, foi um sistema relativamente solto no início, mas tornou-se mais articulado com o estabelecimento do arroz como produto de base a partir de meados dos anos 1680. A Carolina do Sul tinha uma população de maioria negra no início do século XVIII, e em 1760 sua população negra era de mais de 57 mil, quase dois terços de uma população total de 94 mil habitantes. Em média, com uma renda menor e com a plantação de tabaco predominando acima de Cape Fear, a população negra da Carolina do Norte era de 33 mil em um total de 110 mil naquela época.

A escravatura era inicialmente proibida quando a Geórgia foi instituída em 1732. A nova colônia estava destinada a ser uma zona neutra entre a Carolina do Sul e a Flórida espanhola. Sua população deveria funcionar como um contrapeso à perigosa maioria escravizada da Carolina do Sul, e também deveria funcionar como uma província idealizada de agricultores brancos, modestos e independentes. Mas, sob pressão política e econômica, os proprietários da Geórgia renunciaram à proibição em 1749 e, onze anos mais tarde, 3.500 escravos formavam cerca de um terço da população de 9.500 habitantes da colônia. Sob esse aspecto, a escravidão também não estava confinada às colônias de plantation do sul. Em 1760 havia quase 13 mil negros em uma população total de pouco menos de meio milhão nas colônias de Massachusetts, New Hampshire, Connecticut e Rhode Island, pertencentes à Nova Inglaterra — outra razão para advertir contra o mito puritano do início da América. E havia quase 30 mil negros em uma população total de pouco menos de 430 mil habitantes nas colônias médias de Nova York, Nova Jersey, Pensilvânia e Delaware. Por mais que a maioria dessas pessoas fossem escravizadas e algumas trabalhassem em fazendas e, até mesmo, em grandes plantações, especialmente no norte de Nova York, geralmente elas eram empregadas domésticas, artesãs, trabalhadores em geral, muitas vezes, trabalhadores portuários e, às vezes, marinheiros. Isso significava altas concentrações de escravos em alguns lugares do norte. O terço da população que foi escravizada fez de Nova York a cidade com o maior número de escravos do século XVIII na América do Norte britânica depois de Charleston, na Carolina do Sul.[42]

Barack Obama se referiu mais de uma vez à escravidão como o "pecado original" da América, e muitos outros também usaram essa metáfora. Talvez seja mais correto reservar essa frase para o que os colonos fizeram aos nativos americanos. Os primeiros registros de escravidão na América do Norte datam de 1619, como foi mencionado antes, o que é, naturalmente, algum tempo depois das primeiras incursões inglesas permanentes em terras indígenas americanas, em 1607, e da primeira Guerra Anglo-Indiana entre 1610 e 1614. Também é posterior às primeiras tentativas de colonização inglesa em Roanoke e dos ultrajes cometidos contra os nativos americanos na década de 1580. Examinaremos essas questões mais detalhadamente no capítulo sete, mas tudo isso deve mostrar a indiscutível importância da escravidão na América colonial. Os capítulos seguintes mostram a centralidade da escravidão na história do início dos Estados Unidos, como corretamente percebido na história americana de Barack Obama.[43]

UMA PERGUNTA QUE DIVIDIU AS COLÔNIAS

Em "Uma união mais perfeita", Barack Obama descreveu a escravidão como "uma questão que dividia as colônias". Isso pode estar certo ou errado, dependendo do que exatamente ele quis dizer. Se a intenção dele era dizer que ela dividiu os colonos americanos em linhas raciais, então ele tem toda a razão. Anteriormente, vimos a invenção, ou pelo menos a evolução, da "raça" como um sistema de categorização humana no mundo anglo-atlântico — embora já fosse nos mundos atlânticos espanhol e português —, e estudamos como esse conceito foi utilizado para consolidar a escravidão dos africanos e de seus descendentes afro-americanos.[44]

Mas sabemos também que a escravidão existia em todas as colônias. Havia, assim, uma unidade substancial entre os brancos a respeito dessa instituição, ou pelo menos uma presunção compartilhada de que a escravidão — dos outros — não era um problema. Além disso, nas sociedades agrárias do sul de Maryland, a escravidão e a raça ajudaram a unificar a sociedade branca através das linhas de classe. Brancos ainda mais pobres que não possuíam escravos, quer gostassem, quer não, eram cooptados para o sistema escravagista por leis que os obrigavam a participar de patrulhas que policiavam o campo e os bairros de escravos, e de grupos que perseguiam pessoas negras que espreitavam ilegalmente as fazendas e plantações. Outros brancos trabalhavam como capatazes e muitos que não eram proprietários de escravos os contratavam caso não fossem os seus donos. Alguns brancos pobres, que de outra forma se ressentiam por pertencerem a uma classe mais baixa, eram assim compensados pelo sentimento de estarem em uma casta mais elevada.

Houve poucos protestos de brancos contra a escravidão na América colonial. Alguns *quakers* de Germantown perguntaram, já em 1688, se a escravidão era compatível com a Regra de Ouro que diz para tratar os outros como você gostaria que outros o tratassem. Eles pensavam que não, mas, na Pensilvânia, o assunto foi deixado de lado até 1750, quando John Woolman finalmente convenceu diversos membros da Sociedade de Amigos a excluir donos de escravos de suas reuniões. O ministro de Massachusetts e caçador de bruxas arrependido de Salem, Samuel Sewall, questionou se o tráfico de escravos estava de acordo com os ensinamentos de Deus em um panfleto intitulado *Selling of Joseph*, publicado em 1700, mas poucos brancos prestaram atenção a isso. E até a era da Revolução Americana, era assim. Como veremos no capítulo seguinte, o clamor sobre a "escravidão" metafórica imposta pelas políticas imperiais britânicas de 1764 inspirou uma introspecção considerável entre muitos brancos sobre a escravidão muito real que eles próprios impuseram aos africanos e afro-americanos.[45]

O NOSSO PONTO DE PARTIDA COMO AMERICANOS

A tendência a ver os peregrinos e os puritanos como os primeiros e mais típicos ou, pelo menos, arquetípicos colonos americanos pode, sem querer, obscurecer a variedade de povos que imigraram e se estabeleceram nas colônias. Pode, também, nos enganar, levando-nos a crer que o tráfico de escravos e a escravidão foram partes incidentais, e não fundamentais, do passado. De certa forma, esse foi o propósito do paradigma peregrino-puritano quando foi elaborado pela primeira vez como um mito das origens americanas do início até meados do século XIX. No auge do abolicionismo, e especialmente como consequência da Guerra Civil de 1861 a 1865, parecia indecoroso associar a América primitiva com os secessionistas proprietários de escravos da Virgínia, em particular, e o Sul em geral. Seria muito melhor imaginar os Estados Unidos começando com pessoas que "atravessaram um oceano para escapar da tirania e da perseguição". Ninguém menos do que o herói de Barack Obama, Abraham Lincoln, ajudou a popularizar esse mito, inserindo de forma permanente o Dia de Ação de Graças de

Plymouth no calendário nacional como um feriado público, como ele fez através de uma Ordem Executiva em outubro de 1863, no meio da guerra. Na última quinta-feira de cada mês de novembro desde aquela época até 1941, e na quarta quinta-feira de cada mês novembro desde então, os americanos se lembraram dos peregrinos como seus ancestrais arquetípicos.[46]

A ideia das origens puritanas tem credibilidade até hoje talvez devido à excepcional religiosidade dos americanos — excepcional em comparação com a da maioria das outras democracias. Mas, por mais popular que seja, é incorreto associar os puritanos da Nova Inglaterra do século XVII aos religiosos dos nossos dias, que insistem em forçar sua fé aos outros. A religiosidade americana moderna originou-se no reavivamento evangélico metodista e batista do século XVIII, em vez de no congregacionalismo calvinista do século XVII, que é mais centrado no indivíduo. E as respectivas atitudes deles em relação à ganância dificilmente poderiam ser mais contrastantes. Há um mundo de diferença entre as humildes casas de reunião do século XVII de Massachusetts e as megaigrejas douradas do moderno Cinturão Bíblico do Sudoeste, talvez até mais do que um mundo de diferença.

Também não devemos confundir essas versões do cristianismo com as práticas e preocupações distintas de outros no início da América, incluindo as dos já mencionados católicos e *quakers*, e também as afro--americanas que se originaram durante a escravidão. Tal aspecto nos leva de volta ao ponto de que, mesmo que, às vezes, Barack Obama evidencie a busca pela felicidade de certos sujeitos coloniais como precursores dos cidadãos americanos, ele não ignora completamente a infelicidade dos outros. Obama evita a armadilha de ver a escravidão como incidental, em vez de fundamental, na história dos Estados Unidos, e na história colonial americana britânica, porque, para ele, a revolução deu à escravidão e à liberdade um contraste mais acentuado do que jamais havia sido percebido anteriormente.

O "pecado original da América", diz ele, "contradisse os princípios fundadores da América". E, embora a Constituição estivesse "manchada pelo pecado original da escravidão nesta nação" e, portanto, estivesse "inacabada", ele também afirma que "a resposta à questão da escravidão já estava incorporada" nela. Para Obama, ela era e continua sendo "uma Constituição que tinha no seu cerne o ideal de cidadania igualitária perante a lei; uma Constituição que prometia liberdade e justiça ao seu povo, e uma união que poderia e deveria ser aperfeiçoada ao longo do tempo". Essa é a história que veremos nos capítulos que se seguem.[47]

2
A substância do nosso credo comum: a Declaração de Independência e a Revolução Americana

A SUBSTÂNCIA DO NOSSO CREDO COMUM

"CONSIDERAMOS QUE ESTAS verdades são evidentes, que todos os homens são criados iguais, que são dotados de certos Direitos inalienáveis pelo seu Criador, entre esses estão a Vida, a Liberdade e a busca pela Felicidade". Barack Obama descreve essas palavras da Declaração de Independência como "a substância do nosso credo comum". Em alguns aspectos, essa afirmação é verdadeira. Como um anúncio de princípios abstratos e não apenas de uma ação política aleatória, a Declaração de Independência fundou os Estados Unidos com base em princípios ideológicos partilhados, o que, certamente, parece ser uma espécie de credo comum.[1]

E, ainda assim, Barack Obama sabe que essas ideias não são exclusivamente americanas, e que algumas dessas mesmas expressões se originaram em outros lugares. Ele também sabe que, de certa forma, as palavras não são "comuns", ou não eram quando foram escritas: o mais óbvio é que a maioria dos 20% dos americanos de ascendência africana em 1776 não gozava de igualdade, liberdade ou busca pela felicidade. Para Obama, no entanto, essas anomalias acabaram por ser resolvidas graças à relação entre elas. Primeiro, não são as ideias ou palavras em si que são exclusivamente americanas para Obama, mas sim o fato de que elas foram escritas no documento fundador da nação americana. Em segundo lugar, nesse contexto especificamente americano, portanto, essas palavras saíram do domínio dos conceitos abstratos para se tornarem uma espécie de doutrina oficial, um "credo", de fato. Daí talvez a referência à "substância" deste "credo comum". Na verdade, substância suficiente para ajudar a forjar uma "união mais perfeita", primeiro através da "criação" da Constituição, depois a partir de novas leis criadas nessa Constituição e, finalmente, por meio de transformações na vida cotidiana. Assim, as palavras ganharam um nível de ação no país, tornando-se uma força ativa que estimula a eventual abolição da escravatura e a melhoria de outras iniquidades.[2]

Muito do resto deste livro é sobre esse processo e como Barack Obama o vê. O próximo capítulo diz respeito a como, para Obama, esses princípios instruíram a Constituição através da qual a Declaração foi "concretizada" e a união se tornou, assim, "mais perfeita". Os capítulos seguintes tratam de como a "democracia deliberativa", criada pela Constituição em conjunto com o protesto popular, gradualmente veio ajudando a tornar a união ainda mais perfeita ao longo dos últimos dois séculos. No entanto, este capítulo é, principalmente, sobre o lugar de origem das palavras citadas anteriormente e de como elas se tornaram o "credo comum" da América na Declaração de Independência. Mas, antes de continuarmos, "Credo"?

CREDO

O fato de Barack Obama ter selecionado uma descrição quase religiosa das ideias da Declaração nos ajuda a ver por que ele vê essas ideias como tendo "substância" suficiente para serem agentes de mudança tão poderosos na história americana. De acordo com o *Oxford English Dictionary*, um "credo" é: "1.a. Uma forma de palavras que estabelece, com autoridade e concisão, a crença geral da Igreja Cristã, ou aqueles artigos de crença que são considerados essenciais; um breve resumo da doutrina cristã: geral e apropriadamente aplicado às três declarações de crença conhecidas como os Credos dos Apóstolos, Niceno e Atanásio". E "1.c. Mais comum: uma fórmula de crença religiosa; uma confissão de fé, *esp.* uma considerada autoritária e vinculante aos membros de uma comunhão".[3] A definição "2.a." é igualmente religiosa: "Um sistema de crença religiosa aceita ou professada; a fé de uma comunidade ou de um indivíduo, *esp.* expressa ou é capaz de ser expressa em uma fórmula definida." A palavra, porém, tem um sentido mais secular: "2.b. Um sistema de crenças em geral; um conjunto de opiniões sobre qualquer assunto, *ex.* política ou ciência." Embora "2.c." seja mais aberta e possa ser religiosa ou não: "Crença, fé (em referência a um único fato). *raro*". Portanto, embora haja pelo menos uma conotação secular de "credo", a palavra é, no entanto, amplamente religiosa em suas origens e conotações modernas.[4]

Você já deve ter reparado que eu deixei passar o significado de "1.b". Mas aqui está: "Uma repetição do credo, como um ato de devoção." Barack Obama performa essa devoção com frequência e, muitas vezes, nas ocasiões mais auspiciosas. No início de seu discurso principal na Convenção Nacional Democrata em Boston, em julho de 2004, por exemplo, ele disse: "Nosso orgulho é baseado em uma premissa muito simples, resumida em uma declaração feita há mais de duzentos anos: consideramos que estas verdades são evidentes, que todos os homens são Criados iguais. Que são dotados pelo seu Criador de certos Direitos inalienáveis. Que entre esses estão a Vida, a Liberdade e a busca da Felicidade." No seu primeiro discurso de posse, em 2009: "Chegou o momento de reafirmar nosso espírito duradouro; de escolher nossa melhor história; de levar adiante este dom precioso, esta nobre ideia, transmitida de geração em geração: a promessa dada por Deus de que todos são iguais, todos são livres e todos merecem uma chance de buscar sua plena medida de felicidade." No seu segundo discurso de posse, em

2013: "O que nos torna excepcionais — o que nos torna americanos — é nossa fidelidade a uma ideia articulada em uma declaração feita há mais de dois séculos: Consideramos que essas verdades são evidentes por si mesmas, que todos os homens são Criados iguais; que dotados pelo seu Criador de certos Direitos inalienáveis; que entre esses estão a Vida, a Liberdade e a busca da Felicidade." Ele fez esse ato de devoção também em muitas outras ocasiões, inclusive em cada discurso de 4 de Julho entre 2009 e 2016. E, em seu discurso de despedida em janeiro de 2017, falou da "convicção de que todos nós somos Criados iguais, dotados pelo nosso Criador de certos Direitos inalienáveis, entre eles a Vida, a Liberdade e a busca da Felicidade".[5]

Para além dos termos quase devocionais com que Barack Obama descreve essas palavras e do modo semilitúrgico como as repete, observa-se, também, o modo aparentemente escriturístico como as transcreve por escrito. A maneira em que aparecem no início deste capítulo — e no último, no próximo e também no capítulo sete — reproduz isso na própria tipografia de Obama em *The Audacity of Hope*: com a abertura em caixa alta de CONSIDERAMOS QUE ESTAS, e as maiúsculas de Criado, Criador, Direitos, Vida, Liberdade e Felicidade. Tanto quanto sei, essas características não são reproduzidas nessa forma com base em qualquer cópia original ou mesmo veneravelmente antiga da Declaração, certamente não a partir de quaisquer versões produzidas ou sob a autoridade do Congresso Continental de 1776. Elas parecem, portanto, ser uma invenção do próprio Obama, ou então uma aceitação da sugestão de seu editor ou de sua editora. Talvez imaginando a maneira como ele acha que elas devem ser lidas e como devem alcançar o coração e a mente — com todo o magnetismo e poder das Escrituras.[6]

Como a historiadora Pauline Maier brilhantemente demonstrou, a Declaração de Independência tornou-se, de fato, uma "Escritura americana", um credo escrito. Durante a primeira década após 1776, os americanos celebraram a independência e as ideias gerais por trás dela, mas a própria Declaração, como um documento, foi "quase esquecida", e sua forma precisa de palavras permaneceu por algum tempo sem ser citada de maneira mais ampla. Mas, quando a Guerra de 1812 começou, na década que antecedeu as celebrações semicentenárias de 1826, os americanos começaram a reinventar o próprio documento como, nas palavras de Maier, "algo semelhante a um escrito sagrado". Em 1817, por exemplo, o Congresso encomendou a John Trumbull quatro pinturas da Revolução, e no ano seguinte ele completou a mais famosa delas: sua *Declaração de Independência* de 3,5 por 5,5 metros, que exibiu para enormes multidões em Boston, Filadélfia e Baltimore antes de entregá-la para ser pendurada na rotunda do Capitólio recém-concluído da nação. A pintura ainda (des)educa as pessoas sobre o documento, bem como sobre o ato de declaração de independência com toda a enormidade épica e imprecisão fantasiosa das obras de arte bíblicas.[7]

Quando o Congresso ordenou, em 1824, que o ex-presidente Thomas Jefferson recebesse uma cópia de presente de um novo fac-símile da Declaração que ele havia ajudado a redigir quase meio século antes, ele a recebeu "com prazer", pois via a reprodução como prova de "reverência a esse instrumento e... adesão a seus princípios e uma determinação sagrada de mantê-los e perpetuá-los". Que era, disse ele, "um propósito sagrado". E, quando o então venerável Jefferson e o coautor da Declaração John Adams morreram no mesmo dia — o 50°º aniversário de 4 de Julho de 1776 — os oradores do funeral ficaram loucos com o significado aparentemente cósmico das confluências do calendário. Um observou: "Se os cavalos e o carro de fogo tivessem descido para acolher os patriarcas, poderia ter sido maravilhoso, mas não mais glorioso." Outro focou seus superlativos no legado bíblico: "O mesmo venerado instrumento que declarou a nossa separação da Grã-Bretanha continha também a memorável afirmação de que 'todos os homens são criados iguais, que são dotados pelo seu Criador de certos direitos inalienáveis e que, para garantir esses direitos, os governos são instituídos entre os homens, derivando seus justos poderes do consentimento dos governados." Esse foi, continuou o louvor, "o texto da revolução — o princípio dominante vital —, a esperança que animou o coração do patriota e revigorou o seu braço quando ele olhou para a frente através de gerações sucessivas e viu, estampados em todas as suas instituições, os grandes princípios estabelecidos na Declaração de Independência".[8]

A reverência pela Declaração continuou na geração seguinte. Abraham Lincoln descreveu a doutrina que "todos os homens são criados iguais" como uma "fé antiga" e o "pai de todos os princípios morais". Ele disse que "nunca teve um sentimento político que não tivesse nascido dos sentimentos incorporados à Declaração de Independência". Os Fundadores, acreditava Lincoln, "queriam estabelecer um padrão máximo para homens livres que seria familiar a todos, e por todos reverenciado". E, na verdade, as reverberações reverenciais da palavra "credo" também ligam Barack Obama ao seu outro herói, um verdadeiro pregador que ajudou a pôr em prática a profecia de Lincoln. Em 28 de agosto de 1963, o reverendo Martin Luther King Jr. começou seu mais famoso discurso dizendo: "Eu tenho um sonho de que um dia esta nação se levantará e viverá o verdadeiro significado de seu credo: 'Consideramos que estas verdades são evidentes por si mesmas, que todos os homens são criados iguais.'"[9]

Em sua introdução à *American Scripture*, Pauline Maier disse ter visto uma cópia original da Declaração em exibição ao lado das duas outras "cartas de liberdade", a Constituição e a Declaração dos Direitos, naquilo que o Arquivo Nacional dos Estados Unidos chama de "santuário". "O 'santuário'", disse ela, "assemelha-se aos altares pré-Vaticano II da minha adolescência católica, dourados e impressionantes, erguidos três degraus acima de onde os fiéis se reuniam. A Declaração é a peça central dele, mantida acima da Constituição e da Declaração dos Direitos no que parece um tabernáculo, ou talvez um ostensório, o dispositivo usado para exibir a hóstia em dias especiais. A Constituição e a Declaração dos Direitos estão espalhadas por baixo, na superfície do altar".[10]

Mas Maier acabou não se impressionando, pois tudo aquilo lhe parecia "idólatra, e, curiosamente, também em desacordo com os valores da Revolução". Os Fundadores foram, afinal, pioneiros na separação da Igreja e do Estado como parte da sua missão em nome da igualdade, da liberdade e da busca pela felicidade. E alguns eram ardentes protestantes, que suspeitavam profundamente do que consideravam ser idolatria papista. De qualquer forma, para Maier, a mensagem do documento é "deste mundo". Por isso ela concluiu seu epílogo dizendo — e incluindo, ironicamente, uma linha de Isaías — que: "A vitalidade da Declaração de Independência repousa sobre a prontidão do povo e de seus líderes para discutir as suas implicações e para tornar retos os caminhos tortuosos, e não para matar curiosidades em papel mumificado que fica inerte no Arquivo; no ritual da política, e não na adoração de falsos deuses que estão em desacordo com as nossas origens do século XVIII e que lutam contra a nossa capacidade de, juntos, definir e colocar em prática o direito e a justiça no nosso tempo."[11]

No entanto, a veneração de Barack Obama à Declaração não é inconsistente com o julgamento final da professora Maier. Como veremos no próximo capítulo, Obama é um secularista do Iluminismo. Ele está totalmente de acordo com a separação institucional da Igreja e do Estado, mas acredita que a política é sobre questões morais, e a moralidade pode ser concebida e articulada em termos religiosos. Ou não, como pode ser o caso, mas ele fica plenamente feliz com as pessoas fazendo campanha por causas e até mesmo por cargos usando expressões religiosas.

E parece que ele vê a Declaração de Independência de uma forma semelhante. Para ele, não é um documento religioso como tal, mas, para pessoas religiosas como ele, carrega a força da fé. Já para as pessoas não religiosas pode carregar a força, se não da fé, do imperativo ideológico. É a força moral da declaração que importa, onde quer que a encontremos. Talvez por isso ele chame as palavras mais famosas da declaração de "credo", mas não as denomina como Credo.

Barack Obama certamente concordaria com a conclusão que Pauline Maier apresenta em seu livro. A Declaração é, disse ela, "um documento que falou tanto pelos revolucionários quanto por seus descendentes, que enfrentaram questões que os Fundadores do país nunca tinham conhecido ou falhado ao tentar resolver, vinculando uma geração após a outra em um ato contínuo de autodefinição nacional". Para Obama, esse ato contínuo de autodefinição nacional compreende a realização de uma união "mais perfeita" — desde a adoção da Declaração e, em seguida, da Constituição, passando pelas abolições da escravidão e se-gregação, até as lutas de hoje. Esses são os temas dos capítulos seguintes. O restante deste capítulo discute como Obama vê os conceitos abstratos de igualdade, liberdade e busca pela felicidade ganharem "substância" no "credo comum", articulado na Declaração de Independência.[12]

UM ASSUNTO DO REI GEORGE

Embora Barack Obama cite a Declaração de Independência com frequência, ele fala muito pouco sobre como ela surgiu. Talvez não detalhar as causas e os acontecimentos da Revolução Americana seja uma gentileza diplomática que atenda às sensibilidades de uma ex-pátria-mãe que, por necessidade, pleiteia que tem uma "relação especial" com os Estados Unidos. E também por razões eleitorais, já que palestras históricas longas e detalhadas, necessariamente, não são a melhor maneira de conquistar eleitores e influenciar pessoas. A abreviação de "império" e "tirania" é, portanto, melhor, e, como símbolos, eles serão suficientes, já que a maioria dos americanos sabe em maior ou menor detalhe a que essas palavras se referem. E, em todo caso, Obama costuma usar esses termos não para se debruçar sobre a Revolução Americana por si só, mas para denotar o que ele vê como uma série mais longa de opressões superadas, ilustrando coletivamente as continuidades libertadoras da história americana como um todo. Para Obama, esses resultados são mais importantes do que os processos que os produziram.

Ao anunciar sua candidatura à presidência em fevereiro de 2007, por exemplo, Obama observou que "já mudamos este país antes". Ele listou três momentos transformadores, dentre os quais a Revolução Americana era apenas um: "Perante a tirania, um bando de patriotas pôs um Império de joelhos. Perante a Secessão, unificamos uma nação e libertamos os cativos. Perante a Depressão, recolocamos profissionalmente as pessoas e tiramos milhões da pobreza." E então, sem perder o ritmo, continuidades adicionais de resultados positivos impressionantes: "Acolhemos imigrantes em nossas terras, abrimos ferrovias rumo ao oeste, aterrissamos um homem na Lua e ouvimos um chamado do King para deixar a justiça correr como água, como um riacho poderoso." Um tipo muito diferente de rei, é claro, do rei considerado responsável pela tirania britânica que provocou a independência americana.[13]

Barack Obama mencionou publicamente esse outro rei pelo menos uma vez. Ele fez isso no que talvez tenha sido a sua acusação mais condenatória da tirania imperial britânica na América. Mas esta rara menção foi feita com segurança em um discurso de abertura em junho de 2006, bem distante da campanha presidencial e antes de Obama assumir as responsabilidades de Chefe de Estado americano. Incentivando a turma de formandos da Universidade de Massachusetts em Boston — a cidade de tantos eventos revolucionários — a "buscar a felicidade que você deseja", ele observou que hoje "esse sonho soa comum — talvez até mesmo clichê — mas, a maior parte da história humana, tem sido tudo menos isso". E, então, ele mais uma vez fez uma lista, dessa vez de pessoas oprimidas e regimes opressivos em eras anteriores a chegada da liberdade americana e do autogoverno. "Como um servo em Roma, um camponês na China", disse ele, "ou um súdito do rei George, havia poucos futuros improváveis. Não importava o quanto você trabalhasse ou lutasse por algo melhor, você sabia que iria passar a vida forçado a construir o império de outra pessoa; a sacrificar-se pela causa de outra pessoa". Ou, como ele disse ainda mais enfaticamente em um discurso de abertura no Knox College em Galesburg, Illinois, no ano anterior:

> Como servo em Roma, você sabia que iria passar a vida forçado a construir o império de outra pessoa. Como camponês na China do século XI, você sabia que não importava o quanto você trabalhasse, o senhor de guerra local poderia levar tudo o que você tinha — e que a fome poderia vir bater à sua porta a qualquer momento. Como súdito do rei George, você sabia que sua liberdade de adorar, falar e construir sua própria vida seria limitada pelo trono.
> E então a América aconteceu.[14]

Parece então que, para Obama, a essência da Revolução não eram os impostos e outros atos britânicos que a causaram, ou os protestos contra eles, mas a transição da sujeição colonial para a autodeterminação nacional, o momento da própria Declaração. "Naquela época da história humana", disse ele em Boston, "eram reis, príncipes e imperadores que tomavam decisões. Mas aqueles patriotas sabiam que havia uma maneira melhor de fazer as coisas, que a liberdade era possível e que, para alcançar sua liberdade, eles estavam dispostos a dar suas vidas, suas fortunas e sua honra. E, assim, iniciaram uma revolução." Em um discurso de 4 de Julho no gramado sul da Casa Branca em 2013, Obama expressou esse sentimento desta forma: "Em 4 de julho de 1776, um pequeno grupo de patriotas declarou que éramos um povo criado igual, livre para pensar e adorar e viver como quiséssemos; que nosso destino não seria determinado para nós, seria determinado por nós." Em sua mensagem semanal na rádio, no mesmo dia, o presidente acrescentou que o "pequeno grupo de patriotas declarou... que éramos um povo criado igual, livre para pensar e adorar e viver como quiséssemos... que já não éramos colonos, éramos americanos".[15]

Esses comentários parecem perfeitamente sustentáveis como críticas gerais ao imperialismo. Mas, como mencionado no capítulo anterior, eles são caracterizações mais precisas do imperialismo tardio da Grã-Bretanha na África e na Ásia do que da colonização anterior na América e na Australásia. Eles também não dizem muito sobre as queixas específicas que causaram a revolta colonial de 1776 — uma revolta que poucos colonizadores imaginaram ou desejaram até que se viram arrastados pelo que a Declaração chama de "o curso dos acontecimentos humanos". Esse curso de eventos começou naturalmente com a Lei do Açúcar de 1764 e a Lei do Selo de 1765, os primeiros impostos parlamentares diretos sobre os colonos americanos. Essas leis foram alvo de resistência sob a forma de panfletos políticos, resoluções legislativas, motins, ameaças, atos de violência contra agentes britânicos e os americanos que os apoiavam e um boicote econômico à Grã-Bretanha. Essas ações obrigaram o Parlamento a revogar Lei do Selo em 1766 e, posteriormente, a reduzir o imposto sobre o açúcar.

Os apelos de "não à taxação sem representação", porém, eram mais sobre representação do que sobre taxação A principal queixa dos colonos era que cada colônia tinha a sua própria assembleia legislativa e só os representantes eleitos localmente teriam o direito de aprovar leis sobre assuntos locais, especialmente, mas não somente, em matéria fiscal. Essa ameaça colonial à soberania britânica levou o Parlamento a aprovar um Ato Declaratório em 1766, reivindicando autoridade no intuito de "legislar para as colônias em todos os casos". E, no ano seguinte, os deputados seguiram com os Atos Townshend sobre vidro, chumbo, papel, tinta e chá. Essas medidas fiscais foram acompanhadas de disposições de execução que autorizavam a Marinha Real a policiar os mares em busca de evasores fiscais, e as Cortes do Vice-Almirantado a julgar os que fossem capturados nessas condições. Além disso, os Atos Townshend introduziram nas colônias uma notória burocracia sob a forma do Conselho de Comissários das Alfândegas. Depois que esses comissários foram forçados a se esconder no castelo William do porto de Boston durante o Motim da Liberdade de 1768, tropas britânicas chegaram para restaurar a ordem na capital de Massachusetts. O massacre de Boston de 5 de março de 1770 foi o resultado final. O choque do assassinato de cinco civis levou à revogação de todos os Atos Townshend, exceto o do chá, que os deputados sustentaram por princípio e para manter o precedente legal.

A Lei do Chá de 1773 isentou, então, a Companhia das Índias Orientais do único Ato Townshend remanescente. Essa tentativa de dar prioridade aos comerciantes britânicos em detrimento dos americanos provocou protestos organizados pelos Filhos da Liberdade em todas as colônias, sendo o Boston Tea Party de dezembro de 1773 o mais famoso. O Parlamento aprovou então os Atos Coercitivos, que fechavam o porto de Boston até que a compensação pelo chá despejado no porto fosse paga, providenciavam julgamentos para os participantes do Tea Party na Inglaterra, alocavam tropas em residências desocupadas em Boston e substituíam o estatuto de 1691 de Massachusetts pelo equivalente à regra militar. Os colonos os chamavam de Atos Intoleráveis.[16]

Em resposta a esses agravamentos, o Congresso Continental que se reuniu em setembro e outubro de 1774 tentou inicialmente a reconciliação, enviando a Petição do Ramo de Oliveira a um rei que se recusou a recebê-la com o fundamento, irônica e logicamente, de que enviá-la a ele em vez de ao Parlamento violava os princípios da monarquia constitucional e limitada. No entanto, o Congresso Continental também aconselhou os colonos a se prepararem para a defesa e prometeu ajuda de todos caso alguma colônia fosse atacada. De fato, as tensões deram origem às batalhas de Lexington e Concord em Massachusetts em abril de 1775, e a rebelião armada subsequente finalmente se transformou em uma guerra revolucionária devido a Declaração de Independência, aprovada em 4 de julho de 1776 por um Segundo Congresso Continental, o qual se reuniu pela primeira vez em maio de 1775 e, como consequência da Independência, tornou-se o primeiro governo dos Estados Unidos. Eventualmente, ganharam a guerra devido à combinação de exércitos e marinhas franco-americanas e grupos armados americanos que forçaram a rendição do general britânico Charles Cornwallis em Yorktown, Virgínia, em setembro de 1781. Embora tenha demorado até fevereiro de 1783 para que todas as partes concordassem com os termos e para que os britânicos finalmente reconhecessem a independência americana no Tratado de Paris — conhecido anteriormente como Tratado de Versalhes.

NO ANO DO NASCIMENTO DA AMÉRICA

Geralmente, nas poucas ocasiões em que Barack Obama menciona as causas e o curso da Revolução Americana ele usa apenas as vagas referências citadas anteriormente. Mas houve uma ocasião em que ele realmente se referiu a um evento específico, sem nomeá-lo e sem dar muitos detalhes, mas de forma identificável, e isso levanta uma série de questões interessantes. Em seu primeiro discurso de posse, o presidente convidou seus compatriotas americanos para se inspirarem em um incidente que aconteceu em dezembro de 1776. "No ano do nascimento da América", disse ele,

> no mais frio dos meses, um pequeno grupo de patriotas estava amontoado ao redor de fogueiras se extinguindo nas margens de um rio gelado. A capital havia sido abandonada. O inimigo estava avançando. A neve

estava manchada de sangue. Em um momento em que o resultado da nossa revolução era incerto, o pai da nossa nação ordenou que estas palavras fossem lidas ao povo: 'Que se diga ao mundo futuro... que, no mais profundo inverno, quando nada além da esperança e da virtude conseguia sobreviver... a cidade e o país, alarmados por um perigo comum, foram ao encontro [dele].[17]

As palavras de Obama evocam um momento bem conhecido do início da guerra revolucionária. As forças recém-chegadas sob o comando do general britânico William Howe tinham expulsado as forças americanas do general George Washington de Long Island, Nova York, para a Pensilvânia. Na véspera do Natal de 1776, porém, Washington e seus homens atravessaram o rio Delaware e obtiveram vitórias em ataques surpresa contra as forças britânicas e mercenários Hessian em Princeton e Trenton, Nova Jersey.

Obama pôde contar com a familiaridade de seus ouvintes com esses eventos, graças, em parte, a um famoso elemento visual relacionado a eles. Essa campanha de inverno inspirou, mais tarde, uma das pinturas mais conhecidas da Guerra da Independência, *Washington Crossing the Delaware*, a representação de 1851 de Emanuel Leutze da cena ribeirinha daquela noite de Natal. Não surpreende que Obama evoque essa imagem, mesmo sem mencionar diretamente essa pintura: é um ícone de audácia. Também não surpreende que ele tenha feito uma associação entre Washington como primeiro presidente americano e ele próprio como primeiro presidente afro-americano: dois ícones de esperança.

QUE SE DIGA AO MUNDO FUTURO

O mais surpreendente é que as palavras do autor desconhecido que George Washington ordenou que fossem lidas e que Barack Obama optou por recordar foram as de Thomas Paine, então um dos *aides de camp* do general. Em dezembro de 1776, Paine escreveu o primeiro de uma série de dezesseis panfletos publicados antes do fim da guerra em

1783. Conhecidos como *The American Crisis*, ou apenas *The Crisis*, as palavras que Obama citou vêm do n. 1, publicado em 23 de dezembro de 1776 e, na verdade, são as seguintes: "Que se diga ao mundo futuro que, no mais profundo inverno, quando nada além da esperança e da virtude conseguia sobreviver, a cidade e o país, alarmados por um perigo comum, foram ao encontro dele e o repeliram." É obviamente compreensível que Obama exclua os trechos mais marciais da passagem para atender às circunstâncias de seu próprio momento. Talvez ele também não quisesse dramatizar demais os seus ouvintes em 2009 com outras palavras conhecidas que Paine usou em 1776, embora elas talvez sejam a mais magnífica e comovente das muitas grandes linhas que Thomas Paine reuniu e que Obama pode ter refletido enquanto ele e os redatores preparavam seu histórico discurso de posse:

> Estes são tempos que testam as almas dos homens: o soldado de verão e o patriota de fachada, nesta crise, deixarão de estar a serviço do seu país; mas aquele que agora se mantém, merece o amor e o agradecimento dos homens e das mulheres. A tirania, como o inferno, não é facilmente derrotada; no entanto, temos este consolo conosco, que, quanto mais difícil o conflito, mais glorioso o triunfo. O que obtemos muito fácil, apreciamos muito pouco: é só o empenho que dá a cada coisa o seu valor. Os céus sabem como colocar um preço adequado em seus bens; e seria realmente estranho se uma palavra tão celestial quanto liberdade não fosse altamente cotada.[18]

No entanto, *The American Crisis* não foi o primeiro nem mesmo o mais famoso dos escritos de Thomas Paine. Em 10 de janeiro, no início do mesmo ano, Paine havia publicado o *Senso comum*, uma chamada para romper com a Grã-Bretanha que muitos creditam como a inspiração mais influente para a independência americana. O *Senso comum* foi também um panfleto radical, que criticava a monarquia e pedia a forma mais simples possível de governo representativo para a nova república que, ao final do ano, o autor do panfleto lutava para estabelecer.

Porém, por várias razões, Paine era uma fonte improvável de ser citada por Obama, e talvez seja por isso que ele tenha permanecido sem nome, mesmo quando suas palavras foram citadas. Para começar, Thomas Paine nasceu na Inglaterra, em Thetford, Norfolk. Para ser mais exato, em 9 de fevereiro de 1739. Quando jovem, trabalhou como fabricante de espartilhos, fiscal, professor e escritor ocasional, morando primeiro em sua cidade natal e depois em Londres e em Lewes, Sussex. Em novembro de 1774, aos 37 anos, depois de vários fracassos profissionais e pessoais, incluindo o divórcio, chegou à Filadélfia com cartas de apresentação de Benjamin Franklin. Lá ele trabalhou como escritor, editor e impressor antes de ficar famoso ao criar e publicar o *Senso comum*.

É, também, uma citação um tanto surpreendente porque Paine era um notório radical e, portanto, não era conhecido pelo tipo de política calma e comprometida que Obama favorece. Embora Thomas Jefferson fosse um admirador da publicação, o mais conservador John Adams não era, uma vez que chamou o *Senso comum* de "um monte de texto pobre, ignorante, malicioso e míope de Crapulous". Mas foi talvez a carreira pós-Revolução Americana de Paine e em particular o seu envolvimento com a Revolução Francesa que lhe garantiram certa notoriedade. Depois que Edmund Burke se queixou da subversão dos costumes e das instituições francesas em suas *Reflexões sobre a revolução na França* (1790), Paine as celebrou e desenvolveu sobre os mesmos direitos naturais e teorias dos contratos sociais em *Direitos do homem* (1791-1792), que ele havia anteriormente resumido de forma breve no *Senso comum*. Subsequentemente acusado de incitação à rebelião, ele fugiu para a França, onde assumiu a cidadania honorária e um lugar na assembleia revolucionária representando o Pas-de-Calais.[19]

Thomas Paine tornou-se, então, um girondino e opôs-se à pena de morte para Luís XVI e Maria Antonieta, como se opôs, por princípio, para todos. Por essas ofensas ficou retido na prisão de Luxemburgo, em Paris, e em razão delas os *Montagnards* o julgaram digno de execução judicial. Seus pedidos de assistência para salvar sua vida foram ignorados pelo então presidente Washington, que agora achava Paine mais um incômodo do que útil; e o que aparentemente salvou o pescoço de Paine foi uma ineficiência momentânea na maquinaria do terror. No dia marcado, os carrascos erraram a marca na porta da prisão de Paine, fazendo-a por dentro e não por fora, pois estava aberta para que o preso enfermo recebesse um pouco de ar. Esse erro suspendeu sua execução por tempo suficiente para que Robespierre perdesse a popularidade em 9 Thermidor An II, mais conhecido como 27 de julho de 1794. Ele foi finalmente libertado em novembro, depois que o embaixador James Monroe provou sua cidadania americana. No entanto, Paine nunca deixou de ser um problema. Durante seu tempo na prisão, ele completou *The Age of Reason* (1794-1796), uma defesa da religião natural que era divina demais para muitos jacobinos e ímpia demais para muitos americanos. E sua defesa dos direitos das mulheres nada fez para diminuir sua reputação de extremista perigoso, e, possivelmente, de lunático.

Apesar das suas tribulações, a contribuição imensurável, mas sem dúvida enorme, de Thomas Paine para a independência americana e para o Iluminismo lhe rendeu uma pensão e uma casa no estado de Nova York, onde se aposentou em 1802. No entanto, os seus últimos anos não foram felizes. Além de ser infame e ocasionalmente agredido por seu radicalismo e suposta irreligião, ele também era considerado um bêbado mal-humorado e fedorento. Ele morreu em 8 de junho de 1809, e seis pessoas compareceram ao seu funeral.[20]

DE AGORA EM DIANTE E PARA SEMPRE

Barack Obama também discute a filosofia e os filósofos que estavam mais diretamente por trás das palavras da Declaração de Independência do que Thomas Paine estava. Antes de discutir isso, porém, mais algumas palavras sobre como exatamente surgiu essa Declaração, mais precisamente sobre como o documento chegou a ser escrito.

Os eventos agora mencionados, desde a Lei do Açúcar até o início da guerra, finalmente reuniram colonizadores suficientes para tornar possível a ruptura com a Grã-Bretanha. A enorme popularidade do *Senso comum* de Paine convenceu muitos membros do Congresso Continental de que, ao final da primavera ou início do verão, haveria apoio suficiente para sustentar uma tentativa e ganhar uma guerra pela independência. Então, em 7 de junho de 1776, o delegado da Virgínia na Filadélfia, Richard Henry Lee, propôs uma resolução ao Congresso informando que "essas Colônias Unidas são, e por direito devem ser, Estados livres e independentes, que estão absolvidas de toda lealdade à Coroa Britânica, e que toda conexão política entre elas e o Estado da Grã-Bretanha é, e deve ser, totalmente dissolvida".[21]

Três dias depois, o Congresso decidiu que alguns membros deveriam "preparar uma declaração para o efeito da referida primeira resolução" e, no dia seguinte, nomeou John Adams de Massachusetts, Benjamin Franklin da Pensilvânia, Thomas Jefferson da Virgínia, Robert R. Livingston de Nova York e Roger Sherman de Connecticut para o que ficou conhecido como o Comitê dos Cinco. Jefferson escreveu um primeiro rascunho da declaração e, com algumas emendas feitas, o comitê apresentou seu trabalho ao Congresso em 28 de junho. O Congresso, então, fez mais algumas alterações antes de aprovar uma versão quase final em 4 de julho.[22]

Enquanto isso, em 2 de julho, o Congresso aprovou a Resolução Lee — o que, na verdade, significa que os Estados Unidos são dois dias mais velhos do que estamos acostumados a pensar, graças à tradição de celebrar a Independência no dia 4. O presidente Obama mencionou em 4 de julho de 2013 que "naquele salão na Filadélfia, enquanto eles debatiam sobre a Declaração, John Adams escreveu à sua amada Abigail". Ele previu que a independência seria celebrada "de um extremo ao outro do continente, de agora em diante e para sempre", e tem sido assim até hoje. Mas, anualmente, muitos historiadores se divertem lembrando de outra parte da previsão de Adams: "O segundo dia de julho de 1776 será o dia mais memorável da história da América."[23]

E, se a independência foi realmente decidida dois dias antes do dia 4, a assinatura da Declaração aconteceu algumas semanas depois. A pintura mencionada de John Trumbull contribuiu muito para imprimir em nossas mentes a ideia de que a Declaração foi realmente assinada no dia 4. De fato, o Congresso ordenou a produção de uma cópia em pergaminho da Declaração em 4 de julho para ser assinada mais tarde. Essa versão também foi alterada para alegar que a Declaração foi adotada por unanimidade e para incluir a Resolução Lee em sua conclusão. Muitos assinaram naquele dia, 2 de agosto, outros o fizeram quando puderam, nas semanas seguintes, embora alguns nunca o tenham feito, apesar da reivindicação de unanimidade, uma reivindicação à qual voltaremos um pouco mais tarde.

PENSADORES ILUMINISTAS COMO HOBBES E LOCKE

Em seu rascunho da Declaração de Independência, a formulação original de Thomas Jefferson da famosa frase que Barack Obama (e todos) cita(m) foi a seguinte: "Consideramos que estas verdades são sagradas e inegáveis; que todos os homens são criados iguais e independentes, que dessa igual criação derivam direitos inerentes e inalienáveis, entre os quais estão a preservação da vida, da liberdade e da busca pela felicidade." As revisões dessa seção do preâmbulo, feitas principalmente por John Adams e Benjamin Franklin e com algumas emendas finais realizadas no Congresso, foram mais estilísticas do que qualquer outra coisa, implementadas por concisão e clareza, e talvez pela cadência mais agradável das cláusulas que encontramos na versão final. Além da adição da conjunção "que". Mas, conceitualmente falando, nada de substancial mudou e, mesmo em termos literários, algumas palavras e frases-chave, incluindo a tríade conclusiva, permaneceram inalteradas. Uma revisão muito mais substancial e significativa do esboço de Jefferson será feita mais adiante neste capítulo.[24]

Contudo, muito do que Jefferson escreveu permaneceu inalterado em substância ou totalmente inédito, porque os homens que leram e revisaram a Declaração já estavam familiarizados com as ideias e até mesmo com muitas das frases nela contidas. Como Barack Obama corretamente observa, as ideias da Declaração já eram antigas "há mais de dois séculos", quando Jefferson as expressou e o Segundo Congresso Continental as modificou e publicou. O próprio Jefferson lembrou, em uma carta a Henry Lee quase meio século após a Independência, que ele pretendia que a Declaração "fosse uma expressão da mente americana". Seu objetivo ao redigi-la não era, portanto, "descobrir novos princípios, ou novos argumentos... mas colocar diante da humanidade o senso comum do assunto, em termos tão claros e firmes a ponto de impor seu consentimento... Toda a sua autoridade repousa, então", continuou ele, "nos sentimentos harmoniosos do dia, sejam eles expressos na conversação, nas cartas, nos ensaios impressos ou nos livros de base de direito público, como Aristóteles, Cícero, Locke, Sidney etc".[25]

Para James Madison, Jefferson disse também que não "considerava parte da minha responsabilidade inventar novas ideias e não oferecer nenhum sentimento que já tivesse sido expresso antes". Outros concordaram. De acordo com a carta de Jefferson à Madison, Richard Henry Lee disse, uma vez, que a Declaração foi "copiada do tratado de Locke sobre o governo". E John Adams, possivelmente com inveja do fato da contribuição de Jefferson para a Declaração ter eclipsado a sua própria, escreveu que "não há uma ideia" nela, "apenas o que havia sido banal no Congresso nos dois anos anteriores".[26]

Adams era petulante, mas não estava errado. Na verdade, ele e outros no Congresso, nas legislaturas coloniais e pelas ruas das cidades e dos condados não só discutiam a independência, como também debatiam os próprios termos em que ela deveria ser declarada. Como Pauline Maier escreveu e como Danielle Allen, com razão, nos lembrou mais recentemente, a Declaração foi, em muitos aspectos, escrita "coletivamente", um produto da "escrita democrática". Um resultado do tipo de conversa cívica que Barack Obama prefere, mesmo antes de a Constituição institucionalizar a "democracia deliberativa americana".[27]

Tal escrita coletiva e democrática era possível porque um grande número de pessoas conhecia sua filosofia. Para começar, o conceito de verdades "evidentes por si mesmas" era bem conhecido por qualquer pessoa que tivesse lido o livro de John Locke, *Ensaio sobre o entendimento humano* (1690), ou que estivesse familiarizada com a ortodoxia epistemológica contemporânea, de que a mente humana recém-nascida era uma tábula rasa que adquire conhecimento pela experiência do mundo. Isto é, trata-se da ideia de que a verdade está lá fora, que é um objeto a ser descoberto através da observação e da aplicação da razão, não algo subjetivamente concebido ou construído em nossas próprias mentes. A verdade é "evidente".

Essa ideia de evidência própria é fundamental para o conceito sobre o qual assentam as reivindicações filosóficas seguintes da Declaração: as "Leis da Natureza e do Deus da Natureza", já que o primeiro parágrafo da Declaração descreve a base dos direitos naturais. Para esses whigs radicais, os direitos naturais eram fatos científicos tão evidentes, tão objetivamente passíveis de serem descobertos quanto qualquer outro. Tais ideias sobre direitos também foram, muitas vezes, atribuídas a John Locke, desta vez aos seus *Dois tratados do governo civil* (também de 1690), ou, mais especificamente, ao *Segundo tratado sobre o governo civil*, embora, assim como Jefferson e sua Declaração, Locke seja mais conhecido por ser o principal elaborador delas do que por ser o criador. "O estado de natureza tem uma lei da natureza para governá-lo", escreveu Locke, "que é imposta a todos; e a razão, que é essa lei, ensina a toda a humanidade, que apenas a consultará, que, por serem todos iguais e independentes, ninguém deve prejudicar a vida, saúde, liberdade ou posses do outro". Locke também usou outra frase para descrever direitos, uma que amplamente definia "propriedade" como "vida, liberdade e patrimônio". A semelhança do vocabulário de Locke com o da Declaração é impossível de ser ignorada.[28]

Os membros do Congresso teriam conhecido igualmente bem a proveniência das próximas passagens da Declaração de Independência: "Que, para assegurar esses direitos, os Governos são instituídos entre os Homens, derivando os seus justos poderes do consentimento dos governados. E, sempre que qualquer Forma de Governo ameaçar esses fins, é Direito do Povo alterá-lo ou aboli-lo, e instituir um novo Governo." Estas ideias — o consentimento do governado, o governo como uma confiabilidade e o direito logicamente procedente de revoltar-se contra o desgoverno e formar um novo — foram enunciadas com muita frequência na era das revoluções na Inglaterra do século XVII e, mais uma vez, destiladas no *Segundo Tratado* de Locke. Essas ideias permaneceram clichês do whiggismo radical do século XVIII, e eram perfeitamente familiares a qualquer pessoa bem-educada e a muitas pessoas pouco educadas na Grã-Bretanha e, especialmente, nas colônias da época. Barack Obama, o advogado constitucional, conhece bem o assunto. Como ele observa em *The Audacity of Hope*, "os pensadores do Iluminismo, como Hobbes e Locke, sugeriram que os homens livres formassem governos como uma barganha para garantir que a liberdade de um homem não se tornasse a tirania de outro; que eles sacrificassem a licença individual para melhor preservar a sua liberdade".[29]

Thomas Hobbes (1588-1679) foi o menos provável dos dois homens a ser incluído no cânone de Obama. Mais conhecido por *Leviatã* (1651), Hobbes realmente propôs as noções de igualdade natural, direitos individuais e contrato social. Mas, talvez marcado pelo seu nascimento perto da costa sul da Inglaterra, quando a Armada espanhola ameaçou a região costeira inglesa em 1588, e depois vivendo as instabilidades e perigos das guerras civis de 1642 a 1651, o Regicídio de 1649, o Interregno de 1649 a 1660, a Restauração de 1660 e a eclosão do Complô Papista e a Crise de Exclusão de 1678 a 1681, ele não era um admirador da desordem, e sua filosofia política era absolutamente autoritária. Ele via o Estado de natureza como uma "guerra de todos contra todos", na qual a vida era "solitária, pobre, desagradável, brutal e curta". Para impedir uma descida a tais condições novamente, o sujeito deve alienar todos os direitos e abjurar a rebelião e a revolução em um contrato social que ofereça obediência absoluta à autoridade. Pois "Convenções sem a espada são apenas palavras", escreveu Hobbes, "e não têm força para proteger um homem".[30]

John Locke (1632-1704) era bem mais relaxado sobre a natureza humana e a autoridade política do que Thomas Hobbes. E, com sua ideia não hobbesiana de direitos inalienáveis, incluindo o direito à revolta, Locke foi mais um antepassado dos Fundadores da América e, na verdade, de Barack Obama que Hobbes. Locke provavelmente escreveu os *Dois Tratados* durante a Crise de Exclusão de 1678 a 1681, ou seja, durante as tentativas fracassadas de impedir Jaime, duque de York, de conseguir o trono inglês. Jaime herdou a coroa em 1685, mas logo se tornou desprezado pelo seu catolicismo e pela ideologia absolutista com a qual ele parecia agir cada vez mais de acordo. Em 1688, a rainha Maria de Modena deu a Jaime um herdeiro masculino, que seria criado no catolicismo e que substituiria a filha protestante de Jaime, Maria, na linha de sucessão. Assim, um inconveniente temporário na forma de um Jaime idoso foi substituído pela terrível perspectiva de uma tirania papista perpétua de um descendente real — apesar dos rumores de que o bebê era um impostor levado para o quarto da rainha dentro de um aquecedor de cama. Os principais políticos ingleses convidaram o genro de Jaime, o príncipe holandês Guilherme de Orange, a invadir o país e, dessa forma, assegurar o protestantismo e a liberdade dos ingleses. Ele o fez e posteriormente se tornou rei Guilherme III, e sua esposa, a filha mais velha de Jaime, co-herdou o trono como rainha Maria Stuart II.

John Locke, exilado com muitos outros depois do plano de 1683 da Rye House para assassinar Charles II e depois Jaime, duque de York, finalmente publicou seus *Dois tratados* após a Revolução Gloriosa. No entanto, apenas uma minoria interpretou 1688 como uma revolução "real", ou, para colocar em termos mais lockeanos e whigianos, uma dissolução de governo em que a autoridade é revertida para o povo, que, consentindo através de um contrato social, substitui o antigo regime por um novo mais adequado aos seus desejos e necessidades. Para a maioria dos ingleses da época, como os whigs moderados e *tories*, a Revolução Gloriosa não foi isso. Não foi uma revolução popular, mas sim uma revolução parlamentar. Representou, além disso, a restauração de uma Constituição Antiga, um regresso ao equilíbrio adequado entre a Coroa e o Parlamento, interrompido pela Conquista Normanda de 1066 e que, após pequenos retrocessos ao governo mais conciliatório, foi ainda mais prejudicado pelo absoluismo dos Stuart antes de ser totalmente restaurado em 1688. Até mesmo Locke, o teórico radical, concordou que isso foi o que de fato aconteceu na Inglaterra. E o resultado da Revolução Gloriosa foi a soberania do Parlamento, ou, tecnicamente, uma monarquia constitucional limitada, institucionalizada na autoridade da "coroa no parlamento". Naturalmente, isso não é a mesma coisa que a soberania do povo — a origem e o resultado da Revolução Americana muito mais teoricamente lockeanos e whigianos — que vemos expressos nas doutrinas da Declaração de Independência e decretada pelo "Nós, o povo" da Constituição dos Estados Unidos.

SUAS RAÍZES NO PENSAMENTO LIBERAL E REPUBLICANO DO SÉCULO XVIII

O fato de Barack Obama reconhecer John Locke como um proeminente e, talvez, preeminente defensor filosófico dos princípios por trás da Declaração de Independência é, no entanto, algo significativo. Obama também observa, por exemplo, que podemos "rastrear a gênese da Declaração de Independência até suas raízes no pensamento liberal e republicano do século XVIII" e, portanto, não exclusivamente até o liberalismo lockeano do século XVII. Como James T. Kloppenberg detalha, Obama foi educado na historiografia da "síntese republicana" — um amplo desafio feito pelos historiadores no último terço do século XX à noção do liberalismo lockeano como a fonte única, ou mais significativa, do pensamento revolucionário americano.[31]

Um pioneiro da historiografia de "síntese republicana" foi J. G. A. Pocock, cujo *The Machiavellian Moment* (1975) traçou o progresso do pensamento republicano clássico da Itália do século XVI, passando pela Inglaterra do século XVII, até chegar a América do século XVIII. A instabilidade das cidades-estados italianas do final da Idade Média levaram Nicolau Maquiavel a explorar os antigos meios gregos e romanos de manter a estabilidade política em face das crises, e seu pensamento renascentista, por sua vez, influenciou os ingleses em sua guerra civil e os americanos coloniais em sua revolução.[32]

No entanto, provavelmente mais influentes sobre o pensamento de Obama são as obras que começam com *As origens ideológicas da Revolução Americana* (1966) de Bernard Bailyn e *The Creation of the American Republic, 1776-1787* (1969) de Gordon Wood. Os livros e artigos de Bailyn, Wood e de outros estudiosos da "síntese republicana" estavam nas bibliografias de Roger Boesche quando Barack Obama fez as matérias desse professor no Occidental College no início dos anos

1980. Obama releu esses trabalhos e encontrou outros como eles ao terminar sua graduação na Universidade Columbia e como estudante de pós-graduação em Harvard, um pouco mais tarde. Nós veremos mais sobre a influência dessas obras no pensamento histórico-constitucional de Obama no capítulo seguinte.[33]

Para os propósitos atuais, porém, vale a pena notar que, para esses estudiosos, a "síntese republicana" era apenas isso: uma *síntese* de vários tipos mais antigos e recentes do pensamento republicano. Alguns deles tiveram origem nas antigas Grécia e Roma, e alguns podem ter vindo da Itália renascentista. Mas o trabalho desses estudiosos se concentra mais na maneira como os revolucionários americanos sintetizaram o individualismo liberal inglês do século XVII com as preocupações republicanas do século XVIII e, também, com como se defender da corrupção através do estímulo à virtude cívica. A Declaração de Independência pode, assim, ser atribuída a escritos "verdadeiramente whig", ou "whig tradicional", ou "whig de oposição", como as *Cato's Letters* de John Trenchard e Thomas Gordon (1720-1723) e outros trabalhos, bem como o *Dois tratados* de Locke.[34]

No entanto, as ideias, crucialmente, mudavam a cada fase, adaptadas por pessoas diferentes às suas próprias circunstâncias. O mesmo aconteceu na América, local em que várias ideias foram mescladas e onde a mistura incluiu até uma medida de radicalismo francês, derivada, em particular, de Montesquieu e Jean-Jacques Rousseau. Além disso, de acordo com essa historiografia, a abundância de recursos da América colonial criou uma sociedade mais igualitária, ou pelo menos uma em que um número sem precedentes de pessoas e grupos da população tinha patrimônio o suficiente para participar do sistema político. E assim o fizeram não como camponeses revolucionários, mas como indivíduos com direitos, algo que possivelmente os predispôs à independência e, talvez, os tenha preparado para a cidadania subsequente. Assim, as circunstâncias socioeconômicas e políticas supostamente igualitárias e excepcionais da América primitiva deram novos significados às velhas ideias, ou pelo menos expandiram radicalmente o número de pessoas que eram iguais o suficiente para desfrutar de coisas como propriedade, liberdade e busca pela felicidade.

Bernard Bailyn e Gordon Wood evitavam se associar com o excepcionalismo americano, embora Jack P. Greene tenha feito isso explicitamente. No entanto, entre os historiadores em geral, o termo tende a ser pejorativo, sugerindo patriotismo excessivo, e talvez até um nacionalismo desagradável, ou pelo menos uma ignorância paroquial das influências externas na América. Nem Bailyn, nem Wood, nem Greene são culpados por nada disso. O excepcionalismo deles, se é que podemos chamar assim, é historicizado: isto é, emana da percepção de que as ideias mudam ao longo do tempo e do espaço, algo que é tão verdadeiro na América quanto em qualquer outro lugar. Explicitamente, Barack Obama se identifica como um excepcionalista americano, mas seu excepcionalismo, no entanto, é igualmente matizado e historicizado.[35]

O QUE NOS TORNA EXCEPCIONAIS

Se Barack Obama reconhece que as ideias por trás da Declaração de Independência tiveram origem em outro lugar, de que maneira ele pode identificar seus sentimentos como especificamente americanos, o "*nosso credo comum*" e realmente excepcionais? A resposta para Obama está, em parte — como está para Bernard Bailyn, Gordon Wood, Jack Greene e outros —, na síntese especificamente americana de ideias originadas na Europa e das circunstâncias socioeconômicas e políticas particulares, e mais igualitárias e abertas, da América do século XVIII, que deram significados novos ou diferentes a essas ideias. Mas ele pouco fala sobre essa possibilidade — apenas as menções a Hobbes, Locke e ao "pensamento liberal e republicano do século XVIII" já mencionadas. Bailyn, Wood e Greene são historiadores das colônias e da revolução. Porém, como vimos no capítulo anterior, o interesse de Obama pelas colônias é mínimo, estando, em grande medida, limitado ao que ele vê como características precoces do caráter nacional americano.

Assim, o que interessa mais a Obama é a própria Declaração de Independência e seu legado. Podemos ver a especificidade desse interesse em uma passagem de seu segundo discurso de posse. Simultaneamente, podemos ver como ele enxerga a Declaração como a fonte do excepcionalismo americano. "O que nos torna excepcionais — o que nos torna americanos —", disse ele, "é nossa lealdade a uma ideia articulada em uma declaração feita há mais de dois séculos: 'Consideramos que estas verdades são evidentes por si mesmas, que todos os homens são criados iguais; que são dotados pelo seu Criador de certos Direitos inalienáveis; que entre esses estão a Vida, a Liberdade e a busca pela Felicidade.'"[36]

A expressão-chave aqui talvez seja "lealdade à nação". A Declaração de Independência não foi apenas uma declaração de ideias abstratas, nem uma simples ruminação filosófica sobre princípios políticos. Foi também, talvez em primeiro lugar e acima de tudo, um acontecimento. Um evento que criou uma nação à qual os cidadãos poderiam ter lealdade. Como vimos, em 2 de julho de 1776, o Segundo Congresso Continental aprovou a Resolução de Richard Henry Lee sobre a independência. A Declaração aprovada no dia 4 foi a justificativa do Congresso para essa resolução, tal como o seu parágrafo de abertura explica:

> Quando, no curso dos acontecimentos humanos, torna-se necessário que um povo dissolva os laços políticos que o ligavam a outro e assuma, entre os poderes da Terra, a posição separada e igualitária a que lhes dá direito as Leis da Natureza e do Deus da Natureza, o respeito digno às opiniões da humanidade exige que se declarem as causas que os impulsionam à separação.[37]

Então, as primeiras linhas da Declaração advertem o mundo, em termos inequívocos, de que grandes coisas realmente estão em andamento, tão grandes que podem ser descritas como "o curso dos acontecimentos humanos", tão grandes que devem ser anunciadas e explicadas a toda a "humanidade".

As primeiras linhas do parágrafo seguinte apresentam os princípios filosóficos fundamentais que fornecem as premissas para tudo o que se segue: "Consideramos que estas verdades são evidentes por si mesmas, que todos os homens são criados iguais, que são dotados pelo seu Criador de certos Direitos inalienáveis, que entre esses estão a Vida, a

Liberdade e a busca pela Felicidade." E, em seguida "— Que, para garantir esses direitos, os governos são instituídos entre os homens, derivando seus justos poderes do consentimento dos governados". A Declaração avança, então, das premissas filosóficas em direção à questão prática, movendo-se nesse sentido com a ajuda de outros adendos incluídos nas versões do documento enviado aos estados — outra seta indicando inequivocamente a direção do argumento: "— E, sempre que qualquer Forma de Governo ameace esses fins, é Direito do Povo alterá-lo ou aboli-lo, e instituir um novo Governo, estabelecendo as suas bases sobre tais princípios e organizando os seus poderes de tal forma, que, para eles, pareça mais provável garantir sua Segurança e Felicidade."[38]

Os homens do Congresso foram revolucionários, mas não eram imprudentes, e assim — sem uma quebra de parágrafo para interromper a progressão lógica — a Declaração adverte: "A prudência, de fato, ditará que os governos há muito estabelecidos não devem ser mudados por causas leves e transitórias; e, portanto, toda a experiência tem demonstrado que a humanidade está mais disposta a sofrer, enquanto os males são passíveis de serem sofridos, do que a se corrigir, abolindo as formas a que está acostumada. Mas," — e é um grande "mas" — "quando uma longa série de abusos e usurpações, buscando invariavelmente o mesmo Objetivo, evidencia um projeto para reduzi-lo sob um Despotismo absoluto, é seu direito, é seu dever, livrar-se de tal Governo, e fornecer novas Guardas para sua futura segurança". E, realmente "— Tal tem sido a paciente resignação destas Colônias; e tal é, agora, a necessidade que as obriga a alterar seu antigo Sistema de Governo."

Nesse ponto, e novamente sem interrupção de parágrafo, o documento completa sua transição do princípio filosófico para a atualidade política: "A história do atual rei da Grã-Bretanha é uma história de repetidos danos e usurpações", afirma a Declaração, "tendo como objetivo direto o estabelecimento de uma Tirania absoluta sobre esses Estados. Para provar isso, deixe os Fatos serem submetidos a um mundo franco." Assim, esse preâmbulo estabelece as razões filosóficas para a revolução e introduz o argumento de que os colonos tinham razões práticas geradoras da revolta.

A próxima seção da Declaração continua listando os "Fatos" aludidos na linha final do preâmbulo. Os detalhes das acusações não precisam nos deter agora, pois Barack Obama está mais interessado na filosofia geral da Declaração, cuja relevância transcende o tempo de tal forma que as políticas particulares dos governos britânicos nas décadas de 1760 e 1770 não o fazem. Mas o fato de haver 27 parágrafos diferentes, muitos deles englobando mais do que uma alegação de despotismo, lembra-nos que a Declaração não foi apenas uma justificativa da Revolução Americana, mas uma parte fundamental de uma revolução real que acontece, de fato, no mundo real. Os membros do Congresso estavam retirando o consentimento dos colonos para serem governados com base na "longa série de abusos e usurpações" então listada. Desse modo, eles próprios estavam começando a "instituir um novo governo, estabelecendo suas bases sobre tais princípios e organizando seus poderes de tal forma que, para eles, parecesse mais provável garantir sua Segurança e Felicidade".

A conclusão da Declaração retorna brevemente ao ponto sobre prudência, observando que os colonizadores tinham peticionado aos políticos britânicos e apelado ao povo para cessar as "Opressões" que seus governantes haviam imposto. Mas que, infelizmente, havia sido em vão. A Declaração continua assim: "Nós, portanto... publicamos e declaramos solenemente," (e aqui a Resolução Lee é copiada da versão de 2 de agosto, que os membros do Congresso eventualmente assinaram), "Que essas Colônias Unidas são, e por Direito devem ser, Estados Livres e Independentes; que estão Absolvidas de toda a Lealdade à Coroa Britânica, e que toda conexão política entre elas e o Estado da Grã-Bretanha é, e deve ser, totalmente dissolvida". Então, novamente sem interrupção do parágrafo ou mesmo de um ponto final, o Congresso acrescentou "e que, como Estados Livres e Independentes, elas têm plenos poderes para impor a Guerra, firmar a Paz, fazer Alianças, estabelecer o Comércio e realizar todos os outros Atos e práticas que os Estados Independentes podem fazer de direito". O documento conclui: "E, para apoiar esta Declaração, com uma firme confiança na proteção da Providência divina, comprometeremos mutuamente as nossas Vidas, as nossas Fortunas e a nossa sagrada Honra."

Portanto, a Declaração de Independência não descrevia o que os homens teoricamente podiam fazer: ela descrevia aquilo que os homens que a estavam escrevendo realmente estavam fazendo naquele momento. Nesse "ato de fala", eles transformaram as palavras de "pensadores do Iluminismo como Hobbes e Locke" em ações, e transformaram o "pensamento liberal e republicano do século XVIII" no que Obama chama de "nosso credo comum". Nesse processo, os princípios abstratos ganharam "substância", e uma "ideia" tornou-se algo ao qual um povo poderia, realmente, ter "lealdade". E, assim, como o presidente Obama expressou em um de seus discursos do Dia da Independência, "Essas não são simplesmente palavras no pergaminho envelhecido. São os princípios que nos definem enquanto nação, os valores que estimamos enquanto povo e os ideais que defendemos enquanto sociedade, mesmo sabendo que temos que trabalhar constantemente para aperfeiçoar a nossa união, e que o trabalho nunca acaba verdadeiramente". E isso, para Barack Obama, é o que torna os Estados Unidos "excepcionais".[39]

O QUE NOS TORNA AMERICANOS

Outra crítica ao conceito de excepcionalismo americano é que, ao enfatizar a extensão da igualdade americana, ele subestima as desigualdades econômicas, sociais e políticas da América. Isso pode ser justo em alguns casos, quando, por exemplo, as pessoas confundem a frase "todos os homens são criados iguais" com a ideia de que "todos os homens são iguais", e então supõem que essas palavras representam uma descrição da América como ela era naquela época em vez de uma receita para o que poderia vir a se tornar. No entanto, Barack Obama não comete esses erros, e, na verdade, sua compreensão da qualificação proporcionada pela palavra "criados" é fundamental para que ele compreendesse da história americana. Ele sabe bem que, na América, os homens (e mulheres) não foram (e não são) sempre iguais perante a lei ou na vida cotidiana. Mas a ideia de que eles são "criados" iguais — como inscrito no documento fundador da nação — contém e, para

Obama, idealiza o potencial para a melhoria, se não para a eventual eliminação das realidades jurídicas e vividas da desigualdade; o "trabalho nunca acaba verdadeiramente", e, no entanto, cada geração continua trabalhando. Então, longe de ignorar a desigualdade, a versão de Obama do excepcionalismo americano pressupõe sua existência.

Uma crítica diferente, embora relacionada ao excepcionalismo americano, é que, ao enfatizar os graus únicos de consenso americano, ele enfatiza a divisão e os conflitos econômicos, sociais e políticos da América. Frequentemente, essa mesma acusação também é aplicada de forma mais ampla aos historiadores "whig" por aqueles "progressistas" que se concentravam na divisão e nos conflitos econômicos, sociais e ideológicos no passado. As preocupações whiggistas de Barack Obama com o que os americanos tinham (e têm) em comum — não menos importante que o "credo comum", assunto principal deste capítulo — o deixam vulnerável a essa acusação, tal como o seu otimismo whiggista sobre o progresso histórico, tema principal dos capítulos seguintes.

Há algumas maneiras pelas quais Obama talvez seja realmente culpado de subestimar o conflito social e ideológico, pelo menos no período anterior à Independência. A referida falta de interesse pelos acontecimentos desde a Lei do Açúcar de 1764 até a véspera da Independência significa, necessariamente, que ele ignora certos aspectos da história revolucionária americana. Um dos mais óbvios é o lealismo. Desde a época da Lei do Açúcar, houve quem apoiasse, e também quem se opusesse, às políticas britânicas. Os primeiros eram chamados ofensivamente de *tories* e às vezes eram humilhados publicamente, tinham suas propriedades atacadas, eram assediados e até mesmo aterrorizados. Quando a independência chegou, tiveram suas propriedades confiscadas e, após a guerra, muitos foram deslocados para outras colônias britânicas ou para a própria Grã-Bretanha, a lugares com os quais, em muitos casos, não tinham familiaridade e onde não possuíam família nem amigos.

Alguns lealistas eram, de fato, *tories*, pessoas que acreditavam na lealdade à autoridade como uma questão de princípio, ou que acreditavam, pelo menos, na não resistência a ela. Mas outros eram, na verdade, whigs moderados, pessoas que acreditavam na soberania e na supremacia do Parlamento, quer gostassem ou não das suas políticas específicas. Além disso, outros eram whigs mais radicais, que rejeitavam a supremacia do Parlamento, mas que, no entanto, acreditavam ainda haver a possibilidade de negociação e acordo, ou tinham um senso profundo de identidade ou patriotismo britânico para querer a separação. Havia ainda pessoas escravizadas que pensavam que o lado dos britânicos oferecia melhores chances de libertação, como veremos mais adiante neste capítulo. E existiam, também, nativos americanos que acreditavam que os britânicos lhes ofereciam a maior possibilidade de manter suas terras, como veremos no capítulo sete. Os historiadores discordam sobre quantos lealistas existiam em determinado momento, mas a maioria das estimativas cai entre um quinto e um terço dos euro-americanos, com proporções provavelmente maiores entre os afro-americanos e mais altas entre os nativos americanos.

De certa forma, o silêncio de Barack Obama sobre os lealistas faz sentido. Eles nunca aderiram à Declaração de Independência — ou, em alguns casos, aderiram e, posteriormente, se retiraram. Portanto, pelo padrão de Obama, eles simplesmente não eram americanos. A história colonial americana de Barack Obama — essencialmente uma pré-história dos Estados Unidos e não uma história da América britânica — é a primeira coisa a sugerir que essa é a definição dele. As referências de Obama à Declaração de Independência como "*nosso* credo comum", "*nosso* ponto de partida como americanos" e a "fundação do *nosso* governo" mostram ainda mais que sua história "americana" não é uma história da América como um lugar, mas sim a história dos americanos como um povo. Ou seja, a história daqueles que aderiram ao "credo" americano, em vez daqueles que simplesmente viviam na América. Aqueles que nunca aderiram nem sequer chegaram ao "ponto de partida" de serem americanos. E, como disse o presidente Obama em 4 de julho de 2013, "um pequeno grupo de patriotas declarou que éramos um povo criado igual — livre para pensar, adorar e viver como quiséssemos. Foi uma declaração ouvida ao redor do mundo — que já não éramos colonos, éramos americanos". Essa afirmação é outra forma de dizer: aqueles que não concordaram com a Declaração não eram americanos. Os lealistas simplesmente não têm lugar nesta história americana, exceto como parte de um inimigo sombrio e vagamente mencionado.[40]

128

Se assim for, Barack Obama canaliza as suposições dos membros do Segundo Congresso Continental. O primeiro parágrafo da Declaração se refere aos americanos como "um só povo": como em "Quando, no curso dos acontecimentos humanos, se torna necessário que *um povo* dissolva os laços políticos que os ligavam a *outro*..." A definição de Jefferson dos colonos como um "povo" tem origem nas suas afirmações de que os imigrantes tinham deixado a jurisdição britânica, entrado em um estado de natureza e formado os seus próprios governos antes de formarem alianças com o seu antigo rei. Então, ele chamou as colônias de "estados" ao longo de seu *Summary View of the Rights of British America*. Mas esse processo, pela própria definição de Jefferson, criou treze estados e, portanto, treze povos diferentes de Massachusetts à Geórgia. O que ele fez na Declaração, no entanto, foi chamá-los de "um só povo". O povo "americano" foi assim criado ao se declarar como tal.

Além disso, a edição final da Declaração, publicada em 2 de agosto, tem como título "A Declaração *unânime* dos treze Estados unidos da América", que foi certeiro, na medida em que todos os *estados* representados no Congresso concordaram com ela. Mas, certamente, não foi unanimemente acordada entre todos os delegados desses estados, e muito menos entre todos os povos das antigas colônias. Portanto, o seu pedido de unanimidade faz mais sentido se pensarmos nela da maneira como foi acordada por todos os que a ela aderiram. Se você concordasse com ela, era americano. Se não, não o era. Portanto, a declaração foi unanimemente acordada entre os americanos. O povo americano era, assim, uma criação tautológica.[41]

AGRICULTORES E ACADÊMICOS

É claro que o consenso não é tão exigente como a unanimidade, mas é possível que, mesmo entre o "um povo" definido pela Declaração de Independência, Barack Obama exagere na extensão da coesão social e da afinidade política. Em seu discurso "Uma união mais perfeita" de março de 2008, por exemplo, Obama afirmou: "Agricultores e acadêmicos; estadistas e patriotas, que atravessaram um oceano para escapar da tirania e da perseguição, finalmente concretizaram sua declaração de independência em uma convenção na Filadélfia que durou até a primavera de 1787." Indiquei no capítulo anterior que essa frase elide a história colonial anglo-americana, ou pelo menos entrelaça parte dela com a história dos Estados Unidos, associando os Fundadores das colônias aos Fundadores do país. Mas o termo "agricultores e acadêmicos; estadistas e patriotas" também tem outras implicações interpretativas para a história revolucionária americana.[42]

O termo "agricultores e acadêmicos" está carregado de significações morais e políticas. Ao usá-lo, Obama descreveu os americanos revolucionários em termos virtuosos. Eram, diz ele, produtores de alimentos e de alimento para o pensamento, nutrindo corpos e estimulando mentes. Mas, ao mesmo tempo, ele também descreveu a diversidade socioeconômica e, simultaneamente, a unidade. A diversidade é simbolizada, em primeiro lugar, pelos agricultores que trabalham com as mãos e, em segundo lugar, pelos acadêmicos que trabalham com a mente, análogos do século XVIII ao que hoje em dia chamamos, muitas vezes, de "trabalhadores de colarinho branco". No entanto, ao associá-los a um esforço compartilhado, Obama enfatizou o que essas pessoas tinham em comum entre si, e não o que as tornava diferentes umas das outras. Em outras palavras, ele afirma que a América era (e é) um lugar essencialmente igualitário, onde pessoas de diferentes origens socioeconômicas podiam (e podem) trabalhar juntas nos mesmos patamares.[43]

E o que talvez torne essa associação de imagens convincente é que, de modo algum, Obama não foi o primeiro a fazê-la. De fato, a associação data da própria Revolução Americana. Como Obama certamente sabia, os termos "agricultores e acadêmicos" trariam à mente, consciente ou inconscientemente, um dos mais famosos revolucionários americanos: John Dickinson. E os termos podem até trazer à mente as palavras iniciais da primeira das doze *Letters from a Farmer in Pennsylvania*, de Dickinson, publicadas entre 1767 e 1768, em todas as suas sinalizações de virtude cuidadosamente construídas: "Eu sou *Agricultor*", afirmou Dickinson, "que se estabeleceu, depois de uma variedade de fortunas, perto das margens do rio *Delaware*, na província *da Pensilvânia*. Recebi uma educação liberal e estive envolvido nas cenas agitadas da vida, mas agora estou convencido de que um homem pode ser tão feliz sem alvoroço quanto o é com ele. Minha fazenda é pequena, meus servos são poucos e bons, tenho um pouco de dinheiro rendendo juros, não desejo nada mais, meu trabalho em meus próprios assuntos é fácil, e tenho uma mente grata e satisfeita, que não é perturbada por esperanças ou medos mundanos."[44]

Como vimos no capítulo anterior, John Dickinson era, na verdade, um advogado educado em Londres, um político e escritor político conhecido como o "erudito da Revolução". Em outras palavras, o autodenominado agricultor era, de fato, um acadêmico. Portanto, na imagem de Dickinson, ou pelo menos na imagem que ele projetava, os agricultores e os acadêmicos não são um grupo de pessoas que trabalham em conjunto, mas, sim, a mesma pessoa. O que Barack Obama parece estar promovendo ao evocar o acadêmico "agricultor da Pensilvânia" é a ideia de que, em uma América igualitária e revolucionária, um fazendeiro realmente poderia *ser* um acadêmico.

AGRICULTORES E ACADÊMICOS; ESTADISTAS E PATRIOTAS

Essa mensagem igualitária sobre a natureza da América revolucionária é reforçada pelo fato de que Dickinson não era apenas um verdadeiro acadêmico e um autodenominado agricultor, mas era também um estadista e um patriota. Suas *Farmer's Letters* e outros escritos opuseram-se aos impostos britânicos e outras medidas que eventualmente compreendiam as causas da Revolução Americana. Mais tarde, foi membro do Congresso Continental e, embora não tenha assinado a Declaração de Independência, pois permaneceu por algum tempo a favor da reconciliação, liderou um grupo armado de Delaware na Guerra da Independência, e, depois, foi delegado na Convenção Constitucional. À imagem de Dickinson, portanto, um agricultor, assim como um acadêmico, poderia *ser* um estadista e um patriota. Logo, o que Obama está dizendo é que a Revolução Americana não foi apenas social e economicamente igualitária, mas também politicamente democrática. Que essa realmente foi a "improvável experiência da América em democracia", como ele também a coloca neste parágrafo em "Uma união mais perfeita".[45]

No entanto, a insinuação de Barack Obama de que a Revolução Americana era igualitária e democrática pode obscurecer as consideráveis divisões sociais que existiam nos Estados Unidos na época. E não apenas por causa do grande número de Lealistas britânicos já mencionados ou por causa do um quinto dos americanos que foram escravizados na época, e aos quais voltaremos em breve. Mas também porque há ampla evidência de que a desigualdade socioeconômica estava aumentando e a oportunidade estava diminuindo para as classes média e baixa na América pós-colonial. E, além disso, as crescentes divisões de classe foram correspondidas por tensões ideológicas, manifestadas em demandas revolucionárias por um governo mais democrático para os mais pobres. Mais demandas do que muitos entre os "melhores", que compreendem os líderes revolucionários mais lembrados, realmente desejavam. Mesmo entre os patriotas antibritânicos que estavam unidos em oposição à Grã-Bretanha havia, portanto, uma divisão considerável sobre a futura natureza da sociedade e da política americanas.

Muitos historiadores argumentam, usando a frase muito citada do grande historiador Carl Becker, que a Revolução Americana não foi apenas sobre o "governo da casa", mas também sobre "quem deve governar a casa". Assim, o protesto contra a Grã-Bretanha implicou um processo de democratização na América. Da Lei do Selo em diante, mesmo as pessoas que não estavam habituadas a se envolver na política começaram a protestar nas ruas de forma rotineira. Antes de 1774, as contribuições dessas pessoas estavam, muitas vezes, limitadas à participação em motins úteis, mas, após as Leis Intoleráveis, essas pessoas se juntaram aos Comitês de Inspeção que o Congresso estabeleceu para policiar o boicote contra a Grã-Bretanha. Elas também se juntaram aos Comitês de Segurança estabelecidos pelo Congresso como preparação para uma possível guerra. Assim, a participação das pessoas mais pobres na política foi institucionalizada e legitimada de tal forma que, a partir da Independência, vemos a expansão da cidadania em grande parte do início dos Estados Unidos. Às vezes, alcançando todos os homens brancos que pagavam impostos, seguindo a lógica do ditado "não à taxação sem representação", e, cada vez mais, a todos os homens brancos sem propriedade, seguindo a lógica de que "todos os homens são criados iguais", embora ainda não tivesse se expandido o suficiente para incluir todos os homens negros ou qualquer mulher.[46]

Por vezes, as concessões a um novo tipo de política democrática surgiam sob a forma de simbolismo, como quando advogados, políticos e escritores eruditos forjavam identidades de agricultores humildes em epístolas assinadas com pseudônimos. Mas John Dickinson também fez uma mudança mais substancial em sua vida. Apesar de sua afirmação de que "meus servos são poucos", ele era de fato um grande proprietário de escravos e, na verdade, pertenceu à quarta geração de uma família que fez fortuna com o trabalho de pessoas escravizadas nos campos de tabaco do condado de Talbot, em Maryland. Porém, em 1777, John Dickinson iniciou o processo de alforriar seus escravos.

Tais detalhes nos lembram que, se Barack Obama não está interessado nesses processos internos da Revolução Americana que levaram a 1776, ele acredita no poder transformador do próprio evento principal: a Declaração de Independência, o "ponto de partida" dos americanos, o "credo comum" e a "fundação do nosso governo". Mas, em suas considerações sobre a Declaração e suas implicações, ele não é um simples historiador que segue o consenso. Enquanto acredita que a crença na igualdade, na liberdade e na busca pela felicidade era comum ou unânime, ele sabe que diferentes adeptos tinham ideias distintas sobre o que essas palavras significavam e a quem elas deveriam se aplicar. Em última análise, para Obama, a lógica da Declaração empurrou a América em uma direção progressista, porém não sem uma longa luta e uma quantidade considerável de disputas sobre os significados e aplicações de seus princípios.

Vamos começar a entender a compreensão de Barack Obama sobre o poder transformador da Declaração de Independência olhando para aqueles a quem ela não parecia se aplicar.

TODOS OS HOMENS SÃO CRIADOS IGUAIS

Muitas vezes, presume-se, compreensivelmente, que "todos os homens" mencionados na Declaração de Independência não incluíam homens negros, negros em geral ou quaisquer outras mulheres. O próprio Barack Obama observa que a "Declaração de Independência pode ter sido, nas palavras do historiador Joseph Ellis, 'um momento transformador na história mundial, quando todas as leis e relações humanas dependentes da coerção seriam eliminadas para sempre'. Mas esse espírito de liberdade não se estendeu, na mente dos Fundadores, aos escravos que trabalhavam em seus campos, faziam suas camas e cuidavam de seus filhos".[47]

Infelizmente, é fato que, em 1776, a grande maioria dos afro-americanos era escravizada e, portanto, definitivamente não gozava de igualdade, liberdade e busca pela felicidade. Também é verdade que poucos membros do Congresso acreditavam que esse era o tipo de direito que eles deveriam ter. No entanto, por outros modos, realmente os princípios da Declaração se aplicaram tanto aos negros como aos brancos. Primeiramente, naquela época, ainda era ortodoxia bíblica e científica que todos os homens e mulheres, negros e brancos, descendiam de Adão e Eva, quaisquer que fossem as desigualdades que alguns acreditavam ter desenvolvido desde as origens comuns da humanidade. Em outras palavras, a maioria dos delegados acreditava que todos os homens foram *criados* iguais. E, como veremos, esse credo era importante porque afetava a visão de muitas pessoas sobre o certo e o errado de escravizar aqueles que eram iguais aos olhos de Deus.

Em todo caso, e ainda mais importante, os princípios da Declaração não pertenciam exclusivamente aos delegados do Segundo Congresso Continental. Outros também expressaram seus sentimentos — afinal e como vimos, a Declaração foi, nas palavras de seu próprio autor principal, "uma expressão da mente americana". E isso incluiu afro-americanos interessados e que agiam em prol da sua própria libertação, independentemente do que Thomas Jefferson e outros líderes acreditassem. Antes de vermos como os escravos aplicaram os princípios da Declaração em benefício próprio, porém, vamos explorar os pensamentos e atos complexos do principal autor do documento sobre raça e escravidão.[48]

Thomas Jefferson expressou fortes sentimentos antiescravidão, embora também tivesse escravos e, portanto, interesses econômicos na manutenção da escravatura. Ele tinha medos profundamente inibidores da abolição, e a motivação desses medos era racial. Em todos esses aspectos, apesar de seu extraordinário privilégio social e realizações pessoais, Jefferson representa os dilemas de muitos americanos brancos de seu tempo sobre como viam os escravos; então, vale a pena examinar, detalhadamente, suas ambivalências e ambiguidades. Fazer isso também nos ajuda a entender mais profundamente as origens da Declaração que Jefferson redigiu e que são tão cruciais para a compreensão de Barack Obama sobre a história americana. O objetivo aqui é não enfraquecer as reivindicações de Obama para a Declaração como uma força dinâmica por trás da eventual libertação afro-americana e de outras mudanças progressistas, pelo contrário, é compreender o entendimento de Obama sobre as complexidades dessa força, incluindo suas contradições e limitações. Compreender, em particular, o tempo que levou para traduzir o credo que a Declaração contém em seus próprios resultados lógicos.

Nascido em 1743, Thomas Jefferson cresceu na Shadwell Plantation no condado de Goochland, Virgínia. Aos 21 anos herdou do seu então falecido pai, Peter, entre vinte e quarenta escravos e 5 mil acres de terra, onde, constantemente, construiu e depois reconstruiu a sua mansão Monticello. Ele se casou com Martha Wayles Skelton em 1772 e, no ano seguinte, herdou 11 mil acres de terra e 135 escravos devido à morte do pai dela, John Wayles.

Mas Jefferson e outros sulistas como ele aprenderam a detestar a escravidão. Como ele disse alguns anos mais tarde, "cuidados e educados no hábito diário de ver a condição degradante, tanto corporal como mental, desses infelizes seres, não refletindo que essa degradação causada por eles e por seus pais; poucas mentes questionavam o fato de que escravos estavam tão sujeitos à posse quanto os cavalos ou o gado. O curso calmo e monótono da vida colonial não tinha sido perturbado por nenhum alarme ou pouca reflexão sobre o valor da liberdade". Aqui, Jefferson, é claro, ignora implicitamente o fato de que muitas mentes afro-americanas tinham refletido muito profundamente sobre o valor da liberdade. No entanto, os ataques britânicos às liberdades brancas americanas despertaram uma consciência nova e revolucionária entre alguns brancos. Como Jefferson continuou, "e quando o alarme era acionado em uma empreitada própria, não era fácil pensar em incluí--los nos princípios que invocavam para si mesmos".[49]

Consequentemente, na seção mais furiosa do seu projeto de Declaração de Independência, Thomas Jefferson escreveu um ataque mordaz ao comércio de escravos e, por consequência, à própria escravatura. Na última das suas acusações originais a George III, ele escreveu:

> Ele travou uma guerra cruel contra a própria natureza humana, violando os direitos mais sagrados de vida e liberdade das pessoas de um povo distante que nunca o ofendeu, prendendo e carregando-as para a escravidão em outro hemisfério, ou para incorrer em morte miserável em seu transporte para lá. Essa guerra pirata, o opróbrio dos poderes infiéis, é a guerra do rei CRISTÃO da Grã-Bretanha. Determinado a manter aberto um mercado onde HOMENS deveriam ser comprados e vendidos, ele prostituiu sua imagem ao reprimir toda tentativa legislativa de proibir ou restringir esse comércio execrável: e agora que este conjunto de horrores pode não estar perto de acabar, ele está estimulando essas mesmas pessoas a pegarem em armas contra nós e a comprar aquela liberdade da qual ele as privou & assassinando as pessoas sobre as quais ele também privou da liberdade; assim pagando os crimes anteriores cometidos contra as liberdades de um povo com crimes que ele as exorta a cometer contra as vidas de outros.[50]

Nessa passagem, Thomas Jefferson explicitamente se refere três vezes aos africanos e seus descendentes americanos como "pessoas", e outra vez, em letras maiúsculas, como "HOMENS". Dado que as mulheres também eram vítimas do tráfico de escravos, parece que a declaração de Jefferson usou o termo em seu sentido mais amplo, incluindo toda a humanidade — não que ele pensasse que a criação igualitária das mulheres lhes permitia votar ou participar ativamente da política de qualquer forma. Também está muito claro que, para Jefferson, esse "povo distante" possuía "direitos sagrados de vida e liberdade" e que, portanto, o comércio de escravos era uma "guerra cruel contra a própria natureza humana".

No entanto, como Jefferson lamentavelmente relatou alguns anos depois, os delegados da Geórgia e da Carolina do Sul quiseram manter o comércio de escravos funcionando, pelo menos por um tempo, e assim insistiram em retirar sua crítica ao empreendimento "execrável" da Declaração Final. Portanto, tudo o que restou após a reformulação do Congresso foi que "Ele estimulou insurreições domésticas entre nós" — uma referência à proclamação do governador da Virgínia, Lord Dunmore, de novembro de 1775, oferecendo liberdade aos adultos, escravos homens de senhores rebeldes, caso eles se juntassem a ele para ajudar a reprimir a insurreição americana.

Entretanto, havia, ainda que indireta, outra referência ao tráfico de escravos na Declaração. A primeira da lista de acusações contra George III diz: "Ele recusou o seu Consentimento às Leis mais saudáveis e necessárias para o bem público." Ela se refere aos vetos do rei à legislação colonial em geral, mas congrega vetos às leis que tinham o objetivo de suprimir ou desencorajar o comércio de escravos aprovadas por várias assembleias coloniais, incluindo as da Virgínia.[51]

Não é de se surpreender, então, que, como presidente, Jefferson tenha ficado feliz em encorajar e executar a abolição do tráfico de escravos para os Estados Unidos em 1808 — assim que isso foi constitucionalmente permitido. E parte da razão pela qual ele desprezava o tráfico de escravos no Atlântico era porque este abrandaria e, talvez, até impediria a abolição da própria escravatura. Ele acreditava que esta, por sua vez, poderia ameaçar a sobrevivência dos Estados Unidos. Em suas *Notes on the State of Virginia*, iniciadas em 1781 e terminadas em 1784, Jefferson perguntou: "As liberdades de uma nação podem ser consideradas seguras quando removemos sua única base firme, uma convicção na mente do povo de que essas liberdades são um dom de Deus? Que não devem ser violados, ou atrairão a sua ira?" Ele duvidou seriamente disso: "Com efeito, eu tremo pelo meu país quando penso que Deus é justo: que a sua justiça não pode dormir para sempre: que, considerando números, natureza e meios naturais apenas, uma alteração na roda da fortuna, uma troca de situações, está entre os acontecimentos possíveis: que pode se tornar provável por interferência sobrenatural! O Todo-Poderoso não tem nenhum atributo que possa colocá-lo do nosso lado em tal contexto." Essa é uma senhora afirmação, especialmente vinda de um deísta que acreditava em um criador não interveniente.[52]

Então, por que um homem tão poderoso como Thomas Jefferson não fez mais para promover a abolição da escravidão? O principal problema foi que, embora visse africanos e seus descendentes americanos como homens com direitos naturais, ele não os via como iguais aos europeus e americanos europeus. Talvez, criado igual, mas não tão igual. Nessas mesmas *Notes on Virgina*, Jefferson retoricamente perguntou: "Por que não reter e incorporar os negros ao Estado, e assim poupar o custo de fornecer, pela importação de colonos brancos, as vagas que eles deixarão" — em vez de colonizar os negros americanos libertos na África. A primeira parte da sua longa resposta dizia que: "Preconceitos profundamente enraizados e disseminados pelos brancos; 10 mil lembranças, dos negros, das lesões que sofreram; novas provocações; as verdadeiras distinções que a natureza estabeleceu; e muitas outras circunstâncias nos dividirão em partidos e produzirão convulsões que provavelmente acabarão no extermínio de uma ou outra raça."[53]

Mas Jefferson então passou do que ele chamou de consideração "política" para preocupações por ele denominadas como "físicas e morais". Sob esse título, ele detalhou suas crenças sobre, segundo ele, as "verdadeiras distinções que a natureza estabeleceu". O estadista escreveu: "A primeira diferença que nos impressiona é a da cor", que, para ele, teve muitas implicações, e começou com as estéticas. "Não é," perguntou, "o fundamento de uma maior ou menor partilha da beleza nas duas raças?" Ele escreveu sobre "o cabelo fluido" dos brancos e sua "simetria de forma mais elegante". E do "próprio julgamento dos negros a favor dos brancos, declarado pela sua preferência por eles, tão uniformemente como é a predileção dos orangotangos pelas mulheres negras sobre as da sua própria espécie". Complementa também: "Eles secretam menos pelos rins e mais pelas glândulas da pele, o que lhes dá um odor muito forte e desagradável."[54]

A sensibilidade estética de Jefferson logo se transformou em uma inquietação inconsciente sobre a incognoscibilidade das pessoas escravizadas: "Não são as finas misturas de vermelho e branco as expressões de cada paixão, por maiores ou menores fusões de cor, preferíveis àquela eterna monotonia que reina nos semblantes desse véu imóvel de preto que cobre todas as emoções da outra raça?" Os escravizados, é claro, tinham que esconder seus verdadeiros sentimentos de seus senhores, uma opacidade que Jefferson e outros frequentemente confundiam com estupidez.[55]

E Jefferson logo passou aos julgamentos intelectuais. "Eles parecem precisar de menos sono", observou ele, de modo que "um negro, depois de um trabalho árduo durante o dia, irá ser induzido pelas mais ligeiras diversões a sentar-se até meia-noite, ou mais tarde, embora sabendo que ele deve estar de pé na primeira luz da manhã". E "eles são tão corajosos quanto [os brancos], e mais aventureiros. Mas isso talvez possa derivar de uma falta de premeditação, que impede que eles vejam um perigo até que ele esteja presente..." e "comparando-os por suas faculdades de memória, razão e imaginação, parece-me que na memória são iguais aos brancos; na razão, muito inferiores, como se pensassem que dificilmente alguém poderia ser capaz de rastrear e compreender as investigações de Euclides; e, na imaginação, são maçantes, insípidos e anômalos".[56]

Mas pelo menos eles têm ritmo: "Na música, geralmente são mais dotados do que os brancos com bom ouvido, talento e tempo, e são capazes de imaginar um pequeno refrão." Mas "se eles serão igualmente capazes de compor uma série mais extensa de melodias ou uma harmonia complicada, ainda deve ser provado".[57]

Jefferson também sentiu que as distinções dos negros incluíam inferioridade emocional e moral: "Eles são mais ardentes com sua fêmea: mas o amor parece ser, para eles, mais um desejo ansioso do que uma delicada mistura de sentimentos e sensações. As suas tristezas são transitórias", continuou ele: "As inúmeras aflições, que põem em dúvida se o Céu nos deu vida em misericórdia ou em ira, são menos sentidas e logo esquecidas. Em geral, a sua existência parece participar mais da sensação do que da reflexão."[58]

O estadista excluiu, ainda, o ambiente como a causa de tudo isso. "Muitos milhões deles foram trazidos e nascidos na América", escreveu, "muitos estavam tão adaptados que achavam que poderiam participar da conversa de seus senhores". E "alguns foram educados liberalmente", acrescentou, otimista. Mas "nunca", afirmou Jefferson, "consegui encontrar um negro que tivesse pronunciado um pensamento acima do nível da narração simples; nem vi sequer um traço elementar de pintura ou escultura". Jefferson reduziu a ampla evidência de que realmente houve conquista intelectual negra e igualdade, apesar da adversidade ao mero sentimentalismo: "A religião, de fato, produziu uma Phyllis Wheatley, mas não poderia produzir uma poeta", disse ele, de uma mulher africana escravizada em Massachusetts que, no entanto, se tornou uma das primeiras grandes artistas americanas na língua inglesa. "As composições publicadas em seu nome estão abaixo da dignidade da crítica", disse ele, isentando-se assim, com facilidade, da responsabilidade de justificar sua opinião. E "Ignatius Sancho", outro ex-escravo que, apesar das circunstâncias, se tornou um compositor abolicionista e político, "aproximou-se mais do mérito na composição, mas as suas cartas honram mais o coração do que a cabeça..." Sua "imaginação é selvagem e extravagante, escapa incessantemente de toda restrição de razão e gosto". Jefferson também insinuou que os escritos de Sancho eram de autoria de outra pessoa, como ele fez com Wheatley; uma acusação comum destinada a atacar não só os próprios escritores, mas também a capacidade literária e intelectual de todas as pessoas negras.[59]

Caso a "inferioridade das pessoas negras não seja meramente o efeito da sua condição de vida", então, para Jefferson, ela deveria ser inerente e de origem racial. No início desse ensaio, ele observou: "Se o preto do negro reside na membrana reticular entre a pele e a epiderme, ou na própria epiderme; não importa se vem da cor do sangue, da cor da bílis, ou a partir da cor de alguma outra secreção, a diferença foi fixada pela natureza" — e vemos imediatamente a suposição tácita de que a negritude é anormal e precisa ser explicada, enquanto a branquitude, não. Mais tarde, ele expressou alguma incerteza sobre o que precisamente era "fixada pela natureza", porque os negros "nunca foram vistos por nós como sujeitos da história natural". E, então, escreveu: "Eu adianto, então, apenas como uma suspeita, de que os negros, sejam eles originalmente uma raça distinta ou tornados distintos pelo tempo e pelas circunstâncias, sejam inferiores aos brancos nos dons, tanto do corpo quanto da mente. Não vai contra a experiência supor que diferentes espécies do mesmo gênero, ou variedades da mesma espécie, possam ter qualificações diferentes." Assim, ele questionou as ortodoxias científicas e religiosas prevalecentes na época sobre as origens comuns da humanidade, embora tenha falhado em fornecer uma resposta final.[60]

Jefferson tinha certeza de que essas distinções significavam que não devia haver mistura racial: "Será, então, que um amante da história natural, aquele que vê as gradações em todas as raças de animais sob a ótica da filosofia, seria contra um esforço para manter aqueles no departamento de homens tão distintos como a natureza os formou?" E as opiniões de Jefferson sobre a mistura racial significavam que a emancipação era, para ele, impossível sem a expatriação. "Essa infeliz diferença de cor e talvez de faculdades", explicou, é um poderoso obstáculo à emancipação destas pessoas. Muitos dos seus defensores, embora queiram reivindicar a liberdade da natureza humana, estão ansiosos também por preservar a sua dignidade e beleza. Alguns desses, envergonhados pela pergunta "O que mais há de ser feito com eles?" juntam-se em oposição àqueles que são movidos apenas por avareza sórdida. Entre os romanos, a emancipação exigiu apenas um esforço. O escravo, quando libertado, pôde misturar-se com o senhor sem manchar seu sangue. Mas, conosco, um segundo é necessário, desconhecido na história. Quando liberto, ele deve ser removido para além do alcance da mistura.[61]

UMA FAMÍLIA AMERICANA

Mas Thomas Jefferson não tinha tanta certeza assim. Em 1802, no início do primeiro mandato de sua presidência, um jornalista chamado James

Callender publicou o boato de que Jefferson tinha tido filhos com uma escrava, a quem Callender chamou de "Sally Escura". Sara ou "Sally" Hemings nasceu por volta de 1773, a sexta filha de uma escrava chamada Betty Hemings, e de John Wayles, seu dono e sogro de Jefferson. Portanto, ela era a meia-irmã de Martha Jefferson, que morreu em 1783, deixando Thomas viúvo. Sally Hemings ficou grávida pela primeira vez em 1789, mas a criança morreu durante seu retorno de Paris ou um pouco mais tarde, onde ela tinha se juntado a seu senhor enquanto ele estava servindo como ministro americano para a França. Não há registro do nome da criança. Ela teve outros dois filhos que também morreram jovens: Harriet, que nasceu em 3 de outubro de 1795 e morreu em 7 de dezembro de 1797, e outra menina, possivelmente chamada Thenia, que nasceu e morreu em 1799. Sally teve quatro filhos que chegaram à idade adulta: William, mais conhecido como Beverley, nasceu em 1º de abril de 1798 e viveu pelo menos até 1873; depois Harriet, que nasceu em 22 de maio de 1801 e viveu até pelo menos 1863; Madison, 19 de janeiro de 1805 a 1877; e Eston, 21 de maio de 1808 a 1856.[62]

O fato de Callender ser um conhecido "fofoqueiro" forneceu um pretexto para muitas pessoas durante muitos anos negarem que Thomas Jefferson era o pai dos filhos de Sally Hemings, bem como o fato de que recusaram a candidatura de Callender a um cargo como chefe dos Correios na administração de Jefferson, o que pode ter levado a um ressentimento contra o presidente. Além disso, a filha mais velha de Jefferson negou que seu pai estava em Monticello quando Hemings ficou grávida das crianças concebidas lá. E a oposição declarada de Jefferson à mistura racial fez com que muitos pensassem que era impossível que ele estivesse pessoalmente envolvido em tal coisa, como se não fosse possível ele se contradizer.

No entanto, Jefferson libertou pouquíssimos de seus escravos, e apenas os que estavam intimamente ligados a Sally Hemings. Ele libertou os irmãos de Sally, James e Robert, em vida. Alforriou o outro irmão dela, John, em seu testamento e deu um jeito para que Madison e Eston, filhos de Sally, fossem aprendizes de John até que atingissem 21 anos, idade em que seriam libertados. Ele também alforriou dois sobrinhos da Sally,

Joseph Fossett e Burwell Colbert. A filha dele, Martha, não chegou a alforriar Sally Hemings, mas deu-lhe "um tempo" após a morte de seu pai, e ela viveu com Madison e Eston em Charlottesville até o ano de sua morte, em 1835.

Após seu falecimento, os outros escravos de Jefferson, quase 130 pessoas no total, não receberam esse tratamento especial. Muitos foram leiloados após a morte de Jefferson para pagar as dívidas, e todos permaneceram escravizados pelo resto de suas vidas. As outras duas crianças sobreviventes de Sally Hemings já tinham sido libertadas. Beverley e Harriet fugiram de Monticello no início da vida adulta, em 1823. Jefferson havia dado cinquenta dólares ao seu capataz para dar a Harriet, e surgiram rumores na vizinhança de que ele tinha sido conivente em sua fuga para que não fosse necessário registrar publicamente que eles haviam sido libertados, já que isso levantaria muitas perguntas. Ou, na verdade, as responderia.

Os rumores nunca desapareceram totalmente, mas Madison Hemings os ressuscitou em 1873, contando a história de sua paternidade ao jornalista S. F. Wetmore, que a publicou no *Pike County Republican* de Ohio. A publicação do *Farm Book* de Thomas Jefferson em 1953 confirmou que, contrariamente às afirmações de Martha Jefferson-Randolph, o pai dela estava de fato em Monticello nove meses antes do nascimento dos filhos de Sally Hemings, exceto do que nasceu em Paris, embora nunca tivesse sido possível negar que estivessem juntos na capital francesa.

Quando a historiadora Fawn Brodie publicou, em 1974, suas descobertas sobre Thomas Jefferson ser o pai dos filhos de Sally Hemings, elas foram criticadas por muitos historiadores consagrados. Mas quando outra historiadora e jurista, Annette Gordon-Reed, publicou as dela em *Thomas Jefferson and Sally Hemings: An American Controversy*, em 1997, elas foram muito mais bem recebidas, e o seu *The Hemingses of Monticello: An American Family* ganhou o Prêmio Pulitzer de História em 2009. No mesmo período em que as relações inter-raciais se tornaram mais amplamente aceitas nos Estados Unidos, parece que sua realidade histórica a longo prazo se tornou mais fácil de ser reconhecida.[63]

De qualquer forma, para a maioria dos que duvidavam, o argumento decisivo veio através da ciência. Em 1998, foram feitos testes de DNA em um descendente branco anônimo de Field Jefferson — tio de Thomas, já que Thomas não tinha descendentes masculinos brancos diretos e ninguém queria exumar o próprio homem —, e um descendente negro de Eston Hemings. Os testes mostraram, em ambos os casos a presença de um haplótipo K2, comum no Egito, mas raro em pessoas originárias do norte da Europa ou da África Ocidental. E ele não estava presente no DNA dos descendentes de Peter Carr e de outros que os rumores diziam ser responsáveis pela semelhança física dos Hemings e Jeffersons. Em outras palavras, Jefferson era pai de Eston Hemings e, provavelmente, de todos os filhos de Sally Hemings. Ninguém pode negar que Jefferson disse o que disse sobre os negros e sobre a mistura racial, mas ninguém pode negar que, ainda assim, ele teve filhos negros.

Apesar de sua atração sexual e possível afeição pessoal por Sally Hemings, Thomas Jefferson continuou insistindo na expatriação como condição de emancipação dos afro-americanos, e pelas mesmas razões que ele expressou em 1780. Como escreveu na sua breve *Autobiography* quarenta anos depois: "Nada está mais certamente escrito no livro do destino do que o fato de que estas pessoas devem ser livres. Também não é menos certo que as duas raças, igualmente livres, não possam viver no mesmo governo. A natureza, o hábito, a opinião têm traçado linhas indeléveis de distinção entre eles." Portanto, Jefferson sugeriu em vários momentos de sua vida que, se os escravos fossem enviados para a África ou para o Caribe antes da idade da reprodução sexual, então a população negra dos Estados Unidos morreria lentamente, de maneira lenta o suficiente para que os novos trabalhadores brancos os substituíssem e cobrissem os custos do transporte dos escravos anteriores e da compensação que Jefferson acreditava ser devida a seus proprietários anteriores. O dinheiro seria arrecadado através do lucro das vendas de terras ocidentais cedidas pelos estados ao governo federal.[64]

Na era pós-revolucionária, a colonização normalmente era considerada uma solução possível para o problema da escravidão e da sociedade multirracial. De fato, milhares de afro-americanos voluntariamente construíram novas vidas em lugares como Serra Leoa e a Libéria, apesar do racismo em que tais esquemas se baseavam ou, em muitos casos, para escapar dele. No entanto, a colonização era simplesmente muito cara, impraticável e impopular entre vários proprietários de escravos e negros americanos para fazer mais do que uma pequena marca no sistema da escravidão.

Além disso, muitos afro-americanos tinham outras ideias para garantir a libertação, muitas vezes baseadas nos princípios da Declaração de Independência da América. É aqui que podemos ver como, independentemente do que Jefferson disse ou do que outros pensavam, esses princípios se aplicavam aos negros — porque os negros os aplicavam a si mesmos. Portanto, os exemplos abaixo fornecem uma prova poderosa para as afirmações de Barack Obama sobre a natureza comum e empoderadora do credo.

LIBERDADE

Os escravos tinham lutado pela liberdade de várias maneiras durante todo o período colonial da história americana. Houve insurreições de indivíduos e grupos em navios de escravos que saíam da África para a América. Houve, também, revoltas notáveis na forma de rebeliões na cidade de Nova York em 1712, uma aparente conspiração em 1741, e a Rebelião de Stono na Carolina do Sul, em 1739. Escravos também fugiam de seus senhores individualmente e em grupos, tanto temporariamente quanto como uma tentativa de libertação permanente. E, caso contrário, as pessoas escravizadas comprometiam os arranjos econômicos e sociais que as oprimiam. Quando a resistência direta e a rebelião não eram desejáveis ou realizáveis devido aos perigos ou impossibilidades envolvidas, os escravos ainda formavam comunidades e culturas e atuavam de outras formas que afirmassem sua humanidade, apesar do tratamento desumano que recebiam. No entanto, no fim do século XVIII, e especialmente na era da Revolução Americana, uma espécie de aculturação afro-americana incentivou a adoção crescente de outro meio de libertação, apropriando-se das ideias dos escravizadores.

As mesmas ideias que encontramos na Declaração de Independência.[65]

Em 20 de abril de 1773, por exemplo, surgiu uma petição perante a Corte Geral de Massachusetts que dizia: "Senhor, os esforços feitos pelo Legislativo desta província em suas últimas sessões para se libertar da escravidão nos deram, a nós que estamos nesse estado deplorável, um alto grau de satisfação." A petição, então, continuou com uma assertividade impressionante, semelhante à das petições revolucionárias americanas ao rei George III, exigindo que os senhores mantivessem os próprios padrões em relação aos outros: "Esperamos grandes coisas dos homens que assumiram uma posição tão nobre contra os desígnios de seus semelhantes para escravizá-los. Não podemos deixar de desejar e esperar, sr. presidente, que tenha o mesmo grande objetivo, ou seja, a liberdade civil e religiosa, em vista na sua próxima sessão. O espírito divino da liberdade parece incendiar todos os peitos humanos neste continente." Os peticionários nomeados eram Peter Bestes, Sambo Freeman, Felix Holbrook, Chester Joie e, em seguida, eles pediam que tivessem liberdade de deixar a América para se estabelecer na África.[66]

No ano seguinte, e ainda dois anos antes da Independência, "A Petição de um 'Grandi Numero' de Negros desta Província que por permissão divina é mantido em estado de Escravidão dentro das entranhas de um País livre e cristão" afirmou que "temos em comum com todos os outros homens um direito 'naturel' às nossas liberdades sem sermos privados delas pelos nossos semelhantes como somos um 'povu' nascido livre e nunca perdemos esta Bênção por um pacto ou acordo 'ninhum'". Depois dessa enunciação dos direitos naturais e da teoria do contrato social, tão bem informada como qualquer outra já dada por um homem branco livre, o documento descreve as misérias do comércio de escravos e da própria escravidão antes de pedir a consideração de um "ato do legislativo para que possamos obter nosso direito natural, nossas liberdades e que nossos filhos sejam considerados livres na idade de 21, para 'qui' mais 'paticurlamenti' seus Peticionários estão em Dever de orar".[67]

Essa petição particular foi dirigida a "Sua Excelência Thomas Gage Capitão-Geral e Governador Chefe na e sobre esta Província", bem como "Ao Honorável Conselho de sua Majestade e à Honorável Câmara dos

Representantes na Corte Geral reunidos em 25 de maio de 1774". Ou seja, ao governador militar britânico que havia assumido o poder depois do Boston Tea Party, e apenas cinco dias depois que o Parlamento anulou a Carta de Massachusetts 1691 e a substituiu por um governo muito mais autoritário. A disposição dos escravizados de peticionar às autoridades britânicas pela sua liberdade recorda-nos de que eles tomariam qualquer lado na disputa imperial que lhes oferecesse a maior oportunidade de conseguir aquilo que eles mais queriam: a própria liberdade.

Na verdade, no final de 1775 e início de 1776, milhares de escravos aceitaram o convite do governador da Virgínia, Dunmore, para ganhar a liberdade se unindo ao seu "Regimento Etíope" para lutar contra os rebeldes brancos da Virgínia, e não foram só os escravos adultos homens dos rebeldes que haviam sido convidados por Dunmore, mas outros também correram para o que eles esperavam que fosse um Exército britânico de libertação. Outros milhares lutaram com as forças britânicas mais tarde, ou então atuaram como auxiliares, ou simplesmente aproveitaram as interrupções da guerra para escapar da escravidão. Os Patriotas tiveram que se abrir em resposta a esse lealismo negro e, no fim da Guerra da Independência, cerca de 9 mil negros tinham servido no Exército e na Marinha continental, nas unidades armadas estatais e com os corsários nos mares, com inúmeros outros servindo novamente como auxiliares.

Mas onde quer que essas propostas de liberdade levassem os indivíduos, eles eram impulsionados pelas ideias radicais propostas na revolução. "A petição de Um Grande Número de Negros mantidos em Estado de escravidão nas entranhas de um País livre e cristão" foi submetida à legislatura pós-independência "pelo Estado de Massachusetts Bay" em 13 de janeiro de 1777, seis meses após a Declaração de Independência. É "com humildade que os vossos Peticionários perceberam que têm em Comum com todos os outros homens um Direito Natural e inalienável à liberdade que o 'Grandi' Pai dos Céus concedeu de igual modo a toda a humanidade e que Nunca foi tomado deles por qualquer Pacto ou acordo, qualquer que seja." Esta petição fez eco às queixas de 1774 contra o tráfico de escravos e a escravidão, e depois expressou "Choque

que Nunca Fora Considerado que Cada Princípio da 'Amarica' Agiu para nossas Dificuldades infelizes com Enormes Súplicas da 'Grã-Bretan' Mais Forte que Mil argumentos em favor da nossa petição". Portanto, a petição pedia que "houvesse um ato do Legislador em que eles pudessem ser Restaurados para Desfrutar daquilo que é o Direito 'Naturel' de todos os homens e seus Filhos que, quando Nascidos nesta Terra de Liberdade, não poderiam ser tratados como Escravos depois de chegarem à idade de 21 anos, de modo que os habitantes destes Estados Não mais possam ser acusados com a inconsistência de fazer o que condenam e se opõem em outros e Sejam prósperos em sua atual luta Gloriosa pela Liberdade e tenha as suas Bênçãos, &c".[68]

Nesse ínterim, a revolução afro-americana dentro da Revolução Americana nem sempre foi vista com simpatia pelos brancos. Quando os Filhos da Liberdade da Carolina do Sul marcharam pelas ruas de Charleston protestando contra a Lei do Selo de 1765 com cânticos de "Liberdade, Liberdade", ficaram surpresos ao verem que os escravos se uniram a eles cantando a mesma coisa, tão surpresos que fecharam a cidade por uma semana. Entretanto, às vezes, as coisas eram diferentes em outros lugares. Em um panfleto intitulado "The Rights of the British Colonies Asserted and Proved", publicado já em 1764, após a aprovação da Lei do Açúcar e com a próxima Lei do Selo já anunciada e ansiosamente prevista, James Otis, de Massachusetts, observou: "Os colonos são, pela lei da natureza, nascidos livres, como todos os homens são, brancos ou negros." Então, ele continuou:

Isso significar que é certo escravizar um homem porque ele é negro? Será que cabelo curto enrolado como lã em vez de cabelo cristão, como é chamado por aqueles cujos corações são tão duros como pedra de moinho, ajudarão o argumento? Será que alguma inferência lógica a favor da escravidão pode ser feita a partir de um nariz chato, ou de um rosto longo ou curto? Nada melhor pode ser dito em favor de um comércio que é a violação mais chocante da lei da natureza, que tem uma tendência direta a diminuir a ideia do valor inestimável da liberdade, e que faz com que cada comerciante seja um tirano... É uma verdade clara que aqueles que trocam a liberdade de outros homens logo se importarão pouco com a própria liberdade.[69]

ONDE COMEÇA A PERFEIÇÃO

Não é surpresa, então, que em Massachusetts, as pessoas negras e brancas se uniram de tal forma que ilustram a crença de Barack Obama em uma história de ação conjunta para promover o credo comum; nesse caso, para acabar com a escravidão. No final de "Uma união mais perfeita", Obama contou a história de Ashley Baia de Florence, Carolina do Sul. Depois que a mãe de Ashley contraiu câncer e perdeu o emprego e, portanto, o plano de saúde, a menina de então nove anos comeu sanduíches de mostarda e *reslish* com o objetivo de poupar dinheiro para ajudar a cobrir despesas médicas. E mais tarde, em vez de culpar outros em circunstâncias semelhantes por seus problemas, ela se tornou uma organizadora comunitária e ativista política para ajudar a aliviar as dificuldades de outras pessoas, independentemente da raça. Perguntando aos membros de seu grupo por que eles estavam apoiando a campanha presidencial de Obama de 2008, um "homem negro idoso" respondeu: "Eu estou aqui por causa de Ashley." Essa união entre raça, sexo e idade, disse Obama, "é onde a perfeição começa".[70]

Há histórias semelhantes de épocas anteriores sobre pessoas se unindo idealisticamente para a melhoria de todos, e uma delas envolve outro Ashley de uma época diferente. John Ashley foi um advogado, proprietário de terras, empresário e patriota de Sheffield, Massachusetts, cuja casa pode ter sido o cenário da elaboração das Revoluções de Sheffield, uma das muitas iniciativas locais que inspiraram o Segundo Congresso Continental a declarar a independência em 1776. Em 1780, a escrava de Ashley, "Bett", ouviu na praça pública as palavras da nova Constituição de Massachusetts e ficou impressionada com a frase: "Todos os homens nascem livres e iguais, e têm certos direitos naturais, essenciais e inalienáveis; entre os quais se pode considerar o direito de desfrutar e defender sua vida e liberdade; o de adquirir, possuir e proteger propriedades; em suma, o de buscar e obter sua segurança e felicidade." Bett provavelmente já estava familiarizada com essas ideias, mas uma vez que descobriu que elas estavam escritas na Constituição estadual, percebeu uma oportunidade jurídica. Em seguida, ela supostamente disse ao advogado Theodore Sedgwick que "eu ouvi uma leitura ontem que dizia: todos os homens são criados iguais e que todo homem tem direito à liberdade. Não sou uma criatura estúpida; a lei não me dará a minha liberdade?".[71]

Theodore Sedgwick assumiu a causa dela e a de outro escravo de Ashley chamado Brom. O caso chegou à Corte Distrital de Apelos Comuns em Great Barrington em agosto de 1781, onde Sedgwick e seu assistente, Tapping Reeve, argumentaram que a disposição constitucional de que "todos os homens nascem livres e iguais" efetivamente aboliu a escravidão em Massachusetts. A corte libertou Brom e Bett e concedeu a cada um deles uma compensação de trinta xelins pelo trabalho não remunerado que tinham realizado no passado. Posteriormente, Ashley ofereceu a Bett um trabalho de subsistência em troca de salário, mas ela não estava disposta a trabalhar onde fora escravizada e espancada com uma pá, e mantinha seu braço descoberto para que todos pudessem ver a cicatriz que carregava. Em vez disso, Bett viveu em sua própria casa, em Stockbridge, e foi trabalhar para os Sedgwicks, que a chamavam de "Mamãe Bett", embora tenha adotado o nome legal de Elizabeth Freeman. Diz a lenda que uma vez ela disse que "a qualquer momento, enquanto eu era escrava, se um minuto de liberdade tivesse sido oferecido a mim, e tivessem me dito que deveria morrer no final desse minuto, eu o teria aceitado — só para ficar um minuto nesse mundo de Deus como uma mulher livre — eu o faria".

No entanto, o caso de Elizabeth Freeman não acabou com a escravidão em Massachusetts. Pelo menos, não totalmente. O júri achou que "Brom & Bett não são, nem eram no momento da intimação negros legítimos do dito John Ashley". Em outras palavras, eles foram libertados com base em um problema técnico relacionado à posse de Ashley, e não porque a escravatura era incompatível com a lei. No entanto, o caso foi citado em uma ação judicial subsequente e com consequências mais diretas.

Quock Walker, ou Kwaku Walker na forma provavelmente dada por seus pais ganeses, nasceu já escravizado em 1753. O seu senhor, James Caldwell, prometeu-lhe a liberdade quando ele atingisse a idade de 25 anos e, quando Caldwell morreu, a sua viúva repetiu a promessa, mas com a idade da alforria reduzida a 21 anos. No entanto, o novo marido dela, Nathaniel Jennison, negou esse acordo; logo, em 1781, Walker refugiou-se na fazenda de Seth e John Caldwell, irmãos do falecido James. Jennison recapturou Walker e o espancou como castigo pela fuga. Walker então buscou reparação legal contra Jennison, enquanto Jennison buscava o mesmo contra os Caldwells por roubar sua propriedade. Em 12 de junho de 1781, a Corte Distrital de Apelos Comuns ouviu e decidiu sobre os dois casos. No caso *Jennison vs. Caldwell*, Jennison ganhou 25 libras pela "privação do benefício do seu servo, Walker". Mas, no processo *Walker vs. Jennison*, devido à agressão e lesão corporal, a Corte concedeu cinquenta libras a Walker pelos danos e libertou-o com base nas disposições da Constituição de Massachusetts. Em recurso, o caso *Walker vs. Jennison* foi mantido e *Jennison vs. Caldwell* foi anulado com o fundamento de que Walker era um homem livre.

Esses casos eram civis, mas o Procurador-geral de Massachusetts abriu acusações públicas de agressão e lesão corporal no caso da *Commonwealth vs. Jennison* em 1783. O presidente da Suprema Corte, William Cushing, em sua acusação ao júri, disse o seguinte:

> Quanto à doutrina da escravidão e ao direito dos cristãos de manter os africanos em servidão perpétua, e de vendê-los e tratá-los como fazemos com os nossos cavalos e gado, isso (é verdade) tem sido até agora contemplado pelas Leis Provinciais, mas não foi expressamente decretado ou estabelecido em lugar nenhum. Foi um uso — um uso que teve a sua origem na prática de algumas nações europeias e nos regulamentos do governo britânico que respeitavam as então colônias, em benefício do comércio e da riqueza. Mas, quaisquer que tenham sido os sentimentos que prevaleceram anteriormente nesse particular ou que nos foram passados pelo exemplo de outros, uma ideia diferente ocorreu ao povo da América, mais favorável aos direitos naturais da humanidade e ao

desejo natural e inato da Liberdade, com o qual o Céu (sem considerar a cor, a tez ou a forma dos narizes — características) inspirou toda a raça humana. E sobre esse fundamento a nossa Constituição de Governo, pela qual o povo desta Commonwealth se uniu solenemente, se propõe a declarar que todos os homens nascem livres e iguais — e que todo sujeito tem direito à liberdade, e a tê-la salvaguardada pelas leis, bem como à vida e à propriedade — e, em suma, é totalmente repugnante à ideia de nascidos escravos. Assim sendo, penso que a ideia de escravatura é incompatível com a nossa própria conduta e Constituição, e não pode haver servidão perpétua de uma criatura racional, a menos que a sua liberdade seja anulada por alguma conduta criminosa ou abandonada por consentimento ou contrato pessoal.[72]

As palavras de Cushing não aboliram formalmente a escravidão em Massachusetts, porém, quando o presidente da Suprema Corte diz que a escravidão "é inconsistente com nossa própria conduta e Constituição", então é porque, basicamente, ela acabou. O poder do Estado sempre foi essencial à coerção necessária para escravizar pessoas e, assim, os proprietários de escravos de Massachusetts, subitamente desempoderados, não tiveram outra escolha senão libertar o povo escravizado nos anos seguintes. O censo de 1790 não registrou escravos no estado de Massachusetts. Voltaremos brevemente ao que é comumente chamado de Caso Quock Walker no próximo capítulo, quando discutiremos por que a Constituição Federal dos Estados Unidos não diz que "todos os homens são criados iguais" ou que têm "direitos inalienáveis à vida, à liberdade e à busca pela felicidade".

O fim da escravidão foi igualmente engendrado judicialmente em New Hampshire no ano seguinte. Os outros estados do Norte aboliram a escravidão de maneira legislativa. A Pensilvânia já tinha feito isso em 1780, depois Rhode Island e Connecticut em 1784, Nova York em 1799 e Nova Jersey em 1804 — os dois últimos direcionando simbolicamente que suas leis de emancipação entrariam em vigor no dia 4 de julho desses anos. Contudo, a escravidão foi geralmente abolida de forma gradual, com escravos nascidos após determinada data sendo libertados quando atingiam certa idade, de modo que, em 1810, um quarto dos afro-americanos do Norte ainda estavam escravizados. Mas a passagem do tempo e as novas leis de abolição imediatas e definitivas na década de 1820 significaram que a escravidão estava praticamente erradicada dos estados do Norte na década de 1830. A interdição da escravidão de 1777 na constituição de Vermont (que se separou de Nova York antes de se juntar à União em 1791), e nos territórios que mais tarde se tornariam Ohio, Indiana, Illinois, Michigan, Wisconsin e parte de Minnesota na Ordem Noroeste dez anos depois completaram a Primeira Emancipação.[73]

A BUSCA PELA FELICIDADE

Mas apenas a Primeira Emancipação. Pois, ao mesmo tempo em que a escravidão desaparecia no Norte, ela se fortalecia no Sul. A cultura do tabaco se desenvolveu rapidamente com a expansão da colonização de Chesapeake para os estados do Kentucky em 1792 e Tennessee em 1796, e a escravatura foi com ela. Mas, acima de tudo, foi a invenção do descaroçador de algodão em 1793 que condenou novas gerações de afro-americanos à escravidão, tornando economicamente viável o cultivo de algodão de fibra longa ou interior. Em 1800 havia um milhão de escravos nos Estados Unidos, em 1830, 2 milhões, e em 1860 havia 4 milhões.

No entanto, para Barack Obama, a escravatura já tinha acabado por causa da própria fundação dos Estados Unidos. As ideias de igualdade e liberdade elaboradas de forma abstrata no início da Europa moderna ganharam substância quando se transformaram em um componente da identidade nacional americana pela Declaração de Independência — um "credo comum" denominado por Obama, refletindo o que ele vê como seu imperativo moral e ideológico quase religioso. O credo ganhou ainda mais energia e influência quando codificado, ao menos implicitamente, na Constituição da nação. Mesmo assim, seria necessária uma guerra civil para erradicar a escravidão, uma luta ainda mais longa para eliminar a segregação; e a batalha para tornar a vida negra igualmente importante tanto nos costumes como na lei continua até hoje.[74]

Assim, embora a história de Barack Obama sobre o progresso do "credo comum" seja, em última análise, otimista, ela não é idealista nem irrealista. A Declaração de Independência foi o "ponto de partida" da história americana, mas apenas isto. Como diz Obama, "uma declaração não é um governo; um credo não é suficiente". O próximo capítulo deste livro é, portanto, sobre como, na visão de Barack Obama, a Declaração foi "criada" e a união foi tornada "mais perfeita" pelo estabelecimento, ao menos implicitamente, dos princípios de igualdade, liberdade e a busca pela felicidade como "a fundação do nosso governo", desta vez em uma constituição real. E os capítulos seguintes são sobre como, para Obama, a "união mais perfeita" de 1787 precisava ser, e eventualmente se tornou, ainda mais perfeita.[75]

3
A fundação do nosso governo: a constituição e a nova nação

A FUNDAÇÃO DO NOSSO GOVERNO

"CONSIDERAMOS QUE ESTAS verdades são evidentes por si mesmas, que todos os homens são Criados iguais, que são dotados pelo Criador de certos Direitos inalienáveis, que entre estes estão a Vida, a Liberdade e a busca pela Felicidade." Barack Obama descreve essas palavras da Declaração de Independência como "a fundação do nosso governo". Em alguns aspectos, essa afirmação é verdadeira. Como uma ação política e não apenas um anúncio aleatório de princípios abstratos, a Declaração de Independência criou uma política nacional baseada em uma filosofia política particular, a qual, certamente, parece ser uma fundação de algum tipo governo.[1]

E, ainda assim, essas palavras não aparecem na Constituição dos Estados Unidos, o documento que define o sistema de governo e as leis fundamentais da nação. Barack Obama sabe disso, é claro, e acredita, no entanto, que o espírito da Declaração habita a Constituição. De fato, ao chamar a Declaração de "a fundação do nosso governo", Obama está ecoando as palavras e intenções de muitos dos maiores responsáveis pela produção e distribuição da Declaração. A Declaração dos Direitos da Virgínia, de autoria de George Mason e adotada em 12 de junho de 1776, e que Thomas Jefferson teve que entregar ao escrever a Declaração de Independência, descrevia seu conteúdo como "a base e a fundação do governo" antes de passar a declarar que "todos os homens são, por natureza, igualmente livres e independentes e têm certos direitos inerentes, dos quais, quando entram em um estado de sociedade, não podem, por nenhum pacto, privar ou alienar sua posteridade; a saber, o gozo da vida e da liberdade, com os meios de adquirir e possuir propriedade, e buscar e obter felicidade e segurança". E apenas dois dias após a adoção da Declaração de Independência na Filadélfia, e mais de uma década antes da elaboração da Constituição, o presidente do Segundo Congresso Continental, John Hancock, escreveu em uma carta aos legisladores estaduais que a Declaração seria "a base e a fundação de um futuro governo".[2]

No entanto, o fato das enunciações explícitas de igualdade e liberdade que encontramos na Declaração estarem ausentes da Constituição é algo importante. Se estivessem presentes, a história americana poderia ter sido muito diferente. No último capítulo vimos como, em agosto de 1781, uma escrava chamada Elizabeth Freeman, de Massachusetts, juntamente a um escravo chamado Brom, abriu um processo por sua liberdade com base nas garantias da Constituição estadual de que "todos os homens nascem livres e iguais, e têm certos direitos naturais, essenciais e inalienáveis; entre os quais pode ser considerado o direito de desfrutar e defender sua vida e liberdade; o de adquirir, possuir e proteger propriedades; em resumo, o de buscar e obter sua segurança e felicidade". Naquele momento eles foram liberados graças a problemas técnicos com a posse de John Ashley. Mas, confrontado com os mesmos argumentos dois anos depois, o presidente William Cushing disse ao júri, no caso Quock Walker, que a "Constituição do Governo [de Massachusetts]... começa por declarar que todos os homens nascem livres e iguais — e que todo sujeito tem direito à liberdade, e a tê-la salvaguardada pelas leis, bem como à vida e à propriedade — e, em suma, é totalmente repugnante à ideia de nascidos escravos" e assim a escravidão era "incompatível com nossa própria conduta e Constituição...". Não apenas Quock Walker, mas todos os escravos no estado de Massachusetts foram posteriormente libertados.[3]

De maneira alguma os delegados do Sul na Convenção Constitucional nacional, seis anos mais tarde, arriscariam que isso acontecesse em todos os Estados Unidos, e os outros delegados sabiam disso. Poucos desejavam abolir a escravidão, pelo menos imediatamente ou à custa de não concordar com um novo governo e novas leis. Os delegados, portanto, nunca discutiram seriamente se deveriam escrever que todos os homens são criados iguais e têm direitos naturais à vida, à liberdade e à busca pela felicidade explicitamente na Constituição Federal. Simplesmente não ia acontecer.[4]

MANCHADO PELO PECADO ORIGINAL DESTA NAÇÃO

Essa omissão foi uma das maneiras pelas quais a Constituição dos Estados Unidos garantiu a sobrevivência da escravidão, pelo menos durante um tempo. Essa, porém, foi apenas uma das maneiras. Barack Obama admite que a Constituição estava "em última análise, inacabada", e "estava manchada pelo pecado original da escravidão desta nação, uma questão que dividiu as colônias e levou a convenção a um impasse, até que os Fundadores decidiram permitir que o comércio de escravos continuasse por pelo menos mais vinte anos, e deixar qualquer resolução final para as gerações futuras". Na verdade, muitos delegados, inclusive do Sul, esperavam que as gerações futuras acabassem por eliminar a escravidão. E previram a abolição do tráfico de escravos, visto por alguns como um passo para a emancipação, mas só depois de permitir que o tráfico transatlântico de seres humanos continuasse por mais vinte anos. Nesse meio tempo, estados, de forma individual aboliram o comércio de escravos em suas próprias jurisdições, embora a Carolina do Sul e a Geórgia o tenham reaberto nos últimos anos antes da proibição federal entrar em vigor a partir do primeiro dia de 1808.[5]

No entanto, a Cláusula de Comércio de Escravos era apenas uma das três que apoiavam diretamente a escravatura de alguma forma. E, ao prever, pelo menos, o possível fim do tráfico de escravos, esta cláusula foi a menos não benigna delas. Havia também a Cláusula do Escravo Fugitivo, que estabelecia que os fugitivos não seriam libertados, mas sim "entregues" àqueles a quem o seu "Serviço ou Trabalho pode estar pendente". E outra cláusula permitia que "Representantes e Impostos diretos serão repartidos entre os diversos Estados que poderão ser incluídos nesta União, de acordo com seus respectivos Números", incluindo o "Número inteiro de Pessoas livres" e "três quintos de todas as outras Pessoas". O que, é claro, melhorou muito os números e o poder dos proprietários de escravos na Câmara dos Deputados e, por sua vez, no Colégio Eleitoral presidencial.

Talvez seja por isso que há outra elisão de Obama no início de "Uma união mais perfeita", o discurso que Obama fez na Filadélfia em março de 2008. Ele abriu o discurso com algumas das palavras iniciais da Constituição: "NÓS, O POVO, a fim de formar uma união mais perfeita." Uma citação completa teria lido: "NÓS, O POVO dos Estados Unidos, a fim de formar uma união mais perfeita." É possível que Obama tenha apagado as palavras "dos Estados Unidos" para poupar tempo — todos os dois ou três segundos que teriam acrescentado a um discurso de quase quarenta minutos. Então, talvez, ele tenha preferido a cadência do período encurtado. Mas nenhuma dessas possibilidades é incompatível com o fato de ele querer assinalar, sutilmente, que "NÓS, O POVO" a que a Constituição se refere não eram *todas* as pessoas dos Estados Unidos. A maioria dos afro-americanos era de escravos e, portanto, por definição, não eram cidadãos, mas propriedade legal em vez de pessoas, e estavam sujeitos às leis impostas pelos Estados Unidos, entretanto não participaram de sua criação nem foram beneficiários dos direitos e proteções que tais leis garantiam. Em 1787, portanto, os afro-americanos estavam *nos* Estados Unidos, mas não *eram* dos Estados Unidos. Como diz Obama, a Constituição estava "inacabada" e por isso, intencionalmente ou não, é conveniente que a citação dele também seja inacabada.[6]

Vamos explorar mais a escravatura em relação à Constituição no próximo capítulo. Neste, porém, examinaremos as afirmações de Barack Obama em "Uma união mais perfeita" de que, apesar de tudo que já foi falado, o grupo de homens na Filadélfia "inaugurou a improvável experiência americana em democracia". E, de fato, "a resposta à questão da escravidão já estava embutida na Constituição — uma Constituição que tinha no seu cerne o ideal de cidadania igualitária perante a lei; uma Constituição que prometia liberdade e justiça a seu povo, e uma união que poderia e deveria ser aperfeiçoada ao longo do tempo".[7] Mas, primeiro, como nasceu a Constituição?

FINALMENTE CONCRETIZADA

Se você vem lendo este livro desde o início, então já está muito familiarizado com a seguinte frase do discurso "Uma união mais perfeita" de Barack Obama, de março de 2008: "Agricultores e acadêmicos; estadistas e patriotas, que atravessaram um oceano para escapar da tirania e da perseguição, finalmente concretizaram sua declaração de independência em uma convenção na Filadélfia que durou até a primavera de 1787." Em capítulos anteriores, eu discuti como a Convenção na Filadélfia aconteceu no verão de 1787 em vez de "na primavera", como Obama falou, em uma sugestão metafórica de novos começos. Além disso, como a elisão daqueles que "atravessaram um oceano para escapar da tirania e da perseguição" com aqueles que "finalmente concretizaram sua declaração de independência em uma convenção na Filadélfia" colapsa o tempo entre a fundação das colônias e a fundação do país. Assim, cria uma fusão de valorização mútua dos pioneiros e dos Fundadores além de um senso aprimorado de continuidade temporal das buscas americanas por felicidade e liberdade. E, finalmente, como a insinuação da unidade e até mesmo da unicidade dos agricultores e dos acadêmicos, e dos estadistas e dos patriotas implica que a Revolução Americana foi fundamentalmente igualitária e democrática.[8]

Mas agora é hora de examinar as palavras "finalmente concretizaram", como em "um grupo de homens... finalmente concretizaram a sua declaração de independência" na Convenção da Filadélfia. Talvez, como sugerido por aquele "finalmente", houve um longo e turbulento período entre a Declaração de Independência em 1776 e a redação da Constituição em 1787; sua ratificação em 1788 e sua implementação em 1789. Ainda mais longo e turbulento se considerarmos o processo de elaboração da Constituição como uma continuidade da adoção da Declaração dos Direitos, as primeiras dez emendas da Constituição, finalmente incluídas na Lei da Terra em dezembro de 1791.[9]

No entanto, aqui é necessário considerar outra fusão feita por Obama, que, mais uma vez, elide o que são, na realidade, eventos bastante diferentes. A fusão, nesse caso, é dos homens do Segundo Congresso Continental, que declararam independência em 1776, com aqueles que redigiram a Constituição em 1787. Implicar, também, que eles eram "um grupo" de homens que "concretizaram" sua Declaração de Independência na forma da Constituição, indica a concordância ideológica dos dois documentos diferentes, uma confluência ainda mais fortemente sugerida pela ideia mencionada de que as proclamações da Declaração sobre igualdade, liberdade e busca pela felicidade formam a "fundação de nosso governo". Na verdade, porém, dos 56 homens que assinaram a Declaração de Independência, apenas oito estavam entre os 55 delegados da Convenção Constitucional. E, desses oito, dois se recusaram a assinar a Constituição — Cambridge Gerry de Massachusetts e George Wythe da Virgínia estavam entre os dezesseis que não puderam consentir com as conclusões da Convenção Constitucional.

E, além disso, alguns dos homens mais famosos presentes em um evento estavam ausentes no outro. John Adams e Thomas Jefferson estavam na Filadélfia em 1776, mas estavam respectivamente em Londres e Paris como ministros da Inglaterra e da França em 1787. George Washington presidiu a Convenção Constitucional, mas servia como Comandante-chefe do Exército Continental em 1776. Alexander Hamilton e James Madison, os principais impulsionadores dos acontecimentos de 1787, tinham apenas 21 e 25 anos, respectivamente, e não eram membros do Congresso Continental em 1776. E John Dickinson, que estava no Segundo Congresso Continental, mas esperava pela reconciliação e se recusou a assinar a Declaração em 1776; e estava na Convenção em 1787, porém perdeu as sessões posteriores e não assinou a Constituição por estar doente, apesar de tê-la aprovado e de ter pedido para o seu colega George Read assinar em seu lugar. Até mesmo um estado inteiro estava presente em um evento, mas ausente no outro, já que Rhode Island se recusou enviar quaisquer delegados à Convenção Constitucional.

No entanto, outras afirmações de Barack Obama — que a Declaração foi "nosso ponto de partida como americanos" e que contém o "credo comum" do país — implicam que o documento pertencia, em um sentido mais amplo, a todos os americanos. Essa implicação está de acordo com a afirmação de Danielle Allen de que a Declaração representava uma espécie de "escrita democrática". Em outras palavras, não foi escrita por Thomas Jefferson, ou mesmo pelo Comitê dos Cinco, ou pelo Congresso Continental em 1776, mas pelo povo americano em geral ou como um todo. De fato, como vimos no capítulo anterior, o próprio Jefferson descreveu seu trabalho como uma "expressão da mente americana". E, como também vimos no capítulo dois, muitos afro-americanos escravizados acreditavam que as palavras do documento se aplicavam igualmente a eles, sem importar o que quer que outros pudessem ter pensado. Nesses aspectos, os homens da Convenção de 1787 foram tão responsáveis pela Declaração quanto os do Congresso de 1776, quer estivessem entre eles ou não. Portanto, nesse sentido muito real, foi a Declaração "deles" que eles "concretizaram" na Filadélfia. Não mais do que de qualquer outra pessoa, mas também não menos.[10]

Entretanto, o que significa exatamente "concretizaram"? Em um nível, significa aproximar mais os estados, formando uma União federal. O fato de a Constituição pretender tornar essa união "mais perfeita" implicava que já existia algum tipo de união, ainda que menos perfeita. E, de fato, os futuros fundadores do país já tinham formado uma união das colônias. A Associação Continental do Primeiro Congresso Continental de 20 de outubro de 1774 criou "comitês de correspondência e inspeção" para reforçar o boicote econômico à Grã-Bretanha, promulgado em resposta às Leis Intoleráveis. Essas organizações evoluíram para "comitês de segurança" que se mobilizaram para a defesa à medida que a probabilidade de uma guerra se tornava cada vez mais real. Em outras palavras, o Congresso criou uma união intercolonial de instituições variadas com autoridade quase governamental, incluindo certos poderes legislativos, executivos, administrativos e policiais.

Uma sensação de independência nas colônias individuais levou o Congresso a rejeitar o Plano de União mais formal de Joseph Galloway em 1774 e a sugestão de Benjamin Franklin de discutir a unificação em 1775. Entretanto, quando o Congresso pediu um dia de jejum em 7 de junho de 1775, usou o termo "Colônias Unidas" pela primeira vez, e posteriormente o fez em outros documentos oficiais direcionando suas ações; ações que, mais uma vez, foram essencialmente governamentais, como a nomeação de George Washington como comandante do Exército Continental. E, claro, no ano seguinte, esse órgão intercolonial declarou a independência em nome de todas as treze colônias e, ao fazê-lo, criou expressamente os Estados Unidos.

Ao declarar a independência, o Segundo Congresso Continental também se tornou o primeiro governo dos Estados Unidos, instanciando--se como um governo que administrou o país por quase cinco anos. A crescente perspectiva de independência, no entanto, inspirou uma sensação entre muitos de que uma futura nação livre precisaria de uma forma de governo constituída de maneira mais formal. Assim, em 12 de junho de 1776, apenas cinco dias após a apresentação da resolução de independência de Richard Henry Lee, o Congresso nomeou um comitê de treze pessoas, com um membro de cada colônia, que apresentou sua proposta de Artigos da Confederação ao Congresso um mês depois, dez dias após a aprovação da Resolução Lee e oito após a aprovação da Declaração.

Mas fazer uma união mais perfeita não foi fácil, mesmo nessa fase embrionária. Disputas sobre questões tão difíceis como a determinação do número de representantes que cada estado deveria ter no governo nacional e a parcela da carga tributária comum que cada estado deveria arcar adiaram a aprovação dos Artigos da Confederação pelo Congresso até 15 de novembro de 1777. Tiveram então de ser ratificados por cada um dos estados, onde questões semelhantes precisaram ser resolvidas, embora os posteriores adiamentos resultassem na recusa dos estados "sem-terra" de Delaware, Nova Jersey e Maryland em ratificar até que os estados "com terras" abandonassem suas reivindicações territoriais ocidentais, originadas em suas fundações. A Virgínia, por exemplo, alegou que, pelo seu antigo estatuto, sua fronteira ocidental era a costa do Pacífico, mas os vizinhos de Maryland, sem tais provisões territoriais generosas, não tinham nada disso. Somente depois que os estados com terras cedessem a essas reivindicações de terras ocidentais ao governo nacional é que os Artigos da Confederação poderiam entrar em vigor, como eles finalmente fizeram em 1º de março de 1781.

No entanto, alguns já acreditavam que os próprios artigos exigiam uma revisão. O governo da Confederação compreendia pouco mais do que uma legislatura unicameral. Não havia um executivo independente, apenas uma presidência rotativa do Congresso e nenhum judiciário nacional. E, acima de tudo, o Congresso da Confederação estava subordinado aos estados. Os Artigos de fato definiram os Estados Unidos como uma "liga firme de amizade" e uma "confederação", declarando explicitamente: "Cada estado mantém sua soberania, liberdade e independência, e todo poder, jurisdição e direito, o que não é expressamente delegado por esta confederação aos Estados Unidos, no Congresso reunido."[11]

Logo, por mais que o Congresso fosse encarregado de tarefas tão importantes quanto emitir e pedir dinheiro emprestado para cumprir responsabilidades tão sérias quanto manter um Exército e uma Marinha, conduzir a política externa e manter a paz interna, não tinha poderes para buscar esses propósitos de forma eficaz. Acima de tudo, o Congresso não tinha poderes independentes para aumentar os impostos. Podia requisitar dinheiro dos estados, mas não tinha meios de coagir os superiores constitucionais. Então, por mais que os Estados Unidos tenham ganhado a guerra pela independência, por exemplo, não puderam honrar suas obrigações de pagar dívidas pré-guerra aos comerciantes britânicos ou compensar os lealistas por bens confiscados. Os Estados Unidos também não pagaram suas dívidas com a França, Holanda e Espanha. Em 1786, esta última bloqueou o acesso dos americanos ao rio Mississipi e ao porto de Nova Orleans. Os Estados Unidos também não conseguiram obrigar a Grã-Bretanha a cumprir suas promessas do Tratado de Paris de retirar suas tropas dos territórios do Noroeste ou permitir a livre pesca em águas canadenses e o livre comércio com as ilhas caribenhas.

A necessidade de uma união mais perfeita foi considerada ainda mais urgente devido a questões internas. Por exemplo, quase houve um motim do Exército devido a questões de pagamento, que só foi evitado graças ao discurso de George Washington em Newburgh, em 15 de março de 1783, no qual o general afirmou decisivamente a supremacia do civil sobre o militar. Mas não havia garantias de que as Forças Armadas dos Estados Unidos seriam sempre lideradas por um defensor tão carismático e intransigente desse princípio. E se os estados começassem a aumentar as tarifas comerciais e as taxas de navegação sobre os cidadãos dos outros estados, ou a contestar as fronteiras terrestres ou marítimas, ou a restringir a circulação dos cidadãos entre eles? Será que começariam guerras ao estilo europeu como consequência? Esses foram os potenciais problemas resolvidos por Maryland e Virgínia quando fizeram um acordo definindo a soberania conjunta e o livre comércio sobre o rio Potomac na Conferência de Mount Vernon, realizada na casa de plantação de Washington em março de 1785.

James Madison liderou o chamado de Mount Vernon para realizar uma Convenção de Annapolis no ano seguinte, a fim de tentar alcançar acordos semelhantes entre todos os treze estados. Nessa fase, porém, nem todos sentiram grande urgência em responder, e apenas doze delegados de cinco estados apareceram na Taverna de Mann, na capital de Maryland, entre os dias 11 e 14 de setembro de 1786. O mês anterior, entretanto, tinha visto o começo de uma rebelião, conduzida por Daniel Shays de Massachusetts, de fazendeiros ocidentais empobrecidos pela política do estado de permitir somente o pagamento de dívidas e impostos em ouro e prata, que eram difíceis de conseguir. Embora finalmente suprimida em fevereiro de 1787, apenas a Virgínia ofereceu sua unidade armada para ajudar a de Massachusetts. O choque da Rebelião de Shays significou que muitos outros estavam dispostos a ouvir a Resolução de Annapolis, de Alexander Hamilton, pedindo uma nova convenção "para conceber tais disposições adicionais que aparecerão... necessárias para tornar a constituição do Governo Federal adequada às exigências da União". Cinquenta e cinco delegados de todos os estados, exceto Rhode Island, reuniram-se na Filadélfia no mês de maio seguinte, precisamente para esse fim.[12]

Mas será que os estadistas e patriotas de 1787 realmente "concretizaram" a sua Declaração de Independência de 1776, quando fizeram a sua "união mais perfeita"? Para alguns historiadores, a resposta a isso é um enfático não. Na verdade, alguns vêm argumentando desde o tempo de Charles Beard, no início do século xx, que a filosofia igualitária — embora não cumprida e hipócrita — da Declaração representava o oposto do cabalismo capitalista que estava por trás da elaboração da Constituição. O fato de Alexander Hamilton, o primeiro secretário do Tesouro da administração subsequente, ter usado as disposições da nova Constituição para decretar medidas pró-bancárias e pró-manufaturas na década de 1790 não oferece apoio àqueles que rejeitam essa ideia como mera teoria da conspiração.[13]

Isso, porém, é um assunto para o capítulo seis. Por agora, que tipo de sistema político os Fundadores criaram na Filadélfia? E até que ponto isso está de acordo com a concepção de Barack Obama de "uma Constituição que tinha em seu cerne o ideal de cidadania igualitária perante a lei; uma Constituição que prometia liberdade e justiça ao seu povo, e uma união que poderia e deveria ser aperfeiçoada ao longo do tempo"? Os Fundadores realmente fundaram aquilo a que Obama chama de "a improvável experiência americana em democracia"?[14]

NÓS, O POVO

Certamente, há alguns aspectos decididamente democráticos do sistema governamental americano, mesmo conforme o estabelecido em 1787. O mais fundamental é a base conceitual da Constituição — a ideia de que o novo sistema de governo e legislação da América foi criado por "NÓS, O POVO".

Essa invocação da soberania popular nos ajuda a compreender melhor a afirmação de Barack Obama de que a Declaração de Independência foi "concretizada" na Constituição. A Declaração é, naturalmente, formulada nos termos da teoria do contrato social de Locke, e cita-o quando diz: "Os Governos são instituídos entre os Homens, derivando seus justos poderes do consentimento dos governados", e que se "qualquer Forma de Governo ameaçar esses fins" — de garantir os direitos à vida, à liberdade e à busca pela felicidade, e porque esses direitos são "inalienáveis" — "é Direito do Povo alterá-lo ou aboli-lo, e instituir um novo Governo, assentando os seus fundamentos em tais princípios e organizando os seus poderes de tal forma que, para eles, pareça mais provável garantir a sua Segurança e Felicidade". Se a própria Declaração foi, portanto, um ato de abolição de um antigo governo, então a redação da Constituição foi a ação seguinte na instituição de um novo governo. E os Fundadores em 1787 pareciam estar seguindo precisamente esse princípio quando prefaciaram a Constituição com as palavras "Nós, o Povo dos Estados Unidos, a fim de formar uma União mais perfeita, estabelecer a Justiça, assegurar a Tranquilidade doméstica, prover a defesa comum, promover o Bem-Estar geral, e assegurar as Bênçãos da Liberdade a nós mesmos e à nossa Posteridade, decretar e estabelecer esta Constituição para os Estados Unidos da América".[15]

Mesmo que os Fundadores de 1787 estivessem seguindo a lógica de seus antepassados recentes em 1776, eles estavam, no entanto, adaptando-se às circunstâncias em rápido desenvolvimento e às novas necessidades percebidas. E o seu apego a princípios não os impediu de se envolverem em maquinações políticas para alcançar fins específicos. James Madison, muitas vezes chamado de "o Pai da Constituição", definiu o curso inicial da Convenção com suas reflexões sobre o que ele achava que estava errado com o governo americano na época, escrito como "Vícios do Sistema Político dos Estados Unidos". Os delegados rejeitaram alguns dos detalhes do que Madison defendeu, mas aceitaram sua reformulação fundamental da união americana. Madison queria que o governo nacional tivesse o que ele chamou de "jurisdição concorrente" com os estados, ou seja, que um governo nacional compartilhasse autoridade e poder com os governos estaduais sobre o território e o povo americano, em vez de ser meramente um agente subordinado dos estados. Em outras palavras, que os Estados Unidos fossem uma nação; uma federação e não uma confederação. Essa foi, talvez, pelo menos em termos institucionais, a característica mais fundamental da "união mais perfeita".[16]

Além de conferir autoridade sem precedentes ao governo nacional, essa iniciativa desafiava as ordens do Congresso da Confederação, que haviam limitado o mandato da Convenção para revisar, mas não para revolucionar a governança dos Estados Unidos. Então, como a Convenção poderia reivindicar o direito de rejeitar essas instruções? A resposta estava naquilo que alguns estados já tinham feito quando abandonaram as velhas constituições e adotaram novas, a começar por Massachusetts em 1780, ou seja, conceber a reunião na Filadélfia como uma "Convenção" — uma reunião do "povo". Isso significava que os homens de lá não se consideravam meros representantes agindo por conta própria no interesse do povo. Em vez disso, eles tiveram que se ver como o povo real ou, pelo menos, como delegados que cumprem a vontade do povo, independentemente de suas próprias opiniões: outra razão pela qual a Constituição começa com as palavras "Nós, o povo dos Estados Unidos...".

É claro que, em aspectos muito importantes, os delegados da Filadélfia não eram "o povo" dos Estados Unidos, ao menos não estavam nem perto de representar todo o povo. Havia apenas 55 deles, dos quais somente 39 acabaram por aprovar a Constituição. Além disso, eles foram selecionados exclusivamente entre os homens brancos e ricos da nação, um grupo minoritário. Mas, ao se identificarem como "Nós, o povo", eles, no entanto, invocaram o princípio da soberania popular como fonte do governo americano e da lei fundamental.

Ao levar a sério a ideia de que a Constituição era um produto do "povo", Barack Obama pode argumentar que a nação americana é o produto de um "contrato social". Citando as teorias de Thomas Hobbes e John Locke, Obama observa que "as pessoas livres fazem um acordo para garantir que a liberdade de um homem não se torne a tirania de outro; que elas sacrificariam a licença individual para melhor preservar sua liberdade. E", continua ele, "com base nesse conceito, os teóricos políticos que escreveram antes da Revolução Americana concluíram que apenas uma democracia poderia satisfazer a necessidade de liberdade e ordem — uma forma de governo em que aqueles que são governados concedem seu consentimento, e as leis que restringem a liberdade são uniformes, previsíveis e transparentes, aplicando-se igualmente aos governantes e aos governados". E, sobre essa questão da "cidadania igualitária", além de evocar a autoridade do "povo", a Constituição também exclui expressamente o domínio da monarquia e da aristocracia, desigualdades constitucionais que ainda existem em algumas democracias ocidentais do século XXI.[17]

Então, de todas essas maneiras, os Fundadores criaram o que Abraham Lincoln mais tarde chamaria de "governo do povo", no sentido de que ele foi fundado pelo povo e pertencia ao povo. E, nessa medida — e é uma medida considerável — Barack Obama tem razão quando diz que os Fundadores "inauguraram a improvável experiência americana em democracia".[18]

UMA "DEMOCRACIA DELIBERATIVA"

Mas isso não necessariamente significa que os Fundadores tenham criado um "governo do povo". A tríade de Gettysburg de Abraham Lincoln incentiva-nos a pensar no "governo do povo, pelo povo, para o povo" como três coisas inseparáveis, ou mesmo como uma coisa única, tal como o faz a citação frequente da famosa frase por Barack Obama. Além disso, as três, em conjunto, frequentemente são vistas como definidoras da democracia americana. Mas seus antecessores diferiram nessas matérias. Primeiramente, o termo "democracia" significava uma "propriedade", assim como "monarquia" e "aristocracia", e não necessariamente um sistema de governo. Portanto, era perfeitamente possível e até normal, naquela época, acreditar que, embora um sistema de governo pudesse incorporar "a democracia", o próprio sistema não precisava ser obrigatoriamente democrático. Além disso, era mais provável que um sistema que incorporasse "a democracia" fosse representacional ou "republicano" em vez de "democrático", pois outra conotação de "democracia" era o governo direto do povo e não a representação dele. De fato, para muitos dos Fundadores, o governo representativo, em vez de democrático, era essencial, pois este último equivalia ou, pelo menos, poderia levar à anarquia.

E, certamente, para alguns dos Fundadores em 1787, um "governo das massas" era uma perspectiva muito real e atual. Muitos sentiram que a lógica democratizadora dos protestos populares contra as medidas britânicas, desde os motins da Lei do Selo até o Boston Tea Party, validada pela democracia popular do *senso comum* de Thomas Paine e até pela Declaração de Independência, estava desencadeando a rebeldia que se manifestou na Rebelião de Shays e aterrorizou muitos deles. No que diz respeito a alguns dos Fundadores, um governo do povo só poderia ser *para* o povo se tivesse o poder de proteger da quase inevitável ilegalidade do governo *pelo* povo. Como Obama reconhece quando escreve que os "Fundadores reconheceram que havia sementes de anarquia na ideia de liberdade individual e perigo intoxicante na ideia de igualdade". Naturalmente, herda-se aqui o outro significado do termo "governo do povo": o povo não só fundou o governo, mas também deve ser governado por ele.[19]

Assim, na Constituição, os Fundadores criaram um sistema de governo que incorporou "a democracia" apenas de forma representativa, e, além disso, equilibrada pela governança por seus supostos melhores legisladores. A Constituição original incorporou a representação, o que hoje mais frouxamente ou amplamente chamamos de "democracia", na Câmara dos Deputados, com seus parlamentares eleitos diretamente e nossas mulheres parlamentares de hoje em dia. Claro que havia muitos entre as pessoas que não podiam votar, homens brancos pobres que não alcançaram as qualificações de propriedade que continuaram a existir em alguns estados até o século XIX. Também foram excluídos quase todos os homens negros e absolutamente todas as mulheres, brancas e negras — embora algumas mulheres tenham votado em Nova Jersey, graças a um fracasso em excluí-las explicitamente, o que muitas mulheres exploraram até que a porta foi fechada para elas em 1808. Novamente, porém, o fato da representação estabeleceu um princípio que poderia ser, e foi, colocado mais perfeitamente em prática na plenitude do tempo. Mas os Fundadores fizeram muito mais do que isso: grande parte foi destinada a contrariar a vontade do povo, ou mais especificamente o que eles comumente chamavam de "a confusão de uma multidão" e "a tirania da maioria". Fizeram-no através de um sistema complexo de poderes separados e difusos entre diferentes instituições que atuavam como freios e contrapesos entre si. Barack Obama expressa eloquentemente a natureza e o propósito das instituições separadas mas interdependentes que a Constituição criou ao escrever que "a arquitetura constitucional de Madison" incluía "não apenas o estado de direito e o governo representativo, não apenas uma declaração dos direitos, mas também a separação do governo nacional em três ramos iguais, um Congresso bicameral e um conceito de federalismo que preservava a autoridade dos governos estaduais, tudo destinado a difundir o poder, controlar grupos divergentes, equilibrar interesses e impedir a tirania de poucos ou muitos". No entanto, como exatamente os Fundadores formaram um sistema de governo funcional, enquanto faziam simultaneamente toda esta separação, difusão e aplicação de freios e contrapesos?[20]

O primeiro problema que os Fundadores enfrentaram depois de formular uma federação baseada na soberania popular foi o de determinar como a representação estatal funcionaria no governo nacional. O Plano da Virgínia ou Grande Plano Estadual propôs a representação em proporção à população de um estado, mas membros de estados menos populosos objetaram que seu povo estaria sub-representado. O Plano de Nova Jersey ou Plano de Estado Pequeno defendia o "um estado, um voto", mas membros de estados mais populosos objetaram que dessa forma o seu povo estaria sub-representado. Ambos os lados tinham pontos convincentes. Portanto, em vez disso, a Convenção concordou com o Connecticut ou Grande Compromisso de 16 de julho, criando uma legislatura bicameral com um número de congressistas na Câmara dos Deputados em proporção à população de um estado e dois membros de cada estado no Senado.

Por sua vez, essa solução para um problema resolveu outros problemas. Enquanto a Câmara Baixa do Congresso foi designada como câmara "democrática", com parlamentares eleitos pelo povo a cada dois anos, os senadores seriam selecionados pelos legislativos estaduais a cada seis anos (sendo um terço deles sujeitos a reeleição a cada dois anos). Posteriormente, a maioria dos estados optou pela eleição popular de senadores, embora isso não tenha sido constitucionalmente garantido até a adoção da 16ª Emenda em 1913.

A Constituição conferiu ao Congresso (a Câmara dos Deputados e o Senado juntos) poderes sem precedentes. O Artigo 1, Seção 8, inclui poderes específicos para arrecadar impostos, regular o comércio, imprimir dinheiro, formar um Exército e Marinha e usar unidades armadas para suprimir insurreições internas, entre muitas outras coisas. No final desses "poderes enumerados", porém, há um mais geral que dá ao Congresso o poder de "fazer todas as leis que serão necessárias e apropriadas para executar os poderes anteriores". Como veremos, essa cláusula "necessária e adequada" (também chamada de "cláusula de habilitação" e "cláusula de poderes implícitos") forneceria, mais tarde, a justificativa para a "construção vaga" — uma interpretação permissiva do que a Constituição autoriza que o governo faça, com base na ideia de que o que não é explicitamente proibido é permitido, ao contrário da "construção estrita" — uma interpretação proscritiva do que a Constituição permite que o governo faça, com base na ideia de que o que não é explicitamente permitido é proibido.

Parte da aplicação do sistema de freios e contrapesos é alcançada através da exigência de que, primeiro, todos os projetos de lei passem pelas duas Câmaras do Congresso, embora cada casa tenha uma responsabilidade especial, de acordo com seu eleitorado particular. Assim, as finanças, por exemplo, têm origem na Câmara dos Deputados, de acordo com o princípio de que não há taxação sem representação. Por outro lado, as questões de política externa pertencem, em primeiro lugar e acima de tudo, aos supostos chefes mais velhos, mais sábios da câmara do Senado — e ao presidente. Os Fundadores também permitiram que o Poder Executivo pudesse verificar o Poder Legislativo, prevendo um poder de veto presidencial, e também que o Poder Legislativo pudesse contra-atacar o Executivo, anulando tal veto com uma maioria de dois terços de ambas as Câmaras do Congresso.

O Senado também tem poderes de "conselho e consentimento" sobre o apoio presidencial. A Câmara dos Deputados, além disso, pode solicitar impeachment e o Senado pode julgar um presidente por "traição, suborno, ou outros crimes e delitos graves". Se considerado culpado, o presidente pode ser destituído do cargo. E, ao criar o Congresso no Artigo 1 da Constituição e a presidência no muito menos detalhado Artigo 2, os Fundadores expressaram uma ideia de supremacia legislativa sobre o Executivo. Certamente, os exercícios dos poderes presidenciais de Barack Obama, embora modestos pelos padrões modernos, foram muito além do que os Fundadores imaginavam. Como veremos em breve, embora Obama acredite que os Fundadores também, deliberada e cuidadosamente, inseriram adaptabilidade em sua Constituição.

O presidente é eleito a cada quatro anos, ou melhor, é selecionado por um Colégio Eleitoral composto pelo mesmo número de membros que um estado tem no Congresso (de acordo com o Compromisso de Connecticut) — outro equilíbrio contra o governo pelo povo. Assim, por exemplo, é perfeitamente possível para um candidato ganhar quase 3 milhões de votos populares a mais do que outro e ainda assim perder a eleição. A intenção original era evitar que um demagogo cinicamente segregador, habitualmente mentiroso, potencialmente tirano, e certamente perigoso se tornasse presidente dos Estados Unidos.

Outra proteção contra a vontade do povo veio com os limites do mandato presidencial. Não houve, inicialmente, nenhuma restrição quanto ao número de mandatos que um presidente poderia exercer, embora George Washington tenha estabelecido um precedente de dois. Ninguém quebrou essa regra informal até que Franklin Delano Roosevelt foi para a disputa e ganhou um terceiro mandato em 1940 e depois um quarto em 1944. O limite de dois mandatos foi finalmente tornado lei com a adoção da 22ª Emenda em 1951, uma reação do Grand Old Party contra um presidente democrata cujo New Deal aliviou o sofrimento das pessoas pobres e elevou as perspectivas da maioria das pessoas na

Grande Depressão, e que ajudou, também, a derrotar o nacionalismo, o imperialismo e a supremacia racista na Segunda Guerra Mundial.

O Artigo 3 da Constituição diz respeito ao terceiro ramo do governo, o Poder Judiciário, e prevê ainda mais freios e contrapesos. Ele determina que o presidente da Suprema Corte de Justiça e os juízes associados não sejam eleitos, mas nomeados pelo presidente e aprovado ou não, por assim dizer, pelo Senado. Os juízes também servem de "bom comportamento", isolando-os de pressões políticas ou outras que possam teoricamente distraí-los da devoção exclusiva à lei e à justiça. O Poder Judiciário controla igualmente os poderes Executivo e Legislativo. Embora a Constituição seja omissa quanto a isso, a Suprema Corte costuma exercer "revisão judicial" da constitucionalidade (se e quando questionada) das ações executivas e Atos do Congresso — exemplos aos quais voltaremos mais tarde.

Já o Artigo 4 protege os direitos dos cidadãos em todos os estados, garante a proteção mútua do republicanismo e define como novos estados podem ser admitidos na União. O Artigo 5 descreve os procedimentos para fazer emendas constitucionais, que podem ser iniciadas se dois terços de ambas as Câmaras do Congresso ou por dois terços das legislaturas estaduais convocando convenções, e que devem ser aprovadas por três quartos dos estados. Tais procedimentos elaborados e os votos por maioria qualificada por eles requeridos refletem a especialidade da lei constitucional. Afinal, a Constituição define as instituições e operações do governo, e é a lei suprema, a lei à qual toda lei menor deve obedecer. A legislação de meros políticos é, portanto, apropriadamente subordinada à vontade superior do povo soberano.

Portanto, o que Barack Obama acredita que os Fundadores fizeram foi criar um sistema político que permite o debate, mas que controla o conflito através da constitucionalização do compromisso. Esse sistema de freios e contrapesos visa o equilíbrio entre os poderes Legislativo, Executivo e Judiciário do governo, entre os direitos e interesses dos estados e do governo federal, entre o governo e o povo e, em última instância, entre autoridade e liberdade. Esse sistema é, além disso, o coração do que Obama e outros têm chamado de "democracia deliberativa". A "maquinaria elaborada da

Constituição", diz Obama, "é concebida para nos forçar a uma conversa, uma 'democracia deliberativa' na qual todos os cidadãos são obrigados a se envolver em um processo de testar as suas ideias contra uma realidade externa, persuadindo outros do seu ponto de vista e construindo alianças de consentimento mutáveis".[21]

Assim, o compromisso é crucial para a compreensão que Obama tem dos Fundadores e da Constituição. E não se trata de considerar o compromisso como um mal necessário, mas sim como algo positivo. "Afinal", explica Obama, "se houve um impulso compartilhado por todos os Fundadores, foi a rejeição de todas as formas de autoridade absoluta, seja o rei, o teocrata, o general, o oligarca, o ditador, a maioria ou qualquer outra pessoa que pretenda fazer escolhas por nós". E não era "apenas o poder absoluto que os Fundadores procuravam evitar. Implícita na estrutura [da Constituição], na própria ideia de liberdade ordenada, estava a rejeição da verdade absoluta, a infalibilidade de qualquer ideia ou ideologia ou teologia ou 'ismo', qualquer consistência tirânica que pudesse prender as gerações futuras em um único e inalterável rumo, ou levar as maiorias e minorias às crueldades da Inquisição, do pogrom, do gulag ou da jihad". Logo, a história constitucional de Barack Obama não é apenas sobre pessoas e eventos e o que eles poderiam nos ensinar sobre sociedade e política. Trata-se também de instituições e processos e do que eles podem nos ensinar sobre civilidade e democracia.[22]

UM DOS INSIGHTS CENTRAIS DOS FUNDADORES

Mas havia também a questão de encontrar o equilíbrio certo entre os governos nacional e estadual, bem como entre os ramos do governo nacional. Os Artigos 4 e 6 da Constituição dizem respeito, portanto, às obrigações dos governos federal e estadual uns para com os outros e colocam certos limites aos seus respectivos poderes. No entanto, a brevidade dessas disposições mascara a complexidade das questões envolvidas.

Como observa Barack Obama, o federalismo não era (nem é) apenas um problema de equilíbrio entre os níveis de governo, mas um problema da própria natureza da governança. Da mesma forma que os delegados reunidos na Filadélfia em maio de 1787, Obama diz: "eles foram confrontados com um fato desencorajador: na história do mundo até aquele ponto, havia poucos exemplos de democracias funcionais, e nenhuma que fosse maior do que as cidades-estado da Grécia antiga." As condições contemporâneas eram igualmente pouco propícias. "Com treze estados longínquos e uma população diversificada de 3 ou 4 milhões", aponta Obama, "um modelo ateniense de democracia estava fora de questão, a democracia direta da cidade da Nova Inglaterra era impraticável". Mesmo uma forma de governo eletiva ou "republicana" só era considerada aplicável "para uma comunidade política geograficamente compacta e homogênea", com "uma cultura comum, uma fé comum e um conjunto bem desenvolvido de virtudes cívicas" que poderiam limitar "a contenção e a luta".[23]

No entanto, como Obama também diz: "A nossa história confirmou uma das ideias centrais dos Fundadores: que o autogoverno republicano poderia funcionar melhor em uma sociedade grande e diversificada, onde, nas palavras de Hamilton, a 'dissonância dos partidos' e as diferenças de opinião poderiam 'promover a deliberação e a circunspecção'." Aqui, Obama cita o n. 70 do *Federalist*, um dos famosos ensaios a favor da Constituição, em que Alexander Hamilton se preocupa principalmente com a proposta do documento para o cargo de presidente. Como o único funcionário federal eleito representando todo o país, em vez de ser um dentre os dois representantes de um estado no Senado ou um dentre os vários representantes do povo de um distrito menor na Câmara dos Deputados, o presidente era especialmente colocado para mediar a dissonância dos partidos, argumentava Hamilton. Mas, na verdade, foi James Madison quem, de maneira geral, mais plenamente propôs um novo paradigma para a percepção de interesses concorrentes dentro de uma política estendida.[24]

No *Federalist* n. 10, Madison identificou o problema dos grupos divergentes como apresentado a seguir, e vale a pena citar um longo trecho do ensaio já que ele fala ao coração das ideias de Barack Obama sobre os interesses concorrentes e a arte do compromisso. Primeiro, Madison normalizou o individualismo e as divergências, um movimento radical em uma época em que eles eram considerados altamente antissociais — ainda que hipócrita ou irrealisticamente. "As causas latentes da divergência são assim semeadas na natureza do homem", escreveu Madison:

Um zelo por opiniões diferentes sobre religião, governo e muitos outros pontos... um apego a diferentes líderes que lutam ambiciosamente pela preeminência e poder; ou a pessoas de outras descrições cujas fortunas têm sido interessantes para as paixões humanas, têm, por sua vez, dividido a humanidade em partidos, inflamou-os com animosidade mútua e tornou-os muito mais dispostos a vexar e oprimir uns aos outros do que a cooperar para o bem comum... Mas a fonte mais comum e duradoura de grupos divergentes tem sido a distribuição desigual e variada da propriedade. Aqueles que detêm e aqueles que estão sem propriedade sempre formaram interesses distintos na sociedade. Aqueles que são credores e que devem estão sujeitos a uma discriminação semelhante. Um interesse fundiário, um interesse manufatureiro, um interesse mercantil, um interesse monetário, com muitos interesses menores, cresce das necessidades das nações civilizadas e as divide em classes diferentes, movidas por diferentes sentimentos e visões.[25]

Ao discutir possíveis soluções para esse problema (e ainda era um problema, por mais normal que Madison dissesse que fosse), o filósofo e estadista rejeitou imediatamente a possível eliminação das liberdades que permitissem que os diferentes grupos prosperassem. Pelo contrário, ele sugeriu: "A regulação desses vários e cruzados interesses constitui a principal tarefa da legislação moderna e envolve o espírito do partido e das divergências nas operações necessárias e ordinárias do governo."

Ao descrever como tal regulação poderia acontecer, Madison confrontou a então sabedoria comum a respeito das virtudes dos estados pequenos e simples e, mais uma vez, confundiu as ortodoxias. Em vez disso, ele argumentou que "uma democracia pura, da qual eu quero dizer uma sociedade que consiste em um pequeno número de cidadãos, que reúnem e administram o governo em pessoa, pode admitir que não há cura para as maldades das divergências. Uma paixão ou interesse comum", continuou ele, "em quase todos os casos, será sentida por uma maioria do todo" e, portanto, "não há nada para verificar os motivos para sacrificar a parte mais fraca ou um indivíduo desagradável. Por isso, tais democracias sempre foram espetáculos de turbulência e disputa; sempre foram consideradas incompatíveis com a segurança pessoal ou os direitos de propriedade; e, em geral, foram tão curtas em suas vidas quanto violentas em suas mortes". No entanto, em contradição com a sabedoria contemporânea, ele argumentou: "Uma república, ou seja, um governo em que o esquema de representação tem lugar, abre uma perspectiva diferente e promete a cura pela qual procuramos." Outro exemplo em que o governo "pelo" povo foi considerado incompatível com o governo "para" o povo.[26]

Madison então explicou: "Os dois grandes pontos de diferença entre uma democracia e uma república são: primeiro, a delegação do governo, nesta última, a um pequeno número de cidadãos eleitos pelo resto; segundo, o maior número de cidadãos e maior esfera de país, sobre a qual esta última pode ser estendida." O próximo ponto de Madison foi o mais ortodoxo de seu tempo, embora seja mais contestado hoje em dia: "O efeito da primeira diferença é, por um lado, o refinar e ampliar das opiniões públicas, passando-as através de um corpo escolhido de cidadãos, cuja sabedoria pode discernir melhor o verdadeiro interesse de seu país, e cujo patriotismo e amor à justiça serão menos propensos a sacrificá-lo por considerações temporárias ou parciais." Em contraste, o próximo ponto depois desse foi muito contestado em seu tempo, embora seja um pouco mais ortodoxo hoje em dia: "A questão que se coloca é," disse ele, "se as repúblicas pequenas ou se as extensas são mais favoráveis à eleição de guardiões adequados do bem público; e a resposta é claramente em favor destas últimas".[27]

Nesse ínterim, James Madison ofereceu "duas considerações óbvias" para tentar provar seu ponto de vista. Primeiro, em uma pequena república "os representantes devem ser elevados a certo número, a fim de se precaverem contra as intrigas de alguns". Em uma república maior, porém, "eles devem ser limitados a certo número, a fim de evitar a confusão de uma multidão". Haverá, portanto, "maior probabilidade de uma escolha adequada" de "guardiões adequados do bem público" em uma república maior. Segundo, "já que cada representante será escolhido por um número maior de cidadãos na república grande do que na pequena, será mais difícil para os candidatos indignos praticarem com sucesso as artes viciosas pelas quais as eleições são frequentemente realizadas; e os sufrágios do povo, sendo mais livres, estarão mais propensos a centrar-se nos homens que possuem o mérito mais atraente e as características mais difusas e estabelecidas". Este último ponto pode levantar mais sobrancelhas agora do que no tempo de Madison.[28]

Madison também observou um "outro ponto de diferença... que torna as combinações facciosas menos temíveis em" repúblicas maiores do que nas menores. "Quanto menor for a sociedade", disse ele, "menos distintos serão os partidos e interesses que a compõem; quanto menos distintos os partidos e interesses, mais frequentemente será encontrada uma maioria do mesmo partido; e, quanto menor o número de indivíduos que compõem a maioria, e quanto menor for a bússola em que são colocados, mais facilmente eles irão se unir e executar seus planos de opressão". No entanto: "Alargue a esfera, e você terá uma maior variedade de partidos e interesses; você torna menos provável que a maioria do todo tenha um motivo comum para invadir os direitos de outros cidadãos; ou, se tal motivo comum existir, será mais difícil para todos que o sentem descobrirem sua própria força, e agir em harmonia uns com os outros". E, para tornar seu ponto explicitamente aplicável aos debates contemporâneos sobre a ratificação da Constituição, Madison acrescentou "que a mesma vantagem que uma república tem sobre uma democracia, no controle dos efeitos dos grupos divergentes, é desfrutada por uma grande sobre uma pequena república — é desfrutada pela União sobre os estados que a compõem".[29]

ANTES QUE A TINTA DO PERGAMINHO CONSTITUCIONAL SECASSE

Esses *Federalist Papers* fizeram parte do debate nacional após a elaboração da Constituição na Filadélfia. O Artigo 7 da Constituição prescreveu o processo pelo qual o documento que os Fundadores redigiram devia ser ratificado. Ou não, como quase foi o caso. Para entrar em vigor, ele precisava ser ratificado por nove dentre os treze estados e, em uma concessão adicional ao princípio da soberania popular, a ratificação deveria ser feita por convenções especialmente eleitas. Os debates resultantes foram muitas vezes rancorosos e uma série de estados inicialmente rejeitou o que a Convenção Constitucional propunha.

Como observa Barack Obama, "antes que a tinta do pergaminho constitucional secasse, surgiram argumentos, não apenas sobre disposições menores, mas sobre os primeiros princípios, não apenas entre figuras periféricas, mas dentro da própria essência da Revolução". Esses argumentos diziam respeito a "quanto poder o governo nacional deveria ter — para regular a economia, para substituir as leis estaduais, para formar um exército permanente ou para assumir dívidas". Houve também disputas sobre "o papel do presidente no estabelecimento de tratados com potências estrangeiras, e sobre o papel da Suprema Corte na determinação da lei" e sobre "direitos básicos como liberdade de expressão e liberdade de reunião". E, como Obama reflete com pesar, houve momentos em que alguns dos Fundadores "não se opuseram a ignorar completamente esses direitos".[30]

Algumas dessas palavras de Obama realmente se aplicam às batalhas políticas da década de 1790 e início de 1800, depois que a Constituição entrou em vigor, e não apenas à contestação sobre a ratificação da Constituição, e iremos relacioná-las com as disputas por Washington, nas administrações de Adams e Jefferson no devido tempo. Mas algumas delas eram parte dos debates de ratificação de 1787-1788 ou foram prenunciadas por eles. Para além destes comentários, porém, Obama tende a encobrir o processo muitas vezes rancoroso de ratificação. Ele retrata os *The Federalist Papers* (originalmente conhecido e publicado apenas como *The Federalist*), por exemplo, como obras-primas da filosofia política aplicada, refinadas nas mentes de pensadores brilhantes, o que eles de fato eram. Mas ele não os retrata como golpes de mestre forjados em um debate inflamado entre políticos maquinadores, o que eles também eram.

The Federalist Papers compreendem 85 artigos recomendando a ratificação e foram publicados entre outubro de 1787 e agosto de 1788, inicialmente em jornais, antes de serem editados em forma de livro. Eles foram publicados sob o pseudônimo de Publius, mas 51 eram de autoria de Alexander Hamilton, 26 de James Madison, três de Hamilton e Madison juntos, e cinco de John Jay.[31] Talvez a manobra de assinatura desses homens esteja embutida no nome coletivo dos artigos. O termo "federalista" é filosoficamente apropriado para o título dos ensaios, na medida em que significa uma política em que o poder é compartilhado entre um governo central e os governos locais, que é como os Estados Unidos funcionam enquanto nação. O termo também era historicamente correto na medida em que a Constituição aboliria os Artigos da Confederação em favor da formação de uma federação ou de uma nação federal em vez de uma aliança entre vários estados soberanos. No entanto, o termo também era, em parte, inadequado. Dentro das portas fechadas da Convenção, por exemplo, nos debates deliberadamente secretos, os defensores da Constituição eram conhecidos como consolidadores e nacionalistas. Mas atribuir a si qualquer um desses nomes nos debates públicos de ratificação que se seguiram teria prejudicado as suas chances de ganhar. Assim, os autores chamaram seus artigos de "federalistas" e se autodenominaram "federalistas", com todas as implicações abstratas desses termos de compartilhar o poder externamente — e todas as ofuscações do contexto do mundo real de consolidar o poder internamente. Chamar-se "federalistas" também atribuiu exitosamente a seus oponentes a denominação negativa de "antifederalistas".

Esta desonestidade, porém, não deve obscurecer a verdadeira engenhosidade dos *The Federalist Papers*. Um a um, os 85 artigos sistematicamente ofereceram prognósticos positivos de todos os aspectos da Constituição proposta — Executivo, Legislativo e Judiciário, bem como do próprio sistema de partilha do poder estatal-nacional. Os artigos também responderam a todas as alegações de oportunidade para abusos das liberdades individuais e dos direitos dos estados que a Constituição potencialmente oferecia. Todos os autores alegaram que os freios e contrapesos da Constituição proporcionavam proteções suficientes contra tentativas de abusos de poder. E Madison, em particular, argumentou que a "construção rigorosa" da Constituição garantiria que quaisquer poderes não concedidos expressamente ao governo federal o fossem implicitamente, mas mesmo assim certamente proibidos. *The Federalist* pode muito bem ter feito o suficiente para assegurar a ratificação da Constituição, embora não o suficiente para uma vitória completa.

UMA DEFESA SUFICIENTE CONTRA A TIRANIA

Para todos os esforços dos federalistas, os antifederalistas continuaram se queixando da ausência de proteções explícitas das liberdades individuais e dos direitos dos estados na Constituição. O resultado acabou originando outro compromisso: as primeiras dez emendas, chamadas de Declaração dos Direitos.

Barack Obama muitas vezes fala e escreve sobre a Constituição e a Declaração dos Direitos como se fossem a mesma coisa. Ao se referir a uma das ruminações mais radicais de Thomas Jefferson, por exemplo, Obama observa que, se os americanos "se recusaram a dar ouvidos ao conselho de Jefferson de se envolverem em uma revolução a cada duas ou três gerações, foi apenas porque a própria Constituição provou ser uma defesa suficiente contra a tirania". Sua definição de "a Constituição" aqui inclui implicitamente as dez primeiras emendas e suas defesas contra a tirania. E é correto definir a Constituição dessa forma já que o próprio documento diz que todas as emendas "serão válidas para todos os fins e propósitos, como parte desta Constituição, quando ratificada". No entanto, afirmar as coisas dessa forma obscurece o contexto e a contestação contemporâneos da adoção das alterações.[32]

Na Convenção Constitucional, Elbridge Gerry de Massachusetts e George Mason da Virgínia já tinham pedido por algum tipo de declaração de direitos. Posteriormente, vários estados fizeram suas ratificações condicionadas à adoção de proteções explícitas; Rhode Island e Carolina do Norte se recusaram a ratificar até que posteriores alterações nesse sentido estivessem a caminho da confirmação. No primeiro Congresso, portanto, a partir de março de 1789, James Madison compilou as várias demandas, apesar de suas preocupações iniciais de que uma codificação dos direitos poderia ser vista por algum futuro tirano como os *únicos* direitos dos estados ou do povo. Mas, em um espírito pré-obamiano de razoabilidade e compromisso, Madison propôs doze emendas ao Congresso em 8 de junho de 1789, dez das quais foram finalmente aprovadas pelos estados até 15 de dezembro de 1791.

Oito dessas emendas enumeram várias liberdades e imunidades legais para os indivíduos. A primeira separa a Igreja do Estado e garante a liberdade de religião, de expressão, de reunião, de petição e de imprensa. A segunda declara: "Uma unidade armada bem regulamentada, sendo necessária à segurança de um estado livre, o direito do povo de manter e portar armas, não serão abreviados." Se as duas primeiras cláusulas dessa emenda apresentam razões para o direito de portar armas ou se representam condições para o direito de portar armas, continua a ser uma questão de debate urgente, mas aparentemente insolúvel. A terceira proíbe o aquartelamento de soldados nas casas das pessoas sem o consentimento delas em tempo de paz e a menos que esteja de acordo com as leis feitas em tempo de guerra. A quarta protege contra buscas e apreensões injustificadas. A quinta fornece garantias legais contra a dupla incriminação, a autoincriminação e a privação da vida, da liberdade e da propriedade sem o devido processo legal ou a devida compensação. A sexta protege os direitos legais de se ter um julgamento rápido e local por um júri, a ter conhecimento das acusações que enfrentam, a ser confrontado por testemunhas, a convocar testemunhas e a ter a assistência de um advogado. A sétima garante o direito ao julgamento por júri em ações judiciais sobre assuntos de valor superior a vinte dólares, e a oitava protege contra fiança excessiva, multas e punições cruéis e incomuns. A nona afirma que os direitos já listados não são os únicos direitos do povo, cobrindo as preocupações de Madison sobre potenciais abusos de enumeração. E a décima reserva os poderes que não foram expressamente concedidos ao Congresso aos estados ou ao povo, um contraponto à cláusula "necessária e adequada" do Congresso e um exemplo de construção rigorosa.[33]

A Carolina do Norte finalmente ratificou a Constituição em novembro de 1789, e Rhode Island, em maio do ano seguinte.

O PAPEL DA SUPREMA CORTE NA DETERMINAÇÃO DA LEI

A ratificação de Rhode Island, é claro, não foi a palavra final sobre interpretação constitucional. Como Barack Obama observa, os Fundadores discutiam, entre outras coisas, sobre "o papel da Suprema Corte na determinação da lei". No caso *Marbury vs. Madison*, em 1803, a própria Corte estabeleceu o princípio da "revisão judicial" da constitucionalidade das ações executivas e dos atos legislativos.[34]

O federalista e financista de Maryland William Marbury havia solicitado à Suprema Corte sua nomeação como juiz de paz em Washington, DC, a nova capital federal. Esse cargo (e muitos outros) foi criado pelo Ato Judiciário do Congresso de 1801, e Marbury recebeu a nomeação de um dos "Juízes da Meia-Noite" pelo presidente Adams, que passou sua última noite no cargo fazendo nomeações partidárias para esses novos cargos federais. Mas o novo secretário de Estado do presidente Thomas Jefferson, James Madison, não conseguiu entregar ou fazer com que entregassem as resoluções de Marbury e de outros.

O chefe de justiça John Marshall escreveu o veredito unânime da Suprema Corte de que Madison havia agido ilegalmente, pois Marbury tinha "um direito legal adquirido" à sua resolução. No entanto, Marshall decidiu ainda que Marbury não receberia a resolução porque o Congresso havia estendido ilegalmente a jurisdição da Suprema Corte ao autorizá-la a emitir mandados de segurança. Como disse o chefe de justiça: "A Corte decidiu que não tinha jurisdição porque a Seção 13 do Ato Judiciário aprovado pelo Congresso em 1789, que autorizou a Corte a emitir tal medida, era inconstitucional e, portanto, inválido." Ao justificar essa decisão, Marshall afirmou inequivocamente o direito da Suprema Corte de exercer a revisão judicial das ações dos outros poderes do governo: "É competência e dever do Departamento Judicial dizer enfaticamente o que é a lei." Essas palavras estão inscritas em letras douradas na parede de mármore branco do edifício da Suprema Corte que hoje domina o Capitólio.[35]

A Constituição não especifica que a Suprema Corte tem o poder de revisão judicial, de modo que a decisão de Marshall foi uma interpretação inovadora da lei. Alguns, de fato, argumentaram e apontaram para a aparente ironia de que, ao decidir que o Congresso havia estendido ilegalmente a jurisdição da Suprema Corte, Marshall havia estendido ilegalmente a jurisdição da Suprema Corte. O próprio presidente Jefferson disse que a revisão judicial era "uma doutrina muito perigosa e que nos colocaria sob o despotismo de uma oligarquia".[36]

No entanto, para o bem ou para o mal, as decisões constitucionais da Suprema Corte compreenderam momentos cruciais da história americana. Um que interessa particularmente a Barack Obama, como a todos nós, é *Dred Scott vs. Sandford* (1857), que negou que os afro-americanos tivessem quaisquer direitos legais, lançou as bases para uma possível decisão de que as abolições estatais da escravatura não tinham estatuto legal e, portanto, desempenhou um papel importante no início da Guerra Civil. Outro, *Plessy vs. Ferguson* (1896), validou instalações "separadas, mas iguais" que legalizavam a segregação, enquanto *Williams vs. Mississipi* (1898) determinou que os testes de alfabetização e os impostos das pesquisas eram não raciais e, portanto, legalizava a privação do direito de voto. Igualmente importantes, porém, essas decisões de Jim Crow foram revertidas por gerações posteriores de juízes da Suprema Corte.

FÉ FUNDAMENTALISTA

Voltaremos a essas questões jurídico-políticas no próximo capítulo e no seguinte, mas vale a pena notar agora que o estabelecimento do princípio do "controle jurisdicional" não foi a última palavra sobre a interpretação constitucional. Até hoje, alguns dizem que a "intenção original" dos Fundadores deve continuar a ser a base do constitucionalismo, outros argumentam o contrário.

Como Barack Obama observa, muitos ativistas conservadores contemporâneos insistem que, nos direitos de leitura da Constituição nos últimos tempos, os "juízes liberais colocam-se acima da lei, baseando suas opiniões não na Constituição, mas em seus próprios caprichos e resultados desejados... subvertendo o processo democrático e pervertendo a intenção original dos Pais Fundadores". Os Conservadores preferem, portanto, a "nomeação de 'construtores rigorosos'" para o Judiciário, juristas que saibam "a diferença entre interpretar e fazer leis" e que "mantenham o significado original das palavras dos Fundadores". Assim, quando as disputas legais acontecem "apelamos a uma autoridade superior — os Pais Fundadores e os ratificadores da Constituição". Como observa Obama, alguns, como "Justice [Antonin] Scalia [já falecido], concluem que o entendimento original deve ser seguido e que se obedecemos estritamente a essa regra, então a democracia é respeitada".[37]

Barack Obama admite a tentação de assumir esse ponto de vista. Bem, mais ou menos. "Talvez eu esteja mergulhado demais no mito da fundação para rejeitá-lo completamente", diz ele. "Talvez, como aqueles que rejeitam Darwin a favor do criacionismo, prefiro presumir que alguém está ao volante." Assim, ele declara, em uma dupla negativa incomum e talvez, portanto, sugestiva, que "não é insensível à posição de Justice Scalia". Mas depois acrescenta que "em muitos casos, a linguagem da Constituição é perfeitamente clara e pode ser estritamente aplicada. Não temos de interpretar a frequência com que as eleições são realizadas, por exemplo, ou a idade que deve ter um presidente". Obama admite, assim, que os originalistas conservadores estão certos sobre o totalmente óbvio.[38]

Obama também se inclina para os Fundadores antes de se aproximar de seus autodenominados discípulos ao dizer o seguinte: "Eu entendo", escreve, "a reverência dos construcionistas estritos pelos Fundadores". Ele mesmo confessa que às vezes "se perguntou se os próprios Fundadores reconheceram, na época, o alcance de sua realização", e enumera a redação da "Constituição como consequência da revolução", a redação de *The Federalist Papers*, a ratificação e a Declaração dos Direitos, todas realizadas "no espaço de poucos anos", para ilustrar o alcance da realização deles. Esses documentos, diz ele, "parecem tão incrivelmente certos que é fácil acreditar que são o resultado da lei natural, se não da inspiração divina". Mas depois vem um sereno *boom* de Obama: "Aprecio a tentação de Justice Scalia e outros de supor que nossa democracia deve ser tratada como fixa e inabalável; a fé fundamentalista de que, se o entendimento original da Constituição for seguido sem questionamento ou desvio e se nos mantivermos fiéis às regras que os Fundadores estabeleceram, como eles pretendiam, então seremos recompensados e toda boa vontade fluirá."[39]

Parece então que, para Obama, a literalidade constitucional é, na verdade, tão sensível quanto a literalidade bíblica. E, assim como uma "fé fundamentalista", pode ser igualmente perigosa.

A LIBERDADE DO APÓSTATA

Outros, entretanto, argumentam que passou tanto tempo e que os tempos mudaram tanto que as opiniões dos patriarcas do século XVIII são tão aplicáveis ao mundo de hoje quanto as suas tendências às perucas e à propriedade de escravos.

Como Barack Obama observa, alguns ativistas radicais contemporâneos insistem que "a própria Constituição foi, em grande parte, um feliz acidente, um documento construído não como resultado de princípios, mas como consequência do poder e da paixão". Ou então eles pensam que "nunca podemos esperar discernir as 'intenções originais' dos Fundadores, uma vez que as intenções de Jefferson nunca foram as de Hamilton, e as deste diferiram muito das de Adams". Que "os próprios Fundadores e ratificadores discordaram profunda e veementemente sobre o significado de sua obra-prima" e suas "alianças instáveis e táticas ocasionalmente desleais" significam que é "irrealista acreditar que um juiz, duzentos anos depois, possa de alguma forma discernir a intenção original dos Fundadores ou ratificadores". Ou mesmo "porque as 'regras' da Constituição dependiam do tempo e do lugar e das ambições dos homens que as redigiram, as nossas interpretações das regras refletirão, necessariamente, a mesma contingência, a mesma competição bruta, os mesmos imperativos — encobertos de frases de alto nível — dos grupos que acabaram prevalecendo".[40]

Tal como acontece com o "conforto oferecido pelo construcionista estrito", Obama vê "certo apelo à essa quebra de mito, à tentação de acreditar que o texto constitucional não nos restringe muito, para que sejamos livres em afirmar nossos próprios valores, isentos da fidelidade às pesadas tradições de um passado distante". Mas se a construção estritamente baseada na intenção original é, para Obama, uma "fé fundamentalista", então essa outra atitude para com os Fundadores é "a liberdade do relativista, o elemento que rompe com as regras... a liberdade do apóstata". E, para o caso dos leitores terem deixado passar a inferência da irreligiosidade na primeira vez, na linha seguinte Obama escreve que "tal heresia me deixa insatisfeito". Insatisfeito por causa da seguinte pergunta: "por que", pergunta Obama, "se a Constituição é apenas sobre poder e não sobre princípio, se tudo o que estamos fazendo é construir à medida que avançamos, nossa república não só sobreviveu como serviu de modelo para tantas sociedades bem-sucedidas na Terra?"[41]

FIDELIDADE AOS NOSSOS PRINCÍPIOS FUNDADORES

A resposta de Barack Obama a essa pergunta reside em um conceito de evolução constitucional. Ele não rejeita pura e simplesmente a intenção original, mas, em vez disso, ele a reformula em algo que poderíamos chamar de intenção evolucionária. Em suma, Obama acredita que a intenção original dos Fundadores era que as interpretações de suas leis se movessem com o tempo.

Primeiramente, vejamos como a gramática de Obama, ao discutir esse assunto, localiza as palavras e obras dos Fundadores não só no seu próprio tempo, mas também em todos os tempos desde então. Como ele disse no seu segundo discurso de posse: "Sempre compreendemos que, quando os tempos mudam, nós também temos que mudar; que a fidelidade aos nossos princípios fundadores requer novas respostas aos novos desafios..." Ao dizer "nós", ele aparece aqui para dirigir-se ao público daquele dia e a todos os americanos vivos. No entanto, a palavra "sempre" indica a inclusão de todos os americanos desde a fundação da nação, independentemente se estão vivos ou não. Desse modo, Obama sugere, que os Fundadores "entenderam", assim como seus descendentes, que, "quando os tempos mudam, nós também devemos mudar". Que os próprios Fundadores, portanto, pensavam que "novas respostas a novos desafios" seriam necessárias para manter a "fidelidade" aos "princípios fundadores dos Estados Unidos".[42]

Observemos também que neste ponto Obama escreveu sobre a "fidelidade" aos "princípios" dos Fundadores, em vez de falar sobre as palavras deles. Portanto, sua fidelidade é ao espírito da Constituição, não à letra da lei, tal como ele acredita que os Fundadores originalmente pretendiam. Pela mesma razão, a fidelidade ao que os conservadores acreditam ser a palavra da Constituição pode constituir infidelidade a "nossos princípios fundadores", traindo, assim, a intenção dos Fundadores de que a interpretação da Constituição deve evoluir, e as gerações sucessivas devem continuar a missão de criar uma união mais perfeita.[43]

Barack Obama acredita firmemente que, até este ponto, ainda podemos ler as mentes dos Fundadores. Contando sobre seu próprio período ensinando Direito Constitucional na Universidade de Chicago por mais de uma década antes de iniciar sua carreira política, ele se lembra de dizer aos alunos: "Temos um registro das intenções dos Fundadores... os seus argumentos e as suas intrigas palacianas. Se nem sempre podemos adivinhar o que estava em seus corações, podemos ao menos ver através da névoa do tempo e ter algum senso dos ideais que motivaram o trabalho deles." Obama, então, especifica a Declaração de Independência, *The Federalist Papers* e a Constituição como legados que eles nos deixaram, mas a referência a "seus argumentos e intrigas palacianas" indica que ele também se refere às notas de James Madison sobre a Convenção. E, a partir desses documentos, o ex-presidente identifica o seguinte sobre as intenções dos Fundadores.[44]

A visão que Obama tem dos Fundadores e do trabalho deles é, nas suas próprias palavras, "uma visão que vê a nossa democracia não como uma casa a ser construída, mas como uma conversa a se ter". Portanto, "a genialidade do design de Madison não é que ele nos fornece um plano fixo para a ação, da mesma forma como um arquiteto esboça a construção de um edifício.

Ele nos proporciona uma estrutura-base". Mas, observa ele, aqui está a saída da literalidade para um tipo diferente de originalismo, da intenção original para a intenção evolucionária: "a fidelidade a essa estrutura-base não garantirá uma sociedade justa nem garantirá um acordo sobre o que é certo". Em vez disso, e aqui está a essência da visão de Obama sobre como a política e a história americana funcionam (ou deveriam funcionar):

> O que a estrutura-base da nossa Constituição pode fazer é organizar a forma como discutimos o futuro. Toda a sua elaborada maquinaria — sua separação de poderes e freios e contrapesos e princípios federalistas e Declaração dos Direitos — são projetados para nos forçar a ter uma conversa, uma "democracia deliberativa" em que todos os cidadãos são obrigados a se envolver em um processo de testar suas ideias contra uma realidade externa, persuadindo outros de seu ponto de vista e construindo alianças mutáveis a partir de acordos.[45]

Como Garry Wills observou, sobre este assunto Obama tem a autoridade de ninguém menos que Abraham Lincoln por trás dele. Ao lado das palavras de Obama, Wills cita o discurso de Lincoln na Cooper Union de Nova York, em 27 de fevereiro de 1860. A intenção dos Fundadores era "estabelecer um padrão máximo para uma sociedade livre", disse Lincoln, "que deveria ser familiar a todos, constantemente buscado, constantemente trabalhado e, mesmo que nunca perfeitamente alcançado, constantemente aproximado". E, assim, tanto Lincoln quanto Obama nos dizem que os Fundadores pretendiam, nas elegantes palavras de Wills, "fazer da Constituição um meio para a sua própria transcendência".[46]

O CONTEXTO DE UM MUNDO EM CONSTANTE MUDANÇA

Barack Obama observa que essas ideias não são "de modo algum originais para mim". Ele cita autoridades contemporâneas, como o juiz da Suprema Corte Stephen Breyer, o qual "não discute que o significado original das disposições constitucionais é importante. Mas insiste que, por vezes, o entendimento original só consegue te levar até um determinado ponto — que... precisamos levar em conta o contexto, a história e os resultados práticos de uma decisão". Assim, os Fundadores "nos disseram *como* pensar, mas não estão mais por perto para nos dizer *o* que pensar. Estamos por nossa conta, e só podemos confiar na nossa própria razão e no nosso julgamento". E, sobre esse assunto, Obama diz que está do lado "da visão do juiz Breyer sobre a Constituição — que não é um documento estático, mas sim um documento vivo, e que deve ser lido no contexto de um mundo em constante mudança".[47]

Em apoio a essa visão, Obama às vezes cita o conhecido argumento de que os Fundadores simplesmente não poderiam prever como o mundo mudaria no futuro — algo que conseguimos ver em retrospectiva. Mas Obama também vai mais longe, argumentando que o grande insight dos Fundadores era precisamente que eles não tinham esse tipo de previsão. Por conseguinte, forneceram uma estrutura-base, mas não um plano. Além disso, em um insight fabulosamente irônico, Obama argumenta que os próprios Fundadores rejeitaram o tipo de "fé fundamentalista" necessária para acreditar no originalismo. "Não é apenas o poder absoluto que os Fundadores tentaram evitar", observa Obama em outra passagem importante citada anteriormente, mas que merece ser repetida: "Implícita na estrutura [da Constituição], na própria ideia de liberdade ordenada, estava a rejeição da verdade absoluta, a infalibilidade de qualquer ideia ou ideologia ou teologia ou 'ismo', qualquer consistência tirânica que pudesse prender as gerações futuras em um único e inalterável rumo, ou levar as maiorias e minorias às crueldades da Inquisição, do pogrom, do gulag ou da jihad".[48]

Portanto, a estrutura-base dos Fundadores aceita a possibilidade de erros, incluindo os próprios equívocos dos Fundadores, mas também compreende a capacidade de os corrigir. "Pelo fato do poder em nosso governo ser tão difuso", diz Obama, "o processo de legislar na América nos obriga a considerar a possibilidade de que nem sempre estamos certos e às vezes mudamos de ideia; ele nos desafia a examinar nossos motivos e nossos interesses constantemente, e sugere que nossos julgamentos individuais e coletivos são, ao mesmo tempo, legítimos e altamente falíveis".[49]

Obama admite que "essa leitura da Constituição e do nosso processo democrático... parece defender o compromisso, a modéstia e a colaboração", e talvez mesmo para "justificar a troca de favores, a negociação, o interesse próprio, os *pork barrels*, a paralisia e a ineficiência — toda a encheção de linguiça que ninguém quer ver e que os editorialistas ao longo da nossa história frequentemente rotularam de corruptos". No entanto, ele rejeita a noção de que "a deliberação democrática requer o abandono dos nossos ideais mais elevados ou do compromisso com o bem comum". Na melhor das hipóteses, argumenta, repetindo a caracterização que Alexander Hamilton fez da produtividade do processo político americano, ele "nos oferece a possibilidade de um mercado genuíno de ideias, um mercado em que a 'agitação dos partidos' trabalha em nome da deliberação e da circunspecção: um mercado em que, por meio do debate e da competição, podemos expandir nossa perspectiva, mudar de ideia e eventualmente chegar não apenas a acordos, mas a acordos sólidos e justos". E, além disso, "devemos testar nossos ideais, visão e valores contra as realidades de uma vida comum, para que, com o tempo, possam ser refinados, descartados ou substituídos por novos ideais, visões mais nítidas, valores mais profundos". Assim, diz: "Pode ser a visão dos Fundadores que nos inspira, mas foi o seu realismo, a sua praticidade, flexibilidade e curiosidade que asseguraram a sobrevivência da União".[50]

Portanto, o historiador e cientista político James T. Kloppenberg é certeiro ao retratar Barack Obama como um "pragmático filosófico", ou seja, como um seguidor da tradição intelectual americana proposta por William James (1842-1910) e John Dewey (1859-1952). De fato, Obama vê a tradição do pragmatismo filosófico, se não pelos próprios Fundadores, datando da época deles. Kloppenburg o cita descrevendo os Fundadores: "Eles suspeitavam da abstração e gostavam de fazer perguntas, e é por isso que, a cada passo de nossa história primitiva, a teoria cedia ao fato e à necessidade." Então, Obama escreve que "a Constituição prevê um roteiro pelo qual combinamos a paixão com a razão, o ideal da liberdade individual com as exigências da comunidade".[51]

A "paixão" e a "liberdade individual", assim como a "razão" e as "exigências da comunidade" distinguem a praticidade dos Fundadores e de Obama de um "pragmatismo vulgar" que assume posições políticas ou pelo menos linhas administrativas de menor resistência sem referência a princípios. O pragmatismo filosófico, pelo contrário, visa encontrar meios eficazes para implementar fins com princípio. A filosofia pode ser idealista, mas o pragmatismo está baseado na aceitação da necessidade de contemporizar para conquistar algo bom, quando não se pode ter o melhor, para alcançar o que é possível, quando não se pode ter o que é perfeito. Com efeito, dadas as suspeitas de dogmatismo de Obama (e dos Fundadores), o próprio pragmatismo é virtuoso na opinião dele. Assim, para Obama é perfeitamente compreensível que os Fundadores pragmáticos não tenham formado uma união perfeita. Mas, no seu idealismo filosófico, eles, no entanto, formaram um idealismo "mais perfeito". E pretendiam, além disso, que as gerações posteriores o tornassem ainda mais perfeito.

Um termo que o próprio Obama prefere usar e, na verdade, coloca entre aspas (como mencionado anteriormente) é "democracia deliberativa": um termo que talvez descreva perfeitamente o processo pelo qual o pragmatismo filosófico atinge seus fins. A frase foi cunhada por Joseph M. Bessette em um ensaio intitulado "Deliberative Democracy: The Majority Principle in Republican Government", publicado pela primeira vez em 1980 e reimpresso no livro de Bessette, *The Mild Voice of Reason: Deliberative Democracy and American National Government*, de 1994. E mais uma vez Obama usa um novo termo para descrever o que ele vê como uma velha tradição. Assim, a "maquinaria elaborada" da Constituição foi "concebida para nos forçar a ter uma conversa, uma 'democracia deliberativa', na qual todos os cidadãos são obrigados a se envolver em um processo de testar suas ideias contra uma realidade externa, persuadindo outros do seu ponto de vista e construindo alianças mutáveis a partir de acordos".[52]

E não foi só assim que os Fundadores pretenderam "organizar a forma como discutimos o futuro", mas, para Obama, foi também assim que os Fundadores "fizeram a própria Constituição". Como ele observa, citando James Madison, na Convenção da Filadélfia: "ninguém se sentiu obrigado a manter suas opiniões por mais tempo do que o satisfazia sua propriedade e verdade, e estavam abertos à força do argumento".[53]

UM "MURO DE SEPARAÇÃO" ENTRE IGREJA E ESTADO

O pragmatismo filosófico de Barack Obama também fica evidente em suas atitudes em relação à religião e à história religiosa americana, e em sua crença na justiça das disposições da 1ª Emenda da Constituição sobre Estado laico e liberdade de religião.

Vimos no capítulo um que, por mais que Obama ache inspiradora a "fuga da tirania e da perseguição" dos peregrinos e puritanos, ele não é nenhum defensor da sua "marca de calvinismo rigoroso" e não se considera um Cotton Mather. A "cidade sobre uma colina" de Obama é para aqueles que creem em todas as religiões ou em nenhuma, o oposto perfeito da "cidade sobre uma colina" de John Winthrop, que era apenas para aqueles que acreditavam na religião dele. Além disso, o relato de Obama sobre a fé dos Fundadores expressa seu próprio estilo de secularismo do século XVIII — uma crença de que a religião pode informar a política, mas deve ser separada do governo. E o relato de Obama sobre a religião nos Estados Unidos desde então também se adequa ao seu sentido whiggista de progresso histórico.[54]

Obama observa: "Os Fundadores podem ter confiado em Deus, mas, fiéis ao espírito iluminista, eles também confiavam nas mentes e sentidos que Deus lhes deu." Ele também está bem ciente da diversidade e complexidade das opiniões dos Fundadores sobre religião e sobre a política da religião. "Muitos dos principais nomes da Revolução", observa Obama, "mais notavelmente Franklin e Jefferson, eram deístas que, embora acreditando em um Deus Todo-Poderoso, questionavam não apenas os dogmas da Igreja cristã, mas também os princípios centrais do próprio cristianismo (incluindo a divindade de Cristo)". Mas, "claro que nem todos os Pais Fundadores concordavam; homens como Patrick Henry e John Adams apresentaram uma variedade de propostas para usar o braço do Estado para promover a religião". E foi assim que "Jefferson e Madison, em particular, defenderam o que Jefferson chamou de 'muro de separação' entre a Igreja e o Estado, protegendo o Estado contra conflitos sectários e defendendo a religião organizada contra a invasão ou influência indevida do Estado".[55] Aqui, Obama usa novamente a história para tratar de um ponto político contemporâneo. "Foi Jefferson", aponta Obama, "não um juiz liberal nos anos 1960, que pediu um muro entre a Igreja e o Estado". E ele repete esse ponto mais tarde em *The Audacity of Hope*: "Ao contrário das afirmações de muitos na direita cristã, que se opõem à separação entre a Igreja e o Estado, o argumento deles não se baseia em um punhado de juízes dos anos 1960. Baseia-se nos redatores da Declaração dos Direitos e nos antepassados da Igreja Evangélica moderna."[56]

E Obama está completamente correto em ambos os aspectos. Thomas Jefferson sentiu um enorme orgulho de construir aquele "muro de separação". Quando Sage de Monticello projetou sua lápide, ele pediu que apenas três das suas muitas conquistas constituíssem o seu epitáfio. Eles estavam, e de fato estão, na ordem cronológica em que aparecem no memorial:

Autor da Declaração de Independência Americana
do Estatuto da Virgínia para a liberdade religiosa
& Pai da Universidade da Virgínia[57]

Jefferson redigiu o Ato para estabelecimento da liberdade religiosa da Virgínia em 1777, embora não tenha sido introduzido na Assembleia Geral até 1779 e só tenha se transformado em lei em 16 de janeiro de 1786. No entanto, foi aprovada por fim, e vale a pena citá-la para lembrar aos protagonistas de ambos os polos do debate atual sobre o papel da religião na vida pública que o secularismo não tem a ver com a supressão da religião, mas com a liberdade religiosa. De fato, o Ato começa com o predicado "Considerando que Deus Todo-Poderoso criou a mente livre", e procede afirmando "que todas as tentativas de infligi-la por castigos temporais ou por incapacitações civis tendem apenas a gerar hábitos de hipocrisia e mesquinhez, e, portanto, são um desvio do plano do santo autor de nossa religião".[58]

Depois de um longo preâmbulo detalhando por que é errado encorajar e desencorajar ativamente as práticas religiosas por parte do Estado, o Ato diz:

> que nenhum homem será obrigado a frequentar ou apoiar qualquer culto, lugar ou ministério religioso, nem será forçado, impedido, molestado ou pressionado em seu corpo ou bens, nem sofrerá por causa de suas opiniões ou crenças religiosas, mas que todos os homens serão livres para professar, e, sob argumento, para manter, suas opiniões em assuntos de religião, e que as mesmas não devem, de modo algum, diminuir, aumentar ou afetar suas capacidades civis.[59]

Curiosamente, o ato conclui com um enigma filosófico sobre o princípio ilimitado, mas evidente, dos direitos naturais. Os deputados concordaram que "embora saibamos bem que esta Assembleia, eleita pelo povo apenas para os fins ordinários da Legislação, não tem poder para restringir os atos das Assembleias seguintes... e que, portanto, declarar este ato irrevogável não teria efeito na lei; contudo, somos livres para declarar, e declaramos que os direitos aqui afirmados fazem parte dos direitos naturais da humanidade, e que, se qualquer ato for posteriormente aprovado para revogar o presente ou para restringir seu funcionamento, tal ato será uma violação do direito natural". Tais afirmações tornam as intenções originais desse grupo particular de Fundadores bastante claras.[60]

A 1ª Emenda da Constituição é muito mais curta do que o ato da Virgínia para as liberdades religiosa e de religião, mas se baseia nos mesmos princípios. Contém aquilo a que se chama de cláusula de estabelecimento e uma cláusula de livre exercício que a acompanha. Mas o que também é interessante é como ela está agrupada com várias outras liberdades fundamentais, como se todas fossem inseparáveis umas das outras e dos princípios gerais da liberdade como um todo. Tudo corre como se segue: "O Congresso não deve fazer nenhuma lei que determine o estabelecimento de uma religião, ou proíba o livre exercício da mesma; ou restrinja a liberdade de expressão ou de imprensa; ou o direito do povo de se reunir pacificamente e de solicitar ao Governo que atenda a seus protestos." [61]

DEFENDENDO A RELIGIÃO ORGANIZADA

Portanto, os Fundadores não eram hostis ao teísmo, apenas à teocracia. Thomas Jefferson, em particular, era cético em relação ao clero. "Em todos os países e em todas as eras", Jefferson uma vez escreveu, "o padre foi hostil à liberdade. Ele está sempre em aliança com o déspota, cúmplice dos seus abusos em troca da proteção dos seus". A referência ao "padre" ressoa como anticatolicismo, mas Jefferson era ainda mais crítico ao protestantismo puritano. Como ele escreveu a John Adams — de Massachusetts, não vamos esquecer — sobre Calvino, o puritano original de Genebra: "A sua religião era o demonismo. Se alguma vez o homem adorou um Deus falso, foi ele. O ser descrito nos seus cinco pontos é... um demônio de espírito maligno. Seria mais perdoável não acreditar em Deus nenhum do que blasfemar contra ele pelos atributos atrozes de Calvino."[62]

No entanto, no seu projeto da Declaração de Independência e no seu Ato da Virgínia para a liberdade religiosa, Jefferson defendeu o direito de culto livre. Como diz Barack Obama, quando Jefferson pediu "um 'muro de separação' entre a Igreja e o Estado", ele estava em parte "defendendo a religião organizada contra a invasão ou influência indevida do Estado". No entanto, mais do que isso, Obama credita o "papel crítico que a cláusula de estabelecimento desempenhou não só no desenvolvimento de nossa democracia, mas também na robustez de nossa prática religiosa".[63]

E, como Obama ainda diz, "enquanto foram Jefferson e Madison os responsáveis pela aprovação do ato de liberdade religiosa da Virgínia, que se tornaria o modelo para as cláusulas religiosas da 1ª Emenda, esses estudantes do Iluminismo não se provaram os mais eficazes defensores da separação entre a Igreja e o Estado. Pelo contrário," ele explica, "foram os batistas, como o reverendo John Leland, e outros evangélicos que forneceram o apoio popular necessário para que essas disposições fossem ratificadas". "Fizeram-no" mais ainda "porque eram forasteiros" e "porque o seu estilo de culto exuberante apelava às classes mais baixas; porque a sua evangelização de todos os recém-chegados — incluindo os escravos — ameaçava a ordem estabelecida; porque não respeitavam a hierarquia e os privilégios; e porque eram constantemente perseguidos e desprezados pela Igreja Anglicana, dominante no Sul, e pelas ordens congregacionalistas do Norte". Além disso, "eles também acreditavam que a vitalidade religiosa inevitavelmente definha quando compelida ou apoiada pelo Estado. Nas palavras do reverendo Leland, 'É só o erro que precisa do apoio do governo; a verdade pode e vai fazer melhor sem... ele'".[64]

John Leland nasceu em Grafton, Massachusetts, em 14 de maio de 1754, de pais puritanos congregacionalistas. Mas ele foi batizado em junho de 1774 e batizou cerca de 1.500 pessoas, primeiro na Virgínia, de 1775 a 1791, e depois de volta a Massachusetts, onde por fim morreu em 14 de janeiro de 1841. Em seu *Chronicle of His Time in Virginia*, Leland escreveu: "A noção de uma comunidade cristã deveria ser explodida para sempre. O governo deve proteger cada homem para que todos possam pensar e falar livremente, e ver que um não abusa do outro. A liberdade que defendo é mais do que tolerância. A própria ideia de tolerância é desprezível, supõe que alguns têm uma preeminência acima do resto para conceder indulgência, quando, na verdade, todos devem ser igualmente livres: judeus, turcos, pagãos e cristãos." A escolha da linguagem pode ser ligeiramente diferente hoje, mas os sentimentos de Barack Obama ainda são muito semelhantes. Como este último escreveu, "já não somos apenas uma nação cristã; somos também uma nação judaica, uma nação muçulmana, uma nação budista, uma nação hindu e uma nação de não crentes".[65]

De fato, a diversidade religiosa criada pela separação entre a Igreja e o Estado torna ainda mais essencial a manutenção desse tipo inclusivo de tradição secularista. Como Obama escreve, "a fórmula de Jefferson e Leland para a liberdade religiosa funcionou. Não só os Estados Unidos evitaram os tipos de conflitos religiosos que continuam a afligir o mundo, como as instituições religiosas continuaram a prosperar — um fenômeno que alguns observadores atribuem diretamente à ausência de uma Igreja patrocinada pelo Estado e, portanto, um triunfo da experimentação religiosa e do voluntariado". E "dada a crescente diversidade da população dos Estados Unidos, os perigos do sectarismo nunca foram tão grandes".[66]

Na passagem anteriormente mencionada, Barack Obama alude ao radicalismo político da religião batista, e, de fato, John Leland frequentemente pregava, por exemplo, contra a escravidão. Leland também escreveu a Resolução para o Comitê Geral dos Batistas da Virgínia de 1789, que afirmava "que a escravidão é uma privação violenta dos direitos da natureza e inconsistente com um governo republicano e, portanto, recomenda aos nossos irmãos que façam uso de todas as medidas legais para extirpar da terra esse terrível mal; e que rezem a Deus Todo-Poderoso para que a nossa respeitável legislatura tenha o poder de proclamar o grande jubileu, de acordo com os princípios da boa política".[67]

Voltaremos à ligação entre religião e abolicionismo no próximo capítulo. Mas vale a pena observar agora que Obama vê algumas tradições religiosas americanas como inestimáveis para o progresso histórico dos Estados Unidos. Uma vez, ele falou, por exemplo, de como "por causa de seu passado, a Igreja negra entende de forma íntima o chamado bíblico para alimentar os famintos, e vestir os nus, e desafiar os poderes e principados. E, na sua luta histórica pela liberdade e pelos direitos do homem, pude ver a fé como mais do que apenas um conforto para os cansados ou uma proteção contra a morte, mas como um agente ativo e palpável no mundo".[68]

E ele vê também como a fé dos outros pode fazer o mesmo por eles. "O avivamento evangélico tem varrido repetidamente a nação", escreve ele, "e inúmeros imigrantes têm usado sua fé para ancorar suas vidas em um estranho mundo novo. O sentimento religioso e o ativismo religioso provocaram alguns dos nossos movimentos políticos mais poderosos, da abolição aos direitos civis e ao populismo de William Jennings Bryan".

Mas, se Obama dá um golpe sutil em alguns dos religiosos contemporâneos da direita, subvertendo suas reivindicações de Cristianismo como uma força de conservadorismo, ele também parece acertar em cheio a intolerância inconsciente de alguns do outro lado. Enquanto John Lennon nos pediu para "Imaginar que não há religião", Barack Obama nos pede para "Imaginar o segundo discurso de posse de Lincoln sem referência aos 'julgamentos do Senhor' ou o discurso 'Eu tenho um sonho' de King sem referência a 'todos os filhos de Deus'". "Até um descrente concordaria com Obama.[69]

No que diz respeito a Barack Obama, nada disso é incompatível com a separação constitucional entre a Igreja e o Estado. "Certamente", ele diz, "os secularistas estão errados quando pedem aos crentes que deixem a religião na porta antes de entrar na praça pública; Frederick Douglass, Abraham Lincoln, William Jennings Bryan, Dorothy Day, Martin Luther King Jr. — a maioria dos grandes reformadores da história americana — não foram motivados só pela fé, mas usaram repetidamente a linguagem religiosa para discutir suas causas". No entanto, ironicamente, aqui Obama usa uma definição particular de "secularismo", uma definição que retrata falsamente o secularismo como intolerância, promovido por aqueles que buscam o tipo de lugar privilegiado para a religião no governo ao qual Obama se opõe. Na verdade, Obama é secularista em um sentido mais antigo, mais amplo, mais aberto, mais consistente com os valores do Iluminismo, já que acredita na separação institucional entre a Igreja e o Estado. É que, como a maioria dos Fundadores e como muitas pessoas que hoje se autodenominam secularistas, como os teístas e ateus, Obama acredita que: "Nem toda menção a Deus em público é uma brecha no muro da separação."[70]

Mas, como Obama explica mais adiante, se a religião deve fazer parte do processo político mais amplo, então "o que nossa democracia deliberativa e pluralista exige é que aqueles que são religiosamente motivados traduzam suas preocupações em valores universais, em vez de valores específicos da religião. Ela exige que as propostas estejam sujeitas a discussão e sejam favoráveis à razão". Elas devem, portanto, ser "acessíveis a pessoas de todas as religiões, incluindo aquelas sem fé alguma". Os argumentos a favor da separação entre a Igreja e o Estado e da inclusão da religião no discurso público têm, por vezes, a mesma origem.[71]

EM DEUS CONFIAMOS *E PLURIBUS UNUM*

O ecumenismo de Barack Obama é secular e religioso, celebra a unidade e, ao mesmo tempo, a diversidade. Seu primeiro discurso no cenário nacional, na Convenção Democrata em Boston, Massachusetts, em 27 de julho de 2004, bem como alguns de seus outros discursos, continha o refrão "*E pluribus unum*. Dentre muitos, um".[72]

Essas palavras aparecem no Grande Selo dos Estados Unidos, adotado pelo Congresso da Confederação em 1782. Elas também formaram o lema não oficial dos Estados Unidos, até que o Congresso adotou um lema oficial em 1956: "Em Deus Confiamos." Obama citou "*E Pluribus Unum*" ou "Dentre muitos, um" diversas vezes para expressar o que ele vê como seus próprios valores e os de seu país. Até onde eu sei, ele nunca usou "Em Deus Confiamos" para fazer nenhuma dessas coisas. Nem "Uma nação sob Deus", que foi adicionada à antiga e secular Promessa de Fidelidade em 1954. A preferência de Obama pela frase não religiosa para expressar valores nacionais talvez reflita seu secularismo iluminista, sua crença na separação entre Igreja e Estado, mas também implica uma inclusão que reflete seu compromisso com o que unifica os americanos, mesmo com a diversidade religiosa e outros tipos de diversidade.

NOS PRIMEIROS DIAS DA UNIÃO

Além do papel da Suprema Corte na determinação da lei e da posição da religião organizada na vida pública, Barack Obama identifica outras disputas que surgiram "antes que a tinta do pergaminho constitucional secasse" e que continuaram "nos primeiros dias da União". E eles não eram "apenas sobre disposições menores, mas sobre os primeiros princípios, não apenas entre figuras periféricas, mas dentro da própria essência da Revolução". Os Fundadores "discutiram sobre o poder que o governo nacional deveria ter — para regular a economia, substituir as leis estatais, formar um exército permanente ou assumir dívidas". E "sobre o papel do presidente no estabelecimento de tratados com potências estrangeiras" e até mesmo sobre "o significado de direitos básicos como liberdade de expressão e liberdade de reunião, e, em várias ocasiões, quando o estado frágil parecia ameaçado, eles não se opuseram a ignorar completamente esses direitos". Então, como exatamente esses argumentos surgiram e quais foram os Fundadores que se posicionaram, e a favor de quê?[73]

Durante a administração de George Washington, entre 1789 e 1797, o secretário do Tesouro, Alexander Hamilton, tentou "regular a economia" criando um Banco Nacional e tentando impor tarifas de proteção para promover as finanças e a manufatura, mas lidaremos detalhadamente com esses assuntos no capítulo seis. Também iremos discutir a hipótese de Hamilton sobre as dívidas da guerra revolucionária, uma política que também beneficiou a classe financeira ao reembolsar os "empregados da bolsa" que compravam notas promissórias do governo de soldados comuns que as tinham recebido como salários e as venderam sob o mesmo valor aos especuladores quando ficavam sem dinheiro. E, no capítulo sete, exploraremos argumentos "sobre o papel do presidente no estabelecimento de tratados com potências estrangeiras" quando chegarmos ao momento em que Washington destrói a aliança com a França.[74]

Entretanto, vale a pena notar aqui que esses argumentos engendraram o primeiro sistema de partidos políticos da América. Apesar de um sentimento profundamente enraizado de que o partidarismo político representava o deslocamento da busca virtuosa pelo bem público em favor de ambições e interesses pessoais dos diferentes setores da sociedade — um sentimento que persistiu apesar do *Federalist* n. 10 de James Madison — os partidos políticos surgiram em meados da década de 1790 e já estavam bem formados no fim do século. Washington era um federalista, já que todas as suas pretensões estavam acima das "divergências" partidárias. Barack Obama corrobora a autoavaliação do seu antecessor presidencial quando escreve que a ideia de John Adams "de uma política baseada unicamente no interesse público — uma política sem política — se provou obsoleta no momento em que Washington deixou o cargo". Na verdade, já era obsoleta muito antes disso, mas o primeiro presidente é mais venerado agora do que era em seu próprio tempo de divergências.

Por outro lado, Washington é justamente lembrado por estabelecer um tom de liderança executiva que era consistente com o que Barack Obama vê como a ideologia antitirânica da Revolução Americana. Como relata Obama, "George Washington recusou a coroa de César por causa desse impulso, e renunciou após dois mandatos" como presidente. Já vimos que Washington teve dois mandatos e não mais, e ele recusou os títulos pomposos. Durante os debates do Congresso de 1789 a respeito do título formal para o Chefe do Executivo, o vice-presidente John Adams, como presidente do Senado, inicialmente sugeriu "Alteza". Quando outros sugeriram "Alteza Eleitoral" e "Excelência", que ele sentia que eram as alternativas indevidamente baixas, Adams aumentou a aposta sugerindo "Majestade". Washington se contentou com "sr. presidente", como sugerido por James Madison e outros na Câmara dos Deputados, como um cerimonial mais adequadamente republicano.[75]

O sucessor de Washington, John Adams, quase sempre menos venerado por outros do que por ele próprio, também fracassou em seguir seu próprio idealismo antipartidário e era, como sugerem os comentários de Obama, um federalista fortemente partidário, tanto como vice-presidente de Washington quanto como presidente entre 1797 e 1801. Como primeiro secretário de Estado de Washington, Thomas Jefferson renunciou ao cargo em protesto às políticas federalistas externas e internas e tornou-se um dos principais democratas republicanos e o terceiro presidente dos Estados Unidos entre 1801 e 1809. Seu sucessor, de 1809 a 1817, foi James Madison, que, como congressista, liderou a emergente oposição democrata-republicana às políticas econômicas federalistas originais de Hamilton no início de 1790.

A política partidária também se misturou com as outras disputas que Barack Obama menciona. Os argumentos sobre "um exército permanente" tiveram origem na desconfiança dos ingleses em relação à autoridade real nos anos anteriores à Guerra Civil de 1640, e muitos americanos do século XVIII partilhavam esse sentimento. Mesmo George Washington em seu "Discurso de Newburgh" e até Alexander Hamilton em *The Federalist* alertaram sobre os perigos do poder militar para a autoridade civil. O Exército Continental foi, em grande parte, dissolvido após a guerra revolucionária em consideração à preferência republicana pelos grupos armados civis, e tudo o que restou do exército regular foi um regimento ocidental para salvaguardar os colonos e uma unidade de artilharia para proteger o arsenal de West Point.

Em 1791, porém, o Congresso autorizou a formação da Legião dos Estados Unidos, renomeada para Exército dos Estados Unidos em 1796. Quando a Rebelião do Uísque eclodiu na Pensilvânia ocidental e na Virgínia em 1794, em oposição a um imposto sobre destilados que eram mais fáceis para os fazendeiros ocidentais transportarem a mercados distantes do que produtos de grão, Hamilton se juntou ao presidente Washington e ao general Henry "Light Horse" Lee para mandar os rebeldes de volta para casa com um contingente maior do que qualquer um que lutou em um único campo na Guerra da Independência. No início da não declarada "quase guerra" com a França entre 1798 e 1800, Washington conseguiu convencer o relutante presidente Adams a nomear Hamilton como major-general e depois como inspetor-geral. Quando Washington morreu, em 14 de dezembro de 1799, Hamilton tornou-se o oficial sênior do Exército, um cargo que ocupou por seis meses e um dia.

Durante a guerra com a França, o Congresso Federalista foi aprovado e o presidente Adams assinou as Leis de Estrangeiros e Sedições, a provável fonte dos comentários de Barack Obama a respeito dos argumentos "sobre o significado de direitos básicos como liberdade de expressão e liberdade de reunião" e sobre como alguns Fundadores "não se opuseram a ignorar completamente esses direitos". A Lei de Naturalização estendeu o período de residência exigido para a cidadania de cinco para catorze anos, a Lei de Amigos Estrangeiros permitiu que o presidente prendesse ou deportasse não cidadãos considerados perigosos, e a Lei de Inimigos Estrangeiros permitiu que o presidente prendesse ou deportasse qualquer pessoa de uma nação hostil. Ainda pior foi a Lei da Sedição, que, em uma violação ridiculamente óbvia da 1ª Emenda, tornou ilegal, sob pena de multa e prisão, "escrever, imprimir, proferir ou publicar... qualquer escrita falsa, escandalosa e maliciosa" contra o governo.[76]

A avaliação que Obama faz desses atos é sutilmente expressa, mas dificilmente poderia ser mais severa. Ao discutir as percepções modernas "de que vivemos no pior dos tempos políticos, de que um fascismo político rastejante está fechando seu punho em torno de nossas gargantas", Obama selecionou três exemplos de horrores históricos para colocar as questões em perspectiva. O primeiro e o terceiro foram "o confinamento de nipo-americanos sob o comando de Franklin Delano Roosevelt (FDR)" e "cem anos de linchamento sob o comando de dezenas de governos". Entre esses dois, Obama insere "as Leis de Estrangeiros e Sedições sob o comando de John Adams". À primeira vista, os atos de 1798 podem parecer deslocados entre as outras violações obviamente horríveis dos direitos à liberdade e até mesmo do próprio direito à vida. No entanto, a Lei de Sedição, em particular, não poderia ter traído mais o direito à liberdade de expressão indicado na 1ª Emenda. E a liberdade de expressão, naturalmente, não é apenas um direito fundamental, mas também é fundamental para o funcionamento de uma "democracia deliberativa", que Obama acredita ser o gênero e a genialidade não apenas da 1ª Emenda, mas de toda a Constituição e da própria democracia americana. Visto por esses padrões, o ataque do governo à liberdade de expressão foi um ataque à própria república americana. A Lei de Sedição era, portanto, equivalente à traição.[77]

Por conseguinte, torna-se suficientemente claro onde residem as simpatias históricas de Barack Obama. Em referência ao espírito antiabsolutista dos Fundadores, Obama observa que "os planos de Hamilton para liderar um Novo Exército afundaram e a reputação de Adams, após as Leis de Estrangeiros e Sedição, sofreu por não conseguir tolerar esse impulso". Dito isso, Obama é muito menos dogmático do que muitos dos homens da época. Como vemos no capítulo seis, Obama elogia a economia hamiltoniana e encobre a atitude de *laissez-faire* do secretário do Tesouro em relação à exploração do trabalho — em contraste com os agrários jeffersonianos que achavam que a ascensão da manufatura criaria uma subclasse de trabalhadores assalariados dependentes, o que minaria uma república de agricultores *yeoman*, pequenos proprietários de terra, mas independentes (mítica como essa imagem pode ter sido, e proprietários de escravos, como a maioria deles eram).[78]

Uma prova do cinismo do Partido Federalista é o fato de que a Lei de Sedição estava prestes a expirar quando o presidente seguinte tomou posse. Em sua defesa, o presidente Thomas Jefferson não pediu a sua renovação, e apenas a Lei dos Inimigos Estrangeiros sobreviveu à sua administração. No entanto, Jefferson também não desfez a maquinaria econômica de Hamilton e, na verdade, seu embargo às importações britânicas provavelmente fez mais para promover a produção americana do que as tarifas fracassadas de Hamilton teriam feito. Jefferson, assim, provou ser mais pragmático do que às vezes soava antes de ser presidente. Além disso, como observa Barack Obama, "Jefferson ajudou a consolidar o poder do governo nacional mesmo quando alegava deplorar e rejeitar tal poder". Como veremos nos capítulos quatro e sete, a Compra da Louisiana em 1803 também acrescentou muito ao território americano, o que estendeu a escravidão e fez dos Estados Unidos, de fato, uma nação continental.[79]

CONSERVADORES OU LIBERAIS, SOMOS TODOS CONSTITUCIONALISTAS

Depois da turbulenta política dos anos 1790 e da tumultuada eleição de 1800, Thomas Jefferson adotou uma atitude para acalmar o campo político. Ele exortou todos a "ter em mente este princípio sagrado de que, embora a vontade da maioria deva prevalecer em todos os casos, a vontade de ser justo deve ser razoável; que a minoria possui direitos iguais que a lei igualitária deve proteger, e violá-los seria opressão". Ele encorajou todos a "refletir que, tendo banido de nossa terra aquela intolerância religiosa sob a qual a humanidade sangrou e sofreu durante tanto tempo, nós ainda ganhamos pouco se aprovarmos uma intolerância política tão despótica, tão perversa e capaz de perseguições amargas e sangrentas". Dadas essas condições, no entanto, ele defendeu a liberdade de expressão: "Se houver entre nós alguém que queira dissolver esta União ou mudar a sua forma republicana", afirmou, "deixe que permaneçam estáticos como monumentos da segurança de que o erro de opinião pode ser tolerado quando a razão é deixada livre para combatê-lo".[80]

Mas Jefferson também apelou aos seus "concidadãos" para "unirem-se com um só coração e uma só mente" e "restituírem às relações sociais essa harmonia e afeto sem os quais a liberdade e mesmo a própria vida não passam de coisas sombrias". E ele sentiu que poderiam encontrar esse terreno comum lembrando que as diferentes visões sobre políticas específicas não significam necessariamente divergências na política geral. Pois "nem toda diferença de opinião", ressaltou, "é uma diferença de princípio. Temos chamado por nomes diferentes irmãos do mesmo princípio. Somos todos republicanos, somos todos federalistas".[81]

Barack Obama concorda que, ainda que todos os americanos possam diferir sobre certas questões, eles compartilham uma unidade mais fundamental baseada em um credo de igualdade e liberdade "criado" em uma constituição. Uma "leitura cuidadosa de nossos documentos fundadores", escreveu Obama, "nos lembra o quanto todas as nossas atitudes foram moldadas por eles. Mais de duzentos anos depois", acrescentou ele, os americanos podem discordar sobre "o significado de uma busca 'razoável', ou se a 2ª Emenda proíbe toda regulamentação de armas, ou se a profanação da bandeira deve ser considerada discurso", e também sobre outras questões como "aborto, ou eutanásia, ou relacionamentos homossexuais".[82]

Ainda assim, Obama continuou, "dificilmente encontraríamos um conservador ou liberal nos Estados Unidos de hoje... que não aderisse ao conjunto básico de liberdades individuais identificadas pelos Fundadores e consagradas na nossa Constituição e na nossa lei comum". Ele então notou os direitos a liberdade de expressão, religião, protesto pacífico e petição, propriedade, imunidades legais e "o direito de tomar nossas próprias decisões, com restrição mínima, sobre a vida familiar e a maneira como criamos nossos filhos. Nesse sentido", acrescentou, "onde quer que estejamos no espectro político, todos nós aderimos aos ensinamentos dos Fundadores" e "estamos confiantes na solidez fundamental dos projetos dos Fundadores e da casa democrática que daí resultou". E Obama concluiu essas reflexões jeffersonianas com palavras muito jeffersonianas: "Conservadores ou liberais, somos todos constitucionalistas."[83]

Thomas Jefferson estava otimista sobre as perspectivas da América na virada para o século XIX. "Vamos, então", disse ele no seu discurso de posse,

> com coragem e confiança buscar nossos próprios princípios federais e republicanos, nosso apego ao sindicato e ao governo representativo. Gentilmente separados pela natureza e por um grande oceano do caos exterminador de um quarto do globo terrestre; obstinados demais para suportar as degradações dos outros; possuindo um país escolhido, com espaço suficiente para os nossos descendentes da milésima geração; entretendo um senso devido do nosso direito igual ao uso de nossas próprias faculdades, às aquisições de nossa própria indústria, à honra e à confiança de nossos concidadãos, resultantes não do nascimento, mas de nossas ações e do sentido delas; iluminados por uma religião benigna, professada, de fato, e praticada de várias formas, mas todas elas inculcando honestidade, verdade, temperança, gratidão e amor ao homem; reconhecendo e adorando uma Providência soberana, que em todos os seus atos prova que se deleita com a felicidade do homem aqui e sua maior felicidade no futuro — com todas essas bênçãos, o que mais é necessário para nos tornarmos um povo feliz e próspero?[84]

Barack Obama pode estar igualmente radiante ao olhar o momento pelo qual Thomas Jefferson ansiava. "EM SUMA", diz Obama, "a Constituição prevê um roteiro pelo qual unimos a paixão com a razão, o ideal de liberdade individual com as exigências da comunidade". E "o mais espantoso é que funcionou. Nos primeiros tempos da União, nas recessões e nas guerras mundiais, nas múltiplas transformações da economia, na expansão ocidental e na chegada de milhões de imigrantes às nossas terras, a nossa democracia não só sobreviveu como prosperou".[85]

E, ainda assim, Thomas Jefferson sabia que nem tudo estava bem, e Barack Obama também sabe. Já em 1784, Jefferson tinha escrito sobre a Virgínia que "Tremo pelo meu país quando penso que Deus é justo: que a sua justiça não pode dormir para sempre". Quase quarenta anos depois, ele escreveu que "essa importante questão, como um sino de fogo na noite, despertou e encheu-me de terror. Considerei-o imediatamente como o toque da União". A grande questão, claro, era a questão da escravatura. E, como Barack Obama observou na Filadélfia, o documento que os Fundadores redigiram lá em 1787 "foi eventualmente assinado, mas, em última análise estava inacabado". Pois estava "manchado pelo pecado original desta nação".[86]

4
Um novo nascimento da liberdade: a escravatura e a guerra civil

O PECADO ORIGINAL DESTA NAÇÃO

Em seu discurso sobre "Uma união mais perfeita" em março de 2008, Barack Obama disse o seguinte sobre os Fundadores, a Constituição e a escravidão: "O documento que produziram eventualmente foi assinado, mas, em última análise, estava inacabado. Ele estava manchado pelo pecado original da escravidão desta nação, uma questão que dividiu as colônias e levou a convenção a um impasse, até que os Fundadores decidiram permitir que o comércio de escravos continuasse por pelo menos mais vinte anos e deixar qualquer resolução final para as gerações futuras."[1]

A seção específica da Constituição à qual Obama se refere aqui é a Cláusula de Comércio de Escravos. Ele havia sido vago sobre as outras cláusulas naquele dia, mas, em *The Audacity of Hope*, talvez estivesse mais livre para escrever do que para falar em meio à "agitação" da Filadélfia e em um momento particularmente crítico de sua campanha presidencial, após a descoberta de comentários incendiários sobre raça que seu pastor, o reverendo Jeremiah Wright, havia feito no passado. No livro, porém, Obama identificou todas as três cláusulas constitucionais originais que claramente, se não explicitamente, apoiavam a escravidão: "A Cláusula dos Três Quintos e a Cláusula do Escravo Fugitivo e a Cláusula de Importação." Voltaremos à forma como os Fundadores deixaram "qualquer resolução final" para a questão da escravidão "para as gerações futuras" mais tarde neste capítulo. Por agora, porém, vamos olhar para as disposições constitucionais que favoreceram a escravidão. Começando com "a Cláusula de Importação".[2]

A Constituição original dizia: "A migração ou importação de tais Pessoas como qualquer um dos Estados hoje existentes julgará apropriado admitir, não será proibida pelo Congresso antes do Ano 1808." Nos anos após a independência, todos os estados proibiram o comércio de escravos, embora a Geórgia e a Carolina do Sul o tenham reaberto antes da proibição federal antecipada. Foi em deferência a esses estados que os Fundadores proibiram o governo federal de proibir o comércio de escravos por vinte anos, embora uma interdição nacional tenha sido finalmente efetivada a partir de 1º de janeiro de 1808.[3]

Mas essa disposição era indiscutivelmente mais do que a "Cláusula de Importação" que Barack Obama cita. A palavra "migração" — diferente de "importação" — implica que, após vinte anos, o Congresso poderia proibir tanto o comércio de escravos interestadual quanto o internacional. E o poder constitucional que o Congresso tinha (e tem) "para regular o comércio interestadual" sugere ainda mais um direito de proibir o comércio de escravos entre os limites dos estados. James Madison negaria mais tarde essa interpretação, argumentando que as palavras "migração" e "importação" se referiam a um único processo e que, portanto, só havia sido permitido ao Congresso proibir o comércio internacional, e não o tráfico interno de escravos. Seja qual for o caso, o Congresso nunca interditou o comércio interno, e o sofrimento e o medo incomensuráveis seguiram ao contínuo desmembramento de famílias, amigos e comunidades através de um tráfico de seres humanos que, na década de 1840, se estendia por mais de mil quilômetros, de Delaware ao Texas.

A Constituição protegia outro tipo de tráfico de pessoas nos Estados Unidos. Ela declarava: "Nenhuma Pessoa mantida em Serviço ou Trabalho em um estado, sob as Leis do mesmo, escapando para outro, deverá, em consequência de qualquer Lei ou Regulamento, ser dispensada de tal Serviço ou Trabalho, mas deverá ser entregue em Reivindicação da Parte a quem tal Serviço ou Trabalho possa ser devido." Em 1793, o Congresso aprovou uma Lei do Escravo Fugitivo, que deu forma legislativa ao direito constitucional dos proprietários de escravos ou seus agentes de recuperar fugitivos, sujeitando a qualquer um que os obstruísse uma multa muito considerável de quinhentos dólares. Muitos nortenhos, negros e brancos, no entanto, responderam construindo a Ferrovia Subterrânea — uma série de abrigos para escravos fugitivos e uma metáfora para a rede formada pelos fugitivos e por aqueles que os esconderam e ajudaram. Algumas legislaturas estaduais aprovaram "leis de liberdade pessoal" exigindo que os proprietários de escravos e seus agentes produzissem provas em tribunal de que seus capturados eram fugitivos do Sul e não negros livres do Norte. Embora milhares de afro-americanos legalmente livres tenham sido raptados no Norte e escravizados no Sul no século xix, os júris do Norte deliberavam com crescente frequência que os alegados fugitivos do Sul eram, de fato, livres.

Então, o Congresso aprovou uma nova Lei dos Escravos Fugitivos em 1850, duplicando a multa por ajudar os fugitivos, acrescentando a ameaça de seis meses de prisão e exigindo que as autoridades policiais do Norte ajudassem a reconquistar os escravos fugidos; caso contrário, perderiam mil dólares. Também exigia que os reclamantes não apresentassem nada mais do que um depoimento a um xerife federal, jurando que o cativo era sua propriedade legal e, assim, privando os supostos fugitivos do julgamento pelo júri. E os juízes eram recompensados com dez dólares por deliberar sobre alguém escravizado, mas apenas metade dessa taxa por deliberar sobre alguém livre. Por mais horrenda que essa lei tenha sido, foi tão odiada no Norte que contribuiu para as tensões que levaram à guerra civil e à abolição.

Mas a guerra civil só chegou em 1861, e as pessoas escravizadas tiveram de esperar até 1865 pela confirmação constitucional da sua libertação. E essa longa espera se deveu, em parte, a outra cláusula constitucional, a que dispõe que "os representantes e os impostos diretos serão repartidos entre os diversos Estados que poderão ser incluídos nesta União, de acordo com seus respectivos Números, que serão determinados somando-se todo o Número de Pessoas livres, inclusive as vinculadas ao Serviço por um período limitado e, excluindo os índios não tributados, três quintos de todas as demais Pessoas". Por vezes interpretam mal essa cláusula, indicando que ela definia os escravos como três quintos de uma pessoa. Mas era pior do que isso. Ela se baseava na suposição de que os escravos eram propriedade legal — não necessariamente pessoas, embora os códigos de escravos do Sul definissem paradoxalmente os escravos tanto como propriedade quanto como pessoas; no segundo caso, para conceder certos direitos legais, embora limitados, mas principalmente para autorizar as necessidades disciplinares decorrentes da definição de pessoas como propriedade em primeiro lugar. No entanto, o principal objetivo do dispositivo constitucional era aumentar o poder dos estados escravocratas no governo federal. A contagem de três quintos dos escravos como parte da população de um estado aumentou proporcionalmente o número de membros sulistas na Câmara dos Deputados. Isso, por sua vez, aumentou a influência do Sul nas eleições presidenciais, já que o Colégio Eleitoral compreendia (e ainda compreende) tantos membros por estado quanto cada um tem no Congresso: a Câmara dos Deputados e o Senado juntos.[4]

A Cláusula dos Três Quintos é, portanto, talvez mais conhecida pelo nome que lhe foi dado pelos abolicionistas do século XIX: "O Poder Escravo" (embora o termo também se aplique à influência política dos proprietários de escravos em geral). Veremos o poder legislativo que a cláusula deu aos escravos quando olharmos um pouco mais tarde para os compromissos legislativos em favor da escravidão. Por enquanto, porém, vamos ver como o Poder Escravo funcionou, analisando a posse de escravos entre os primeiros presidentes dos Estados Unidos.

Dos primeiros cinco presidentes, George Washington, Thomas Jefferson, James Madison e James Monroe eram todos proprietários de escravos na Virgínia. E, embora cada membro da dinastia Virgínia tenha cumprido dois mandatos, o único que não era proprietário de escravo entre os cinco primeiros chefes do Executivo, John Adams, de Massachusetts, cumpriu apenas um mandato. Assim, durante 32 dos 36 anos entre 1789 e 1825, a presidência americana foi exercida por proprietários de escravos do Sul. John Quincy Adams, outro que não era proprietário de escravos, foi o presidente seguinte, mas cumpriu apenas um mandato, como seu pai. Seu sucessor de 1829 a 1837 foi Andrew Jackson, um escravocrata do Tennessee. Quarenta dentre 48 anos.

Martin Van Buren, de Nova York, quando jovem, possuía um homem chamado Tom, mas não fez nenhum esforço real para recuperá-lo quando ele fugiu em 1814. E Van Buren não tinha escravos quando foi presidente entre 1837 e 1841. Ele foi derrotado na eleição seguinte por William Henry Harrison, nascido na Virgínia, que tinha herdado escravos, mas que renunciou à escravatura e se mudou para Ohio; então, 1840 foi a primeira vez que a presidência foi disputada por dois homens que não eram proprietários de escravos. A presidência de Harrison, no entanto, foi a mais curta da história americana. Sua posse foi em 4 de março de 1841, mas ele morreu um mês depois do que se pensava ser pneumonia e foi substituído por seu vice John Tyler (1841-1845), outro nascido na Virgínia, que foi seguido por James K. Polk, do Tennessee (1845-1849), e depois Zachary Taylor, do Kentucky (1849-1850): todos proprietários de escravos.

Zachary Taylor foi o último ocupante do cargo a possuir escravos, embora dois presidentes pós-Guerra Civil, Andrew Johnson (1865-1869) e Ulysses S. Grant (1869-1877), tivessem possuído escravos mais cedo em suas vidas. Mas é notável que os sucessores de Taylor não foram escravocratas em nenhum momento da vida: Millard Fillmore (1850-1853), Franklin Pierce (1853-1857) e James Buchananan (1857-1861). Assim como o presidente de 1861 a 1865, Abraham Lincoln. Isso foi possível porque, naquela época, o crescimento da população do Norte tinha ultrapassado suficientemente a do Sul, algo que os sulistas temiam desde o início e que os havia inspirado a insistir na Cláusula dos Três Quintos.

UMA CASA QUE FOI CONSTRUÍDA POR ESCRAVOS

Em 25 de julho de 2016, na Convenção Nacional Democrata na Filadélfia, Michelle Obama falou sobre um ponto de particular pertinência à questão dos presidentes escravocratas e da importância geral da escravidão no início da república. Ela começou louvando a "coragem e a graça de Hillary Clinton de continuar voltando e abrindo essas rachaduras no teto de vidro cada vez mais alto e mais resistente até que ela finalmente conseguiu rompê-lo", e continuou com palavras que sugerem que ela compartilha a visão de seu marido sobre a luta e o progresso no passado americano:

> Essa é a história deste país, a história que me trouxe até aqui esta noite, a história de gerações de pessoas que sentiram o chicote da escravidão, a vergonha da servidão, o ferrão da segregação, mas que continuaram lutando e esperando e fazendo o que era preciso fazer para que hoje eu acordasse todas as manhãs em uma casa que foi construída por escravos.[5]

A Casa Branca, ocupada por tantos escravocratas, foi construída por escravos. A construção da Mansão Executiva na capital Washington DC começou em 1792. Os Comissários do Distrito de Columbia, nomeados pelo presidente George Washington para supervisionar a construção pública, esperavam inicialmente depender principalmente dos trabalhadores imigrantes europeus. Eles recrutaram alguns e também contrataram trabalhadores brancos das cidades vizinhas, Maryland e Virgínia. Mas, de acordo com a Associação Histórica da Casa Branca, "a resposta ao recrutamento foi desanimadora e logo eles se voltaram para os afro-americanos — tanto escravizados quanto livres — para fornecer a maior parte da mão de obra que construiu a Casa Branca, o Capitólio dos Estados Unidos e outros prédios do início do governo".[6]

Afro-americanos escravizados e livres trabalharam em todos os aspectos da construção da capital, mas fizeram uma parte desproporcional do trabalho mais pesado. Escravos cortaram as pedras da Casa Branca de uma pedreira em Aquia, Virgínia, por exemplo, derrubaram as árvores e dragaram o pântano do local onde essas pedras foram colocadas. Quanto à legislatura, o relatório de 2005 do Congresso sobre a "História dos trabalhadores escravos na construção do capitólio dos Estados Unidos" descobriu que entre 1795 e 1801 os Comissários fizeram 385 pagamentos para "contratar negros". Quer dizer, pagaram aos proprietários para alugarem os seus escravos.[7]

Nada disso deve nos surpreender. Trabalho escravo era usado normalmente em projetos públicos, bem como nas empresas privadas, e Washington DC estende-se pelo rio Potomac, construída em terras doadas pelos estados escravocratas de Maryland e Virgínia. Além disso, vimos no capítulo um como cada colônia permitia a escravidão, como a instituição só foi final e amplamente questionada pelos brancos durante a era revolucionária e como o lento processo de abolição estava apenas começando quando a república americana tomou forma. No entanto, os comentários de Michelle Obama ainda causaram alguma agitação, provocando o desconforto de pessoas como Bill O'Reilly, o que levou à publicação de artigos no *Washington Post* e em outros periódicos para salientar que a primeira-dama estava incontestavelmente correta de acordo com fontes tradicionais e facilmente acessíveis.

Se alguns de nós ainda estão reticentes com a escravidão, então talvez não estejamos tão distantes dos Fundadores quanto pensamos. Nenhuma das cláusulas constitucionais mencionadas anteriormente, por exemplo, fala explicitamente sobre escravidão, ainda que a maioria dos Fundadores tivesse escravos. Cada uma das cláusulas emprega um eufemismo, ainda que seus propósitos fossem óbvios para todos. A Cláusula de Comércio de Escravos refere-se a "tais Pessoas como qualquer um dos Estados agora existentes deve pensar que é apropriado admitir". A Cláusula do Escravo Fugitivo define um escravo como "Pessoa mantida para serviço ou trabalho". A Cláusula do Poder Escravo refere-se a "três quintos de todas as outras pessoas". As *Notes on the Convention*, de James Madison confirmam, em um detalhe autoreferencial, que certa reticência prevaleceu na Filadélfia no verão de 1787: "O sr. MADISON achou errado admitir na Constituição a ideia de que pode haver propriedade nos homens."[8]

Outros obviamente concordaram. Então, a primeira vez que a

Constituição mencionou a palavra escravidão explicitamente foi na 13ª Emenda, a que finalmente a aboliu em 1865.

A RESPOSTA À PERGUNTA SOBRE A ESCRAVATURA

Também já vimos outro tipo de silêncio na Constituição dos Estados Unidos. Embora Barack Obama chame os princípios de igualdade, vida, liberdade e a busca pela felicidade de "a fundação do nosso governo", essas palavras não foram incluídas na Constituição Federal. No entanto, podiam muito bem ter sido. Afinal, elas foram incluídas na Constituição Estadual de Massachusetts de 1780, que declarou: "Todos os homens nascem livres e iguais, e têm certos direitos naturais, essenciais e inalienáveis; entre os quais pode se considerar o direito de desfrutar e defender suas vidas e liberdades; o de adquirir, possuir e proteger propriedades; resumindo, o de buscar e obter sua segurança e felicidade."[9]

Como vimos nos capítulos anteriores, em 1781 uma escrava chamada Elizabeth Freeman abriu um processo pela sua liberdade com base nessa incorporação constitucional de seus direitos naturais. Ela e um companheiro escravo chamado Brom ganharam a liberdade devido a um problema técnico com os títulos de seu senhor, logo, não conseguiram obter uma decisão legal de que a escravidão era incompatível com a lei. Mas no Caso Quock Walker de 1783, no qual *Brom e Bett vs. Ashley* foi citado, o presidente da Suprema Corte, William Cushing, aconselhou ao júri que a Constituição do Estado "estabelece que todos os homens nascem livres e iguais — e que todo sujeito tem direito à liberdade e a tê-la salvaguardada pelas leis, bem como à vida e à propriedade — e, em suma, é totalmente repugnante a ideia de nascidos escravo". Por isso, concluiu, "a escravatura é inconsistente com a nossa própria conduta e Constituição". Consequentemente, a escravidão expirou rapidamente em Massachusetts.[10]

Sem dúvida, alguns dos Fundadores teriam gostado de ver as mesmas palavras incluídas na Constituição federal, e tendo o mesmo efeito sobre a escravatura em toda a nação. Mas eles sabiam que isso teria destruído qualquer hipótese de um acordo na Filadélfia em 1787. Os delegados do Sul nunca iriam permitir o risco jurídico muito real à escravidão em todo o país que essas palavras teriam representado caso tivessem sido incluídas na Constituição federal. Igualdade e direitos inalienáveis à vida, à liberdade e à busca pela felicidade permaneceriam assim parte do "credo comum" da América, mas não seriam admitidos na lei.

E, no entanto, Barack Obama diz: "É claro que a resposta à questão da escravidão já estava incorporada em nossa Constituição — uma Constituição que tinha em seu cerne o ideal de cidadania igualitária perante a lei; uma Constituição que prometia liberdade e justiça ao seu povo, e uma união que poderia e deveria ser aperfeiçoada ao longo do tempo". Nós exploramos no capítulo anterior a crença de Obama nas promessas da Constituição de cidadania igualitária, liberdade e justiça. Mas, como Obama prontamente observa, essas promessas originalmente se aplicavam apenas aos "membros da comunidade política americana" e o documento redigido em 1787 "não oferecia proteção àqueles que estavam fora do círculo constitucional". As pessoas escravizadas estavam fora do círculo, e assim a Constituição continuou "inacabada".[11]

É por isso que a afirmação de Barack Obama na citação anterior é parte tão importante de sua compreensão da história americana: que a união "poderia e deveria ser aperfeiçoada ao longo do tempo". E, na verdade, a união foi tornada muito mais perfeita pela 13ª Emenda, que aboliu a escravidão em 1865. Isso, no entanto, não aconteceu através das operações normais a que Obama e outros têm chamado de "democracia deliberativa" dos Estados Unidos". Como ele também disse na Filadélfia: "palavras em um pergaminho não seriam suficientes para libertar os escravos da servidão, ou fornecer a homens e mulheres de todas as cores e credos seus plenos direitos e obrigações como cidadãos dos Estados Unidos. O que seria necessário", continuou ele, "era americanos de gerações sucessivas que estivessem dispostos a fazer sua parte — através de protestos e lutas, nas ruas e nos tribunais, através de guerra e desobediência civil e sempre correndo grande risco — para reduzir a distância entre a promessa de nossos ideais e a realidade de seu tempo."[12]

Como Obama sugere, foi a pressão popular, e não as palavras ou ações dos políticos, que fez avançar a agenda abolicionista. E foi a força militar, e não o compromisso racional, que finalmente levou à abolição. Enquanto isso, o tipo de compromisso constitucional que Obama normalmente elogiava serviu para sustentar a escravidão por quase oitenta anos mais, primeiro devido às concessões contidas nas cláusulas a favor da escravidão na Constituição original e, depois, por viabilizarem essas cláusulas através de uma série de compromissos políticos que adiaram a Guerra Civil até 1861 e a emancipação plena até 1865.

Contudo, antes de analisar essas "aberrações admitidas" das regras gerais da história americana de Barack Obama, precisamos explorar as opiniões dele sobre uma questão diferente, mas intimamente relacionada: a instituição da escravidão em si — a história social, e não a história política, da escravidão.

A ESPERANÇA DOS ESCRAVOS

As histórias sociais e políticas da escravidão estão intimamente relacionadas porque parte da história social da escravidão foi uma luta política dos próprios escravos contra ela. Já vimos que a emancipação não era um presente dado por brancos recém-iluminados. Muitos brancos, pelo contrário, deviam o seu esclarecimento aos abolicionistas negros, inicialmente, em particular, à coragem e aos sacrifícios dos soldados negros durante a Guerra da Independência. Além disso, Quock Walker, Elizabeth Freeman, Brom, os escravos peticionários e os fugitivos e rebeldes que encontramos no capítulo dois exibiram em abundância a audácia e a esperança que Barack Obama acredita que levaram os americanos a cumprir as promessas do credo comum da nação. Esses, é claro, eram apenas alguns dos milhões de americanos escravizados que aspiravam à liberdade, quer fossem capazes de alcançá-la ou não. E Obama invocou o espírito de todos eles quando falou da "esperança dos escravos sentados ao redor da fogueira cantando canções de liberdade".[13]

Claro que os escravos não podiam cantar canções de liberdade abertamente, por isso cantavam em código. Nos campos e nos *hush* *harbors* onde a "instituição invisível" da Igreja afro-americana evoluiu, os escravos cantavam canções como "Roll, Jordan Roll".*

Foi no fim do rio Jordão,
Onde João batizou três,
Quando confrontei o Diabo no Inferno,
Disse que João não me batizou,

Eu digo corra, Jordão, corra,
Corra, Jordão, corra,
Minh'alma deve subir ao céu, Senhor,
No ano em que o Jordão correr,

Bem, alguns dizem que João era um batista,
Outros dizem que João era um judeu,
Mas eu digo que o João era um pregador,
E a minha Bíblia também o diz,

Eu digo corra, Jordão, corra,
corra, Jordão, corra,
Minh'alma deve subir ao céu, Senhor,
No ano em que Jordão correr, Aleluia.[14]

Um pregador metodista branco chamado Charles Wesley escreveu *"Roll, Jordan, Roll"* no início do século XVIII, e ela foi adotada pelos proprietários de escravos que esperavam que as mensagens cristãs contidas nela encorajassem a subserviência entre os escravos. Em vez disso, porém, os escravos adotaram o Cristianismo como uma teologia da libertação e, no processo, transformaram muitas canções e histórias evangélicas em comentários subversivos sobre a escravidão. O rio Jordão, por exemplo, foi onde João batizou, pregou e preparou as pessoas para a vinda de

---

* *Hush Harbors* eramos locais onde escravos se reuniam em segredo para praticar suas tradições religiosas. (N. da E.)

Cristo, como diz a música. Mas foi também onde os judeus entraram na Terra Prometida depois do Êxodo da escravidão egípcia, como os cantores sabiam. Logo, o rio Jordão representava os rios Mississipi e Ohio, os quais os escravos fugitivos cruzavam para chegar aos Estados Livres se e quando conseguissem. Os escravos cantavam muitas canções sobre rios. Além disso, há algo sobre como essas canções eram cantadas que ressoa na imagem produzida por Barack Obama dos "escravos sentados ao redor da fogueira". Ou seja, as canções eram muitas vezes cantadas comunitariamente e no estilo "chamada e resposta", visto ainda hoje nas interações das antífonas dos pregadores e congregações afro-americanos. Esses fenômenos refletiam a força da "comunidade escrava" — seja a comunidade local nos bairros de uma única plantação ou a comunidade maior de afro-americanos em todo o Sul ou mesmo em todo o país. Essa comunidade ajudou os escravos a sobreviver, fornecendo uma sensação de autoestima, tanto para os indivíduos como para o povo assediado pela opressão e pelo racismo. Frequentemente, as comunidades escravas proporcionavam uma casa nova para os que eram vendidos longe das suas casas antigas, mas também ajudavam os escravos a fugir, fornecendo comida, abrigo e esconderijos para os fugitivos. E, para aqueles que nunca escaparam, a comunidade escrava ajudou a manter a esperança necessária para continuar a "cantar canções de liberdade".

Barack Obama sentiu o poder dessas canções comunitárias e histórias de sofrimento e sobrevivência no nível pessoal mais profundo possível. Na sua autobiografia, recordou a sua primeira visita à igreja da Trindade Unida em Cristo em Chicago e o primeiro sermão em que ouviu o reverendo Jeremiah Wright pregar sobre a "audácia de ter esperança". Anos mais tarde, o sermão ainda inspirou sentimentos que ele expressou em sua mais sublime eloquência, em prosa e ainda em uma poesia de imagens cristãs imbuídas de expressões idiomáticas afro-americanas:

> E naquela única nota — esperança! — eu ouvi outra coisa; ao pé daquela cruz, dentro das milhares de igrejas por toda a cidade, imaginei as histórias de pessoas negras comuns se fundindo com as histórias de Davi e Golias, de Moisés e o Faraó, dos cristãos na cova do leão, do

campo de ossos secos de Ezequiel. As histórias — de sobrevivência, de liberdade e de esperança — tornaram-se a nossa história, a minha história; aquele sangue que foi derramado era o nosso sangue; as lágrimas eram as nossas lágrimas.[15]

É claro que a escravidão não se baseava apenas em cantar e resistir, esperar e fugir. Era também um sistema de extrema e extensiva violência. A violência dos senhores, dos capatazes e dos funcionários nas fazendas e plantações, a violência dos patrulheiros que policiavam as plantações maiores, a violência dos códigos estaduais de escravos, e da Lei do Escravo Fugitivo e do dispositivo constitucional federal em que se baseava. Michelle Obama aludiu a essa violência quando falou de "gerações de pessoas que sentiram o chicote da escravidão". Barack Obama também falou daqueles que "suportaram o açoitamento" e cujo "sangue [foi] derramado pelo chicote", sendo esta última frase emprestada do segundo discurso de posse de Abraham Lincoln e incluída no segundo discurso de posse de Obama.[16]

Ao falar e escrever sobre a esperança de liberdade dos escravos, de sua resistência, religião e comunidade, e da violência inerente à escravatura, Barack Obama destilou o que os historiadores geralmente identificam como as essências da história social da escravidão. No entanto, Obama só escreveu ou falou publicamente sobre esse tema em raras ocasiões. E mesmo quando o fez, foi apenas brevemente e de passagem, colocando-os em procissões retóricas de vários fenômenos históricos, muitas vezes positivos. O que se segue, a título de ilustração, são as passagens dos discursos de onde vêm as citações apresentadas anteriormente, com itálico adicionado para identificar as menções e destacar como a história social da escravidão está inserida em todas as outras histórias de Obama. A primeira é de "A audácia da esperança", o discurso de Obama na Convenção Nacional Democrata em julho de 2004.

John Kerry chama-nos à esperança. John Edwards chama-nos à esperança. Não estou falando de otimismo cego aqui — a ignorância quase intencional que pensa que o desemprego vai desaparecer se não pensarmos nisso, ou que a crise da saúde se resolverá sozinha se a ignorarmos.

Não é disso que estou falando. Estou falando de algo mais substancial. *É a esperança dos escravos sentados ao redor da fogueira cantando canções de liberdade*; a esperança dos imigrantes que partem para terras distantes; a esperança de um jovem tenente da Marinha patrulhando corajosamente o delta do Mekong; a esperança de um filho de um operário que ousa desafiar as probabilidades; a esperança de um garoto magricelo com um nome engraçado que acredita que a América também tem um lugar para ele.[17]

A próxima é do primeiro discurso de posse do presidente Obama, em janeiro de 2009:

A nossa jornada nunca foi de atalhos ou de se contentar com menos. Não tem sido o caminho para os fracos de coração — para aqueles que preferem o lazer ao trabalho, ou que buscam apenas os prazeres da riqueza e da fama. Pelo contrário, foram os audaciosos, os que fazem, os fabricantes de coisas — alguns célebres, mas, mais frequentemente, homens e mulheres desconhecidos em seu trabalho, que nos conduziram pelo longo e áspero caminho rumo à prosperidade e à liberdade. Por nós, eles empacotaram suas poucas posses mundanas e atravessaram oceanos em busca de uma vida nova. Por nós, eles trabalharam em oficinas e se estabeleceram no Ocidente; *suportaram o açoitamento* e lavraram a terra dura. Por nós, eles lutaram e morreram, em lugares como Concord e Gettysburg; Normandia e Khe Sahn.[18]

E, por último, um trecho do segundo discurso de posse do presidente, em janeiro de 2013: "Por meio de *sangue derramado pelo chicote* e sangue derramado pela espada, aprendemos que nenhuma união baseada nos princípios da liberdade e igualdade poderia sobreviver sendo metade escrava e metade livre. Nós nos refizemos novamente e prometemos seguir em frente juntos."[19]

Por que Barack Obama mencionaria a escravidão como uma instituição social com pouca frequência? E por que, mesmo assim, ele a colocaria ao lado de outros fenômenos históricos, talvez obscurecendo assim a natureza excepcionalmente horrível daquilo que as pessoas na era abolicionista chamavam de "a instituição peculiar", e que historiadores desde então têm geralmente considerado uma iniquidade singularmente horrenda? Afinal, os escravos eram legalmente definidos como propriedade e, como tal, podiam ser comprados e vendidos, viviam suas vidas e podiam ser mortos com pouca ou nenhuma proteção legal. As famílias dos escravos eram não entidades legais e os maridos, esposas, pais e filhos podiam ser separados uns dos outros, e todos os outros laços podiam ser igualmente quebrados a qualquer momento e por qualquer razão que os proprietários escolhessem. Uma mulher escravizada podia ser estuprada por seu senhor sem que ele fosse punido, e caso ela fosse estuprada por outra pessoa, o ato seria legalmente considerado como mera invasão à propriedade de seu dono. Um escravo podia ser morto por seu dono ou por outra pessoa autorizada — um capataz ou um patrulheiro — simplesmente por oferecer a menor resistência ou desafio, e ninguém seria responsabilizado por isso. Podiam ser e eram — todos esses horrores aconteceram todos os dias durante os dois séculos e meio da existência da escravidão na América britânica e nos Estados Unidos.

No entanto, existem razões convincentes, algumas políticas, outras históricas, por trás do fato de Barack Obama apenas mencionar essas questões raramente e muitas vezes apenas ao lado de outros fenômenos. Uma delas, lamentavelmente óbvia, é que falar mais plenamente sobre escravatura teria sido politicamente arriscado, especialmente para um afro-americano. Já haviam alegado, durante a sua campanha eleitoral, que ele havia nascido no Quênia e que seria muçulmano, logo, ele precisava, se conseguisse, evitar que atribuíssem a ele estereótipos de candidato de interesse único, de "homem negro furioso" ou de estar se vitimizando. Como vimos antes, as condenações francas do reverendo Jeremiah Wright ao racismo histórico quase fizeram a campanha presidencial de Barack Obama descarrilar. Obama distanciou-se de Wright porque ele realmente discordou de algumas coisas que Wright havia dito, mas ele também precisou fazer isso para salvar sua campanha presidencial.[20]

Porém, uma razão menos lamentável é o desejo de Barack Obama de reconciliação racial através da memória comum. Fundamentalmente, isso significa incluir a história afro-americana na percepção popular da história americana, mesmo se a inclusão envolver riscos de equivalência. Em um discurso de fevereiro de 2012, marcando o começo da construção do inovador Museu Nacional de História e Cultura Afro-Americana (MNHCAA), Obama disse, por exemplo, "quando as gerações futuras ouvirem essas canções de dor e progresso, e luta e sacrifício, espero que não pensem nelas como algo separado da história americana mais ampla. Quero que vejam como uma parte importante da nossa história partilhada". E, como ele disse em sua Mensagem Semanal após a inauguração do museu em setembro de 2016: "Este museu conta uma história dos Estados Unidos que nem sempre ocupou um lugar de destaque na nossa narrativa nacional. Como povo, transmitimos as histórias dos gigantes que construíram este país. Mas, muitas vezes, propositalmente ou não, escolhemos encobrir ou ignorar inteiramente a experiência de milhões e milhões de outros." E "tudo isso", acrescentou, "não é só a história afro-americana; é parte da história americana".[21]

Nesses discursos, o presidente Obama incrementou sua descrição da história social da escravidão dando exemplos de como a construção da democracia americana foi, em muitos aspectos, um esforço comum, mesmo quando feito por pessoas de extremidades tão opostas do espectro social, como escravocratas e escravos. Ele explicou em 2012 que achou "apropriado que este museu tenha encontrado uma casa no National Mall" porque "foi neste terreno que, há muito tempo, vidas já foram comercializadas, onde centenas de milhares de pessoas marcharam por empregos e pela liberdade". Embora qualquer menção à escravidão reconheça implicitamente que as pessoas escravizadas eram legalmente uma propriedade, essa foi a primeira vez que Obama reconheceu pública e explicitamente essa característica mais fundamental da singularidade da instituição na História. Mesmo assim, Obama rapidamente ligou a escravidão à liberdade, passando, dentro da mesma frase, dos mercados de escravos em Washington à Marcha dos Direitos Civis em Washington.[22]

Outro reconhecimento de Obama veio alguns anos atrasado. Ao comemorar um século e meio desde a aprovação da 13ª Emenda, Barack

Obama falou de como a escravidão era "errada em todos os sentidos. Roubar homens, mulheres e crianças das suas pátrias. Separando o marido da esposa, o pai da criança; despido e vendido para o maior lance; algemado em correntes e ensanguentado devido ao açoite. É antitético não só para a nossa concepção de direitos humanos e dignidade, mas para a nossa concepção de nós mesmos — um povo baseado na premissa de que todos são criados iguais".[23]

No entanto, em vez de ver essa história como divisória, Obama esforça-se para vê-la como algo partilhado, até mesmo encontrando um terreno comum entre os que se libertaram e os que escravizaram. "Foi aqui", continuou Obama na cerimônia de inauguração do MNHCAA, "que os pilares da nossa democracia foram construídos, muitas vezes por mãos negras". Michelle Obama falava de algo parecido, e sobre o progresso, quando mencionou que "gerações de pessoas que sentiram o chicote da escravidão, a vergonha da servidão", no entanto, "continuaram lutando e esperando e fazendo o que era preciso fazer para que hoje eu acordasse todas as manhãs em uma casa que foi construída por escravos". O marido dela usou exatamente as mesmas palavras, "uma casa que foi construída por escravos", apenas dois meses depois, em 23 de setembro de 2016, em seu discurso na Casa Branca marcando a inauguração do MNHCAA.[24]

SOMOS OS ESCRAVOS QUE CONSTRUÍRAM A CASA BRANCA

E Barack Obama também usou palavras parecidas mais de um ano antes, em 7 de março de 2015, em um discurso que marcou os cinquenta anos do Domingo Sangrento em Selma, Alabama: "Somos os escravos que construíram a Casa Branca e a economia do Sul." Embora estivesse se lembrando da violência das tropas estatais contra os participantes da marcha pelos direitos de voto meio século antes, ele estava novamente buscando a reconciliação por meio da lembrança do esforço coletivo em nome da igualdade. E esse discurso de Selma é provavelmente a mais poderosa mostra individual de Obama sobre o que podemos chamar de sincretismo americano. O título do discurso é "Pois nós nascemos da mudança", e o "nós" engloba todos os americanos da mesma forma, mesmo ao especificar um determinado círculo eleitoral. Na mesma seção do discurso citado anteriormente, cada frase começa com "Nós somos", sugerindo continuidades e semelhanças que transcendem o tempo e todas as distinções de raça, gênero e categorização de qualquer tipo.[25]

"Nós somos", disse Barack Obama, "Sojourner Truth e Fannie Lou Hamer, mulheres que poderiam fazer tanto quanto qualquer homem e um pouco mais. E nós somos Susan B. Anthony, que abalou o sistema até que a lei refletisse essa verdade". A luta pela liberdade dos escravos e, posteriormente, pela igualdade dos libertos, estão assim representadas, respectivamente, nas pessoas da escrava fugitiva e ativista da abolição Sojourner Truth e da ativista dos direitos civis Fanny Lou Hamer. No entanto, mais do que isso, as lutas afro-americanas estão ligadas às das mulheres brancas através da ativista do sufrágio feminino Susan B. Anthony, uma inclusão particularmente reveladora, dada a posterior oposição de Anthony ao direito de voto dos homens negros antes das mulheres negras ou brancas.

Barack Obama começou essas estrofes do discurso com "Somos Lewis e Clark e Sacajawea, pioneiros que enfrentaram o desconhecido, seguidos por uma debandada de agricultores e garimpeiros, empresários e ambulantes". E então ele continuou, para uma plateia de todas as raças, sexos, religiões, locais de nascimento e partidos políticos: "Somos os imigrantes que embarcaram em navios para chegar a essas terras, as massas amontoadas ansiosas pela liberdade — os sobreviventes do Holocausto, os desertores soviéticos, os Garotos Perdidos do Sudão. Somos os sobreviventes esperançosos que atravessaram o rio Grande porque queremos que os nossos filhos conheçam uma vida melhor." E depois: "Somos os escravos que construíram a Casa Branca e a economia do Sul." E então: "Nós somos as mãos de fazendeiros e caubóis que desbravaram o Oeste, e dos inúmeros trabalhadores que construíram trilhos, e levantaram arranha-céus, e se organizaram para buscar os direitos dos trabalhadores", veteranos, Aeronaves de Tuskegee, os navajos decifradores de códigos, nipo-americanos, bombeiros do 11 de Setembro e soldados no Afeganistão e Iraque.* E "nós somos os gays americanos cujo sangue foi derramado nas ruas de São Francisco e Nova York" e "nós somos contadores de histórias, escritores, poetas, artistas... os inventores do gospel e do jazz e do blues, do *bluegrass* e do *country*, do hip-hop e do *rock and roll*". E "nós somos Jackie Robinson" e "as pessoas sobre quem Langston Hughes escreveu" e "as pessoas sobre quem Emerson escreveu".[26]

E como Obama reconhece em outras ocasiões, o esforço comum não se manifesta apenas em uma comunidade metafórica imaginada em um momento de fantasia retórica. Foi e é muito mais do que isso, criado em um fenômeno que data dos tempos e das relações inter-raciais de Sally Hemings e Thomas Jefferson, Elizabeth Hemings e John Wayles, a mulher africana original e o capitão Hemings, e as de muitas gerações anteriores. E tanto para os Obama como para muitos afro-americanos, isso é pessoal. Como disse Barack Obama, "Sou casado com uma americana negra que carrega dentro de si o sangue de escravos e proprietários de escravos, uma herança que transmitimos às nossas duas preciosas filhas". E, como também já disse, ele próprio é filho de um homem negro e de uma mulher branca, respectivamente do Quênia e do Kansas, e tem "irmãos, irmãs, sobrinhas, sobrinhos, tios e primos de todas as raças e matizes, espalhados por três continentes". E alguns dos antepassados da sua própria mãe também já escravizaram afro-americanos.[27]

Portanto, há substância e até, literalmente, consanguinidade, no sincretismo americano de Barack Obama, pois toda a escravidão era certamente uma "instituição peculiar". E, em qualquer caso, a ênfase de Obama na continuidade e na coletividade da longa marcha do país até a liberdade não encobre a opressão. Ao falar sobre a escravidão e a liberdade, Obama às vezes situa os dois juntos, posicionando-os

---

* Durante a Segunda Guerra Mundial a Marinha americana alistou centenas de indígenas da etnia Navajo para criar, transmitir e decodificar o Código Navajo, baseado na língua dessa população e que permanece indecifrável até hoje. (N. da E.)

retoricamente como antíteses históricas. Em vez de menosprezar o primeiro em favor do segundo, a sua justaposição talvez aprofunde a nossa apreciação dos custos da escravidão e do valor da liberdade. Um fica pior e o outro melhor quando colocados em relação um ao outro. Para ver como Obama situa retoricamente a escravidão e a liberdade e outras tragédias e triunfos no passado afro-americano e, portanto, americano, podemos voltar ao discurso na cerimônia de inauguração do MNHCAA em 2012:

> Quando os nossos filhos olham para o xale de Harriet Tubman ou para a bíblia de Nat Turner ou para o avião pilotado pelos aviadores de Tuskegee, não quero que eles sejam vistos como figuras épicas. Quero que vejam como os americanos comuns podiam fazer coisas extraordinárias; como homens e mulheres como eles tinham a coragem e a determinação de corrigir um erro, de torná-lo certo.
>
> Eu quero que minhas filhas vejam as algemas que prenderam os escravos em sua viagem através do oceano e os cacos de vidro que voaram da Igreja Batista da rua 16 e entendam que existe injustiça e maldade no mundo. Mas eu também quero que elas ouçam o trompete de Louis Armstrong e aprendam sobre a Liga Negra e leiam os poemas de Phyllis Wheatley. E eu quero que elas apreciem este museu não apenas como um registro da tragédia, mas como uma celebração da vida.[28]

E, finalmente, a raridade das menções de Barack Obama à história social da escravidão e sua tendência a colocá-la em uma história de progresso não são apenas sobre o posicionamento político dele mesmo ou a atual reconciliação cultural das raças, mas também são consistentes com outros aspectos da história americana dele. Como vimos anteriormente, por exemplo, a América colonial e revolucionária de Obama tem a ver principalmente com liberdade religiosa, virtudes domésticas, a democracia das convenções da cidade da Nova Inglaterra, a Declaração de Independência e a Constituição. Seu interesse em colônias e impérios, portanto, limita-se a entendê-los como contextos ou pretextos de libertação. E, do mesmo modo, seu interesse na escravidão limita-se a entendê-la como o contexto ou mesmo o pretexto da emancipação. A história da escravidão de Barack Obama é, portanto, como o resto de sua história americana: em última análise, uma história de liberdade. Há outras três notáveis menções de Obama à história social da escravatura, feitas em uma mesma ocasião em referência à Denmark Vesey, Frederick Douglass e Harriet Tubman. Mas Obama menciona essas pessoas em conexão com a história política da escravidão, especificamente em referência à abolição eventual e tardia. Mas antes de explorar essas menções, precisamos examinar as reflexões de Obama sobre a sobrevivência prolongada e indevida da escravidão.

QUALQUER RESOLUÇÃO FINAL

Apesar de Barack Obama não retratar a escravidão como um sistema social singular, ele a retrata como um problema político peculiar. Como ele disse ao comemorar a 13ª Emenda da Constituição, "durante décadas, a América lutou com a questão da escravidão de uma forma que nós não fizemos com nenhuma outra luta, antes ou depois". No entanto, ele, novamente, se concentrou mais na vitória final da campanha contra a escravidão do que nos compromissos que lhe permitiram sobreviver e até mesmo prosperar por muitos anos. A história americana de Obama, portanto, move-se muito rapidamente dos compromissos pró--escravidão da Convenção Constitucional mencionados anteriormente para os esforços antiescravatura de Abraham Lincoln examinados mais tarde, com apenas algumas alusões às muitas concessões feitas a favor da escravidão nesse ínterim. No entanto, para compreendermos melhor a história de Obama e o seu conceito da Constituição, precisamos explorar os compromissos dos anos anteriores à Guerra Civil. Porque, se a "resposta à questão da escravidão" estava "já incorporada em nossa Constituição", como afirma Obama, a "democracia deliberativa" que a Constituição criou, no entanto, protegeu a escravidão por quase oitenta anos, como Obama admite.[29]

Já vimos como a abolição pelos estados sem plantações criou um

Norte e um Sul em ambos os lados da fronteira Pensilvânia-Maryland — a Linha Mason-Dixon, assim chamada pelos topógrafos Charles Mason e Jeremiah Dixon que, em 1760, resolveram a longa disputa de fronteiras entre as duas colônias, como então eram. A divisão estado abolicionista/ estado escravagista foi então estendida para o Oeste, por meio das ordenações noroeste e sudoeste de 1787, ao longo do rio Ohio até o Mississipi. E também vimos como, nesse mesmo ano, os Fundadores providenciaram o fim do tráfico de escravos em 1808, mas deixaram "qualquer resolução final para as gerações futuras".[30]

O congressista James Tallmadge Jr., de Nova York, nasceu em 1778 e era, portanto, um membro da geração futura. Quando o território de Missouri solicitou o estabelecimento da condição de estado em 1819, ele tentou anexar uma emenda de abolição gradual ao projeto de lei de admissão que teria libertado escravos de 25 anos ou mais nascidos no novo estado. Com certeza, outros novos estados escravistas já tinham sido admitidos na União: Kentucky em 1792, Tennessee em 1796, Louisiana em 1812, Mississipi em 1817, e Alabama estava se juntando assim que a Lei do Missouri chegou ao Congresso. Mas Missouri foi o primeiro território a candidatar-se à condição de estado dentro da região de Louisiana Purchase, a vasta faixa de terra a oeste do rio Mississipi, comprada da França pelo presidente Thomas Jefferson em 1803.

Os nortenhos como Tallmadge estavam determinados a impedir que a escravidão se espalhasse por lá, alguns deles descrevendo abertamente a instituição como má nos debates sobre a admissão de Missouri. Alguns sulistas responderam sombriamente com conversas iniciais sobre secessão e guerra. Thomas Jefferson escreveu profeticamente em abril de 1820 que "essa importante questão, como um sino de fogo na noite, despertou e encheu-me de terror. Considerei-o imediatamente como o toque da União. De momento, de fato, há silêncio, mas isto é apenas um adiamento, não uma sentença final. Uma linha geográfica, coincidindo com um princípio marcado, moral e político, uma vez concebida e sustentada pelas paixões iradas dos homens, jamais será obliterada; e cada nova irritação a marcará cada vez mais profundamente".[31]

No mês anterior, porém, o senador Henry Clay do Kentucky

tinha, de fato, abafado o assunto por um momento ao intermediar o Compromisso de Missouri, no qual a escravidão foi proibida no território comprado ao norte do paralelo 36°30', o limite sul do Missouri — exceto que a escravidão era permitida no próprio Missouri. Maine também foi separado de Massachusetts e se juntou à União em seu próprio direito, reequilibrando o número de estados escravistas e livres em doze cada. Durante certo período, a democracia deliberativa salvou a União, mas o preço disso foi a expansão da escravatura para o ocidente. A próxima crise seccional não foi explicitamente sobre escravidão. Quando o Congresso aprovou uma nova Lei Tarifária em 1828, alguns usaram a ocasião para expor argumentos a favor dos direitos dos estados. Os da Carolina do Sul em particular indicaram que essa "Tarifa das Abominações" significava que precisariam pagar preços mais elevados pelos bens para subsidiar a evolução econômica da manufatura do Norte. Mas, com a Primeira Emancipação em vias de conclusão e com a ascensão do abolicionismo, eles também estavam preocupados com a forma como poderiam usar a Constituição para proteger a sua instituição cada vez mais peculiar.

Em 1828, John C. Calhoun publicou seu *South Carolina Exposition & Protest,* embora tenha feito isso anonimamente, já que desejava manter seu status como vice-presidente após as eleições daquele ano. Nele, Calhoun desenvolveu uma "Teoria do Pacto do Estado", segundo a qual a Constituição compreendia um "pacto" no qual cada estado mantinha sua soberania e o governo federal era seu "agente". Se o governo federal excedesse a sua jurisdição, qualquer estado poderia "interpor" a sua autoridade soberana para anular uma lei dentro das suas fronteiras ou mesmo separando-se da União. E, quando o Congresso renovou a tarifa em 1832, a Carolina do Sul declarou-a "nula e sem força". O presidente Jackson enviou canhoneiras para o porto de Charleston para fazer cumprir a lei federal, se necessário, mas novamente Henry Clay encerrou a Crise de Nulificação com um compromisso no qual a Carolina do Sul aceitaria uma tarifa que seria gradualmente reduzida até atingir, em 1842, o nível em que estava em 1816.[32]

GOVERNO DO POVO, PELO POVO, PARA O POVO

No entanto, um pouco antes, na Crise da Nulificação, o senador da Carolina do Sul, Robert Hayne, havia repetido o caso da Teoria do Pacto do Estado. Por sua vez, em 1830 e no que ficou conhecido como debate Hayne-Webster, o senador de Massachusetts, Daniel Webster, fez uma defesa pré-obamiana de uma interpretação nacionalista da Constituição: que ela não era formada pelos estados, mas por "Nós, o povo". Logo, os estados não eram nações e não podiam anular uma lei federal ou separar-se da União, pois tais ações desafiariam a soberania da autoridade suprema: o povo dos Estados Unidos.

Barack Obama é famoso por citar ou parafrasear Abraham Lincoln nessa questão da soberania do povo. Em seu próprio discurso de aceitação, em 4 de novembro de 2008, o novo presidente eleito comemorou como sua campanha "ganhou força" de muitas fontes, incluindo "os milhões de americanos que se voluntariaram e organizaram e provaram que mais de dois séculos [após a fundação], um governo do povo, pelo povo e para o povo não pereceu da Terra". Essas últimas palavras, naturalmente, vêm da última linha do "Discurso de Gettysburg" feito por Abraham Lincoln, sua dedicatória de 19 de novembro de 1863 para aqueles que lutaram e morreram no campo de batalha da Pensilvânia em julho. Vale a pena citar na íntegra porque Barack Obama usa várias frases dele que encontraremos novamente um pouco mais tarde. Mas também só "porque sim".[33]

Há 87 anos, nossos pais criaram, neste continente, uma nova nação, concebida em liberdade e dedicada à proposição de que "todos os homens são criados iguais".

Agora estamos engajados em uma grande guerra civil, testando se essa nação, ou qualquer outra nação tão concebida e tão dedicada, pode durar muito tempo. Encontramo-nos no grande campo de batalha dessa guerra. Viemos para dedicar uma porção dela, como um lugar de descanso final para aqueles que morreram aqui, para que a nação possa viver. Podemos fazer isto, com toda a propriedade. Mas em um sentido mais amplo, não podemos dedicar, não podemos consagrar, não podemos santificar este solo. Os homens corajosos, vivos e mortos, que lutaram aqui, santificaram-na, muito acima do nosso pobre poder de acrescentar ou depreciar. O mundo não vai notar, nem se lembrar de muito do que dissemos aqui; todavia ele jamais poderá esquecer o que eles fizeram aqui.

E cabe a nós, os vivos, nos dedicarmos aqui à grande tarefa que nos resta — que destes mortos honrados tomamos maior devoção à causa pela qual eles aqui deram a última medida completa de devoção — que nós aqui resolvemos que esses mortos não terão morrido em vão, que esta nação terá um novo nascimento de liberdade, e que o governo do povo, pelo povo, para o povo não perecerá da terra.[34]

Mas tanto Barack Obama como Abraham Lincoln devem uma grande parte do crédito por essa linha final a Daniel Webster. Em sua "Segunda resposta a Hayne" em janeiro de 1830, Webster abordou as questões da "origem deste governo e a fonte de seu poder". Ele perguntou: "De quem é o agente? É a criatura das legislaturas do Estado, ou a criatura do povo?" E ele respondeu: "É, senhor, a Constituição do povo, o governo do povo, feito para o povo, feito pelo povo e responsável perante o povo."[35]

Todos nós temos uma enorme dívida para com um brilhante orador que é bem menos lembrado agora do que nos dias de Lincoln. Webster concluiu a sua "Segunda resposta" com as seguintes palavras:

Quando os meus olhos se voltarem para contemplar pela última vez o sol no céu, que eu não o veja brilhar sobre os fragmentos quebrados e desonrados de uma União outrora gloriosa; sobre os estados dizimados, discordantes, beligerantes; sobre uma terra fragmentada por rixas civis, ou encharcada, pode ser, de sangue fraternal! Que o seu último olhar débil e persistente contemple o deslumbrante estandarte da república, agora conhecido e honrado por toda a terra, ainda em plena elevação, suas armas e troféus reluzindo em seu brilho original, nenhuma listra apagada ou poluída, nem uma única estrela obscurecida, portando seu lema, nenhum interrogatório tão miserável como "De que vale tudo isso?", nem aquelas outras palavras de desilusão e loucura, "A Liberdade primeiro e a União depois"; mas, por toda a parte, espalhados por todo o lado em caracteres de luz viva, brilhando em todas as suas amplas dobras, enquanto flutuam sobre o mar e sobre a terra, e em cada vento sob todos os céus, este outro sentimento, caro a todo verdadeiro coração americano — Liberdade e União, agora e para sempre, una e inseparável![36]

Na frase final de Daniel Webster — "Liberdade *e* União, agora e para sempre, una e inseparável" — podemos encontrar três significados. Primeiro, foi uma resposta a um brinde supostamente feito por John C. Calhoun como uma resposta a um brinde supostamente dado por Andrew Jackson no jantar do Dia de Jefferson em 13 de abril de 1830, e foi uma resposta a *The South Carolina Exposition and Protest*. À medida que a Crise da Nulificação se intensificava, o formidável ex-duelista Jackson deixou clara a sua hostilidade a Calhoun ao dizer "Nossa União. Ela precisa ser preservada". O supostamente agitado e não mais tão anônimo autor da Carolina do Sul respondeu dizendo: "A União, ao lado da nossa liberdade, mais querida. Que todos recordemos que só pode ser preservada respeitando os direitos dos Estados e distribuindo equitativamente os benefícios e os encargos da União."[37]

Mas a "Liberdade *e* União" de Webster foi muito mais do que uma intervenção em um desentendimento transitório em Washington. O segundo significado de Webster era o fato de a própria União ser una e inseparável, inquebrável — nenhum estado se separaria por sua iniciativa singular. E isso por causa do terceiro e mais importante significado da frase de Webster: que a União, fundada como foi pelo povo soberano, era a encarnação política da própria liberdade. Webster, assim, fez mais para a união perpétua refinando o caso constitucional do que a Guerra Civil. A sua eloquente associação do conceito abstrato de "Liberdade" com a realidade da "União" ajuda-nos a compreender como tantos deram "a última medida completa de devoção" à preservação da União.[38]

A REGRA DA MORDAÇA AUTOIMPOSTA

Nos anos entre 1830 até a Guerra Civil — a era *antebellum* — a política constitucional da escravidão tornou-se cada vez mais complicada, e os compromissos sobre ela estavam cada vez mais difíceis de alcançar. Um dos poucos compromissos constitucionais do século XIX que Barack Obama menciona, talvez porque traiu os princípios particulares de uma democracia deliberativa, bem como o princípio geral da liberdade em si, é "a regra de mordaça autoimposta que o XXIV Congresso colocaria em todo debate sobre a questão da escravidão".[39]

A partir do início da década de 1830, o crescente movimento abolicionista começou a peticionar ao Congresso contra a escravatura — uma tática que os abolicionistas britânicos implantaram com sucesso contra o comércio de escravos, antes de sua abolição em 1807, e contra a própria escravatura, antes de sua abolição nos domínios britânicos em 1834. (O fato de seus antigos mestres imperiais terem abolido a escravidão antes da terra da liberdade foi uma questão de vergonha nacional para muitos americanos na época, mas foi, portanto, mais um incentivo para a causa abolicionista americana.) Em 1836, a Câmara dos Deputados (do 24º Congresso de 1835-1837) aprovou a primeira de uma série de "regras de mordaça" que apresentariam essas petições sem discussão. E, em 1840, o Congresso aprovou a 21ª Regra, uma Ordem Permanente que não exigia renovação bienal e que impedia a Câmara não só de discutir, mas também de receber petições abolicionistas. Em 1844, porém, o ex-presidente e, posteriormente, líder congressista antiescravista John Quincy Adams finalmente conseguiu reunir uma coalizão grande o suficiente para derrotar essa violação óbvia e flagrante da 1ª Emenda da Constituição, a tempo para a próxima crise seccional sobre a escravatura nos territórios ocidentais.

O Compromisso do Missouri de 1820 tinha resolvido a questão da expansão da escravatura dentro dos territórios dos Estados Unidos que existiam na época. Mas novas controvérsias sobre a escravidão surgiram na vasta região do leste do Texas até a costa da Califórnia, adquirida pelos Estados Unidos por meio da Guerra Mexicano-Americana entre

1846 e 1848. Os americanos situados no estado mexicano de Coahuila y Tejas declararam independência em 1836 depois que o general Antonio Lopez de Santa Anna construiu um muro metafórico contra a imigração americana. O Texas solicitou a adesão à União americana imediatamente, mas a admissão foi impedida por congressistas do Norte que antecipavam a guerra com o México e temiam a continuação da disseminação da escravidão. A República do Texas foi uma nação independente durante os oito anos seguintes. Em 1844, porém, o presidente James K. Polk pediu ao Congresso uma Resolução Conjunta sobre anexação, exigindo uma maioria simples em vez da maioria absoluta normalmente exigida para a admissão à condição de estado.

Embora o Texas tenha se juntado à União como um estado escravista, Polk ainda precisava de dinheiro para a guerra com o México provocada pela anexação. Em 1846, o congressista David Wilmott da Pensilvânia propôs que a escravidão fosse banida de todos os territórios adquiridos no conflito. E os congressistas do Norte propuseram e viram a Cláusula Wilmott ser derrotada várias vezes nos anos seguintes, entre eles Abraham Lincoln, membro da Câmara dos Deputados do Sétimo Distrito de Illinois entre 1847 e 1849. Eles defenderam a ação sob a disposição da Constituição de que "o Congresso terá o poder de dispor e fazer todas as regras e regulamentos necessários respeitando o território ou qualquer outra propriedade pertencente aos Estados Unidos".[40]

Os sulistas responderam com as Resoluções Calhoun de fevereiro de 1847, nomeadas em homenagem ao idoso, mas ainda ativo, autor de *The South Carolina Exposition and Protest*. De acordo com a Teoria do Pacto do Estado, a Doutrina Calhoun, como as resoluções passaram a ser chamadas, argumentou que os territórios ocidentais eram propriedade comum de todos os estados e, portanto, não estavam sob a autoridade exclusiva do governo federal. Além disso, nenhum território poderia proibir a escravatura até que se candidatasse a ingressar na União. E o Congresso não tinha autonomia para proibir a escravidão em nenhum território ou estado porque os cidadãos não poderiam, segundo a 5ª Emenda, "ser privados de vida, liberdade ou propriedade, sem o devido processo legal". Assim, a Declaração dos Direitos foi implantada em defesa da escravidão.

Então, de qualquer modo, o presidente Polk conseguiu o seu dinheiro e, no Tratado de Guadalupe Hidalgo de 1848, os Estados Unidos asseguraram não só o Texas, mas também todos os outros territórios a oeste do Pacífico. Mas isso, claro, preparou o terreno para mais crises seccionais. Essas crises poderiam ter levado mais tempo para surgir se não fosse pela descoberta de ouro na Califórnia no início de 1848. A chegada subsequente de mais de 80 mil "garimpeiros" ao país garantiu ao território o direito para solicitar o estatuto de estado. Isso foi feito em outubro de 1849 e o Novo México seguiu em maio do ano seguinte. O então idoso Henry Clay cimentou sua reputação ambígua de "O Grande Mediador" ao intermediar mais um. O Compromisso de 1850 admitiu a Califórnia na União como um estado livre e aboliu o comércio de escravos — mas não a escravatura — em Washington DC. Entretanto, permitiu a escravatura no Novo México e no território de Utah. E incluía a Lei dos Escravos Fugitivos, já citada, gerando grande irritação em um exército crescente de abolicionistas.

UM LEGISLADOR FOI ESPANCADO E DEIXADO INCONSCIENTE NO CHÃO DO SENADO

Um dos mais fundamentais legisladores que propiciaram a aprovação do Compromisso de 1850 foi Stephen Douglas, um dos antecessores de Barack Obama como senador americano de Illinois, que dividiu o projeto de lei original de Henry Clay em partes separadas para garantir a maioria na câmara para cada um deles. Mas foi a Lei Kansas-Nebraska de 1854 que garantiu a notoriedade de Douglas. Como presidente da Comissão de Territórios do Senado, ele assegurou que os sulistas pudessem levar escravos para essas terras e que o povo decidisse se a escravidão seria permitida quando se candidatassem à condição de estado. Kansas e Nebraska ficam ao norte do paralelo 36°30', então a Lei Kansas-Nebraska rejeitou o Compromisso de Missouri e a sua restrição à propagação da escravatura ao norte da fronteira sul desse estado.

Douglas defendeu a medida com base na "soberania popular",

apropriando-se da tradição democrática americana para os propósitos da instituição peculiar, embora tenha assegurado aos nortenhos que esses territórios eram inadequados à escravidão de qualquer maneira, excluindo os aliados do Sul aos quais ele havia vendido a própria alma para ganhar. Também argumentou que deixar as questões para serem decididas localmente evitaria novas crises nacionais sobre o assunto. Ele não podia estar mais enganado quanto a isso. Os "*jayhawkers*", pró-escravidão, e os "*free soilers*", antiescravidão, invadiram o Kansas, criaram capitais rivais em Lecompton e Topeka, e candidataram-se respectivamente à condição de estado com constituições separadas. O Kansas não conseguiu entrar na União até janeiro de 1861, embora o tenha feito, finalmente, como estado livre. A condição de estado tinha se mostrado um problema insolúvel até o momento, porque, no verão de 1856, os colonos começaram a combater uma miniguerra civil na qual até duzentas pessoas morreram antes da Guerra Civil maior.

E o Kansas Sangrento, entretanto, levou ao derramamento de sangue em Washington. Como Barack Obama disse uma vez, "As tensões estavam tão altas, tão pessoais, que, a certa altura, um legislador foi espancado e deixado inconsciente no chão do Senado". Na verdade, o senador e militante abolicionista Charles Sumner, de Massachusetts, fez um discurso chamado "O Crime contra o Kansas" em 19 e 20 de maio de 1856 — foi um longo discurso. Em uma das partes mais emocionantes dele, Sumner aludiu de maneira geral e metafórica à exploração sexual de escravos por parte dos sulistas, referindo-se à expansão da instituição no Kansas como a "violação de um Território virgem". Mas ele também falou de forma particular e pessoal. Sobre Andrew Butler, um dos patrocinadores da Lei do Kansas, Sumner disse: "O senador da Carolina do Sul leu muitos livros de cavalaria e acredita ser um cavaleiro com sentimentos de honra e coragem. É claro que ele escolheu uma amante a quem fez seus votos, e que, embora feia para os outros, é sempre adorável para ele; embora poluída aos olhos do mundo, é casta aos seus olhos — estou falando da prostituta, a escravidão." O que era uma alusão à exploração sexual de escravos por parte de Butler, e não apenas uma metáfora da escravidão em geral.[41]

O congressista da Carolina do Sul, Preston Brooks, primo de segundo grau mais novo de Butler, também se considerava um homem de honra e, assim, em 22 de maio, ele entrou no Senado e espancou Sumner até que ele ficasse inconsciente e depois bateu-lhe um pouco mais com sua bengala de guta-percha com empunhadura de ouro. Os ferimentos físicos e traumas mentais de Sumner foram tão graves que ele não retornou ao Senado permanentemente até 1859. Essa não foi a ilustração mais edificante do ideal de democracia deliberativa de Barack Obama. No entanto, de certa forma, Charles Sumner teve sorte. Preston Brooks e seus amigos decidiram que o seu código de cavalaria definia o senador de Massachusetts como insuficientemente cavalheiro para merecer a honra de ser desafiado e possivelmente morto em um duelo. Sumner sobreviveu, assim, para ver a aprovação das 13ª, 14ª e 15ª Emendas que aboliram a escravidão e reconheceram a igualdade de cidadania e de direitos de voto independentemente da raça. Infelizmente, Brooks não. Ele contraiu crupe e morreu devido à traqueia inflamada em janeiro de 1857.[42]

O mandato de Stephen Douglas como senador estava em seus estágios finais quando esses eventos se desdobraram, e ele estava prestes a enfrentar a reeleição em 1858. Enquanto isso, um dos casos jurídicos mais importantes na história americana chegaria à Suprema Corte. E Douglas teria de debater as suas implicações com "um advogado alto, desengonçado e autodidata de Springfield".[43]

QUE ENTRARIA NA SUPREMA CORTE COMO UM HOMEM LIVRE E SAIRIA COMO UM ESCRAVO

O caso Dred Scott é outro exemplo das lutas constitucionais sobre a escravatura mencionadas, ainda que brevemente, por Barack Obama. Como diz Obama, "a requintada maquinaria da Constituição garantiria os direitos dos cidadãos, aqueles considerados membros da comunidade política americana". Mas ela não ofereceu proteção àqueles que estavam fora do círculo constitucional", incluindo "o negro Dred Scott, que entraria na Suprema Corte com um homem livre e sairia como um escravo".[44]

Dred Scott nasceu na Virgínia em 1795 e, em 1818, mudou-se para o Alabama com seu proprietário Peter Blow. Doze anos depois, Blow mudou-se para St. Louis, Missouri, onde vendeu Scott a um cirurgião do Exército chamado John Emerson. Emerson levou Scott primeiro para Fort Armstrong em Illinois e depois para Fort Snelling, em uma parte do território de Wisconsin que mais tarde seria de Minnesota. O primeiro era território livre graças à Portaria Noroeste de 1787 e à Constituição do estado de Illinois de 1819, e o último era uma terra livre de acordo com o Compromisso de Missouri. Scott poderia ter entrado com um processo pela sua liberdade, de sua esposa Harriet e de sua filha Eliza, com base nesses documentos, depois que eles voltaram para os estados escravistas, primeiro para Louisiana e depois para St. Louis. Mas em 1846 tentou comprar a sua liberdade da viúva de Emerson, outra Eliza. Quando ela se recusou, com a ajuda de abolicionistas (incluindo a família de Peter Blow, agora antiescravatura), ele finalmente entrou com processo pela liberdade dele e de sua esposa, alegando que haviam sido libertados por estarem em territórios livres, e a de sua filha, que nasceu em um barco a vapor no rio Mississipi.

O caso passou pelo sistema de justiça antes de chegar à última corte de apelação, e Eliza Emerson transferiu a propriedade de Scott para seu irmão John, então o caso foi registrado como *Dred Scott vs. Sandford*. Scott não estava legalmente livre quando entrou na Suprema Corte. A corte federal de apelação anterior tinha dado o mesmo veredito que a Suprema Corte de Missouri: que Scott era de fato escravo de Sandford, mas permitiu que ele fosse contratado e seus ganhos colocados em caução e apresentados a Scott ou a Sandford ao final do caso. No entanto, em 1850, Eliza Emerson casou-se com Calvin C. Chaffee, um abolicionista de Massachusetts e congressista dos Estados Unidos, e depois que o caso Dred Scott foi resolvido, os Chaffees escrituraram Scott e família a Henry Taylor Blow, filho de Peter, que os alforriou em 26 de maio de 1857, sugerindo que todos os lados estavam de fato conspirando em um caso de teste legal de antiescravatura. Se assim fosse, então Scott era livre em tudo menos no nome. Quaisquer que fossem as circunstâncias,

Scott finalmente se tornou totalmente livre após o veredito da Suprema Corte, embora não por muito tempo, pois morreu de tuberculose em setembro de 1858.[45] Esse veredito, no entanto, foi contra Dred Scott, e o presidente da Suprema Corte, Roger B. Taney, natural de Maryland e a favor da escravidão, proferiu uma sentença por maioria de 7-2 que teve profundas implicações para os afro-americanos e para a escravidão enquanto instituição. Taney decidiu que o processo de Scott nunca deveria ter acontecido e que nenhum outro desse tipo deveria acontecer novamente. E não com base em qualquer tecnicidade, mas devido ao que ele argumentou ser a doutrina há muito aceita de que os africanos e seus descendentes eram "tão inferiores, que não tinham direitos que o homem branco devesse respeitar". Taney abordou diretamente as questões levantadas pelas palavras da Declaração de Independência, citando-as, como segue, em sua decisão, "que todos os homens são criados iguais; que são dotados pelo Criador de certos direitos inalienáveis; que entre esses estão a vida, a liberdade e a busca pela felicidade; e que, para garantir esses direitos, os governos são instituídos, derivando seus justos poderes do consentimento dos governados". Ele respondeu da seguinte forma:

As palavras gerais citadas parecem abranger toda a família humana... Mas está claro demais para que se possa discutir que a raça africana escravizada não deveria ser incluída, e não fazia parte das pessoas que enquadraram e adotaram essa declaração; pois, se a linguagem, tal como entendida naquele dia, os abraçasse, a conduta dos distintos homens que enquadraram a Declaração de Independência teria sido total e flagrantemente inconsistente com os princípios que eles afirmavam.

Quanto à Constituição, Taney argumentou que as cláusulas do Comércio de Escravos e dos Escravos Fugitivos provaram que a frase "Nós, o povo" também nunca foi destinada a ser aplicada aos de origem africana. Assim, os negros não podiam ser cidadãos e, portanto, não tinham direitos constitucionais.

O Juiz Taney também acrescentou um sinistro *dictum ober dictum*.

Isto é, de acordo com a 5ª Emenda, nenhum cidadão pode ser privado da propriedade sem o devido processo legal, o que, evidentemente, é verdade. Entretanto, Taney tirou as mesmas conclusões que as Resoluções de Calhoun: todos os acordos relativos à escravatura nos territórios ocidentais eram, portanto, inconstitucionais. Certamente que isso se aplicava à Portaria do Noroeste e ao Compromisso de Missouri, mas também pode ter se aplicado a todas as leis que restringiam a escravidão em qualquer lugar, até mesmo aos atos de abolição da Primeira Emancipação nos estados do Norte.[46]

UMA CASA DIVIDIDA CONTRA SI MESMA

Para Stephen Douglas, apoiador da soberania popular e voltado para as eleições, o veredito de Dred Scott foi estranho, e seu adversário para a cadeira do Senado pretendia explorar toda a estranheza. Abraham Lincoln fazia parte de um movimento crescente que estava trazendo a antiescravatura para o *mainstream* político, ao ponto de, no início dos anos 1850, os partidos estarem se dividindo em bases seccionais e se reconstituindo atrás de linhas seccionais. Havia republicanos democratas e federalistas do Norte e do Sul no primeiro sistema partidário, de 1790 a 1820, e o mesmo aconteceu entre os democratas e os whigs do segundo sistema partidário, de 1830 a 1850. Mas o Partido Republicano surgiu após a Lei Kansas-Nebraska como exclusivamente do Norte, dedicado a acabar com a expansão da escravidão. O Partido Republicano era composto principalmente por whigs antiescravidão, embora um pequeno grupo desse partido continuasse argumentando desesperadamente pela união antes de, finalmente, morrer na Guerra Civil. O Partido Democrata, por sua vez, estava se tornando cada vez mais do Sul, à medida que mais e mais dos seus membros do Norte se juntavam aos republicanos.

Aceitando a nomeação republicana para a sede do Senado de Illinois no Capitólio do estado de Springfield, em 16 de junho de 1858, Abraham Lincoln fez seu famoso discurso "Uma casa dividida" — um de seus maiores. Começando com as palavras de Jesus apresentadas nos Evangelhos de Mateus e Marcos, ele disse:

"Uma casa dividida contra si mesma não consegue ficar de pé." Acredito que este governo não consegue perdurar, permanentemente metade escravista e metade livre. Não espero que a União se dissolva — não espero que a casa caia — mas espero que deixe de estar dividida. Ela se tornará uma coisa ou outra. Ou os opositores da escravidão irão frear a propagação da mesma e colocá-la onde a mente pública deve descansar na crença de que ela está em vias de extinção final; ou seus defensores irão empurrá-la para a frente, até que ela se torne igualmente legal em todos os estados, antigos e novos, bem como no Norte e no Sul.[47]

E Lincoln citou "a doutrina de Nebraska, e a decisão de Dred Scott" como indicações da direção em que as coisas estavam indo. Lincoln também fez referência à esperada consideração da Suprema Corte sobre o *Caso Lemmon Slave*, que questionava se Jonathan e Juliet Lemmon haviam perdido o título legal de seus oito escravos, quando os levaram para o estado livre de Nova York, enquanto viajavam da Virgínia ao Texas. A Suprema Corte declararia que o ato de abolição de Nova York era inconstitucional, como o *ober dictum* de Roger B. Taney, Dred Scott havia sugerido fortemente?

Na verdade, o caso nunca chegou a Washington devido à eclosão da guerra em 1861, mas sua perspectiva pairava ameaçadoramente sobre a nação em 1858. E, assim, Abraham Lincoln caracteristicamente misturou sua famosa popularidade e suas formidáveis habilidades forenses ponderando o seguinte: "Junte isto e aquilo", disse ele, "e teremos outro pequeno nicho, que poderemos, em breve, ver preenchido com outra decisão da Suprema Corte, declarando que a Constituição dos Estados Unidos não permite que um Estado exclua a escravidão de seus limites". Então "Nós nos deitaremos sonhando agradavelmente que o povo de Missouri está a ponto de tornar seu estado livre, e, em vez disso, despertaremos para a realidade, que a Suprema Corte fez de Illinois um estado escravo".[48]

Abraham Lincoln perdeu a eleição de 1858 ao Senado, mas entre o discurso "Uma casa dividida" e os sete Debates Lincoln-Douglas entre 21 de agosto e 15 de outubro de 1858 ele se tornou um nome nacional. Mas é claro que o seu nome significava coisas diferentes nas partes Norte e Sul da nação. Ganhou a indicação republicana para a presidência em 1860 e, em uma corrida de quatro vias com o democrata Stephen Douglas, o democrata sulista John C. Breckinridge e o integrante do Partido da União Constitucional, John Bell, ganhou a Casa Branca quase inteiramente na votação do Norte.[49]

Os estados do Sul começaram então a separar-se da União. O primeiro foi a Carolina do Sul em 20 de dezembro de 1860. Os outros estados do extremo Sul, Mississipi, Flórida, Alabama, Geórgia, Louisiana e Texas, saíram logo em seguida e formaram os Estados Confederados da América em 4 de fevereiro de 1861. Lincoln tomou posse exatamente no mês seguinte, um mês depois que o presidente tentou reabastecer Fort Sumter, a instalação militar federal em Charleston Harbor. A Guerra Civil Americana começou quando os confederados atiraram contra ela e a capturaram em 12 e 13 de abril de 1861. O presidente começou a se mobilizar para a guerra, e os outros estados do Sul, Virgínia, Arkansas, Tennessee e Carolina do Norte, se separaram posteriormente, elevando o número total de estados confederados para onze.

O QUE ISSO DIZ SOBRE A NOSSA DEMOCRACIA?

Para Barack Obama, a genialidade peculiar da política americana é que o progresso é feito pela "democracia deliberativa" criada pela Constituição, mesmo que às vezes retardada pelas necessidades de compromisso e consenso. Mas, como Obama admite, "a deliberação democrática poderia ter sido suficiente para expandir a franquia" aos homens brancos pobres e, eventualmente, às mulheres, e para "diminuir as tensões religiosas e de classe", mas "a deliberação sozinha não poderia proporcionar ao escravo sua liberdade ou purificar a América de seu pecado original. No final, foi a espada que lhe cortou as correntes". E assim ele faz a pergunta óbvia a respeito da escravidão e da Guerra Civil: "O que isso diz sobre a nossa democracia?"[50]

E Obama começou suas reflexões sobre essa questão em estilo classicamente acadêmico. "Há uma escola de pensamento", escreveu ele com razão, "que vê os Pais Fundadores apenas como hipócritas e a Constituição apenas como uma traição aos grandes ideais estabelecidos pela Declaração de Independência". Esses historiadores concordam, pelo menos metaforicamente, "com os primeiros abolicionistas que o Grande Compromisso entre o Norte e o Sul foi um pacto com o Diabo". Obama observa ainda que outros, por outro lado, argumentam que todos os compromissos sobre escravidão eram necessários para a formação e sobrevivência da União e que "os Fundadores apenas procuraram adiar o que eles estavam certos de que seria o declínio definitivo da escravidão". De fato, "a genialidade da Constituição" foi que ela "permitiu o espaço para que os abolicionistas se reunissem e o debate prosseguisse, e forneceu a estrutura pela qual, após lutarem a Guerra Civil, as 13ª, 14ª e 15ª Emendas poderiam ser aprovadas, e a União finalmente aperfeiçoada".[51]

Mas Obama então abandona todas as tentativas de análise objetiva e adota uma atitude mais ambivalente e atávica, embora as reflexões resultantes sejam igualmente perspicazes. "Como posso" pergunta ele, "eu, um americano com o sangue da África correndo pelas minhas veias, escolher lados em tal disputa? Não posso. Amo demais a América, estou muito empenhado naquilo em que este país se tornou, muito empenhado nas suas instituições, na sua beleza, e mesmo na sua fealdade, para me concentrar inteiramente nas circunstâncias do seu nascimento. Mas também não posso deixar de lado a magnitude da injustiça cometida, nem apagar os fantasmas de gerações passadas, nem ignorar a ferida aberta, o espírito doloroso, que ainda aflige este país".[52]

No entanto, ele realmente escolheu lados de forma muito complexa e intrigante.

OS NEURÓTICOS, OS FANÁTICOS, OS PROFETAS, OS AGITADORES E OS IRRACIONAIS

Como Obama sabe, o esforço mais determinado e determinante contra a escravidão antes da Guerra Civil não aconteceu em Washington. E esse esforço não foi liderado por políticos, mas por homens e mulheres comuns, negros e brancos. Em seu discurso comemorativo do 150º aniversário da aprovação da 13ª Emenda, Obama mostrou onde o coração e a alma do abolicionismo realmente estavam. "Pregadores, negros e brancos", disse ele,

protestavam contra este ultraje moral do púlpito. Ex-escravos abalaram a consciência dos americanos em livros, panfletos e discursos. Homens e mulheres organizaram convenções e campanhas de angariação de fundos antiescravidão. Agricultores e lojistas abriram seus celeiros, suas casas, suas adegas como estações de passagem de uma ferrovia subterrânea, onde os afro-americanos muitas vezes arriscavam sua própria liberdade para garantir a liberdade de outros. E os americanos escravizados, sem direitos próprios, correram para o norte e mantiveram a chama da liberdade acesa, passando-a de geração em geração, com sua fé, sua dignidade e seu canto.[53]

"O melhor que posso fazer diante de nossa história", escreve Obama, "é lembrar-me que nem sempre foi o pragmático, a voz da razão ou a força do compromisso que criaram as condições para a liberdade". Na verdade, os "fatos duros e frios me lembram que foram os idealistas inflexíveis como William Lloyd Garrison que primeiro soaram o clamor por justiça; que foram escravos e ex-escravos, homens como Denmark Vesey e Frederick Douglass, e mulheres como Harriet Tubman, que reconheceram que o poder não admitiria nada sem luta. Foram as profecias de John Brown, sua disposição de derramar sangue e não apenas palavras em nome de suas visões, que ajudaram a forçar a questão de uma nação meio escravocrata e meio livre". Ele conclui, portanto, que "me lembram que a deliberação e a ordem constitucional às vezes podem ser o luxo dos poderosos, e que, às vezes, foram os neuróticos, os fanáticos, os profetas, os agitadores e os irracionais — em outras palavras, os absolutistas — que lutaram por uma nova ordem".[54]

Então, quem eram exatamente esses neuróticos, fanáticos, profetas, agitadores e absolutistas? E que coisas irracionais eles fizeram?

WILLIAM LLOYD GARRISON

Na verdade, não foi William Lloyd Garrison que "primeiro fez soar o clamor por justiça". Vimos que as ideias antiescravidão existiam desde o final do século XVII, embora só tenham se generalizado entre os brancos na era da Revolução Americana. E Garrison nem sequer foi o primeiro dos ativistas abolicionistas mais militantes da era *antebellum*. Em 1829, um homem negro de Boston, nascido na Carolina do Norte, chamado David Walker, publicou *An Appeal to the Colored Citizens of the World* e com ele inaugurou uma nova era de abolicionismo que exigia libertação imediata, cidadania igualitária e não compensação para os "ladrões de homens" cuja escravização dos outros nunca foi legítima e, portanto, nunca deveria ser recompensada.[55]

David Walker morreu em 1830, mas William Lloyd Garrison (1805-1879), um radical branco de Massachusetts, continuou sua causa. Garrison republicou os escritos de Walker nas primeiras edições de *The Liberator*, a revista pró-abolição que ele começou a editar e publicar em 1831. Nesse ano, Garrison também cofinanciou a Sociedade Antescravidão da Nova Inglaterra, mais tarde reorganizada como Sociedade Antiescravidão de Massachusetts, uma afiliada da Sociedade Antiescravidão Americana que Garrison também cofinanciou em 1833.

Apesar de se opor à violência, William Lloyd Garrison era de fato um "fanático" ideológico. Na primeira edição da *The Liberator*, ele escreveu que

> Estou ciente de que muitos se opõem à severidade da minha linguagem, mas não há motivo para severidade? Serei tão duro quanto a verdade e

tão intransigente quanto a justiça. Sobre esse assunto, não quero pensar, nem falar, nem escrever, com moderação. Não! não! Diga a um homem cuja casa está em chamas para dar um alarme moderado; diga-lhe para resgatar moderadamente sua esposa das mãos do violador; diga à mãe para libertar gradualmente seu bebê do fogo em que ele caiu — mas não insista para que eu use a moderação em uma causa como a presente. Eu sou sincero — não vou me enganar — não vou me desculpar — não vou recuar nem um centímetro — E VOU SER OUVIDO.[56]

Um "idealista inflexível", de fato. Garrison também chamou a Constituição, com todos os seus compromissos sobre a escravidão, de "um pacto com a morte" e "um acordo com o inferno", os comentários lembrados pela caracterização de Obama daqueles que pensavam que os compromissos constitucionais incluíam "um pacto com o Diabo". E, assim, Garrison pediu "Nenhuma União com Proprietários de Escravos" e argumentou repetidamente para a secessão do Norte: uma posição pouco obamiana, com certeza, mas esse é precisamente o ponto de Obama. Talvez tenha sido necessário que tal "absolutista" defendesse a causa tão fortemente para que, na década de 1850, um senador dos Estados Unidos e ex-governador de Nova York pudesse dizer que havia uma "lei superior" à Constituição e falar de um "conflito irreprimível" sobre a escravatura. Na década de 1860, o mesmo homem que proferiu essas palavras irrazoáveis, William Henry Seward, seria o secretário de Estado do presidente Lincoln.[57]

DENMARK VESEY

Denmark Vesey é uma escolha particularmente interessante de figura histórica ilustrativa de Barack Obama. Nascido por volta de 1767 na ilha dinamarquesa de St. Thomas, foi comprado na adolescência por um capitão do mar das Bermudas e comerciante de escravos chamado Joseph Vesey, para quem o multilingue Telemaque (nome original de Denmark Vesey) trabalhou como assistente especializado na interpretação de francês e espanhol. Mais tarde, os dois se instalaram em Charleston, na Carolina do Sul, onde o escravo foi contratado como carpinteiro.

Em 9 de novembro de 1799, Telemaque ganhou US$1500 em uma loteria e, posteriormente, comprou sua liberdade por seiscentos dólares: uma virada incomum e inesperada dos acontecimentos. Mais tarde, ele começou o seu próprio negócio de carpintaria e tornou-se um pregador no Episcopado Metodista Africano, igreja que ajudou a fundar em 1818. Além da escravidão e discriminação contra os homens negros livres, Vesey ficou irritado com a recusa de seu antigo senhor em permitir que ele comprasse a liberdade de sua esposa Susan e seus filhos Sandy e Robert. Inspirado pela revolta haitiana de 1791 e pela independência de 1804, e depois por debates no Congresso sobre o Missouri, ele e uma rede de conspiradores começaram a organizar uma rebelião que planejavam começar em 14 de julho, Dia da Bastilha, em 1822.

O tamanho da conspiração era obviamente uma vantagem, mas também uma fraqueza, já que foi traída internamente. Vesey e cinco conspiradores foram enforcados em 2 de julho e, durante aquele mês, mais 29 homens foram enforcados e outros 31 foram transportados, incluindo Sandy. Susan migrou para a Libéria e Robert foi libertado em 1865. Os processos contra os supostos conspiradores foram auxiliados por tortura e ameaças de morte. O procurador-geral da Carolina do Sul, Robert Hayne, mais tarde opositor da oratória desigual de Daniel Webster, determinou que a garantia ao direito de *habeas corpus* da Constituição estadual não se aplicava aos negros. Quatro homens brancos também foram considerados culpados de conspiração, mas não sofreram punição pior do que um ano na cadeia e uma multa de mil dólares.

A tentativa de Denmark Vesey de se rebelar contra a escravidão nos Estados Unidos não foi a única. A Conspiração de Gabriel de 1800 em Richmond, Virgínia e arredores primeiro foi adiada por uma tempestade e depois traída por alguns envolvidos. Houve também a Rebelião de Nat Turner em agosto de 1831 no condado de Southampton, Virgínia, na qual cerca de sessenta brancos, incluindo crianças, foram mortos antes de uma retaliação que resultou na morte de cerca de duzentos negros, alguns dos quais sem dúvida não estavam envolvidos na insurreição. Outros 56 afro-americanos foram executados após julgamentos sem júri, incluindo Turner, que foi enforcado e depois esfolado, decapitado e esquartejado. Barack Obama tem evitado esse episódio especialmente controverso e complicado, embora ele não o tenha ignorado completamente. Em referência a artefatos históricos a serem expostos no MNHCAA, Obama listou a bíblia de Nat Turner, uma fonte de sua pregação apocalíptica, ao lado do xale de Harriet Tubman.[58]

FREDERICK DOUGLASS

Nascido no início de 1818 no condado de Talbot, Maryland, Frederick Douglass (originalmente Bailey) passou grande parte de sua infância em Baltimore. Sua "amante" Sophia Auld primeiro o ensinou a ler, e foi quando seu marido Hugh a proibiu, alegando que, de acordo com sua autobiografia, "Se você ensinar aquele negro (falando de mim mesmo) a ler, não será possível mantê-lo", que o próprio Douglass decidiu que não seria possível mantê-lo. Ele aprendeu a escrever, bem como a ler, ensinando crianças brancas a provar a suas proezas literárias escrevendo cartas em calçadas. E ele também adquiriu e devorou repetidamente uma cópia de *The Columbian Orator*, um livro escolar que exigia que os alunos lessem e copiassem suas compilações de poesia e prosa republicanas virtuosas. Desde esse início, Douglass se tornou um dos maiores pensadores, escritores e palestrantes americanos do século XIX.

Frederick Douglass escapou da escravidão em sua terceira tentativa em 3 de setembro de 1838, viajando de trem, balsa, barco a vapor e a pé, chegando à cidade de Nova York após 24 horas. Em 15 de setembro do mesmo ano, ele se casou com Anna Murray, uma mulher negra livre que conhecia de Baltimore, e eles adotaram o nome Douglass para evitar atenção — ele era um fugitivo, afinal de contas. Eles se estabeleceram em New Bedford, Massachusetts e, em 1839, ele se tornou um pregador licenciado da Igreja Episcopal Metodista Africana de Zion, honrando suas próprias habilidades oratórias. Douglass primeiro ouviu William

Lloyd Garrison falar em Bristol, Massachusetts, em 1841, e logo depois ele mesmo se tornou um conferencista abolicionista. A aclamação chegou com a publicação, em 1845, da *Narrative of the Life of Frederick Douglass, an American Slave*, mas sua fama recém-alcançada fez com que ele tivesse que viajar para Inglaterra e Irlanda para fugir dos caçadores de escravos. Os admiradores abolicionistas levantaram o dinheiro para pagar ao seu antigo senhor e libertá-lo do medo da recaptura.

Douglass retornou aos Estados Unidos em 1847 e escreveu e falou incansavelmente contra a escravidão, publicando uma autobiografia atualizada, *My Bondage and My Freedom*, em 1855, e outra, *The Life and Times of Frederick Douglass*, em 1881, revisada em 1892. Durante e após a Guerra Civil, ele fez campanha pela igualdade de papéis e remuneração dos soldados negros no Exército da União e pelo sufrágio e cidadania igualitárias — e não apenas para os homens negros, mas também para todas as mulheres. O lema do seu jornal abolicionista *The North Star* era "O direito não tem sexo, a verdade não tem cor, Deus é o Pai de todos nós, e somos todos irmãos". Ele falou muitas vezes em prol da igualdade das mulheres, inclusive na histórica Convenção de Seneca Falls, "para discutir a condição social, civil e religiosa e os direitos da mulher" em 1848.

Anna Murray Douglass morreu em 1882 e, dois anos depois, Frederick Douglass se casou com a ativista feminista branca Helen Potts. Quando criticado por seu relacionamento inter-racial, Douglass respondeu que ele era da mesma cor que sua mãe e sua esposa era da mesma cor que o pai dele. Ele também foi o primeiro negro a disputar uma eleição presidencial, como companheiro de chapa de Victoria Woodhull para o Partido dos Direitos Iguais em 1872, mesmo sendo um aliado do presidente Ulysses S. Grant, ele não reconheceu a sua nomeação nem fez campanha se associando a ele. Mas na Convenção Nacional do Partido Republicano de 1888, ele se tornou o primeiro afro-americano a receber um voto de indicação para a Presidência dos Estados Unidos. Morreu no dia 20 de fevereiro de 1895, depois de participar de uma reunião do Conselho Nacional de Mulheres em Washington, DC.

Há paralelos profundos entre as vidas de Frederick Douglass e Barack

Obama. Outro, além de alguns dos já mencionados anteriormente, é que, depois de algumas jornadas intelectuais tempestuosas, os dois homens finalmente se sentiram à vontade com as tradições e instituições políticas americanas. Douglass inicialmente concordou com a condenação da escravidão na Constituição feita por William Lloyd Garrison, mas mudou de ideia após a leitura de *The Unconstitutionality of Slavery* de Lysander Spooner (1846). Spooner encobriu as cláusulas de defesa da escravidão na Constituição, mas argumentou, em todo caso, que o significado original do documento (independentemente das intenções dos Fundadores) estava nas teorias dos direitos naturais de igualdade e liberdade.

Como Spooner antes dele e Obama depois, Douglass foi um grande interpolador das complexidades e contradições da fundação americana. Em 5 de julho de 1852, ele fez, na Sociedade Antiescravagista de Costura das Senhoras de Rochester, Nova York, um discurso sem título que desde então ganhou o nome de "O que é para o escravo o 4 de Julho?" Nele, Douglass expressou poderosamente o contraste óbvio entre as afirmações da Declaração de Independência e as condições dos escravos: "O que, para o escravo americano", perguntou ele, "é o 4 de Julho?"

> Eu respondo: um dia que lhe revela, mais do que todos os outros dias do ano, a injustiça e a crueldade grosseiras de que é vítima constante. Para ele, a vossa celebração é uma farsa; a vossa liberdade orgulhosa, uma licença profana; a vossa grandeza nacional, a vossa vaidade inflamada; os vossos sons de júbilo são vazios e sem coração; as vossas denúncias de tiranos, a impudência, insolente; os vossos gritos de liberdade e igualdade, um escárnio oco; as vossas orações e hinos, vossos sermões e ações de graças, com todo vosso desfile religioso e solenidade, são, para ele, mera grandiloquência, fraude, engano, impiedade e hipocrisia — um fino véu para encobrir crimes que envergonhariam uma nação de selvagens.[59]

No entanto, como para Barack Obama, nada disso invalidou a Declaração em termos de teoria para Frederick Douglass, ou pelo menos em termos das promessas inerentes à sua teoria. Quaisquer que tenham sido as práticas prevalecentes na nação americana, ele elogiou os "grandes princípios de justiça e liberdade" de seu documento fundador e sublinhou seu potencial de redenção ao chamá-los de "princípios salvadores". "Mantenham-se fiéis a esses princípios," ele exortou a plateia, "sejam fiéis a eles em todas as ocasiões, em todos os lugares, contra todos os inimigos, e a qualquer custo".[60]

Douglass se recusou a detalhar argumentos sobre a Constituição, já que "O assunto tem sido tratado com magistral poder por Lysander Spooner" e outros, que "têm, como eu penso, plena e claramente vindicado a Constituição de qualquer projeto para apoiar a escravidão por uma hora". E perguntou aos seus ouvintes "se a Constituição se destinava a ser, pelos seus autores e adotantes, um instrumento escravista, por que nem a escravatura, nem a posse de escravos, nem os escravos podem ser encontrados nela?" Os imperativos da época exigiam que Douglass negasse as claras intenções das cláusulas pró-escravidão, enquanto o relativo luxo da reflexão histórica significa que Barack Obama não precisa fazê-lo.[61]

Mas em outros aspectos da natureza da Constituição, os dois homens são um só. "Por outro lado," disse Douglass, "nela serão encontrados princípios e propósitos inteiramente hostis à existência de escravidão". Se "interpretada como deve ser interpretada, a Constituição é um GLORIOSO DOCUMENTO DE LIBERDADE. Leia o preâmbulo dela, considere os seus propósitos". E Douglass terminou seu discurso com o otimismo whiggiano de Obama. "Há forças em operação, que devem," ele predisse, "trabalhar inevitavelmente na queda da escravidão. O braço do Senhor não é encurtado, e a desgraça da escravidão é certa. Eu, portanto, paro onde comecei, com esperança. Ao receber incentivo da Declaração de Independência, dos grandes princípios que ela contém e da genialidade das instituições americanas, meu espírito também é animado pelas tendências óbvias da época".[62]

É notável o quanto a oratória de Barack Obama ecoa a de Frederick Douglass. Não só os sentimentos, mas também as referências e até mesmo as cadências. Naturalmente, algumas dessas características retóricas são comumente herdadas da técnica grega, tradição americana e idioma afro-americano. Porém, outros são individuais de cada homem, e, ainda assim, cada homem é semelhante ao outro — ou porque Obama toma emprestado da retórica de Douglass ou porque suas outras similaridades resultam em confluências retóricas. Há uma referência à "esperança", por exemplo, na citação anterior. Mas também, como lembra Obama sobre a Guerra da Independência, no seu primeiro discurso de posse: "A capital foi abandonada. O inimigo estava avançando. A neve estava manchada de sangue." E Douglass: "O país estava pobre em munições de guerra. A população estava fraca e dispersa, e o país era um deserto insubmisso." Em seu primeiro discurso de posse, Obama também citou o *American Crisis* de Thomas Paine, como vimos no capítulo dois. E Douglass: "houve um tempo em que pronunciar-se contra a Inglaterra, e a favor da causa das colônias, tentou as almas dos homens." Obama descreveu os Fundadores como "Agricultores e acadêmicos; estadistas e patriotas". Para Douglass eram "estadistas, patriotas e heróis". E, quando Obama diz que Vesey, Douglass e Harriet Tubman "reconheceram que o poder não admitiria nada sem luta", recordamos o ditado de Douglass: "O poder não admite nada sem exigência."[63]

HARRIET TUBMAN

Embora as políticas tanto de Frederick Douglass quanto de Barack Obama tenham se elevado e superado a raça, ambas também pertenciam a redes de ativistas afro-americanos e seus aliados. Em 1868, Douglass foi convidado a escrever uma carta para uma próxima biografia de uma famosa mulher negra há muito conhecida. Ele respondeu escrevendo,

> Pedes o que não precisas quando solicitas de mim uma palavra de louvor. Eu preciso de tais palavras de ti muito mais do que tu podes precisar das minhas, especialmente onde os teus trabalhos superiores e devoção à causa dos escravizados mais recentes de nossa terra são conhecidos como eu os conheço. A diferença entre nós é muito grande. A maior parte do que fiz e sofri a serviço da nossa causa foi em público, e recebi muito encorajamento a cada passo do caminho. Tu, por outro lado, trabalhaste de forma

privada. Eu forjei durante o dia — tu, durante a noite... O céu da meia-noite e as estrelas silenciosas foram testemunhas da vossa devoção à liberdade e do vosso heroísmo. Exceto John Brown — da sagrada memória — não conheço ninguém que tenha encontrado mais perigos e dificuldades ao servir ao nosso povo escravizado do que você.[64]

A mulher, também elogiada por Barack Obama, era Harriet Tubman. Araminta "Minty" Ross nasceu, provavelmente, no início da década de 1820, no condado de Dorchester, na Costa Leste de Maryland, a sul do condado de Talbot, berço de Frederick Douglass. Sua mãe, Harriet, também chamada de "Rit", perdeu seus três filhos mais velhos — Linah, Mariah Ritty, Soph — para o comércio de escravos, mas adotou uma determinação mortal de que um comerciante de escravos da Geórgia não colocaria as mãos em seu nono e mais novo filho. Com a ajuda de companheiros escravos e negros livres, ela escondeu Moses durante um mês. Quando finalmente confrontada pelo comerciante e por seu senhor, Edward Brodess, ela lhes disse: "Eu partirei a cabeça do primeiro homem que entrar em minha casa." Eles recuaram, e o incidente incutiu em sua filha uma esperança de que escapar da escravidão seria, de alguma forma, possível.[65]

Quando jovem, Harriet Tubman sofreu uma lesão na cabeça, quando um supervisor arremessou um peso de um quilo na direção de outro escravo, mas acabou acertando nela. O trauma a deixou com convulsões e dores de cabeça para o resto da vida, embora também tenha lhe dado visões e sonhos que ela entendeu como inspirações divinas. Seu senhor tentou vendê-la depois que Harriet voltou a adoecer por causa de seus ferimentos em 1849. Zangada com o episódio e com a contínua escravidão da sua família, apesar da promessa anterior de os libertar, ela rezou para que o seu senhor fizesse o correto. Mas, quando uma das tentativas de Brodess de vendê-la parecia se aproximar da conclusão, "Em 1º de março eu comecei a orar, 'Oh Senhor, se você nunca for mudar o coração daquele homem, mate-o, Senhor'".[66]

No entanto, a morte inesperada dele, uma semana depois, só aumentou a probabilidade de sua família ser separada devido à divisão da propriedade. Ela, então, resolveu fugir. Sua primeira tentativa foi em setembro, com seus irmãos Ben e Henry, mas eles voltaram assim que Ben teve um filho, e a fizeram voltar também. Ela logo fugiu novamente, desta vez sozinha, e conseguiu; 200 quilômetros a pé através do leste de Maryland, passando por Delaware e Nova Jersey, até Filadélfia, Pensilvânia.

Muitos escravos escaparam da escravidão, mas nenhum outro fez o que Harriet Tubman fez. Entre dezembro de 1850 e dezembro de 1860 ela retornou a Maryland treze vezes ou mais e ajudou pelo menos outras setenta pessoas a encontrar a liberdade através da Ferrovia Subterrânea, incluindo membros de sua própria família. Durante a Guerra Civil, ela foi enfermeira e ajudou os fugitivos da guerra a escapar. Em 2 de junho de 1863, ela liderou um ataque armado nas plantações ao longo do rio Combahee, na Carolina do Sul, libertando pelo menos mais 750 pessoas. Ela também foi uma escoteira do Exército cujo reconhecimento e trabalho de inteligência ajudou a vencer a batalha de Cedar Creek com a consequente captura de Jacksonville, Flórida, em 1º de março de 1864.

William Lloyd Garrison apelidou Harriet Tubman de "Moisés", e o apelido se tornou popular. Ela passou por dificuldades financeiras depois da guerra e não recebeu pensão pública pelos seus serviços durante guerra até 1899. No entanto, encontrou alguma felicidade pessoal e se casou com Nelson Davis em 1869 — Harriet tinha se casado com John Tubman em 1844 e, ao mesmo tempo, passou a usar o primeiro nome de sua mãe, porém, mais tarde, ele a deixou por outra pessoa e se recusou a ser resgatado por ela. Harriet desfrutou de sua fama tardia, especialmente devido ao seu papel no movimento de sufrágio feminino e à publicação de *Scenes in the Life of Harriet Tubman* em 1869 — em que Frederick Douglass escreveu uma homenagem para ela — e *Harriet, the Moses of her People* em 1886, ambos com a autoria de sua admiradora Sarah Hopkins Bradford. Ela morreu de pneumonia em 10 de março de 1913, por volta dos noventa anos.[67]

JOHN BROWN

Harriet Tubman conheceu John Brown em abril de 1858. Ela o instruiu na geografia do Alto Sul e tentou recrutar pessoas dentre as suas muitas conexões para atacar o arsenal federal em Harper's Ferry, Virgínia (agora West Virginia) em 1859. Ela disse que "ele fez mais ao morrer do que cem homens fariam vivendo".[68]

John Brown nasceu em 9 de maio de 1800, em Torrington, Connecticut, mas nunca ficou muito tempo em um lugar. Sua família se mudou para Ohio em 1805, onde seu pai, o curtidor Owen, apoiava o Instituto Oberlin (agora Universidade), uma escola progressista que admitia afro-americanos e mulheres. Então, por ter sido criado em uma família radical, Brown empenhou-se no abolicionismo militante após o assassinato do pregador abolicionista Elijah P. Lovejoy em 1837. Depois de altos e baixos no comércio de seu pai na Pensilvânia e em Ohio, mudou-se para Springfield, Massachusetts, em 1846, onde, como membro branco da congregação afro-americana da Igreja Livre da rua Sanford, uma congregação fundada por americanos, mas de raças diferentes, ouviu e conversou com Frederick Douglass. Ele também estava envolvido na Ferrovia Subterrânea, e a Lei do Escravo Fugitivo o inspirou a fundar a Liga dos Gileaditas, dedicada a abrigar fugitivos. Ele então se mudou para o assentamento predominantemente negro de North Elba, Nova York, fundado nas concessões de terras Adirondack do abolicionista Gerrit Smith.

Frustrado pelos abolicionistas pacifistas, afirmou: "Esses homens são só conversa. O que precisamos é de ação — ação!" E, em 1855, foi para o Kansas para defender com armas de fogo a causa do "solo livre". Em 21 de maio, o xerife Samuel J. Jones liderou os oitocentos "Rufiões de Fronteira" pró-escravidão no saque de Lawrence, destruindo duas gráficas e o Hotel Free State. Apenas um homem morreu, um membro da equipe pró-escravidão morto pela queda da alvenaria, mas esse evento e o ataque a Charles Sumner no dia seguinte levaram alguns dos seguidores de Brown a retalhar até a morte cinco colonos pró-escravidão em Potawatomie Creek em 24 de maio. Esse incidente suscitou a espiral de violência do Kansas Sangrento. Brown, nove de seus próprios homens, e vinte habitantes locais salvaram a cidade de Palmyra de um ataque de defensores da escravidão na Batalha de Black Jack em 2 de junho de 1856. Então Brown e quarenta apoiadores foram dispersos por um contingente dez vezes maior que o deles na Batalha de Osawatomie em 30 de agosto, mas não antes de deixarem vinte mortos e quarenta feridos.

Em setembro de 1856, John Brown voltou para o Leste e começou a planejar e levantar fundos para o que ele desejava que fosse uma guerra com o objetivo de acabar com a escravidão. Devido a várias complicações, incluindo as reservas de outros sobre o uso ilegal da violência, o contingente imaginado por Brown de 4.500 homens acabou sendo de apenas 21. Mesmo assim, em 16 de outubro de 1859, eles atacaram Harper's Ferry, com a intenção de capturar armas e depois marchar para o Sul, inspirando insurreições de escravos e recrutando-os ao longo do caminho. No evento, eles ficaram presos pela população local no próprio arsenal, até que as forças federais chegaram sob o comando do coronel Robert E. Lee e do Tenente J. E. B. Stuart, ambos que mais tarde se tornariam traidores da própria nação ao se tornarem generais confederados. Brown recusou-se a se render, mas em 18 de outubro ele e outros seis foram capturados, dez foram mortos e os outros escaparam. Brown e os seus homens mataram quatro e feriram nove.

John Brown e outros quatro foram enforcados no dia 2 de dezembro por assassinato, conspiração e traição à Comunidade da Virgínia, assim como mais dois no ano seguinte. A opinião sobre Brown variou e vem variando desde então, alguns louvando-o como herói e mártir, outros condenando-o como terrorista, outros absolvendo-o em razão da insanidade. Outros ainda têm sido ambivalentes. A mulher que ele chamou de "general Tubman" o ajudou antecipadamente e pareceu concordar em apoiar no ataque ao Harper's Ferry, mas depois desapareceu quando chegou a hora. No entanto, já vimos o tributo que ela prestou após a morte de Brown. Da mesma forma, Frederick Douglass disse francamente a Brown que se opunha ao plano Harper's Ferry e se recusou categoricamente a participar. Mas, em um discurso em 1881, Douglass disse que o "zelo de Brown pela causa da minha raça era muito maior do que o meu — era como o sol ardente da minha luz de vela — o meu estava limitado pelo tempo, o dele estendia-se para as margens infinitas da eternidade. Eu poderia viver pelos escravos, mas ele poderia morrer por eles".

Barack Obama é talvez ambivalente e certamente ambíguo em relação a John Brown. Suas referências às "profecias de olhos selvagens" e "visões" de Brown são apenas ecos menos medicalizados da caracterização de Brown como "louco" feita por Abraham Lincoln. Mas a descrição de Obama da "disposição [de Brown] de derramar sangue e não apenas palavras" recorda a posterior validação de Douglass, a despedida de Tubman e a própria avaliação de Brown sobre si mesmo. E Obama também observa que as visões e ações de Brown, juntamente às de William Lloyd Garrison, Denmark Vesey, Frederick Douglass e Harriet Tubman, "ajudaram a forçar a questão de uma nação meio escravista e meio livre".[69]

EU FICO, ENTÃO, COM LINCOLN

Mas se os neuróticos, os fanáticos, os profetas, os agitadores e os irracionais forçaram a questão de uma nação meio escravista e meio livre, eles foram incapazes de torná-la toda livre novamente. Então, Barack Obama concluiu suas reflexões com as seguintes palavras: "EU FICO, ENTÃO, com Lincoln, que entendeu, como nenhum outro homem antes ou depois, tanto a função deliberativa de nossa democracia como os limites de tal deliberação." Obama não poderia ser mais elogioso, considerando suas próprias predileções políticas.[70]

Obama também elogiou "a firmeza e a profundidade de convicções dele" e "sua inflexível oposição à escravidão e sua determinação de que uma casa dividida não conseguiria ficar de pé". No entanto, ele admite que a "presidência de Lincoln foi guiada por uma praticidade que nos angustiaria hoje, uma praticidade que o levou a testar vários acordos com o Sul a fim de manter a União sem guerra; a nomear e descartar general após general, estratégia após estratégia, uma vez deflagrada a guerra; a estender a Constituição até o ponto de ruptura a fim de levar a guerra a uma conclusão bem-sucedida".[71]

Os comentários sobre a demissão de generais podem se referir à demissão de George B. McClellan feita por Lincoln em 1862, que parecia mais disposto a passar férias na Virgínia do que a combater a Secessão. É certamente verdade que a subsequente nomeação de Ulisses S. Grant por Lincoln para a frente das forças da União foi mais eficaz em levar a guerra "a uma conclusão bem-sucedida". Obama também pode ter se referido à demissão de John C. Frémont em 1861 e à revogação das ordens do general para libertar escravos no Missouri. Naturalmente, Lincoln calculava que manter a União na guerra exigia manter o Missouri na União. Mas examinaremos os pontos de vista de Lincoln sobre raça no próximo capítulo, e não há dúvida de que alguns deles realmente devem "afligir-nos hoje". Lincoln também usou poderes de emergência para suspender o *habeas corpus* no Missouri e em Delaware, Maryland e Kentucky, estendendo "a Constituição até o ponto de ruptura".

Entretanto, ao menos no que se refere à coerência e à determinação de Lincoln em relação à escravatura e à União, a análise de Obama é, em última instância, louvável. Ele argumenta que "para Lincoln, nunca foi uma questão de abandonar a convicção por questão de conveniência. Ao contrário, era uma questão de manter dentro de si o equilíbrio entre duas ideias contraditórias — que devemos falar e chegar a entendimentos comuns, precisamente porque todos nós somos imperfeitos e nunca podemos agir com a certeza de que Deus está do nosso lado; e, no entanto, às vezes devemos agir como se estivéssemos certos, protegidos do erro apenas pela providência". E, como diz Obama em *The Audacity of Hope*, usando uma das frases mais famosas de Lincoln, "Essa autoconsciência, essa humildade, levaram Lincoln a fazer avançar os seus princípios através da estrutura da nossa democracia, através de discursos e debates, através dos argumentos fundamentados que poderiam atrair os melhores anjos da nossa natureza".[72]

PODER EM PALAVRAS

The Audacity of Hope não é o único lugar onde Barack Obama se referiu ao brilho retórico de Abraham Lincoln. Ao anunciar sua proposta de se tornar o sucessor de Lincoln, em Springfield, Illinois, em 2007, o aspirante a 44º presidente disse o seguinte sobre o 16º: "Ele nos diz que há poder nas palavras. Ele nos diz que há poder na convicção." As palavras realmente eram os meios usados por Lincoln para exercer o poder, mesmo quando isso significava usar palavras que escondiam suas convicções com o intuito de alcançar seus objetivos.[73]

Ocasionalmente, o exemplo de Obama sobre Lincoln se ajusta ao deslocamento das areias temporais. Como ele mesmo disse na ocasião mencionada, "Enquanto Lincoln ordenava as forças organizadas contra a escravidão, ele foi ouvido dizer: 'De elementos estranhos, discordantes e até mesmo hostis, nós nos reunimos dos quatro ventos, e nos formamos e lutamos para combater'". Mas, de fato, Lincoln disse essas palavras em seu discurso "Uma casa dividida" de 16 de junho de 1858, muito antes de poder organizar as Forças Armadas americanas como comandante-chefe do país: outra elisão obamiana. No entanto, aqui, Obama talvez esteja provando três pontos sutis e relacionados, cada um dos quais referentes a debates históricos sobre as intenções de Lincoln. Primeiro, Obama parece estar sugerindo que a determinação de Lincoln para destruir a escravidão veio de condenações de longa data, implicando que ele pretendia se tornar presidente para fazer algo a respeito da escravidão, em vez de ser forçado a ser presidente para fazer algo a respeito da escravidão. Segundo, que, quando Lincoln foi capaz, ele realmente "organizou" forças e, portanto, longe de ter sido atormentado por outros ou de ter se deixado levar pelos eventos, ele sempre foi um agente ativo de emancipação. Terceiro, e novamente, que as "forças" de Lincoln não eram apenas marciais, mas também retóricas.[74]

Abraham Lincoln continuou a ordenar seus poderes retóricos por trás de suas convicções, mesmo quando ele tinha os poderes de comandante-chefe. Mas sutilmente. Em seu discurso de posse de 4 de março de 1861, Lincoln falou com uma profunda eloquência sobre a união. Ao final, ele disse: "Estou relutante em fechar. Não somos inimigos, mas amigos. Não devemos ser inimigos. Embora a paixão possa ter exercido pressão, ela não deve quebrar os nossos laços de afeto. Os acordes místicos da memória, estendendo-se de cada campo de batalha e sepultura patriota para cada coração vivo e cada lar por toda esta ampla terra, ainda inchará o coro da União, quando novamente tocado, como certamente será, pelos melhores anjos de nossa natureza."[75]

Aquele pronunciamento aparentemente conciliatório tinha um tipo de substância pírrica intencional. No início do discurso, Lincoln havia reiterado sua promessa de campanha: "eu não tenho nenhum propósito de, direta ou indiretamente, interferir com a instituição da escravidão nos estados onde ela existe. Acredito que não tenho o direito legal de fazê-lo, e não tenho inclinação para fazê-lo". E ele repetiu o dispositivo da plataforma do Partido Republicano "Que a manutenção inviolável dos direitos dos Estados, e especialmente o direito de cada estado de ordenar e controlar suas próprias instituições domésticas exclusivamente de acordo com seu próprio julgamento é essencial para o equilíbrio de poder do qual dependem a perfeição e resistência de nosso tecido político; e nós denunciamos a invasão sem lei pelas forças armadas do solo de qualquer estado ou território, não importando o pretexto, como um dos mais graves crimes". Lincoln também disse que "uma proposta de emenda da Constituição... de modo que o Governo Federal nunca deva interferir com as instituições nacionais dos Estados" já era "direito constitucional implícito", mas "Eu não tenho nenhuma objeção a que ele seja tornado expresso e irrevogável".[76]

Lincoln, inclusive, aparentemente endossou a Cláusula do Escravo Fugitivo da Constituição, embora ele achasse certo que os tribunais do Norte exigissem provas de que um cativo era legalmente escravizado. Afinal, observou, citando a Constituição, "os cidadãos de cada estado têm direito a todos os privilégios e imunidades dos cidadãos dos vários estados, para que um homem livre não seja, em caso algum, entregue como escravo". Esse comentário foi, em parte, uma réplica ácida à afirmação do presidente da Suprema Corte, Roger B. Taney, de que os negros não podiam ser cidadãos e não tinham direitos constitucionais ou mesmo qualquer outro tipo de direito. No entanto, Lincoln ainda expressou essa vontade de apoiar uma clarificação constitucional da opressão dos afro-americanos.

Os compromissos de Lincoln podem realmente nos afligir, como Obama confessa. Mas eles não eram um compromisso com a escravidão. No máximo, foram uma concessão às leis preexistentes e uma confissão das suas próprias incapacidades como presidente de uma democracia constitucional de freios e contrapesos, incluindo, em grande medida, o controle do Poder Executivo. Mas os comentários de Lincoln também precisam ser vistos no contexto de suas tentativas de moldar os acontecimentos em longo prazo. Para começar, além de estabelecer a lei sobre si mesmo, ele a estabeleceu também sobre os secessionistas — incluindo muitas leis que sabia que eles não iriam e não poderiam aceitar. Ao fazê-lo, deixou-os com pouca escolha a não ser entrar na armadilha preparada para eles.

Primeiro, ele expôs o argumento histórico para a perpetuidade da União. "Eu sustento que, na contemplação da lei universal e da Constituição, a União desses Estados é perpétua", disse Lincoln em seu primeiro discurso de posse. "A perpetuidade está implícita, se não expressa, na lei fundamental de todos os governos nacionais. É seguro afirmar que nenhum governo próprio jamais teve uma disposição em sua lei orgânica sobre sua própria rescisão." E acrescentou o seguinte repúdio à Teoria do Pacto do Estado: "Se os Estados Unidos não são um governo propriamente dito, mas uma associação de Estados de natureza meramente contratual, podem, como contrato, ser pacificamente desfeitos por algumas das partes que o fizeram?"

E, depois, encontramos um pouco da história americana de Abraham Lincoln. E ela é muito parecida com a de Obama. Por exemplo, Lincoln acreditava claramente, como Obama, em uma excepcional facilidade americana para transformar filosofia em prática e ideias em instituições. E articulou o conceito constitucional de perfeição modificável de uma maneira muito obamiana. "Resultando destes princípios gerais", disse Lincoln,

> encontramos a proposição de que, na contemplação jurídica, a União é perpetuamente confirmada pela própria história da União. A União é muito mais antiga do que a Constituição. Foi formada, de fato, pelos estatutos em 1774. Foi amadurecida e continuada pela Declaração de Independência de 1776. Amadureceu ainda mais, e a fé de todos os então treze Estados expressamente engajada e comprometida que deveria ser perpétua, pelos Artigos da Confederação em 1778. E finalmente, em 1787, um dos objetivos declarados para decretar e estabelecer a Constituição era

"formar uma União mais perfeita".

Mas, se a destruição da União por alguém ou por uma parte apenas dos estados for legalmente possível, a União é menos perfeita do que antes da Constituição, tendo perdido o elemento vital da perpetuidade.[77]

E a relevância da história americana de Abraham Lincoln para o seu próprio momento era "que nenhum estado, por mera movimentação própria, pode sair legalmente da União; que as resoluções e ordenanças para esse efeito são legalmente nulas, e que os atos de violência em qualquer estado ou estados contra a autoridade dos Estados Unidos são insurrecionais ou revolucionários". Para todos os efeitos, então, a Secessão não tinha acontecido. Na verdade, Lincoln estava tão empenhado em negar a legalidade dela que não reconheceu explicitamente a sua existência, chamando-a de "Uma ruptura da União Federal".

Portanto, Lincoln usou o passado para definir o presente como era em 1861. E, então, ele começou a usar os dois para tentar moldar o futuro. "Eu, portanto, considero", prosseguiu, "que, em vista da Constituição e das leis, a União está inquebrável e, na medida das minhas capacidades, zelarei, tal como a própria Constituição me impõe expressamente, para que as leis da União sejam fielmente executadas em todos os estados... Eu confio que isso não seja encarado como uma ameaça, mas apenas como o propósito declarado da União de manter-se e defender-se constitucionalmente". É claro que Lincoln sabia perfeitamente bem que os secessionistas considerariam essa promessa como a "ameaça", a qual ele fingiu que não era. Eles simplesmente não podiam aceitar que Lincoln cumprisse os próprios deveres constitucionais nos estados deles, já que isso poderia fazer com que as secessões perdessem o significado. Eles não teriam outra opção senão ver as ações dele como invasões de sua autoproclamada soberania e, em seguida, responder de acordo. Portanto, eles começariam a guerra — eles teriam que fazê-lo — pelo menos no sentido de disparar os primeiros tiros.

E Lincoln alegou inocência a respeito das consequências premeditadas de suas ações, dizendo que "não precisa haver derramamento de sangue ou violência, e não haverá, a menos que seja imposto à autoridade nacional. O poder que me foi confiado será utilizado para deter, ocupar e possuir os bens e lugares pertencentes ao Governo e para cobrar os deveres e imposições; mas para além do que for necessário para esses objetivos, não haverá invasão, não haverá uso da força contra ou entre as pessoas em qualquer lugar". Assim, Lincoln foi capaz de colocar o ônus total sobre seus inimigos ao concluir que "está em suas mãos, meus compatriotas insatisfeitos, e não na minha, a questão memorável da guerra civil. O Governo não os atacará. Vocês não conseguirão entrar em conflito sem que vocês mesmo sejam os agressores. Vocês não têm nenhum juramento registrado no céu para destruir o Governo, enquanto eu terei o mais solene para 'preservá-lo, protegê-lo e defendê-lo'".[78]

Lincoln então permitiu que os eventos que ele havia colocado em ação funcionassem exatamente como ele queria, ou seja, no contexto interpretativo que ele havia preparado para eles em seu discurso de posse e nos anteriores. Em 12 de abril, tentou reabastecer Fort Sumter em Charleston Harbor, e o Sul atacou obsequiosamente e dois dias depois o capturou. Isso permitiu que Lincoln, em 15 de abril, convocasse 75 mil voluntários e, em 19 de abril, proclamasse o bloqueio dos portos do Sul, mais tarde considerada a declaração de guerra. Como vimos, outros quatro estados escravistas se separaram da União e se juntaram à Confederação — Virgínia, Arkansas, Tennessee e Carolina do Norte. Mas Lincoln tinha assegurado que a guerra havia começado em seus termos, e ele garantiria que ela também terminaria dessa forma.[79]

UNIFICAMOS UMA NAÇÃO E LIBERTAMOS OS CATIVOS

Ao anunciar sua própria candidatura presidencial em 2007, Barack Obama elogiou e, simultaneamente, estabeleceu uma reivindicação atual e coletiva para as duas maiores realizações de Abraham Lincoln ao proclamar: "Unificamos uma nação e libertamos os cativos." No entanto, alguns argumentaram que Lincoln se preocupava mais com a União do que com os escravos. O próprio Lincoln disse em uma carta aparentemente autoincriminatória e frequentemente citada a Horace Greeley do *New York Tribune*, respondendo a um editorial pedindo-lhe impacientemente para abolir a escravidão: "Se pudesse salvar a União sem libertar nenhum escravo, eu faria, e se pudesse salvá-la libertando todos os escravos, eu faria, e se pudesse salvá-la libertando uns e deixando outros em paz, eu também faria." O jornal publicou a carta em 24 de agosto de 1862.[80]

No mês anterior, porém, Lincoln havia discutido uma possível Proclamação de Emancipação com seu gabinete, e, no final de agosto, os preparativos para isso estavam bem encaminhados. Ele assinou-o em 22 de setembro, para entrar em vigor no próximo dia de Ano Novo, a menos que os confederados se rendessem primeiro, o que Lincoln sabia que não fariam. Em outras palavras, quando escreveu ao *Tribune*, ele estava se preparando ativamente para salvar a União, libertando alguns escravos. Então, independentemente do que Lincoln disse naquela carta, parece que Obama estava certo em listar duas grandes realizações de Lincoln em conjunto. As questões de salvar a União e libertar os escravos já eram inseparáveis, segundo as estimativas de Lincoln.

Alguns dos escravos. A Proclamação da Emancipação teve suas fraquezas, como Abraham Lincoln bem sabia. Uma delas foi que libertou escravos apenas em áreas controladas por rebeldes. Os escravizados nos quatro estados escravistas da União e nas áreas já conquistadas permaneceram escravizados. E os libertou não com base em direitos naturais ou civis, mas definindo-os como contrabando, concedendo assim, ainda que por conveniência, o conceito de pessoas enquanto propriedade utilizado pelos proprietários de escravos. E era apenas uma medida de guerra, e somente uma Ordem Executiva, não uma legislação do Congresso, muito menos uma emenda constitucional. Mas a Proclamação da Emancipação mudou a natureza da guerra. A partir do momento em que entrou em vigor, em 1 de janeiro de 1863, mesmo a partir do momento de seu pré-anúncio em setembro anterior, salvar a União e libertar os escravos não só eram inseparáveis na estimativa de Lincoln, mas também eram inseparáveis em uma realidade de sua própria criação.

A Proclamação da Emancipação e o seu efeito revigorante no esforço de guerra da União levantou, também, a possibilidade de libertar os escravos com base em direitos naturais e por meios constitucionais. Imediatamente após sua reeleição em novembro de 1864, o presidente Lincoln jogou seu capital político pessoal por trás das tentativas de alterar a Constituição para acabar com a escravidão. Quando a Câmara dos Deputados aprovou a 13ª Emenda, em 31 de janeiro de 1865, Lincoln mostrou seu compromisso com ela assinando-a, embora não houvesse nenhuma exigência legal que ele fizesse isso ou mesmo qualquer significado legal em fazê-lo. O significado era simbólico, o que é importante. Ele disse em um discurso no dia seguinte que "pensou que todos seriam testemunhas de que ele nunca deixou de fazer tudo o que podia para erradicar a escravidão, emitindo uma proclamação de emancipação". E, com relação a isso, Obama dá crédito total a Lincoln. "O presidente Lincoln entendeu que", disse Obama ao comemorar a 13ª Emenda, "se quiséssemos realizar plenamente essa promessa fundadora, isso significaria não apenas assinar uma Proclamação de Emancipação, não apenas ganhar uma guerra. Significaria fazer a declaração coletiva mais poderosa que pudéssemos fazer na nossa democracia: gravar os nossos valores na nossa Constituição. Ele chamou isso de 'a cura do King para todos os males'".[81]

É claro que os próprios afro-americanos fizeram tudo o que puderam para acelerar a emancipação. Os escravos, por sua presença sempre potencial e frequentemente problemática nas plantações, inspiraram leis que determinavam que, para cada vinte deles, deveria haver um supervisor para garantir a ordem, privando os exércitos confederados de milhares de combatentes em potencial. E, de qualquer modo, os escravos abandonaram as plantações durante as perturbações da guerra, fazendo-o em massa à medida que as tropas da União avançavam nas suas localidades. Além disso, no final de 1862, o Departamento de Guerra de Lincoln sancionou regimentos negros que já tinham se formado para lutar pela liberdade na Louisiana e na Carolina do Sul. E, uma vez que a Proclamação da Emancipação transformou uma guerra pela União na guerra contra a escravatura, que implicitamente sempre havia sido, os afro-americanos começaram a juntar-se ao Exército. Embora inicialmente confinados a papéis não combatentes e apesar de só mais tarde terem passado a receber salários equivalentes e a ganhar status de oficiais, ao final do conflito entre 180 mil e 200 mil afro-americanos, do Norte e do Sul, tinham lutado pela liberdade.

Barack Obama diz muito pouco sobre a conduta militar da guerra. Essa desconfiança é semelhante à de Lincoln. Como escreveu Obama em *The Audacity of Hope*, foi a "humildade de Lincoln que lhe permitiu, uma vez que a conversa entre o Norte e o Sul foi interrompida e a guerra se tornou inevitável, resistir à tentação de demonizar os pais e filhos que lutaram do outro lado, ou diminuir o horror da guerra, não importando o quão justa ela pudesse ser". E, de fato, "Lincoln, e aqueles que foram enterrados em Gettysburg, nos lembram que só devemos buscar as nossas próprias verdades absolutas se reconhecermos que pode haver um preço terrível a pagar". O comentário acrescentado entre essas observações: "O sangue dos escravos nos lembra que nosso pragmatismo pode, às vezes, ser covardia moral", ilustra a importância dos princípios na mente de Obama. Mas a sua busca pelos princípios, como a de Lincoln, é atenuada pela humildade e decência.[82]

Fora isso, um dos poucos comentários de Obama sobre a guerra em si é o que foi transmitido antes do que foi retransmitido logo em seguida: "Em face da Secessão, unificamos uma nação e libertamos os cativos." Isso pode parecer uma abreviação um tanto severa de um conflito muito sangrento, mas a brevidade da sentença não deve disfarçar a plenitude de seus significados. Como vimos, Obama está quase sempre mais interessado nos resultados dos processos históricos do que nos próprios processos. Assim, sua história da Revolução Americana diz pouco sobre tirania, mas muito sobre liberdade, e é realmente uma história do "credo" contido na Declaração de Independência e da "união mais perfeita" formada pela Constituição. E assim, por sua vez, a sua história da Guerra Civil é, em última análise, sobre uma vitória. E uma vitória de enorme importância. Como ele disse em outro breve comentário sobre esse conflito, desta vez ao falar contra a então dissimulada guerra no Iraque, mas deixando claro que não era contra todas as guerras: "A Guerra Civil foi uma das mais sangrentas da História, e, no entanto, foi somente através da espada, do sacrifício das multidões, que pudemos começar a aperfeiçoar esta união e eliminar o flagelo da escravidão de nosso solo."[83]

Em última análise, a história da escravatura de Barack Obama é também uma história de liberdade. "A questão da escravatura nunca foi apenas uma questão de direitos civis. Tratava-se do significado da América, do tipo de país que queríamos ser — se esta nação poderia cumprir o chamado do seu nascimento: 'Consideramos que estas verdades são evidentes por si mesmas, que todos os homens são criados iguais, que são dotados pelo Criador de certos direitos inalienáveis, que entre esses estão a vida, a liberdade e a busca pela felicidade.'"[84]

E, no entanto, como Barack Obama sabe e mostra, se a luta pela liberdade foi finalmente vencida, a luta pela igualdade estava apenas começando.

5
Nós vamos vencer: reconstrução, Jim Crow e direitos civis

...

Barack Obama começou seu discurso "Uma união mais perfeita" em 18 de março de 2008 na Filadélfia da seguinte maneira: "NÓS O POVO, a fim de formar uma união mais perfeita." Essas palavras pertencem ao início da Constituição dos Estados Unidos — mas não são todas as palavras da linha de abertura do documento. Na verdade, a Constituição começa da seguinte forma: "Nós, o Povo dos Estados Unidos, a fim de formar uma união mais perfeita."[1]

É perfeitamente possível que Obama tenha apagado "dos Estados Unidos" simplesmente para economizar tempo, embora a supressão cortasse apenas alguns segundos de um discurso de quase quarenta minutos. Então, talvez ele tenha preferido a cadência da sentença encurtada. Mesmo que seja o caso, a elipse ainda pode ser significativa. Como disse Obama nessa e em outras ocasiões, a Constituição impediu o governo federal de proibir o comércio de escravos por vinte anos, determinou que a representação dos estados escravistas fosse aumentada pela contagem de três quintos dos escravos como parte de suas populações e também determinou que os escravos fugitivos fossem devolvidos aos seus proprietários. A Constituição, portanto, garantiu "os direitos dos cidadãos, aqueles considerados membros da comunidade política dos Estados Unidos", mas ofereceu "nenhuma proteção para aqueles fora do círculo constitucional", como escreveu Obama em *The Audacity of Hope*. Logo, por mais que as pessoas escravizadas vivessem nos Estados Unidos, por definição não eram cidadãos. Eles estavam, portanto, sujeitos às leis da nação, mas não eram nem criadores nem beneficiários delas. Em suma, os americanos escravizados estavam entre o povo, mas não eram "dos Estados Unidos". Portanto, o documento que os Fundadores assinaram estava, como disse Obama, "em última análise, inacabado". E a citação dele, correspondentemente, estava incompleta.

O discurso da Filadélfia de 2008 não foi a única ocasião em que Barack Obama editou as palavras de abertura da Constituição. Ele também fez isso em um discurso em 7 de março de 2015, marcando o 50º aniversário do ataque das tropas estatais aos manifestantes dos direitos de voto no Domingo Sangrento na Ponte Edmund Pettus em Selma, Alabama. Mas desta vez sua formulação foi diferente, alterada de maneira a refletir sobre como a Constituição havia sido emendada entre os dias da escravidão e os dias da segregação e, ainda assim, sobre como essas emendas haviam sido violadas. Como as coisas mudaram e não mudaram.

A 13ª Emenda diz: "Nem a escravidão nem a servidão involuntária, exceto como punição por crime pelo qual a parte tenha sido devidamente condenada, devem existir nos Estados Unidos ou em qualquer lugar sujeito à sua jurisdição." A 13ª Emenda foi aprovada pelo Congresso em 31 de janeiro de 1865 e ratificada pelos estados até 6 de dezembro do mesmo ano. A 14ª, aprovada pelo Congresso em 13 de junho de 1866 e ratificado em 9 de julho de 1868, diz o seguinte: "Todas as pessoas nascidas ou naturalizadas nos Estados Unidos, e sujeitas à sua jurisdição, são cidadãs dos Estados Unidos e do estado onde residem." Assim "Nenhum estado deve fazer ou aplicar qualquer lei que abrevie os privilégios ou imunidades dos cidadãos dos Estados Unidos, nem qualquer estado deve privar qualquer pessoa de vida, liberdade ou propriedade, sem o devido processo legal, nem negar a qualquer pessoa dentro de sua jurisdição a proteção igualitária das leis". E a 15ª, aprovada pelo Congresso em 26 de fevereiro de 1869, ratificada em 3 de fevereiro de 1870, estabelece que "o direito dos cidadãos dos Estados Unidos de votar não deve ser negado ou abreviado pelos Estados Unidos ou por qualquer estado em razão de raça, cor ou condição prévia de servidão", embora isso apenas fosse aplicado aos homens até a adoção da 19ª Emenda em 1920.[2]

Essas disposições são perfeitamente claras. Nas palavras de Barack Obama, a 13ª Emenda visava "libertar os escravos da escravidão" e a 14ª e a 15ª destinavam-se a garantir "plenos direitos como cidadãos dos Estados Unidos" aos libertos — apenas aos homens até 1920. As mencionadas três "Emendas da Reconstrução" foram, portanto, as conquistas de uma era de esforços muito reais para criar igualdade racial e, portanto, uma democracia mais plena no Sul. No entanto, o último quarto do século XIX e os dois primeiros terços do século XX foram os anos em que Jim Crow governou. A segregação e a privação de direitos, embora violassem claramente a 14ª e a 15ª Emendas, foram instituídas por estados do Sul, impostas por agências governamentais e apoiadas pelo terrorismo, por vezes terrorismo patrocinado pelo Estado. Então, se a Constituição foi finalmente acabada depois da Guerra Civil, suas promessas não foram cumpridas durante várias gerações. Como disse Obama em "Uma união mais perfeita": "Palavras em um pergaminho não seriam suficientes para... fornecer a homens e mulheres de todas as cores e credos seus plenos direitos e obrigações enquanto cidadãos dos Estados Unidos." E, como ele disse quando comemorou o 155º aniversário da 13ª Emenda em 2015: "Por mais de um século, vimos a segregação e Jim Crow ridicularizarem essas emendas." Com essas palavras Obama ecoa o grande estudioso afro-americano e líder dos direitos civis W. E. B. Du Bois, que disse: "O escravo foi libertado; permaneceu um breve momento ao sol; depois voltou para a escravidão."[3]

Pode ser por essa razão que, no discurso de 2015 em Selma — "Pois nós nascemos da mudança" —, Barack Obama voltou a citar *algumas* das palavras iniciais da Constituição dos Estados Unidos: "Nós, o Povo... a fim de formar uma união mais perfeita." A frase foi a mesma empregada no discurso anterior na Filadélfia. Mas a transcrição do discurso de 2008 não tinha nenhuma indicação gramatical de qualquer edição, apenas uma vírgula onde estaria "dos Estados Unidos", enquanto a de 2015 substituiu essas palavras por elipses. Essa diferença pode ser devida a nada mais do que os hábitos distintos de diferentes transcritores. Mesmo que seja esse o caso, as elipses ainda podem ser significativas. Elas simbolizam, talvez, que as Emendas da Reconstrução reconheceram os afro-americanos como sendo "dos Estados Unidos" de uma forma que a Constituição original de 1787 não tinha feito. Elas representam, assim, uma medida de progresso para "uma união mais perfeita". No entanto, pelo menos como se lê, essas pequenas aparições de promessas vazias recordam-nos, assombrosamente, que a Constituição pode ter sido concluída no papel, mas permaneceu inacabada na prática. A citação de Obama é, portanto, mais uma vez, apropriadamente incompleta.[4]

Então, como é que o Jim Crow ridicularizou essas emendas? E como é que a América acabou vencendo? Mas, em primeiro lugar, como, inicialmente, as emendas surgiram?

A SEGUNDA FUNDAÇÃO DA NAÇÃO

Barack Obama falou muito pouco em seus discursos e livros sobre a Reconstrução e sobre a assim chamada Redenção. Seu favorecimento de um relato mais completo das tribulações de Jim Crow e especialmente dos triunfos dos direitos civis mostra mais uma vez sua preferência pela narrativa positiva de superar a injustiça em vez de se deter nos detalhes das injustiças superadas.

Mas isso não significa que Obama não se importe com essa era anterior imensamente importante. Na verdade, ele se importou o suficiente para, em um de seus últimos atos como presidente, criar o primeiro monumento do Serviço Nacional de Parques dedicado à Reconstrução. A ideia foi proposta pela primeira vez na década de 1990 pelo secretário do Interior do presidente Bill Clinton, Bruce Babbitt, e Eric Foner, o principal historiador da Reconstrução e um dos mais importantes de toda a história americana, sugeriu uma localização em Beaufort, na Carolina do Sul. Infelizmente, o projeto foi bloqueado pelo Congresso após um *lobby* organizado pelos Filhos dos Veteranos Confederados, que não olhavam para o futuro. No entanto, Obama criou o monumento sob a Lei das Antiguidades de 1906, que permite ao presidente "declarar por proclamação pública marcos históricos, estruturas históricas e pré-históricas e outros objetos de interesse histórico ou científico que estão situados sobre as terras pertencentes ou controladas pelo governo federal para serem monumentos nacionais".[5]

O preâmbulo da "Proclamação para o Estabelecimento do Monumento Nacional da Era da Reconstrução" do presidente compreende um ensaio de 2.186 palavras escrito pelo próprio Obama. Nele, ele detalha os acontecimentos de Beaufort e arredores durante e depois da Guerra Civil, e os coloca nos contextos da era da Reconstrução e da história americana. Em uma entrevista à revista online da Associação Histórica Americana, Gregory Downs e Kate Masur, dois importantes historiadores da Reconstrução e os principais acadêmicos ativistas do revigorado movimento pelo monumento, descreveram a proclamação como "uma notável peça de escrita histórica", que representa "uma ruptura completa com a antiga narrativa da Reconstrução da 'Escola de Dunning'/ O nascimento de uma nação". Ou seja, uma ruptura de uma interpretação iniciada pelo historiador William A. Dunning, imitada por Woodrow Wilson e outros, e até mesmo popularizada pelo monstruoso filme de D. W. Griffith que denigre os esforços da Reconstrução em criar uma democracia inter-racial. Não por acaso, essa tradição historiográfica serviu para justificar os regimes supremacistas brancos e as políticas de Jim Crow posteriormente estabelecidas em todo o Sul.

Em vez disso, como Downs e Masur dizem, Obama se alinha com "a versão da Reconstrução sobre a qual os historiadores acadêmicos têm escrito durante anos, mas que tão raramente chegou à consciência pública". Uma que "coloca a abolição da escravatura no centro da História e reconhece a Reconstrução como a 'Segunda Fundação da Nação' e como a era em que o governo federal, pela primeira vez, prometeu proteger os direitos de todos os indivíduos que vivem dentro da nação". Essa tradição historiográfica bastante diferente começou com a *Black Reconstruction in America* (1935), de W.E. B. Dubois, e culminou, talvez, com o magistral *Reconstruction: America's Unfinished Revolution* (1988), de Eric Foner. Além disso, Downs e Masur estão corretamente "satisfeitos" com o fato de Obama ter "mencionado pelo nome o historiador Willie Lee Rose e seu livro *Rehearsal for Reconstruction*", o trabalho de referência do brilhante acadêmico sobre a Reconstrução, em geral, e sobre Beaufort, em particular.[6]

ENQUANTO A GUERRA CIVIL SE DESENROLAVA EM SEGUNDO PLANO.

O ensaio de Barack Obama começa, como a maioria dos artigos históricos, estabelecendo sua própria perspectiva historiográfica, a descrita anteriormente. Obama, então, observa que a Reconstrução "começou quando os primeiros soldados dos Estados Unidos chegaram aos territórios escravos". Em Beaufort e nos arredores de Low Country, Carolina do Sul, o processo começou cedo, quando o almirante Samuel F. DuPont bombardeou Port Royal Sound em novembro de 1861, forçando os escravos a fugir. Mais de 10 mil afro-americanos — cerca de um terço da população escravizada das Ilhas Marinhas na época — recusaram-se a fugir da área com seus donos. Assim, Beaufort "tornou-se um dos primeiros lugares nos Estados Unidos onde as pessoas anteriormente escravizadas podiam começar a integrar-se na sociedade livre. Enquanto a Guerra Civil se desenrolava em segundo plano," Obama adiciona, "o condado de Beaufort se tornou o local do nascimento da Reconstrução, ou o que o historiador Willie Lee Rose chamou de um 'ensaio para a Reconstrução'".[7]

Localizar o início da Reconstrução nos "primeiros anos da Guerra Civil", como faz Obama e como fazem os historiadores pós-Dunning, prova um ponto importante. Isto é, como Downs e Masur dizem, que ambos faziam parte do mesmo esforço por trás da libertação — a Guerra Civil tinha por objetivo a libertação dos escravos (*de facto*, desde o início, ainda que *de jure* mais tarde) —, não apenas uma assim chamada guerra entre os estados — e a Reconstrução tinha por objetivo o estabelecimento de uma liberdade significativa para aqueles assim libertados —, não apenas uma continuação por outros meios da chamada guerra de agressão do Norte. Ambas, de fato, compreenderam um único momento em que, nas palavras de Obama, "os americanos aboliram a escravidão e lutaram seriamente, ainda que nem sempre com sucesso, para construir uma nação de cidadãos livres e iguais".[8]

Obama reforça esse ponto mais tarde no ensaio quando comenta as "cerimônias históricas de 1º de janeiro de 1863, para anunciar e celebrar a emissão da Proclamação da Emancipação" no Campo Saxton, quando o próprio general Rufus B. Saxton convidou 'todos, afro-americanos e brancos, a virem ao campo... no dia de Ano-Novo, e a juntarem-se à grande celebração'". Ele realmente foi acompanhado por "mais de 5 mil pessoas" em um jubileu de três horas "em um bosque de carvalhos vivos perto da casa de plantação Smith", um dos quais ainda permanece vivo até hoje e tem o nome de "Carvalho da Emancipação".[9]

No entanto, apesar de reconhecer esse início precoce da Reconstrução e sua relação com o esforço de guerra, Barack Obama mal menciona o presidente Abraham Lincoln em seu ensaio. Talvez porque o que Obama descreveu, em outro lugar, como a "oposição inflexível [do 16º presidente] à escravidão e sua determinação de que uma casa dividida não conseguiria ficar de pé" não foi visivelmente acompanhada por um apoio inflexível à igualdade quando a casa estava sendo reconstruída. Lincoln certamente apoiou as Leis de Confisco de 1861 do Congresso que emanciparam escravos e confiscaram a propriedade dos confederados como contrabando. Mas ele colocou militares encarregados das localidades do Sul que haviam sido capturadas, como Beaufort, e das suas plantações e, na verdade, da propriedade humana, que, evidentemente, estava sob o controle do presidente como comandante-chefe. A ideia era, em parte, garantir a liberdade e a segurança dos libertados, mas também assegurar que as políticas relativas a esses lugares e pessoas não fossem determinadas por republicanos radicais no Congresso.[10]

Como Obama sabe, isso por vezes significou que as ações de Lincoln ficaram muito aquém das expectativas abolicionistas radicais, primeiro para a Emancipação e depois para a Reconstrução. Certamente foi o caso no final de 1861, quando o presidente ordenou a John C. Frémont que rescindisse a emancipação dos escravos do Missouri e depois despediu o general por se recusar a cumprir a ordem. Lincoln pretendia manter o Missouri dentro da União e, na verdade, perder este e outros três estados escravistas não confederados para a Secessão poderia ter sido um golpe fatal à União, o que, por sua vez, teria garantido a extensão indefinida da escravatura. No entanto, pode ter sido a isso que Barack Obama obliquamente se referiu quando descreveu Lincoln como sendo "guiado por uma praticidade que nos afligiria hoje", incluindo descartar "general após general".[11]

Além disso, em um dos grandes debates da corrida ao Senado de Illinois de 1858, Abraham Lincoln havia assegurado a seu oponente Stephen Douglas, e por extensão ao grande público presente no dia e ao público ainda maior que leria suas palavras mais tarde, que "eu não sou, nem nunca fui a favor de suscitar, de forma alguma, a igualdade social e política das raças branca e negra". Além disso, durante a guerra, o apoio ativo de Lincoln à colonização de pessoas libertadas na América Central e no Haiti, e sua falta de ação sobre a remuneração e os papéis igualitários das tropas negras da União, levou um frustrado Frederick Douglass a reclamar profundamente sobre as "inconsistências do presidente, seu orgulho de raça e sangue, seu desprezo pelos negros e sua hipocrisia". No final da guerra, Lincoln propôs direitos de voto afro-americanos para os "muito inteligentes, e especialmente para aqueles que lutaram galantemente em nossas fileiras". Sem dúvida, progresso, mas dificilmente um apoio incondicional à igualdade.[12]

Por outro lado, Abraham Lincoln era frequente ou genuinamente ambivalente ou deliberadamente ambíguo, este último como uma questão de cálculo político, como vimos, em relação à guerra e à emancipação. Então, o que podemos dizer das suas ações concretas sobre as suas verdadeiras intenções para a Reconstrução e para os afro-americanos?

Embora a Reconstrução só tenha começado de fato, como diz Obama, "quando os primeiros soldados dos Estados Unidos chegaram aos territórios escravistas", ela não começou oficialmente até quase um ano após a emissão da Proclamação da Emancipação. Em parte destinada a pôr um fim prematuro aos combates, a Proclamação sobre Anistia e Reconstrução, feita por Lincoln em dezembro de 1863, perdoou a todos, menos aos confederados de alto escalão, e permitiu que os estados do Sul iniciassem o processo de readmissão ao Congresso uma vez que 10% dos eleitores registrados em 1860 haviam prometido lealdade aos Estados Unidos, e desde que cumprissem a abolição. Contudo, os republicanos radicais acreditavam que isso era muito tolerante e permissivo, e contra-atacaram o Projeto Wade-Davis, o qual teria exigido uma maioria para jurar lealdade e prometer um "juramento férreo" de nunca ter lutado ou apoiado a Confederação para poder votar em eleições subsequentes. Mas o bolso de Lincoln vetou o projeto.[13]

Os radicais conceberam os estados do Sul como províncias conquistadas semelhantes a territórios e, como tal, poderiam estar constitucionalmente sujeitos à aplicação federal da igualdade racial. Lincoln, por outro lado, sentiu que as políticas punitivas poderiam ser contraproducentes, e tinha, em todo caso, um problema filosófico e político com o constitucionalismo dos radicais. Ele acreditava que os estados do Sul não podiam ser territórios conquistados porque, do ponto de vista do direito constitucional, nunca tinham saído da União. Como vimos no capítulo quatro, essa perspectiva foi útil no início da guerra, permitindo o posicionamento político de Lincoln de culpar os secessionistas pelo início do conflito armado, abrindo assim o caminho para salvar a União e, eventualmente, para a Emancipação. Mas isso deixou Lincoln com uma margem de manobra limitada para remodelar o Sul no fim da guerra. No entanto, ele descreveu a secessão situando os estados do Sul em uma "relação imprópria" com a União, o que pode ter dado ao inescrutável manipulador algum espaço de manobra para a reforma.

Mas nunca saberemos o que poderia ter resultado do Plano 10% de Lincoln devido à ação homicida de John Wilkes Booth no Teatro Ford na noite de 14 de abril de 1865. Lincoln morreu de ferimentos de bala na manhã seguinte, seis dias depois de o general Robert E. Lee ter se rendido ao general da União Ulysses S. Grant na Corte de Appomattox, na Virgínia. Vale lembrar, no entanto, que a raiva fatal de Booth foi despertada pela sugestão de Lincoln de conceder o direito de voto a pelo menos alguns afro-americanos.

OS ESTADOS UNIDOS DEBATERAM FEROZMENTE

Esse modesto, mas brilhante, presidente americano foi sucedido no cargo pelo seu oposto, um homem cujos senso próprio de justiça e autoestima eram medidas inversas da sua retidão moral e aptidão administrativa. Andrew Johnson era, de fato, um democrata do Tennessee, e seu apelo a certos sulistas ao lado de suas credenciais antiescravidão e antissecessão o levaram para a chapa de Lincoln na eleição de 1864. Não era completamente horrendo. Johnson parecia favorecer pelo menos direitos de voto limitados para os afro-americanos, devido às vantagens políticas que isso poderia lhe dar sobre seus adversários. Ele escreveu em 1864: "Os melhores dentre eles irão trabalhar e sustentar-se, e essa classe deveria ter permissão para votar, com base no fato de que um negro leal é mais digno do que um homem branco desleal." E, em 1865, quando o presidente recomendou que o governador do Mississipi "estendesse a franquia eletiva a todas as pessoas de cor que conseguissem ler a Constituição em inglês e escrever seus nomes, e a todas as pessoas de cor que possuíssem imóveis avaliados em pelo menos duzentos e cinquenta dólares e que pagassem impostos sobre eles, [então] você desarmaria completamente o adversário e daria o exemplo que os outros estados seguirão".[14]

Mesmo assim, Johnson não estava disposto a oferecer às pessoas livres a proteção de que precisavam contra seus antigos escravizadores. No que lhe dizia respeito, a Secessão nunca tinha acontecido, então a Reconstrução não era necessária, e ele não estava interessado na reforma, logo não fez qualquer esforço, como Lincoln havia feito, para refinar uma justificativa vaga, mas potencialmente eficaz, da interferência federal nos assuntos internos dos estados do Sul. Em vez disso, Johnson restaurou terras confiscadas a proprietários perdoados em vez de deixá-las com o Gabinete das Liberdades ou permitir que fossem dadas ou vendidas a antigos escravos, ou mesmo a brancos pobres e deslocados, que o Gabinete também pretendia ajudar. E, com um pouco mais de simpatia por ex-escravos do que pelos antigos escravizadores, ele ainda vetou a Lei dos Direitos Civis do Congresso de 1865.

O vácuo político criado por Johnson permitiu um período de "autorreconstrução" no qual as legislaturas estaduais do Sul aprovaram as "Leis Negras" que privavam os afro-americanos de direitos civis básicos como o voto, servir em júris em casos envolvendo pessoas brancas e possuir armas de fogo para se protegerem dos tipos de pessoas que apoiavam as Leis Negras. A limitação da liberdade de circulação e a imposição de determinadas condições nos contratos de trabalho contribuíram para o restabelecimento da escravidão tanto quanto possível após a emancipação. Felizmente, a Agência para Libertos, estabelecido por Abraham Lincoln em março de 1865 para ajudar a fornecer moradia, roupas, combustível e alimentos para negros libertos e brancos deslocados, e para oferecer conselhos sobre contratos de trabalho, assegurou que os efeitos das Leis Negras fossem minimizados na maioria dos lugares.

Barack Obama reconhece as divisões e perigos que existiam durante o início da Reconstrução. "Nos anos imediatamente após o fim da Guerra Civil", observa Obama, "os Estados Unidos debateram ferozmente questões críticas para a Reconstrução. Os democratas do Sul tentaram recuperar o poder que tinham antes da Guerra Civil. As maiorias republicanas no Congresso dos Estados Unidos os rejeitaram e passaram a aprovar legislação e emendas constitucionais para implementar os princípios da vitória da União. Em 1867, o Congresso aprovou as Leis Militares de Reconstrução que exigiam a administração militar nos estados do Sul e novas constituições estaduais". Não há nenhuma identificação explícita de Andrew Johnson aqui, apenas aquela menção de "democratas do Sul" que pode incluir o presidente e os políticos dos estados do Sul que aprovaram as Leis Negras. E foi a não reconstrução de Johnson e a "autorreconstrução" do Sul a que os republicanos radicais começaram a responder a partir do inverno de 1865.[15]

E, como disse Obama ao comemorar o 150º aniversário da 13ª Emenda, "o progresso foi interrompido, muitas vezes adiado. Os escravos recém-libertados podem ter sido libertados pela letra da lei, mas suas vidas cotidianas contavam outra história. Eles não podiam votar. Não conseguiram preencher a maioria das ocupações. Não podiam proteger a si mesmos ou às suas famílias da indignidade ou da violência". E, então, continuou ele, "abolicionistas e libertos, e mulheres e republicanos radicais continuaram a protestar e a serem persuasivos e, poucos anos após o fim da guerra em Appomattox, aprovamos mais duas emendas que garantem o direito de voto, a cidadania de nascimento, a igualdade de proteção perante a lei".[16]

Na verdade, os radicais liderados por Thaddeus Stevens na Câmara dos Deputados e Charles Sumner no Senado rejeitaram a recomendação de Andrew Johnson de readmissão de antigos estados secessionados. Em dezembro de 1865, formaram um Comitê Conjunto de Reconstrução para retirar o controle do processo das mãos do presidente. O Congresso, além disso, reaprovou a Lei dos Direitos Civis e anulou o veto de Johnson, garantindo que o projeto se tornasse lei em abril de 1866. Essa lei declarava: "Todas as pessoas nascidas nos Estados Unidos... são declaradas cidadãs dos Estados Unidos; e esses cidadãos de todas as raças e cores, independentemente de qualquer condição prévia de escravidão... terão o mesmo direito em todos os estados... fazer e executar contratos, processar, ser parte e prestar depoimento, herdar, comprar, arrendar, vender, manter e transmitir bens imóveis e pessoais, e para obter o benefício pleno e igual de todas as leis e procedimentos para a segurança de pessoas e bens, como são desfrutadas por cidadãos brancos, e estará sujeito a punições, penas e penalidades iguais e a nenhuma outra lei, estatuto, decreto, regulamento ou costume ao contrário, não obstante." E naquele ano, 1866, os republicanos do Congresso também tentaram pedir o impeachment de Johnson por obstrução, falhando por um voto naquela ocasião, mas finalmente conseguindo dois anos depois.[17]

Após as eleições de 1866 e com o poder do presidente quase fragmentado, os republicanos avançaram com a Reconstrução Parlamentar ou Radical. Também é chamada de Reconstrução Militar, como as "Leis Militares de Reconstrução" de 1867 que Barack Obama menciona; foram reaprovadas apesar dos vetos de Johnson, e dividiram o Sul em cinco distritos supervisionados por 20 mil soldados americanos. O objetivo era proteger os direitos dos negros, e eles foram implementados de acordo com o previsto pelo presidente Ulysses S. Grant (1869-1877), por exemplo, para reprimir a Ku Klux Klan. Embora nenhum antigo secessionista tenha sido julgado por traição, a "proscrição" impediu milhares de brancos de votar até que a Lei de Anistia em 1872 perdoou todos, exceto os quinhentos ex-confederados mais importantes. Entretanto, em meados de 1870 todos os antigos estados secessionados foram restaurados à União, cada um garantindo a todos os homens o direito de voto e fornecendo educação integrada e outros serviços públicos, todos apoiados pelas Leis Federais de Execução em 1870-1871 e por uma nova Lei de Direitos Civis em 1875.

ROBERT SMALLS GANHOU DESTAQUE

Uma das grandes conquistas da Reconstrução foi, portanto, a participação política dos anteriormente escravizados. Os homens afro-americanos votaram, juntaram-se ao Partido Republicano e formaram a Liga da União e outras instituições que organizaram a ação política, e muitos ocuparam cargos públicos. Como diz Barack Obama em seu ensaio sobre Reconstrução, Beaufort foi onde "muitos dos mais importantes políticos afro-americanos da era da Reconstrução, incluindo Robert Smalls, ganharam destaque".[18]

Robert Smalls nasceu em Beaufort em 1839, "filho dos escravos da família Henry McKee", e se tornou um delegado da Carolina do Sul na Convenção Nacional Republicana, em Baltimore, em 1864, e na Convenção Constitucional Estadual, em Charleston, em 1868. Smalls e outros não conseguiram incluir os direitos afro-americanos no manifesto nacional republicano em 1864, mas a constituição estatal na qual ele posteriormente trabalhou permitiu "sufrágio masculino universal e igualdade racial, política e jurídica" na Carolina do Sul em 1868, tornando o estado que mais dogmaticamente havia defendido a escravidão e a Secessão; subitamente, um dos mais democráticos do país. Como diz Obama, Smalls foi "eleito para a Assembleia Geral da Carolina do Sul de 1868 a 1874, primeiro como representante e depois como senador". Então, ele foi "eleito para a Câmara dos Deputados dos Estados Unidos, onde serviu cinco mandatos" de 1875 a 1887. No total, cerca de 1.500 homens afro-americanos ocuparam cargos públicos no decênio entre 1867 e 1877, a proporção da população negra não era igual à da população branca, mas obviamente era maior do que antes e, surpreendentemente, mais do que seria durante o século seguinte. Aproximadamente 633 afro-americanos serviram como legisladores estaduais durante a Reconstrução, quinze outros como congressistas, quatro do Alabama e seis da Carolina do Sul, incluindo Robert Smalls. Mais dois serviram como senadores americanos, ambos do estado do Mississipi.[19]

Entretanto, as conquistas dos políticos negros são, muitas vezes, invisíveis para aqueles que estão cegos por hábitos de longa data de hostilidade racista. Como diz Obama, "o sucesso de Smalls e outros legisladores afro-americanos que haviam sido escravizados apenas alguns anos antes enfureciam os democratas da Carolina do Sul. Alguns deles voltaram-se para a violência, levada a cabo pela Ku Klux Klan e outros. Em mais de uma ocasião, um grupo de vigilantes caseiros conhecido como Camisas Vermelhas aterrorizou Robert Smalls". De fato, em todo o Sul, grupos e indivíduos terroristas intimidaram e até assassinaram eleitores negros e titulares de cargos públicos e seus aliados "*scalawag*" (republicanos brancos do Sul) e "*carpetbagger*" (imigrantes do Norte). Eles também visavam mulheres afro-americanas para abusar sexualmente em retaliações muito reais de suas imaginações de ataques de homens negros a mulheres brancas.[20]

O "Partido Conservador" do Sul, cada vez mais integrado ao Partido Democrata nacional, se beneficiou da atmosfera frequentemente febril e temerosa que criou ao ganhar um número crescente de eleições para o movimento supremacista branco. As divisões crescentes entre os republicanos da administração Grant e do próprio Sul não ajudaram, nem o Pânico de 1873, nem a depressão econômica que se seguiu. Além disso, os conservadores e democratas defenderam cada vez mais uma "Nova Partida" na política, enfatizando o desenvolvimento econômico, atacando a corrupção republicana e aliando-se a *scalawags* e *carpetbaggers* alienados ou cooptados, embora eles também se denominassem "redentores" para sinalizar sua intenção contínua de pôr fim à Reconstrução. Um estado sulista após outro se rendeu aos "redentores" no início da década de 1870, deixando apenas a Flórida, Louisiana e Carolina do Sul "não redimidos" na época das eleições de 1876. Os democratas haviam conquistado a maioria na Câmara dos Deputados em 1874, mas foram as eleições quadrienais, dois anos depois, que finalmente mataram a tentativa de criar uma democracia duradoura no Sul.

Como explica Barack Obama, "Como resultado das disputadas eleições presidenciais e governamentais da Carolina do Sul de 1876, foram feitos acordos que efetivamente puseram fim à reconstrução política e militar em 1877". Na verdade, em 1876, os democratas bourbonistas de espírito empresarial capturaram o Senado, e o candidato presidencial democrata Samuel J. Tilden ganhou o voto popular para a presidência, embora não sem o benefício da intimidação dos supremacistas brancos, da violência e de fraudes eleitorais nos estados do Sul. Mas, ao final da eleição, vinte votos do Colégio Eleitoral permaneceram em disputa: três no Oregon e os outros ainda "não redimidos" na Flórida, Louisiana e Carolina do Sul. O Compromisso de 1877, também chamado de Grande Traição, finalmente deu todos os vinte votos ao republicano Rutherford B. Hayes, que ganhou a eleição com 185 votos eleitorais contra os 184 de Tilden. Hayes então cumpriu sua parte do acordo e retirou o restante do já baixo número de soldados federais dos últimos estados que passavam pela Reconstrução. Os conservadores do Sul saudaram o fim da Reconstrução como "Redenção", o que, apesar de toda a conotação cristã, é apenas mais uma forma de dizer que esta parte da federação "voltou à escravidão".[21]

No entanto, o progresso político da Reconstrução nem sempre pôde ser revertido imediatamente para todos os estados do Sul. Robert Smalls, por exemplo, "continuou servindo no Congresso até 1886", como aponta Barack Obama, antes de retornar ao trabalho "por muitos anos como coletor de alfândega nomeado pelo presidente para o porto de Beaufort". No entanto, como Obama também diz, enquanto "Smalls falou eloquentemente" a favor da "democracia e do governo representativo" como delegado na Convenção Constitucional estadual de 1885, "Os democratas tinham recuperado o controle do governo estadual" e "descoberto como recuperar os direitos dos afro-americanos enquanto cidadãos". E, assim, "os eleitores da Carolina do Sul ratificaram uma nova constituição que efetivamente eliminou os afro-americanos da política eleitoral e codificou a segregação racial na lei por décadas futuras".[22]

Retornaremos aos pormenores da marginalização e segregação no devido tempo, mas é preciso observar, antes de tudo, que, embora a Reconstrução tenha terminado ignominiosamente com a crescente exclusão dos afro-americanos da política eleitoral, houve, no entanto, outras conquistas importantes nessa época.

PARA CONSTRUIR UMA NAÇÃO DE CIDADÃOS LIVRES E IGUAIS

Como vimos anteriormente, a Emancipação não foi apenas um presente dado pelos brancos: foi algo pelo qual os negros lutaram. No capítulo anterior vimos que os escravos destruíram as fazendas e plantações durante a guerra, minando o esforço da Confederação. Eles também fugiram mais do que nunca, especialmente quando as tropas da União se aproximavam de seus bairros, e até 200 mil lutaram pela liberdade no Exército da União. Barack Obama reconhece devidamente a participação ativa dos afro-americanos em sua própria emancipação quando diz que "pessoas escravizadas nas plantações e fazendas, e nas cidades, escaparam de seus proprietários e buscaram refúgio nas forças da União ou em estados livres". E, de fato, "dentro e ao redor do condado de Beaufort durante a

Reconstrução, os primeiros afro-americanos se alistaram como soldados..."[23]

Já em agosto de 1862, o general Saxton recebeu permissão para recrutar tropas afro-americanas, e, de novembro a janeiro do ano seguinte, treinou cerca de 5 mil homens para os Voluntários do Primeiro Regimento da Carolina do Sul no "Camp Saxton em Port Royal — anteriormente o local de uma plantação de propriedade de John Joyner Smith". Ele escolheu o antigo ativista abolicionista coronel Thomas Wentworth Higginson, da 51ª Infantaria de Massachusetts, para treiná-los. A fugitiva e salvadora Harriet Tubman serviu como enfermeira no acampamento a partir de maio de 1862.[24]

Um herói de guerra afro-americano foi o já mencionado Robert Smalls. Em 1851, quando tinha doze anos, o "seu dono" Henry McKee "contratou-o para trabalhar em Charleston, onde aprendeu a velejar, construir e pilotar navios", como explica Barack Obama. Mas Smalls usou suas habilidades de maneira inesperada quando a oportunidade surgiu. Como diz Obama, "em maio de 1862, Smalls pilotou o css *Planter*, um navio confederado, através do porto de Charleston, passando pelas armas de Fort Sumter, e o entregou às forças da União. Essa fuga corajosa fez dele um herói instantâneo para a União, e ele logo começou a trabalhar como piloto para a Marinha dos Estados Unidos". E, como uma prova de que o mundo estava de cabeça para baixo, pelo menos por um tempo, "Smalls e sua família usaram o prêmio em dinheiro concedido pelo *Planter* para comprar a casa em Beaufort que pertencera à família de seus antigos senhores".[25]

Obama reconhece ainda a participação afro-americana na Reconstrução quando observa que 10 mil pessoas, "cerca de um terço da população escravizada das Ilhas Marinhas na época — se recusou a fugir da região com seus donos". Pela primeira vez, os escravos se libertaram permanecendo no mesmo lugar enquanto os proprietários de escravos fugiam. E Obama faz o mesmo quando diz que o condado de Beaufort foi um dos primeiros lugares "onde as pessoas anteriormente escravizadas puderam começar a se integrar na sociedade livre". No entanto, como esse comentário sutilmente formulado sugere, os afro-americanos não conseguiram destruir de forma realista o sistema de escravatura e, subsequentemente, reformar a sociedade do Sul por conta própria. Eles não foram vítimas passivas da escravidão, mas o empobrecimento que os escravizados suportaram durante mais de dois séculos inevitavelmente teve seus efeitos. Portanto, "Para construir uma nação de cidadãos livres e iguais" foram necessários os esforços conjuntos do Exército da União, do governo federal, de suas agências, e de voluntários negros e brancos do Norte, bem como dos próprios ex-escravos.[26]

Barack Obama retrata poderosamente a natureza combinada do esforço em Beaufort. "O Departamento do Tesouro, com o apoio do presidente Lincoln e do Departamento de Guerra, decidiu transformar a ocupação militar em um novo experimento social, conhecido como Experiência Port Royal, para ajudar ex-escravos a se tornarem autossuficientes", diz. "Eles recrutaram sociedades antiescravistas e religiosas no Norte para levantar recursos e recrutar voluntários para o esforço. Organizações missionárias sediadas no Nordeste estabeleceram postos avançados do condado Beaufort." A conclusão do ensaio de Obama sobre a Reconstrução observa — com um hífen apontando para uma lição da época — que o monumento atesta "as enormes contribuições daqueles que tornaram isso possível em nossa história compartilhada."[27]

Então, com alguma ajuda de pessoas de fora, os antigos escravos forjaram dois tipos de instituições que foram vitais para o futuro da comunidade afro--americana: as educacionais e as religiosas. Como explica Obama, "As pessoas livres tinham fome de educação, pois a Carolina do Sul há muito proibia ensino de leitura e escrita para os escravos". A partir de 1862 e durante as próximas quatro décadas, mulheres brancas como Laura M. Towne e Ellen Murray, e mulheres negras como Charlotte Forten, todas da Pensilvânia, ensinaram na Escola Penn na Ilha de Santa Helena. Elas começaram a educar antigos escravos na casa de plantação de Oaks, no quartel-general do Exército, e depois na igreja batista Brick. A construção de prédios escolares começou em 1864, com doações financeiras do povo da Filadélfia, em cinquenta acres doados pelo fazendeiro afro-americano Hastings Gantt. Como explica Obama, "a Escola Penn ajudou muitos afro-americanos a ganhar respeito próprio, autossuficiência e a integrar-se na sociedade livre. Towne e Murray se esforçaram para oferecer uma educação comparável àquela oferecida nas melhores escolas do Norte. O corpo docente também fornecia outro tipo de apoio, incluindo cuidados médicos, serviços sociais e assistência ao emprego". Esforços semelhantes ajudaram a educar os ex-escravos em todos os antigos estados escravistas. E, eleito "para o Conselho Escolar do condado de Beaufort em 1867", Robert Smalls também "iniciou sua defesa da educação como a chave para o sucesso afro-americano na nova ordem política e econômica".[28]

Realmente, uma das grandes conquistas da Reconstrução foi a fundação da Universidade Howard em 1867, onde Barack Obama fez um discurso na cerimônia de formatura em 7 de maio de 2016. Naquele dia, o presidente falou de um "espírito de realização e responsabilidade especial" que "definiu este *campus* desde que a Agência para Libertos fundou a Howard, apenas quatro anos após a Proclamação da Emancipação; apenas dois anos após o fim da Guerra Civil. Eles criaram essa universidade com uma visão — uma visão de elevação; uma visão de uma América onde nossos destinos seriam determinados não pela nossa raça, gênero, religião ou credo, mas onde estaríamos livres em todos os sentidos — para buscar nossos sonhos individuais e coletivos". E reconheceu o papel da universidade desde então como "uma peça central da vida intelectual afro-americana e uma parte central de nossa história americana mais ampla", um "lar de muitos primeiros", incluindo a produção do "primeiro Prêmio Nobel da Paz negro" e do primeiro "juiz negro da Suprema Corte", bem como "inúmeros acadêmicos, profissionais, artistas e líderes de todas as áreas que receberam treinamento aqui".[29]

E a igreja Brick, perto do centro da Ilha de Santa Helena, foi originalmente construída por escravos para seus proprietários em 1855, mas, como diz Obama, "quando a população branca fugiu das Ilhas Marinhas em 1861, os afro-americanos repentinamente libertados pegaram a igreja para si". Os escravos tinham sido anteriormente proibidos de adorar sem supervisão, pois poderiam interpretar a afinidade de Cristo com os pobres e oprimidos como afinidade de Cristo com os pobres e oprimidos. Embora, como vimos antes, os escravos se reunissem em segredo e usassem a religião subversivamente de qualquer maneira, considerando o Cristianismo como uma teologia da libertação. Não surpreendentemente, então, "uma vez libertados de seus donos, os afro-americanos do condado de Beaufort" e, na verdade, em todo o Sul "queriam adorar em igrejas e unir-se a organizações que elas controlavam". E, como acrescenta Obama,

"A igreja Brick tem sido um lugar de culto e reunião desde aquela época, e continua a servir às necessidades espirituais da comunidade até hoje".[30]

A Escola Penn tem uma história interessante desde a Reconstrução. Ela "evoluiu para o Centro Penn no século XX", relata Obama, "e permaneceu um lugar crucial para a educação, comunidade e organização política nas décadas vindouras". Darrah Hall em particular, Obama também observa, "é a mais antiga estrutura permanente no local do terreno da Escola Penn. Estudantes e membros da comunidade construíram-no por volta de 1903, durante a transição no Sul da era da Reconstrução para uma era de segregação racial e privação política". E ainda, "como um ponto de encontro nos anos 1950 e 1960 para líderes dos direitos civis, incluindo o dr. Martin Luther King Jr. e a equipe da Southern Christian Leadership Conference", a escola "vincula as aspirações democráticas da Reconstrução às do movimento moderno de direitos civis". Há, naturalmente, equivalentes da Igreja Batista de Beaufort em todos os estados do Sul, tais como a Igreja Batista Ebenezer em Atlanta, Geórgia, onde o dr. Martin Luther King Jr. cresceu, e a Igreja Batista da Av. Dexter em Montgomery, Alabama, onde ele iniciou sua carreira como ativista de direitos civis.[31]

As escolas e igrejas estabelecidas durante a Reconstrução ajudaram a sustentar as comunidades e indivíduos afro-americanos durante as provações que viriam e, assim, também contribuíram na preparação do terreno para os triunfos que as seguiram. Em um sentido mais geral, como diz Obama, "mesmo que as leis e costumes de Jim Crow tenham limitado a participação política e o acesso a acomodações públicas, os afro-americanos mantiveram visões de liberdade e construíram instituições comunitárias fortes. A propriedade da terra, o acesso à educação e às igrejas e organizações cívicas que se enraizaram durante a era da Reconstrução lançaram as bases para o movimento moderno dos direitos civis".[32]

Assim, Barack Obama menciona a propriedade afro-americana da terra como uma das realizações mais importantes da Reconstrução. As políticas de confisco de alguns oficiais do Exército da União durante a Guerra Civil e as vendas de algumas terras confiscadas durante a Reconstrução pela Agência para Libertos certamente levaram a avanços significativos. Entretanto, não houve nenhum esforço sistemático ou sustentado para reformar a economia do Sul após a abolição da escravatura, nem mesmo para compensar os ex-escravos pelos seus anos de trabalho não remunerado, ou pelos dois séculos e meio de trabalho não remunerado, se incluírmos todos os antepassados da geração da emancipação e toda a riqueza que criaram e que seus descendentes, em diferentes circunstâncias, teriam herdado. Poucos ex-escravos chegaram a receber os lendários "quarenta acres e uma mula".

Então, embora os afro-americanos tenham escapado da escravidão e se recusado a retornar ao sistema de trabalho da escravidão do Velho Sul, a maioria foi, no entanto, forçada a se tornar arrendatária e a se dedicar à plantação não remunerada. Outros não conseguiram progredir por causa da armadilha de crédito de isenção das colheitas e afundaram na dependência permanente do trabalho forçado para pagar dívidas, ou foram explorados de forma ainda mais notável, e ficaram ainda mais empobrecidos pelas duras punições do sistema legal. Como diz o ditado agridoce com seu duplo significado, os escravos queriam "nada além de liberdade", e foi basicamente isso que eles conseguiram.

Consequentemente, os afro-americanos não conseguiram empregar a negociação econômica como um meio de resistir à reação racista que veio com a "Redenção". Tanto que Eric Foner descreve a Reconstrução como a "Revolução Inacabada da América". E Barack Obama parece concordar com a avaliação. Como vimos, Obama disse explicitamente que, mesmo depois da fundação da nação, a Constituição estava "inacabada" por causa do "pecado original" da escravidão americana. E essas elipses do discurso em Selma parecem dizer implicitamente que, mesmo depois da "Segunda Fundação da Nação", a Constituição ficou inacabada por causa do pecado residual do racismo na América.[33]

VOTAR AQUI EM SELMA E EM GRANDE PARTE DO SUL

Um dos principais meios pelos quais a "Redenção" foi realizada e pelos quais a supremacia branca foi posteriormente sustentada foi através da violência extralegal. "Extralegal", já que era frequentemente perpetrado com a ajuda direta daqueles em posição de autoridade ou com a sua assistência indireta para fornecer a muitos lugares escuros a sua atenção deliberadamente evitada. Às vezes, essa violência era espontânea e *ad hoc*, outras vezes, era organizada por grupos como a Ku Klux Klan e os Camisas Vermelhas, mencionados no ensaio de Barack Obama sobre Reconstrução. A Klan foi formada pela primeira vez em 1866 com o objetivo específico de disciplinar os negros na súbita ausência dos códigos escravos. Depois que esse grupo foi suprimido pela administração Grant no início da década de 1870, outros *"white liners"*, como os Red Shirts e vários *"rifle clubs"* o substituíram, embora a Klan tenha tido um renascimento depois de ter sido glorificada no horrível longa-metragem *O nascimento de uma nação*, de Griffith, em 1915.

Um relatório recente da Equal Justice Initiative, um grupo de pressão jurídica do Sul, mostrou que cerca de 3.959 sulistas negros foram linchados entre 1877 e 1950. A percepção inicial era de que as vítimas de linchamento tinham cometido crimes sexuais, uma afirmação de propaganda que tanto explorava como estendia estereótipos racistas sobre a sexualidade e a violência dos homens negros. Mas a jornalista e ativista Ida B. Wells mostrou pela primeira vez, desde a década de 1890, que muitos negros foram assassinados por serem considerados economicamente arrogantes por alguns brancos. Na verdade, os linchamentos atingiram o auge quando os preços agrícolas caíram e os preços ao consumidor subiram, e quando chegou a hora dos proprietários estabelecerem contas com os inquilinos.[34]

Além disso, o número anual de linchamentos era de cinquenta a cem durante a Reconstrução, antes de atingir um pico de 161 em 1892 e, depois, diminuir gradualmente para uma média de cerca de dez por ano na década de 1930. A taxa de declínio é parcialmente explicada pela publicidade negativa produzida por pessoas como Wells, pela Associação Nacional para o Avanço das Pessoas de Cor (ANAPC) depois de sua formação em 1909, e por muitas outras, incluindo mulheres negras peticionárias no Sul, políticos indignados no Norte e observadores horrorizados no exterior. Mas também é notável que o número de linchamentos subiu enquanto os supremacistas brancos pressionavam pela "Redenção" e, posteriormente, pelas leis de Jim Crow, e caiu depois que estes se sentiram "seguros". Em outras palavras, o linchamento não foi apenas uma aplicação extrajudicial da lei, por pior que isso tenha sido, mas foi comprovadamente a garantia de um regime político, social e econômico de supremacia branca através do terrorismo. Como Barack Obama observou em 2015, durante um século após a escravidão, "vimos a justiça fechar os olhos para multidões com forcas penduradas nas árvores. Vimos balas e bombas aterrorizarem gerações".[35]

No entanto, a privação legalizada dos direitos de voto começou com um imposto de votação na Geórgia em 1877 que impediu muitos negros e brancos mais pobres de votarem. Em seguida, ela se espalhou um pouco lentamente por todo o Sul, pois os avanços democráticos afro-americanos durante a Reconstrução não puderam ser desfeitos instantaneamente. Mas a persistente guerra de desgaste contra eleitores e titulares de cargos públicos negros permitiu uma aceleração da iniquidade com a adoção de uma nova constituição no Mississipi em 1890, incluindo um teste de alfabetização e imposto de votação como requisitos para se registrar a votar. Entre aquele período e 1908, todos os antigos estados confederados mais Oklahoma imitaram o "Plano Mississipi" por meio de novas constituições, emendas constitucionais e legislação, alguns acrescentando requisitos de residência e outras medidas que impediram a grande maioria dos sulistas negros de votar, como, conforme observado por Barack Obama, foi o caso da Carolina do Sul em 1895. Os estados fronteiriços não confederados não adotaram a privação do direito de voto, embora tenham imposto a segregação.

Algumas medidas de privação de direitos também impediram muitos brancos pobres de votarem, em alguns estados chegando a dezenas de milhares, porque fazer essas leis explicitamente baseadas na raça teria violado a 15ª Emenda de maneira óbvia demais para sobreviver ao controle judicial. Mas interpretações de resultados de testes de alfabetização, cláusulas de entendimento e cláusulas de avô que isentavam aqueles cujos antepassados familiares podiam votar antes da Emancipação garantiam que a privação de direitos fosse cada vez mais racialmente discriminatória. E, embora as motivações raciais das leis eleitorais estivessem formalmente escondidas do oficialismo federal, elas eram, ainda assim, exibidas diante de suas vítimas. Barack Obama destacou a adição de insulto à injúria nos métodos usados para qualificação para voto quando falou nos cinquenta anos da Marcha dos Direitos de Voto de 1965 em Selma, Alabama. "Cinquenta anos atrás", observou Obama, "registrar-se para votar aqui em Selma e em grande parte do Sul significava adivinhar o número de jujubas em um frasco ou bolhas em um sabonete. Significava arriscar a sua dignidade e, às vezes, a sua vida".[36]

Formou-se, por tais meios, um Sul solidamente democrata, e as Primárias Brancas garantiram, mais adiante, que os candidatos do partido e os oficiais eleitos caminhariam na Linha Branca.

"SEPARADO, MAS IGUAL"

Há muito tempo, os historiadores debatem o grau de segregação *de facto* durante a Reconstrução, mas não há dúvidas de que, depois, o tipo *de jure* se tornou parte da vida cotidiana no Sul e mais além. Tal como aconteceu com a privação do direito de voto, alguns estados regulamentaram a separação racial nas suas constituições, outros fizeram isso através da legislação. No início do século xx, a segregação legalizada existia em todos os antigos estados escravistas, incluindo os não confederados, e em alguns estados fronteiriços, em todos os tipos de instalações públicas, desde escolas a cemitérios — embora nas igrejas muitos afro-americanos preferissem adorar à sua maneira, de qualquer forma. Em espaços que precisavam ser compartilhados, os negros foram forçados a realizar atos degradantes de deferência, especialmente em relação às mulheres brancas, incluindo evitar o contato visual, tirar o chapéu e se afastar delas ou, até mesmo, sair das calçadas.

Mas a segregação não era um fenômeno unicamente sulista. Os poderes em Washington conspiraram com ela e até mesmo a praticaram cada vez mais nos espaços públicos da capital da nação. A Lei dos Direitos Civis de 1875 estabeleceu que "todas as pessoas dentro da jurisdição dos Estados Unidos terão direito ao gozo pleno e igual das acomodações, vantagens, facilidades e privilégios das pousadas, transportes públicos em terra ou água, teatros e outros locais de diversão pública; sujeito apenas às condições e limitações estabelecidas por lei, e aplicável igualmente aos cidadãos de todas as raças e cores, independentemente de qualquer condição prévia de servidão". No entanto, em um conjunto de batalhas jurídicas chamadas coletivamente de *Casos de Direitos Civis*, a Suprema Corte decidiu, em 1883, que o governo federal não tinha poder para regular a esfera privada, e a 13ª Emenda não estabeleceu um precedente para fazê-lo, pois tinha "simplesmente abolido a escravidão".[37]

Entretanto, as leis de segregação foram aprovadas por legislaturas estaduais, órgãos públicos, o que era uma questão diferente. E, explicitamente baseadas na raça, essas leis eram violações transparentes da Constituição e claramente estavam sujeitas à contestação legal nos termos da 14ª Emenda. Em 1890, Louisiana, o único estado com um sistema trirracial, em vez do habitual sistema birracial, legislou sobre vagões de trem separados para pessoas "coloridas", bem como para pessoas "negras" e "brancas". Um grupo de ação multirracial chamado Cidadãos de Nova Orleans decidiu submeter a segregação a um exame jurídico. Homer Plessy, um oitavo afro-americano e, portanto, legalmente "colorido", foi o agente no centro da ação que se seguiu. Em 1892, como planejado, ele comprou um bilhete de primeira classe em Nova Orleans, na East Louisiana Railway, informou o guarda de seu status racial, sentou-se no vagão exclusivo para brancos, desafiou as instruções para se mudar para o dos coloridos e foi preso. No entanto, a Suprema Corte posteriormente decidiu, no caso *Plessy vs. Ferguson* (1896), que a lei da Louisiana era constitucional porque as instalações fornecidas eram "separadas, mas iguais".[38]

Plessy vs. Ferguson está ao lado do *Caso Dred Scott*, previamente examinado, nos anais da vergonha da Suprema Corte, mas, infelizmente, houve outros casos ignominiosos. Além dos *Casos de Direitos Civis* de 1883, o *Williams vs. Mississipi* (1898) sancionou a violência judicial do Estado ao mesmo tempo em que a privação dos direitos de voto. Henry Williams foi indiciado por assassinato por um grande júri branco e foi condenado por esse crime capital por um pequeno júri branco. Seu advogado argumentou que lhe foi negado um julgamento justo, já que os afro-americanos foram excluídos da votação e, portanto, do serviço de júri, o que significava que ele não tinha sido julgado por um júri de seus pares. No entanto, a Suprema Corte decidiu por unanimidade que os impostos de votação e leis de alfabetização do Mississipi eram não raciais.[39]

Em outro caso, Jackson W. Giles, em nome de 5 mil cidadãos negros do condado de Montgomery, desafiou uma lei do Alabama de 1901 que restringia a votação a pessoas "de bom caráter e que entendem os deveres e obrigações da cidadania", critérios que foram subjetivamente avaliados de acordo com os preconceitos racistas dos oficiais. No entanto, a Suprema Corte decidiu em *Giles vs. Harris* (1903) que as cortes federais não tinham jurisdição sobre os requisitos de registro de eleitores dos estados, revelando uma baixa estimativa do valor das liberdades fundamentais dos afro-americanos, além de excluir a possibilidade de um novo recurso à 15ª Emenda.[40]

Cada uma das Emendas da Reconstrução continha a disposição de que "o Congresso deve ter poder para aplicá-las por legislação apropriada". Mas isso não foi feito até os anos 1960. A democracia deliberativa não falhou nesse caso apenas devido à ânsia excessiva de consenso. Falhou principalmente porque o abuso supremacista branco da democracia atingiu os níveis mais altos do governo federal. Embora os estados do Sul tenham privado a maioria dos cidadãos negros do direito de voto, eles se beneficiaram da contagem total da população na distribuição de assentos na Câmara dos Deputados dos Estados Unidos. A indignação do Norte perante a crescente privação de direitos, evidente no censo de 1900, levou o congressista republicano de Indiana Edgar D. Crumpacker a propor uma redução da repartição proporcional à privação de direitos. Mas o bloco sólido de congressistas do Sul derrotou seus esforços e, posteriormente, outros do mesmo tipo, juntamente a inúmeras iniciativas para investigar abusos por parte de funcionários eleitorais. E impediram vários esforços legislativos para tornar o linchamento um crime federal e, assim, fazer com que fosse investigado por agências nacionais em vez de o ser por agências estaduais do Sul, as quais seriam coniventes.

Além da solidariedade eleitoral, o sistema unipartidário do Sul também conquistou gradualmente uma antiguidade desproporcional de seus representantes no sistema de comitês do Congresso e, portanto, um poder impressionante sobre os orçamentos e projetos federais.

A campanha eleitoral sulista e o sólido bloco do Sul no Congresso e no Colégio Eleitoral pressionaram até mesmo os republicanos a receber Jim Crow em Washington. O presidente Theodore Roosevelt (1901-1909) pediu conselhos e até convidou publicamente Booker T. Washington para jantar na Casa Branca. No entanto, ele também promoveu o "movimento lírio-branco" para assegurar a liderança não negra entre os republicanos do Sul, e começou a ressegregação de escritórios do governo federal e instalações da capital que foram primeiro dessegregados pelo presidente Ulysses S. Grant cerca de trinta anos antes. William Howard Taft continuou essas reviravoltas durante seu mandato, de 1909 a 1913. No entanto, o desafio do Partido Progressista de Roosevelt para Taft ajudou a oscilar a eleição de 1912 para o democrata Woodrow Wilson, embora Wilson tenha vencido em 1916 graças ao apoio no Sul e ao sucesso substancial nos estados do Norte. Embora residente em Nova Jersey, Wilson foi o primeiro político nascido no Sul a ganhar uma eleição presidencial desde James Buchananan em 1856, e o primeiro a ocupar o cargo desde o mandato não eleito de Andrew Johnson, finalizado em 1869. A segregação em Washington se acelerou durante os dois mandatos de Wilson, estendendo-se dos escritórios dos departamentos do governo para seus restaurantes e salas de descanso.

ATÉ ONDE CHEGAMOS

De acordo com a preferência geral dele, observada em capítulos anteriores, por desenvolvimentos históricos positivos em longo prazo em detrimento de instituições e eventos negativos já encerrados, Barack Obama não fala frequentemente ou por muito tempo sobre a privação dos direitos de voto, segregação ou sobre a violência que impuseram essas iniquidades. E, quando ele os menciona, muitas vezes o faz no contexto do surgimento do movimento dos direitos civis. Em 21 de fevereiro de 2005, por exemplo, em um baile de gala em comemoração ao 65º aniversário do herói dos direitos civis John Lewis, Obama referiu-se à privação dos direitos de voto de forma nitidamente oblíqua, apontando para o futuro de forma muito mais direta: "Houve um período", disse ele, "em que John Lewis nunca teria adivinhado que estaria servindo no Congresso". E houve um tempo, não muito antes, em que as pessoas poderiam nunca ter adivinhado que algum dia os afro-americanos poderiam ir às urnas, votar, fazer ouvir a sua voz e eleger os membros do Congresso. E Obama falou de forma semelhante, no mesmo dia, sobre a segregação: "O quão longe estamos dos dias em que o filho de meeiros se sentava junto ao rádio enquanto o crepitar dos sonhos do dr. King enchia seu coração de esperança. Ele era muitas vezes forçado a deixar a escola para trabalhar nos campos e a biblioteca pública estava fora dos limites da sua espécie, mas o jovem John Lewis buscava o conhecimento."[41]

A ênfase de Obama em "até onde chegamos", em vez de em como as coisas estavam ruins, é semelhante à sua narração das histórias da Revolução Americana e da escravidão: a superação da injustiça e da opressão é mais digna de atenção do que o fato de elas terem existido. Isso pode frustrar os historiadores que sentem que passar rapidamente por cima de tais assuntos pode levar ao entendimento de que eles não importam. Mas acho que isso seria entender a natureza e a intenção da história americana de Barack Obama de maneira equivocada. Obama é, afinal, um historiador narrativo acima de tudo e, portanto, mais interessado na passagem do tempo do que em qualquer momento específico, na dinâmica da mudança do que nas operações das instituições do passado. Seja como for, a história de Obama de como chegamos até aqui não nos permite esquecer onde estávamos antes. Muito pelo contrário, quando enquadrados em termos como "até onde chegamos", a distância que percorremos implica, necessariamente, que já estivemos muito longe de onde estamos. Portanto, a frase mostra que a injustiça e a opressão são partes intrínsecas da narrativa de Obama, pontos de partida talvez, mas, como tal, dão à História sua direção. Em geral, a narrativa de Obama sobre a criação de uma "união mais perfeita" não faria sentido a menos que essa união fosse previamente menos perfeita, e assim sua história de mudança pressupõe uma imperfeição preexistente.

Esse tipo particular de perspectiva de Obama é ilustrado melhor pelas palavras dele na comemoração da 13ª Emenda, quando ele preenche a lacuna entre a primeira e a segunda reconstruções da América do seguinte modo: "E, ainda assim, através de tudo isto, o apelo à liberdade sobreviveu. 'Consideramos que estas verdades são evidentes por si mesmas.' E, finalmente, uma nova geração se levantou para marchar e se organizar, e para se levantar e participar com a força moral da não violência e o doce som daquelas mesmas canções de liberdade que os escravos haviam cantado há tanto tempo... Apelando à justiça básica que lhes foi prometida quase um século antes." Ou talvez no seu ensaio sobre a Reconstrução, tanto na sua rápida menção à era Jim Crow como no seu ponto de que o progresso é precedido pela dor. "Em última análise", concluiu Obama, "as promessas não cumpridas da Reconstrução levaram ao movimento moderno de direitos civis um século depois".[42]

UMA LONGA LINHA DE HERÓIS

Essa tendência geral e esses comentários específicos podem parecer minimizar outro fenômeno: o movimento de direitos civis perante o Movimento dos Direitos Civis. No entanto, Barack Obama reconhece os antepassados de John Lewis, Martin Luther King Jr. e dos muitos outros envolvidos, como ele fez em seu discurso nos cinquenta anos do Domingo Sangrento. "Como acontece em todo o cenário da história americana", disse Obama, "não podemos examinar este momento isoladamente. A marcha em Selma foi parte de uma campanha mais ampla que abrangeu gerações; os líderes naquele dia faziam parte de uma longa linha de heróis".[43]

De fato, a injustiça e a opressão racistas pós-escravatura foram seriamente combatidas desde seus primeiros dias. Booker T. Washington fundou o vocacional Tuskegee Institute e exortou os afro-americanos a praticarem a autossuficiência econômica antes de fazerem campanha pela igualdade. No entanto, ele também financiou litígios de direitos civis de maneira privada. Mas talvez o legado mais duradouro tenha sido deixado por pessoas como W. E. B. Du Bois. Em 1905, após uma reunião de ativistas negros do lado canadense das famosas cataratas, ele e William Monroe Trotter lideraram o Movimento Niagara, denunciando a segregação e pedindo direitos iguais de voto e educação estendida. Em 1909, ele e outros fundaram a ANAPC, que fez vários desafios jurídicos bem-sucedidos a Jim Crow, incluindo ganhar o caso *Guinn vs. Estados Unidos* (1915), uma decisão da Suprema Corte sobre a inconstitucionalidade de uma cláusula de avô que isentava qualquer descendente de qualquer pessoa que pudesse votar em Oklahoma até 1º de janeiro de 1866 de uma lei de alfabetização que, portanto, excluía unicamente os afro-americanos. A ANAPC também fez campanha contra o racismo em que Jim Crow se baseava, incluindo a organização de protestos contra o filme *O nascimento de uma nação*, pela glamourização da Ku Klux Klan e suas representações grotescas de afro-americanos por atores brancos usando *blackface*.

E Du Bois, como Ida B. Wells, chamou a atenção e inspirou ações contra a violência que apoiava a opressão. Em maio e junho de 1917, possivelmente até 250 afro-americanos foram assassinados nos "massacres de East St. Louis" por brancos que se ressentiram dos migrantes econômicos. Houve um nível incomum de indignação com esse incidente, porque muitos negros americanos se mudaram para lá não só para escapar da opressão racial mais ao Sul, mas também para trabalhar em indústrias de fornecimento de material militar e outros para a guerra que os Estados Unidos tinham entrado em abril. Ainda mais encorajado pelo "The Massacre of East St. Louis" de Du Bois na edição de setembro da *The Crisis*, o jornal da ANAPC, cerca de 9 mil afro-americanos marcharam no Desfile Silencioso ao longo da 5ª Avenida de Nova York. Também indicativo do aumento da raiva afro-americana, no entanto, foi o motim em Houston de 17 de agosto, que se seguiu ao assédio e espancamento de soldados negros estacionados em Camp Logan, no qual mais de cem amotinados assassinaram dezesseis brancos. Dezenove pessoas foram enforcadas e outras 67, presas.

No entanto, a NAACP fez campanha para a contratação de afro-
-americanos como oficiais na Primeira Guerra Mundial e, em uma rara
concessão de Woodrow Wilson, centenas lutaram na guerra em tais
posições. O próprio W. E. B. Du Bois devia receber uma comissão do
Exército, porém foi reprovado no exame físico. Mas a luta e a vitória
da Primeira Guerra Mundial tiveram o efeito oposto de acalmar as
coisas. Experimentando as atitudes raciais geralmente mais relaxadas
dos europeus, ou pelo menos a não institucionalização do racismo,
e o idealismo inspirado pelo fim da guerra para acabar com todas as
guerras, incluindo os esforços do presidente Wilson em Versalhes para
construir a paz como uma vitória da liberdade e da autodeterminação,
o otimismo e o ativismo pelos direitos civis aumentaram. O líder da
União e defensor dos direitos civis A. Philip Randolph cunhou o termo
o "Novo Negro" em 1917 para personalizar uma determinação renovada, uma denominação que ressoa historicamente com *Novus Homo*, o
nome dado aos romanos que deixavam suas famílias pela primeira vez
para servir no antigo Senado. E mais perto de casa e, em tempos mais
recentes, ecoou também o "Novo Homem" de J. Hector St. Jean de Cre-
vecoeur, o americano dos anos 1780, economicamente independente,
socialmente igual e politicamente livre, uma figura parcialmente mítica,
mas ainda assim um ideal americano que os afro-americanos se sentiam
igualmente autorizados a aspirar a ser.[44]

Assim, a guerra supremacista branca contra a independência, igualdade e liberdade afro-americana continuou. A rebelião Elaine Race de
outubro de 1919 no Arkansas, por exemplo, viu mais de duzentos agricultores negros serem assassinados por tentarem formar um sindicato,
que alguns oponentes interpretaram como uma conspiração para matar
brancos. Outros doze foram condenados à morte por envolvimento no
caos, mas a ANAPC apoiou os seus apelos, alegando que as confissões
tinham sido extraídas através da tortura. O caso aconteceu no *Moore
vs. Dempsey* (1923), no qual a Suprema Corte finalmente ampliou a
supervisão federal da administração da justiça nos estados. Claro que
isso não impediu que assassinos matassem ativistas dos direitos civis,

incluindo o organizador da ANAPC, Elbert Williams, linchado em 20 de junho de 1940 por tentar registrar eleitores negros em Brownsville, Tennessee. Tal fato também não alterou as leis de Jim Crow.

Entretanto, as coisas mudaram depois da Segunda Guerra Mundial. Embora idealizada por alguns, muitos outros, especialmente os afro--americanos, tinham considerado a Primeira Guerra Mundial como um conflito imperialista, uma guerra de homens ricos e uma luta de homens pobres. Porém, a luta contra o nazismo foi muito mais claramente uma batalha contra a injustiça no exterior, e, correspondentemente, inspirou uma luta contra a injustiça em casa, visando um "duplo V" — uma vitória sobre a Alemanha e o Japão e outra sobre Jim Crow. Depois de mais de um milhão de afro-americanos terem lutado contra regimes racistas no além-mar e de terem novamente acesso a instalações públicas não segregadas no exterior, muitos simplesmente já não estavam dispostos a tolerar a cidadania de segunda classe no país por que lutaram e pelo qual muitos tinham sacrificado as suas vidas. Na abertura do Museu Nacional de História e Cultura Afro-Americana (MNHCAA) em 2016, Barack Obama reconheceu a tragédia irônica e o idealismo real do sacrifício afro-americano, observando que "os homens e mulheres que correram para as frentes de guerra para garantir toda a nossa liberdade, entendendo que quando voltassem para casa talvez ainda não estivessem livres". Talvez não seja surpreendente, então, que uma das primeiras vitórias da era dos direitos civis tenha sido a Ordem Executiva 9981, com a qual o presidente Harry S. Truman desagregou as forças armadas americanas em 1948.[45]

Além disso, cerca de 700 mil negros se mudaram do Sul para o Norte e o Oeste em busca de trabalho durante o período da guerra, acelerando a Grande Imigração que começou durante a Primeira Guerra Mundial. Enquanto o ressentimento dos brancos resultou em tumultos raciais como os relatados anteriormente, uma população negra recém--consolidada e em grande parte urbana desenvolveu novas expectativas e novos meios de expressá-las. Os afro-americanos foram inicialmente excluídos do trabalho qualificado e mais bem pago, até que uma chamada do líder da Irmandade de Cabineiros de Vagões-Leito, A. Philip

Randolph, para uma marcha em Washington em 1941 levou o presidente Franklin Delano Roosevelt a emitir a Ordem Executiva 8802, proibindo a discriminação no trabalho de defesa e fundando a Comissão de Práticas Justas de Emprego. Por mais que a Comissão não tivesse poderes de execução, descobriu e desencorajou práticas injustas, de modo que, em três anos, mais de um milhão de afro-americanos, sendo quase um terço mulheres, encontraram emprego na indústria de manufatura. Essas novas circunstâncias diplomáticas e socioeconômicas tiveram efeitos políticos profundamente energizantes. Entre 1940 e 1946, o número de membros da ANAPC aumentou de 50 mil para 450 mil. A América preparava-se para uma Segunda Reconstrução.

OS ALUNOS QUE CAMINHAVAM PASSAVAM POR MULTIDÕES FURIOSAS

Em 1947, quando a Comissão de Direitos Civis de Harry Truman publicou um relatório intitulado *Para garantir esses direitos*, apelando à igualdade e, na verdade, à abolição da segregação, o presidente o saudou como "uma carta americana sobre liberdade humana". No ano seguinte, ele pediu ao Congresso que aprovasse um extenso programa de direitos civis. Os legisladores federais demoraram, mas as coisas estavam mudando fora de Washington. Nos seis anos seguintes ao fim da guerra, onze estados e muitas outras cidades do Norte e do Oeste proibiram a discriminação racial no mercado de trabalho e na utilização de instalações públicas. Mas é claro que as transformações mais dramáticas ocorreram nos estados do Sul e de fronteira.[46]

Foi neste contexto que a ANAPC adotou uma nova linha de ataque jurídico contra Jim Crow. A organização tinha se limitado previamente a argumentar que as instituições "separadas mas iguais" eram desiguais porque as instalações dos negros eram menos financiadas e cuidadas do que as dos brancos. Mas, no início da década de 1950, os líderes do departamento jurídico da ANAPC, Charles Hamilton Houston e Thurgood Marshall, insistiram que elas eram desiguais porque estavam separadas.

Assim como Homer Plessy, os advogados escolheram seus litigantes cuidadosamente para maximizar a simpatia do público. A filial de Topeka, Kansas, escolheu um pastor assistente chamado Oliver Brown para tentar matricular suas três filhas em uma escola branca, e elas foram rejeitadas, como era esperado. Além disso, não querendo focar apenas no Sul, a ANAPC usou esse caso do Centro-Oeste como o principal de um grupo de cinco que chegou à Suprema Corte sob o nome de *Brown vs. Conselho de Educação* — embora também fosse necessário ter um com um B no início, pois as ações coletivas são nomeadas alfabeticamente de acordo com o primeiro indivíduo em questão.

Depois de não ter chegado a uma decisão em dezembro de 1952, a Corte concedeu um ano aos protagonistas para investigar as intenções dos autores da cláusula de proteção igualitária da 14ª Emenda, um movimento incomum que sinalizou a magnitude da decisão que estava sendo tomada. Depois, a contingência entrou em ação. Em setembro de 1953, o presidente da Suprema Corte, Fred M. Vinson, considerado hostil à anulação da doutrina "separada mas igual", teve um ataque cardíaco e morreu. O caso foi ouvido novamente em dezembro e, no dia 17 de maio do ano seguinte, o novo presidente da Suprema Corte de Justiça, Earl Warren, após arquitetar unanimidade com a ajuda do juiz sulista Stanley Reed, emitiu um veredito que dizia que "a segregação de crianças brancas e de cor nas escolas públicas tem um efeito prejudicial sobre as crianças de cor. O impacto é maior quando tem a sanção da lei; pois a política de separação das raças é geralmente interpretada como denotando a inferioridade do grupo negro". Logo, a decisão concluiu que "instalações educacionais separadas são inerentemente desiguais". No ano seguinte, em *Brown II*, a Corte ordenou que a dessegregação ocorresse "com toda a velocidade deliberada". No outono de 1955, Cheryl Brown entrou em uma escola integrada em Topeka, Kansas. Doze anos mais tarde, Thurgood Marshall iniciou um período de 24 anos como o primeiro juiz afro-americano da Suprema Corte dos Estados Unidos.[47]

Houve protestos contra as decisões Brown, naturalmente, e não menos importante foi o *Manifesto do Sul*, assinado por 82 dos 106 congressistas sulistas, e todos, exceto três eram senadores sulistas — as exceções foram Albert Gore e Estes Kefauver do Tennessee e Lyndon Johnson do Texas. O documento prometia resistir à "integração forçada" por "qualquer meio legal", seja lá qual for o significado disso. Outros cidadãos do Sul e funcionários do estado prometeram "resistência massiva", algumas de legalidade duvidosa, outras indubitavelmente ilegais. O governador do Arkansas, Orval Faubus, chegou a enviar a Guarda Nacional para prevenir a dessegregação da Escola Central de Ensino Médio de Little Rock no outono de 1957. Embora não estivesse entusiasmado com a mudança, o presidente Dwight David Eisenhower sentiu-se obrigado a fazer cumprir a lei estabelecida pela Suprema Corte, e assim federalizou a Guarda Nacional do Arkansas e os enviou de volta aos quartéis. O mentor do Dia D se viu ordenando que a 101ª Divisão Aérea protegesse nove crianças de manifestantes que gritavam com elas dia após dia porque as achavam indignas de uma educação igualitária. Esses são os eventos a que Barack Obama referiu na abertura do MNHCAA quando falou dos "alunos que caminhavam passavam por multidões furiosas [para] integrar as nossas escolas": palavras subestimadas que espelham a comovente calma dos Nove de Little Rock enquanto ignoravam e se mostravam muito mais maduros do que os adultos que os atacavam.[48]

Os militares também tiveram que acompanhar James Meredith para garantir seu direito de se inscrever na Universidade do Mississipi em 20 de setembro de 1962. E novamente em 25 e 26 de setembro, depois que o governador Ross Barnett e o tenente-governador Paul B. Johnson Jr. recusaram seu direito de registro e tiveram de ser detidos pela Quinta Corte do Circuito dos Estados Unidos e multados em 10 mil dólares até que eles desistissem. Meredith finalmente se matriculou sob a proteção de marechais federais. Mesmo assim, um motim dos brancos resultou em 28 marechais feridos a bala, 97 com outros ferimentos e mais duas mortes. Meredith começou as aulas sob a proteção do Exército dos Estados Unidos.

Como consequência dessa violência, o mesmo James Meredith partiu de Memphis, no Tennessee, em uma marcha solo contra o medo, dessa vez em protesto contra a privação do direito de voto. No segundo dia, porém, em 7 de junho de 1966, ele foi baleado e ferido por um terrorista supremacista branco. Ainda assim, cerca de 15 mil pessoas foram às ruas para continuar a marcha, e depois do seu período no hospital, Meredith juntou-se novamente a eles antes de chegarem a Jackson, 220 milhas e vinte dias depois. Durante a marcha, mais de 4 mil afro-americanos se registraram para votar, e muitos outros o fizeram depois.

Em 11 de junho de 1963, o governador George Wallace tentou impedir a entrada de Malone Jones e James Hood na Universidade do Alabama, e o presidente John F. Kennedy também enviou guardas para matriculá--los. Naquela noite, o presidente fez seu muito conhecido discurso na TV e no rádio sobre uma "onda crescente de descontentamento", instando o país a abraçar os direitos civis como "uma questão moral... em nossas vidas diárias" e apelando ao Congresso para aprovar nova legislação de direitos civis. Mesmo assim, foi preciso mais violência, e desta vez do tipo letal para fazer as coisas acontecerem.

Medgar Evers tinha lutado pelo seu país contra o fascismo, inclusive na Batalha da Normandia em 1944, e era um desses veteranos que já não estava disposto a tolerar o racismo em casa. Como agente do Conselho Regional de Liderança Negra do Mississipi e da ANAPC, ele se candidatou e foi recusado para uma vaga na Faculdade de Direito da Universidade do Mississipi após o veredito Brown, o início da campanha jurídica que eventualmente permitiu que James Meredith entrasse. Anteriormente, Evers tinha ajudado a organizar a campanha antissegregação "Não compre gás onde você não pode usar o banheiro" e esteve envolvido na investigação do rapto, tortura e assassinato de Emmet Till, de catorze anos, em agosto de 1955, por supostamente ter falado com uma mulher branca. Já haviam atentado contra a vida de Evers antes, mas, na madrugada de 12 de junho de 1963, na noite do discurso do presidente Kennedy, ele foi baleado e morto fora de casa por Byron De La Beckwith, membro do Conselho de Cidadãos Brancos e mais tarde da Ku Klux Klan. Os jurados brancos não conseguiram chegar a um veredito na época, mas Beckwith foi finalmente condenado pelo homicídio em 1994. O presidente apresentou um projeto de lei de direitos civis ao Congresso uma semana depois, embora não tenha sido aprovado até os sete meses seguintes ao assassinato de Kennedy em Dallas, Texas, em novembro de 1963.

A PODEROSA CADÊNCIA DO DR. KING

Brown vs. Conselho de Educação declarou: "No campo da educação, a doutrina do 'separado mas igual' não tem lugar." No entanto, não afirmou que não tinha lugar em nenhum outro lugar; embora o implicasse, inspirando assim uma luta contínua contra a injustiça em todos os lugares. Uma famosa batalha começou em 5 de dezembro de 1955, quando Rosa Parks foi presa por se recusar a abrir mão de seu assento em um ônibus do Alabama. As pessoas então boicotaram os ônibus, simplesmente caminhando para o trabalho, muitas vezes inspiradas por um pregador local surpreendentemente articulado e carismático, cujo nome logo se tornou amplamente conhecido, dr. Martin Luther King Jr. Após pouco mais de um ano, a combinação de organização e protesto conseguiu dessegregar o transporte público em Montgomery.

As cortes também foram envolvidas, ilustrando o argumento de Barack Obama de que ações organizadas por cidadãos comuns podem mudar a lei. Em fevereiro de 1956, o advogado de direitos civis Fred Gray apresentou uma ação judicial em nome de várias mulheres afro-americanas, incluindo Claudette Colvin, uma jovem de quinze anos que havia sido presa alguns meses antes e pela mesma violação que Rosa Parks, mas que foi nomeada *Browder vs. Gayle* em homenagem à reclamante principal, Aurelia Browder, e ao réu W. A. Gayle, prefeito de Montgomery. Em junho, a Corte Distrital local proferiu o veredito de que o transporte público segregado em Montgomery "viola a Constituição e as leis dos Estados Unidos" ao negar a cláusula de "proteção igualitária" da 14ª Emenda. A Suprema Corte dos Estados Unidos confirmou o veredito em novembro, e os marechais federais entregaram a ordem de dessegregação ao prefeito Gayle em 20 de dezembro.[49]

Além disso, uma série de casos da Suprema Corte, começando com *Morgan vs. Virgínia* (1946), depois *Sarah Keys vs. Companhia de ônibus Carolina* (1955), e culminando com *Boynton vs. Virgínia* (1960) declarou ilegal a segregação nos ônibus que cruzam as fronteiras do estado e nos terminais que os servem, e que a igualdade de tratamento dos clientes era aplicável de acordo com a cláusula da Constituição que permitia ao

Congresso regular o comércio interestadual. No entanto, os estados do Sul ignoraram essas decisões e a Comissão de Comércio Interestadual (CCI) pouco fez para defender a lei, então o Congresso de Igualdade Racial (CIR) e o Comitê de Coordenação de Estudantes Não Violentos (CCENV) organizaram as Viagens da Liberdade. Os primeiros viajantes da liberdade, grupos mistos de manifestantes viajando juntos, partiram de Washington DC para Nova Orleans, Louisiana, em 4 de março de 1961. Durante o verão, mais de quatrocentas pessoas fizeram pelo menos sessenta Viagens da Liberdade, até que, após centenas de ataques e detenções, o CCI anunciou em setembro que iria impor a dessegregação das instalações de transportes públicos em todo o Sul.

O CIR e a Irmandade de Reconciliação estavam organizando manifestações pacíficas com o objetivo de dessegregar as lanchonetes desde a década de 1940, mas protestos consistentes e articulados começaram em 1º de fevereiro de 1960, quando quatro estudantes negros da Universidade Estadual Agrícola e Técnica da Carolina do Norte se sentaram em uma lanchonete para brancos em uma loja Woolworth, em Greensboro, e se recusaram a sair até a hora de fechar. Então, no dia seguinte, voltaram, e no dia seguinte, e no dia seguinte, e no dia seguinte, e inúmeros outros se juntaram a eles, tanto brancos como negros, até julho, quando Woolworth finalmente concordou em atender todos os seus clientes com igual respeito. As manifestações se espalharam, com cerca de 70 mil pessoas participando delas nas lanchonetes e em todos os outros tipos de instalações públicas e privadas em todo o Sul.

No entanto, apesar de todos os protestos, ainda houve resistência maciça, incluindo a violência estatal; e o terrorismo que ajudou a instalar Jim Crow foi mobilizado no esforço de defendê-lo. O sucesso da dessegregação de Birmingham, Alabama, em 1963, foi alcançado após a repulsa pública às imagens veiculadas na televisão da polícia usando cassetetes, mangueiras de incêndio e cães de ataque em crianças. Seguiu-se o bombardeio de 15 de setembro da Igreja Batista da rua 16 que matou Addie Mae Collins, Carole Robertson e Cynthia Wesley, todas de 14 anos, e Carol Denise McNair, de 11.

O choque e o horror perante este ato de terror, somados aos assassinatos de Medgar Evers e do presidente Kennedy, ajudaram a convencer muitos daqueles que pensavam que as coisas estavam avançando depressa de que, na realidade, as coisas estavam avançando devagar demais. O imenso sucesso da marcha de 250 mil pessoas em Washington, em 28 de agosto de 1963, contribuiu ainda mais para a sensação de que a hora da mudança havia chegado. O discurso "Eu tenho um sonho" de Martin Luther King, feito naquele dia, nos degraus do Memorial Lincoln, contribuiu para o sentimento de que um futuro melhor estava por vir. E, como vimos, Barack Obama sempre ecoou o que ele chamou de "a poderosa cadência do dr. King" daquele dia e de outros. Tudo isso contribuiu para aumentar a impaciência com o bloco de votação do Sul, que retardou o progresso durante muito tempo e, assim, pavimentou o caminho para a proibição mais completa da segregação pela Lei dos Direitos Civis de 2 de julho de 1964.[50]

A CULMINAÇÃO DE TUDO ISSO

Essa e a Lei de Direitos Civis anterior, de 1957, supostamente proibiram práticas associadas à privação do direito de voto, mas, como os atos não continham disposições de aplicação suficientes, essas práticas continuaram acontecendo e, assim, mais uma vez, exigiu que as pessoas tivessem poder para exigir ação eficaz dos políticos. A ANAPC exigia o fim da privação de direitos desde a fundação da organização, e renovou suas iniciativas de registro de eleitores junto com as lutas de outros grupos contra a segregação no final da Segunda Guerra Mundial. Juntamente com o CIR e a CCENV, a ANAPC também organizou o Verão da Liberdade de 1964, um movimento de registro de eleitores no Mississipi durante o qual James Chaney foi preso pelo vice-xerife do condado de Neshoba e pelo membro da Ku Klux Klan Cecil Price, e depois libertado, mas apenas para ser emboscado e assassinado pelos companheiros de Price da Ku Klux Klan. Chaney foi um dos cerca de 25 ativistas dos direitos civis afro-americanos assassinados entre 1961 e 1965, mas o que chamou a atenção de muitas pessoas nessa ocasião foi que ele foi sequestrado e assassinado ao lado de Michael Schwerner e Andrew Goodman, voluntários dos direitos civis brancos de Nova York. No entanto, perante tal perigo, as pessoas persistiram. Como disse Barack Obama, "houve luta e sacrifício, disciplina e tremenda coragem. E," ele disse, "houve a culminação de tudo isso em uma tarde de domingo em uma ponte no Alabama".[51]

O que aconteceu naquela ponte em Selma ilustra quase tudo o que Barack Obama acredita sobre o Movimento de Direitos Civis em particular e sobre a história americana em geral, e, talvez, por isso que ele chamou de "a culminação de tudo". Como disse Obama em 2015, em um discurso intitulado "Pois nós nascemos da mudança", proferido meio século depois: "Em uma tarde, cinquenta anos atrás, muito de nossa turbulenta história — a mancha da escravidão e a angústia da guerra civil; o jugo da segregação e tirania de Jim Crow; a morte de quatro meninas em Birmingham; e o sonho de um pastor batista — toda essa história se encontrou nesta ponte."[52]

Políticos e funcionários públicos em Selma conseguiram manter a proibição ao direito de voto apesar dos direitos civis, ao ponto em que em janeiro de 1965 apenas 355 dos 13 mil cidadãos afro-americanos estavam registrados para votar. Isso e a proibição do juiz local, James Hare, em 1964, de reuniões de três ou mais pessoas sobre direitos civis talvez representem, em uma escala menor, o abuso maciço da democracia constitucional, o que significa que a criação de uma "união mais perfeita" sugerida por Barack Obama sempre foi um trabalho em andamento. No entanto, para Obama, o problema não está no sistema em si; está na implementação, nas ações dos indivíduos. E as ações das autoridades do Alabama parecem justificar essa opinião, pois, com brutal blasfêmia, violaram o direito ao protesto pacífico, o direito à igualdade perante a lei e o direito ao voto, todos claramente enunciados na 1ª, na 14ª e na 15ª Emendas da Constituição.

No entanto, como disse Obama em seu discurso na Filadélfia, e é um ponto que ele frequentemente repete e reformula: "Palavras em um pergaminho não seriam suficientes para libertar os escravos da servidão, ou fornecer a homens e mulheres de todas as cores e credos seus plenos direitos e obrigações enquanto cidadãos dos Estados Unidos. O que seria necessário era americanos de gerações sucessivas que estivessem dispostos a fazer sua parte — através de protestos e lutas, nas ruas e nos tribunais, através de guerra e desobediência civil e sempre com grande risco — para reduzir a distância entre a promessa de nossos ideais e a realidade de seu tempo." Foi exatamente nesse espírito que Martin Luther King Jr. organizou uma nova campanha de registro de eleitores e uma marcha para chamar a atenção para as violações dos direitos de voto que ainda ocorriam, mesmo depois da Lei de Direitos Civis, em Selma e em todo o Sul.[53]

Na manhã de 7 de março de 1965, cerca de 600 pessoas se reuniram para uma marcha planejada até a capital do Alabama, Montgomery, mas nem sequer conseguiram atravessar a ponte saindo de Selma antes de serem espancadas e machucadas pelas tropas estatais. Em "Pois nós nascemos da mudança", o presidente Obama usou todas as suas habilidades históricas e retóricas para evocar as cenas do Domingo Sangrento, incluindo a audácia e a esperança corajosas, mas respeitadoras da lei, das pessoas que enfrentam a violência sem lei do Estado. "Os jovens com lençóis e mochilas andavam por aí", disse ele,

> veteranos do movimento treinaram recém-chegados nas táticas da não violência; na maneira correta de se proteger quando atacados. Um médico descreveu o que o gás lacrimogêneo faz ao corpo, enquanto os caminhantes escreviam instruções para contatar seus entes queridos. O ar estava cheio de dúvidas, antecipação e medo. Selma — a força e a coragem da não violência... A coragem dos americanos comuns dispostos a suportar os cassetetes e o gás lacrimogêneo; homens e mulheres que, apesar do jorro de sangue e do osso estilhaçado, permaneceriam fiéis à sua Estrela do Norte e continuariam marchando em direção à justiça.[54]

Martin Luther King Jr. organizou uma segunda marcha para a ponte dois dias depois, e outra em 21 de março, na qual 3 mil pessoas se reuniram e, dessa vez, chegaram a Montgomery. Como Obama observou em uma ocasião anterior, em 2005 e ao marcar o 65º aniversário de John

Lewis, um dos organizadores e participantes da marcha, e um dos que foram espancados e machucados, "eles marcharam novamente. Eles atravessaram a ponte. Eles despertaram a consciência de uma nação, e menos de cinco meses depois, a Lei dos Direitos de Voto de 1965 foi promulgada". E, como disse Obama em Selma em 2015, "com o tempo, o coro dele se elevaria e alcançaria o presidente Johnson. E ele lhes enviaria proteção, e falaria à nação, fazendo eco de seu apelo para que a América e o mundo ouvissem: 'Nós vamos vencer.'"[55]

De fato, em um discurso ao Congresso em 15 de março, pouco mais de uma semana depois do Domingo Sangrento, o presidente Lyndon Johnson usou essas palavras: "Nós vamos vencer." Elas vêm de um hino originalmente escrito por Charles Albert Tindley e publicado pela primeira vez em 1900 como "*I'll Overcome Some Day*", mas que foi então adaptado durante uma greve dos trabalhadores do tabaco em Charleston, Carolina do Sul, ao som de uma antiga canção de escravos chamada "*No More Auction Block for Me*", também conhecida como "*Many Thousands Gone*". Como "*Nós vamos vencer*", a canção se tornou um hino do Movimento dos Direitos Civis que conectou a luta pela igualdade às lutas contra a escravidão. A popularidade dela se ampliou após ser usada por Pete Seeger e outros membros da Highlander Folk School. Joan Baez, por exemplo, tocou uma versão da música na Marcha sobre Washington em 1963. Esses e o uso que o presidente Johnson fez das palavras de uma canção gospel negra ilustram a crença de Barack Obama de que o protesto popular pode ajudar a construir uma ampla coalizão e, em seguida, elevar a política ao mais alto nível. Em 6 de agosto, o presidente Johnson assinou a Lei dos Direitos de Voto, finalmente acrescentando medidas de aplicação eficazes para a proibição da privação do direito de voto.

A FORÇA E A CORAGEM DA NÃO VIOLÊNCIA

Sutilmente feito e apresentado em forma de narrativa, o discurso de Barack Obama nos cinquenta anos em Selma tem uma perspectiva clara sobre três questões particulares do debate historiográfico. Essas mesmas perspectivas também são consistentes nos outros discursos e escritos de Obama. A primeira das três é que foi a não violência, o protesto pacífico iniciado por King, que acabou por levar ao sucesso, e não as vertentes mais sectárias do esforço em prol dos direitos civis. A segunda, que o movimento dos direitos civis era um movimento popular, e não apenas um movimento liderado por grandes ativistas como o dr. King, e certamente não um movimento liderado por presidentes. E esses dois pontos de interpretação apoiam um terceiro: o Movimento dos Direitos Civis — e, na verdade, toda a história afro-americana — é parte da corrente dominante da história americana, e não é um "caso atípico".[56]

Vamos olhar primeiro para as opiniões de Barack Obama sobre as diferentes vertentes do Movimento dos Direitos Civis. Como observado anteriormente, no discurso de Selma de 2015, Obama falou de "Veteranos do movimento" treinando "recém-chegados nas táticas da não violência", da "força e coragem da não violência" e da "coragem dos americanos comuns dispostos a suportar" as brutalidades que sabiam que iriam encontrar. Obama foi ainda mais explícito sobre o poder e a eficácia do protesto não violento quando falou nas comemorações do 65º aniversário de John Lewis, dez anos antes. "E se há alguma coisa que podemos aprender com este santo vivo sentado ao meu lado", disse, "é que a mudança nunca é fácil, mas sempre possível. Que não vem da violência ou da militância ou do tipo de política que nos coloca uns contra os outros e joga com nossos piores medos; mas da grande disciplina e organização, de uma forte mensagem de esperança, e da coragem de virar contra a maré para que a maré acabe virando".[57]

Essas reflexões se alinham com as filosofias de ação política de Barack Obama — tanto com seu pragmatismo filosófico prático e cotidiano quanto com seus princípios de constitucionalismo. "Veja", disse Obama em um discurso na cerimônia de formatura na Universidade Howard em 2016, "a mudança requer mais do que raiva justificada. Requer um programa, e requer organização". E ele deu o seguinte exemplo histórico envolvendo um dos grandes momentos do Movimento dos Direitos Civis. "Na Convenção Democrata de 1964", relatou ele, "Fannie Lou Hamer — do alto de seus 1,60 metro — fez um discurso inflamado no palco nacional. Mas depois voltou para o Mississipi e organizou os apanhadores de algodão. E ela não tinha as ferramentas e a tecnologia para estruturar um movimento em minutos. Ela precisava ir de porta em porta". Então, ele concluiu: "A paixão é vital, mas é preciso ter uma estratégia."[58]

De qualquer forma, Obama observou ainda que "a democracia requer compromisso, mesmo quando se tem 100% de razão". E ele acrescentou,

> Isso é difícil de explicar, às vezes. Você pode estar completamente certo, e ainda vai ter que engajar as pessoas que discordam de você. Se você acha que o único caminho a seguir é ser tão intransigente quanto possível, você se sentirá bem consigo mesmo, desfrutará de certa pureza moral, mas não conseguirá o que quer. E se você não conseguir o que quer por muito tempo, acabará pensando que todo o sistema está fraudado. E isso levará a mais cinismo, e menos participação, e a uma espiral descendente de mais injustiça, mais raiva e mais desespero. E isso nunca foi a fonte do nosso progresso. É assim que nos enganamos sobre o progresso.[59]

Mais uma vez ele citou exemplos do passado de como as campanhas apaixonadas tinham que se combinar com o trabalho ordinário do processo constitucional para formar uma união mais perfeita. "Lembramo-nos da oratória excepcional do dr. King, do poder de sua carta escrita em uma prisão de Birmingham, das marchas que ele liderou. Mas ele também se sentou com o presidente Johnson na Sala Oval para tentar aprovar uma Lei dos Direitos Civis e uma Lei dos Direitos de Voto." Como sempre, não era perfeito, era mais perfeito. "E essas duas leis precursoras não eram perfeitas", acrescentou Obama, "assim como a Proclamação da Emancipação foi um documento de guerra, tanto quanto era um clamor por liberdade. Aqueles marcos do nosso progresso não eram perfeitos. Eles não compensaram por séculos de escravidão ou Jim Crow, nem eliminaram o racismo ou deram quarenta acres e uma mula. No entanto, melhoraram as coisas. E sabe de uma coisa, eu vou melhorar cada vez mais. Eu sempre digo à minha equipe — melhor é bom, porque você consolida seus ganhos e depois passa para a próxima luta a partir de uma posição mais forte".[60]

Tudo isso é essencial para Obama porque o processo constitucional acomoda tanto o certo como o errado que existem no mundo tal como ele é. "Outra aluna de Howard, Zora Neale Hurston, disse uma vez", discursou Obama: "'Nada do que Deus fez é igual para mais do que uma pessoa.' Pense nisso. É por isso que a nossa democracia nos dá um processo concebido para resolvermos as nossas disputas com argumentos, ideias e votos em vez de violência e regra da maioria simples." E ele relacionou esse ponto com as necessidades por vezes dolorosas que a liberdade de expressão implica. "Por isso, não tentem afastar as pessoas", disse ele aos graduandos,

> não tente calá-los, não importa o quanto discorde deles. Tem havido uma tendência em todo o país de tentar fazer com que as faculdades não convidem palestrantes com um ponto de vista diferente, ou interrompam o comício de um político. Não faça isso — não importa que vocês achem que as coisas que saem de suas bocas são ridículas ou ofensivas. Porque, como a minha avó costumava me dizer, sempre que um tolo fala, eles estão apenas anunciando a própria ignorância. Deixe-os falar. Deixe-os falar. Se você não fizer isso, você acaba transformando-os em vítimas e eles conseguem evitar a responsabilização.[61]

"Isso não significa que você não deva desafiá-los", acrescentou Obama, "tenha a confiança para desafiá-los, a confiança na retidão de sua posição. Haverá momentos em que você não deverá comprometer seus valores fundamentais, sua integridade, e você terá a responsabilidade de falar em face da injustiça. Mas escute. Engaje. Se o outro lado tem razão, aprenda com eles. Se estiverem errados, refute-os. Ensine-os. Derrote-os no campo de batalha das ideias". Aqui, é claro, Obama soa positivamente como Jefferson. Como disse o terceiro presidente no seu discurso de posse: "O erro de opinião pode ser tolerado quando a razão é deixada livre para combatê-lo."[62]

Não é que Obama desconsidere ou desrespeite o legado dos líderes mais radicais dos anos 1960 e outras épocas. No último capítulo vimos como ele reconheceu as contribuições ao abolicionismo de "idealistas inflexíveis" como William Lloyd Garrison, Denmark Vesey, Harriet Tubman, Frederick

Douglass e até John Brown, observando que "às vezes foram os neuróticos, os fanáticos, os profetas, os agitadores e os irracionais— em outras palavras, os absolutistas — que lutaram por uma nova ordem". Talvez de forma semelhante Obama atribua a pessoas como Malcolm X um papel no Movimento dos Direitos Civis e, certamente, um papel no seu próprio desenvolvimento intelectual. O *Dreams from my Father* de Obama traça a jornada pessoal dele, incluindo os seus encontros, nos primeiros dias, com as obras e também com os próprios inúmeros pensadores negros radicais. Porém, como Obama, já mais velho, diz em *The Audacity of Hope*, "Eu fico, então, com Lincoln". E assim ele é igualmente deixado com o King.[63]

Vale a pena notar aqui, no entanto, como Thomas J. Sugrue apontou, que a representação de Obama das vertentes dos direitos civis obscurece como essas vertentes se sobrepuseram e se entrelaçaram. Por um lado, os ativistas tradicionais eram, por vezes, mais radicais do que as representações mencionadas sugerem. John Lewis, por exemplo, o "santo vivo" que é o herói e amigo próximo de Obama — ainda que na ala não violenta e integracionista do movimento — teve de ser persuadido a suavizar o discurso que pretendia originalmente proferir na Marcha de 1963 em Washington.

Na verdade, nos dias de hoje, muitas vezes esquecemos como os principais líderes de direitos civis eram percebidos por muitos na época. Martin Luther King Jr. foi denunciado pelo diretor do FBI J. Edgar Hoover como "o negro mais perigoso da América", e mesmo as pessoas relativamente razoáveis sentiram que ele estava indo longe demais, muito rápido. Além disso, ao final de sua carreira, King fez campanha contra a Guerra do Vietnã e lançou a Campanha dos Pobres, quando a Grande Sociedade e a Guerra contra a Pobreza do presidente Johnson desmoronaram sob o peso de conflitos internos e internacionais. No entanto, a reconstrução de King foi concluída quando o presidente Ronald Reagan o definiu como não radical, depois de ter admitido relutantemente a criação do aniversário de Martin Luther King Jr. como feriado nacional em 1984. Para se ter uma ideia do esforço revisionista feito para moderar King, Reagan e outros o retrataram em oposição à ação afirmativa quando, na verdade, ele era a favor da ação afirmativa.[64]

Também vale a pena notar como o antigo membro da nação do islã e separatista Malcolm X se moveu genuinamente para o *mainstream* nos seus últimos anos, finalmente abraçando um islamismo ortodoxo que era muito mais politicamente inclusivo. E Barack Obama sabe de tudo isso. Em seus primeiros escritos, ele reconheceu as sinergias das diferentes vertentes do Movimento dos Direitos Civis. "De W. E. B. Du Bois a Booker T. Washington, a Marcus Garvey, a Malcolm X, a Martin Luther King", ele escreveu em 1988, "este debate interno se alastrou entre a integração e o nacionalismo, entre a acomodação e a militância, entre as greves e as negociações na sala de reuniões". Mas, continuou ele, "as linhas entre essas estratégias nunca foram traçadas de maneira simples, e a liderança negra mais bem-sucedida reconheceu a necessidade de superar essas abordagens aparentemente divergentes". No entanto, quando escreveu *Dreams from my Father*, em 1995, Obama estava dizendo que "o nacionalismo se dissipou em uma atitude, e não em um programa concreto, em uma coleção de queixas e não em uma força organizada, em imagens e sons que lotavam as ondas de rádio, mas sem qualquer existência corpórea". Algo que se "fragmentou" em mil pedaços.[65]

O que nos leva ao nosso próximo ponto — sobre como a não violência e o não sectarismo possibilitaram a principal característica de Obama, a sinergia, e é quando a omissão de Obama sobre os detalhes do radicalismo, no entanto, contém uma verdade histórica geral: que o Movimento dos Direitos Civis compreendeu uma coalizão inclusiva que criou um movimento político popular.

AS PESSOAS CUJOS NOMES VOCÊ NUNCA OUVIU FALAR

Barack Obama presta o devido respeito, e o faz com frequência, aos famosos nomes do Movimento dos Direitos Civis, em particular a Martin Luther King Jr. e também, naturalmente, ao seu amigo John Lewis. Porém, em Selma, em 2015, Obama falou também de "jovens com lençóis e mochilas" e da "coragem dos americanos comuns". Nesse mesmo dia, ele também observou o seguinte: "Os americanos que atravessaram esta ponte, não eram fisicamente imponentes. Mas deram coragem a milhões. Eles não tinham nenhum cargo eletivo. Mas eles lideraram uma nação."[66]

Da mesma forma, em seu discurso marcando o 65º aniversário de John Lewis, Obama disse: "Eu sempre pensei nas pessoas na Ponte Edmund Pettus naquele dia. Não apenas em John e Hosea Williams liderando a marcha, mas também nas centenas de americanos comuns que deixaram suas casas e suas igrejas para juntar-se a ela. Negros e brancos, adolescentes e crianças, professores e banqueiros e lojistas — uma amada comunidade de crianças de Deus pronta para defender a liberdade." E foi essa comunidade coletiva que, a seu ver, ganhou o dia, por causa da amplitude inclusiva de sua coalizão. E, relacionando o Movimento dos Direitos Civis à tradição histórica americana de forma mais geral, Obama disse em 2015 que "Selma nos mostrou que a América não é o projeto de uma única pessoa. Porque a palavra mais poderosa da nossa democracia é a palavra 'nós'. 'Nós, o Povo.' 'Nós vamos vencer.' 'Sim, nós podemos.' Essa palavra não pertence a ninguém. Pertence a todos".[67]

Obama repetiu esses pontos na inauguração do MNHCAA: "Foram as empregadas que decidiram, sabe do que mais, estou cansada da segregação e vou caminhar pela minha liberdade", disse. "Foram os carregadores que não só trabalharam incansavelmente para sustentar suas famílias, como também ajudaram a criar a organização que levou a melhores condições de trabalho para todos os americanos aqui nos Estados Unidos. É sobre nossas mães, avós, tios e tias que fizeram a coisa certa e criaram ótimas famílias, apesar dos ataques a sua dignidade todos os dias." E novamente Obama alinhou seus pensamentos nessa ocasião com seus pensamentos sobre os afro-americanos e, na verdade, sobre toda a história americana de maneira mais geral. O objetivo do museu é, disse ele na mesma ocasião, "mais do que contar histórias sobre os famosos. Não se trata apenas dos ícones. Há muito espaço para Harriet Tubman e para o dr. King e Muhammed Ali. Mas o que torna o museu tão poderoso e tão visceral é que é a história de todos nós — as pessoas cujos nomes você nunca ouviu falar, mas cujas contribuições, dia após dia, década após década, se combinaram para nos fazer avançar e para fazer a nação inteira avançar".[68]

No entanto, assim como separar as vertentes do Movimento dos Direitos Civis, o estabelecimento de uma distinção excessivamente nítida entre pessoas comuns e ativistas políticos pode distorcer a História, como mostra a fé de Obama no engajamento político dos cidadãos comuns. Se tomarmos o exemplo de Rosa Parks, podemos ver como um indivíduo comum pode, ao mesmo tempo, ser um ícone político, e de fato, em alguns aspectos, a muito promovida normalidade é uma parte da iconografia. Parks tem sido frequentemente retratada como "apenas" uma "empregada" que apenas se cansou um dia — fisicamente cansada de seu trabalho e de seu tratamento humilhante. Até Barack Obama promoveu essa ideia, referindo-se a ela em *The Audacity of Hope* como uma "costureira negra", apesar de saber que ela também era uma ativista política.[69]

É verdade que Rosa Parks foi assistente de alfaiate em uma loja de departamentos em Montgomery, Alabama. Mas também é verdade que, já no início dos anos 1930, muito antes de ficar famosa, ela havia protestado contra a condenação dos Scottsboro Boys, nove adolescentes afro-americanos falsamente acusados e injustamente condenados por estupro após humilhar alguns rapazes brancos que tentaram forçá-los a sair de um trem entre Chattanooga e Memphis, Tennessee. Na década de 1940, foi-lhe negado por três vezes o direito de se registrar para votar.

No entanto, ela persistiu e, na quarta tentativa, se tornou um dos poucos afro-americanos com direitos adquiridos no Alabama. Foi secretária de longa data de E. D. Nixon, líder da ANAPC em Montgomery. Participou de sessões de treinamento para ativistas políticos na Highlander School, no Tennessee, em 1954, um ano antes de se recusar a sair de seu assento no ônibus. Ela se manteve em seu assento e desencadeou o boicote pouco mais de um mês depois da absolvição dos assassinos de Emmett Till, torturado e linchado depois de falar com uma mulher branca. Também é verdade que os ativistas de Montgomery tinham planejado um boicote aos ônibus há mais de um ano antes do seu início. A ANAPC local e a Montgomery Improvement Association colocaram o boicote em pleno vigor no dia posterior ao gesto de Parks, de acordo com planos há muito preparados pelo Conselho Político Feminino de Montgomery.

Mas a caracterização de Rosa Parks como uma "costureira negra" que quase acidentalmente desencadeou uma revolução pacífica foi construída na época para aqueles que estavam desconfortáveis com os "agitadores" e sua militância política explícita, e por razões de relações públicas o mito era, portanto, um mito que os líderes dos direitos civis compreensivelmente permitiram que fosse acreditado. Como Obama observou no discurso de Selma de 2015, "estamos bem servidos para lembrar que, na época das marchas, muitos no poder condenaram em vez de elogiá-los. Naquela época, eles eram chamados de comunistas, mestiços, agitadores externos, degenerados sexuais e morais, e coisa pior — tudo menos o nome que seus pais lhes deram. A fé deles foi questionada. As suas vidas foram ameaçadas. O seu patriotismo foi desafiado".[70]

Hoje, é muito mais amplamente aceito que os objetivos do Movimento dos Direitos Civis estavam de acordo com o tradicional credo americano de igualdade e liberdade, e os métodos do movimento estavam igualmente de acordo com a garantia da 1ª Emenda do "direito do povo de se reunir pacificamente e de pedir ao Governo que corrija as injustiças". Essa é certamente a visão de Barack Obama, então sua caracterização de Rosa Parks como "costureira" e outras de mulheres semelhantes a ela como "empregadas que decidiram" que estavam "cansadas da segregação" e indo "caminhar pela minha liberdade" não tinha a intenção de fingir que "as pessoas" estavam separadas do processo político, mas era mais sobre confirmar, à maneira de Jefferson e mesmo de Obama, que elas eram e são partes legítimas dele.[71]

Certamente, esse parecia ser o caso quando Obama falou dos "carregadores que não só trabalharam incansavelmente para sustentar suas famílias, como também ajudaram a criar a organização que levou a melhores condições de trabalho para todos os americanos aqui nos Estados Unidos". A profissão de "carregadores" traz à mente A. Philip Randolph, fundador e líder da Brotherhood of Sleeping Car Porters, que celebrou a chegada do "Novo Negro" já em 1917, cujos planos para uma marcha em Washington pressionaram o presidente Franklin Roosevelt a proibir a discriminação no trabalho de defesa e a fundar a Comissão de Práticas Justas de Emprego em 1941, que também pressionou o presidente Harry

Truman a acabar com a segregação nas Forças Armadas dos Estados Unidos em 1948, e que finalmente liderou formalmente a marcha em Washington em 1963.[72]

No entanto, a escolha de Obama de usar a palavra "carregadores" no plural também nos lembra que Randolph não estava sozinho, que, além disso, os membros de sua União e muitos outros estavam ao seu lado, já que ele não poderia ter ficado sozinho. Esses carregadores e essas empregadas, as "mães e avós e tios e tias" estavam entre aqueles que Obama celebrou em *The Audacity of Hope* como "os homens e mulheres sem rosto, sem nome, escravos e soldados e alfaiates e açougueiros, construindo vidas para si mesmos e seus filhos e netos, tijolo por tijolo, ferrovia por ferrovia, mão calejada por mão calejada".[73]

E podemos ver nas palavras de Obama que foram essas pessoas, "as pessoas cujos nomes você nunca ouviu falar", os agentes de mudança mais poderosos, não os presidentes. Como disse Obama, "com o tempo, o seu coro subiria e chegaria ao presidente Johnson." *Com o tempo* — eles lideraram, ele seguiu. *O seu coro iria subir e chegar ao presidente Johnson* — eles cantaram, ele ouviu. E "ele lhes enviaria proteção, e falaria à nação, ecoando seu apelo para que a América e o mundo ouçam: 'Nós vamos vencer.'" Essa era a canção popular que o presidente cantava.[74]

TÃO ANTIGAS QUANTO OS NOSSOS COMEÇOS E TÃO ATEMPORAIS QUANTO AS NOSSAS ESPERANÇAS

A história do Movimento dos Direitos Civis de Barack Obama — de protesto pacífico e popular de acordo com os princípios da Declaração de Independência, os processos da Constituição e os direitos que ela garante — não são apenas uma história afro-americana, mas também uma história quintessencialmente americana. Em sua homenagem a John Lewis em 2005, Obama disse: "E então foi assim, em uma história tão antiga quanto os nossos começos e tão atemporal quanto nossas esperanças, que a mudança aconteceu porque o bom povo de uma grande nação assim o quis." E dez anos depois, em uma ponte no Alabama, Obama observou, em um mapeamento retórico de marcos geográficos para indicar o caminho do tempo histórico, que "há lugares e momentos na América nos quais o destino desta nação foi decidido. Muitos são locais de Guerra — Concord e Lexington, Appomattox, Gettysburg. Outros são locais que simbolizam a ousadia do caráter da América — Independence Hall e Seneca Falls, Kitty Hawk e Cabo Canaveral. Selma é um lugar assim".[75]

E Obama acrescentou: "Que maior expressão de fé na experiência americana do que esta, que maior forma de patriotismo existe do que a crença de que a América ainda não está acabada, que somos fortes o suficiente para sermos autocríticos, que cada geração sucessiva pode olhar para nossas imperfeições e decidir que está em nosso poder refazer esta nação para alinhá-la mais estreitamente com nossos mais altos ideais?" Este reconhecimento de que o protesto é americano, e não antiamericano, permite que Obama associe Selma diretamente a todo o país enquanto, historicamente, um produto do protesto. "É por isso que Selma," disse ele a seguir, "não é uma aberração na experiência americana... É, antes, a manifestação de um credo escrito nos nossos documentos fundadores: 'Nós, o Povo... a fim formar uma união mais perfeita.' 'Consideramos que estas verdades são evidentes por si mesmas, que todos os homens são criados iguais.'"[76]

Barack Obama está determinado a enfatizar essas conexões e continuidades entre afro-americanos e o resto da história americana, a ponto de vê-las como inseparáveis. Como observado no capítulo anterior, existe o perigo de se obterem falsas equivalências entre as opressões que eram específicas dos afro-americanos e as dificuldades sofridas por outros. Mas os benefícios da abordagem de Obama são a preservação e popularização da memória da história afro-americana e sua incorporação em uma versão popular gradualmente mais inclusiva da história americana. Assim como Obama tem frequentemente enfatizado que vê a América como uma sociedade, um povo — "dentre muitos, um" —, ele também vê o povo americano como tendo uma história comum, mesmo no meio do conflito. Em todo caso, Obama, habilmente, evita a armadilha da falsa equivalência, honrando as particularidades do sofrimento e ainda enfatizando as semelhanças de objetivos e valores.

Obama, por exemplo, aproveitou a oportunidade da cerimônia de inauguração do MNHCAA para tratar dessas ideias sobre a memória e sobre o caráter simultâneo da particularidade e da uniformidade. Sobre a questão da lembrança, ele observou que uma das razões pelas quais o museu estava sendo construído era "porque, assim como as memórias de nossos primeiros dias foram confinadas a cartas empoeiradas e imagens desbotadas, chegará o momento em que poucas pessoas se lembrarão do fato de beber de uma fonte de água para pessoas de cor, ou de entrar em um ônibus segregado, ou de ouvir pessoalmente a voz do dr. King no Memorial Lincoln". E sobre a questão da inclusão, ele disse, na mesma ocasião, que, graças ao futuro museu, "as gerações se lembrarão do papel às vezes difícil, muitas vezes inspirador, mas sempre central que os afro-americanos têm desempenhado na vida do nosso país". E "quando as gerações futuras ouvirem essas canções de dor e progresso, e luta e sacrifício, espero que não pensem nelas como algo separado da grande história americana. Quero que o vejam como uma parte importante da nossa história comum. Uma chamada para nos vermos uns nos outros".[77]

Em comentários na cerimônia de abertura em setembro de 2016, Obama observou que o museu existia "para que a história da experiência afro-americana pudesse ocupar seu lugar legítimo em nossa memória nacional". E a introdução online escrita da mensagem semanal do presidente no momento da abertura dizia: "O Museu Nacional de História e Cultura Afro-Americana não conta só a história afro-americana — conta a história americana."[78]

No entanto, a inclusão da história afro-americana na história americana não implica, para Obama, a exclusão das tragédias específicas da primeira. Na verdade, significa incorporar essas tribulações na última. Isso significa, primeiro, equilibrar o horrível e o ótimo. Na cerimônia de inauguração do MNHCAA, por exemplo, Obama disse: "Eu quero que minhas filhas vejam as algemas que prenderam os escravos em sua viagem através do oceano e os cacos de vidro que voaram da Igreja Batista da rua 16 e entendam que existe injustiça e maldade no mundo. Mas eu também quero que eles ouçam o trompete de Louis Armstrong e aprendam sobre a Liga Negra e leiam os poemas de Phyllis Wheatley. E eu quero que eles apreciem este museu não apenas como um registro de tragédia, mas como uma celebração da vida."[79]

E depois, na cerimônia de abertura: "É uma história cheia de tragédias e retrocessos, mas também de grande alegria e grandes vitórias." E na sua mensagem semanal sobre o mesmo assunto:

> Este museu escolhe contar uma história mais completa. Não atenua uma era passada ou evita verdades desconfortáveis. Em vez disso, abraça o reconhecimento patriótico de que os Estados Unidos são um trabalho em progresso constante; que cada geração sucessiva pode olhar para nossas imperfeições e decidir que está em nosso poder coletivo alinhar esta nação com os altos ideais da nossa fundação. Isso é o que vocês verão lá dentro. Vocês verão isso nos grilhões de uma criança escravizada e na esperança do hinário evangélico de Harriet Tubman. Vocês verão isso na tragédia do caixão de Emmett Till e na resiliência de um banco de almoço e no triunfo de um avião Tuskegee. Vocês verão isso na sombra de uma torre de guarda da prisão e na provocação das chuteiras de Jesse Owens e no orgulho americano do uniforme de Colin Powell.[80]

"Tudo isso", disse Obama, "não é simplesmente a história afro-americana; é parte da história americana. Portanto, é inteiramente apropriado que contemos essa história no nosso National Mall, o mesmo lugar onde contamos as histórias de Washington e Jefferson e da nossa independência; a história de Lincoln que salvou nossa união e os soldados que a defenderam; a história de King que nos convocou para o topo da montanha". E concluiu: "É isso que vamos celebrar não apenas neste fim de semana, mas nos próximos anos e gerações — um relato mais completo da nossa gloriosa história americana".[81]

POIS NÓS NASCEMOS DA MUDANÇA

Um dos corolários da história de Barack Obama de fazer "uma união mais perfeita" é que é perfeitamente patriótico ser crítico. Como perguntou retoricamente nos cinquenta anos de Selma, "o que poderia ser mais americano do que o que aconteceu neste lugar? O que poderia reivindicar mais profundamente a ideia da América do que pessoas simples e humildes — anônimos, os oprimidos, os sonhadores não de alta posição, não nascidos de riqueza ou privilégio, não de uma tradição religiosa, mas muitos, unindo-se para moldar o curso de seu país?". Obama, portanto, viu os manifestantes em Selma como tendo a mesma "ideia de gerações de cidadãos que acreditavam que a América é um trabalho em progresso constante; que acreditavam que amar este país requer mais do que cantar seus louvores ou evitar verdades desconfortáveis. Exige um transtorno ocasional, a disponibilidade para defender o que é certo, para abalar o *status quo*. Isso é a América".[82]

Assim também, as lutas afro-americanas pela liberdade e igualdade são novamente uma tradição americana, parte de uma narrativa americana, inspirada em outros momentos americanos e, finalmente, inspiradora de outros momentos americanos. "Devido ao que eles fizeram", disse Obama sobre os integrantes da marcha em Selma, "as portas da oportunidade se abriram não apenas para os negros, mas para todos os americanos. As mulheres marcharam por essas portas. Latinos marcharam por essas portas. Asiático-americanos, gays americanos, americanos com deficiência — todos entraram por essas portas". E ele disse palavras semelhantes quando comemorou a 13ª Emenda: "E as portas da oportunidade se abriram, não apenas para o porteiro negro, mas também para a camareira branca e a lavadeira de louça imigrante, para que suas filhas e seus filhos pudessem finalmente imaginar uma vida para si mesmos além de lavar a roupa de outra pessoa ou engraxar os sapatos de outra pessoa. Liberdade para você e para mim. Liberdade para todos nós".[83]

Barack Obama nunca disse ou escreveu com muito detalhe sobre as histórias desses outros americanos, pelo menos não tanto quanto ele disse e escreveu sobre os afro-americanos e a sua história. As mulheres aparecem na história americana de Obama, por exemplo, e o fazem com frequência, mas ele nunca fez nenhuma história da mulher *per se*. Como a maioria dos historiadores, ele está interessado em tudo, mas tem as suas especialidades. Em todo caso, a história afro-americana é, para Obama, análoga à história de todos os americanos e, na verdade, à história dos próprios Estados Unidos. Como David Remnick astuciosamente observou, em "A More Perfect Union" em 2008, Obama colocou o Movimento dos Direitos Civis "em termos não de culpa nacional, mas de progresso nacional; a ascensão da geração Josué, preto e branco, vermelho e amarelo". E assim "a luta pela liberdade negra tornou-se, nos termos de Obama, uma luta pela liberdade americana".[84]

Em nenhum lugar esse sentimento é expresso mais claramente ou mais completamente na obra de Obama do que no seu discurso em Selma em 7 de março de 2015, apropriadamente intitulado "Pois nós nascemos da mudança". Talvez na maior passagem de seu maior discurso, talvez até maior que "Uma união mais perfeita", Obama usou um "Nós somos" anafórico para expressar retoricamente uma unidade essencial da história e do povo americanos em toda a sua diversidade — o sincretismo americano de Obama novamente. Ele estabeleceu o contexto para essa unidade de esforço, como tantas vezes faz, e nós vimos ao longo deste livro por referência à fundação da nação. "Pois nós nascemos da mudança", disse ele. "Nós quebramos as velhas aristocracias, declarando-nos intitulados não pela linhagem de sangue, mas dotados pelo nosso Criador de certos direitos inalienáveis. Garantimos os nossos direitos e responsabilidades através de um sistema de autogoverno, de e para as pessoas. Olhe para a nossa história", disse Obama. E depois:

Somos Lewis e Clark e Sacajawea, pioneiros que enfrentaram o desconhecido, seguidos por uma debandada de agricultores e garimpeiros, empresários e ambulantes. Esse é o nosso espírito. É isso que nós somos.

Somos Sojourner Truth e Fannie Lou Hamer, mulheres que poderiam fazer tanto quanto qualquer homem e um pouco mais. E nós somos Susan B. Anthony, que abalou o sistema até a lei refletir essa verdade. Esse é o nosso caráter.

Somos os imigrantes que embarcaram em navios para chegar a essas terras, as massas amontoadas ansiosas pela liberdade — os sobreviventes do Holocausto, os desertores soviéticos, os Garotos Perdidos do Sudão. Somos os sobreviventes esperançosos que atravessam o rio Grande porque queremos que nossos filhos conheçam uma vida melhor. Foi assim que nos tornamos o que somos.

Somos os escravos que construíram a Casa Branca e a economia do Sul. Somos as mãos dos fazendeiros e caubóis que desbravaram o Oeste, e dos incontáveis trabalhadores que construíram trilhos, levantaram arranha-céus e se organizaram pelos direitos dos trabalhadores.

Somos os jovens soldados que lutaram para libertar um continente. E nós somos os pilotos de Tuskegee, e os navajos decifradores de códigos, e os nipo-americanos que lutaram por este país, mesmo quando a sua própria liberdade tinha sido negada.

Somos os bombeiros que entraram naqueles edifícios no 11 de Setembro, os voluntários que se inscreveram para lutar no Afeganistão e no Iraque. Somos os gays americanos cujo sangue foi derramado nas ruas de São Francisco e Nova York, tal como o sangue que foi derramado nesta ponte.

Somos contadores de histórias, escritores, poetas, artistas que abominam a injustiça, que desprezam a hipocrisia, que dão voz aos que não têm voz e que dizem verdades que precisam ser ditas.

Somos os inventores do gospel e do jazz e do blues, do *bluegrass* e do *country*, do hip-hop e do *rock and roll*, e do nosso próprio som com toda a doce tristeza e alegria imprudente da liberdade.

Nós somos Jackie Robinson, suportando desprezo e chuteiras e arremessos em direção à sua cabeça, e vencendo a World Series mesmo assim.

Somos as pessoas sobre quem Langston Hughes escreveu sobre quem "constrói os nossos templos para amanhã, fortes como sabemos". Somos as pessoas sobre quem Emerson escreveu: "que, por causa da verdade e da honra, permanecem firmes e sofrem muito"; que "nunca estão cansadas, desde que possamos ver longe o suficiente".[85]

Barack Obama reuniu esses pontos — sobre a abordagem conciliatória de Martin Luther King Jr., a inclusão do Movimento e a essência americana de tudo isso em comentários registrados por David Remnick na Sala Oval no início de 2010. E, nesses comentários, vemos, mais uma vez, como vimos com a história de Obama da Revolução Americana e da escravidão, uma história de tirania que é, em última análise, uma história de liberdade. No "núcleo do movimento dos direitos civis", disse Obama, "mesmo em meio à raiva, ao desespero, ao Poder Negro, ao Stokely Carmichael, ao Huey Newton... há uma voz que é melhor capturada por King, que é a de que nós, afro-americanos, somos americanos, e que nossa história é a história da América, e que, ao aperfeiçoarmos nossos direitos, aperfeiçoamos a União — que é uma história muito otimista no final das contas".[86]

SABEMOS QUE A MARCHA AINDA NÃO ACABOU

Em alguns aspectos, a marcha de Selma a Montgomery e o Movimento dos Direitos Civis como um todo justificam a ideia radical whig de Barack Obama de progresso histórico em direção a uma igualdade e liberdade mais amplas. "Fazemos um desserviço à causa da justiça insinuando que preconceitos e discriminação são imutáveis", disse em Selma, em 2015, "que a divisão racial é inerente à América. Se você acha que nada mudou nos últimos cinquenta anos", ele desafiou seu público, "pergunte a alguém que viveu em Selma ou Chicago ou Los Angeles nos anos 1950. Pergunte a uma CEO que em algum momento poderia ter sido designada para o secretariado se nada mudou. Pergunte ao seu amigo gay se é mais fácil se assumir na América agora do que há trinta anos. Negar esse progresso, esse progresso duramente conquistado — nosso progresso — seria roubar nossa própria ação, nossa própria capacidade, nossa responsabilidade de fazer o que pudermos para tornar a América melhor".[87]

No entanto, Obama está longe de ser ingenuamente whiggiano, e isso que foi mencionado é parte de uma análise sofisticada em que a América está na longa jornada de onde esteve para onde ainda precisa ir. Como ele disse em seu discurso de início de 2016 em Howard, equilibrando o bom e o ruim no aqui e agora na linha do tempo histórico, "Não, minha eleição não criou uma sociedade pós-racial. Não sei quem estava propagando essa noção. Ela não era minha. Mas da eleição em si — e da seguinte — porque na primeira as pessoas podem ter cometido um erro. [Risos.] Na segunda, eles sabiam o que estavam recebendo. A própria eleição foi apenas um indicador de como as atitudes tinham mudado." E ele ainda observou que

> Em meu discurso de posse, eu observei que apenas sessenta anos antes, meu pai poderia não ter sido servido em um restaurante de DC — pelo menos não em alguns deles. Não havia CEOS negros nas empresas da Fortune 500. Muito poucos juízes negros. Nossa, como Larry Wilmore apontou na semana passada, muita gente nem sequer pensava que os negros tinham as habilidades necessárias para serem *quarterback*. Hoje, o ex-Bull Michael Jordan não é apenas o maior jogador de basquetebol de todos os tempos, ele é dono do time. [Risos.] Quando eu estava me formando, o principal herói negro na TV era o sr. T. [Risos.] Rap e hip-hop eram contracultura, underground. A Shonda Rhimes é dona da noite de quinta-feira e a Beyoncé manda no mundo. [Risos.] Já não somos apenas artistas, somos produtores, executivos de estúdio. Não mais proprietários de pequenas empresas — somos CEOS, prefeitos, representantes, presidentes dos Estados Unidos. [Aplauso.] Digo-vos tudo isso porque é importante notar o progresso.
>
> Porque negar até onde chegamos seria um desserviço para a causa da justiça, para as legiões de soldados a pé; não só para os indivíduos incrivelmente talentosos que já foram mencionados, mas para suas mães e seus pais, e avós e bisavós, que marcharam e trabalharam, e sofreram e venceram para tornar este dia possível.[88]

Obama acrescentou, no entanto, que "eu digo isso a vocês não para levá-los à complacência, mas para estimulá-los a entrar em ação — porque ainda há muito mais trabalho a ser feito, muito mais quilômetros a percorrer". E ele evidenciou a "lacuna racial em oportunidades econômicas" remanescentes, nas quais "a taxa de desemprego total é 5%, mas a taxa de desemprego entre os negros é quase 9%". E "Harriet Tubman pode estar em vias de estampar as notas de vinte, mas ainda temos uma lacuna de gênero quando uma mulher negra trabalhando em tempo integral ganha apenas 66% do que um homem branco recebe" A "lacuna de desempenho quando os meninos e meninas negros terminam o Ensino Médio e se formam na faculdade com notas mais baixas do que meninos e meninas brancos". E a "lacuna de justiça quando muitos meninos e meninas negros passam direto de escolas subfinanciadas para prisões superlotadas". E ele apontou que essa "é uma área onde as coisas pioraram. Quando eu estava na faculdade, cerca de meio milhão de pessoas na América estavam atrás das grades. Hoje, existem cerca de 2,2 milhões. Os negros têm seis vezes mais probabilidades de estar na prisão do que os brancos".[89]

Além disso, em Selma no ano anterior, Obama se referiu ao relatório do Departamento de Justiça sobre o assassinato de um jovem negro, Michael Brown, por um policial branco em um subúrbio de St. Louis "Ainda nesta semana," disse Obama, "me perguntaram se eu achava que o relatório de Ferguson do Departamento de Justiça mostra que, em relação à raça, pouco mudou neste país. E eu entendi a pergunta; a narrativa do relatório era tristemente familiar. Evocou o tipo de abuso e desrespeito pelos cidadãos que deram origem ao Movimento dos Direitos Civis. Mas rejeitei a ideia de que nada mudou. O que aconteceu em Ferguson pode não ser único, mas já não é endêmico. Já não é sancionada pela lei ou pelo costume. E antes do Movimento dos Direitos Civis, certamente era".[90]

E, então, acrescentou: "É claro que um erro mais comum é sugerir que Ferguson é um incidente isolado; que o racismo foi banido; que o trabalho que atraiu homens e mulheres para Selma está agora completo, e que quaisquer tensões raciais remanescentes são uma consequência daqueles que procuram usar a questão da raça para seus próprios propósitos. Não precisamos que o relatório Ferguson saiba que isso não é verdade. Nós precisamos apenas abrir nossos olhos, e nossas orelhas, e nossos corações para saber que a história racial desta nação ainda lança sua sombra longa em cima de nós." E, a título de exemplo, Obama fez a seguinte observação muito premonitória: "Neste momento, em 2015, cinquenta anos após Selma, existem leis em todo este país destinadas a tornar mais difícil para as pessoas votarem. Enquanto falamos, mais leis desse tipo estão sendo propostas. Enquanto isso, a Lei dos Direitos de

Voto, a culminação de tanto sangue, tanto suor e lágrimas, produto de tanto sacrifício diante da violência gratuita, a Lei dos Direitos de Voto está enfraquecida, seu futuro, sujeito a rancor político".[91]

E, assim, Obama também disse: "Sabemos que a marcha ainda não acabou. Sabemos que a corrida ainda não está ganha. Sabemos que chegar a esse destino abençoado onde somos julgados, todos nós, pelo conteúdo do nosso caráter, requer admitir isso, enfrentando a verdade." E, realmente, "se Selma nos ensinou alguma coisa, é que o nosso trabalho nunca está terminado. A experiência americana de autogoverno dá trabalho e propósito a cada geração". E, assim, "cinquenta anos após o Domingo Sangrento, a nossa marcha ainda não terminou, mas estamos mais perto. Duzentos e trinta e nove anos após a fundação desta nação, a nossa união ainda não é perfeita, mas estamos chegando lá".[92]

Em seu discurso de despedida, o presidente Obama repetiu sua recusa à noção de que sua própria elevação à Casa Branca significava que a América é agora pós-racial. "Depois da minha eleição," disse ele, "falou-se de uma América pós-racial. E tal visão, por muito bem-intencionada que fosse, nunca foi realista. A raça continua a ser uma força poderosa e, muitas vezes, divisória na nossa sociedade. Agora, já vivi tempo suficiente para saber", continuou ele, "que as relações raciais são melhores do que eram dez, ou vinte, ou trinta anos atrás, não importa o que algumas pessoas digam", acrescentou. "Mas," disse ele, "não estamos onde deveríamos estar".[93]

E na Filadélfia, oito anos antes, ele falou do porquê de não estarmos onde deveríamos estar. Em "Uma união mais perfeita", Obama disse que "precisamos nos lembrar que muitas das disparidades que existem na comunidade afro-americana hoje podem ser atribuídas diretamente às desigualdades passadas de uma geração anterior que sofreu sob o legado brutal da escravidão e de Jim Crow". Uma dessas desigualdades é a econômica, o legado de muitas gerações de trabalho não remunerado e mal pago, o que nos leva à história de Barack Obama da economia e da sociedade da América, na qual a relação entre propriedade e liberdade pode ser mais complicada e conflituosa do que podemos desejar acreditar.[94]

6
O principal negócio do povo americano: propriedade e liberdade

ELA TOCOU SEU DEDO EM UMA TELA E VOTOU

Na noite de 4 de novembro de 2008, em seu discurso de vitória na eleição presidencial no Grant Park, em Chicago, Illinois, Barack Obama falou de uma mulher de 106 anos chamada Ann Nixon Cooper. "Ela nasceu apenas uma geração depois da escravidão", disse ele, "uma época em que não havia carros na estrada ou aviões no céu; quando alguém como ela não podia votar por duas razões — porque era mulher e pela cor de sua pele". Obama então relatou muitos dos acontecimentos importantes da vida dela. Primeiro o movimento sufragista e as mulheres ganhando o direito de voto garantido com a 19ª Emenda, depois "o Dust Bowl e a Depressão" e o "New Deal", depois a Segunda Guerra Mundial, os Direitos Civis e a queda do Muro de Berlim. Obama também observou que um "homem pousou na lua" e que "um mundo estava conectado pela nossa própria ciência e imaginação". E então, "nesta eleição", ele disse, voltando à pessoa de Ann Nixon Cooper, "ela tocou seu dedo em uma tela e votou, porque depois de 106 anos na América, através do melhor dos tempos e das horas mais sombrias, ela sabe como a América pode mudar".[1]

Como vimos no decorrer deste livro, para Barack Obama, criar "uma união mais perfeita" implica a extensão do "credo" da Declaração de Independência — que todos os homens são criados iguais e dotados de direitos inalienáveis à vida, à liberdade e à busca pela felicidade — mais e mais efetivamente para mais e mais homens e mulheres. E, para Obama, parece que esse tipo de progresso social e político traz consigo outro tipo de progresso. Apenas "uma geração após a escravidão" não havia, disse ele, "nenhum carro na estrada ou aviões no céu". Depois do Movimento dos Direitos Civis, por outro lado, "um homem pousou na lua" e "um mundo estava conectado pela nossa própria ciência e imaginação". E, quando uma mulher negra finalmente pôde votar em um negro como candidato vencedor de uma eleição presidencial, ela "tocou com o dedo em uma tela". O progresso político chega, assim, com os símbolos mais espetaculares do avanço tecnológico. A marcha da igualdade e da liberdade aparentemente conduz a novas e mais alegres buscas pela felicidade: conduzimos nossos carros e voamos em aviões, chegamos à lua e exploramos um universo virtual. A tela sensível ao toque é talvez o símbolo mais perfeito do progresso que Obama menciona neste discurso, no qual a democracia, tecnologia e pessoas concordam em torno de um único artigo da maquinaria eleitoral; igualdade e modernidade em conjunto, coordenadas por um simples toque humano.[2]

Pouco mais de oito anos depois, e de volta a Chicago, Barack Obama deu seu discurso de despedida ao povo americano, quando o fim de sua era no cargo se aproximava. Um dos problemas enfrentados pela nação foi a mudança climática, ressaltou ele, embora não tenha associado o fenômeno muito diretamente, nessa ocasião, a todos os carros na estrada e aviões no céu. Pelo contrário, Obama argumentou que um espírito empresarial americano era a fonte da solução e não a causa do problema, e ele relacionou esse espírito diretamente à tradição política americana. "Agora, podemos e devemos discutir sobre a melhor abordagem para resolver o problema", disse ele. "Mas simplesmente negar o problema não só trai as gerações futuras, como trai o espírito essencial deste país — o espírito essencial de inovação e de resolução prática de problemas que guiou os nossos Fundadores." E ele reforçou essa associação de inovação política com inovação tecnológica e econômica da seguinte forma:

> Foi esse espírito, nascido do Iluminismo, que nos fez uma potência econômica — o espírito que voou em Kitty Hawk e Cabo Canaveral; o espírito que cura doenças e coloca um computador em cada bolso.
>
> É esse espírito — a fé na razão, e empreendimento, e a primazia do certo sobre o possível — que nos permitiu resistir à sedução do fascismo e da tirania durante a Grande Depressão; que nos permitiu construir uma ordem pós Segunda Guerra Mundial com outras democracias, uma ordem baseada não apenas no poder militar ou nas afiliações nacionais, mas construída sobre princípios — o Estado de Direito, os direitos humanos, a liberdade de religião e de expressão e de reunião, e uma imprensa independente.[3]

É certo que os Estados Unidos têm sido uma potência econômica, tanto em termos filosóficos como práticos, e Obama sabe que não é, de modo algum, o primeiro a dizer isso. "Calvin Coolidge disse uma vez", afirmou, "o principal negócio do povo americano são os negócios", e até certo ponto Obama concorda. Seria "difícil encontrar um país na Terra", continuou ele, "que tenha sido mais consistentemente hospitaleiro para a lógica do mercado". E, mais uma vez, ele relacionou diretamente liberdade política e econômica. "A nossa Constituição," disse, "coloca a posse da propriedade privada no coração do nosso sistema de liberdade". Ele até relacionou a divindade com o ganho. "Nossas tradições religiosas", mencionou, "celebram o valor do trabalho árduo e expressam a convicção de que uma vida virtuosa resultará em recompensa material". Os ricos são, além disso, considerados "como modelos a seguir, e nossa mitologia está impregnada de histórias de homens em ascensão — o imigrante que chega a este país sem nada e que vence, o jovem que se dirige ao Oeste em busca de sua fortuna".[4]

UM GOVERNO NACIONAL ATIVO

Tão importante é o desenvolvimento econômico para o resto da história dos Estados Unidos que Obama o narrou de forma muito semelhante a que ele tem feito com outros aspectos da história americana. A base de sua análise é a correlação que ele vê entre propriedade e liberdade, economia e sociedade — como as liberdades econômicas trazem tanto melhorias materiais quanto progresso social e político, como ele diz que eles eventualmente fizeram por Ann Nixon Cooper.

E, no entanto, como na história social e política americana de Obama, sua história econômica é simbolizada dessa forma, mas, na verdade, é mais complicada do que isso. E há um ângulo crítico — se não uma teoria crítica — nisso.

Em primeiro lugar, enquanto Obama usa o termo "livre mercado" para descrever a natureza do pensamento e da atividade econômica americana, e o faz de modo geral com aprovação, ele também critica implicitamente esse conceito, pelo menos em sua forma fundamentalista. Ele acredita que governo e empreendimento econômico são e devem permanecer esferas separadas, públicas e privadas. Para ele, o governo não tem lugar como ator econômico, mas tem um lugar como patrocinador e como árbitro. Como ele ressalta, "o governo tem sido chamado ao longo de nossa história para construir a infraestrutura, treinar a força de trabalho e estabelecer as bases necessárias para o crescimento econômico". E, ademais, "Além de fazer os investimentos necessários que a empresa privada não pode ou não quer fazer sozinha, um governo nacional ativo também tem sido indispensável para lidar com as falhas do mercado" e "regular o mercado". E, além disso, "o governo ajudou a estruturar o pacto social entre a empresa e o trabalhador americano". Em outras palavras, para Obama, o principal negócio do povo americano pode ser, de fato, um negócio, mas o negócio não necessariamente prospera ou sobrevive no vácuo. Portanto, sua história econômica não é apenas uma história de empreendimento privado. É, também, muito justamente, a história política e social.[5]

Em segundo lugar, essas três características fundamentais da economia dos Estados Unidos — com o governo como facilitador empresarial, regulador econômico e mediador social — permitem que Obama divida a história econômica do país em duas ou três épocas distintas. A primeira, e de longe a mais longa, data de 1790 a 1930, quando o governo construiu a infraestrutura, formou a mão de obra e lançou as bases necessárias para o crescimento econômico, porém não fez mais do que isso. A segunda era veio com o colapso de Wall Street em 1929, a Grande Depressão e o New Deal, período em que o governo adicionou "regulação do mercado" e estruturação "do pacto social entre as empresas e o trabalhador americano" a seu portfólio original.

Durante cerca de meio século, argumenta Obama, houve um amplo consenso sobre a justiça da regulação econômica governamental e da mediação social. Desde os dias de Barry Goldwater, no entanto, esse consenso foi desmoronando gradualmente, e, desde a presidência de Ronald Reagan em diante, os aparelhos regulatórios e mediadores que distinguiram a segunda era da primeira foram lenta, mas, seguramente, erodidos. Além da hostilidade ideológica interna, os efeitos da globalização sobre a capacidade dos governos nacionais de regular os negócios e proteger os trabalhadores também ameaçam o acordo pós-1929. Podemos até já estar em uma terceira era bastante incerta.[6]

No entanto, antes de olharmos para as ideias de Barack Obama sobre essas eras da história econômica dos Estados Unidos, devemos olhar para outro período que ele ignora em grande medida, mas que é muito importante para ele. Como vimos nos capítulos um e dois, as colônias americanas britânicas não estão totalmente ausentes da história americana de Barack Obama, porém, estão presentes de maneiras que às vezes, inadvertidamente, obscurecem nossa visão do desenvolvimento da economia, da sociedade e da política da nação. Precisamos desobscurecê-la.

O NOSSO PONTO DE PARTIDA COMO AMERICANOS

Barack Obama descreve a Declaração de Independência como "o nosso ponto de partida como americanos". Em alguns aspectos, essa afirmação é verdadeira. Ao declarar e atingir a soberania nacional, os americanos libertaram-se de regulamentos imperiais como as Leis de Navegação, que, a partir de 1650, determinaram que os produtos mais lucrativos das colônias americanas tinham de ser transportados apenas em navios ingleses ou anglo-americanos e comercializados apenas com mercadores ingleses ou anglo-americanos — britânicos ou britânico-americanos após o Tratado de União de 1707 que uniu a Inglaterra e a Escócia. A Declaração e a Guerra da Independência também libertaram os antigos colonos da tributação direta que o Parlamento britânico havia imposto a partir de 1760. Com a independência, os americanos poderiam se autotributar e negociar com quem quisessem, o que certamente parece ser um ponto de partida de algum tipo.[7]

Mas, ainda assim, um "espírito de inovação" americano não nasceu de repente com a soberania nacional. As Leis de Navegação e os impostos britânicos mencionados eram, eles próprios, sinais de economias coloniais americanas prósperas que a "pátria-mãe" tinha tentado a todo custo explorar. Essas colônias eram tão eminentemente "hospitaleiras para a lógica do mercado" quanto seriam os Estados Unidos mais tarde. Na verdade, o processo de colonização em si foi o que primeiro colocou "a posse da propriedade privada no centro do sistema de liberdade" da América. Os colonos também celebraram "o valor do trabalho árduo e" expressaram "a convicção de que uma vida virtuosa resultará em recompensa material". Os primeiros imigrantes ocidentais vieram da Inglaterra, das Ilhas Britânicas e de outras partes da Europa. Eram homens e às vezes mulheres "em ascensão", com os colonizadores esperando atingir o sucesso navegando, em vez de caminharem para o "Oeste" em busca de suas fortunas.[8]

No entanto, essa ideia da América colonial como uma terra de oportunidades individuais é excluída pelos preconceitos de Barack Obama sobre a monarquia e o imperialismo. Como vimos no capítulo um, ele acredita que antes da Revolução Americana "eram reis, príncipes e imperadores que tomavam decisões". E que, como "um servo em Roma, um camponês na China, ou um súdito do rei George, havia poucos futuros improváveis. Não importava o quanto você trabalhasse ou lutasse por algo melhor, você sabia que iria passar a vida forçado a construir o império de outra pessoa; a sacrificar-se pela causa de outra pessoa."[9]

Entretanto, essa seria uma descrição melhor do segundo Império Britânico, o que compreende colônias como o Quênia, terra da herança paterna de Barack Obama. Mas o antigo Estado inglês e o britânico não tinham os recursos monetários ou militares para impor esse tipo de governo imperial direto sobre o seu império anterior. Em vez de fundar "colônias de exploração", portanto, o antigo Estado inglês e o britânico estabeleceram "colônias de povoamento". O povoamento, na verdade o repovoamento, como é óbvio, tiveram um custo terrível para os nativos americanos e para os africanos e seus descendentes, como veremos mais detalhadamente adiante. Até mesmo alguns colonos europeus viveram vidas sombrias e sofreram terríveis fins no início da América. Mas muitos britânicos e outros europeus acabaram se vendo como, para usar as palavras do historiador John M. Murrin, "beneficiários da catástrofe".[10]

Inicialmente, reis e parlamentos britânicos licenciaram empresas privadas, como a Virginia Company, ou proprietários privados, como William Penn, para fazer o trabalho de colonização, concedendo cartas que lhes deram extraordinária liberdade econômica e política como recompensa por seus esforços. No entanto, para que essas colônias funcionassem, essas empresas e proprietários precisavam de colonos. Para seduzir esses colonos, tiveram de devolver os seus privilégios econômicos e políticos como recompensa pelos esforços. Podemos olhar para um clássico do gênero da publicidade sobre as colônias para ver como esses aliciamentos incluíam, acima de tudo, promessas de oportunidade econômica individual, liberdade religiosa e política — e como essas três coisas foram apresentadas como inter-relacionadas.

Em 1698, muito antes da Declaração de Independência, Gabriel Thomas publicou "um relato histórico e geográfico da Pensilvânia e da Nova Jersey Ocidental" que visava especificamente atrair colonos para essas colônias do Atlântico. O relato afirmava que "os atuais Incentivos são muito grandes e convidativos, para Pessoas Pobres (Homens e Mulheres) de todos os tipos, podem receber aqui o triplo dos Salários que receberiam na Inglaterra ou no País de Gales". E, na verdade, Thomas especificou uma grande variedade de trabalhos e os ganhos exatos que cada um poderia esperar por seus esforços, começando com "um Ferreiro (meu Vizinho), que ele mesmo e um homem negro que ele tinha, ganharam cinquenta xelins em um dia, trabalhando com um peso de cem quilos de ferro..." E ele continuou:

os Carpinteiros, tanto da Casa como do Navio, Pedreiros, qualquer um desses Homens de Negócio, vão receber entre Cinco e Seis Xelins todos os dias constantemente. Quanto aos Funcionários Sapateiros, eles ganham Dois Xelins por Par de Sapato para Homens e Mulheres: E os Funcionários Alfaiates têm Doze Xelins por semana e a sua dieta. Os Serradores ganham entre Seis e Sete Xelins e para Cortar Cem Tábuas de Pinho. E para os Tecelões, eles ganham Dez ou Doze Pence para Tecer uma Jarda do que é pouco mais de meia Jarda de largura. Os roladores de lã ganham para pentear Doze Pence por Libra. Os Oleiros ganham Dezesseis Pence por um Vaso de Barro que pode ser comprado na Inglaterra por Quatro Pence. Os Curtidores podem comprar suas peles de couro por 3,5 Pence por Libra e vender seus Couros por Doze Pence por Libra. E os que empalham ganham Três Xelins e Quatro Pence por couro para o vestir; compram o seu óleo a Vinte Pence por Galão. Os Fabricantes de Tijolos ganham Vinte Xelins pelo Milheiro dos seus tijolos.[11]

E continuou:

Os Fabricantes de Feltros ganharão pelos seus Chapéus Sete Xelins por peça, tal como pode ser comprado na Inglaterra por Dois Xelins a peça; no entanto, eles compram sua Lã comumente por Doze ou Quinze Pence por Libra. E quanto aos vidraceiros, terão Cinco Pence por Pedreira para o seu Vidro. Tanoeiros... são agora reconhecidos na Pensilvânia, por uma modesta soma que valerá algumas Centenas (se não Milhares) de Libras.

Os Padeiros fazem Pão Branco como qualquer outro em Londres... Os Açougueiros para matar uma Besta, ganham Cinco Xelins e seu alimento, e eles podem comprar uma boa Vaca gorda grande por Três Libras... Os Cervejeiros vendem... metade Ale e metade Stout por Quinze Xelins por

Barril... E para os Prateiros, eles ganham entre Meia Coroa e Três Xelins por trabalharem uma Onça de sua Prata, e para o equivalente em Ouro.[12]

E prosseguiu:

Os Estucadores ganham normalmente Dezoito Pence por Jarda de estucagem. Os fabricantes de forma de sapato ganham Dezesseis Xelins por Dúzia. E os fabricantes de salto para sapatos ganham Dois Xelins por Dúzia. Os Construtores de Rodas e Moinhos, Carpinteiros, Ferreiros, Soldadores, Tintureiros, Fabricantes de Combustíveis, Fabricantes de Pentes, Pintores, Cortadores, Corta-sebes, Escultores, Barbeiros, Impressores, Encadernadores, e todos os outros Homens de Negócio, seus Ganhos e Salários têm, aproximadamente, a mesma proporção que os negócios mencionados anteriormente em relação ao que eles têm na Inglaterra.[13]

Havia ampla oportunidade até para os menos habilidosos, afirmava Thomas: "Homens Trabalhadores ganham comumente aqui, entre 14 e 15 Libras por ano, e sua Carne, Bebida, Lavagem e Hospedagem; e por Dia seus Salários são geralmente entre Dezoito Pence e Meia Coroa, e alimentação incluída também; Mas, na Colheita, eles ganham geralmente entre Três e Quatro Xelins por dia, e Dieta. E para as mulheres também: "O Salário de Empregada é normalmente entre Seis e Dez Libras por Ano, com Acomodação muito boa. E para as Mulheres que conseguem sua Sobrevivência através de sua própria Indústria, seu Trabalho é muito Querido, pois eu posso comprar em Londres um Bolo de Queijo por Dois Pence maior do que o deles a esse preço, quando ao mesmo tempo seu leite é tão barato quanto nós podemos comprar em Londres, e sua farinha custa metade do preço."[14]

Os migrantes também podiam facilmente poupar o dinheiro que ganhavam porque "o milho e a carne, e o que mais serve ao homem para beber, comer e pagar é muito mais barato aqui do que na Inglaterra, ou em qualquer outro lugar..." No entanto, disse ele, "a principal razão pela qual os Salários de todos os tipos de Servos são muito mais elevados aqui do que ali, advém da grande Fertilidade e Produção do Lugar; além disso, se esses grandes Estipêndios fossem recusados, eles rapidamente se organizariam por si, pois podem ter Provisão muito barata, e Terra por um preço muito baixo, ou quase nada em comparação com a Compra de Terras na Inglaterra". Além disso, os agricultores coloniais americanos "podem se dar mais ao luxo de pagar esses grandes Salários do que os Agricultores na Inglaterra" porque "a sua Terra custa-lhes... pouco ou nada em comparação, dos quais os Agricultores comumente obterão o dobro do aumento do Milho por cada Alqueire que semearem, que os Agricultores na Inglaterra podem devido à Terra mais rica que têm". E porque "ganham constantemente bom preço para o seu Milho, por causa da grande e rápida ventilação para Barbados e outras ilhas".[15]

Gabriel Thomas amarrou a prosperidade à liberdade, como Barack Obama faria três séculos mais tarde. A terceira razão de Thomas para bons salários, por exemplo, era que os agricultores que lhes pagavam "não pagam dízimos, e seus impostos são insignificantes; o lugar é gratuito para todas as Persuasões, de forma Sóbria e Civil; a Igreja da Inglaterra e os *quakers* têm participação igual no governo". E assim: "Vivem Bem e Amigavelmente juntos; não há Perseguição por causa da Religião, nem é provável que haja; isso é o que derruba todo o Comércio sobre a Cabeça, juntamente com altos Impostos, Leis rígidas, e Ordens de cãibras". E ele insinuou os valores religiosos do trabalho árduo e da recompensa a que Obama também se referiria, embora nos termos mais estereotipados do século XVII. "Aqui", disse Thomas, "não há Mendigos para serem vistos (é uma Vergonha e uma Desgraça para o Estado que haja tantos na Inglaterra) nem tem aqui ninguém com a menor Ocasião ou Tentação para aceitar essa Vida Preguiçosa Escandalosa".[16]

Além disso, Gabriel Thomas assegurou aos seus leitores que:

> o que escrevi aqui, não é uma Ficção, Invenção, Capricho, ou qualquer Projeto sinistro, seja para impor ao Ignorante, ou Crédulo, ou para bajular os Ricos e Poderosos, mas para encontrar Piedade e Compaixão pura pelos Inúmeros Homens, Mulheres e Crianças Trabalhadores Pobres na Inglaterra, malnutridos, visível em seus olhares famintos, que estão continuamente vagando para cima e para baixo à procura de Emprego sem encontrar nenhum, que aqui não precisam ficar ociosos

um momento, nem querem o devido Encorajamento ou Recompensa por seu trabalho, muito menos Vagabundo ou Reclamar sobre ele.[17]

O que em parte era verdade. Esse tipo de literatura promocional sobre as colônias subestimou os riscos e as dificuldades da imigração e do assentamento, e sobrevalorizou as oportunidades e a facilidade de colher recompensas ricas. Mas tais relatos apelaram, efetivamente, para as atitudes empreendedoras e as aspirações econômicas dos potenciais colonizadores. Assim, pouco mais de meio milhão de europeus imigraram para as colônias continentais britânicas entre a fundação de Jamestown em 1607 e a Declaração de Independência em 1776, ou mais de 750 mil, se incluírmos as colônias britânicas no Caribe. Muitos deles chegaram como serviçais contratados, alguns morreram como tal e outros logo após a chegada. Porém, entre os que sobreviveram, muitos conseguiram melhorar economicamente, muito mais do que teriam conseguido se tivessem ficado em casa. Em muitas colônias, mais de metade dos homens brancos adultos possuiu terras em algum momento, e consideravelmente mais de metade também teria em algum momento das suas vidas. Portanto, a melhoria econômica na América era uma possibilidade real para muitos migrantes europeus.

No entanto, isso só conta um lado da história econômica do início da América. A outra é que o grande número de imigrantes coloniais que se estabeleceu e ocupou terras implicou na expropriação, remoção e, muitas vezes, no assassinato de um grande número de nativos americanos — uma questão à qual voltaremos no capítulo seguinte. A colonização ainda implicou na escravização de um enorme número de africanos e seus descendentes. Vemos indícios desse fenômeno na menção de Gabriel Thomas ao "um Negro" de seu vizinho ferreiro, e na referência de Thomas à venda de milho para Barbados e outras ilhas, onde os plantadores o compravam para alimentar seus escravos. Para Thomas, porém, a escravatura não era nada mais do que um fato econômico, uma fonte de trabalho ou de consumo. Ele estava totalmente desinteressado na escravidão como uma questão social ou política, assim como a maioria dos europeus brancos e euro-americanos do século XVII.

Barack Obama, entretanto, é o oposto. Para ele, o "pecado original" da América é uma questão social e, especialmente, política interessante. Mas ele não está particularmente interessado na escravatura como um fato econômico. Uma razão para isso pode ser sua relutância em adotar uma teoria crítica do comportamento econômico, algo a que voltaremos no final deste capítulo. Contudo, outra razão pode ser a caracterização de Obama dos peregrinos e puritanos como arquétipos coloniais americanos e dos "agricultores e acadêmicos" como arquétipos revolucionários americanos, caracterizações que, inadvertidamente, desviam a atenção dos escravizados e seus escravizadores como verdadeiros americanos coloniais e revolucionários.[18]

OS PRIMEIROS COLONOS

Em seu discurso na cerimônia de formatura da Universidade de Massachusetts, em Boston, em 2 de junho de 2006, Barack Obama disse que foi "bem aqui, nas águas ao nosso redor, onde a experiência americana começou. Quando os primeiros colonos chegaram às costas de Boston, e Salem, e Plymouth, eles sonhavam em construir uma Cidade sobre uma Colina. E o mundo assistiu, esperando para ver se esta ideia improvável chamada América teria sucesso". Obama identificou assim aqueles que ele também chamou de "os primeiros colonos", como os peregrinos que fundaram a colônia de Plymouth em 1620, e os puritanos, que fundaram a colônia de Massachusetts Bay em 1630. E, ao chamar essa fundação de "a experiência americana", ele associou as origens de todas as colônias com pessoas perseguidas construindo comunidades religiosas no Novo Mundo.[19]

Embora esse continue sendo um mito popular, a primeira colônia inglesa permanente teve início em Jamestown em 1607. E foi fundada para fins comerciais da Virginia Company, criada no ano anterior por mercadores londrinos que, anteriormente, tinham feito fortuna financiando a pilhagem de navios e colônias espanholas povoadas por aqueles que pilharam e assassinaram nativos americanos. A missão inicial dos colonos de Jamestown era alimentar-se da suposta hospitalidade dos ameríndios locais, encontrando ouro e outras riquezas à maneira dos conquistadores espanhóis. Quando isso não deu certo, eles fizeram experimentações com os produtos agrícolas e eventualmente encontraram um produto básico economicamente viável com o tabaco. O tabaco é uma cultura intensiva em termos de terra e trabalho e, embora os plantadores por muito tempo dependessem em grande parte de servos brancos, os primeiros trabalhadores escravizados chegaram à Virgínia em 1619 — também antes dos peregrinos e dos puritanos. A partir da década de 1660, a escravidão tornou-se o principal sistema de trabalho nas colônias de Chesapeake de Virgínia e Maryland, e, no início da Revolução, a população negra escravizada de Chesapeake era de 200 mil pessoas, 40% de uma população regional total de meio milhão.[20]

Um espírito de inovação semelhante levou à criação de uma economia do arroz no extremo sul. A população negra da Carolina do Norte era de 33 mil de um total de 110 mil em 1760, mas a Carolina do Sul tinha uma maioria negra de dois terços no início do século XVIII, que atingiu 57 mil dentre 94 mil pessoas na véspera da Revolução. No início, a Geórgia estava livre da escravidão, pois era uma experiência de criação de uma sociedade ideal de pequenos agricultores (brancos), que também reequilibrariam a alarmante população negra da região e proporcionariam uma zona de proteção contra a Flórida espanhola. No entanto, os proprietários da Geórgia acabaram por sucumbir à demanda por trabalho escravo de agricultores e plantadores que queriam competir com seus vizinhos da Carolina do Sul, e, em 1760, a população escravizada da Geórgia era de 3.500 de um total de 9.500.[21]

As colônias de não plantation do Norte não eram "sociedades de escravos" como as de plantation do Sul, mas ainda eram "sociedades com escravos". Das 430 mil pessoas nas colônias intermediárias de Nova York, Nova Jersey, Pensilvânia e Delaware em 1760, cerca de 30 mil eram negras, a maioria das quais escravizadas. E havia pouco menos de 13 mil negros em uma população total de pouco menos de meio milhão nas colônias de Massachusetts, New Hampshire, Connecticut e Rhode Island na Nova Inglaterra.[22]

E essas sociedades com escravos tinham estreitas ligações com as anglo-americanas de mesma natureza. Em 1764, por exemplo, o Parlamento britânico aprovou um imposto de três pence por galão sobre o melaço importado na América do Norte continental, a maior parte do qual importado do Caribe pelos fabricantes de rum de Massachusetts, substituindo um imposto de seis pence por galão que foi instituído em 1733 para impedir a importação das Índias Ocidentais francesas. A Lei do Açúcar de 1764 foi, naturalmente, o primeiro dos impostos diretos e outras medidas aprovadas pelo Parlamento britânico que acabaram por conduzir à independência americana. Mas ela e sua antecessora também nos lembram que as colônias americanas não existiam em isolamento econômico autossuficiente, e dependiam de redes comerciais que se estendiam por todo o lado, nesse caso, para as ilhas de açúcar altamente dependentes de escravos. No Caribe britânico, em 1760, os escravos formavam uma grande maioria de 313 mil de uma população total de 356 mil. Podemos também tomar nota de 7.200 escravos na população de 15.400 habitantes das Bermudas e Bahamas, ilhas britânicas no Atlântico.[23]

As populações escravas da América britânica não só produziam açúcar, arroz, tabaco e outras mercadorias para mercados comerciais vastos e lucrativos, como também eram, elas mesmas, produtos das mesmas redes comerciais atlânticas. Das 785.400 pessoas que cruzaram o Atlântico para a América do Norte britânica entre 1607 e 1775, 522.200 eram imigrantes europeus e 263.200 eram vítimas africanas do tráfico de escravos. Dos 1,8 milhão que imigraram para as ilhas britânicas, às quais o continente estava estreitamente ligado, pouco mais de 250 mil eram imigrantes europeus, enquanto mais de 1,5 milhão eram vítimas africanas do tráfico de escravos.[24]

Algumas dessas pessoas foram raptadas, transportadas e vendidas inicialmente sob a égide da Companhia Real de Aventureiros de Negócios na África, fundada em 1660 e renomeada como Companhia Real Africana em 1672, com o estatuto do monopólio do comércio de escravos garantido pela carta concedida pelo governo a partir de 1663. Sob a presidência de Jaime, duque de York, que também foi rei Jaime II de 1685 até ser derrubado na Revolução Gloriosa de 1688, essas empresas incentivaram ativamente a demanda por trabalhadores escravizados em Chesapeake, a fim de ampliar sua base de consumidores além do Caribe. Após o fim efetivo do monopólio em 1688 e sua descontinuidade formal em 1698, o governo apoiou os escravizadores independentes, conhecidos como "comerciantes livres" — indiretamente, através dos seus laços com financiadores em negócios como o setor bancário e de seguros, e mais diretamente através da negociação do *Asiento*, o direito de comercializar escravos para a América espanhola a partir de 1713. Essas, mais as leis feitas para criar e depois regular a raça e a escravidão nas colônias do sul do continente e do Caribe, foram as principais maneiras pelas quais os governos coloniais britânicos imperiais e locais lançaram as bases necessárias para o crescimento econômico antes da Revolução Americana.

O comércio de escravos e a escravidão foram mais importantes do que qualquer outra coisa na geração da riqueza das colônias britânicas e, portanto, também da futura nação americana. O tráfico de escravos, por si só, era um negócio extremamente lucrativo. As populações de escravos que o comércio criou cultivaram e colheram as colheitas mais lucrativas da América. E o comentário de Gabriel Thomas de que os agricultores da Pensilvânia e de West Jersey "ganham constantemente um bom preço pelo seu Milho, por causa da grande e rápida ventilação para Barbados e outras Ilhas" nos lembra que, mesmo os produtores de alimentos do Norte, alguns deles proprietários de escravos, outros não, ganharam muito com a escravidão de outros, perto e longe.[25]

AGRICULTORES E ACADÊMICOS

O que nos traz de volta à caracterização de Barack Obama dos americanos coloniais e revolucionários como "Agricultores e acadêmicos; estadistas e patriotas, que atravessaram um oceano para escapar da tirania e da perseguição". Como vimos, essa caracterização é possivelmente personificada por John Dickinson, que escreveu "Letters from a Farmer in Pennsylvania" (1767-1768) entre outros textos, e assim ganhou outro título como "O Escritor da Revolução Americana". O termo "agricultores e acadêmicos" também ressoa com "aquelas virtudes domésticas que Benjamin Franklin popularizou pela primeira vez no *Poor Richard's Almanack*", outra caracterização dos valores coloniais americanos dada por Barack Obama.[26]

Mesmo que John Dickinson fosse apenas o "Agricultor da Pensilvânia" que dizia ser, ele provavelmente teria escoado seu milho em Barbados e outras ilhas. Como vimos, porém, havia ainda mais do que isso. Foi bisneto de Walter Dickinson, um *quaker* "que tinha atravessado um oceano para escapar da tirania e da perseguição" em 1654. Mas, em 1659, o Dickinson americano original estabeleceu sua família em Croisadore, uma plantação escravista de tabaco no condado de Talbot, Maryland, onde John Dickinson nasceu em novembro de 1732. O bisneto posteriormente mudou-se para outra propriedade familiar em Poplar Hall, no condado de Kent, Delaware, e dividiu a maior parte da sua vida adulta entre lá e Filadélfia, Pensilvânia. John Dickinson certamente promoveu a causa da liberdade ao lado de outros "estadistas e patriotas" com sua escrita revolucionária, seu trabalho como legislador e governador em Delaware, seu serviço no Congresso Continental, na Guerra da Independência e na Convenção Constitucional, e também por ter alforriado seus escravos, como ele começou a fazer em 1777. Ele foi, no entanto, um plantador e escravizador de outrora e sempre um beneficiário da catástrofe.[27]

Dada a compreensível antipatia de Barack Obama para com o imperialismo, é irônico que a sua falta de interesse pelo mundo atlântico britânico pareça deixar a Grã-Bretanha sem culpa no que diz respeito à escravatura. E já que ele vê a Declaração de Independência como "nosso ponto de partida como americanos", a escravidão se torna "o pecado original desta nação" em vez do pecado da América britânica. O ponto é reforçado quando se tem em mente que o "pecado" só pode existir no contexto das Escrituras, e o "credo" de que todos os homens são criados iguais e dotados pelo seu criador de direitos inalienáveis à vida, liberdade, e a busca pela felicidade é, para Obama, uma "Escritura Americana".[28]

Ainda mais irônico, talvez, tenha sido um proprietário de escravos da Virgínia colonial que tentou ao máximo culpar os britânicos pela escravidão na América. Em seu rascunho da Declaração de Independência, Thomas Jefferson escreveu o seguinte sobre George III:

ele travou uma guerra cruel contra a própria natureza humana, violando os direitos mais sagrados de vida e liberdade das pessoas de um povo distante que nunca o ofendeu, prendendo e carregando-as para a escravidão em outro hemisfério, ou para incorrer em morte miserável em seu transporte para lá. Essa guerra pirata, o opróbrio dos poderes infiéis, é a guerra do rei CRISTÃO da Grã-Bretanha. Determinado a manter aberto um mercado onde os HOMENS deveriam ser comprados e vendidos, ele prostituiu sua imagem ao reprimir toda tentativa legislativa de proibir ou restringir esse comércio execrável: e que este conjunto de horrores pode não estar perto de acabar, ele agora está estimulando essas mesmas pessoas a pegarem em armas contra nós, e a comprar aquela liberdade da qual ele as privou, & assassinando as pessoas sobre as quais ele também privou da liberdade; assim pagando os crimes anteriores cometidos contra as liberdades de um povo, com crimes que ele as exorta a cometer contra a vida de outro.[29]

O que restou de tudo isso depois que o Congresso Continental fez suas revisões e produziu a versão final da Declaração foi a acusação de que o rei, representado pelo governador da Virgínia, John Murray, lorde Dunmore, havia incitado escravos a se rebelarem contra seus senhores. As revisões foram feitas em parte devido à natureza insalubre do argumento de Jefferson. A maioria dos membros do Congresso, pelo contrário, reconheceu a importância da demanda americana e não apenas da oferta britânica de trabalho escravo. E a demanda contínua foi a principal razão para a edição da crítica de Jefferson, pois, enquanto as colônias de tabaco, como a Virgínia, tinham escravos suficientes para satisfazer suas necessidades econômicas na época da Revolução Americana, as colônias de arroz da Carolina do Sul e da Geórgia desejavam continuar importando. E, de fato, elas importaram cerca de 250 mil escravizados a mais antes que o governo federal finalmente proibisse o comércio de escravos para os Estados Unidos em 1808.[30]

Entretanto, nem isso significou o fim da demanda americana por mão de obra escrava. Logo após a Revolução, o cultivo do tabaco e a escravidão espalharam-se de Maryland e Virgínia para Kentucky e Tennessee. Além disso, a invenção de Eli Whitney em 1793 do descaroçador de algodão — mesmo a versão mais básica, que conseguia separar a semente da pluma aproximadamente cinquenta vezes mais rápido do que a mão humana média — revolucionou a economia americana na primeira metade do século xix. O algodão tornou-se, então, a próxima grande cultura de base do Novo Mundo, espalhando-se pelos territórios do sudoeste, que se tornaram os estados da Flórida, Mississipi, Alabama, Louisiana, Missouri e Texas. E a escravidão se espalhou com ele, pois o desenvolvimento tecnológico e o crescimento econômico nem sempre servem aos propósitos de liberdade política e justiça social.[31]

Como vimos, Barack Obama tem muito a dizer sobre a escravidão enquanto uma instituição social e especialmente enquanto uma questão política no início da história dos Estados Unidos. Ele se referiu à escravidão como uma instituição econômica também, mas apenas rara e brevemente. Na cerimônia de inauguração do Museu Nacional de História e Cultura Afro-Americana em 2012, Obama disse que era "apropriado que este museu tenha encontrado um lar no National Mall" porque "foi neste terreno, há muito tempo, que vidas já foram comercializadas, onde centenas de milhares de pessoas marcharam por empregos e pela liberdade". Obama reconheceu, assim, a mercantilização dos seres humanos, mas também podemos ver a rapidez com que ele passou das vidas "comercializadas" para as marchas, os empregos e a liberdade, lembrando-nos novamente de sua preferência pela narrativa positiva em vez da imersão nos aspectos negativos das instituições há muito desaparecidas.[32]

Além disso, em dezembro de 2015, ao celebrar o 150º aniversário da 13ª Emenda que finalmente acabou com a escravidão nos Estados Unidos, Barack Obama fez outra referência ao comércio de escravos ao falar de "roubar homens, mulheres e crianças de suas pátrias. Separando o marido da esposa, o pai da criança; despido e vendido para o maior lance; algemado em correntes e ensanguentado devido ao açoite". Nessa ocasião, Obama falou no idioma fortemente rígido e impiedoso do abolicionismo. Mais uma vez, é revelador que, em vez de se debruçar sobre as implicações econômicas do tráfico de escravos, Obama atendeu imediatamente às suas implicações ideológicas. "É antitético", disse ele, em seguida, "não só para a nossa concepção de direitos humanos e dignidade, mas para a nossa concepção de nós mesmos — um povo baseado na premissa de que todos são criados iguais".[33]

Obama mencionou pelo menos uma vez a importância histórica da própria escravidão, bem como do comércio de escravos para o desenvolvimento econômico americano. Em março de 2015, nos cinquenta anos do Domingo Sangrento em Selma, Alabama, ele disse: "Somos os escravos que construíram a Casa Branca e a economia do Sul", embora, mais uma vez, tenha avançado rapidamente, dessa vez para dizer que "somos as mãos dos fazendeiros e caubóis que desbravaram o Oeste, e inúmeros trabalhadores que construíram trilhos e levantaram arranha-céus, e se organizaram para buscar direitos dos trabalhadores".[34]

No entanto, esses escravos fizeram mais do que construir a economia do Sul. Quando Barack Obama escreve e fala sobre história econômica dos Estados Unidos, ele se concentra na ascensão da indústria manufatureira no Norte, promovida pela primeira vez pelo secretário do Tesouro do presidente George Washington, Alexander Hamilton. Mas os manufatureiros do Norte, que finalmente prosperaram a partir da década de 1810, muitas vezes o fizeram na produção têxtil, mais especialmente no algodão, proveniente, é claro, do Sul escravo. Os escravos também construíram a economia do Norte. E esses fabricantes do Norte do século XIX estavam tão ligados à escravidão como os primeiros fabricantes de rum de Massachusetts, que importavam melaço das Índias Ocidentais, assim como os agricultores da Pensilvânia, que vendiam seu milho aos plantadores caribenhos, e assim como um "fazendeiro de Pensilvânia" que era, de fato, um proprietário de escravos que plantava tabaco de Maryland *via* Delaware.[35]

O GOVERNO TEM SIDO CHAMADO

Como diz Barack Obama, em uma análise histórica que expõe vivamente o mito da autossuficiência que os fundamentalistas do livre mercado gostam de promover, "o governo tem sido chamado ao longo de nossa história para construir a infraestrutura, treinar a força de trabalho e estabelecer as bases necessárias para o crescimento econômico". Como vimos, isso foi verdade na era colonial. Na realidade, estava na própria natureza do imperialismo e do colonialismo. Mas, também, da história econômica dos Estados Unidos.[36]

E, de fato, da própria fundação da nação. Como Obama diz, "todos os Pais Fundadores reconheceram a ligação entre propriedade privada e liberdade". A sua Declaração de Independência aludia, certamente, à ideia de que as liberdades coloniais tinham tido origem nos próprios processos de migração e colonização. A versão final da Declaração resumiu brevemente o ponto, dizendo que os colonos haviam lembrado o povo britânico "das circunstâncias de nossa emigração e colonização aqui". Porém, em seu projeto original, Thomas Jefferson acrescentou que as colônias "foram fundadas à custa do nosso próprio sangue e tesouro, sem a ajuda da riqueza ou da força da Grã-Bretanha..."E em seu *Summary View of the Rights of British America*, publicado dois anos antes, Jefferson ainda argumentou que a Coroa britânica não tinha direitos feudais territoriais ou privados à terra americana, e que, ao ir para o exterior, os imigrantes tinham, portanto, deixado a jurisdição da pátria-mãe e se estabelecido no que era efetivamente um Estado de natureza. Então, ele também argumentou que os colonos tinham misturado seu trabalho com a terra e outros recursos e, assim, criado uma propriedade que era, portanto, sua e somente sua. Todos esses pontos estão de acordo com os relatos de John Locke sobre as origens e os direitos naturais à propriedade.[37]

Isso parece justificar as ideias dos fundamentalistas do livre mercado de autossuficiência econômica individual. No entanto, a narrativa de Jefferson sobre a história colonial também foi feita de acordo com as narrativas de Locke sobre as origens do governo, uma vez que era originalmente considerado como o melhor meio de proteger a vida, a liberdade e a propriedade. Como diz Barack Obama em *The Audacity of Hope*, "pensadores do Iluminismo, como Hobbes e Locke, sugeriram que homens livres formariam governos como uma barganha para garantir que a liberdade de um homem não se tornasse tirania de outro homem; que eles sacrificariam a licença individual para melhor preservar a sua liberdade". Novamente, é a isso que a Declaração de Independência se refere quando diz "que todos os homens são criados iguais, que eles são dotados pelo seu Criador de certos Direitos inalienáveis, que entre esses estão a Vida, a Liberdade e a busca pela Felicidade" e "que para garantir esses direitos, os governos são instituídos entre os homens, derivando seus poderes justos do consentimento dos governados". Qualquer outra coisa que possa ter significado, a "busca pela Felicidade" de Jefferson, sem dúvida, abrangia o direito à propriedade, o que Locke chamou de "posses" ou "propriedades".[38]

A Declaração de Independência diz o seguinte: "Que sempre que qualquer Forma de Governo ameaça destruir esses fins, é Direito do Povo alterá-lo ou a aboli-lo, e instituir um novo Governo, estabelecendo as suas bases sobre tais princípios e organizando os seus poderes de tal forma que, para eles, pareça mais provável garantir sua Segurança e Felicidade". Os colonizadores argumentaram na Declaração, no entanto, como o faziam desde 1764, que medidas como a Lei do Açúcar, a Lei do Selo e os Atos Townshend representavam "taxação sem representação", a apropriação de sua propriedade sem seu consentimento — uma clara violação de seus direitos e liberdades naturais.

Se o propósito da Declaração de Independência era "abolir" uma forma de governo, então o propósito da Constituição era "instituir um novo governo, estabelecendo sua base em tais princípios e organizando seus poderes de tal forma que, para eles [seus fundadores], pareça mais provável assegurar sua Segurança e Felicidade". Os Fundadores da Constituição eram, pelo menos nominalmente, "Nós, o Povo", e, com essa evocação da soberania popular, a Constituição validou a teoria dos direitos naturais, incluindo implicitamente o direito natural à propriedade. Os Fundadores também organizaram os poderes do novo governo de forma a proteger as liberdades das pessoas, com pesos e contrapesos que impediriam tais abusos, como tomar a propriedade das pessoas sem o consentimento delas.

No entanto, alguns consideraram que a Constituição original fornecia proteções insuficientes contra tais abusos e, portanto, insistiram em várias emendas equivalentes à Declaração dos Direitos. Aquelas que mais direta e explicitamente protegem a propriedade são, primeiro, a 4ª Emenda, que diz que "o direito das pessoas de terem segurança para si, suas casas, seus documentos e suas propriedades, contra buscas e apreensões não razoáveis, não deve ser violado, e nenhum Mandado deve ser emitido, mas sobre causa provável, apoiado por Juramento ou afirmação, e descrevendo particularmente o local a ser revistado, e as pessoas ou coisas a serem apreendidas". E, segundo, a 5ª Emenda que, entre outras coisas, diz que "nenhuma pessoa será privada de vida, liberdade ou propriedade, sem o devido processo legal; nem a propriedade privada será tomada para uso público, sem justa compensação". E depois a 7ª Emenda, que diz: "Em Ações de direito comum, onde o valor em disputa exceder vinte dólares, o direito de julgamento por júri deve ser preservado..." E, finalmente, a 8ª Emenda, que diz: "Não será exigida fiança excessiva, nem multas excessivas serão impostas..." Então é por isso que Obama diz: "Nossa Constituição coloca a posse da propriedade privada no coração do nosso sistema de liberdade."[39]

Mas o papel do governo na história americana foi além do objetivo fundamental de proteger a propriedade e a liberdade das pessoas para outro de promover a economia. Como diz Barack Obama, "o governo tem sido chamado ao longo de nossa história para construir a infraestrutura, treinar a força de trabalho e estabelecer as bases necessárias para o crescimento econômico". E, de fato, foi.[40]

HAMILTON ENTENDEU

Um dos que ajudaram a fundar esse governo, uma das principais luzes da Convenção Constitucional de 1787, foi Alexander Hamilton. E, como diz Barack Obama, "foi Alexander Hamilton quem também reconheceu o vasto potencial de uma economia nacional — uma economia baseada não no passado agrário dos Estados Unidos, mas em um futuro comercial e industrial. Para realizar esse potencial, argumentou Hamilton, a América precisava de um governo nacional forte e ativo e, como primeiro-secretário do Tesouro americano, começou a colocar suas ideias em prática". Como Obama também acrescenta, Hamilton "nacionalizou a dívida da Guerra Revolucionária, que não só uniu as economias dos estados individuais, mas ajudou a estimular um sistema nacional de crédito e mercados de capital fluidos", e "promoveu políticas — desde fortes leis de patentes até altas tarifas — para incentivar a manufatura americana, e propôs investimentos em estradas e pontes, necessárias para levar os produtos ao mercado".[41]

A dívida pública nacional, não paga de acordo com os Artigos da Confederação que não conferiam ao Congresso nenhum poder de arrecadação direta de impostos, era de 52 milhões de dólares em 1789, sendo 40 milhões de dólares nacionais e o restante devido a credores estrangeiros. Além disso, os governos estaduais deviam mais 25 milhões de dólares. O total de 77 milhões de dólares foi uma soma enorme para uma nação agrícola de pouco menos de quatro milhões de pessoas para sustentar ou pagar, e muitas dessas pessoas tinham uma dívida privada considerável. Quase todos concordaram que algo tinha que ser feito, e, em setembro de 1789, o Congresso solicitou que o novo secretário do Tesouro propusesse medidas nesse sentido. Alexander Hamilton apresentou seu primeiro relatório sobre crédito público ao Congresso em janeiro de 1790. Suas propostas principais eram a "suposição" federal de dívidas estatais e o "financiamento" da dívida nacional e nacionalizada, através de "redenção", por meio da qual o governo pagaria aos atuais detentores dos títulos do governo a quantia total de seus antigos "certificados de endividamento" ou "títulos" no valor nominal total, ou então pagaria juros anuais de 4% em títulos do governo emitidos recentemente. O governo e a nação teriam, assim, finanças sustentáveis.

Mais tarde, no mesmo ano, o *Segundo relatório de crédito público* de Hamilton propôs a criação de um banco nacional, ou melhor, um banco principalmente privado, fretado para fazer negócios públicos. O governo nomearia cinco de seus 25 diretores, forneceria um quinto de seu capital original de 10 milhões de dólares e manteria um quarto de suas ações. O banco armazenaria ouro e prata do governo e daria recompensas e empréstimos sem juros para inventores de "melhorias" econômicas e para aqueles que investissem nelas. Além disso, o banco forneceria dinheiro sob a forma de moeda e papel-moeda, que garantiria aceitar pelo valor nominal para pagamento de impostos e dívidas, o que significa que a moeda manteria o seu valor em relação à espécie — ouro ou prata — impedindo a sua depreciação e, portanto, a inflação dos preços. E faria com que os bancos estatais e privados fizessem o mesmo. Portanto, o negócio da nação iria se expandir com muitos incentivos e com um meio de troca facilmente disponível, mas também estável.

Finalmente, um *Relatório sobre manufaturas* entregue ao Congresso em dezembro de 1791 deveria ser o ponto alto do plano de Hamilton, propondo tarifas de importação que permitissem aos fabricantes americanos se estabelecer e competir com os britânicos. Haveria também recompensas e prêmios financiados pelo governo para incentivar certas empresas de manufatura, incentivo governamental a invenções e descobertas (as "fortes leis de patentes" de Barack Obama) e, mais importante, depois das tarifas, o incentivo a melhorias internas por meio do planejamento e financiamento governamentais da construção de estradas, canais e pontes — a criação de uma infraestrutura de transporte para auxiliar o comércio e a indústria. Logo, Hamilton visava nada mais nada menos do que iniciar uma revolução industrial americana.

Barack Obama tem toda a razão, pois Hamilton "reconheceu o vasto potencial de uma economia nacional". Mas ele também diz que "Hamilton entendeu que só através da liberação do capital dos interesses fundiários locais é que a América poderia aproveitar seu recurso mais poderoso — ou seja, a energia e a iniciativa do povo americano. Essa ideia de mobilidade social constituiu uma das grandes barganhas iniciais do capitalismo americano; o capitalismo industrial e comercial poderia levar a uma maior instabilidade, mas seria um sistema dinâmico, no qual qualquer pessoa com energia e talento suficientes poderia chegar ao topo". Essas alegações são consideravelmente mais contestáveis.[42]

JEFFERSON... TEMIA

A linguagem de Barack Obama sobre o que Alexander Hamilton "reconheceu" e "entendeu" contrasta com suas descrições das opiniões de Thomas Jefferson. Como diz Obama, "Hamilton encontrou resistência feroz de Thomas Jefferson, o qual temia que um governo nacional forte ligado a interesses comerciais ricos minasse sua visão de uma democracia igualitária ligada à terra". Assim, embora a oposição de Jefferson fosse feroz, era baseada no medo. Implicitamente, além disso, Jefferson não reconheceu as coisas, nem mesmo as compreendeu. E a linguagem de Obama se torna ainda mais carregada quando ele escreve sobre o "futuro comercial e industrial" de Hamilton, em oposição ao "passado agrário" de Jefferson.[43]

O que Jefferson temia, e, de fato, reconheceu e entendeu, era que muitos americanos pagariam um preço alto pelos programas de Hamilton. E ele estava longe de estar sozinho. A principal oposição política aos relatórios de Hamilton sobre crédito público não podia, de fato, vir de dentro do Gabinete, onde Jefferson se sentou como secretário de Estado. Veio, então, do congressista James Madison. Madison estava preocupado que o método de "redenção" de Hamilton de pagar a dívida em valor total para os atuais detentores de títulos defraudasse os "veteranos da guerra pela independência", que originalmente recebiam esses títulos como pagamento pelo serviço militar. Muitos desses homens eram agricultores mais pobres que, necessitando de dinheiro, venderam seus títulos, geralmente bem abaixo do valor nominal — tão baixo quanto US$0,10 — a especuladores ricos ou "trabalhadores da bolsa", como Madison os denominou. O "Plano Madison" propôs, em vez disso, financiar a dívida por "discriminação", pagando aos atuais proprietários o valor que pagaram pelos títulos e assumindo a diferença aos beneficiários originais.

Madison estava longe de estar sozinho. Uma crescente coalizão de aliados "democrata-republicanos" que, em meados da década de 1970, se tornaria o Partido Democrata Republicano, organizou a oposição ao Partido Federalista liderado por Washington-Adams-Hamilton. E, fora da capital, além dos ex-soldados que iriam perder para os especuladores, havia um exército crescente de camponeses furiosos. Hamilton pretendia angariar receita para os seus projetos através da tributação das bebidas destiladas que muitos agricultores produziam a partir de cereais, sendo o primeiro mais fácil e barato de transportar em regiões ocidentais, onde os mercados estavam distantes e o acesso ao transporte fluvial era limitado ou inexistente. A Rebelião do Uísque eclodiu no oeste da Pensilvânia no final de 1791 e logo se espalhou por toda a parte. Em 1794, o próprio George Washington liderou 13 mil soldados para suprimir a insurreição. Prenderam vinte homens que, mais tarde, foram perdoados, embora o imposto sobre o uísque continuasse a ser evitado e inexequível.

O financiamento e a suposição foram aprovados pelo Congresso de qualquer forma, em parte graças à "barganha da mesa de jantar" na residência de Thomas Jefferson, onde a democracia deliberativa ofereceu um acordo no qual Alexander Hamilton conseguiu o que queria em troca da localização de uma nova capital nas margens do rio Potomac, no Sul e, portanto, longe do coração financeiro da nação no Norte urbano. O Banco Nacional também teve alvará por vinte anos, apesar da objeção "construção estrita" democrata-republicana de que a criação de um banco não é um poder do Congresso enumerado na Constituição. Hamilton persuadiu um hesitante presidente Washington a assinar o projeto de lei com base na cláusula dos "poderes implícitos", a qual permite ao Congresso aprovar leis "necessárias e adequadas" ao cumprimento dos seus "poderes enumerados" — a base de uma "construção vaga" permissiva da Constituição.

Também foram feitas objeções estritas de construção contra o *Relatório sobre manufaturas* e contra a intenção explícita de Hamilton de vincular os interesses econômicos das elites financeiras poderosas à preservação do governo federal. Mas a tarifa e as propostas que a acompanham foram, pelo menos temporariamente, derrotadas por causa da forma como pareciam ameaçar os alicerces da sociedade americana, bem como sua economia. Podemos ver como "Thomas Jefferson temia que um governo nacional forte ligado a interesses comerciais ricos minasse sua visão de uma democracia igualitária ligada à terra" ao olhar para uma famosa passagem de seu *Notes on the State of Virgínia*, de 1784. "Aqueles que trabalham na terra", escreveu ele,

> são o povo escolhido de Deus, se alguma vez ele teve um povo escolhido, cujos peitos ele fez seu peculiar depósito para virtude substancial e genuína. É o foco no qual ele mantém vivo aquele fogo sagrado, que de outra maneira poderia escapar da face da terra. A corrupção da moral

na massa de agricultores é um fenômeno do qual nenhuma era ou nação forneceu um exemplo. É a marca colocada naqueles que não olham para o céu, para o seu próprio solo e indústria, como o faz o lavrador, que pensa na sua subsistência, fica à mercê dos imprevistos e caprichos dos clientes. A dependência gera subserviência e venalidade, sufoca o germe da virtude e prepara ferramentas adequadas para os projetos de ambição... A proporção que o agregado das outras classes de cidadãos sustenta em qualquer estado em relação ao dos seus agricultores, é a proporção da sua fraqueza em relação às suas partes saudáveis, e é um barômetro suficientemente bom para medir o seu grau de corrupção. Enquanto tivermos terra para trabalhar, nunca desejemos ver os nossos cidadãos ocupados em uma bancada de trabalho, ou girando uma roca.[44]

Jefferson temia genuinamente que uma força de trabalho assalariada em massa, inevitavelmente gerada pela industrialização, enfraqueceria a república americana, possivelmente de maneira fatal. Somente o tipo de cidadania economicamente emancipada, que tem como base o camponês proprietário de terras, teria as virtudes necessárias para permitir que a república sobrevivesse e prosperasse. E tal república agrária poderia ser mantida, ele acreditava, porque na América, ao contrário da Europa, "temos uma imensidão de terra para cortejar a indústria do lavrador".[45]

A Virgínia de Jefferson e a vizinha Maryland eram dominadas por um pequeno, mas poderoso, grupo de grandes plantadores, dos quais Thomas Jefferson fazia parte. Tinha também um grande número de agricultores brancos arrendatários e centenas de milhares de escravos, que, juntos, superavam em muito o número do agricultor idealizado proprietário da terra, o agricultor camponês da imaginação agrária jeffersoniana. Além disso, todas essas pessoas, nas suas diferentes formas, dependiam fortemente do capricho dos clientes de uma economia de culturas de subsistência e de tabaco. O mundo de Jefferson estava longe da utopia agrária que ele mesmo havia descrito.[46]

No entanto, Jefferson, James Madison e muitos outros tinham razão em um ponto sobre os planos de Alexander Hamilton. Esses planos podiam ter englobado, como diz Obama, "a energia e a iniciativa do povo americano", mas não vislumbraram uma grande quantidade de "mobilidade social". Hamilton pode ter acreditado em "um sistema dinâmico em que qualquer pessoa com energia e talento suficiente poderia chegar ao topo". Ele mesmo tinha nascido bastardo na ilha caribenha de Névis em 1757, e, ainda assim, uma combinação extraordinária de habilidade, acaso e patrocínio o levara ao topo do Departamento do Tesouro. Mas, na sociedade industrial imaginada por Hamilton, poucos teriam a oportunidade de seguir seus passos.[47]

Uma das vantagens da manufatura que Alexander Hamilton imaginava, por exemplo, era que "as mulheres e as Crianças são mais úteis, e as últimas são úteis mais cedo para estabelecimentos de manufatura do que seriam para qualquer outro lugar". Como ele ainda explicou, "Do número de pessoas empregadas nas manufaturas de algodão da Grã-Bretanha, calcula-se que aproximadamente quatro sétimos são mulheres e crianças; dentre esse total, a maior parte são crianças e muitos delas de uma idade muito tenra". Não é preciso romantizar uma "terra verde e agradável" para temer os "moinhos satânicos escuros" tão poeticamente lamentados por William Blake apenas alguns anos depois.[48]

Entretanto, apesar de todos os seus medos como presidente de 1801, Thomas Jefferson não desmantelou o aparelho hamiltoniano. "Algumas coisas podem ser deixadas por fazer, por motivos de compromisso... e para não alarmar uma reforma muito repentina", pronunciou o presidente Jefferson em uma passagem proto-obamiana em seu primeiro discurso de posse. E, no ano seguinte, elevou a manufatura a um status semelhante ao da agricultura, comércio e navegação, colocando-o como um dos quatro pilares da república americana. Ele também promoveu melhorias internas com sua aprovação, em 1806, da construção de uma estrada nacional para o interior americano, começando em Cumberland, Maryland. E seu boicote econômico à Grã-Bretanha e à França, além disso, teve o mesmo efeito que uma tarifa ao incentivar a manufatura, ainda que incidentalmente. Alguns em seu próprio partido acusaram-no de ter "esvaziado o federalismo".[49]

O presidente James Madison esvaziou o federalismo ainda mais, com o apoio de uma nova geração de membros ocidentais do Congresso defendendo um "sistema americano" de tarifas protetoras e melhorias internas, e também defendendo um novo banco nacional para substituir aquele que não havia tido a licença renovada em 1811. A guerra de 1812 convenceu muitos da conveniência de uma maior independência econômica americana, e, em sua sétima Mensagem Anual ao Congresso, em 1815, Madison recomendou um programa econômico "completamente Hamilton". O Congresso atendeu à recomendação. No ano seguinte, surgiu um segundo banco nacional, desta vez capitalizado em 35 milhões de dólares, uma tarifa protetora de 20% sobre as importações de manufaturados e uma série de iniciativas de melhoria interna.

No entanto, alguns ainda tinham reservas quanto ao papel do governo no estabelecimento das bases necessárias para o crescimento econômico. O próprio James Madison vetou um projeto de lei que teria desviado dinheiro do banco nacional para a estrada nacional e outras melhorias internas. A infraestrutura de transporte permaneceu, em sua maioria, nas mãos de empresas privadas até a Lei Federal de Estradas de 1916, quando os escrúpulos constitucionais abriram caminho para a chegada da carruagem sem cavalos. Mesmo assim, um consenso em favor de alguns patrocinadores governamentais de desenvolvimento econômico e outras questões era tão comum que o presidente James Monroe declarou que "uma época de bons sentimentos" tinha eclodido durante sua administração, entre 1817-1825. A eleição presidencial de 1824 foi disputada por quatro homens do mesmo Partido Democrata Republicano, tendo os federalistas morrido na sequência de ameaças mal veladas de secessão da Nova Inglaterra na Convenção de Hartford, assim como a guerra de 1812-1815 terminou em um resultado suficientemente bom para ser considerado uma vitória para os Estados Unidos.[50]

O PAPEL VITAL DO GOVERNO NA REGULAÇÃO DO MERCADO

Andrew Jackson ganhou 43% do voto popular em 1824, contra 31% de John Quincy Adams, e Henry Clay e William Henry Crawford com 13% cada. Jackson também ganhou o Colégio Eleitoral, com 99 votos contra os 84 de Adams, 41 de Crawford e 37 de Clay. No entanto, sem maioria para ninguém, o resultado foi decidido na Câmara dos Deputados, que entregou devidamente a Casa Branca para... Adams. O que era perfeitamente legal, já que a Constituição não determinava que o vencedor do voto popular deveria necessariamente ser presidente, e ainda não o faz. E, em todo caso, fazia sentido político, já que muitos congressistas concordavam com o neofederalismo de Adams. De fato, em seu discurso de posse, ele defendeu "leis que promovam a melhoria da agricultura, do comércio e das manufaturas, o cultivo e incentivo da mecânica e das artes elegantes, o avanço da literatura e o progresso das ciências, ornamentais e profundas".[51]

No entanto, Andrew Jackson foi indiscutivelmente eleito presidente em 1828 e vetou o Projeto de Lei de Estradas de Maysville, em parte porque a Constituição não permite diretamente o financiamento federal de estradas e, em todo caso, como a estrada ficava inteiramente no Kentucky, não era sequer um projeto interestadual, e em parte porque era uma peça da política de *pork barrel* para o benefício de Henry Clay e seus eleitores. Jackson odiava Clay por apoiar Adams no que ele chamou de "barganha corrupta" de 1825, embora tivesse motivos para agradecê-lo por intermediar o Compromisso de 1833. A Carolina do Sul apresentou um dilema a Jackson quando anulou a "Tarifa das Abominações", que elevou os direitos de importação para 50% em 1828 e foi amplamente renovada em 1832. O presidente agrário não gostava da ajuda aos manufatureiros, mas sentiu-se compelido, no entanto, a defender a autoridade federal enviando canhoneiras para o porto de Charleston. A Tarifa de Compromisso criada por Clay encerrou a crise, reduzindo gradualmente os direitos aduaneiros para o nível de 1816. Mas então o presidente declarou guerra à outra instituição favorecida por Clay: o que ele chamou de "Monster Bank", e Jackson agiu com uma intransigente intemperança, responsável por levar o país ao desastre econômico.

Como diz Barack Obama, "foi durante a queda da bolsa de valores de 1929 e a Depressão subsequente que o papel vital do governo na regulação do mercado se tornou totalmente aparente", e durante cerca de meio século ou mais, um consenso sobre a necessidade de regulação sobreviveu. Mas, como sugere a declaração aberta de Obama, o papel vital do governo na regulação da economia tinha sido, pelo menos parcialmente, aparente. Vimos que o primeiro banco manteve e fez com que outros bancos mantivessem reservas específicas suficientes para resgatar suas notas e empréstimos, e o segundo banco fez o mesmo, pelo menos sob a liderança de Nicolas Biddle após o Pânico de 1819, mostrando novamente como a falta de regulação resulta em ruína. Jackson perdeu muito o ponto quando disse a Biddle em 1829 que "desde que li a história da Bolha do Mar do Sul, tive medo dos bancos".[52]

A ira de Andrew Jackson só aumentou quando Henry Clay o desafiou para a presidência em 1832 e tentou usar a questão iminente do banco contra ele. Jackson, o magistral demagogo, no entanto, conseguiu convencer muitos de que os regulamentos que protegem o interesse público eram contra o interesse público, e ganhou com 55% do voto popular contra 38% de Clay, e com uma vitória esmagadora no Colégio Eleitoral de 219 contra 49. Jackson vetou um projeto de lei de renovação de licenças em 1836, mas, mesmo antes disso, ele desestabilizou o banco nacional, retirando a receita do governo e colocando-o em "bancos de estimação" privados e, de qualquer forma, retirando-lhe os poderes regulatórios. Outros bancos começaram, então, a emitir empréstimos e papel-moeda como queriam — uma prática conhecida então como "financiamento *wildcat*". De repente, vendo qual era o problema, Jackson ordenou que o governo federal negociasse apenas em espécie, para acelerar o colapso do *boom*, provocando o Pânico de 1837.

A fé do ex-vice-presidente de Jackson, Martin Van Buren, na economia do *laissez-faire* pouco fez para combater a crise das consequências. A eleição em 1840 de William Henry Harrison, do Partido Whig, que surgiu depois de 1824, parecia augurar uma nova era hamiltoniana. Mas sua morte, um mês depois de tomar posse, foi seguida por vetos à tarifa do Congresso, às melhorias internas e às contas bancárias pelo presidente John Tyler, um democrata tão descontente com o ataque de Jackson aos anuladores da Carolina do Sul que ele deu seu nome à canção "*Tippecanoe and Tyler too*". Depois disso, em qualquer caso, a política nacional tornou-se cada vez mais imersa na controvérsia dos escravos, ocorrendo na emergência de um novo Partido Republicano em meados de 1850 e na eleição de Abraham Lincoln como presidente em 1860.[53]

A TRANSIÇÃO DE UMA SOCIEDADE AGRÍCOLA PARA UMA SOCIEDADE INDUSTRIAL

Como diz Barack Obama, a "tradição... do investimento do governo na infraestrutura física da América e no seu povo foi abraçada por Abraham Lincoln e pelo início do Partido Republicano". Ao mesmo tempo, porém, Lincoln "também viu como a transição de uma sociedade agrícola para uma sociedade industrial estava prejudicando vidas e destruindo comunidades". E, ao dizer isso dessa forma, é claro que Obama também demonstra que vê o assunto da mesma maneira, apesar de suas gentilezas sobre Hamilton. "Para Lincoln", porém, e aparentemente também para Obama, "a essência da América era a oportunidade, a capacidade do 'trabalho livre' de avançar na vida" e ele "considerou o capitalismo o melhor meio de criar tal oportunidade".[54]

Uma maneira pela qual Lincoln colocou essa filosofia em prática foi nos esforços que ele fez, e que vimos no capítulo quatro, para transformar o trabalho escravo em trabalho livre. Mas outro esforço foi "uma série de políticas que não só lançaram as bases para uma economia nacional plenamente integrada, como também aumentaram as escadas de oportunidade para baixo, a fim de chegar a mais e mais pessoas". Lincoln apoiou, assim, "a construção da primeira ferrovia transcontinental", os esforços da Academia Nacional de Ciências para promover tecnologia e comércio, e "a histórica Lei da Propriedade Rural de 1862, que transferiu grandes quantidades de terras públicas no Oeste dos Estados Unidos a colonos do Oriente e imigrantes de todo o mundo, para que eles também pudessem reivindicar uma participação na crescente economia da nação". E, "em vez de deixar estes proprietários de terras entregues a si mesmos", ele "criou um sistema de concessão de terras para criação de faculdades com o objetivo de instruir os agricultores sobre as últimas técnicas agrícolas e lhes proporcionar a educação liberal que lhes permitiria sonhar além dos limites da vida na fazenda".[55]

É verdade. Mas nesse ponto da história econômica americana apresentada em *The Audacity of Hope*, Barack Obama salta de Abraham Lincoln direto para realizações patrocinadas pelo governo, como "A Represa Hoover, a Autoridade do Vale do Tennessee, o sistema rodoviário interestadual, a Internet, o Projeto Genoma Humano", acrescentando que "uma e outra vez", portanto, "o investimento governamental ajudou a preparar o caminho para uma explosão da atividade econômica privada". Ele também acrescenta que, "através da criação de um sistema de escolas públicas e instituições de ensino superior, bem como programas como a Lei GI, que disponibilizou educação universitária para milhões de pessoas, o governo ajudou a fornecer aos indivíduos as ferramentas para se adaptar e inovar em um clima de constante mudança tecnológica". Tudo isso também é verdade. Porém, na elisão de setenta anos da Lei da Propriedade Rural à Represa Hoover, Obama edita a "Era Dourada", chamada sarcasticamente dessa forma no romance homônimo de 1875 de Mark Twain e Charles Dudley Warner.[56]

Os anos entre 1860 e o final do século contrastam com a impressão criada pelas associações metafóricas de desenvolvimento econômico e tecnológico de Barack Obama com o progresso político e social. Em 1913, os Estados Unidos foram responsáveis por um terço da produção industrial mundial, mais do que a Grã-Bretanha, França e Alemanha juntas, e em 1929 foram dois quintos. Claro que esse crescimento gerou uma enorme riqueza, mas muitos pagaram um preço terrível.

Parte desse aumento maciço na produtividade estava relacionado com o "espírito da inovação" e do "empreendimento" que Barack Obama descreve, da "integração vertical" das siderúrgicas em Homestead, Pensilvânia, nos anos 1870, descrita por Andrew Carnegie, ao sistema de mover a produção na linha de montagem de Henry Ford, trinta anos mais tarde. Mas muita inovação envolveu a eliminação de empresas. A "integração horizontal" de J. D. Rockefeller significava que a sua Standard Oil Company havia engolido tantos concorrentes que, na década de 1880, controlava 90% da produção do país. Em 1901, a

United States Steel Corporation de John Pierpont Morgan concentrou oito empresas no primeiro negócio bilionário do mundo. Os investimentos bancários de Morgan, além disso, controlavam 40% do capital financeiro e industrial em 1912.[57]

A industrialização também implicou uma enorme mudança social. Já em 1880, e pela primeira vez na história americana, mais da metade da força de trabalho estava envolvida em trabalho não agrícola e, em 1920, mais pessoas viviam nas cidades do que no campo. Onze milhões de americanos passaram de áreas rurais para áreas urbanas entre 1870 e 1920, incluindo meio milhão de sulistas negros que se mudaram para o Norte na Grande Migração de 1910-1920. No mesmo meio século, 25 milhões de imigrantes chegaram à América, vindos da Itália, Leste Europeu, Rússia, Ásia e México. A população dos Estados Unidos como um todo aumentou de pouco menos de 40 milhões em 1870 para mais de 120 milhões na década de 1920.

Os "barões ladrões" criaram uma enorme riqueza, mas guardaram grande parte dela para si próprios, mesmo quando exploraram "a energia e a iniciativa do povo americano". De 1873 a 1897, milhões de pessoas perderam seus empregos durante o que foi conhecido como "A Grande Depressão" antes da que começou em 1929. E, como Barack Obama observa como um ponto geral, mas que certamente se aplica à Era Dourada, houve pouca simpatia antes dos anos 1930 "pelos trabalhadores deixados empobrecidos pelos ventos periódicos de 'destruição criativa' do capitalismo — a receita para o sucesso individual foi um trabalho maior, sem mimos do Estado. A rede de segurança que existia provinha dos recursos desiguais e escassos da caridade privada".[58]

A desigualdade era tanta que, em 1890, a renda dos 1% mais ricos dos Estados Unidos era igual à de seus 50% mais pobres, e os 1% possuíam tantos ativos quanto os 99% restantes. Pagavam aos seus trabalhadores salários baixos em troca de doze horas por dia de trabalho em condições perigosas. "Os trabalhadores", como observa Obama, "não tinham quase nenhuma proteção contra condições de trabalho inseguras ou desumanas, seja em fábricas de doces ou frigoríficos" e, na virada do século xx, uma média anual de 35 mil trabalhadores morreram em acidentes na mineração e na manufatura, a maioria deles evitáveis. Cem pessoas, por exemplo, foram queimadas ou sufocadas até a morte no Great Triangle Shirtwaist Company Fire em Greenwich Village, em Nova York, em 25 de março de 1912, e outros 46 se jogaram dos andares superiores do prédio, pois as escadas foram bloqueadas para evitar que as pessoas fizessem intervalos para ir ao banheiro sem autorização.[59]

Na verdade, a lei às vezes parecia mais interessada em proteger os lucros corporativos do que a vida das pessoas, chegando até mesmo ao ponto de definir as corporações como pessoas para fazer isso. No caso da *Consolidated Silver Mining Co. vs. Pennsylvania* em 1888, a Suprema Corte decidiu que "sob a designação de 'pessoa' não há dúvida de que uma empresa privada está incluída" na cláusula de "proteção igualitária" da 14ª Emenda da Constituição. Embora a Corte nunca tenha decidido que as corporações são cidadãos plenos, a "personalidade corporativa" continua sendo uma ficção jurídica com implicações reais até hoje.[60]

O TRIUNFO DE UMA VERDADEIRA DEMOCRACIA

No entanto, as pessoas — as reais — aguentaram firme. Como diz Barack Obama, "durante os primeiros 150 anos da América... os trabalhadores foram impedidos pela lei e pela violência de formar sindicatos que aumentariam o seu próprio poder". No entanto, alguns se organizaram, e a Grande Greve Ferroviária de 1877 foi a primeira ação industrial a nível nacional. As unidades das milícias civis acabaram por forçar os grevistas a voltar ao trabalho, ainda recebendo um salário tão baixo quanto o que causou a greve em primeiro lugar, mas não antes que vinte pessoas fossem mortas em Pittsburgh, Pensilvânia. O assassinato de quatro trabalhadores pela polícia durante uma greve contra cortes de pagamento e dessindicalização entre trabalhadores na fábrica de máquinas agrícolas McCormick em Chicago, em 3 de maio de 1886, resultou no comício de Haymarket no dia seguinte. Uma bomba matou um policial, fazendo com que seus colegas disparassem contra a multidão e uns contra os outros, ferindo muitas outras pessoas. Apesar da escassez de provas, quatro "mártires do Haymarket" foram enforcados, outro morreu na prisão, e mais três foram presos, até serem libertados pelo governador de Illinois, John Peter Altgeld, em 1893. A Greve de Homestead de 1892 viu uma batalha entre os trabalhadores e os policiais particulares da Agência Pinkerton em que sete dos primeiros e três dos últimos morreram. A Greve Pullman viu 34 trabalhadores ferroviários serem mortos em confrontos com tropas federais e delegados federais em confrontos em todo o país em 1894.[61]

Os conflitos também eram comuns em lugares rurais. Uma Aliança de Agricultores foi formada inicialmente no Texas na década de 1870, mas se espalhou para 43 estados em 1890, e, naquele ano, os agricultores formaram o Partido Popular ou Populista. James Weaver ganhou mais de um milhão de votos populares como candidato presidencial populista em 1892. Esta "Revolta Populista" foi, por vezes, inter-racial. Tom Watson, da Geórgia (cujo jornal se chamava *The Jeffersonian*), afirmou que "você é mantido afastado para que possa ser espancado separadamente... Esse antagonismo racial perpetua um sistema monetário que empobrece a ambos". Os democratas, infelizmente, responderam com apelos à supremacia branca, uma vez que os republicanos do Norte também iludiam muitos trabalhadores industriais com o nacionalismo anti-imigrantista.

As próprias organizações dos trabalhadores passaram gradualmente a aceitar a mudança. Os Cavaleiros do Trabalho atingiram seu auge de popularidade e poder na década de 1880, com até 800 mil membros em 1886, e, embora olhassem para trás como Tom Watson fez com um conceito jeffersoniano de autonomia econômica individual, também o faziam para frente ao abraçar não apenas os trabalhadores qualificados, brancos e homens, mas também os menos qualificados, negros e mulheres, embora tenha excluído os asiáticos. A Federação Americana do Trabalho (FAT), entretanto, com uma sociedade de 1,6 milhão em 1904, aceitou o ambiente industrial e o trabalho assalariado mais prontamente, e focou na ideia de uma "comunidade corporativa" na qual os sindicatos negociariam para melhorar o pagamento e as condições, em vez de articular críticas socioeconômicas radicais ou de se engajar em greves. O líder da FAT, Samuel Gompers, aceitou o conceito de "liberdade de contrato" que tinha sido usado na política e na lei contra a regulamentação governamental das horas e condições de trabalho, embora ele também o tenha usado para defender os direitos dos trabalhadores de se organizarem. Seu "sindicalismo empresarial" é melhor ilustrado por sua parceria com o ativista do Partido Republicano Mark Hanna e o financista George Perkins, da J. P. Morgan, para formar a Federação Cívica Nacional em 1900. Em 1905, alguns membros da FAT se separaram para formar a Trabalhadores Internacionais do Mundo, uma união mais radical e inclusiva, que acolhia até mesmo os asiáticos, mas não conseguiu mudar o rumo do *mainstream.*

Da mesma forma, o Partido Socialista conseguiu ampla validação eleitoral, embora não o suficiente para ganhar poder político efetivo. Atingiu o seu auge quando Eugene V. Debs ganhou 900 mil votos na eleição presidencial de 1912, 6% do voto popular. Mas foi necessária a enorme, se bem que amorfa, força do movimento "progressivo" para efetuar uma mudança significativa.

Barack Obama traça alguns paralelos interessantes entre esses tempos e o nosso. Quando suas próprias tentativas como presidente de orquestrar a recuperação de mais um fracasso no ciclo aparentemente interminável do capitalismo encontraram resistência inevitável, ele fez um discurso em Osawatomie, Kansas, comparando a complacência naquela época e agora. "Vejam," disse ele, "esta não é a primeira vez que a América enfrenta essa escolha. Na virada do século passado, quando uma nação de agricultores estava em transição para se tornar o gigante industrial do mundo, tivemos que decidir: será que nos contentaríamos com um país onde a maioria das novas ferrovias e fábricas estavam sendo controladas por alguns monopólios gigantescos que mantinham os preços altos e os salários baixos? Permitiríamos que os nossos cidadãos e até mesmo os nossos filhos trabalhassem horas impiedosas em condições inseguras e insalubres? Limitaríamos a educação a poucos privilegiados? Porque havia pessoas que pensavam que a enorme desigualdade e exploração das pessoas eram apenas o preço a se pagar pelo progresso".[62]

Então, como agora, muitas pessoas achavam que deveríamos e poderíamos fazer melhor do que isso, e suas opiniões se uniram no

"Movimento Progressivo" no final do século XIX e início do século XX. Havia romancistas como Edward Bellamy, cujo *Looking Backward* (1888) imaginava um futuro socialista utópico. E Upton Sinclair, cujo *The Jungle* (1906) causou tal repulsa às práticas dos matadouros que inspirou a Lei de Alimentos Puros e Drogas e a Lei de Inspeção de Carne de 1906. Críticos sociais acadêmicos e jornalistas produziram trabalhos como *Wealth Against Commonwealth* (1894), de Henry Demarest Lloyd, e *History of the Standard Oil Company* (1904), de Ida Tarbell, que aumentaram a conscientização sobre as más ações dos "barões ladrões". *Progess and Poverty*, de Henry George (1879), *The Theory of the Leisure Class*, de Thorstein Veblen (1899), e *The Shame of the Cities*, de Lincoln Steffens (1904), chamam a atenção para o que eles definem como "escravidão industrial", para a enormidade geral e, também, para as enormidades da desigualdade e da pobreza.

Outros eram ativistas como Jane Addams, que fundou a Hull House em Chicago em 1889 e iniciou um movimento que abrangeu mais de quatrocentas "casas de assentamento" em 1910, todos ajudando inúmeros imigrantes a se integrarem à vida americana. Outros progressistas se concentraram na reforma do caráter do povo, como aqueles que fizeram campanha pela 18ª Emenda da Constituição, que proibiu a produção e o consumo de álcool, uma vitória política que, como política social, teve sucesso previsível a longo prazo.

Houve até mesmo três presidentes "progressistas": o republicano Theodore Roosevelt, que tomou posse após o assassinato de William McKinley em 1901 e ficou no cargo até 1909; seu sucessor republicano William Howard Taft (1909-1913); e o democrata Woodrow Wilson (1913-1921). Como observa Barack Obama, "Teddy Roosevelt reconheceu que o poder monopolista poderia restringir a concorrência e fez da 'quebra de confiança' uma peça central de sua administração". Seu "Negócio Quadrado" de fato assumiu a Northern Securities Company do J. P. Morgan sob a Lei Antitruste Sherman e a viu dissolvida pela Suprema Corte em 1904. A Lei Hepburn, de 1906, deu à Comissão de Comércio Interestadual o poder de examinar os registros da empresa ferroviária e de estabelecer preços justos, mais autoridade do que tinha desde sua fundação em 1887. E, como

Obama também observa, a sua administração também supervisionou a aprovação das "primeiras leis de consumo dos Estados Unidos — a Lei de Alimentos Puros e Drogas, a Lei de Inspeção de Carne — para proteger os americanos de produtos nocivos".[63]

William Howard Taft também era um republicano mais conservador e foi desafiado em 1912 não só pelo democrata Woodrow Wilson, mas também por Eugene Debs, do Partido Socialista, e pelo Partido Progressista de Theodore Roosevelt. Embora a campanha de Wilson tenha se concentrado em se opor à concentração de poder dos grandes bancos e do governo federal, que ele chamava de *bigness*, o "nacionalismo novo" de Roosevelt defendia soluções federais práticas aos problemas *bigness* causados, incluindo a proposição de jornada de trabalho de oito horas por dia, salário digno, seguro social, cuidado médico e aposentadorias — um estado de bem-estar sendo uma proposição real seguindo a 16ª Emenda de 1913, que autorizou um imposto de renda federal.

A administração de Wilson, entretanto, foi mais progressiva na prática do que o esperado. A Lei de Clayton de 1914 isentou os sindicatos trabalhistas de acusações antitruste e de ordens da corte antigreve; a Lei de Keating-Owen proibiu o trabalho infantil nos produtos envolvidos no comércio interestadual; a Lei de Adamson definiu a jornada de oito horas de trabalho no setor ferroviário; e uma Lei de Armazém ofereceu crédito aos fazendeiros que usavam instalações de armazenamento do governo. Wilson também, como observa Obama, "instituiu o Federal Reserve Bank para administrar a oferta de dinheiro e conter os pânicos periódicos nos mercados financeiros" em 1913, bem como a Comissão de Relações Industriais em 1912 e a Comissão Federal de Comércio em 1914. E a mobilização para a Primeira Guerra Mundial viu uma intervenção estatal sem precedentes na economia.

Barack Obama é certamente um admirador das conquistas dessa era. Em Osawatomie, ele observou que "em 1910, Teddy Roosevelt veio aqui... e expôs a sua visão sobre o que ele chamou de Novo Nacionalismo. 'O nosso país', disse ele, '...não significa nada, a menos que signifique o triunfo de uma verdadeira democracia... de um sistema econômico sob o qual seja garantida a cada homem a oportunidade de mostrar o melhor que há nele'.

Agora, para isso", continuou Obama, "Roosevelt foi chamado de radical. Ele era chamado de socialista, até mesmo comunista. Mas hoje, somos uma nação mais rica e uma democracia mais forte graças a pelo o que ele lutou em sua última campanha: um dia de trabalho de oito horas e um salário mínimo para as mulheres — seguro para desempregados, idosos e pessoas com deficiência; reforma política e um imposto de renda progressivo".[64]

No entanto, não foi suficiente para impedir um retorno à "normalidade" do *boom* e da falência, pelos quais os pobres pagam um preço terrível pela imprudência dos ricos.

"O PRINCIPAL NEGÓCIO DO POVO AMERICANO SÃO OS NEGÓCIOS"

Os anos de guerra e as suas consequências assistiram a um renascimento do radicalismo e a uma greve que envolveu mais de 4 milhões de trabalhadores. Mas também uma supressão extraordinária se manifestou, por exemplo, em uma "Lei de Sedição" em tempos de guerra, sob a qual mais de 2 mil pessoas foram acusadas e mais de mil foram processadas por "desprezarem, desdenharem ou descreditarem" a "forma de governo" ou o esforço de guerra. Sob a capa do Apocalipse Vermelho de 1919-1920, o procurador-geral A. Mitchell Palmer supervisionou buscas inconstitucionais de instalações e a prisão e detenção de dezenas de radicais e líderes trabalhistas sem acusação, todos orquestrados por J. Edgar Hoover da Divisão Radical do Departamento de Justiça.[65]

Warren G. Harding prometeu um retorno à "normalidade" quando foi eleito presidente em 1920, o que acabou sendo o início de uma década de extraordinária decadência financeira e governamental. O secretário do Interior de Harding, Albert Fall, foi o primeiro membro do gabinete a ser condenado por aceitar subornos em troca de favores com reservas de petróleo do governo em Teapot Dome, Wyoming. Durante essa década, as agências reguladoras federais eram chefiadas por homens que preferiam ignorar o descontrole dos especuladores. A morte de Harding em 1923 levou Calvin Coolidge à presidência, que afirmou, como diz Barack Obama, que "o principal negócio do povo americano são os negócios". No entanto, talvez ninguém tenha personificado mais a complacência do *laissez-faire* do que Herbert Hoover, eleito presidente em 1928 e cuja administração supervisionou o que Barack Obama menciona a seguir: "a queda da bolsa de valores de 1929" e os primeiros anos da "depressão subsequente".[66]

Na Quinta-Feira Negra, em 31 de outubro, as ações perderam mais de 10 bilhões de dólares em valor em cinco horas, perto de 150 bilhões de dólares nos valores de hoje. Cerca de 26 mil empresas faliram no ano seguinte e, nos três anos que se seguiram à queda, a produtividade nacional caiu um terço, os preços 40% e, em 1932, 11 milhões de pessoas estavam desempregadas — um quarto da força de trabalho. Até mesmo Hoover criou uma Corporação Financeira de Reconstrução para emprestar dinheiro a bancos e outras empresas, um Sistema Bancário Federal de Empréstimos Imobiliários para salvar as pessoas da execução de hipotecas, e concedeu 2 bilhões de dólares em ajuda. Mas não foi suficiente, e Franklin Delano Roosevelt venceu a eleição presidencial de 1932 com 57% dos votos populares e teve maiorias democratas substanciais em ambas as casas do Congresso.[67]

FDR ENTENDEU

Foi no "Primeiro New Deal" de 1933-1934 e especialmente em seus primeiros "Cem Dias" que FDR, como diz Barack Obama, "projetou uma série de intervenções governamentais que impediram uma maior contração econômica" e "experimentou políticas para reiniciar a economia". Ele até deixou "para trás uma estrutura regulatória que ajuda a limitar o risco de crise econômica". Uma Lei Bancária de Emergência protegeu as poupanças das pessoas e outra Lei Bancária impediu os bancos comerciais de especularem com ações. Esta Legislação Glass-Steagall também criou a Federal Deposit Incorporation, que fornecia seguro "para dar confiança aos depositantes bancários". A Comissão de Valores Mobiliários regulamentou a negociação de ações e títulos. Uma Lei da Economia reduziu os gastos federais, embora FDR também tenha tirado os Estados Unidos do Padrão de Ouro, permitindo-lhe injetar um dinheiro muito necessário na economia. Esse tipo de medida, como diz Obama, visava "garantir a transparência nos mercados financeiros e proteger os pequenos investidores da fraude e da manipulação de informação privilegiada". E "políticas fiscais e monetárias anticíclicas", incluindo "cortes de impostos, aumento de liquidez ou gastos governamentais diretos" se destinavam a "estimular a demanda quando empresas e consumidores" perdiam a confiança. Foi assim, nesses primeiros dias, que "o papel vital do governo na regulação do mercado se tornou totalmente aparente" e mais articulado do que nunca.[68]

Foi em parte no Primeiro New Deal, mas principalmente no Segundo, de 1935-1938, que FDR criou a terceira maneira em que o governo se envolveu na economia — estruturando "o pacto social entre as empresas e o trabalhador americano". A Lei Nacional de Recuperação Industrial já tinha criado a Administração Nacional de Recuperação para trabalhar com o setor privado no sentido de estabelecer normas de produtividade, preços e condições de trabalho. Mas "FDR também iniciou leis que, fundamentalmente, mudaram a relação entre capital e trabalho", incluindo "a semana de trabalho de quarenta horas, as leis do trabalho infantil, e as leis do salário mínimo" incluídos nas Normas de Trabalho Justas de 1938. Obama também observa que "a Lei Nacional de Relações Trabalhistas... tornou possível organizar sindicatos industriais de base ampla e forçar os empregadores a negociar de boa-fé". Certamente a Lei de Wagner de 1935 proibiu tais "práticas injustas de trabalho", como demitir líderes da união, e criou um Conselho Nacional de Relações Trabalhistas que agia como um corretor honesto entre o negócio e o trabalho. A antiga e exclusivista AFL deu lugar também ao novo Congresso de Organizações Industriais (COI), um guarda-chuva para novos sindicatos como a United Auto Workers e que foi mais capaz de representar um eleitorado mais inclusivo e abrangente ao lidar com empresas e governo. O número de membros do sindicato duplicou ao longo da década, atingindo 9 milhões em 1940.[69]

O New Deal também ajudou a manter as pessoas no trabalho e até mesmo a recolocá-las. A Lei de Ajustamento Agrícola (LAA) estabeleceu cotas e pagou aos agricultores para cultivar menos, aumentando assim os preços dos alimentos e, por conseguinte, os rendimentos agrícolas. A Autoridade do Vale do Tennessee não só construiu barragens e forneceu empregos, mas também fez do governo um ator econômico real na indústria de energia. A primeira Administração de Obras Civis encontrou dificuldades práticas e políticas, mas o Corpo de Conservação Civil (CCC) não só fez melhorias ambientais, como também empregou cerca de três milhões de pessoas entre 1933 e 1942. A Administração do Progresso das Obras (APO) empregou mais três milhões de pessoas entre 1934 e 1943, em trabalhos que vão desde a construção de infraestruturas valiosas de transporte até gravações inestimáveis de música, literatura e memórias.

A Corporação de Empréstimos dos Proprietários Residenciais estendeu o seguro de hipoteca e a FHA forneceu acomodações de aluguel baixo para os pobres. A Administração Federal de Socorro de Emergência de 1933 ajudou organizações locais de assistência aos necessitados, mas foi a Lei de Seguridade Social de 1935 que se apresentou como "a peça central do novo Estado de bem-estar social", conforme descreve Barack Obama, "uma rede de segurança que tiraria quase metade de todos os cidadãos idosos da pobreza, forneceria seguro-desemprego para aqueles que haviam perdido seus empregos e forneceria pagamentos modestos de bem-estar para os deficientes e idosos pobres".[70]

É verdade que o New Deal foi menos benéfico para uns do que para outros. Os empregos do governo foram primeiro para os maridos que eram chefes de família, e os mais qualificados e mais bem pagos geralmente foram para os brancos. Por ordem dos democratas do Sul, a Previdência Social e as Normas de Trabalho Justas excluíam os trabalhadores agrícolas e domésticos, que eram desproporcionalmente negros e mulheres. A LAA e outros programas pagavam mais aos proprietários do que aos inquilinos e, de fato, muitos inquilinos perderam suas fazendas porque os proprietários eram pagos para produzir menos. O CCC tinha campos segregados e a FHA reforçou rigorosamente as políticas de habitação segregada.

Mesmo assim, como diz Barack Obama, o "choque da Grande Depressão, com um terço de todas as pessoas ficando sem trabalho, mal-

-alojadas, malvestidas e mal-alimentadas" finalmente forçou o governo a agir para proteger as vítimas inocentes daqueles que Obama não chama de ricos pródigos e irresponsáveis. E mesmo que 15% ainda estivessem desempregados em 1940, e fosse preciso a Segunda Guerra Mundial para revitalizar completamente a economia, "o impulso por trás deste pacto New Deal", no entanto, "envolvia um senso de solidariedade social: a ideia de que os empregadores deveriam fazer o certo por seus trabalhadores, e que, se o destino ou erro de cálculo fizesse qualquer um de nós tropeçar, a grande comunidade americana estaria lá para nos levantar".[71]

Os historiadores debateram se e até que ponto o New Deal era impulsionado pela política de conveniência ou pelos princípios de justiça econômica e social. Para Obama eram ambos, e, para ele, isso é uma coisa boa. "FDR entendeu", diz Obama, empregando a mesma palavra afirmativa que usou em relação a Alexander Hamilton, "que o capitalismo em uma democracia exigia o consentimento do povo, e que, ao dar aos trabalhadores uma maior parcela do bolo econômico, suas reformas reduziriam o apelo potencial dos sistemas de comando e controle administrados pelo governo — sejam ele fascista, socialista ou comunista — que estavam ganhando apoio em toda a Europa". E citou as palavras de Roosevelt de 1944: "As pessoas que têm fome, as que estão desempregadas são as coisas das quais as ditaduras são feitas." FDR estava, portanto, "salvando o capitalismo de si mesmo" por uma questão de conveniência política.[72]

Ao mesmo tempo, porém, "Parte da lógica de FDR na aprovação dessas leis veio diretamente da economia keynesiana." Isso é, em parte, uma teoria econômica meramente de demanda, que afirma que "uma cura para a depressão econômica seria colocar mais renda disponível nos bolsos dos trabalhadores americanos". De fato, *The General Theory of Employment, Interest, and Money* de John Maynard Keynes foi publicado em 1936, embora a ideia de que o "subconsumo" era uma causa da Grande Depressão já tivesse embasado algumas políticas anteriores de New Deal.[73]

Era, portanto, uma teoria de eficiência econômica, mas que implicava uma boa parte da humanidade. Como explica Obama, o New Deal "também se baseou no entendimento de que um sistema de partilha de riscos e recompensas pode realmente melhorar o funcionamento do mercado". E "FDR entendeu", diz Obama novamente, "que salários e benefícios decentes para os trabalhadores poderiam criar a base de consumidores da classe média que estabilizaria a economia dos Estados Unidos e impulsionaria a sua expansão. E FDR reconheceu", continua, "que todos nós estaríamos mais propensos a correr riscos em nossas vidas — mudar de emprego ou iniciar novos negócios ou aceitar a concorrência de outros países — se soubéssemos que teríamos alguma medida de proteção se falhássemos". Portanto, também era uma teoria fundamentalmente justa e humana.[74]

Claro que o consenso do New Deal não foi unânime. Mesmo na época, explica Obama, "havia os de direita, que se queixavam do socialismo rastejante, e os de esquerda, que acreditavam que FDR não tinha ido suficientemente longe". No entanto, o acordo do New Deal trouxe "um amplo consenso" por trás da ideia de "um governo federal ativista que investe em seu povo e infraestrutura, regula o mercado e protege o trabalho da privação crônica". E esse "novo pacto social" forneceu uma "barganha entre o governo, os negócios, e os trabalhadores que resultou na prosperidade e na segurança econômica difundidas por mais de cinquenta anos". Seus "três pilares" eram "a capacidade de encontrar um emprego que pagasse o suficiente para sustentar uma família e poupar para emergências; um grupo de benefícios de saúde e aposentadoria oferecidos pelo empregador; e uma rede de segurança do governo — Segurança Social, Medicaid e Medicare, seguro-desemprego e, em menor grau, a proteção federal contra falência e pensão" que "poderiam amortecer a queda daqueles que sofreram contratempos em suas vidas".[75]

Esse "modelo do Estado de bem-estar americano" foi adotado por republicanos e democratas, graças, em parte, à riqueza geral e sem precedentes que gerou. Então, Obama diz, "a criação dos programas da Grande Sociedade, incluindo, Medicaid e Medicare, e bem-estar social, pelo" presidente democrata Lyndon Johnson, e "a criação da Agência de Proteção Ambiental e Administração de Saúde e Segurança Ocupacional pelo" presidente republicano Richard Nixon.[76]

A ERA DO GRANDE GOVERNO ACABOU

No entanto, uma reação conservadora já tinha começado. Mesmo durante o Primeiro New Deal, a Suprema Corte começou a declarar que parte de sua legislação era inconstitucional, embora a ameaça do FDR de encher a Suprema Corte com juízes flexíveis tenha garantido um período mais tranquilo depois disso — um ataque surpreendente aos freios e contrapesos constitucionais sobre os quais Barack Obama mantém um discreto silêncio. Algumas legislações do New Deal foram reduzidas logo após a Segunda Guerra Mundial. A Lei Taft-Hartley de 1947, por exemplo, permitiu que as autoridades executivas emitissem injunções contra greves e restringissem "práticas trabalhistas injustas", como piquetes secundários. A 22ª Emenda de 1951 assegurou que nunca haveria outro FDR, pois limitou os presidentes a dois mandatos completos no cargo. Mesmo assim — e apesar dos dois mandatos do republicano Dwight David Eisenhower, a personificação presidencial do conservadorismo dos anos 1950 —, o Movimento dos Direitos Civis, a Grande Sociedade e a Guerra Contra a Pobreza pareciam representar validações contínuas do liberalismo do New Deal. E a vitória de Lyndon Johnson sobre Barry Goldwater na eleição presidencial de 1964 parecia ser uma rejeição à reação de direita. Entretanto, o apelo de Goldwater aos conservadores encontrou um lar na bem-sucedida Estratégia do Sul de Nixon em 1968 e 1972, e, após os desdobramentos de Watergate, que levaram à eleição de Jimmy Carter em 1976, uma ideologia antigovernamental encontrou seu maior comunicador na pessoa de Ronald Reagan.

Como diz Barack Obama, "Reagan tendeu a exagerar o grau de crescimento do Estado de bem-estar social nos últimos 25 anos", mas "a revolução conservadora que Reagan ajudou a introduzir ganhou força". Se Reagan nunca conseguiu pôr em prática todos os cortes de fundos federais que gostaria, ele, no entanto, "mudou radicalmente os termos do debate político". Como explica Obama, "a revolta tributária da classe média tornou-se um elemento permanente na política nacional e colocou um teto sobre o quanto o governo poderia se expandir. Para muitos republicanos, a não interferência no mercado tornou-se um artigo de fé".[77]

E, de fato, a retórica e a política de Reagan cruzaram as linhas partidárias quando, como nos lembra Obama, Bill Clinton declarou que "a era do grande governo acabou" e "transformou a reforma do bem-estar social em lei, empurrou os cortes fiscais para a classe média e para os trabalhadores pobres, e trabalhou para reduzir a burocracia e os trâmites administrativos". No entanto, Clinton também "colocou uma orientação progressiva em alguns dos objetivos de Reagan, colocando a casa fiscal da nação em ordem, ao mesmo tempo em que diminuía a pobreza e fazia novos investimentos modestos em educação e treinamento profissional". Logo, "parecia que se tinha alcançado algum equilíbrio — um governo menor, mas que mantinha a rede de segurança social que FDR tinha criado".[78]

Obama atualizou a História ao observar que "a administração Bush e seus aliados no Congresso responderam levando a revolução conservadora à sua conclusão lógica — impostos ainda menores, menos regulamentação e uma rede de segurança ainda menor". Como explica Obama, "a ideia básica por trás da Sociedade de Proprietários" é que, se "nós liberarmos os empregadores de quaisquer obrigações para com seus trabalhadores e desmantelarmos o que resta do New Deal, os programas de seguro social administrados pelo governo, então a magia do mercado cuidará do resto".[79]

E, claramente, ele discorda disso. Em um nível prático, como diz Obama, "se você é saudável ou rico ou simplesmente sortudo, então você se tornará ainda mais". Mas, "se você é pobre, doente ou não tem muita sorte, não terá ninguém a quem procurar ajuda. Não é uma receita para um crescimento econômico sustentável ou para a manutenção de uma classe média americana forte". E, para Obama, isso também não funciona a nível filosófico. "Se a filosofia orientadora por trás do sistema tradicional de seguro social pudesse ser descrita como 'Estamos nisso juntos'", diz ele, "a filosofia por trás da Sociedade de Proprietários parece ser 'Você está por conta própria'". Isso, ele aponta, "certamente não é uma receita para a coesão social. Vai contra os valores que dizem que temos uma participação no sucesso um do outro". E, portanto, isso "não" representa "quem somos enquanto povo".[80]

Mas uma reação ideológica contra o "grande governo" não é a única razão para a recente mudança econômica e social. Barack Obama culpa uma ausência anterior de competição internacional pelo fato de que "nos anos 1970, o crescimento da produtividade nos Estados Unidos, o motor da economia do pós-guerra, começou a ficar para trás". Ao mesmo tempo, porém, "a maior assertividade da OPEP permitiu que os produtores de petróleo estrangeiros cortassem uma parcela muito maior da economia global, expondo a vulnerabilidade da América a interrupções no fornecimento de energia". Além disso, "as empresas americanas começaram a experimentar a concorrência de produtores de baixo custo na Ásia e, nos anos 1980, uma inundação de importações baratas — têxteis, calçados, eletrônicos e até automóveis — começou a pegar grandes pedaços do mercado interno". E, também, as "corporações multinacionais sediadas nos Estados Unidos começaram a transferir algumas de suas instalações de produção para o exterior — em parte para acessar esses mercados estrangeiros, mas também para aproveitar a mão de obra barata". Algumas corporações dos Estados Unidos responderam encontrando "maneiras de melhorar a produtividade através da inovação e da automação". Mas outros "dependiam principalmente de demissões brutais, resistência à sindicalização e uma nova mudança de produção no exterior". Todos "sem qualquer consideração pelos empregados cujas vidas poderiam ser destruídas ou pelas comunidades que poderiam ser desfeitas".[81]

Essas mudanças são tão grandes que Obama sugere que a América já pode estar em uma nova era histórica. Certamente, diz ele, a América precisa responder a novos problemas de forma inovadora. Ele descreveu a política na época de George W. Bush como um conflito em que "os republicanos estão lutando a última guerra, a guerra que travaram e venceram nos anos 1980, enquanto os democratas são forçados a lutar na retaguarda, defendendo os programas do New Deal dos anos 1930". Porém, disse, "nenhuma estratégia funcionará mais". Então, naquela época ele defendeu o que afirmou ser uma nova abordagem, incluindo "investimentos governamentais que podem tornar a América mais competitiva na economia global" em áreas como "educação, ciência e tecnologia, e independência energética". E, em termos de política social, ele defendeu o aumento do salário mínimo, a extensão do Crédito Fiscal de Ronald Reagan, seguro salarial, direitos sindicais, pensões mais seguras e cuidados de saúde mais acessíveis.[82]

OS DOGMAS DO PASSADO CALMO

Só que essas ideias, por melhores que sejam, não são assim tão novas. E Barack Obama parece saber disso. Ao perguntar retoricamente com o que se pareceria "um novo consenso econômico", ele diz que "eu não pretendo ter todas as respostas". E essa aparente incerteza fica evidente no fato de que, mesmo quando anseia por algo sem precedentes, ele olha para trás em busca de precursores. Ele apresenta essas ideias como "alguns exemplos de onde podemos nos libertar de nosso atual impasse político; lugares onde, na tradição de Hamilton e Lincoln, podemos investir em nossa infraestrutura e em nosso povo" e "formas de começar a modernizar e reconstruir o contrato social que FDR delineou pela primeira vez em meados do século passado". Ao "nos perguntarmos qual combinação de políticas levará a um mercado livre dinâmico e à segurança econômica generalizada, à inovação empresarial e à mobilidade ascendente", ele diz de forma semelhante que "podemos ser guiados pela simples máxima de Lincoln: que faremos coletivamente, por meio de nosso governo, apenas as coisas que não podemos fazer de maneira tão boa quanto, ou de forma alguma, individualmente e de forma privada". E, quando diz que há uma "abordagem alternativa" para a política trabalhista, ele a descreve como "uma que reformule o pacto social de FDR para atender às necessidades de um novo século".[83]

Barack Obama diz também que, ao procurar algo novo, "devemos ser guiados pelo que funciona", ou seja, devemos ser guiados por algo que já vimos. Na verdade, ao procurar "o que funciona", ele argumenta que "a nossa história deve nos dar confiança de que não temos que escolher entre uma economia opressiva, gerida pelo governo, e um capitalismo caótico e implacável". Para Obama, isso parece significar um olhar para o que tem sido, mas não para o que poderia ter sido. E também um olhar para o melhor do que tem sido e não para o pior do que tem sido. É certo que a abordagem do "que funciona" parece ser tanto de princípio como de prática, na fina tradição do pragmatismo filosófico. E, no entanto, a confiança na experiência pode, naturalmente, deslocar o pensamento crítico e substituir a experimentação. Pode ser que, nessa área da economia e da sociedade, Obama esteja preso às restrições de sua própria narrativa histórica.[84]

Ironicamente, foi o herói de Barack Obama, Abraham Lincoln, que uma vez disse que em alguns casos "os dogmas do passado calmo, são inadequados para o presente tempestuoso... Como o nosso caso é novo, temos de pensar de novo e agir de novo." Obama também percebe como às vezes os dogmas do passado podem definir nosso pensamento de formas limitantes. "O resultado da cultura de negócios" da América, escreve, "tem sido uma prosperidade inigualável na história humana". E, portanto, "não deveria surpreender... o fato de termos a tendência de considerar o nosso sistema de livre mercado como algo adquirido, de presumir que ele flui naturalmente das leis de oferta e demanda e da mão invisível de Adam Smith. E, a partir dessa suposição", acrescenta ele, "não é um grande salto presumir que qualquer intrusão governamental no funcionamento mágico do mercado — seja por meio de impostos, regulação, processos judiciais, tarifas, proteções trabalhistas ou gastos em titularidades — necessariamente prejudica a iniciativa privada e inibe o crescimento econômico". Além disso, a "falência do comunismo e do socialismo como meios alternativos de organização econômica" apenas reforçou essa suposição. Em nossos manuais de economia-padrão e em nossos debates políticos modernos, o *laissez-faire* é a regra-padrão; qualquer um que a desafie nada contra a maré dominante".[85]

E Obama é capaz de sair dessa narrativa, de nadar contra essa maré dominante. "É útil nos lembrarmos, portanto", diz ele com razão, "que o nosso sistema de livre mercado não é o resultado nem da lei natural nem da providência divina. Em vez disso, ele surgiu através de um processo doloroso de tentativa e erro, de uma série de escolhas difíceis entre eficiência e justiça, estabilidade e mudança. E embora os benefícios do nosso sistema de livre mercado tenham sido principalmente derivados

dos esforços individuais de gerações de homens e mulheres buscando sua própria visão de felicidade", acrescenta, "em cada período de grande turbulência e transição econômica, dependemos de ações governamentais para abrir oportunidades, incentivar a concorrência e fazer o mercado funcionar melhor".[86]

No entanto, esses comentários revelam até que ponto Obama não sai da narrativa, como ele também nada com a maré dominante. Ele condena claramente o fundamentalismo do livre mercado, mas também tolera uma ideologia de livre mercado que aceite o governo como um facilitador econômico e social, regulador e mediador de maneiras escrupulosamente limitadas. Ele escreve, por exemplo, sobre como "o investimento do governo ajudou a pavimentar o caminho para uma explosão da atividade econômica *privada*". Sobre como o governo faz "investimentos necessários que a empresa *privada* não pode ou não quer fazer sozinha". Sobre o "insight básico de Hamilton e Lincoln — que os recursos e o poder do governo nacional *podem facilitar, em vez de suplantar, um mercado livre vibrante*". De como "podemos ser guiados pela simples máxima de Lincoln: que faremos coletivamente, por meio de nosso governo, *apenas* as coisas que não pudermos fazer de maneira tão boa quanto, ou de forma alguma, individualmente e de forma privada" — minhas ênfases, mas, ainda assim, palavras dele. Então, Obama pode até qualificar a ideia de "livre mercado" muito profundamente, mas ele ainda acredita que o mercado deve ser tão "livre" quanto possível.[87]

Barack Obama, portanto, é tão comunista ou socialista quanto um queniano nativo ou muçulmano. Sua identificação do "comunismo *e* do socialismo como meios alternativos de organização econômica" (grifo meu novamente) reconhece implicitamente a diferença entre os sistemas econômicos totalitários e democráticos, mas descarta ambos por serem caminhos para a "falência". E a sua rejeição a qualquer atividade governamental para além do inevitável mostra que ele não é sequer um social-democrata ao estilo europeu, mas sim um democrata liberal ao estilo americano, um melhorador, e não um reformador.[88]

As palavras de Obama sobre Theodore Roosevelt também nos dizem isso. À primeira vista, parecem reformistas. "Roosevelt também sabia," disse Obama em Osawatomie, "que o livre mercado nunca foi uma permissão para tirar o que se pode de quem se pode. Ele compreendeu que o mercado livre só funciona quando existem regras que garantem uma concorrência leal, aberta e honesta. E, assim, destruiu monopólios, forçando essas empresas a competir pelos consumidores com melhores serviços e melhores preços. E, hoje, elas ainda precisam fazer isso. Ele lutou para garantir que as empresas não pudessem lucrar explorando crianças ou vendendo alimentos ou remédios que não fossem seguros. E, hoje, elas ainda não podem". No entanto, Obama prefaciou tudo isso observando que Roosevelt "elogiou o que os titãs da indústria fizeram para criar empregos e fazer a economia crescer. Ele acreditava que o que sabemos hoje é verdade, que o livre mercado é a principal força para o progresso econômico na história humana. Levou a uma prosperidade e a um padrão de vida sem igual no resto do mundo".[89]

Portanto, as razões de Barack Obama para rejeitar o reformismo radical são tanto práticas quanto ideológicas. O "livre mercado" gerou a riqueza e, com ela, a busca pela felicidade que os americanos desfrutam. E há, na sua opinião, uma inseparabilidade entre propriedade e liberdade: um mercado tão livre quanto possível é uma marca da liberdade política e social. "Todos os Pais Fundadores", como vimos Obama dizer, "reconheceram a ligação entre propriedade privada e liberdade". Entretanto, Obama não parece ver isso como uma posição ideológica. Vimos anteriormente as funções assertivas e afirmativas que o verbo "reconhecer" tem no léxico obamiano. Essa e a palavra "entendido" são predicados para o que Obama vê como fatos inquestionáveis, em oposição a "temeram", o predicado da fantasia ideológica. Esses fatos — a função geradora de riqueza e felicidade do "livre mercado" e a associação normalmente inquebrantável entre propriedade e liberdade — são as bases da narrativa da história econômica e social americana de Barack Obama. São os dogmas de seu passado calmo, e eles definem e dirigem uma narrativa da qual ele não pode se desviar.[90]

Barack Obama está certo ao dizer que os Fundadores tinham algum tipo de fé em uma associação entre propriedade e liberdade, mas a natureza ideológica e não factual dessa fé se manifesta no fato — um fato que Obama sabe bem o suficiente — de que eles viam essa associação de diferentes maneiras. Como vimos anteriormente, Thomas Jefferson via a posse generalizada da propriedade como algo essencial para a liberdade e a sobrevivência da nova república, por mais idealizado que fosse o seu agrarianismo. Alexander Hamilton, por outro lado, via as finanças e a produção como essenciais para a segurança e a sobrevivência da nova república, independentemente da idealização do seu industrialismo. Obama reconhece isso, mas descarta o que "Jefferson temia" e abraça o que "Hamilton entendeu" e o que "Hamilton reconheceu". E, no entanto, quando Obama caracteriza o melhor da história do "livre mercado", ele o faz em termos jeffersonianos em vez de hamiltonianos, às vezes, em termos jeffersonianos muito precisos, como quando Obama diz que "os benefícios do nosso sistema de livre mercado têm derivado principalmente dos esforços individuais de gerações de homens e mulheres buscando sua própria visão de felicidade". A liberdade e a propriedade são assim reconciliadas, e a república hamiltoniana é redimida na retórica jeffersoniana, por mais idealizada que seja a história econômica de Obama.[91]

Embora por vezes idealizada, Barack Obama adota uma abordagem crítica da economia americana, na medida em que reconhece os efeitos negativos que os excessos corporativos podem ter sobre outros. Mas isso não é a mesma coisa que uma abordagem teórico-crítica, uma abordagem que explore os significados de liberdade e propriedade como conceitos, ou que examine as maneiras pelas quais esses conceitos estão ligados. Em suma, Obama frequentemente aceita conceitos econômicos como fatos, e não como construções. Como consequência, ele não consegue desconstruí-los e, como consequência disto, não consegue mostrar, por exemplo, como às vezes, de fato, a propriedade e a liberdade não estão ligadas, ou de que modo, às vezes, de fato, elas estão em conflito umas com as outras.

Uma teoria crítica da liberdade, da propriedade, da economia, da sociedade não precisa ser comunista ou mesmo socialista — embora eu também não pretenda ter todas as respostas. Mas, longe de ser revolucionária ou, de alguma forma, não americana, essa teoria crítica pode, no entanto, ser necessária para pensar em novas formas de fazer uma união mais perfeita. Pode até ser necessária para encontrar formas de preservar essa união.

DIREITOS ECONÔMICOS QUE PRECISAM SER TRATADOS

Por exemplo, em termos de fazer uma união mais perfeita. Em um discurso em Selma, Alabama, em 4 de março de 2007, Barack Obama disse que "temos que reconhecer que lutamos pelos direitos civis, mas ainda temos muitos direitos econômicos que precisam ser tratados". E ele falou sobre as disparidades nos cuidados de saúde, educação, habitação, emprego, encarceramento e na esperança. Um ano e duas semanas depois, na Filadélfia, Pensilvânia, ele explicou as origens históricas dessas desigualdades. Nós precisamos, disse,

recordar que muitas das disparidades que existem hoje na comunidade afro-americana podem ser diretamente atribuídas às desigualdades transmitidas por uma geração anterior que sofreu sob o legado brutal da escravatura e de Jim Crow.

As escolas segregadas eram, e são, escolas inferiores; nós ainda não as corrigimos, cinquenta anos depois do caso *Brown vs. Conselho de Educação*, e a educação inferior que elas ofereciam, naquela época e agora, ajuda a explicar a grande diferença entre os resultados dos estudantes negros e brancos nos dias de hoje.

A discriminação legalizada — onde os negros eram impedidos, muitas vezes por meio de violência, de possuir propriedade, ou onde os empréstimos não eram concedidos aos proprietários de empresas afro-americanos, ou onde os negros proprietários de casas não podiam ter acesso às hipotecas da FHA, ou onde os negros eram excluídos dos sindicatos, das forças policiais ou dos bombeiros — significava que as famílias negras não podiam acumular qualquer riqueza significativa para legar às gerações futuras. Essa história ajuda a explicar a lacuna de riqueza e renda entre negros e brancos, e os bolsões concentrados de pobreza que persistem em muitas das atuais comunidades urbanas e rurais.

A falta de oportunidades econômicas entre os homens negros, a vergonha e a frustração de não poder sustentar a família, contribuíram para a erosão das famílias negras — um problema que as políticas previdenciárias, durante muitos anos, podem ter piorado. E a falta de serviços básicos em tantos bairros negros urbanos — parques para crianças brincarem, polícia fazendo ronda, coleta regular de lixo e aplicação de normas de construção — tudo isso ajudou a criar um ciclo de violência, desgraça e negligência que continua a nos assombrar.[92]

Como também disse Obama, "o caminho para uma união mais perfeita significa reconhecer que o que aflige a comunidade afro-americana não existe apenas nas mentes dos negros; que o legado da discriminação — e os atuais incidentes de discriminação, embora menos evidentes que no passado — são reais e devem ser abordados".[93]

Portanto, a abordagem crítica de Barack Obama à história americana nos permite ver que os legados das desigualdades passadas devem ser abordados, mas sem uma teoria crítica é difícil ver esse caminho para uma união mais perfeita. No entanto, uma abordagem teórico-crítica pode nos ajudar a ver ou a ver mais claramente que a propriedade e a liberdade nem sempre estão conectadas, ou pelo menos não da maneira que gostamos de pensar que estão. Por vezes, estão em conflito uma com a outra, como quando os plantadores coloniais britânicos escravizaram os africanos e os seus descendentes para usufruírem dos privilégios de liberdade e propriedade concedidos pelo Novo Mundo, e como quando seus descendentes pós-independência defendiam sua então peculiar instituição com base em seus "direitos" de propriedade sobre as pessoas que continuavam a escravizar.

Se considerarmos que a propriedade e a liberdade estão menos conectadas do que costumamos pensar, e que são mais separáveis do que tendem a ser, então talvez possamos fazer mais para reequilibrar as duas e, assim, tratar das questões que precisamos abordar, dos direitos econômicos que precisam ser tratados. E isso já foi feito antes, como quando a Proclamação da Emancipação e a 13ª Emenda libertaram um povo de seu status legal de propriedade de outras pessoas. E, de certa forma, as pessoas fazem isso todos os dias quando pagam os seus impostos — ou quando alguns o fazem. Mas os dogmas do livre mercado não corrigiram nem corrigirão nenhum mal, nem promoverão a causa da igualdade, da liberdade e da busca pela felicidade. As corporações e seus beneficiários não farão essas coisas a menos que haja lucro nisso — ou a menos que "NÓS O POVO" os obriguemos a fazer isso.

PARA QUE ELE POSSA "ENFRENTAR A TEMPESTADE E DIRECIONAR O TURBILHÃO"

E, para outro exemplo, desta vez em termos de preservar a união. Em seu famoso discurso na Filadélfia, Barack Obama também disse que "uma raiva semelhante" à dos afro-americanos "existe dentro de segmentos da comunidade branca. Muitos americanos brancos da classe média trabalhadora não sentem que foram particularmente privilegiados por sua raça. A experiência deles é a experiência do imigrante", continuou ele, e "no que diz respeito a eles, ninguém lhes entregou nada, eles construíram do zero. Trabalharam arduamente a vida toda, muitas vezes apenas para ver seus empregos serem transferidos para o exterior ou sua pensão ser descartada após uma vida inteira de trabalho". E acrescentou que, muitas vezes, essa raiva também "provou ser contraproducente", distraindo "a atenção dos verdadeiros culpados da pressão da classe média — uma cultura corporativa repleta de negócios internos, práticas contábeis questionáveis e ganância de curto prazo; uma Washington dominada por lobistas e interesses especiais; políticas econômicas que favorecem poucos em detrimento de muitos".[94]

Esses comentários deixaram Obama mais sujeito às críticas de delinear falsas equivalências entre as lutas históricas e os sofrimentos atuais dos americanos negros e brancos. Mas ele estava chamando a atenção para o fato, e é um fato, de que os brancos mais pobres também estão "ansiosos sobre o seu futuro, e que sentem seus sonhos escapando... em uma era de salários estagnados e competição global". Isso é uma questão. A outra está relacionada ao fato de que tais ansiedades podem levar a ressentimentos mal direcionados quando alimentadas por forças disseminadoras e divisórias.[95]

Os perigos da demagogia são conhecidos há muito tempo. Foi sobre isso que FDR avisou quando disse: "As pessoas que têm fome, as que estão desempregadas são as coisas das quais as ditaduras são feitas." No entanto, talvez esses medos nunca tenham sido expressos tão eloquentemente quanto foram pelo herói de Barack Obama, Alexander Hamilton. Em agosto de 1792, o secretário do Tesouro escreveu um relatório ao presidente Washington intitulado *Objeções e respostas a respeito da administração do governo*. Ele não pretendia impugnar a "intenção da generalidade" dos seus detratores, mas alguns deles encorajaram a "subversão do sistema republicano do País... lisonjeando os preconceitos do povo, e excitando os seus ciúmes e apreensões, para transformar os assuntos em confusão, e provocar comoção civil". E ele continuou como se segue:

> Quando um homem sem princípios na vida privada[,] desesperado na sua fortuna, ousado no seu temperamento, possuidor de talentos consideráveis... despótico em seu comportamento ordinário — conhecido por ter zombado em particular dos princípios da liberdade — quando tal homem é visto montando o cavalo de pau da popularidade — para juntar-se ao clamor de perigo à liberdade — para aproveitar todas as oportunidades de constranger o Governo Geral e colocá-lo sob suspeita — para puxar o saco e se jogar em todo o nonsense dos fanáticos do dia — pode-se suspeitar que seu objetivo é confundir as coisas, que ele pode "enfrentar a tempestade e direcionar o turbilhão".[96]

Novamente, a abordagem crítica de Barack Obama à história da economia e da sociedade americanas lhe permite ver que demagogos podem tirar "a atenção dos verdadeiros culpados" que causam desigualdade, insegurança e pobreza. Mas, novamente, a ausência de uma abordagem teórico-crítica torna mais difícil ver *como* eles conseguem fazer essas coisas — como é que, desde a ascensão da escravidão no final do século xvii até nossa segunda Era Dourada, apenas 1% dos homens conseguiu, tantas vezes, dividir e governar, enfrentar a tempestade e direcionar o turbilhão.[97]

Uma abordagem mais teórico-crítica poderia também possibilitar uma exploração mais ampla dos significados da propriedade e da liberdade na história das relações com os nativos americanos e o resto do mundo. Esses são os temas do capítulo seguinte. Mais uma vez, as ideias de um povo sobre seus direitos de propriedade podem levar a nada menos do que a aniquilação da vida, da liberdade e da busca pela felicidade do outro.

7
Além das nossas fronteiras: nativos americanos e outros assuntos externos

UMA CONQUISTA QUE CONTRADIZIA OS PRINCÍPIOS FUNDADORES DA AMÉRICA

"CONSIDERAMOS QUE ESTAS verdades são evidentes por si mesmas, que todos os homens são criados iguais, que são dotados pelo seu Criador de certos Direitos inalienáveis, que entre esses estão a Vida, a Liberdade e a busca pela Felicidade." Barack Obama descreve essas palavras da Declaração de Independência como "nosso ponto de partida como americanos", como "a substância do nosso credo comum" e como "a fundação do nosso governo". Em alguns aspectos, essas afirmações são verdadeiras. Como parte do documento fundador dos Estados Unidos, elas são de fato o "ponto de partida" da nacionalidade dos Estados Unidos. E são, além disso, uma poderosa reivindicação filosófica sobre a natureza dessa nação, denotando seus princípios fundamentais com todo o imperativo moral de um "credo". Além disso, para Obama esses princípios foram "concretizados" na lei e no governo por "Nós o Povo" através de uma Constituição que criou "uma união mais perfeita". Não uma perfeita em 1787 e não uma perfeita hoje, mas a democracia deliberativa que os Fundadores formaram criou os meios para fazer uma "união cada vez mais perfeita" ao longo do tempo.[1]

E, na verdade, os afro-americanos conquistaram a liberdade e, eventualmente, a igualdade, pelo menos legalmente, ainda que não em todos os aspectos. Os brancos mais pobres também passaram a ter mais direitos econômicos, ainda que não completamente iguais em termos de oportunidades e segurança em comparação com os bem-nascidos. As mulheres escaparam aos limites da supervisão do marido e, finalmente, ganharam o direito ao voto, ainda que não à igualdade de oportunidades e de remuneração. Os imigrantes chegaram, lutaram e se empenharam, e alguns deles prosperaram, e um grupo após o outro encontrou seu lugar nos Estados Unidos. As pessoas LGBT também têm conseguido avanços mais recentemente, especialmente em relação ao casamento igualitário. E os americanos com deficiência têm tido suas necessidades cada vez mais reconhecidas, de modo que também estão mais perto de desfrutar de oportunidades iguais. Para Barack Obama, portanto, apesar de todas as provações e tribulações, de todas as lutas e retrocessos, houve progresso; e, no entanto, apesar do arco do universo moral ser longo, ele se inclinou para a justiça. A seu ver, realizou-se uma "união mais perfeita", cada vez mais de acordo com o "credo" da igualdade e dos direitos inalienáveis à vida, à liberdade e à busca pela felicidade para todos. Exceto para os nativos americanos. Pode ter havido melhorias recentes nas relações entre os Estados Unidos e as nações originais do continente, mas, enquanto outros grupos lutaram por mais igualdade e liberdade, a luta indígena americana tem sido uma luta pela sobrevivência. De fato, à medida que os benefícios de igualdade, liberdade e busca pela felicidade se estendiam a mais e mais anglo-americanos, afro-americanos e todos os tipos de imigrantes do final do século XVIII durante o século XIX, e até o século XX, eles estavam diminuindo proporcionalmente para os nativos americanos. Proporcionalmente porque a expansão geográfica dos Estados Unidos implicou a expropriação territorial dos habitantes originais do continente. E, como diz Barack Obama, a conquista dos índios americanos "tendia a ser justificada em termos explicitamente racistas", o que era suficientemente ruim, mas era também "um exercício de poder bruto". Por essas razões, diz Obama, "foi uma conquista que, como a escravidão, contradisse os princípios fundadores da América".[2]

Exceção que não contradizia os princípios fundadores da América. Em alguns aspectos, de fato, a dominação dos nativos americanos estava tão de acordo com esses princípios quanto a rejeição do imperialismo britânico. A última das acusações contra George III feitas pela Declaração de Independência, por exemplo, foi que "ele tem provocado insurreições domésticas entre nós, e tem se esforçado para atrair os habitantes de nossas fronteiras, os impiedosos selvagens indígenas, cuja regra conhecida de guerra é uma destruição indistinta de todas as idades, sexos e condições". A primeira parte da passagem refere-se ao governador Dunmore da Virgínia, convidando escravos de colonos rebeldes para se juntarem a ele na supressão da insurreição antibritânica pelos seus próprios opressores, e a segunda refere-se às tentativas britânicas de recrutar nativos americanos para a sua causa. A conduta de guerra da redução da variedade e complexidade das diferentes nações nativas apresentada pela Declaração é bastante típica do distanciamento dos "outros" que as pessoas fazem mais em momentos de crise do que em tempos normais. Mas a palavra "selvagens" era sempre normal, uma arma conceitual que foi implacavelmente utilizada contra os nativos americanos desde o início da colonização europeia nas Américas até a independência dos Estados Unidos e mais além.[3]

O reverendo Robert Gray, por exemplo, usou-a em um sermão de 1609 intitulado *A Good Speed to Virginia*, dado em apoio à missão, então com dois anos e sitiada, de construir uma colônia em Jamestown. O pregador fez a pergunta premente: "Com que direito ou mandato podemos entrar na terra destes selvagens, tirar-lhes a sua legítima herança e plantar-nos em seu lugar, sem estarmos errados ou sem sermos provocados por eles?". A resposta estava na própria palavra "selvagens", que nem sempre conotou impiedade ou brutalidade, mas sim a noção de que os nativos americanos eram incivilizados. Ou seja, que viviam em um estado de natureza e não tinham nem propriedade nem governo, duas características fundamentais da civilização como os europeus a definiram. Essa noção de índios americanos como "selvagens" estava, assim, no centro do "argumento agrícola" dos europeus para tirarem a "herança legítima" dos índios americanos e se plantarem "em seu lugar". E baseou-se precisamente nas mesmas teorias de propriedade e governo, e de igualdade e direitos inalienáveis, que fundamentaram a Declaração de Independência.[4]

O "argumento agrícola" referia-se, antes de mais nada, à propriedade privada, mas também estava necessariamente ligado à questão do território político, ou, para colocar nos termos jurídicos romano-imperiais sobre os quais se processou a colonização europeia na América: *dominium* referia-se à propriedade privada e *imperium* à soberania territorial de um Estado. Ambos eram componentes essenciais do conceito europeu de civilização. Os nativos americanos eram apelidados de "selvagens" porque supostamente não praticavam nada disso.

Algumas tribos indígenas americanas eram principalmente caçadores-coletores nômades ou seminômades, outras praticavam a agricultura comunitária ou a horticultura, e muitas misturavam essas práticas, mas isso fez pouca diferença para os ingleses, que praticavam a agricultura em fazendas e propriedades privadas e cercadas. E porque os índios americanos supostamente não exerceram nenhum *domínio*, seguiu-se que eles também não exerceram nenhum *imperium*. Para os ingleses, um dos principais propósitos do governo era a proteção da propriedade privada, ou de "vida, liberdade e posses", ou "vida, liberdade e propriedades", nas palavras de John Locke. A ausência de propriedade privada implicava necessariamente a ausência parcial ou mesmo total de governo. O próprio Locke fez essa conexão, argumentando que, pelo fato de os índios exercerem "muito pouco domínio", eles "têm uma soberania muito moderada". Novamente, os índios americanos viviam em várias formas de organizações sociais e políticas, em aldeias, tribos, nações e impérios, mas não em Estados-nação de estilo europeu. Pensava-se, portanto, que tinham pouca ou nenhuma lei ou governo, que viviam em um estado de natureza. De fato, quando Locke tentou descrever como era a vida humana antes que houvesse propriedade e governo, ele escreveu, em seu *Second Treatise of Government* (1690): "No início, todo o mundo era a América."[5]

Já que os índios americanos eram considerados como não possuidores de propriedade, também eram considerados como não possuidores de direitos de propriedade, e, assim, a América era considerada uma "região selvagem", vazia (*vacum domicilium*) ou não utilizada. Portanto, não era posse de seus ocupantes (*res nullius*) e, deste modo, estava livre para que outros a reivindicassem, estabelecessem e usassem. Como vimos no capítulo seis, a Declaração de Independência alude às "circunstâncias da nossa emigração e fixação aqui". No projeto original dessa declaração, Thomas Jefferson tinha elaborado que as colônias "eram fundadas à custa do nosso próprio sangue e tesouro, sem a ajuda da riqueza ou da força da Grã-Bretanha". Ele também argumentou em sua *Summary View of the Rights of British America* (1774) que os migrantes tinham deixado a jurisdição britânica e que nenhuma autoridade britânica poderia reivindicar qualquer propriedade ou território americano, e nem os nativos americanos. Só os colonos é que misturavam o seu trabalho com a terra e outros recursos, e assim faziam com que a terra fosse deles e apenas deles.[6]

Por sua vez, os colonos formaram governos coloniais livremente e depois se aliaram à Coroa britânica — para proteger suas vidas, liberdades e propriedades, fosse dos rebeldes em sua própria comunidade, fosse dos inimigos europeus ou dos "selvagens indígenas impiedosos". Como Jefferson explicou em sua *Summary View*, "que os assentamentos, tendo sido assim efetivados nas florestas da América, os emigrantes pensaram ser apropriado adotar aquele sistema de leis sob o qual eles tinham até então vivido na pátria-mãe, e continuar sua união com ela, submetendo-se ao mesmo Soberano comum". Esses são precisamente os princípios em que se baseia a Declaração de Independência, que diz: "Os governos são instituídos entre os homens, derivando os seus poderes justos do consentimento dos governados." Mas "sempre que qualquer Forma de Governo ameace" a igualdade e o direito à vida, à liberdade e à busca pela felicidade, "é Direito do Povo alterá-lo ou aboli--lo". Isto foi precisamente o que a Declaração de Independência fez. O povo tinha também o direito e o dever de "instituir um novo Governo, baseando-se em princípios e organizando os seus poderes de forma que parecesse mais provável de garantir a sua Segurança e Felicidade." E foi precisamente o que a Constituição fez.[7]

A afirmação de Barack Obama de que a conquista de terras e povos indígenas americanos "contradizia os princípios fundadores da América", ignorando assim o parentesco ideológico dos conceitos jurídicos de *dominium* e *imperium* com as disposições da Declaração sobre liberdade, propriedade e governo. Naturalmente, Obama tem todo o direito de interpretar os significados das palavras dos Fundadores de uma maneira distinta da interpretação deles e, de fato, todos nós temos, especialmente porque ele argumenta que os próprios Fundadores esperavam que as gerações posteriores desenvolvessem diferentes interpretações dos significados de suas palavras e atos. Porém, vale a pena notar, no entanto, que o que podemos pensar agora sobre a relação de liberdade e propriedade com a expropriação indígena americana não é o mesmo que os Fundadores pensavam na época. E o que eles pensavam na época teve consequências catastróficas para os nativos americanos.[8]

O "PECADO ORIGINAL" DA AMÉRICA

Barack Obama muitas vezes se referiu à escravidão como o "pecado original" da América, como muitos outros também fizeram. O que pode ser correto quando aplicado à noção dos Estados Unidos fundados como uma nação sob os princípios de igualdade e liberdade que eram antitéticas à escravidão, e, de fato, Obama costuma usar o termo mais específico "pecado original desta nação". Mas se integrarmos as colônias na história americana mais plenamente do que Obama tende a fazer, então, talvez, o termo se aplique mais adequadamente ao que os colonizadores coloniais fizeram aos nativos americanos.[9]

A narrativa de Robert Gray sobre o que veio a ser chamado de argumento agrícola para a apropriação das terras dos nativos americanos veio dois anos após a fundação de Jamestown, no entanto fazia parte de uma longa tradição de pensamento imperialista que remontava à Roma antiga. A reiteração do reverendo sobre isso também chegou na véspera da primeira Guerra Anglo-Powhatan. Os colonos de Jamestown se estabeleceram no meio do Império Powhatan, que tinha cerca de trinta tribos situadas na maré baixa do Atlântico entre o rio Potomac e o Grande Pântano Dismal. Wahunsonacock (também chamado Powhatan) tinha presumido que seus convidados eram temporários, mas a recusa deles em dar presentes, negociar a terra, aceitar casamentos entre os dois grupos e em responder perguntas sobre sua partida levou-o a atacar plantações, gado e colonos em uma tentativa de expulsá-los. A guerra começou em 1610, nove anos antes da chegada dos primeiros afro-americanos registrados. Terminou após um ataque inglês em 1613, que resultou na captura da filha de Powhatan, Pocahontas, nascida em Matoaka e também chamada Amonute, que se tornou Rebecca Rolfe como resultado de um casamento diplomático que ajudou a garantir a paz. Seu novo marido foi John Rolfe, o pioneiro do tabaco que também registrou a chegada dos primeiros afro-americanos na América do Norte inglesa.

Pocahontas adoeceu fatalmente no final de uma viagem de dois anos a Londres e foi enterrada em Gravesend, em março de 1617. O pai dela morreu no ano seguinte e foi sucedido pelo irmão, Opechancanough. Naquela época, os colonos plantadores de tabaco se espalharam por mais de 100 milhas em suas terras, e em 22 de março de 1622, Opechancanough lançou um ataque que matou 347 colonos, um terço da população inglesa, e que poderia ter destruído toda a colônia, não fossem os cristãos convertidos que alertaram os ingleses na manhã do ataque. John Rolfe morreu em 1622, talvez no ataque, ou possivelmente como resultado de privações provenientes dele. As mortes precipitaram uma Segunda Guerra Anglo-Powhatan de 1622 a 1628, na qual os ingleses expulsaram os powhatans da península de Jamestown, mas lutas esporádicas continuaram até 1632. Uma última tentativa de Opechancanough de expulsar os ingleses de uma terceira guerra, de 1644 até 1646, culminou em sua morte e no colapso da confederação powhatan. A resistência dos nativos americanos à colonização foi reavivada durante a Rebelião de Bacon de 1676. Nessa altura, porém, a colônia já estava arraigada demais para ser arrancada.

Tais guerras caracterizaram a colonização em todas as regiões, pois eram inerentes ao próprio processo de colonização inglesa em terras indígenas americanas. Eles chegaram tarde à Nova Inglaterra porque, antes da chegada dos peregrinos e puritanos, os índios Patuxet já estavam praticamente exterminados por doenças europeias às quais não tinham imunidade. Mas a rivalidade no comércio de peles e a expansão da colonização provocaram primeiro a Guerra Pequot de 1636-1637 e depois a muito mais destrutiva Guerra de Metacom de 1675-1676 — anteriormente chamada Guerra do rei Felipe —, pois foi ela que acabou com a séria resistência indígena no coração da região. Os holandeses haviam derrotado os nativos americanos locais quando seus assentamentos se tornaram as colônias inglesas de Nova York, Leste e Oeste e, finalmente, Nova Jersey e Delaware. William Penn estabeleceu a paz com o susquehannocks, que durou várias gerações, embora a propagação da colonização tenha ocorrido de maneira violenta nos anos 1750 e 1760, culminando na Guerra de Pontiac, de 1763-1766, na região dos Grandes Lagos. O conflito dos assentamentos mais ao sul culminou com a Guerra Tuscarora, na Carolina do Norte, de 1714-1715, e a Guerra Yamasee, na Carolina do Sul, de 1715-1717.

Os americanos nativos também entraram em guerras com outras potências imperiais europeias rivais, alinhando-se com quem melhor acomodasse seus próprios interesses estratégicos: Guerra do rei Guilherme de 1688-1697 (parte da Guerra dos Nove Anos), Guerra da rainha Ana de 1702-1713 (Guerra da Sucessão Espanhola), Guerra de Dummer de 1722-1725 entre o norte de Massachusetts e a Nova França, Guerra do rei George de 1744-1748 (parte da Guerra da Sucessão Austríaca de 1740-1748) e, finalmente, a Guerra Francesa e Indígena de 1754-1760 (que precipitou a Guerra dos Sete Anos de 1756-1763).

No final da Guerra dos Sete Anos, a Grande Proclamação de 1763 assegurou a maior parte da terra a leste das montanhas Apalaches aos colonizadores euro-americanos e salvaguardou a maior parte da terra além para os nativos americanos. Mas a independência acabou com esse acordo e garantiu uma rápida expansão americana na região, das montanhas ao rio Mississipi. A Declaração não denunciou diretamente a Linha de Proclamação de 1763, mas o sétimo conjunto de queixas contra o rei George disse: "Ele tem se esforçado para impedir a população desses Estados; para esse fim, obstruiu as Leis de Naturalização de Estrangeiros; recusou-se a aprovar outras para encorajar suas imigrações até aqui, e elevou as condições para novas Apropriações de Terras." Contudo, a abolição da Linha de Proclamação pela Declaração e depois pelo Tratado de Paris, que reconheceu a independência americana internacionalmente em 1783, certamente foi uma catástrofe para os nativos americanos.[10]

Dito isso, alguns povos nativos lutaram pelos Estados Unidos na Guerra da Independência, incluindo os oneidas e os tuscaroras da Confederação Iroquesa, que haviam tomado o partido dos colonos contra outros nativos americanos desde a Guerra de Metacom. Mas a maioria lutou pelos britânicos, incluindo os cayugas, mohawks, onondagas e senecas, causando a desintegração da Confederação das Seis Nações (ou "o povo da casa alongada", como eles se autodenominavam coletivamente). Outras nações também foram divididas, incluindo os cherokees, que se separaram em facções neutras e pró-britânicas, algumas das quais continuaram lutando contra os colonos nas regiões ocidentais por mais de uma década após o fim da Guerra da Independência. Por fim, os britânicos sinalizaram a falta de sinceridade do seu compromisso com os antigos aliados nativos americanos, cedendo territórios ocidentais aos Estados Unidos incondicionalmente.

O IMPULSO DE EXPANSÃO

Se Barack Obama diz pouco sobre a expansão euro-americana e as guerras de colonização das eras colonial e revolucionária, ele, no entanto, reconhece o papel intrínseco delas na história dos Estados Unidos. "Se a suspeita de envolvimento estrangeiro está inscrita no nosso DNA", escreveu ele, "então o impulso de expansão geográfica, comercial e ideológica também está. Thomas Jefferson expressou desde cedo a inevitabilidade da expansão para além das fronteiras dos treze estados originais." Além disso, ao invocar Jefferson — o principal autor da Declaração de Independência, governador da Virgínia de 1779 a 1781, ministro dos Estados Unidos na França de 1785 a 1789, secretário de Estado de 1790 a 1793, vice-presidente de 1797 a 1801 e presidente de 1801 a 1809 — Obama indica a importância do governo na colonização do Ocidente. Assim, ele faz uma crítica implícita ao mito do individualismo, um mito que, de fato, deriva muito do seu poder de uma memória coletiva muito seletiva da migração para o Oeste e da colonização.[11]

Muito, mas não todo. No capítulo seis vimos como os empresários americanos, desde os fabricantes do Leste de Alexander Hamilton até os fazendeiros do Oeste de Abraham Lincoln, dependiam de vários tipos de assistência pública e, ao dizer isso, Barack Obama oferece uma crítica implícita a um fundamentalismo de "livre mercado" que imagina os empresários se forjando heroicamente como indivíduos robustos sem a ajuda do governo. Veremos também no epílogo como Obama vê os indivíduos no contexto de vários níveis de comunidade, e os vê aprimorados como uma consequência disso. Da mesma forma, Obama admira os esforços dos "pioneiros" da América, conforme veremos mais adiante neste capítulo. Porém, ele também deixa claro, ainda que apenas implicitamente nesse caso, que os colonos ocidentais também dependiam de ajuda pública, incluindo a Lei de Propriedade Rural de Lincoln de 1862, que distribuiu fazendas para esses colonos, como mencionado antes. A assistência do governo também incluiu a condução de guerras, a remoção forçada do povo indígena americano, a destruição deliberada de seus recursos, como o búfalo, e a elaboração de tratados, muitas vezes extorsivos — e tudo para abrir espaço para que os migrantes que se dirigiam para o Oeste pudessem se estabelecer. Em suma, o Oeste americano não poderia ter sido "ganho" apenas pelos pioneiros. O homem da fronteira era um produto de iniciativas governamentais; seu individualismo é uma invenção de imaginações antigovernamentais.

Outro tipo de envolvimento do governo no assentamento ocidental estava na organização dos territórios. Uma das condições que permitiram que os Artigos da Confederação entrassem em vigor em 1781 foi que os estados agrários cederam seus territórios ocidentais para os Estados

Unidos. E, por sua vez, a Constituição de 1787 confirma: "O Congresso terá poder para dispor e fazer todas as regras e regulamentos necessários respeitando o território ou outros bens pertencentes aos Estados Unidos." Como delegado da Virgínia no Congresso da Confederação de 1783 a 1784, o próprio Thomas Jefferson propôs ordenanças para organizar os territórios ocidentais, as quais, por sua vez, influenciaram as Ordenanças do Noroeste e do Sudoeste de 1787 (renovadas de forma ligeiramente alterada quando a Constituição entrou em vigor em 1789).[12]

A rápida colonização das regiões que essas ordenanças organizaram levou, por sua vez, à Guerra Indígena do Noroeste de 1785-1795 entre os Estados Unidos e uma aliança entre os shawnees, miamis, lenapes e ottawas, mas, quando os britânicos não vieram em seu auxílio, eles foram forçados a ceder o território que hoje pertence a Ohio e a uma parte de Indiana no Tratado de Greenville. O restante do território de Indiana foi tomado na Guerra de Tecumseh de 1810-1813, embora a breve Guerra do Falcão Negro de 1832 tenha seguido uma tentativa dos sauks de se reassentarem em Illinois após terem sido transferidos através do Mississipi para o Território Indígena de Iowa. A Guerra de Tecumseh e a Guerra Creek (1813-1814) no Sudeste tornaram-se parte da guerra mais ampla de 1812 (1812-1815) contra a Grã-Bretanha. Esta virou a Primeira Guerra Seminole, que o general Andrew Jackson transformou em uma guerra contra a Espanha, e terminou com os Estados Unidos ganhando o Leste e o Oeste da Flórida — a Costa do Golfo, bem como a península — no Tratado de Adams-Onis de 1819.

O tratado ganhou o nome do então secretário de Estado, John Quincy Adams, "que advertiu contra o aventureirismo dos Estados Unidos no exterior", como diz Barack Obama, mas que "tornou-se um incansável defensor da expansão continental e serviu como o principal arquiteto da Doutrina Monroe — uma advertência às potências europeias para se manterem fora do Hemisfério Ocidental", como também diz Obama. Nomeada em homenagem a James Monroe, presidente de 1817 a 1825, a Doutrina Monroe é um exemplo de confluência entre política externa e política ocidental. Veremos outros nas páginas seguintes, especialmente na Guerra Mexicano-Americana de 1846-1848, o Tratado de Oregon de

1846 e a mudança do expansionismo interno para o externo a partir da década de 1890. Veremos também, um pouco mais adiante, como as relações ambíguas dos nativos americanos com os Estados Unidos os tornam, em alguns aspectos, um assunto de política externa americana, bem como de sua história interna, como é o caso no próprio pensamento de Barack Obama.[13]

O já mencionado Andrew Jackson era tão bom negociador em sua carreira militar que já era presidente dos Estados Unidos no início da Segunda Guerra Seminole de 1835-1842, uma guerra que surgiu da resistência à política federal de retirar os índios americanos das "Terras Indígenas" a oeste do rio Mississipi. Jackson tinha apoiado a Lei de Remoção Indígena de 1830, e as remoções forçadas começaram com os choctaws em 1830, os chickasaws, creeks e seminoles em 1832, e os cherokees em 1835. A maioria dos seminoles foram mortos ou removidos em guerra, e até 18 mil cherokees que se envolveram em resistência passiva foram forçados a ir para o que agora é Oklahoma. Entre um quarto e um terço deles morreram no que ficou conhecido como o Rastro de Lágrimas.

O cenário já estava definido, porém, para que esses processos se repetissem no Oeste trans-Mississipi. Como Barack Obama mencionou, a expansão parecia fazer parte do DNA metafórico da América. Conforme ele ainda relatou, o "cronograma de Thomas Jefferson para essa expansão acelerou-se com a Compra da Louisiana e a expedição Lewis e Clark". Depois que a França recuperou a Louisiana da Espanha no Tratado de San Ildefonso, de 1800, o presidente Jefferson enviou representantes a Paris com o objetivo de comprar o porto comercial de Nova Orleans. Napoleão Bonaparte, no entanto, cercado pelos "jacobinos negros" de St. Domingue, ofereceu-se inesperadamente para vender todo o território da Louisiana aos Estados Unidos. Embora fosse, nas palavras de Jefferson, "um ato além da Constituição", o presidente não poderia deixar passar a oportunidade de comprar mais de 2 milhões de quilômetros quadrados de terra por apenas 15 milhões de dólares. Os Estados Unidos tornaram-se, assim, os donos definitivos, sem margens para contestações de outros países europeus ou euro-americanos, do rio Mississipi e de uma vasta faixa de terra desde o Golfo do México, no Sul, até a fronteira com o Canadá, no

Norte, e de tudo a Oeste até as Montanhas Rochosas: um terço do que hoje são os Estados Unidos continental. Essa foi, naturalmente, mais uma ação governamental que ajuda a explicar como o Oeste foi "ganho".[14]

Do mesmo modo foi como ocorreu a rápida mobilização de Meriwether Lewis e William Clark pelo presidente Jefferson para liderar uma expedição para explorar essa região. A Corporação de Descoberta deixou St. Louis na primavera de 1804 e retornou pouco menos de dois anos depois com espécimes de plantas e animais, e com grandes quantidades de informações registradas em suas revistas, o suficiente para ilustrar as possibilidades para os colonizadores americanos. De fato, eles tinham explorado além das Montanhas Rochosas, chegando ao Oceano Pacífico no inverno de 1805, encorajando a noção de que os Estados Unidos poderiam e deveriam ser uma nação continental. Uma noção que se tornaria conhecida como "destino manifesto".

DESTINO MANIFESTO

O termo foi cunhado por um editor de jornal chamado John O'Sullivan em um artigo intitulado "Annexation" e publicado na edição de julho-agosto de 1845 da *Democratic Review*. O'Sullivan escreveu sobre "o nosso destino manifesto de alargar o continente atribuído pela Providência para o livre desenvolvimento dos nossos milhões que se multiplicam anualmente". Poucos prestaram muita atenção à frase na época, mas ela gradualmente passou a ser uma forma abreviada de justificar e celebrar a expansão americana, quaisquer que fossem seus custos. No entanto, Barack Obama contextualiza o termo para os nossos tempos. "À medida que os soldados e colonos americanos se deslocavam para oeste e sudoeste", escreveu ele:

> sucessivas administrações descreveram a anexação do território em termos de "destino manifesto" — a convicção de que tal expansão estava predestinada, que era uma parte do plano de Deus para estender o que Andrew Jackson chamou de "a área de liberdade" a todo o continente.
>
> Naturalmente, o destino manifesto também significava uma conquis-

ta sangrenta e violenta — de tribos indígenas americanas retiradas à força de suas terras e do Exército mexicano defendendo seu território. Foi uma conquista que, como a escravidão, contradizia os princípios fundacionais da América e tendia a ser justificada em termos explicitamente racistas, uma conquista que a mitologia americana sempre teve dificuldade em absorver plenamente, mas que outros países reconheceram pelo que era — um exercício de poder bruto.[15]

Embora O'Sullivan e Obama estivessem escrevendo de formas diferentes sobre os mesmos eventos específicos, as descrições que forneceram poderiam igualmente aplicar-se a qualquer momento nos quase três séculos entre a colonização de Jamestown e o fechamento da "fronteira" em 1890. E além.

Os eventos específicos nesse exemplo começaram com a revolta do colonizador anglo-americano contra o México, que resultou na independência do Texas em 1836. Depois que os Estados Unidos anexaram o Texas em 1845, seguiu-se uma guerra com o México que resultou na aquisição americana do que hoje é o Texas, a Califórnia e boa parte do Novo México, Arizona, Nevada, e Utah, e partes do Colorado e Wyoming. No mesmo ano, o Tratado de Oregon pôs fim a uma ocupação conjunta com a Grã-Bretanha e deu aos Estados Unidos a posse exclusiva do que hoje faz parte de Wyoming e de Montana, e de tudo o que hoje são os estados de Idaho, Oregon e Washington. Os Estados Unidos tornaram-se assim uma nação continental.

Essa expansão aparentemente inexorável resultou em inúmeros confrontos violentos na segunda metade do século XIX. Os mais sangrentos e decisivos talvez tenham sido as guerras indígenas do Texas de 1836-1877, principalmente entre os Estados Unidos e os comanches; as Guerras Navajos de 1849-1866; as Guerras Apaches de 1849-1924 e as Guerras Utes de 1850-1923, também no Sudoeste, e, mais ao norte, as Guerras Sioux de 1854-1891. As guerras Estados Unidos-indígenas continuaram até o fim do "Período Renegado" das Guerras Apaches em 1924, mas 1890 marca um momento de luto que levou ao fim das Guerras Sioux — o assassinato de até 300 índios lakotas pelo Exército dos

Estados Unidos, a maioria homens e mulheres mais velhos e algumas crianças, desarmadas, no Massacre do Joelho Ferido na Reserva Pine Ridge, na Dakota do Sul, em 29 de dezembro de 1890.

Também naquele ano o censo decenal declarou: "Até 1880 o país tinha uma fronteira de colonização", definida como uma área com densidade populacional de duas pessoas por milha quadrada. Em 1890, no entanto, "a área não assentada foi de tal forma invadida por corpos isolados de assentamentos que dificilmente se pode dizer que há uma linha de fronteira". O mesmo censo registrou uma população indígena americana de pouco menos de 250 mil. O processo de reassentamento de quatro séculos que se concretizou nesse momento reduziu a população indígena de um mínimo pré-colombiano de dois milhões na região que hoje compreende os Estados Unidos, com a maioria dos historiadores estimando em torno de cinco milhões, e alguns estendendo esse número para dez milhões.[16]

Mesmo o confinamento das nações nativas às reservas, que começou após a Guerra Pequot de 1636-1637 e continuou como parte do processo de conquista, não impediu que os índios perdessem muito da pequena terra que tinha sobrado — mesmo depois que o Ocidente foi "conquistado". A Lei de Alocação Geral de 1887, por exemplo, também ficou conhecida por Lei Dawes em referência a Henry L. Dawes de Massachusetts, presidente do Comitê de Assuntos Indígenas do Senado, tomou terras indígenas de propriedade comunitária e as dividiu novamente em loteamentos (muitas vezes adequados) de tamanho familiar, principalmente para homens chefes de família — como parte de uma política de "civilização" do povo indígena americano. A terra de reserva também foi distribuída aos não índios, como de fato aconteceu na Corrida da Terra de Oklahoma patrocinada pelo governo em 22 de abril de 1889, quando cerca de 50 mil colonos brancos invadiram o Território Indígena e estabeleceram um total de cerca de dois milhões de acres para si mesmos em apenas um dia. Dos 138 milhões de acres de terra em posse dos nativos americanos em 1887, 86 milhões foram entregues aos colonos brancos antes que a Lei de Reorganização Indígena de 1934 terminasse as realocações iniciadas sob a Lei Dawes.

DIANTE DA CORTE DO CONQUISTADOR

Como tudo isso aconteceu em um país cujo "credo" afirma que todos os homens são criados iguais e dotados de direitos inalienáveis à vida, à liberdade e à busca pela felicidade? Em uma nação cuja Constituição supostamente respeita essa igualdade e protege esses direitos? As respostas residem na aparente relação que os nativos americanos tinham com os princípios e as leis estabelecidas por esses documentos fundadores.

Já vimos anteriormente neste capítulo como os índios americanos foram excluídos do benefício dos "princípios fundadores da América" por não exercerem *dominium* ou *imperium* sobre suas terras. Não tinham direitos de propriedade porque não tinham propriedade, e não tinham direitos civis porque não tinham governo civil. Essa ideologia imperialista permaneceu como uma base da lei e da política nas contínuas conquistas dos nativos americanos pelos Estados Unidos. No caso da Suprema Corte da *Nação Cherokee vs. Geórgia* (1831), por exemplo, em que os cherokees estavam tentando proteger seus direitos à terra no estado da Geórgia, o juiz William Johnson deu a opinião de que as "tribos indígenas" eram "nada mais do que hordas errantes, mantidas juntas apenas por laços de sangue e hábito, e não tinham regras nem governo além do que é exigido em um estado selvagem". A natureza egoísta dessa ideologia foi apoiada, nesse caso, pela inexatidão factual. Por volta de 1830, a maioria do povo cherokee tinha, de fato, adotado o estilo europeu de propriedade-posse e práticas de cultivo, chegando ao ponto de abarcar a escravidão dos afro-americanos. Eles estavam, assim, entre as chamadas Cinco Tribos Civilizadas, ao lado da chickasaw, choctaw, creek (ou muscoge) e seminole. Mesmo assim, ainda eram "selvagens". Como diz Barack Obama, a conquista de povos indígenas americanos "tendeu a ser justificada em termos explicitamente racistas".[17]

O *Nação Cherokee vs. Geórgia* foi um dos três casos da Suprema Corte — conhecido como "A Trilogia Marshall" em homenagem ao presidente da Suprema Corte que emitiu a maioria (ou, em alguns casos, a unanimidade) das opiniões — que tentou estabelecer a relação constitucional entre os Estados Unidos e as nações nativas. Os eventos que deram origem à *Nação Cherokee vs. Geórgia* provam o ponto de Barack Obama que "a máquina requintada da Constituição garantiria os direitos dos cidadãos, aqueles considerados membros da comunidade política da América. Mas não protegeu os que estavam fora do círculo constitucional." Aqueles "fora do círculo constitucional" incluíam "o negro Dred Scott, que entraria na Suprema Corte um homem livre e sairia como um escravo", como vimos no capítulo quatro. Eles também incluíram "o indígena americano cujos tratados se revelaram inúteis perante o tribunal do conquistador".[18]

O Artigo 1º, Seção 8 da Constituição estabelece que "o Congresso terá o poder de regular o Comércio com nações estrangeiras e entre os vários estados, e com as tribos indígenas". O primeiro caso na Trilogia Marshall que decidiu o significado prático dessas palavras foi *Johnson vs. M'Intosh* (1823), em que os herdeiros da terra que um euro-americano chamado Thomas Johnson, havia comprado dos índios piankeshaws no território de Illinois em 1773, desafiaram uma patente de terra que William M'Intosh (pronuncia-se Macintosh) obteve do Congresso em 1818. A opinião unânime da Corte favoreceu M'Intosh em detrimento dos herdeiros de Johnson, alegando que os americanos individuais não tinham o direito de fazer transações de terras com índios, ou vice-versa. O presidente da Suprema Corte, John Marshall, argumentou que os índios possuíam "soberania total" sobre o território e eram "os donos e proprietários absolutos do solo". Ele mesmo afirmou que a soberania indígena era orgânica, um direito natural, e não algo concedido por outros. No entanto, ele acrescentou, "todas as tribos indígenas... tinham em comum as suas respectivas terras e territórios... e não havia entre eles nenhuma propriedade separada no solo." Portanto, "seu único método de vender, conceder e transportar suas terras... é, para certos chefes da tribo, vender, para representar toda a tribo em cada parte da transação".[19]

A implicação disso, é claro, foi que os índios americanos não exerciam *dominium*, mesmo que tivessem alguns direitos de *imperium*. E, então, Marshall também argumentou, a "doutrina da descoberta" estendeu a soberania aos Estados Unidos. A reivindicação do rei Jaime I da Inglaterra ao território norte-americano havia passado primeiro à

Virginia Company e, então, a vários outros até que finalmente chegou ao governo federal dos Estados Unidos através de cessões de terras ocidentais pelos estados e por meio do Tratado de Paris de 1783. Esse governo tinha, portanto, o "direito exclusivo" de tratar com os nativos americanos, e isso incluía "o direito exclusivo dos Estados Unidos de extinguir a titularidade deles e de conceder o solo". Em outras palavras, a expropriação indígena americana dependia do governo não apenas por necessidade prática, mas também por lei.[20]

E dependia do governo federal, não dos estados, como os dois casos seguintes da Trilogia Marshall orientavam. Os autores da ação *Nação Cherokee vs. Geórgia* estavam tentando se defender da expansão da colonização euro-americana para as suas terras e da sua própria possível remoção pelos colonizadores, que alegavam ser uma nação soberana. John Marshall decidiu, no entanto, que "uma tribo ou nação indígena dentro dos Estados Unidos não é um Estado estrangeiro no sentido definido pela Constituição" e que "a relação das tribos com os Estados Unidos assemelha-se à de um 'protegido com seu guardião'". Os cherokees não podiam, portanto, defender-se do estado da Geórgia ou da Lei Federal de Remoção de Índios de 1830 que se baseava na soberania nacional, embora a Corte pudesse ouvir "um caso apropriado com as partes apropriadas".

Esse caso surgiu na forma de *Worcester vs. Geórgia* (1832), em que Marshall determinou que, embora a decisão anterior de "nação dependente" preservasse a autoridade do governo federal sobre os nativos americanos, a "soberania tribal", no entanto, protegia as nações nativas da autoridade estadual. "A nação cherokee, então, é uma comunidade distinta que ocupa seu próprio território, no qual as leis da Geórgia não podem ter força", escreveu Marshall. "Toda a relação entre os Estados Unidos e esta nação é, pela nossa Constituição e leis, investida no governo dos Estados Unidos."[21]

Ao defender o "direito dos Estados Unidos de extinguir a titularidade deles e de conceder o solo", e ao defender a doutrina da "nação dependente", a Suprema Corte estava agindo como a "corte do conquistador" de Barack Obama. Por outro lado, ao afirmar a ideia de que "a relação das tribos com os Estados Unidos se assemelha à de uma 'protegido com seu guardião", a Corte estava tentando oferecer algumas proteções para aqueles "fora do círculo constitucional", até mesmo implicando, de alguma forma indefinida, que os índios estavam, pelo menos parcialmente, dentro do "círculo constitucional". Além disso, ao defender a "soberania tribal", a Corte estava tentando garantir que os tratados anteriores entre os nativos americanos e os Estados Unidos fossem algo mais do que "inúteis".[22]

Mas não deu em nada. É notável que Obama usou letras minúsculas quando escreveu sobre "a corte do conquistador". Pode ser que, em vez da Suprema Corte ou de qualquer outro tribunal de direito, Obama tivesse em mente a "corte" executiva de Andrew Jackson — ou mesmo o "rei Andrew I" — como às vezes era chamado pelos contemporâneos que se opunham ao que eles viam como extensões notórias do poder presidencial, além daquelas contidas na Constituição. Um apoiador da remoção indígena e um patrocinador e signatário satisfeito da Lei de Remoção Indígena de 1830, Jackson deveria ter dito, em resposta a *Worcester vs. Geórgia*, que "John Marshall tomou sua decisão; agora deixe-o executá--la!" O que ele certamente disse em uma carta a seu colega fazendeiro do Tennessee e ex-soldado e parceiro de negócios, John Coffee, foi que "a decisão da Suprema Corte foi natimorta, e eles acham que não podem coagir a Geórgia a ceder ao seu mandato".[23]

Jackson se recusou a se opor à política de estado da Geórgia e, em vez disso, ajudou-a negociando o Tratado de Nova Echota de 1835, que dizia que os cherokees deveriam mudar-se para Oklahoma. Quando muitos se recusaram, seu ex-vice-presidente e então sucessor Martin Van Buren forçou quase 18 mil deles a marcharem mais de 800 quilômetros do Rastro de Lágrimas, fazendo com que quase um terço deles morressem ao longo do caminho. Jackson também enviou tropas para a Segunda Guerra Seminole, na qual quase 1.500 soldados americanos e talvez o mesmo número de índios seminoles morreram. No final do conflito, quase 4 mil pessoas foram forçadas a marchar para o Território Indígena depois do Mississipi. Como Barack Obama também diz, a conquista dos povos indígenas americanos foi "um exercício de poder bruto".[24]

WASHINGTON PENSOU QUE SABIA O QUE ERA MELHOR

A Lei das Apropriações Indígenas de 1871 marcou uma mudança conceitual na atitude do governo dos Estados Unidos em relação aos nativos americanos. No entanto, não foi suficiente para resolver as tensões e contradições preexistentes entre os imperativos das doutrinas da nação dependente, por um lado, e da soberania tribal, por outro. A Lei declarou que "nenhuma nação ou tribo indígena" seria reconhecida "como nação, tribo ou poder independente a quem os Estados Unidos possam contratar através de tratado", mas os índios estariam sujeitos à legislação federal. Isso, no entanto, não estendeu os direitos constitucionais aos nativos americanos. Já vimos como a Lei Dawes de 1887 não só privou os índios americanos do direito de manter a propriedade à sua maneira, como também os privou do direito de mantê-la da forma que fosse.[25]

A lei também não concedeu cidadania, mesmo àqueles que viviam fora das reservas e entre aqueles reconhecidos como cidadãos, como descobriu John Elk. Ele, winnebago nascido em Território Indígena, renunciou à sua lealdade tribal e mudou-se de Oklahoma para Omaha, Nebraska. Mas quando tentou se registrar para votar em abril de 1880 teve o seu pedido negado pelo oficial da eleição, Charles Wilkins. Nos consequentes processos judiciais, Elk reivindicou o seu direito a ser americano de acordo com a cláusula de cidadania da 14ª Emenda que diz: "Todas as pessoas nascidas ou naturalizadas nos Estados Unidos, e sujeitas à sua jurisdição, são cidadãos dos Estados Unidos e do estado onde residem". E, por sua vez, ele reivindicou o direito de voto de acordo com a disposição da 15ª Emenda: "O direito dos cidadãos dos Estados Unidos de votar não deve ser negado ou abreviado pelos Estados Unidos ou por qualquer estado por causa da raça, cor ou condição prévia de servidão."[26]

Em *Elk vs. Wilkins* (1884), porém, a Suprema Corte decidiu que "as tribos indígenas, estando dentro dos limites territoriais dos Estados Unidos, não eram, estritamente falando, Estados estrangeiros, mas eram nações estrangeiras, comunidades políticas distintas, com as quais os Estados Unidos poderiam negociar, e habitualmente negociavam, como achassem adequado, seja por meio de tratados feitos pelo presidente e pelo Senado ou por leis do Congresso nas formas comuns de legislação". Portanto, "os membros dessas tribos deviam fidelidade imediata às suas várias tribos, e não faziam parte do povo dos Estados Unidos. Estavam em uma condição dependente, em um estado de tutela, parecido com a relação de um protegido com seu guardião". A Lei das Apropriações Indígenas de 1871 não fez muita diferença, pois estava "ligada a uma cláusula que obriga que qualquer tratado legalmente feito não deve ser invalidado ou prejudicado, e que seu maior efeito possível é exigir que as tribos indígenas sejam tratadas, no futuro, através do Poder Legislativo e não através do poder de tratados".[27]

A Lei Dawes de 1887 estendeu uma oferta de cidadania, porém sob condição de aceitação da maneira euro-americana de propriedade da terra. Em 1900, 53 mil nativos americanos haviam aceitado a cidadania nesses termos, mas a grande maioria dos 250 mil optou por não ser "civilizada" dessa forma. Os Estados Unidos, porém, concederam cidadania aos 100 mil residentes do Território Indígena que hoje é Oklahoma em 1901, e, mais tarde, ela foi estendida àqueles que lutaram na Primeira Guerra Mundial. A Lei de Cidadania Indígena finalmente foi aplicada a todos em 1924.

No entanto, naquela época e mesmo agora, os direitos dos cidadãos indígenas americanos eram e são incompletos, estando ainda condicionados pelos imperativos muitas vezes conflitantes da dependência nacional e da soberania tribal. A Lei das Apropriações Indígenas, com a sua negação da plena soberania e da provisão de legislação federal, veio com um potencial significativo para reduzir o autogoverno e a autonomia cultural dos indígenas americanos. Após a aprovação dessa lei, em 1871, a Agência de Assuntos Indígenas do Departamento do Interior patrocinou a criação de internatos onde as crianças indígenas aprenderiam a língua inglesa, usariam roupas inglesas e, em geral, assimilariam os costumes ingleses, ao mesmo tempo em que eram treinadas no Cristianismo. A Lei Dawes também foi impulsionada pela noção aparentemente imortal de que as tradições europeias de propriedade da terra eram um elemento essencial da "civilização". Foi assim que, no final do século XIX, os Estados Unidos entraram em uma fase das suas relações com os nativos americanos que Barack Obama descreveu uma vez como uma era em que "Washington achava que sabia o que era melhor para você".[28]

Este novo paternalismo foi, em alguns aspectos, um paternalismo renovado. Os primeiros imperialistas e colonizadores gastaram muita energia na conversão dos nativos americanos ao Cristianismo e à civilização europeia. O ideólogo imperialista inglês do século XVI, Richard Hakluyt (o mais jovem), por exemplo, argumentou que "o povo da América clama a nós", e de fato o slogan "Venham e ajudem-nos" apareceu no selo da Massachusetts Bay Company em 1629, junto com uma imagem de um índio orando.[29]

Mesmo os estatutos da Virginia Company exigiam que os colonos convertessem os índios à fé cristã, e o *True and Sincere Declaration of the Purpose and Ends of the Plantation Begun in Virginia* (1610) afirmava que os "principais fins" da Companhia "eram ser os primeiros a pregar e batizar na Religião Cristã e, pela propagação desse Evangelho, recuperar dos braços do Diabo um número de almas pobres e miseráveis, envolvidas até a morte em uma ignorância quase invencível". O que não era verdadeiro nem sincero, mas era importante demonstrar a pretensão.[30]

Não surpreendentemente, talvez, os puritanos fizeram grande esforço nessa empreitada. O ministro John Eliot traduziu a Bíblia para a língua Natick Algonquian e suas missões inspiraram a Corte Geral de Massachusetts a estabelecer "cidades orantes" onde os índios aprenderiam a língua inglesa, usariam roupas inglesas e geralmente adotariam os costumes ingleses antes de serem introduzidos na versão calvinista do cristianismo protestante. Depois do ataque de Jamestown e da Guerra de Metacom, esta última parcialmente causada pelo ressentimento dos wampanoags com o paternalismo inglês, a ênfase foi maior na guerra e na remoção do que na assimilação. Foi apenas quando o processo de colonização continental se aproximou da conclusão, no último quarto do século XIX, que surgiu uma ênfase renovada na assimilação.

A Lei de Reorganização Indígena de 1934 não só aboliu o sistema de loteamento da Lei Dawes de 1887, como também pôs fim à parte do paternalismo gerado pela Lei das Apropriações Indígenas de 1871. Esse

"New Deal Indígena", iniciado pelo Comissário de Assuntos Indígenas John Collier, que sabia mais e tinha mais respeito pela história e cultura indígenas do que qualquer um de seus antecessores na Agência de Assuntos Indígenas, permitiu mais instituições educacionais autônomas e outras, incluindo a extensão da jurisdição legal dos conselhos tribais. No entanto, o New Deal não foi totalmente novo, pois a barragem Grand Coulee, construída entre 1933 e 1942 no rio Columbia, no estado de Washington, inundou milhares de acres de áreas de caça e pesca indígenas. A maioria das terras indígenas americanas ainda é mantida em custódia pelos Estados Unidos e, portanto, a questão da soberania territorial permanece sem solução até hoje.

De semelhante modo, a questão do autogoverno indígena. Os presidentes Dwight David Eisenhower e Harry S. Truman pretendiam aplicar a "rescisão" — a abolição das reservas e da extensão dos direitos e proteções constitucionais de toda a América aos indígenas americanos. Mas é claro que isso também teria eliminado a soberania tribal e todos os aspectos da autonomia ameríndia. Mais de cem tribos foram "exterminadas", e outras foram sujeitas a extensões da autoridade federal e até mesmo estadual dos Estados Unidos. A Lei 280 do Congresso, de 1953, por exemplo, ampliou a autoridade criminal e legal do Alasca, Califórnia, Minnesota, Nebraska, Oregon e Wisconsin sobre os índios em terras indígenas. Enquanto isso, os conselhos tribais não tinham e ainda não têm autoridade sobre os crimes cometidos por não índios em terras indígenas, e as nações nativas ainda devem passar pela Agência para Assuntos Indígenas quando entram com um processo contra um estado americano.

A década de 1960 assistiu a um renascimento das campanhas nativo-americanas pelos direitos civis e pela autodeterminação. A Lei de Direitos Civis Indígenas de 1968 estendeu muitas das disposições da Declaração dos Direitos dos Estados Unidos aos nativos americanos, que muitos acolheram, mas que outros viram como mais uma erosão da autonomia indígena. No entanto, a política federal mudou decisivamente a favor da autodeterminação com as "Recomendações para a política indígena" de Richard Nixon em julho de 1970. "Já faz muito tempo", escreveu o presidente ao Congresso, "desde que as políticas indígenas do governo federal começaram a reconhecer e desenvolver as capacidades e conhecimentos do povo indígena. Tanto por uma questão de Justiça quanto por uma questão de política social esclarecida, devemos começar a agir com base no que os próprios índios nos dizem há muito tempo. Chegou o momento de romper decisivamente com o passado e de criar as condições para uma nova era, em que o futuro indígena seja determinado por atos e decisões indígenas". Continua sendo uma suposição o fato dos nativos americanos se autogovernarem, exceto em áreas já cobertas por tratados e legislação dos Estados Unidos. Mas o governo federal mantém a prerrogativa legislativa nos assuntos indígenas.[31]

O QUE NOS TORNA AMERICANOS

Levando em conta as complicações nas relações constitucionais entre os Estados Unidos e os nativos americanos, como os habitantes originais do continente se encaixam na história de "uma união mais perfeita" de Barack Obama? A inclusividade instintiva de Obama o impele a retratar a história que os nativos americanos e outros americanos compartilham. Porém, seu respeito pela diversidade o encoraja a reconhecer distinções, e seu reconhecimento das verdades muitas vezes duras da História o leva a ver onde os fatos não estão em conformidade com sua narrativa histórica americana normal. Em última análise, porém, a história do índio americano de Barack Obama se perde precisamente no mesmo lugar que a política do índio americano, nesse espaço indefinível entre a dependência da nação e a soberania tribal.

De certa forma, os nativos americanos certamente parecem estar fora do escopo da história americana de Barack Obama. Como ele disse em seu segundo discurso inaugural, "O que nos torna excepcionais — o que nos torna americanos — é nossa fidelidade a uma ideia articulada em uma declaração feita há mais de dois séculos: 'Consideramos que estas verdades são evidentes por si mesmas, que todos os homens são criados iguais; que são dotados pelo seu Criador de certos direitos inalienáveis;

que entre esses estão a vida, a liberdade e a busca pela felicidade." E no *The Audacity of Hope* ele se referiu a essa passagem da Declaração como "o nosso ponto de partida como americanos", como "a substância do nosso credo comum" e como "a fundação do nosso governo". E, em seu discurso sobre "Uma união mais perfeita", ele disse que os Fundadores "finalmente concretizaram sua declaração de independência em uma convenção na Filadélfia" em uma Constituição criada por "Nós, o povo". E, na verdade, em todas essas palavras e em muitas outras, Barack Obama tem definido implicitamente sua história americana como a história de um povo.[32]

Enquanto história de um povo, a abrangência do passado americano de Barack Obama é admiravelmente inclusiva. Vimos logo no início deste livro que os interesses históricos de Obama vão além dos grandes homens para incluir "todos os homens e mulheres sem rosto e sem nome, escravos e soldados, e alfaiates e açougueiros, construindo vidas para si mesmos e seus filhos e netos, tijolo por tijolo, trilho por trilho, mão calejada por mão calejada, para preencher a paisagem de nossos sonhos coletivos". Vimos ao longo deste livro como Obama inclui essas pessoas em cada momento, e não por razões de "correção política", mas por razões de correção histórica. Como ele mesmo disse no seu discurso de despedida, os direitos à vida, à liberdade e à busca pela felicidade, "embora óbvios, nunca foram autoexecutáveis", e, por isso, apenas "Nós, o povo, através do instrumento da nossa democracia, podemos formar uma união mais perfeita".[33]

Para Barack Obama, os americanos também não são um povo definido por religião ou raça ou qualquer tipo de linhagem, mas sim por valores que qualquer pessoa pode possuir se assim o desejar, lealdades às quais qualquer pessoa pode aderir, se assim o desejar e se assim escolher. Esse mesmo processo de escolha, é claro, significa que o que torna algumas pessoas americanas também torna outras pessoas não americanas. Se a Declaração de Independência fosse "nosso ponto de partida como americanos", seria o ponto de partida de outras pessoas como não americanos. O "Nós, o povo" de Barack Obama pode incluir todas as pessoas que aderem aos direitos e responsabilidades expressos nos documentos fundadores, mas esse tipo de história do povo exclui aqueles que não aderem.

Vimos no capítulo dois como os lealistas revolucionários são silenciosamente excluídos da história americana de Barack Obama precisamente porque recusaram "fidelidade a uma ideia articulada em uma declaração feita há mais de dois séculos". Muitos desses lealistas, é claro, eram nativos americanos e, na verdade, muitos nativos americanos eram lealistas porque achavam que seus interesses soberanos seriam melhor servidos se mantivessem a lealdade ao Império Britânico do que se estivessem à mercê dos Estados Unidos independentes e em expansão. Muitos outros lealistas eram euro-americanos ou afro-americanos, e muitos deles tinham outras opções além de permanecerem nos indesejáveis Estados Unidos da América. Decidir emigrar não foi necessariamente fácil para nenhum deles, mesmo para os euro-americanos relativamente privilegiados e muito menos para os escravizados. Mas, naturalmente, poucos nativos americanos tinham qualquer desejo de abandonar suas terras ancestrais. Eles não podiam e não desapareceram, e, portanto, em alguns sentidos, se não em todos, permaneceram como uma parte da história americana, incluindo a história americana de Barack Obama, de maneiras que já vimos neste capítulo até agora.[34]

No entanto, o fato de terem feito isso por causa da geografia, bem como por causa dos atos de lealdade ou não lealdade significa que os nativos americanos permaneceram, de certa forma, uma parte da história da política externa americana em vez de se tornarem parte da própria história da América, pelo menos até onde vai a lógica da história do povo sob a ótica de Barack Obama. Ele reconhece, por exemplo, que tanto os nativos americanos como os afro-americanos têm estado muitas vezes "fora do círculo constitucional", mas as diferentes formas como Obama lida com isso em cada caso são instrutivas. Portanto, vale a pena voltar a essa citação mais detalhadamente para analisar a questão um pouco mais a fundo. "A máquina requintada da Constituição garantiria os direitos dos cidadãos, aqueles considerados membros da comunidade política americana", como Obama observa. "Mas não ofereceu proteção àqueles que estavam fora do círculo constitucional — do indígena americano cujos tratados se revelaram inúteis diante da corte do conquistador, ou do negro Dred Scott, que entraria na Suprema Corte com um homem livre e sairia como um escravo".[35]

No entanto, como vimos nos capítulos quatro e cinco, Obama contende com a questão da relação dos afro-americanos com a cidadania ao definir os afro-americanos como sendo sempre "o povo" dos Estados Unidos, se nem sempre uma parte da política dos Estados Unidos. Obama começou "Uma união mais perfeita" na Filadélfia em 2008, por exemplo, citando a abertura da Constituição da seguinte forma: "NÓS O POVO, a fim de formar uma união mais perfeita." A ausência das palavras "dos Estados Unidos", sem nenhuma indicação elíptica da elisão, possivelmente reconhece que os afro-americanos escravizados não eram considerados dignos dos direitos constitucionais — que eles estavam entre "o POVO", mas que ainda não eram cidadãos dos Estados Unidos. Em "Pois nós nascemos da mudança", em Selma, em 2015, Obama cita a Constituição de forma sutilmente diferente: "Nós, o Povo... a fim de formar uma união mais perfeita." Substituir as palavras "dos Estados Unidos" por uma indicação elíptica da elisão possivelmente reconhece que os afro-americanos recém-libertos teriam os direitos constitucionais assegurados graças às 13ª, 14ª e 15ª Emendas, mas foram privados desses direitos pelas leis de Jim Crow, e motivo da marcha em Selma em 1965 — que estavam entre "o povo", mas ainda não eram cidadãos plenos dos Estados Unidos.[36]

Porém, na escrita, nem sempre Obama pensa nos nativos americanos como se fossem "o povo". Quando ele escreve, por exemplo, sobre o "nativo americano na corte do *conquistador*", ele implica a estrangeirização dos nativos americanos. Como ele faz quando escreve sobre "uma *conquista* que, como a escravidão, contradiz os princípios fundadores da América", e que "o destino manifesto também significou uma *conquista* sangrenta e violenta". Da mesma forma, Obama resume a história da expansão como "uma *conquista* que a mitologia americana sempre teve dificuldade em absorver totalmente, mas que outros países reconheceram pelo que era — um exercício de poder bruto". Uma "conquista" é, naturalmente, por definição, cometida sobre *outra* nação ou *outro* povo. De fato, quando Obama escreve sobre "um conflito sangrento e violento — de tribos indígenas americanas retiradas à força de suas terras e do Exército mexicano defendendo seu território", ele implica talvez uma condição de estrangeiro ao indígena americano que é análoga à condição de estrangeiro inquestionável do Exército mexicano. Tudo isso é reforçado pela escrita de Obama sobre "soldados e colonos *americanos*" que "se moveram firmemente para Oeste e Sudoeste".[37]

A HISTÓRIA QUE PARTILHAMOS

Por outro lado, quando Barack Obama escreve que o tratamento histórico dos nativos americanos "contradisse os princípios fundadores da América", e mesmo quando escreve que os nativos americanos têm estado "fora do círculo constitucional", ele implica que os nativos americanos também tinham e têm direito à liberdade e à igualdade sob esses princípios e sob essa Constituição, ou pelo menos que eles tinham mais direito do que outros tipos de estrangeiros.[38]

Essa impressão de inclusão é reforçada pelos comentários de Obama ao condensar a longa história de maus-tratos provocados pelos Estados Unidos aos nativos americanos. Obama, por exemplo, resumiu esse passado quando disse na primeira Conferência das Nações Tribais que iniciou como presidente: "Conhecemos a história que partilhamos. É uma história marcada pela violência, doença e privação. Os tratados foram violados. As promessas foram quebradas. Disseram-lhes que as suas terras, a sua religião, as suas culturas, as suas línguas não eram suas para manter. E essa é uma história que precisamos reconhecer se quisermos seguir em frente."[39]

Obama também se referiu, no mesmo discurso e em muitos outros nestas conferências anuais, aos nativos americanos como "Primeiros Americanos". E a principal mensagem desse discurso e dos seguintes era que os nativos americanos poderiam e deveriam participar do "Sonho Americano". Para Obama, não houve contradição aqui e, no ano seguinte, ele se voltou para o passado para explicar o porquê. Ao fazer isso, ele mostrou que vê os nativos americanos incluídos no círculo de valores americanos — mas sem assimilação. "A verdade é que", disse ele, em referência à rescisão e outras formas de paternalismo, durante muito tempo, os nativos americanos foram implicitamente informados de que tinham uma escolha a fazer. Em virtude do fracasso de longa data em lidar com os problemas difíceis do país indígena, parecia que você tinha que abandonar sua herança ou aceitar muito menos na vida; que não havia maneira de ser uma parte bem-sucedida da América e um nativo americano orgulhoso.

Mas sabemos que essa é uma escolha falsa. Aceitá-la é acreditar que não podemos e que não vamos fazer melhor... Sabemos que, em última análise, isso não é apenas uma questão de legislação, não é apenas uma questão de política. É uma questão de saber se vamos viver de acordo com os nossos valores básicos. É uma questão de defender um ideal que sempre definiu quem somos como americanos. E *pluribus unum*. Dentre muitos, um.[40]

Além desses resumos gerais das narrativas entrelaçadas da história indígena americana e dos Estados Unidos, Barack Obama também aludiu a vários momentos particulares da "história que compartilhamos". Um desses momentos foi a formação da Confederação Iroquesa e suas alianças com outros, e ele aludiu, ao mesmo tempo, à alegada influência da Constituição Iroquesa sobre a Constituição dos Estados Unidos. Na Conferência das Nações Tribais de 2009, Obama falou de um "novo pacto" entre os Estados Unidos e as Nações Indígenas. "E eu acho que poderíamos aprender com a Confederação Iroquesa", disse ele, "assim como nossos Pais Fundadores fizeram quando lançaram as bases para a nossa democracia. Os iroqueses chamavam a sua rede de alianças com outras tribos e nações europeias de 'cadeia de aliança'. Cada elo representava um vínculo de paz e amizade", continuou ele, "mas essa cadeia de aliança não se sustentava. Precisava de cuidados constantes para que se mantivesse forte. E é isso que somos chamados a fazer, manter o pacto entre nós para esta geração e para as gerações futuras".[41]

A "cadeia do pacto" é um nome para acordos comerciais e alianças primeiro estabelecidos entre os iroqueses, ou haudenosaunees, e os holandeses na Nova Holanda, mas renovado com os ingleses durante a Guerra de Metacom. Ela precisava de cuidados, e os moicanos declararam o seu colapso em 1753, devido ao prolongamento das incursões britânicas nas suas terras, um fator para as primeiras derrotas da Grã-Bretanha na Guerra Francesa e Indígena de 1754-60. A referência de Obama ao que os Fundadores aprenderam com "quando estabeleceram as bases de nossa democracia" sugere "A Grande Lei de Paz", um acordo pré-colombiano que une as (originalmente) Cinco Nações da Liga Iroquesa, que se tornou uma Confederação mais formal em resposta à ameaça de um acordo europeu, e que se tornou as Seis Nações depois que os tuscaroras se juntaram a ela em 1722. Originalmente um acordo oral, foi mais tarde escrito como símbolos nos cinturões de wampum e, depois, traduzido para o inglês; e, além de ser uma narrativa histórica, continha 117 artigos compreendendo uma Constituição.

Alguns historiadores afirmaram que a estrutura descentralizada da Confederação Iroquesa influenciou o federalismo dos Estados Unidos, e que a natureza representativa e deliberativa do Grande Conselho da Confederação influenciou o sistema de democracia e de equilíbrio constitucional dos Estados Unidos. No entanto, como Jack Rakove, o principal estudioso constitucional, assinalou, existem diferenças institucionais e processuais significativas entre as duas constituições, e não há indícios de influência iroquesa na volumosa documentação relativa à elaboração e à ratificação da Constituição dos Estados Unidos, enquanto há diversas evidências de que os Fundadores foram influenciados por uma mistura de teoria europeia e experiência americana. E, na verdade, nas outras ocasiões em que Obama escreveu ou falou sobre a Constituição dos Estados Unidos, colocou-a nesses contextos europeus-americanos. Mesmo nessa ocasião, a sua referência à influência iroquesa é apenas uma sugestão ambígua, talvez nada mais do que um reconhecimento diplomático da existência da ideia.[42]

Barack Obama não limitou seus comentários sobre a história dos nativos americanos às conferências tribais e a *The Audacity of Hope*. Na verdade, em seu discurso marcando os cinquenta anos da Marcha pelos Direitos de Voto de 1965 em Selma, Alabama, Obama incluiu os nativos americanos. Em uma passagem importante de "Pois nós nascemos da mudança", Obama refletiu sobre o que vê como a unidade fundamental da identidade americana. Ele começou a passagem pedindo ao público: "Olhem para a nossa história". "Somos Lewis e Clark e Sacajawea", disse em seguida, "pioneiros que enfrentaram o desconhecido, seguidos por uma multidão de agricultores e garimpeiros, empresários e ambulantes. Este é o nosso espírito. É isto que nós somos". Algumas linhas mais tarde, ele disse: "Somos as mãos dos fazendeiros e dos caubóis que desbravaram o Oeste, e incontáveis trabalhadores que construíram trilhos, levantaram arranha-céus e se organizaram pelos direitos dos trabalhadores." E, pouco depois disso: "Somos os jovens soldados que lutaram para libertar um continente. E nós somos os pilotos de Tuskegee, e os navajos decifradores de códigos, e os nipo-americanos que lutaram por este país, mesmo quando a sua própria liberdade tinha sido negada."[43]

Sacajawea era uma índia Lemhi Shoshone, nascida em maio de 1788, que, aos doze anos foi sequestrada pelos índios hidatsas. No ano seguinte, ela se tornou a segunda esposa de um caçador de Quebec chamado Toussaint Charbonneau, de quem estava grávida quando Meriwether Lewis e William Clark chegaram e ficaram no país hidatsa no inverno de 1804-1805. Em fevereiro de 1805, deu à luz um filho, Jean-Baptiste Charbonneau, e em abril, ela se juntou à Corporação de Descoberta como guia e intérprete durante o restante da jornada deles para o Oeste, salvando os diários dos líderes da expedição ao cruzarem o rio que eles, em agradecimento, batizaram de rio Sacagawea. Depois da expedição, ela voltou a viver entre os hidatsas por três anos antes de aceitar o convite de William Clark para viver em St. Louis, onde morreu de uma doença desconhecida em 1812. Além de ter sido imortalizada pelos povos shoshone e hidatsa e em vários nomes de lugares no Noroeste dos Estados Unidos, Sacajawea também se tornou um ícone oficial da Associação Nacional do Sufrágio das Mulheres no início do século XX. Outro reconhecimento de seu status de mulher poderosa veio em 1977, com sua entrada no Hall da Fama das *cowgirl* em Fort Worth, Texas. E, em 2001, o presidente Bill Clinton fez dela sargento honorária do Exército dos Estados Unidos.[44]

Para Barack Obama, Sacajawea foi uma das "pioneiras" da América, assim como Lewis e Clark, e os "agricultores e garimpeiros, empresários e ambulantes" que os seguiram. Como, é claro, foram "as mãos dos fazendeiros e dos caubóis que desbravaram o Oeste" e os "incontáveis trabalhadores" que colocaram os trilhos que cruzaram o continente no final do século que começou com os esforços de Sacajawea. Em outras palavras, Obama a integra na história dos Estados Unidos, apesar dos fenômenos que ele cita como sendo tão destrutivos da civilização indígena americana. Através de tudo e apesar de tudo, Obama inclui os nativos americanos no povo americano, entre o "nós" que somos "nascidos da mudança".[45]

Obama faz o mesmo, é claro, com os "navajos decifradores de códigos", cuja linguagem se mostrou impenetrável para as Potências do Eixo na Segunda Guerra Mundial. Eles foram assim listados junto com "os jovens soldados que lutaram para libertar um continente" e "os pilotos e tripulações afro-americanos do 332º Grupo de Combate e do 477º Grupo de Bombardeamento da Força Aérea dos Estados Unidos que também serviram na Segunda Guerra Mundial". E com os "nipo-americanos que lutaram por este país, mesmo quando a sua própria liberdade tinha sido negada" pela abominação inconstitucional do confinamento durante esse conflito.[46]

Cerca de 25 mil nativos americanos serviram na Segunda Guerra Mundial, como muitos outros o fizeram em outros conflitos. Obama os homenageou especificamente na Conferência das Nações Tribais de novembro de 2013, que, naquele ano, caiu na semana do Dia dos Veteranos. "Os navajos decifradores de códigos, cuja habilidade ajudou a vencer a Segunda Guerra Mundial, nos deram força", disse o presidente. Nós tiramos força de Woodrow Wilson Keeble, que muitos anos depois de sua morte foi finalmente premiado com a Medalha de Honra por seu heroísmo na Guerra da Coreia. Tiramos força de... Lori Piestewa, que, durante a guerra do Iraque, foi a primeira mulher nativa americana conhecida a dar sua vida em combate pelos Estados Unidos. E tiramos força de todos os nossos homens e mulheres de uniforme hoje." E ele incluiu "dois pilotos em que confio quando subo no Marine One — no major Paul Bisulca, da nação penobscot, e no major Eli Jones, da Shoshone Bannock" que "me carregam por aí, mantendo-me a salvo".[47]

Barack Obama integra, assim, os nativos americanos na sua história americana. No entanto, isso, inclusive, talvez inevitavelmente, se situe de maneira um pouco estranha ao lado do seu respeito pela diversidade, considerando quão ambíguas e ambivalentes são as relações dos nativo--americanos com os Estados Unidos. Nessas Conferências das Nações Tribais, Obama também aceitou os fatos legais, políticos, culturais e históricos da nacionalidade nativa americana, independentemente dessa nacionalidade ser vagamente definida e de estar em constante mudança. Por isso ele falou, em vários anos, de uma "relação entre nossas nações", de "nossa relação única de nação para nação", e de "uma verdadeira relação de nação para nação com todos vocês".[48]

E, quando Obama escreve sobre a história indígena americana em *The Audacity of Hope*, ele o faz no capítulo oito, intitulado "The World Beyond Our Borders", aquele sobre política externa.

UM FAROL DE LIBERDADE E OPORTUNIDADE

Barack Obama reconhece prontamente as contradições nas relações da América com outras nações quando diz que sua "política externa sempre foi uma confusão de impulsos de guerra". Assim como na política, com relação aos indígenas americanos, houve universalismo em sua abordagem, e também relativismo. Por vezes também houve isolacionismo, outras vezes intervencionismo excessivo. Às vezes idealismo, outras vezes realismo, outras vezes até cinismo. Às vezes foi impulsionado por um interesse próprio esclarecido, outras vezes por um interesse próprio econômico. Às vezes certo, outras vezes possível. E às vezes tem sido bom, outras vezes mau. O veredito ambivalente de Obama, então, é que "o nosso histórico é misto".[49]

A história da política externa americana de Barack Obama começa com o ponto de que, no início da república americana, "muitas vezes prevalecia uma política de isolacionismo". Obama atribui esse isolacionismo a "uma desconfiança nas intrigas estrangeiras próprias de uma nação que acabou de sair de uma guerra de independência". E, para esse efeito, em *The Audacity of Hope,* ele cita o discurso de despedida de George Washington: "Por que", perguntou o primeiro presidente, "ao entrelaçar o nosso destino com o de qualquer parte da Europa, enredar a nossa paz e prosperidade nas fadigas da ambição, rivalidade, interesse, humor ou capricho europeus?" E Obama cita novamente as palavras de Washington a respeito da "'situação independente e distante' da América, uma separação geográfica que permitiria à nova nação 'evitar danos materiais por intrigas externas'".[50]

Obama é ambivalente quanto a esse isolacionismo precoce. Embora "as origens revolucionárias dos Estados Unidos e a forma republicana de governo tenham tornado os americanos "simpatizantes daqueles que buscam a liberdade em outros lugares", escreveu, "os primeiros líderes americanos advertiram contra as tentativas idealistas de exportar nosso modo de vida". E Obama citou ainda um presidente posterior, John Quincy Adams (1825-1829), para obter o mesmo efeito: "A América não deve ir 'ao estrangeiro em busca de monstros para destruir' nem 'tornar-se a ditadora do mundo'". E caracterizou a atitude dos americanos antes de 1890 como uma crença de que a América é "protegida por um oceano e com a generosidade de um continente" e, portanto, "a Providência tinha encarregado a América da tarefa de fazer um mundo novo, não de reformar o velho".[51]

No entanto, os Estados Unidos tiveram encontros infelizes com outras nações muito antes de se tornarem uma potência mundial, pois a nação nunca esteve totalmente desligada do resto do mundo, nem geográfica nem politicamente. Para começar, os Estados Unidos recentemente independentes não poderiam remover as tropas britânicas de seus territórios do Noroeste, nem reivindicar seus direitos de pesca no Canadá britânico, ou seus direitos comerciais no Caribe britânico, ou pagar seus débitos pré-revolucionários aos comerciantes ou às nações estrangeiras, ou manter a confiança internacional em sua economia. Todos esses fatores desempenharam um papel importante ao inspirar os americanos a substituir os Artigos da Confederação pela Constituição e, assim, tornar mais forte a nação que poderia lidar de maneira eficaz com as exigências externas, bem como criar uma união mais perfeita dentro das suas próprias fronteiras.

Além disso, as origens revolucionárias da América e da forma republicana de governo fizeram com que muitos simpatizassem com a Revolução Francesa, e essa simpatia foi uma característica que definiu o Partido Democrata Republicano. A antipatia que igualmente definiu o Partido Federalista, por outro lado, inspirou George Washington a anunciar a neutralidade da nação, o que, na verdade, equivalia a anular a aliança francesa que tinha ajudado a América a conquistar sua independência, e foi, portanto, de fato, um ato de hostilidade. John Adams envolveu-se em uma "quase guerra" não declarada com a França entre 1798 e 1800.

E os Estados Unidos sempre foram uma nação comercial, já que nasceu de um império de comércio, e, assim, os encontros nos mares eram quase inevitáveis. Um conjunto de encontros incluiu as Guerras Barberes de 1801 a 1805 e de 1815, as primeiras hostilidades da América com o que hoje chamamos de "Mundo Muçulmano". O recrutamento forçado britânico dos marinheiros americanos para a Marinha Real e seus outros ataques à soberania americana, além das guerras revolucionárias e napoleônicas francesas, acabou envolvendo os Estados Unidos em uma série de boicotes comerciais em 1808; e, finalmente, a Guerra de 1812, que, apesar de seu nome, terminou oficialmente com o Tratado de Gante em 1814, mas na verdade terminou com a vitória de Andrew Jackson na Batalha de Nova Orleans em janeiro de 1815. Depois disso, porém, os assuntos internacionais permitiram um maior espaço para o isolacionismo, e Barack Obama parece mais solidário com ele, pelo menos nessa era precoce. Ele até vê certo idealismo no isolacionismo americano. O país poderia, como Obama descreve a atitude da época, "melhor servir à causa da liberdade, concentrando-se em seu próprio desenvolvimento, tornando-se um farol de esperança para outras nações e pessoas ao redor do globo".[52]

Barack Obama ainda vê a América como um farol, e ele vê seus aspectos exemplares como um de seus mais importantes e influentes poderes internacionais. Como ele disse ao se apresentar aos Estados Unidos na Convenção Nacional Democrata de Boston em 2004, e como ele contou a mesma história de maneira semelhante em muitas outras ocasiões, "através de muito trabalho e perseverança, meu pai conseguiu uma bolsa de estudos para estudar em um lugar mágico, a América, que brilhou como um farol de liberdade e oportunidade para tantos que vieram antes".[53]

E, na visão de Obama, a América não tem sido só uma terra de liberdade e oportunidade para os imigrantes, temporária e permanente, mas também uma inspiração para movimentos de liberdade e oportunidade em outros lugares. Em "Pois nós nascemos da mudança", por exemplo, Obama argumentou que a vontade e a capacidade dos americanos de transformar as coisas para melhor é "o que nos torna únicos. É o que cimenta a nossa reputação como um farol de oportunidade." E deu exemplos:

> Os jovens atrás da Cortina de Ferro veriam Selma e acabariam derrubando aquele muro. Os jovens em Soweto ouviriam Bobby Kennedy falar sobre ondas de esperança e, eventualmente, baniriam o flagelo do apartheid. Os jovens da Birmânia foram presos em vez de se submeterem ao regime militar. Eles viram o que John Lewis tinha feito. Das ruas de Túnis à Maidan na Ucrânia, essa geração de jovens pode tirar força desse lugar, onde os impotentes podem mudar o maior poder do mundo e pressionar seus líderes a expandir os limites da liberdade.
>
> Eles viram essa ideia concretizada aqui mesmo, em Selma, Alabama. Eles viram essa ideia se manifestar aqui na América.[54]

No entanto, voltando mais especificamente às relações exteriores da primeira república, como Obama sugere em seus comentários sobre a Compra da Louisiana e a crença de Thomas Jefferson na "inevitabilidade da expansão além das fronteiras dos treze estados originais" e sobre o "aviso da Doutrina Monroe às potências europeias para se manterem fora do Hemisfério Ocidental", mais cedo ou mais tarde, a América seria obrigada a encontrar outras potências além das nações nativas. A mencionada guerra contra o México foi um exemplo e, embora o Tratado de Oregon contemporâneo tenha finalmente fixado a fronteira norte do Território comprado da Louisiana, o encontro com a Grã-Bretanha através da fronteira canadense poderia muito bem ter sido outro.[55]

Mas, se a expansão dos Estados Unidos em um continente internacional e seu comércio com nações estrangeiras significa que nunca estiveram tão isolados geográfica ou politicamente como alguns imaginavam, "o fim da Guerra Civil e a consolidação do que hoje são os Estados Unidos continentais", como diz Obama, mudaram as coisas. Assim como a industrialização massiva que vimos no último capítulo. "Com a intenção de expandir os mercados para seus produtos, garantir matérias-primas para sua indústria e manter as vias marítimas abertas para seu comércio", explica Obama, "a nação voltou sua atenção para o exterior".[56]

O PODER DOMINANTE DO MUNDO

Barack Obama tem sérias dúvidas sobre a primeira fase do intervencionismo internacional da América a partir dos anos 1890, sobre o isolacionismo que prevaleceu nos anos 1920 e 1930, e a respeito dos vários aspectos da política externa americana do Vietnã ao Iraque. Mas ele vê um breve momento de esperança depois da Primeira Guerra Mundial e uma espécie de Idade de Ouro depois da Segunda Guerra Mundial, quando a América poderia ter liderado e finalmente liderou a construção de uma ordem internacional mais estável, uma união global mais perfeita.

Após a conclusão da conquista continental, e com mais necessidade do que nunca de orientar o mundo para os seus interesses econômicos, os Estados Unidos iniciaram uma intervenção ultramarina sem precedentes. Obama menciona a anexação do Havaí, as guerras hispano-americanas que deram aos Estados Unidos o controle de Porto Rico, Guam e Filipinas, todas de 1898, e se refere à presença americana neste último de 1899 a 1902 como "uma ocupação que envolveria milhares de soldados norte-americanos esmagando um movimento de independência filipino", o contrário, então, do espírito de nação oriundo de um movimento independentista. Obama observa que "a América nunca buscaria a colonização sistemática praticada pelas nações europeias, mas eliminou todas as inibições sobre a interferência nos assuntos de países considerados estrategicamente importantes", citando o "corolário da Doutrina Monroe" de Theodore Roosevelt que os Estados Unidos "interviriam em qualquer país latino-americano ou caribenho cujo governo não fosse do agrado da América". De 1890 a 1917, então, a política externa americana "mal se distinguia das de outras grandes potências, impulsionada" pela *realpolitik* e por interesses comerciais".[57]

No entanto, Barack Obama não é isolacionista, pelo menos no que diz respeito ao século XX até agora. Em *The Audacity of Hope*, ele cita as palavras de Theodore Roosevelt, dessa vez aparentemente aprovando, que "os Estados Unidos da América não têm a opção de saber se irão ou não desempenhar um grande papel no mundo. Ele deve desempenhar um grande papel. Tudo o que pode decidir é se vai desempenhar bem ou mal esse papel". E Obama é claro sobre as diferentes maneiras que os Estados Unidos têm desempenhado o seu papel, tanto bem como mal.[58]

Apesar dos novos interesses e intervenções da América da década de 1890, um isolacionismo residual permaneceu influente, e Woodrow Wilson inicialmente evitou o envolvimento na Primeira Guerra Mundial, pelo menos "até que o afundamento repetido de navios americanos por barcos alemães e o iminente colapso do continente europeu tornaram a neutralidade insustentável". Os Estados Unidos emergiram dessa guerra, além disso, "como o poder dominante do mundo", embora Wilson "então compreendeu" que os interesses da América dependiam como nunca antes de "paz e prosperidade em terras distantes", em vez das afirmações de poder militar americano. Wilson tentou, assim, "reinterpretar a ideia do destino manifesto da América" (nas palavras de Obama), tornando "o mundo seguro para a democracia" (nas palavras de Wilson). Daí as tentativas do presidente de "encorajar a autodeterminação de todos os povos e fornecer ao mundo um quadro jurídico que possa ajudar a evitar conflitos futuros" através de uma Liga das Nações e de um novo conjunto de leis e tribunais internacionais. Como disse Obama, citando a ideia de Wilson de um espírito de democracia, "é certamente o destino manifesto dos Estados Unidos liderar na tentativa de fazer prevalecer esse espírito".[59]

No entanto, em casa, alguns sentiram que tais leis representavam "uma invasão da soberania americana" e uma "restrição tola à capacidade da América de impor a sua vontade em todo o mundo". E, assim, "os isolacionistas tradicionais de ambos os partidos" e "a obstinada falta de vontade de se comprometer de Wilson" significaram que os Estados Unidos acabaram se recusando a aderir à Liga das Nações e ao Tribunal Mundial, e depois reduziram as suas próprias Forças Armadas, bem a tempo de quando precisaria delas mais do que nunca. Obama afirma um desprezo churchilliano pelo isolacionismo neste ponto, descrevendo os Estados Unidos na década de 1930 como "parados esperando que a Itália, o Japão e a Alemanha nazista construíssem suas máquinas militares". O Senado, em particular, foi culpado de não ajudar "os países invadidos pelas potências do Eixo" e de "ignorar repetidamente" os "apelos do presidente Franklin Roosevelt enquanto os exércitos de Hitler marchavam pela Europa". Obama cita o argumento de FDR de que "não existe segurança para nenhuma nação — ou para qualquer indivíduo — em um mundo governado pelos princípios do gangsterismo". E o ataque a Pearl Harbor provou a Obama que os isolacionistas cometeram um "terrível erro".[60]

"Na sequência da Segunda Guerra Mundial", porém, como escreve Barack Obama, "os Estados Unidos teriam a oportunidade de aplicar essas lições à sua política externa". E durante algum tempo isso foi feito, apesar de certas dificuldades. Obama descreve três escolhas que os Estados Unidos enfrentaram nessa conjuntura. Da direita vieram os defensores de uma "política externa unilateral" propondo "uma invasão imediata da União Soviética" para "incapacitar a ameaça comunista emergente". Da esquerda, mesmo com o isolacionismo "completamente desacreditado", veio uma visão que "minimizou a agressão soviética" e que, à luz das "perdas soviéticas e do papel crítico do país na vitória dos Aliados, Stalin deveria ser considerado".[61]

Porém, como diz Obama, "a América não tomou nenhum caminho", mas seguiu um terceiro caminho intermediário, no qual "o presidente Truman, Dean Acheson, George Marshall e George Kennan" casaram "o idealismo de Wilson com o realismo pragmático", o que implicou "uma aceitação do poder da América" e "uma humildade em relação à capacidade da América de controlar os acontecimentos ao redor do mundo". Isso também foi sábio, na opinião de Obama, "porque a batalha contra o comunismo foi também uma batalha de ideias, um teste de qual sistema poderia melhor servir às esperanças e aos sonhos de bilhões de pessoas ao redor do mundo". A América precisava, portanto, de "aliados que compartilhassem os ideais de liberdade, democracia e Estado de Direito, e que se vissem tendo participação em um sistema econômico baseado no mercado". Alianças desse tipo, acrescenta Obama, "celebradas livremente e mantidas por mútuo consentimento, seriam mais duradouras — e despertariam menos ressentimentos — do que qualquer coleção de Estados vassalos que o imperialismo americano pudesse assegurar". Adicionalmente, o compromisso dos Estados Unidos com "instituições internacionais e... normas" sinalizaria a "disposição dos Estados Unidos de mostrar contenção no exercício de seu poder", dando crédito de sobra ao país para quando precisasse usar a força.[62]

Então, Obama cita a "contenção com respeito à expansão comunista" dos Estados Unidos, alianças com a OTAN e o Japão e o compromisso com as Nações Unidas como as bases de sua política diplomática do pós-guerra. Uma política de segurança mais ampla, bem como o interesse econômico dos Estados Unidos foram ainda mais bem servidos pelo Plano Marshall, que reconstruiu as "economias destroçadas pela guerra" da Europa, enquanto o acordo de Bretton Woods, o Acordo Geral sobre Tarifas e Comércio, o Fundo Monetário Internacional e o Banco Mundial serviram como guardiões da estabilidade econômica global. Obama descreve essa ordem mundial em termos quase triunfalistas. Seus resultados foram, disse ele, "um resultado bem-sucedido para a Guerra Fria, a prevenção da catástrofe nuclear, o fim efetivo do conflito entre as grandes potências militares do mundo e uma era de crescimento econômico sem precedentes no país e no exterior". Tudo isso foi, "talvez, o maior presente da Grande Geração para nós depois da vitória sobre o fascismo".[63]

No entanto, Obama gasta mais tempo escrevendo sobre os princípios políticos do que sobre os detalhes históricos da época, talvez porque seu relato de política externa é mais político e didático do que o resto de suas análises históricas. Tudo leva ao ponto em que as coisas deram errado, já que o sistema "poderia ser vítima" do que ele chama de "distorções da política, pecados da arrogância, efeitos corruptores do medo".[64]

AS DISTORÇÕES DA POLÍTICA, OS PECADOS DA ARRO-GÂNCIA, OS EFEITOS CORRUPTORES DO MEDO

A ameaça soviética e a expansão do comunismo na China e na Coreia do Norte levaram os formuladores de políticas americanas, observa Barack Obama, a ver todos os desenvolvimentos internacionais "através das lentes da Guerra Fria". E assim "durante décadas" a América tolerou e até ajudou "ladrões como [o ditador congolês] Mobutu [Sese Seko], bandidos como [o ditador panamenho Manuel] Noriega, desde que se opusessem ao comunismo". E, ocasionalmente, "as operações secretas dos Estados Unidos engendrariam a remoção de líderes democraticamente eleitos em países como o Irã — com repercussões sísmicas que nos assombram até hoje". A enormidade do poder de fogo americano também permitiu que "o 'triângulo de ferro' do Pentágono, empreiteiros de defesa e congressistas com grandes despesas de defesa em seus distritos" acumulassem "grande poder na formação da política externa dos Estados Unidos", levando-os também a ver "o mundo através de uma lente militar em vez de uma lente diplomática".[65]

Além disso, na visão de Obama, "o mais importante" foi o colapso "de um grau de consenso interno que cerca a política externa", onde a política partidária "geralmente terminava à beira d'água" e os oficiais da política externa "deveriam tomar decisões baseadas nos fatos e no julgamento sadio, não na ideologia ou na propaganda eleitoral". Obama cita o exemplo mais óbvio desse fenômeno quando diz que "o macarthismo destruiu carreiras e esmagou a dissidência", mas ele não exonera os democratas. "Kennedy culparia os republicanos por uma 'lacuna de mísseis' que não existia no seu caminho para derrotar Nixon", observa Obama, embora não sem notar que o próprio Nixon "tinha feito sua carreira acusando os adversários de comunistas". Na verdade, "os presidentes Eisenhower,

Kennedy e Johnson tiveram seu julgamento obscurecido pelo medo de serem rotulados de 'brandos com o comunismo". E, além disso, "as técnicas de sigilo, espionagem e desinformação da Guerra Fria... tornaram-se ferramentas de política interna, um meio de assediar os críticos, construir apoio para políticas questionáveis ou encobrir erros". A avaliação que Obama faz de tudo isso é tão mensurável e tão dura quanto deveria ser: "Os mesmos ideais que tínhamos prometido exportar para o exterior", escreve, "estavam sendo traídos em casa".[66]

E tudo isso, escreve Obama, "veio à tona no Vietnã." Barack Obama observa os efeitos negativos dessa guerra sobre "aqueles que lutaram", sobre as Forças Armadas do país e sobre a "credibilidade e prestígio [dos Estados Unidos] no exterior". Mas, diz ele, "talvez a maior vítima dessa guerra tenha sido o vínculo de confiança entre o povo americano e seu governo — e entre os próprios americanos". Imagens terríveis de realidades horrorosas no Vietnã minaram a confiança do público na competência e na veracidade dos políticos. Uma esquerda cada vez mais cínica, escreveu Obama, queixou-se de "arrogância americana, jingoísmo, racismo, capitalismo e imperialismo". Uma direita cada vez mais cínica culpou, pela perda da guerra e do prestígio americano, os "manifestantes, hippies, Jane Fonda, intelectuais da Ivy League e a mídia liberal que denegriram o patriotismo, abraçaram uma visão de mundo relativista e minaram a determinação americana de enfrentar o comunismo sem Deus". Muitos americanos, Obama aponta, "permaneceram em algum lugar no meio", mas "as caricaturas foram o que moldaram as impressões públicas durante o período eleitoral". E foi assim, nessa "era de divisão e não de consenso — que a maioria dos americanos vivos hoje em dia formou quaisquer opiniões que possam ter sobre política externa".[67]

Barack Obama se refere, nesse ponto, aos "taticamente brilhantes" Richard Nixon e Henry Kissinger, mas também chama suas políticas internas e no Camboja de "moralmente sem leme" (mesmo sem mencionar a derrubada do governo democraticamente eleito de Salvador Allende em favor do ditador militar Augusto Pinochet no Chile em 1973). A grande promessa de Jimmy Carter, "que — com sua ênfase nos direitos humanos — parecia preparado para, mais uma vez, alinhar preocupações morais com uma defesa forte", foi infelizmente perdida devido à escassez de petróleo, à crise iraniana de reféns e à invasão soviética do Afeganistão.[68]

Ronald Reagan saiu vitorioso de todo esse caos, e o julgamento de Obama sobre ele é ambivalente, talvez melhor descrito como, em última análise, relutantemente respeitoso. Obama escreve que a "clareza sobre o comunismo" de Reagan é "igualada pela sua cegueira em relação a outras fontes de miséria no mundo". Ele também lembra de, em sua juventude, lamentar "as políticas de Reagan em relação ao Terceiro Mundo: o apoio de seu governo ao regime do apartheid na África do Sul, o financiamento dos esquadrões da morte de El Salvador, a invasão da minúscula e desafortunada Granada" e o fato de ele achar *Star Wars* "mal concebido". E "o abismo entre a retórica de Reagan e o acordo Irã-Contras", recorda Obama, "me deixou sem palavras". Por outro lado, Obama concordou com "aspectos da cosmovisão de Reagan", incluindo sua insistência em condenar a "opressão atrás da Cortina de Ferro". E, diz ele, "quando o Muro de Berlim caiu, tive de dar ao velho o que lhe era devido, mesmo que nunca tenha lhe dado o meu voto".[69]

Por outro lado, em um discurso em Tiergarten durante sua primeira campanha presidencial, Obama misturou a famosa imprecação de Reagan a Mikael Gorbachev com as ações dos berlinenses e os creditou por tudo o que se seguiu. "Quando vocês, o povo alemão, derrubaram aquele muro", disse ele, "os muros caíram por todo o mundo. De Kiev à Cidade do Cabo, os campos de prisioneiros foram fechados e as portas da democracia foram abertas." E, em seu discurso de 2015 comemorando a grande marcha contra a privação dos direitos de voto no Alabama, Obama creditou as palavras de Reagan e as ações de alemães e outros povos à inspiração do Movimento pelos Direitos Civis americano. "Os jovens atrás da Cortina de Ferro", disse ele, "veriam Selma e acabariam derrubando aquele muro".[70]

Como diz Obama, a queda do comunismo soviético e do Leste Europeu, somada à anterior aproximação de Nixon da China, tornou o reaganismo obsoleto, e Obama é generoso ao afirmar que "o retorno de George H. W. Bush a uma política externa mais tradicional e 'realista' resultaria em um firme gerenciamento da dissolução da União Soviética e em uma hábil condução da primeira Guerra do Golfo", antes que a presidência de Bush I fosse desfeita por uma economia instável. Bill Clinton recebe o devido reconhecimento por ajudar a "acabar com conflitos de longa data nos Bálcãs e na Irlanda do Norte e por promover a democratização na Europa Oriental, América Latina, África e antiga União Soviética". Clinton também "entendeu" — aquele verbo de validação especialmente selecionado no léxico obamiano — "que a globalização envolveu não apenas novos desafios econômicos, mas também novos desafios de segurança". Muitos americanos, no entanto, não entenderam isso e, para eles, "a política externa nos anos 1990 não tinha nenhum tema abrangente ou grandes imperativos". Até 11 de setembro de 2001, quando "os americanos sentiram que o mundo deles virou do avesso".[71]

O MUNDO DELES VIROU DO AVESSO

Até agora, os americanos tinham se sentido protegidos em casa, se nem sempre uns dos outros, pelo menos de inimigos estrangeiros; mas os ataques de 11 de Setembro significaram que "o caos tinha chegado à nossa porta". Depois disso, escreveu Barack Obama, os Estados Unidos "teriam que agir de forma diferente, entender o mundo de forma diferente". A administração da época, infelizmente, ainda via o mundo em termos de Guerra Fria, através de uma lente militar e não diplomática.[72]

Certamente, a administração Bush II iniciou sua atuação em um contexto de apoio interno e simpatia internacional. Obama menciona que os senadores votaram 98 a 0 e os deputados e deputadas 420 a 1 para permitir que o presidente "use toda a força necessária e apropriada contra as nações, organizações ou pessoas" responsáveis pelos ataques; e os cidadãos solicitaram a adesão às Forças Armadas e à CIA em números recordes. Ele menciona também o memorável título do Le Monde, "Nous sommes tous Américains", e as menos lembradas, mas igualmente notáveis orações pelas vítimas dos terroristas nas mesquitas do Oriente Médio. Obama observa ainda que a OTAN invocou, pela primeira vez nos seus

42 anos de história, o Artigo 5º da sua Carta, segundo o qual "um ataque a um dos seus membros 'será considerado um ataque contra todos eles'". E ele até mesmo admite que a administração teve um "bom começo" no Afeganistão, expulsando rapidamente os talibãs de Cabul e matando ou capturando numerosos agentes da Al-Qaeda, embora note que aprendemos mais tarde que a administração pode ter perdido uma oportunidade de apanhar Osama bin Laden em Tora Bora. Fora isso, a resposta foi "constante, medida e realizada com o mínimo de baixas".[73]

No entanto, uma nova política externa necessária que "adaptaria nosso planejamento militar, operações de inteligência e defesas nacionais à ameaça das redes terroristas" e também "construiria um novo consenso internacional em torno dos desafios das ameaças transnacionais" nunca se materializou. Em vez disso, como diz Obama, tudo o que a administração Bush inventou foi "uma série de políticas ultrapassadas de épocas passadas, reeditadas, precipitadas e com novos rótulos afixados. O 'Império do Mal' de Reagan era agora o 'Eixo do Mal'. A versão da Doutrina Monroe de Theodore Roosevelt — a noção de que poderíamos eliminar preventivamente governos que não nos agradam — era agora a Doutrina Bush, apenas estendida além do Hemisfério Ocidental para abranger o globo". De fato, "o destino manifesto estava de volta à moda; tudo o que era necessário, segundo Bush, era poder de fogo americano, determinação americana e uma 'coalizão de vontades'". E, assim como a "distorção da política" e os "pecados da arrogância", os "efeitos corruptores do medo" da Guerra Fria também tiveram um retorno indesejado, assim como "aqueles que questionaram a lógica da Administração" na invasão do Iraque em 2003 "foram acusados de serem 'brandos com o terrorismo' ou 'não americanos'".[74]

Mas, durante algum tempo, tudo pareceu funcionar. A invasão do Iraque parecia inicialmente bem-sucedida, e o presidente recebeu apoio popular e político suficiente para ser facilmente reeleito em 2004. A longo prazo, porém, a exposição das mentiras ditas em apoio à guerra, o compromisso a longo prazo, necessário para suprimir a anarquia no Iraque, e o desencadeamento de outras forças horríveis em determinadas partes do Oriente Médio minaram mais uma vez a confiança dos americanos no seu governo e a confiança do mundo na América.

Na época, Barack Obama se opôs à guerra do Iraque, prevendo que mesmo uma invasão bem-sucedida "exigirá uma ocupação americana de duração indeterminada, a custos indeterminados, com consequências indeterminadas". As previsões precisas que ele fez foram que uma invasão "sem uma lógica clara e sem um forte apoio internacional só vai alimentar as chamas do Oriente Médio... e fortalecer o braço de recrutamento da Al Qaeda". Saddam Hussein, por mais "brutal" e "impiedoso" que fosse, disse Obama, "não representa uma ameaça iminente e direta para os Estados Unidos ou seus vizinhos" — comentários que servem como uma crítica à Guerra Preventiva da Doutrina Bush em favor de uma doutrina de contenção e autodefesa. Em vez disso, "vamos lutar", disse Obama, "para garantir que nossos aliados no Oriente Médio, os sauditas e os egípcios, parem de oprimir seu próprio povo, e suprimir a dissidência, e tolerar a corrupção e a desigualdade, e administrar mal suas economias para que sua juventude cresça sem educação, sem perspectivas, sem esperança, os recrutas prontos de células terroristas".[75]

UMA PARTE DA HISTÓRIA DA AMÉRICA

No primeiro ano de sua própria presidência, Barack Obama abordou as relações entre os Estados Unidos e o Oriente Médio na Universidade do Cairo. Em um discurso promissor intitulado "Um novo começo", ele abordou "a questão do Iraque" diretamente, dizendo mais uma vez que a ação no Afeganistão era autodefesa justificável, mas a "guerra de escolha" no Iraque e os acontecimentos desde então "lembraram a América da necessidade de usar a diplomacia e construir um consenso internacional para resolver nossos problemas sempre que possível". Lembraram porque, acrescentou, "podemos recordar as palavras de Thomas Jefferson, que disse: 'Espero que a nossa sabedoria cresça com o nosso poder e nos ensine que quanto menos usarmos o nosso poder, maior ele será'". Obama também colocou o recente conflito em um contexto maior. "A relação entre o Islã e o Ocidente inclui séculos de coexistência e cooperação", disse ele, "mas também de conflitos e guerras religiosas. Mais recentemente, a tensão tem sido alimentada pelo colonialismo, que negou direitos e oportunidades a muitos muçulmanos, e por uma Guerra Fria em que os países de maioria muçulmana eram, muitas vezes, tratados como procuradores sem levar em conta suas próprias aspirações".[76]

Obama também abordou a questão da força de uma forma mais geral e, ao fazê-lo, reiterou simultaneamente os seus valores universalistas e os limites práticos da sua aplicabilidade, um análogo talvez ao "pragmatismo filosófico" que o historiador e cientista político James T. Kloppenberg identifica em Obama. "Eu sei que tem havido controvérsia sobre a promoção da democracia nos últimos anos", disse Obama, "então deixe-me ser claro: nenhum sistema de governo pode ou deve ser imposto a uma nação por qualquer outra". No entanto, continuou, "Isso não diminui o meu compromisso... com os governos que refletem a vontade do povo. Cada nação dá vida a esse princípio à sua maneira, alicerçada nas tradições do seu próprio povo. A América não tem a pretensão de saber o que é melhor para todos... Mas," ele acrescentou, "eu tenho uma crença inabalável de que todas as pessoas anseiam por certas coisas: a capacidade de dizer o que pensam e de opinar sobre como se é governado; a confiança no Estado de Direito e na igualdade na administração da justiça; um governo que é transparente e não rouba do povo; a liberdade de viver como quiser". E "essas", argumentou ele, "não são apenas ideias americanas, são direitos humanos, e é por isso que as apoiaremos em todos os lugares".[77]

E, assim, Obama fundamentou esse novo começo; da mesma forma tentou fundamentar as relações dos Estados Unidos com os nativos americanos, em valores compartilhados e em uma história compartilhada que, para ele, representam o melhor do passado. "O Islã sempre fez parte da história da América", disse ele. "A primeira nação a reconhecer o meu país foi o Marrocos" e "ao assinar o Tratado de Trípoli em 1796, nosso segundo presidente, John Adams, escreveu: 'Os Estados Unidos não têm em si mesmos nenhum caráter de inimizade contra as leis, religião ou tranquilidade dos muçulmanos'". Obama acrescentou também que "desde a nossa fundação, os muçulmanos americanos enriqueceram os

Estados Unidos. Eles lutaram em nossas guerras, serviram no governo, defenderam os direitos civis, iniciaram negócios, ensinaram em nossas universidades, se destacaram em nossas arenas esportivas, ganharam prêmios Nobel, construíram nossos prédios mais altos, e", em uma referência a Muhammad Ali, "acenderam a Tocha Olímpica". E, em referência à eleição de Keith Ellison para a Câmara dos Deputados em 2008, Obama acrescentou que "quando o primeiro muçulmano americano foi recentemente eleito para o Congresso, ele fez o juramento de defender nossa Constituição usando o mesmo Alcorão Sagrado que um de nossos Fundadores — Thomas Jefferson — mantinha em sua biblioteca pessoal".[78]

"Que não haja dúvidas", disse Obama, "o Islã faz parte da América. E acredito que a América mantém dentro dela a verdade de que, independentemente da raça, religião ou posição na vida, todos nós partilhamos aspirações comuns — viver em paz e com segurança; obter uma educação e trabalhar com dignidade; amar as nossas famílias, as nossas comunidades e o nosso Deus. Essas coisas que partilhamos. Essa é a esperança de toda a humanidade".[79]

Então, assim como alguns americanos e outros ocidentais precisam abandonar os estereótipos dos muçulmanos, também alguns muçulmanos, disse Obama, devem abandonar a imagem da América como "um império interessado em si mesmo". Em vez disso, ele argumentou: "Os Estados Unidos têm sido uma das maiores fontes de progresso que o mundo já conheceu. Nascemos da revolução contra um império." E, voltando aos seus temas mais repetidos, "nós fomos fundados sobre o ideal de que todos são criados iguais, e derramamos sangue e lutamos durante séculos para dar sentido a essas palavras — dentro de nossas fronteiras e ao redor do mundo. Somos moldados por todas as culturas, tirados de todos os confins da Terra e dedicados a um conceito simples: *E pluribus unum*: 'Dentre muitos, um'". Assim, Obama mais uma vez caminhou por essas linhas muito finas entre idealismo e pragmatismo, e entre universalismo e particularismo, que também caracterizam seus pensamentos e palavras sobre os nativos americanos.[80]

Poucos meses depois do Cairo, Barack Obama foi para Oslo para aceitar o que ele admitiu ser a atribuição ligeiramente surpreendente de seu Prêmio Nobel da Paz. Em seu discurso nessa ocasião — "Uma paz justa e duradoura" — Obama reiterou a sua crença no direito à autodefesa, mas também na contenção sob o Estado de Direito. Ele descreveu uma época em que as relações internacionais eram semelhantes a um estado de natureza. "A guerra, de uma forma ou de outra," disse ele, "apareceu com o primeiro homem. Na aurora da História, sua moralidade não foi questionada; era simplesmente um fato, como a seca ou a doença — a maneira pela qual as tribos e depois as civilizações buscavam o poder e resolviam suas diferenças". Com o tempo, porém, "surgiu o conceito de 'guerra justa', sugerindo que a guerra só se justifica quando certas condições são satisfeitas: se ela é travada como último recurso ou em autodefesa; se a força usada é proporcional; e se, sempre que possível, os civis são poupados da violência".[81]

E foi através da implementação e melhoria gradual dessas leis que, para Obama, um mundo mais perfeito emergiu lentamente. E "25 anos após o Senado dos Estados Unidos ter rejeitado a Liga das Nações — uma ideia pela qual Woodrow Wilson recebeu este prêmio —", como Obama observa, "a América liderou o mundo na construção de uma arquitetura para manter a paz: um Plano Marshall e uma ONU, mecanismos para governar a guerra, tratados para proteger os direitos humanos, prevenir o genocídio, restringir as armas mais perigosas". E "sim", admitiu ele, "guerras terríveis foram travadas e atrocidades foram cometidas. Mas não houve Terceira Guerra Mundial. A Guerra Fria terminou com multidões jubilosas derrubando um muro. O comércio uniu grande parte do mundo. Milhões foram retirados da pobreza. Os ideais de liberdade e autodeterminação, igualdade e Estado de Direito avançaram de forma hesitante".[82]

UMA METÁFORA ÚTIL

Barack Obama começou seu capítulo "The World Beyond Our Borders" em *The Audacity of Hope* com reflexões pessoais, políticas e históricas sobre uma nação que ele conhece bem há muito tempo: Indonésia. No final de pouco menos de dez páginas, Obama diz, com o escrúpulo metodológico de qualquer acadêmico, "é perigoso generalizar a partir das experiências de um único país. Em sua história, geografia, cultura e conflitos, cada nação é única". E, no entanto, a Indonésia é, para ele, uma forma útil de apresentar os seus pensamentos sobre o mundo em geral, devido à sua tipicidade. Então, como Obama também diz, desta vez com a compulsividade generalizada de qualquer acadêmico, "e ainda assim, em muitos aspectos, a Indonésia serve como uma metáfora útil para o mundo além de nossas fronteiras — um mundo em que a globalização e o sectarismo, a pobreza e a abundância, a modernidade e a antiguidade colidem constantemente".[83]

Assim, a Indonésia "fornece um registro útil da política externa dos Estados Unidos nos últimos cinquenta anos. Em linhas gerais, pelo menos", observa Obama,

> está tudo aí: nosso papel na libertação de antigas colônias e na criação de instituições internacionais para ajudar a administrar a ordem pós-Segunda Guerra Mundial; nossa tendência de ver as nações e os conflitos através do prisma da Guerra Fria; nossa incansável promoção do capitalismo de estilo americano e das corporações multinacionais; a tolerância e o incentivo ocasional à tirania, à corrupção e à degradação ambiental quando ela servia aos nossos interesses; nosso otimismo depois que a Guerra Fria terminou, achando que Big Macs e a Internet levariam ao fim de conflitos históricos; o crescente poder econômico da Ásia e o crescente ressentimento dos Estados Unidos como única superpotência mundial; a percepção de que, no curto prazo, pelo menos, a democratização poderia expor, em vez de aliviar, ódios étnicos e divisões religiosas — e que as maravilhas da globalização também poderiam facilitar a volatilidade econômica, a propagação de pandemias e o terrorismo.[84]

Barack Obama realmente começa seu ensaio sobre a Indonésia na forma de um escritor de viagens, começando com um breve relato da geografia, demografia e economia da Indonésia hoje. Mas ele logo se torna um contador de histórias, observando, em seguida, que, depois de ser governado "pela sucessão de sultanatos e reinos muitas vezes fragmentados durante a maior parte de sua história, o arquipélago tornou-se uma colônia holandesa... nos anos 1600, um status que iria durar por mais de três séculos". Após a ocupação japonesa durante a Segunda Guerra Mundial, os holandeses retornaram, mas, após uma guerra de quatro anos, a Indonésia alcançou sua independência. Os Estados Unidos, desempenhando o *seu papel na libertação de antigas colônias*, ajudaram a ameaçar os Países Baixos com o fim do financiamento do seu Plano Marshall. Nesse ponto, o analista histórico Barack Obama assume o comando, dizendo dos indonésios pós-independência que "nos últimos sessenta anos, o destino de sua nação tem estado diretamente ligado à política externa dos Estados Unidos".[85]

Os Estados Unidos, *preocupados com a propagação do comunismo sob a bandeira do anticolonialismo*, logo se viram desapontados com o igual distanciamento do primeiro presidente independente, Sukarno, de Washington e de Moscou, e depois com sua ascensão "da retórica antiocidental, nacionalizando indústrias estratégicas, rejeitando a ajuda dos Estados Unidos e fortalecendo os laços com os soviéticos e com a China". Vendo *nações e conflitos através do prisma da Guerra Fria*, a CIA começou a apoiar secretamente os insurreicionistas indonésios, incluindo o general Suharto, cujos expurgos de 1965 e golpe de 1967 resultaram na morte de 500 mil a 1 milhão de pessoas, com outros 750 mil presos ou exilados. A repressão violenta continuou "ao longo dos anos 1970 e 1980" e "com o conhecimento, se não com a aprovação total, das administrações dos Estados Unidos".[86]

A tolerância da América *e o encorajamento ocasional da tirania, corrupção e degradação ambiental* continuaram conforme "os militares dos Estados Unidos conduziram exercícios conjuntos com os militares indonésios e programas de treinamento para seus oficiais". E a *incansável promoção* americana do *capitalismo ao estilo americano e das corporações multinacionais* continuou conforme "o presidente Suharto recorreu a um quadro de economistas americanos para elaborar o plano de desenvolvimento da Indonésia, baseado em princípios de livre mercado e investimento estrangeiro". Isso significou a conivência de funcionários públicos americanos e indivíduos privados em canalizar dinheiro da Agência dos Estados Unidos para o Desenvolvimento Internacional e do Banco Mundial para um país onde a corrupção era generalizada de cima para baixo. Mesmo assim, "no que diz respeito aos Estados Unidos, a Indonésia tornou-se um modelo de estabilidade, um fornecedor confiável de matérias-primas e importador de bens ocidentais, um forte aliado e baluarte contra o comunismo". Isso fez com que a Indonésia se tornasse um "Tigre Asiático" econômico, completo com "Nike", "Gap", "surfistas e estrelas do rock", "hotéis cinco estrelas, conexões de internet" e "Kentucky Fried Chicken", mas também "favelas, poluição e tráfico".[87]

E, por sua vez, *o otimismo* americano, *uma vez que a Guerra Fria terminou, achando que Big Macs e a internet levariam ao fim de conflitos históricos*, pressionou "a Indonésia para conter seus abusos dos direitos humanos, especialmente com o fim da ajuda militar após os massacres de 1992 em Timor Leste e o surgimento de um movimento democrático no país". Um colapso financeiro catastrófico em 1997 e as medidas de austeridade subsequentes impostas pelo "Fundo Monetário Internacional dominado pelo Ocidente" resultaram em protestos que finalmente forçaram a renúncia de Suharto e nas primeiras eleições livres da nação no ano seguinte.[88]

Tudo isso, no entanto, resultou em um *ressentimento* crescente dos *Estados Unidos como única superpotência do mundo* e no agravamento, em vez do alívio, dos *ódios étnicos e das divisões religiosas*. Entre o final do século XX e o início do XXI, assistiu-se a uma difusão sem precedentes do "sentimento antiamericano" na Indonésia e "ao crescimento do islamismo militante e fundamentalista no país", em vez de "um islamismo tolerante, quase marca sincrética da fé, infundida com as tradições budistas, hindus e animistas de períodos anteriores" que tinham prevalecido anteriormente.[89]

PODEMOS VIVER COMO OS INDONÉSIOS VIVERAM

Barack Obama, além disso, entrelaça um pouco de sua própria história na da Indonésia, da América e do mundo. Para Obama, as relações internacionais podem ser definidas principalmente por políticos poderosos e corporações globais, mas também são sobre as histórias menos contadas de interações entre funcionários diplomáticos, empresários e mulheres, trabalhadores e estudantes, como seu pai queniano e seu padrasto javanês na América, e sua mãe na Indonésia.

Barack Obama mudou-se com a mãe, Stanley Ann Dunham, para a Indonésia em 1967, "dois anos após o início dos massacres, no mesmo ano em que Suharto assumiu a presidência". Ela se casou com Lolo Soetoro, que conheceu durante seu tempo como estudante na Universidade do Havaí, e no início trabalhou como professora de inglês na embaixada americana, enquanto ele prestava serviço no Exército indonésio. Como quase todos os americanos, ela não sabia nada sobre as purgas na época, e seu marido recomendou que "algumas coisas eram melhor serem esquecidas". Obama descreveu Jacarta como "um remanso sonolento naqueles dias", onde o esquecimento era fácil, pelo menos para os nascidos no exterior; e um lugar "onde o centro e as partes mais ricas da cidade — com sua elegância colonial e exuberante e os gramados bem cuidados", rapidamente cediam lugar a "coágulos de pequenas aldeias com estradas não pavimentadas e esgotos a céu aberto, mercados empoeirados, e favelas de lama e tijolos e compensados e ferro corrugado que desciam pelas margens de suaves rios escuros, onde as famílias se banhavam e lavavam a roupa como peregrinos no Ganges".[90]

Sua mãe e seu padrasto "não estavam muito bem naqueles primeiros anos" e, incapazes de pagar a escola internacional, enviaram o jovem Barack para "escolas locais indonésias". E, assim, ele "correu as ruas com os filhos de agricultores, servos, alfaiates e balconistas" e desfrutou "de um tempo alegre, cheio de aventuras e mistérios — dias de perseguir galinhas e correr de búfalos-asiáticos, noites de marionetes e histórias de fantasmas e vendedores ambulantes trazendo doces deliciosos à nossa porta". Nem todos os americanos interagiram com a população local com tanto entusiasmo, mas alguns expressaram "condescendência para com os indonésios" e mostraram "relutância em aprender alguma coisa sobre o país que os recebia".[91]

No entanto, apesar de toda a sua comparativa integração, a família de

Barack Obama era inevitavelmente distinta. "Eu sabia que, em relação aos nossos vizinhos, estávamos bem", escreveu ele, e "ao contrário de muitos, sempre tivemos o suficiente para comer". Ann Dunham estava feliz por ser paga em dólares confiáveis em vez de em rupias. E, depois do Exército, Lolo Soetoro trabalhou para uma companhia petrolífera americana por muito mais dinheiro. "Podíamos viver como os indonésios viviam", escreveu Obama, "mas, de vez em quando, minha mãe me levava ao American Club, onde eu podia pular na piscina e assistir desenhos animados e saborear a Coca-Cola com todo o meu coração". E o status da sua família "era determinado não só pela nossa riqueza, mas também pelos nossos laços com o Ocidente." Assim, ele foi capaz de mostrar aos seus amigos "livros de fotografias, da Disneylândia ou do Empire State Building", e "às vezes, nós folheávamos o catálogo da Sears Roebuck e ficávamos maravilhados com os tesouros em exposição", tudo o que, "eu sabia, fazia parte da minha herança e me diferenciava". E, além disso, "minha mãe e eu éramos cidadãos dos Estados Unidos, beneficiários de seu poder, seguros sob o manto de sua proteção".[92]

Depois de quatro anos dessa vida, a mãe de Obama mandou-o para casa, no Havaí, para viver com seus avós e continuar sua educação. Seus "laços com a Indonésia", no entanto, "nunca diminuiriam", e pelo resto de sua vida ela retornaria repetidamente para conduzir pesquisas de pós-graduação em Antropologia e trabalhar para agências internacionais dedicadas a promover as perspectivas econômicas das mulheres. O próprio Barack Obama regressava de vez em quando e, em todo o caso, permanecia sempre "assombrado pelas memórias — a sensação de lama sob os pés descalços enquanto eu vagueava pelos campos de arroz; a visão do dia acabar atrás de picos vulcânicos; a chamada do muezim à noite e o cheiro de madeira queimada; as negociações nas barracas de fruta junto à estrada; o som frenético de uma orquestra gamelã, os rostos dos músicos iluminados pelo fogo". Ele também escreveu em 2006 que "Eu gostaria de levar Michelle e as meninas para compartilhar esse pedaço da minha vida, escalar as ruínas hindus milenares de Prambanan ou nadar em um rio no alto das colinas balinesas". E, em 2017, ele fez.[93]

Barack Obama conta assim a história de sua própria estadia na Indonésia, de suas interações com o país e seu povo, da relação de sua mãe e seu padrasto, das relações deles com a Indonésia e seu povo, e as de outros americanos no exterior também. E da própria Indonésia e de sua relação com os Estados Unidos, e da Indonésia como metáfora da história das relações americanas com o mundo durante uma longa, complexa e mutável era de sessenta anos. Esse pequeno ensaio é, portanto, uma aula magistral sobre como sintetizar a história — uma história do eu, das relações individuais, das comunidades, das duas nações, das relações exteriores americanas e do mundo, tudo em um, tudo em menos de dez páginas eruditas. Barack Obama é um grande historiador em muitos aspectos, mas se ele tem uma habilidade característica, é esta facilidade para a síntese.

Mas o veredito de Obama sobre a política externa da América no passado distante e recente é que "nosso histórico é misto — não apenas na Indonésia, mas em todo o mundo. Por vezes, a política externa americana tem sido clarividente, servindo simultaneamente os nossos interesses nacionais, os nossos ideais e os interesses de outras nações. Em outras ocasiões, as políticas americanas foram mal orientadas, baseadas em falsas suposições que ignoram as aspirações legítimas de outros povos, minam nossa própria credibilidade e contribuem para um mundo mais perigoso".[94]

E esse é o caso não apenas na Indonésia e não apenas no resto do mundo, mas também na América, pois essas palavras também podem se aplicar ao cálculo de Obama sobre as relações dos Estados Unidos com os nativos americanos. Como vimos anteriormente neste capítulo, pelo menos algumas políticas americanas recentes em relação às nações e povos nativos *têm sido clarividentes, servindo simultaneamente nossos interesses nacionais, nossos ideais e os interesses de outras nações.* Porém, durante boa parte de sua história, as políticas americanas em relação aos índios têm se *baseado em falsas suposições que ignoram as aspirações legítimas dos povos nativos.* De fato, pensando na ideologia do *dominium* e do *imperium* que foi implantada para justificar a colonização europeia e a expansão ocidental dos Estados Unidos, não haveria história americana como a conhecemos sem aquelas *falsas suposições que ignoram as aspirações legítimas dos povos nativos.*

ELE VIVEU PARA VER

E da mesma forma que Barack Obama diz que "o nosso histórico é misto" através da história de um único país, ele também expressa o seu dom de síntese na história de um único indivíduo. E a história tem uma mensagem muito semelhante, uma mensagem que não evita a injustiça e a opressão, mas que é, em última análise, otimista.

Hartford "Sonny" Black Eagle era um índio apsaalooke que nasceu na Reserva Crow em Montana em dezembro de 1933 e que se tornou um curandeiro tradicional e porta-voz da tribo crow e, mais tarde, também de outras nações. Era conhecido pelo nome crow *Alaxalus-shixiassaah*, que significa "casco trovejante". Ele resumiu sua filosofia com as palavras: "Só há uma raça: Humanidade." Em 2008, quando Barack Obama fez a primeira visita de um candidato presidencial a uma reserva indígena, Black Eagle fez dele seu filho adotivo, um membro do povo apsaalooke, e deu-lhe o nome crow *Awe Kooda Bilaxpak Kuxshish*, que significa "aquele que ajuda as pessoas em toda a terra". Obama orgulhosamente mencionou essas honras em todas as Conferência das Nações Tribais entre 2009 e 2011, e prometeu tentar viver de acordo com o significado de seu nome indígena americano.[95]

Hartford "Sonny" Black Eagle faleceu em novembro de 2012, com 68 anos, pouco antes da quarta Conferência das Nações Tribais. Barack Obama prestou-lhe homenagem nessa ocasião. Ele descreveu seu pai adotivo primeiro como "um ancião reverenciado" para a nação crow e um "ancião respeitado" para muitas outras. E, depois de mencionar novamente que "Sonny Black Eagle me adotou na Nação Crow durante minha campanha de 2008", Obama disse que "podemos celebrar sua vida notável e tudo o que aconteceu ao longo do caminho, porque a história de Sonny não é apenas a jornada de um homem para manter sua cultura viva, mas a jornada de um país para continuar se aperfeiçoando".[96]

E Obama passou a contar a vida de Sonny Black Eagle e a história da América da seguinte forma, incluindo o que foi mal orientado e o que foi clarividente, incluindo o sofrimento e a luta, mas também incluindo a mútua construção de uma união mais perfeita. "Então, Sonny Black Eagle nasceu em 1933, nos arredores de Lodge Grass, Montana", disse Obama.

Foi lá que os avós o criaram, depois que a mãe morreu de tuberculose; onde ele cuidou do gado quando criança; e onde, como adulto, criou uma família própria. E Sonny foi criado nos caminhos tradicionais dos Crow, com os mesmos valores que muitos de vocês partilham — reverência pela Terra, para cuidar da Terra e para cuidar uns dos outros; para honrar os antepassados e preservar as tradições.

Manter-se fiel a esses valores nem sempre foi fácil. Quando criança, se Sonny falasse crow na escola, seus professores lhe golpeariam a mão com uma régua. Quando adolescente, quando ia comer em restaurantes locais, às vezes encontrava uma placa na porta que dizia: "Não são permitidos índios ou cães". Na década de 1950, quando Sonny e sua esposa, Mary, começaram uma nova vida juntos, o governo implantou uma política de assimilação forçada — um movimento que remontava aos tempos em que as religiões e línguas indígenas eram proibidas. A política foi chamada de "rescisão" por uma razão — era para acabar com os governos tribais na América de uma vez por todas.

Então Sonny, como muitos de vocês, conhecia a intolerância e a injustiça. Ele sabia como era ser perseguido pelo que se é e pelo que se acredita. Mas, com o passar do tempo, ano após ano, década após década, à medida que os nativos americanos se reuniam e marchavam juntos, à medida que os estudantes desciam em Alcatraz e os ativistas ocupavam Frank's Landing, à medida que o respeito e a valorização de sua herança única cresciam e uma luta seminal se desenrolava, Sonny vivia para ver outra coisa. Ele viu um novo começo.

Ele viveu para ver um governo que virou a página sobre um passado conturbado e adotou uma nova política em relação aos indígenas americanos — uma política centrada na autodeterminação e no direito dos governos tribais de fazer o que acharem melhor para fortalecer suas comunidades.

Nos últimos quarenta anos, essa política teve um grande impacto. Ela lhes deu poderes para criar instituições mais fortes. Permitiu-lhes estabelecer uma lei e uma ordem mais eficazes. Lançou as bases para uma verdadeira e duradoura relação "governo a governo" com os Estados Unidos.

E durante essas décadas, quando Sonny passou de pai a tataravô; e quando ensinou à sua família a língua crow e à sua comunidade os costumes crows; quando se tornou um símbolo vivo da perseverança de toda a nação crow, Sonny manteve-se fiel a esses valores fundamentais — a esses valores fundamentais — para cuidar da Terra e uns dos outros, para honrar os antepassados e preservar as tradições.

E esses não são apenas os valores do Sonny. Na verdade, não são apenas valores apreciados pelos nativos americanos. Esses devem ser e são valores americanos. E eles estão no centro de alguns dos maiores desafios do nosso país — reconstruir a classe média; construir escadas de oportunidades para todos que trabalham duro; proteger nosso planeta; deixar para nossos filhos algo melhor do que herdamos; garantir que os americanos permaneçam otimistas quanto ao futuro e que este nosso país continue sendo o lugar onde não importa quem você é, como você se parece ou de onde você vem ou qual é seu sobrenome, você consegue se sair bem aqui se tentar.[97]

Essa história de Hartford "Sonny" Black Eagle não foi a única vez que Obama expressou sua visão da história americana através da vida de um único indivíduo. Nem foi a primeira vez que o fez de uma forma tão magistral e comovente, como veremos ao concluirmos nossa jornada na história americana de Barack Obama.

EPÍLOGO
Dentre muitos, um: Barack Obama da história americana

ELA VIVEU PARA VER

Em 2 de novembro de 2004, Barack Obama foi eleito senador do estado de Illinois. Em seu discurso de vitória naquela noite, no salão de baile do hotel Hyatt Regency em Chicago, ele lembrou:

> Contei a alguns de vocês uma história de uns dias atrás, em que, durante um comício que o clero tinha organizado no lado sul de Chicago, me pediram que me encontrasse com uma mulher que havia comparecido a uma recepção antes. E ela era uma mulher que já tinha votado fora de sua seção original para votar em mim e queria apertar a minha mão e tirar uma foto comigo. E ela veio à recepção e foi muito gentil e disse como estava orgulhosa de ter votado em mim e como estava orgulhosa da campanha que fizemos. Apertamos as mãos, nos abraçamos, tiramos uma foto e tudo isso seria corriqueiro, exceto pelo fato de ela ter nascido em 1899. O nome dela era Margaret Lewis. Ela

pode estar vendo televisão esta noite. Ela tem 104 anos. Ela terá 105 anos no dia 24 de novembro.[1]

O senador eleito fez uma reflexão sobre a vida de Margaret Lewis. "Tentando imaginar", disse ele, "como seria para essa mulher, uma mulher afro-americana nascida em 1899, nascida na sombra da escravidão. Nascida no meio de Jim Crow. Nascida antes de haver automóveis ou estradas para transportar esses automóveis. Nascida antes de haver aviões no céu, antes de haver telefones, televisões e câmaras. Nascida antes dos celulares e da Internet. Imaginando a sua vida ao longo de três séculos". E continuou as suas imaginações à sua maneira eloquente:

> Ela viveu para ver a Primeira Guerra Mundial; viveu para ver a Grande Depressão; viveu para ver a Segunda Guerra Mundial; e viveu para ver seus irmãos, tios, sobrinhos e primos voltando para casa e ainda sentando no fundo de um ônibus.
>
> Ela viveu para ver as mulheres terem o direito de votar. Ela viveu para ver FDR arrastar essa nação para fora de seu próprio medo e estabelecer a Lei GI e a seguridade social e todos os programas que agora tomamos como certo. Ela viu os sindicatos surgirem e viu famílias de imigrantes vindos de todas as direções, construindo uma vida melhor para si nesta nação.
>
> E, no entanto, ela ainda foi retida por seu status até que finalmente viu a esperança romper o horizonte e o Movimento dos Direitos Civis. E mulheres que estavam dispostas a andar em vez de ir de ônibus depois de um longo dia de trabalho lavando a roupa de outra pessoa e cuidando dos filhos de outra pessoa. E ela viu jovens de todas as raças e credos pegarem um ônibus até Mississipi e Alabama para registrar eleitores e alguns deles nunca mais voltarem. E ela viu quatro meninas pequenas morrendo em uma escola dominical e catalisando uma nação. E então ela viu a Lei dos Direitos Civis de 1964 sendo aprovada e a Lei dos Direitos de Voto de 1965 sendo aprovada.
>
> E ela viu pessoas fazendo fila para votar pela primeira vez e ela estava entre esses eleitores e ela nunca esqueceu. E continuou a votar em todas

e cada uma das eleições, em todas e cada uma das eleições pensando que havia um futuro melhor pela frente, apesar das suas provações, apesar das suas tribulações, acreditando continuamente nesta nação e nas suas possibilidades. Margaret Lewis acreditava. E ela ainda acredita, aos 104 anos, que sua voz importa, que sua vida conta, que sua história é sagrada, assim como a história de cada pessoa nesta sala e as histórias de seus pais e avós, o legado que estabelecemos. A história de tantas pessoas construindo, mão calejada por mão calejada, tijolo por tijolo, um futuro melhor para nossos filhos.[2]

Essa é, naturalmente, uma história muito comovente de uma cidadã muito idosa, mas é também uma interpretação fascinante da história de uma nação. Vamos examiná-lo como um ensaio histórico.

O período de tempo coberto por essas palavras conecta três séculos, como diz Obama, e inclui todo o século xx. Mas Obama não se contenta com uma periodização baseada apenas em acontecimentos do calendário. Em vez disso, ele enquadra a era da vida de Margaret Lewis como começando na "sombra da escravidão" e chegando ao dia em que ela poderia votar apenas no quinto afro-americano em 115 anos a ganhar um assento no Senado dos Estados Unidos.

Esse enquadramento estabelece a era como uma transformação, começando no período de opressão, mas abrangendo o progresso e terminando em uma instância de libertação. Portanto, através da vida dela, nas palavras de Obama, somos testemunhas da evidência de todos esses fenômenos. Da segregação: do racismo em que foi fundado, tipificado pelo menestrel pintado "Jim Crow", às tribulações cotidianas de mundos separados e desiguais, à desigualdade material e à pobreza que impuseram, à violência em que se fundaram essas iniquidades, como representadas pelos manifestantes que nunca voltaram para casa e pelas crianças mortas no bombardeio da Igreja Batista da rua 16 em Birmingham, Alabama, em setembro de 1963. Mas também vemos a luta contra a segregação e a privação de direitos, e vemos a vitória na forma de uma legislação federal que proíbe a discriminação e reforça a mais fundamental das liberdades democráticas. E vemos Margaret Lewis finalmente empregar essa liberdade para ajudar a eleger um compatriota afro-americano para a mais alta legislatura do país.

Mas o ensaio de Barack Obama não é apenas uma narrativa de eventos. Na verdade, está repleto de temas interpretativos. A própria narrativa é interpretativa, é claro, e o enquadramento mencionado nos mostra provação, tribulação e, finalmente, triunfo. Além disso, Obama não se coíbe de destacar a injustiça, a opressão e o assassinato nos eventos que retrata e na linguagem que usa. Ele mostra também como é longa a luta para corrigir esses erros. E essa libertação não é um presente dado pelos privilegiados, mas um prêmio ganho pelos cidadãos que lutam por ela, "construindo, mão calejada por mão calejada, tijolo por tijolo, um futuro melhor para nossos filhos" — uma frase que Obama usou em outras ocasiões, como vimos no início deste livro.[3]

No entanto, apesar de toda a divisão causada pela iniquidade, a luta pela igualdade tem tudo a ver com a união. Jovens de "todas as raças e todos os credos" fazem campanha pela justiça, "uma nação é catalisada" por um atentado terrorista, e cidadãos de todas as origens se reúnem para vencer guerras no exterior em 1917-1918 e 1941-1945, apesar do que os divide em casa. A história da miséria e libertação afro-americana é também, para Obama, indivisível, a partir das histórias de julgamentos e triunfos semelhantes de mulheres, de imigrantes, de trabalhadores, de pobres, de todas as raças.

E da união vem o progresso, o último tema histórico de Barack Obama. Direitos e votos iguais para os afro-americanos e para as mulheres são obviamente vitórias, mas Obama reforça a ideia de que eles representam o progresso com suas alusões, longe de acidentais, às transformações tecnológicas, da mesma maneira que vimos no início do capítulo seis. Não havia automóveis, estradas ou aviões "à sombra da escravidão", nem telefones, nem televisões, nem câmeras. E "Jim Crow" nunca nos deu celulares ou a internet. Essas coisas vieram com o direito de voto para as mulheres, com o New Deal para os pobres, com os direitos civis para os negros americanos. A modernidade política e material chegam juntas, de mãos dadas; igualdade e liberdade relacionadas inextricavelmente com as buscas metafóricas pela felicidade.

No entanto, por toda a extensão deste ensaio e por todo o tempo e temas que ele abrange, Margaret Lewis permanece no centro dessa história americana, o foco de narrativa e interpretação. Ela nasceu na "sombra da escravidão" e "no meio de Jim Crow". Não havia automóveis ou estradas, aviões, telefones, televisões, câmeras, celulares ou internet quando *ela* nasceu. A sra. Lewis pode ser apenas uma pessoa, mas Barack Obama afirma a atuação e o valor dela com seu próprio poder retórico: "sua voz importa... sua vida conta... sua história é sagrada."

Ao colocá-la no contexto de tudo o que ela viveu para ver, ele retrata sua vida em estilo épico. E, ainda assim, para Barack Obama, há mais em Margaret Lewis do que sua individualidade épica. Primeiro, e talvez mais obviamente, sua história é exemplar — é "como a história de cada pessoa nesta sala e as histórias de seus pais e avós, o legado que estabelecemos". No entanto, ela também é algo mais do que exemplar na narrativa que Obama faz da vida dela, algo que nos diz muito sobre o que ele pensa da natureza da experiência americana. A individualidade dela é importante e a experiência é, por si mesma, épica, mas também devido a tudo o que ela conecta e de tudo o que ela viveu para ver. Esse refrão, "Ela viveu para ver", posiciona a sra. Lewis tanto como um agente ativo em sua própria história quanto como uma observadora interessada dos outros, uma participante e uma testemunha de todos os grandes eventos do século xx. Logo, ela é mais do que apenas um indivíduo, ela é um membro de uma comunidade maior, uma cidadã engajada de uma nação democrática.

O grande historiador Benedict Anderson descreveu uma nação como uma "comunidade imaginada", na qual um indivíduo sente afinidade com milhões de outras pessoas, pessoas que ele ou ela nunca conheceu. Margaret Lewis certamente imagina a sua nação dessa maneira, mas ela também age e vê, participa e dá testemunho, e ajuda a fazer com que as transformações aconteçam. Ela é a personificação do sincretismo americano de Obama — uma dentre os muitos "Nós, o povo" que fazem uma união mais perfeita. Para Barack Obama, Margaret Lewis *é* a comunidade nacional americana, e a comunidade nacional americana *é* Margaret Lewis.[4]

A GERAÇÃO JOSUÉ

O que nos leva à questão de como Barack Obama conta a história de si mesmo. Como ele, nas palavras de E. J. Dionne e Joy-Ann Reid, se "historicizou regularmente". Sua história está novamente contando uma história de um indivíduo no contexto de uma comunidade. Ou melhor, de três comunidades conectadas e suas histórias inter-relacionadas: da comunidade afro-americana; de uma comunidade política progressista americana; e de uma comunidade nacional americana também. E essas comunidades não só conectaram o presente, como também conectaram o passado. Vamos ver a relação dele com cada uma.[5]

Barack Obama escreveu uma autobiografia, *Dreams from my Father: A Story of Race and Inheritance*, publicada pela primeira vez em 1995 e atualizada e republicada em 2004, ano em que proferiu o discurso principal na Convenção Nacional Democrata e que concorreu e ganhou o lugar no Senado dos Estados Unidos. Não há dúvidas de que haverá uma versão atualizada ou, mais provavelmente, uma nova versão em breve. Houve também numerosas biografias e, sem dúvida, muitas mais virão. Mas autobiografias e biografias são necessariamente sobre o tornar-se de alguém. Esse livro, no entanto, concentrou-se no que Barack Obama se tornou, ou pelo menos no historiador americano que ele se tornou, uma vez que suas opiniões sobre esse assunto estavam mais ou menos estabelecidas. Da mesma forma, o relato intrínseco de seus textos de si mesmo dentro do fluxo da história americana é amplamente limitado ao que ele disse desde que se tornou quem é, com notoriedade.[6]

No entanto, vale a pena notar primeiro que, ao escrever sobre sua vida, Obama usou expressões de mais de dois séculos de autobiografia afro-americana, incluindo as expressões decorosas, começando com *A Narrative of the Uncommon Sufferings and Surprising Deliverance of Briton Hammon, A Negro Man* (1760), e continuando com Ukawsaw Gronniosaw e Olaudah Equiano no século XVIII, Frederick Douglass, Solomon Northup e Harriet Jacobs no século XIX, e Booker T. Washington, W. E. B. Du Bois, Langston Hughes, Richard Wright, Zora Neale Hurston, James Baldwin, Malcolm X e Maya Angelou no século XX.

E muitos, muitos outros além desses. O teórico literário Robert Stepto chama esse tipo de *storytelling* de "narrativa de ascensão", começando em "Sofrimentos" mas terminando em "Libertação", e é também uma espécie de análogo individualizado da narrativa whiggiana radical do progresso duramente conquistado da nação. Obama, obviamente, nunca sofreu todas as dores que seus antecessores sentiram, como ele admite prontamente. Mas a sua narração da história de si mesmo segue uma narrativa semelhante de dificuldade inicial, de autodescoberta e, então, de uma viagem à liberdade — a liberdade da mente, se não do corpo, como foi nos dias da escravidão — e, finalmente, da entrada em uma comunidade de companheiros.[7]

Outro grande estudioso da experiência americana africana, talvez o maior, Henry Louis Gates Jr., afirmou que os ex-escravos escreveram autobiografias em parte para "demonstrar" sua "participação na comunidade humana" depois que a escravidão os tinha definido como propriedade. Barack Obama nunca teve que provar a sua humanidade, já que ele nasceu um bom tempo depois do fim da escravidão. Porém, a sua história ainda era sobre encontrar participação em comunidades que tinham dificuldade em acomodar o seu hibridismo. No entanto, como Frederick Douglass e muitos outros, ele finalmente encontrou o que buscava em uma nação americana que se tornou lentamente mais acolhedora de pessoas como ele. Mas, como Douglass, Obama primeiro encontrou essa participação na comunidade afro-americana.[8]

Em 4 de março de 2007, Barack Obama fez um discurso na capela Brown em Selma, Alabama, em uma comemoração da Marcha dos Direitos de Voto de 1965, embora tenha sido também um evento antecipado das primárias democratas que precederam a eleição presidencial do ano seguinte. Na verdade, o discurso estava mais próximo de um sermão, provavelmente o mais próximo que Obama já chegou de uma homilética completa. Entre as muitas coisas que ele falou naquele dia estavam os medos e dúvidas que alguns tinham sobre ele concorrer à presidência, medo pela vida dele, em primeiro lugar, mas também dúvidas sobre a sua experiência de vida. Ele mencionou, no entanto, uma carta que recebeu do reverendo Otis Moss Jr., na qual o renomado pregador de Cleveland, Ohio, disse que "se há algumas pessoas lá fora que estão questionando se você deve ou não concorrer, basta dizer-lhes para olhar para a história de Josué, porque você faz parte da geração Josué". E, assim, em Selma, Obama começou a falar "sobre Moisés, Aarão e Josué".[9]

Obama deu os devidos agradecimentos primeiro, é claro, à geração Moisés da qual Otis Moss Jr. era membro, àqueles que lutaram pelos direitos civis. Estamos, disse Obama, "hoje, na presença de muitos Moisés. É por eles terem marchado que elegemos vereadores, congressistas. É por eles terem marchado que temos Artur Davis e Keith Ellison. É por eles terem marchado que eu tenho o tipo de educação que eu tenho, uma licenciatura em Direito, um assento no Senado de Illinois e, finalmente, no Senado dos Estados Unidos... É por eles terem marchado que estou aqui hoje, perante vós. Estou aqui porque alguém marchou. Estou aqui porque todos vocês se sacrificaram por mim. Estou nos ombros de gigantes". E Obama nomeou muitos gigantes. "Havia pessoas como Anna Cooper e Marie Foster", disse ele, "e Jimmy Lee Jackson e Maurice Olette, C. T. Vivian, reverendo Lowery, John Lewis, que disseram que podemos imaginar algo diferente e que sabemos que há algo lá fora para nós também".[10]

Mas Obama também empregou o tipo de linguagem bíblica e alegórica que muitas gerações de afro-americanos tinham usado antes, começando pelos escravizados, que tiraram a esperança e a inspiração de Moisés, libertando seu povo da escravidão, e de Josué, levando-o à liberdade na Terra Prometida. "Como Moisés", disse Obama sobre os líderes dos direitos civis, entre os quais ele estava, "eles desafiaram o Faraó, os príncipes, poderes que disseram que alguns estão no topo e outros estão no fundo, e é assim que vai ser... Graças a Deus", ele continuou,

> Ele nos fez à Sua imagem e nós rejeitamos a noção de que, para o resto de nossas vidas, estaremos confinados a uma posição de inferioridade, que não podemos aspirar ao mais alto nível, que os nossos talentos não podem ser expressos ao máximo. E, assim, devido ao que suportaram,

devido ao que marcharam; libertaram um povo da escravidão.

Eles os levaram para o outro lado do mar, que as pessoas pensavam que não podia ser dividido. Eles vaguearam por um deserto, mas sempre sabendo que Deus estava com eles e que, se mantivessem essa confiança em Deus, estariam bem. E foi por eles terem marchado que a geração seguinte não sangrou tanto.[11]

Obama então falou da missão de sua própria geração, porém, ao fazer essa transição retórica ele implícita mas acertadamente nos lembra das últimas palavras públicas de um Moisés americano, o reverendo Martin Luther King Jr. "Agradeço à geração Moisés", disse Obama, "mas temos que lembrar, agora, que Josué ainda tinha um trabalho a fazer. Por maior que tenha sido Moisés, apesar de tudo o que ele fez, libertando um povo da escravidão, ele não atravessou o rio para ver a Terra Prometida. Deus disse-lhe que o trabalho dele está feito. Você verá. Estará no topo da montanha e poderá ver o que prometi. O que prometi a Abraão, Isaac e Jacó. Verá que cumpri essa promessa, mas não irá até lá".[12]

No templo do bispo Charles Mason em Memphis, Tennessee, em 3 de abril de 1968, na noite anterior à sua morte, Martin Luther King Jr. meditou sobre sua própria mortalidade. Seu discurso, "Eu estive no topo da montanha", merece ser citado um pouco, porque King desenhou aqueles paralelos e continuidades entre o tempo bíblico e o tempo americano, da mesma forma que os escravos desenharam antes e que Barack Obama vem desenhando desde então. Mas também vale a pena citar longamente. "E você sabe," disse King,

se eu estivesse no início dos tempos, com a possibilidade de ter uma espécie de visão geral e panorâmica de toda a história humana até agora, e o Todo-Poderoso me dissesse: "Martin Luther King, em que era você gostaria de viver?" Eu pegaria meu voo mental pelo Egito e observaria os filhos de Deus em sua magnífica caminhada das masmorras escuras do Egito através, ou melhor, por dentro do Mar Vermelho, através do deserto em direção à Terra Prometida. E, apesar da magnificência disso, eu não pararia lá.

Seguiria pela Grécia e levaria a minha mente para o Monte Olimpo. E eu veria Platão, Aristóteles, Sócrates, Eurípedes e Aristófanes reunidos em torno do Panteão. E eu os observaria ao redor do Panteão enquanto discutiam as grandes e eternas questões da realidade. Mas eu não pararia lá.

Eu seguiria em frente, até o grande apogeu do Império Romano. E eu veria evoluções por lá, através de vários imperadores e líderes. Mas eu não pararia lá.

Eu chegaria até o dia da Renascença, e pegaria uma rápida imagem de tudo o que a Renascença fez pela vida cultural e estética do homem. Mas eu não pararia lá.

Eu até seguiria pelo caminho do homem por quem fui nomeado. E eu observaria Martin Luther colocar as suas 95 teses na porta da igreja de Wittenberg. Mas eu não pararia lá.

Eu chegaria até 1863 e veria um presidente vacilante chamado Abraham Lincoln chegar finalmente à conclusão de que tinha de assinar a Proclamação da Emancipação. Mas eu não pararia lá.

Eu chegaria até os anos 1930 e veria um homem lutando com os problemas da falência de sua nação. E chegando com uma súplica eloquente de que não temos nada a temer a não ser "o próprio medo". Mas eu não pararia lá.

Estranhamente, eu me voltaria para o Todo-Poderoso e diria: "Se você me permitir viver apenas alguns anos na segunda metade do século xx, serei feliz."[13]

Mas é claro que ele não viveu mais alguns anos. Depois de refletir sobre os "dias difíceis que se avizinham" e ensaiar as suas ideias para construir um futuro melhor para todos, ele disse: "Mas agora isso já não me interessa, porque já estive no topo da montanha." E ele continuou:

Como qualquer um, eu gostaria de viver uma vida longa. A longevidade tem o seu lugar. Mas não estou preocupado com isso agora. Só quero fazer a vontade de Deus. E Ele permitiu que eu subisse à montanha. E eu olhei. E já vi a Terra Prometida. Posso não chegar lá com vocês. Mas quero que saibam, esta noite, que nós, como povo, chegaremos à Terra Prometida![14]

Então Barack Obama prometeu a seu próprio Moisés que levaria a geração Josué àquela Terra Prometida.

AS HISTÓRIAS — TORNARAM-SE A NOSSA HISTÓRIA, A MINHA HISTÓRIA

Embora nenhuma pessoa decente tenha duvidado da herança africana e americana de Barack Obama, houve, pelo menos na época, aqueles que mais razoavelmente questionaram sua herança "afro-americana". Como disse Obama no mesmo discurso em Selma, "muitas pessoas têm perguntado, bem, sabe como é, seu pai era da África, sua mãe, ela é uma mulher branca do Kansas. Não sei se você tem a mesma experiência." E ele notou que não era mesmo descendente de escravos e que o "quinto avô de sua mãe tinha escravos".[15]

Mas, de qualquer maneira, ele tinha as suas respostas para essas perguntas. No sermão de Selma, ele relatou sua própria memória familiar do imperialismo britânico no Quênia para estabelecer paralelos com a experiência negra na América. "Vejam", disse ele, "o meu avô era cozinheiro dos britânicos no Quênia. Cresceu em uma pequena aldeia e, durante toda a sua vida, foi apenas isso — um cozinheiro e um rapaz da casa. E era assim que o chamavam, mesmo quando tinha sessenta anos. Eles o chamavam de rapaz da casa. Não o chamavam pelo sobrenome. Parece familiar?" E acrescentou que o seu avô "tinha que carregar uma caderneta, porque os africanos, em sua própria terra, em seu próprio país, naquela altura, por se tratar de uma colônia britânica, não podiam circular livremente". Ele, portanto, implícita mas claramente, comparou as circunstâncias de seu avô africano com as dos escravos americanos que tinham que carregar um passe se estivessem fora das terras de seus senhores. "Eles só podiam ir para onde lhes falavam para irem", disse ele, "eles só podiam trabalhar onde lhes falavam para trabalharem". E "então," Obama insistiu, "não diga que eu não tenho direito de reivindicação sobre Selma, Alabama. Não diga que eu não vou voltar para casa em Selma, Alabama".[16]

Como David Remnick e outros observaram e conforme o próprio Barack Obama indica na sua autobiografia, a experiência pessoal de Onyango Obama no domínio imperial britânico não foi incessantemente sombria — tão opressiva e assassina quanto havia sido para muitos outros. Mas, em todo caso, além de raça e herança, Obama também tinha seu próprio senso pessoal de pertencimento à comunidade afro-americana e ao curso da história dessa comunidade, que ele expressou com impressionante eloquência em *Dreams from my Father*. Recordando a primeira vez que ouviu o reverendo Jeremiah Wright pregar sobre "a audácia da esperança" na igreja da Trindade Unida em Cristo, em Chicago, ele escreveu:

> E naquela única nota — esperança! — eu ouvi outra coisa; ao pé daquela cruz, dentro das milhares de igrejas por toda a cidade, imaginei as histórias de pessoas negras comuns se fundindo com as histórias de Davi e Golias, de Moisés e do Faraó, dos cristãos na cova do leão, do campo de ossos secos de Ezequiel. As histórias — de sobrevivência, de liberdade e de esperança — tornaram-se a nossa história, a minha história; aquele sangue que foi derramado era o nosso sangue; as lágrimas eram as nossas lágrimas.[17]

A maioria dos afro-americanos, de uma forma ou de outra e, mais cedo ou mais tarde, começaram a aceitar as respostas de Obama às suas perguntas, e a reconhecer esse filho do Kansas e do Quênia como um dos seus. E muitos também começaram a aceitar um sentido do lugar dele na história americana. Nas últimas semanas da eleição presidencial de 2008, após ter sido transmitido na Rádio Pública Nacional em 28 de outubro e atribuído a um *job trainer* de St. Louis chamado Ed Welch, um poema se tornou popular:

Rosa se sentou para que Martin pudesse andar
Martin andou para que Obama pudesse correr
Obama está correndo para que os nossos filhos possam voar![18]

UM ADVOGADO AUTODIDATA, ALTO E DESENGONÇADO DE SPRINGFIELD

Nos outros capítulos, bem como no intertítulo anterior, vimos como Barack Obama foi inspirado por líderes negros anteriores, como Martin Luther King e, antes dele, Frederick Douglass e muitos outros também. E isso nos lembra que as comunidades americanas de Barack Obama estão ligadas entre si. Esses homens não eram apenas líderes afro-americanos, mas também líderes americanos, membros da comunidade negra e de uma comunidade progressista americana mais ampla. Tanto é que Obama alcançou a comunidade afro-americana em seu discurso em Selma, em março de 2007, e também alcançou mais além. Estamos "na presença, hoje, de muitos Moisés. Estamos na presença hoje de gigantes cujos ombros estamos em cima, pessoas que lutaram", disse ele, "não apenas em nome dos afro-americanos, mas em nome de toda a América". E logo após mencionar essas batalhas "em nome de toda a América", ele descreveu os sacrifícios dessas pessoas usando os termos que Abraham Lincoln usou em seu discurso de Gettysburg em 1863. Obama falou daqueles que "lutaram pela alma da América, que derramaram sangue, que sofreram provocações e... tormentos e, em alguns casos, deram a medida total de sua devoção"[19]

Apenas alguns momentos antes disso, Obama tinha mencionado Lincoln pelo nome, e um lugar onde Lincoln tinha estado, e também palavras sagradas que Lincoln tinha lido, e outra frase que Lincoln tinha usado. "Sabe," ele disse à plateia, "várias semanas atrás, depois que eu tinha anunciado que estava concorrendo à presidência dos Estados Unidos, eu estava na frente do Old State Capitol em Springfield, Illinois, onde Abraham Lincoln fez seu discurso declarando, tirando da Escritura, que uma casa dividida não consegue ficar de pé".[20]

Parte da razão para as frequentes menções de Barack Obama a Abraham Lincoln é um desejo de se alinhar às tradições históricas progressistas da América — tradições que se aliaram, pelo menos eventualmente, com as causas dos afro-americanos. Já vimos como Obama se identifica intimamente com os Pais Fundadores da América, mas é notável que só o faz a nível intelectual e político, porque ele não parece se identificar com esses homens proprietários de escravos em um nível íntimo e pessoal. A exceção instrutiva é Benjamin Franklin. Obama lembrou uma vez, pensando sobre o paralelo entre o seu próprio compromisso com o serviço público e o de Franklin, citando a fala desse Pai Fundador à própria mãe: "Prefiro que me digam: 'Ele viveu bem', do que 'ele morreu rico'." Mas o serviço público não foi necessariamente a distinção particular que fez com que Obama se identificasse especialmente com Franklin. Como vimos no capítulo um, Franklin teve escravos no início de sua vida, mas ele mudou. Seu último ato público, no início de uma Revolução Americana que ele tanto fez para moldar, foi pedir o fim da escravidão.[21]

No entanto, mesmo a conexão que Barack Obama fez com Benjamin Franklin foi fugaz, em contraste com a que ele fez repetidamente com Abraham Lincoln. Obama identifica-se com o 16º presidente. Parte da afinidade é baseada na Geografia, já que Obama, nascido no Havaí, é filho adotivo de Illinois, assim como Lincoln, que nasceu no Kentucky. Por isso, Obama começou seu discurso para a campanha eleitoral presidencial de John Kerry em 2004 com a seguinte saudação: "Em nome do grande estado de Illinois, encruzilhada de uma nação, Terra de Lincoln, deixe-me expressar minha profunda gratidão pelo privilégio de me dirigir a esta convenção." Abraham Lincoln foi, portanto, a primeira pessoa que a maioria de nós ouviu Barack Obama mencionar.[22]

Além disso, quando Obama anunciou sua candidatura à presidência em fevereiro de 2007, ele não o fez em sua própria cidade natal, Chicago, mas na cidade de Lincoln, Springfield, na "sombra do Old State Capitol, onde", de fato, "Lincoln uma vez clamou para que uma casa dividida se unisse". Obama, naturalmente, tinha servido no Capitólio e na capital como senador de Illinois, por isso fez sentido que o anúncio tenha sido feito lá. Mas a atenção de Obama a Lincoln não foi apenas um acontecimento situacional e um gesto passageiro.[23]

A referência à "casa dividida" não foi o único momento retórico lincolniano do discurso de anúncio da candidatura de Obama, nem foi necessariamente o mais revelador. Obama também aludiu a esse provérbio em outros momentos, combinando referências ao discurso de Lincoln de 1858 com empréstimos do discurso de posse dele em 1861: "Como Lincoln disse a uma nação muito mais dividida do que a nossa", disse Obama, "não somos inimigos, mas amigos. Embora a paixão possa ter se desgastado, ela não deve romper os nossos laços de afeto". E Obama também citou a paráfrase bíblica de Ezequiel no discurso "Uma casa dividida" de Lincoln: "De elementos estranhos, discordantes e até mesmo hostis, nós nos reunimos dos quatro ventos, nos preparamos e lutamos para enfrentar a batalha.". E, nas palavras finais do seu anúncio, Obama usou uma linha do discurso de Lincoln de 1863 em Gettysburg: "Vamos terminar o trabalho que precisa ser feito, e inaugurar um renascimento de liberdade nesta Terra."[24]

E essas citações eram mais do que meras afetações oratórias. Obama realmente acredita que Lincoln tem lições para nos ensinar hoje, e ele até mesmo posicionou Lincoln retoricamente, como se ele estivesse falando diretamente conosco. "Ele nos diz que há poder nas palavras", afirma Obama, "ele nos diz que há poder na convicção. Que sob todas as diferenças de raça e região, fé e posição, nós somos um só povo. Ele nos diz que há poder na esperança". E foi "por sua vontade e suas palavras", Obama ainda observou que "ele moveu uma nação e ajudou a libertar um povo. É por causa dos milhões que se uniram à sua causa que já não estamos divididos, Norte e Sul, escravos e livres".[25]

E a localização, a citação e a instrução histórica não foram os únicos meios que Barack Obama usou naquele dia para criar uma ligação com Lincoln. Ele também apresentou uma comparação física e, portanto, pessoal, bem como uma comparação profissional e política entre ele mesmo e o homem que ele pretendia seguir do Congresso até a Casa Branca. Obama fundiu a narrativa biográfica de Lincoln com suas próprias aspirações quando falou sobre "a vida de um advogado autodidata, alto e desengonçado de Springfield" que nos "diz que um futuro diferente é possível".[26]

Claro que pode ser perigoso para um político identificar-se tão intimamente com uma figura histórica tão lendária como Lincoln. Em *The Audacity of Hope*, Obama recordou a ocasião em 2005, quando os editores do *Time* lhe pediram para contribuir com uma edição especial da revista sobre o significado do 16º presidente hoje. Não tendo tempo para escrever algo novo, Obama deu-lhes o texto de um discurso que ele tinha dado alguns meses antes em Springfield, na inauguração de uma nova Biblioteca Presidencial Lincoln. Os editores aceitaram, mas pediram a Obama para "personalizá-lo um pouco mais — dizer algo sobre o impacto de Lincoln na minha vida". Assim, ele alterou uma passagem do discurso para dizer que "quando Lincoln saiu da pobreza, seu supremo domínio da linguagem e das leis, sua capacidade de superar a perda pessoal e permanecer determinado diante de repetidas derrotas — em tudo isso ele me lembrou das minhas próprias lutas".[27]

Como Obama relata com pesar, a ex-escritora dos discursos de Ronald Reagan, Peggy Noonan, posteriormente o atacou. Em um artigo intitulado "Conceit of Government" no *Wall Street Journal*, ela escreveu sobre o "anteriormente cuidadoso senador Barack Obama, batendo as asas na *Time Magazine* e explicando que ele é muito parecido com Abraham Lincoln, só que meio que melhor". Ela então qualificou essa reivindicação, mas com críticas. "Não há nada de errado com o currículo de Barack Obama", continuou ela, "mas é uma zona livre de luxos. Até agora é também um zona livre de grandeza. Se ele continuar falando assim de si mesmo, será sempre dessa forma". Obama respondeu com sua habitual equanimidade e humor, simplesmente escrevendo "Ai!"[28]

Sabemos agora que o currículo de Barack Obama não permaneceu uma "zona livre de grandeza". E sua consideração por seu antecessor presidencial também não diminuiu quando ele próprio ocupou a Casa Branca. Na revista *The Atlantic*, em 2012, Obama revelou que às vezes ia ao quarto de Lincoln para "reler o discurso manuscrito de Gettysburg, guardado em uma caixa de vidro", que em outras ocasiões ele refletia "sobre a Proclamação da Emancipação, que fica na Sala Oval", e que ocasionalmente tirava "um volume" dos "escritos de Lincoln da biblioteca em busca de lições para extrair". As palavras de Lincoln, escreveu Obama, lembram-nos "que, ainda que tenhamos as nossas diferenças, somos um só povo e uma só nação, unidos por um credo comum". E que "ele nos chama através dos séculos para que nos comprometamos com a obra inacabada que ele tão nobremente começou — a obra de aperfeiçoar nossa União".[29]

A MINHA HISTÓRIA É PARTE DE UMA HISTÓRIA AMERICANA MAIS AMPLA

Muitas vezes, Barack Obama disse palavras semelhantes às citadas anteriormente: "Ainda que tenhamos as nossas diferenças, somos um só povo e uma só nação, unidos por um credo comum." Não é surpreendente, então, que, bem como a relação pessoal com a comunidade afro-americana e com Abraham Lincoln e através dele para uma continuidade progressiva americana, Obama também deve relacionar sua própria história com a história americana mais ampla. Como vimos no início deste livro, quando Barack Obama se apresentou à nação na noite de 27 de julho de 2004, ele se retratou como um produto do passado da América e, portanto, uma parte de seu presente e futuro. Ele começou com sua herança imigrante e a história duradoura da oportunidade americana, dizendo que "minha presença neste palco é muito improvável. O meu pai era um estudante estrangeiro, nascido e criado em uma pequena aldeia no Quênia. Cresceu pastoreando cabras, foi para a escola em uma cabana de telhado de latão. O pai dele, meu avô, era cozinheiro, empregado doméstico dos britânicos". A história da oportunidade e da mobilidade ascendente foi enfatizada quando ele disse que "meu avô tinha sonhos maiores para seu filho. Através de muito trabalho e perseverança meu pai conseguiu uma bolsa de estudos para estudar em um lugar mágico, a América, que brilhou como um farol de liberdade e oportunidade para tantos que vieram antes dele".[30]

Obama não negligenciou seus pais e seus outros avós, associando-os também a fenômenos históricos americanos bem conhecidos. O avô, observou ele, "trabalhou em plataformas de petróleo e fazendas durante a maior parte da Depressão". Então, "no dia seguinte a Pearl Harbor", ele "alistou-se para o serviço; juntou-se ao Exército de Patton, marchou pela Europa". Ao mesmo tempo, "ao retornar, minha avó criou o bebê deles e foi trabalhar em uma linha de montagem de bombardeiros. Depois da guerra, eles conseguiram estudar com a Lei GI, compraram uma casa através da FHA, e mais tarde se mudaram para o Havaí, no Oeste, em busca de oportunidades".[31]

No entanto, ao incorporar sua história familiar na história e na tradição americanas, Obama também observou algo novo sobre suas origens que, em sua opinião, não era novo. Seus avós americanos "tinham grandes sonhos para sua filha. Um sonho comum," ele disse, mas um que "nasceu de dois continentes". Porque "enquanto estudava aqui", Obama explicou, "o meu pai conheceu a minha mãe. Ela nasceu em uma cidade do outro lado do mundo, no Kansas". O pai dele, é claro, nasceu no Quênia. Mas Obama usou essa novidade, seu próprio hibridismo racial e não apenas nacional, para enfatizar algo que ele vê como uma tradição americana — a ideia de que "a América pode mudar", que ela é multicultural e que pode, portanto, abraçar novos tipos de novidade, como no passado abraçou o que antes era novo, mas agora não é. "Os meus pais partilharam não só um amor improvável", disse ele, mas "partilharam uma fé permanente nas possibilidades desta nação. Eles me deram um nome africano, Barack, ou 'abençoado', acreditando que, em uma América tolerante, o nome não é barreira para o sucesso". E, de fato, "eles me imaginaram indo para as melhores escolas do país, mesmo que não fossem ricos, porque, em uma América generosa, você não tem que ser rico para atingir seu potencial". E assim: "Estou aqui hoje", concluiu, "grato pela diversidade da minha herança, consciente de que os sonhos dos meus pais vivem nas minhas duas preciosas filhas. Estou aqui sabendo que minha história é parte da história americana mais ampla, que tenho uma dívida para com todos aqueles que vieram antes de mim, e que, em nenhum outro país do mundo, minha história seria sequer possível".[32]

Barack Obama contou sua história de forma semelhante quando foi obrigado a se reapresentar no meio de uma tempestade política iniciada em parte por seu pastor, reverendo Jeremiah Wright, e em parte pelos hábitos sensacionalistas da mídia. Obama explicou que sua crença em um futuro melhor "vem da minha fé inabalável na decência e generosidade do povo americano. Mas também vem da minha própria história americana". E, depois, ele contou a própria história desta forma:

> Sou filho de um negro do Quênia e de uma mulher branca do Kansas. Fui criado com a ajuda de um avô branco que sobreviveu a uma Depressão para servir no Exército de Patton durante a Segunda Guerra Mundial e de uma avó branca que trabalhou em uma linha de montagem de bombardeiros em Fort Leavenworth enquanto ele estava no exterior. Frequentei algumas das melhores escolas da América e vivi em uma das nações mais pobres do mundo. Sou casado com uma americana negra que carrega dentro de si o sangue de escravos e proprietários de escravos — uma herança que transmitimos às nossas duas preciosas filhas. Tenho irmãos, irmãs, sobrinhas, sobrinhos, tios e primos de todas as raças e de todas as matizes, espalhados por três continentes, e, enquanto eu viver, jamais esquecerei que em nenhum outro país da Terra minha história é sequer possível.[33]

E PLURIBUS UNUM. DENTRE MUITOS, UM

Esses temas — individualidade e comunidade, inclusão e união, interconexão de todos — estão de acordo com os temas de algumas das palavras mais conhecidas de Obama. Em seu discurso proferido em Boston, em 2004, ele disse que "não há uma América liberal e uma América conservadora — há os Estados Unidos da América. Não há uma América Negra e uma América Branca, América Latina e América Asiática — há os Estados Unidos da América".[34]

Obama observou em *The Audacity of Hope* que, quando as pessoas o conhecem, por vezes citam essa "linha do meu discurso na Convenção Nacional Democrata de 2004" e que, portanto, ela "parecia ter uma ressonância". Ele refletiu que, para essas pessoas, esse trecho "parece capturar uma visão da América finalmente libertada do passado de Jim Crow e da escravidão, dos campos de confinamento japoneses e dos braceros mexicanos, das tensões no local de trabalho e do conflito cultural — uma América que cumpre a promessa do dr. King de sermos julgados não pela cor de nossa pele, mas pelo conteúdo de nosso caráter". E então ele explicou exatamente o que essa visão significa para ele, e suas reflexões sobre ela expressam não apenas um senso de pertencimento, mas talvez, até mesmo, um senso de ser. "Não tenho escolha", escreveu ele,

além de acreditar nesta visão da América. Como filho de um homem negro e de uma mulher branca, alguém que nasceu no caldeirão racial do Havaí, com uma irmã que é meio indonésia, mas que é geralmente confundida com mexicana ou porto-riquenha, e um cunhado e uma sobrinha de ascendência chinesa, com alguns parentes de sangue que se assemelham a Margaret Thatcher e outros que poderiam se passar por Bernie Mac, já que as reuniões de família no Natal se tornaram uma reunião da Assembleia Geral da ONU, eu nunca tive a opção de restringir a minha lealdade com base na raça ou medir o meu valor com base na tribo.[35]

Esses sentimentos pessoais se manifestaram em termos políticos em algumas outras palavras famosas do discurso em Boston. "Se há uma criança no lado sul de Chicago que não sabe ler", disse ele,

isso importa para mim, mesmo que não seja o meu filho.

Se há um cidadão idoso em algum lugar que não pode pagar por seus medicamentos receitados, e tem que escolher entre o remédio e o aluguel, isso torna minha vida pior, mesmo que não seja meu avô.

Se há uma família árabe-americana sendo cercada sem o benefício de um advogado ou devido processo legal, isso ameaça a minha liberdade civil.

É esse credo fundamental... Sou o guardião do meu irmão, sou o guardião da minha irmã que faz este país funcionar. É o que nos permite buscar os nossos sonhos individuais e ainda assim nos unirmos como uma única família americana.

E pluribus unum. Dentre muitos, um.[36]

Para alguns, essas ideias parecem contradizer os valores tradicionais da América e os hábitos históricos de individualismo e autoconfiança, mas, para Barack Obama, não há contradição. "Para além do nosso famoso individualismo", disse, "há outro ingrediente na saga americana. Uma crença de que estamos todos ligados como um só povo". Nós vimos no capítulo seis como Obama calmamente demoliu o mito da autossuficiência econômica, apontando como "o governo tem sido chamado, ao longo da nossa história, para construir a infraestrutura, treinar a força de trabalho e estabelecer as bases necessárias para o crescimento econômico". Vimos, no capítulo sete, como ele também destruiu calmamente o mito do individualismo do *frontiersman*, apontando como o governo comprou e organizou os territórios ocidentais e lutou e dominou os seus habitantes nativos.[37]

Entretanto, acima de tudo, para Obama, as comunidades idealmente não inibem o individualismo, mas permitem-no, não suprimem a autossuficiência, mas permitem-na. Como vimos no capítulo um, a análise de Obama sobre algumas das comunidades mais lembradas da história americana — as cidades puritanas de Massachusetts — mostra que ele não gosta daqueles que inibem a individualidade pela opressão ou exclusão. Para ele, as comunidades devem ser, e no seu melhor histórico têm sido, inclusivas e afirmativas para cada membro individual. Em alguns aspectos, o modelo de Obama é, portanto, o da comunidade de escravos. A comunidade em que, como vimos no capítulo quatro, os escravos se sentaram em torno de uma fogueira "cantando canções de liberdade", a comunidade que acolheu os que foram vendidos e lhes deu novas casas, que escondeu e alimentou os fugitivos, e que geralmente sustentou indivíduos e um povo há muito sitiado pela escravidão e pelo racismo. Igrejas e escolas foram as instituições comunitárias que apoiaram indivíduos e um povo através do tempo de Jim Crow, e que proporcionaram os lugares onde muitos se reuniram para montar e manter o Movimento dos Direitos Civis. E, quando as pessoas marcharam nesse Movimento, marcharam como um só povo.[38]

No entanto, por mais especificamente constituídas que algumas dessas comunidades possam ser, para Obama elas são, em última análise, americanas. Por tudo isso, Barack Obama começou com a Declaração de Independência, um documento que muitas vezes está mais associado à liberdade individual do que aos conceitos de comunidade. Obama tem dito muitas vezes que a Declaração defende as liberdades individuais que mais tarde foram "concretizadas" como direitos constitucionais. Mas, para ele, os princípios da Declaração também são coletivos. Todas as três caracterizações da Declaração que Obama dá em *The Audacity of Hope*, como exploradas anteriormente e ao longo deste livro, contêm o mesmo pronome possessivo plural. A Declaração é "*o nosso* ponto de partida como americanos", contém "a substância do *nosso* credo comum", e forma "a fundação do *nosso* governo". Para Obama, como para John Locke e suas teorias da sociedade e do governo, e como para os Fundadores da América e sua Declaração e Constituição, direitos individuais e individualismo são ideias e ideais compartilhados, e eles são criados, protegidos, preservados e promovidos pelo esforço coletivo e instituições comuns.[39]

NÓS O POVO

Como também vimos, Obama gosta de citar as palavras iniciais da Constituição dos Estados Unidos, ou pelo menos algumas delas: "Nós o povo, a fim de formar uma união mais perfeita", como ele disse, em maiúsculas, na transcrição de seu discurso sobre "Uma união mais perfeita". O conceito inerentemente coletivo de "Nós, o Povo" é a base do sincretismo americano de Barack Obama, um conceito que ele expressou eloquentemente em seu discurso "Pois nós nascemos da mudança", em Selma, 2015, marcando os cinquenta anos do Domingo Sangrento:

> Somos Lewis e Clark e Sacajawea... agricultores e garimpeiros, empresários e ambulantes. Esse é o nosso espírito.
> Somos Sojourner Truth e Fannie Lou Hamer... e nós somos Susan

B. Anthony

...Esse é o nosso caráter.

Nós somos os imigrantes... Sobreviventes do Holocausto, desertores soviéticos, os Meninos Perdidos do Sudão. Somos os esperançosos sobreviventes que atravessam o rio Grande... Foi assim que nos tornamos o que somos.

Somos os escravos que construíram a Casa Branca e a economia do Sul. Somos as mãos de fazendeiros e caubóis que desbravaram o ocidente, e dos inúmeros trabalhadores que construíram trilhos, levantaram arranha-céus e se organizaram para buscar os direitos dos trabalhadores.

Somos os jovens soldados que lutaram para libertar um continente. E nós somos os pilotos de Tuskegee, e os navajos decifradores de códigos, e os nipo-americanos que lutaram por este país, mesmo quando a sua própria liberdade tinha sido negada. Somos os bombeiros que entraram naqueles edifícios no 11 de Setembro, os voluntários que se inscreveram para lutar no Afeganistão e no Iraque.

Somos os gays americanos cujo sangue foi derramado nas ruas de São Francisco e Nova York, tal como o sangue que foi derramado nesta ponte.

Somos contadores de histórias, escritores, poetas, artistas que abominam a injustiça, que desprezam a hipocrisia, que dão voz aos que não têm voz e que dizem verdades que precisam ser ditas.

Somos os inventores do gospel e do jazz e do blues, do *bluegrass* e do *country*, do hip-hop e do rock and roll...

Somos Jackie Robinson...

Somos as pessoas sobre quem Langston Hughes escreveu... Nós somos as pessoas sobre quem Emerson escreveu.[40]

Logo, as ideias de Barack Obama sobre individualidade e comunidade, e sobre cidadania e nacionalidade, infundem toda a sua história americana. Ele as resumiu novamente em seu discurso de despedida em janeiro de 2017, dessa vez menos poeticamente, porém mais academicamente, mas tão eloquentemente quanto em Selma. Ele deu o discurso de despedida em Chicago, onde tudo começou e onde ele "aprendeu que a mudança só acontece quando pessoas comuns se envolvem e se engajam, e se reúnem para exigir isso". Ele falou desse fenômeno como "o coração pulsante de nossa ideia americana — nossa ousada experiência de autogoverno" — encapsulando tanto a individualidade quanto a coletividade nesse uso particular do termo "autogoverno". Ele falou do "credo comum" — "de que todos nós somos criados iguais, dotados pelo nosso Criador de certos direitos inalienáveis, entre eles a vida, a liberdade e a busca pela felicidade", mas observou "que esses direitos, embora óbvios, nunca foram autoexecutáveis; que Nós, o Povo, através do instrumento da nossa democracia, podemos formar uma união mais perfeita". E ele disse, da mesma forma, um pouco mais tarde no discurso, usando repetidamente seu pronome favorito, nós: "A nossa Constituição é um presente notável e belo. Mas é apenas um pedaço de pergaminho. Não tem poder por si só. Nós, o povo, damos poder a ela. Nós, o povo, damos significado a ela. Com a nossa participação, com as escolhas que fazemos e com as alianças que forjamos. Se defendemos ou não as nossas liberdades. Quer respeitemos ou não o Estado de Direito."[41]

Mais uma vez, vemos a individualidade e a comunidade não na concorrência, mas na cooperação e na confluência, cada uma reforçando o poder da outra. Em Chicago, Obama começou a falar sobre "a liberdade de buscar os nossos sonhos individuais através do nosso suor, labuta e imaginação, e o imperativo de lutarmos juntos, também, para alcançar um bem comum, um bem maior". E "durante 240 anos, o apelo da nossa nação à cidadania deu trabalho e propósito a cada nova geração". E em cada exemplo que se seguiu a essa afirmação geral, vemos novamente indivíduos em um esforço comum para criar algo para a melhoria de todos. "É o que levou os patriotas a escolherem a república em vez da tirania, os pioneiros a caminharem para o Oeste, os escravos a serem corajosos para enfrentar essa ferrovia improvisada para a liberdade", disse ele. "Foi o que atraiu imigrantes e refugiados através dos oceanos e do rio Grande. Foi o que levou as mulheres a chegarem às urnas. Foi o que levou os trabalhadores a se organizarem. Foi por isso que os soldados deram as suas vidas em Omaha Beach e Iwo Jima, no Iraque e Afeganistão. E era por isso que homens e mulheres de

Selma a Stonewall estavam preparados para dar, também, a deles."[42]

SIM, NÓS PODEMOS

Barack Obama até insinuou seu próprio slogan eleitoral — que continha novamente o mesmo pronome — no curso da história americana, traçando uma linha direta do "Nós, o Povo" de 1787 para o "Sim, nós podemos" de 2008, e através de todos os pontos intermediários. Ele tinha usado "Sim, nós podemos" na campanha de 2004 para o Senado de Illinois, mas o retomou em janeiro de 2008 depois de ganhar inesperadamente a Convenção de Iowa e então perder inesperadamente a Primária de New Hampshire. E amarrou-o a momentos da história americana, associando-o ao conceito de esperança que, como vimos na Introdução, ele tinha articulado com tanto sucesso em seu discurso de abertura na Convenção Nacional Democrata quatro anos antes. "Fomos avisados sobre a oferta de falsas esperanças ao povo desta nação", disse ele à multidão em Nashua naquela noite de janeiro de 2008. "Mas, na improvável história que é a América", continuou ele, "nunca houve nada de falso na esperança".

Pois quando enfrentamos adversidades impossíveis, quando nos dizem que não estamos prontos ou que não devemos tentar ou que não podemos, gerações de americanos responderam com um simples credo que resume o espírito de um povo.

Sim, nós podemos.

Era um credo escrito nos documentos fundadores que declaravam o destino de uma nação.

Sim, nós podemos.

Foi sussurrada por escravos e abolicionistas que abriram um caminho para a liberdade através da mais escura das noites.

Sim, nós podemos.

Foi cantado por imigrantes quando eles saíram de costas distantes e pelos pioneiros que seguiram para o Oeste enfrentando um deserto implacável.

Sim, nós podemos.

Foi o chamado dos trabalhadores que se organizaram, das mulheres que chegaram às urnas, de um presidente que escolheu a lua como nova fronteira e de um King que nos levou ao topo da montanha e apontou o caminho para a Terra Prometida.

Sim, nós podemos, à justiça e à igualdade. Sim, nós podemos, à oportunidade e à prosperidade.

Sim, nós podemos curar esta nação. Sim, nós podemos reparar este mundo. Sim, nós podemos.[43]

Em seu discurso de vitória na noite do dia da eleição presidencial, alguns meses depois, em novembro, ele disse: "Este é o nosso momento. Este é o nosso tempo, para colocar nosso povo de volta ao trabalho e abrir portas da oportunidade para nossos filhos; para restaurar a prosperidade e promover a causa da paz; para reivindicar o sonho americano e reafirmar esta verdade fundamental, que, dentre muitos, somos um; que, enquanto respiramos, temos esperança. E onde nos deparamos com cinismo e dúvidas e aqueles que nos dizem que não podemos, responderemos com esse credo atemporal que resume o espírito de um povo: Sim, nós podemos."[44]

E, no final de tudo, em seu discurso de despedida presidencial, disse novamente. Só que não foi o fim de tudo. As continuidades vêm do passado, mas não terminam no presente, e assim Obama projetou esta no futuro. "Estou pedindo a vocês," ele exortou a plateia em janeiro de 2017, "que se apeguem a essa fé escrita em nossos documentos fundadores; a essa ideia sussurrada por escravos e abolicionistas; esse espírito cantado por imigrantes e proprietários rurais e por aqueles que marcharam pela justiça; esse credo reafirmado por aqueles que puseram bandeiras de campos de batalha estrangeiros na superfície da Lua; um credo na essência de cada americano cuja história ainda não foi escrita: Sim, nós podemos. Sim, nós fizemos. Sim, nós podemos".[45]

Chamar "Sim, nós podemos" de "credo atemporal" pode muito bem ser anacrônico. E associá-lo à ideia de que "todos os homens são criados iguais" e dotados de direitos inalienáveis à vida, à liberdade e à busca pela felicidade — ideias que ele e outros têm chamado de "credo" —

pode sobrecarregar esse humilde slogan eleitoral. Mas, mesmo assim, ele o usou várias vezes, e talvez seja uma medida do senso de Obama de seu próprio pertencimento a uma nação e seu passado — seu senso de ser, sua unidade com sua pátria e sua história — que ele sentiu que sim, ele poderia.[46]

O sincretismo americano de Barack Obama está intimamente relacionado com o que talvez seja seu maior presente como historiador: sua facilidade de síntese. Sua capacidade de perceber as histórias do indivíduo e da nação simultaneamente. Sua capacidade de contar a história de cada um na forma do outro — fazer-nos ver a imagem de uma pessoa individual em uma nação e a imagem de uma nação em uma pessoa individual. Foi assim que ele escreveu e falou de si mesmo, e foi assim que ele falou de Margaret Lewis. A história dele fazia parte da dela, a dela fazia parte da sua, e ambos faziam parte da história americana mais ampla, uma história de duas pessoas, mas também de um povo.

E a sua homenagem a ela não foi a única vez que ele contou a história desta maneira.

UMA UNIÃO MAIS PERFEITA

Em 4 de novembro de 2008, Barack Obama foi eleito presidente dos Estados Unidos. No seu discurso de vitória naquela noite, em Grant Park, Chicago, ele recordou:

> Esta eleição teve muitos primeiros e muitas histórias que serão contadas por gerações. Mas uma que me vem à mente esta noite é sobre uma mulher que votou em Atlanta.
>
> Ela é muito parecida com os outros milhões que fizeram fila para fazer sua voz ser ouvida nesta eleição, exceto por uma coisa — Ann Nixon Cooper tem 106 anos.[47]

O presidente eleito fez uma reflexão sobre a vida de Ann Nixon Cooper. "Ela nasceu apenas uma geração depois da escravidão; em um tempo em que não havia carros na estrada ou aviões no céu; quando alguém como ela não podia votar por duas razões — porque era mulher e pela cor de sua pele. E esta noite", continuou ele, "penso em tudo o que ela viu ao longo de seu século na América — a dor no coração e a esperança; a luta e o progresso; os tempos em que nos foi dito que não poderíamos, e as pessoas que continuaram com esse credo americano: Sim, nós podemos". E continuou com as divagações à sua maneira eminentemente eloquente.

Em uma época em que as vozes das mulheres eram silenciadas e as suas esperanças ignoradas, ela viveu para vê-las se levantarem e falarem e chegarem às urnas. Sim, nós podemos.

Quando havia desespero no Dust Bowl e depressão em toda a terra, ela viu uma nação conquistar o medo com um New Deal, novos empregos, um novo senso de propósito comum. Sim, nós podemos.

Quando as bombas caíram sobre o nosso porto e a tirania ameaçou o mundo, ela estava lá para testemunhar a ascensão de uma geração à grandeza, e uma democracia foi salva. Sim, nós podemos.

Ela estava lá para ver os ônibus em Montgomery, as mangueiras em Birmingham, uma ponte em Selma e um pregador de Atlanta que disse a um povo que Nós Vamos Vencer. Sim, nós podemos.

Um homem pousou na lua, um muro caiu em Berlim, um mundo estava conectado pela nossa própria ciência e imaginação. E este ano, nesta eleição, ela tocou o dedo em uma tela e votou, porque, depois de 106 anos na América, através do melhor dos tempos e das horas mais sombrias, ela sabe como a América pode mudar.[48]

É claro que muitas coisas aconteceram desde aquela noite de novembro de 2008. Como disse Barack Obama em seu adeus como presidente do povo americano em janeiro de 2017: "Sim, o nosso progresso tem sido desigual. O trabalho da democracia sempre foi difícil. Sempre foi controverso. Às vezes tem sido sangrento. A cada dois passos para frente, muitas vezes sentimos que damos um passo para trás. Mas", disse ele, "a longa travessia da América foi definida por um movimento para frente, por um alargamento constante do nosso credo fundador para abranger a todos e não apenas a alguns".[49]

"O arco do universo moral é longo, mas inclina-se para a justiça", como gosta de dizer Barack Obama. É muito idealista? Talvez. Mas o pregador abolicionista do século xix, que cunhou a frase durante a luta contra a escravatura, pode ter-se sentido um pouco vingado pela eventual elevação de um afro-americano ao mais alto cargo do país. E o pregador dos Direitos Civis do século xx que pediu emprestada a frase poderia ter sentido, naquela noite, que ele havia alcançado sua Terra Prometida. Mas Barack Obama muitas vezes adiciona sua própria coda à frase cunhada por Theodore Parker e emprestada por Martin Luther King — "desde que o ajudemos a dobrar-se nesse sentido". Margaret Lewis o ajudou a dobrar-se dessa maneira. A Ann Nixon Cooper o ajudou a dobrar-se dessa maneira. Milhões de outras pessoas o ajudaram a dobrar-se dessa maneira.[50]

Levou mais de um século para passar de "apenas uma geração após a escravidão" ao tempo em que Ann Nixon Cooper "tocou seu dedo em uma tela" para ajudar a eleger o primeiro presidente negro da história americana. E a América tem visto as "horas mais sombrias", bem como o "melhor dos tempos" em sua odisseia desde os dias de Ulisses Grant até uma noite no Grant Park. E, no entanto, quando Barack Obama falou naquela noite sobre Ann Nixon Cooper e tudo o que ela viveu para ver, nós também sabíamos como a América poderia mudar, já que nós também vivemos para ver um momento em que se cria uma união mais perfeita.

NOTAS

INTRODUÇÃO

1. "The Audacity of Hope: Keynote Address at the 2004 Democratic National Convention", Boston, Massachusetts, 27 jun. 2004. In: DIONNE JR., E. J.; REID, Joy-Ann (Orgs.). *Nós somos a mudança que buscamos: Os discursos de Barack Obama*. Rio de Janeiro: Editora Best Seller, 2017.

2. Ibid.

3. "Iowa Caucus Night: *January 3, 2008, De Moines, Iowa*". In: OBAMA, Barack. *Change We Can Believe In: Barack Obama's Plan to Renew America's Promise*. Nova York: Three Rivers Press, 2008.

4. "Declaration of Candidacy: *February 10, 2007, Springfield, Illinois*". Ibid., pp.195-6, 201-2, 195-6, 193.

5. Ibid., pp. 195-6.

6. Ibid., p. 193.

7. "A More Perfect Union: *March 18, 2008, Philadelphia, Pennsylvania*". Ibid., p. 215.

8. Ibid., pp. 216-7.

9. "Comentários do presidente em um discurso de despedida, McCormick Place, Chicago, Illinois", Casa Branca, Secretaria de Imprensa, 10 de janeiro de 2017. Disponível online: <https://obamawhitehouse.archives.gov/the-press-office/2017/01/10/remarks-president-farewell-address>. Sempre tentei citar discursos de fontes mais próximas possíveis de Barack Obama. A utilização dessas transcrições "oficiais" me permite analisar a gramática não editada por outros, cuja utilidade, espero, seja evidente. O material oficial de seus anos como presidente está agora "congelado no tempo", online, em <https://obamawhitehouse.archives.gov/>. Para o material da campanha de 2008, usei o livro *Change We Can Believe In*, citado anteriormente. Para material não disponível a partir dessas fontes, utilizei sempre que possível as versões publicadas mais confiáveis, tais como *Nós somos a mudança que buscamos*, já citado, e o livro de Mary Frances Berry e Josh Gottheimer, *Power In Words: The Stories Behind Barack Obama's Speeches, from the State House to the White House.* Boston: Beacon Press, 2010.

10. "Observações do presidente em um discurso de despedida, McCormick Place, Chicago, Illinois."

11. Barack Obama. *The Audacity of Hope: Thoughts on Reclaiming the American Dream.* New York: Crown, 2006, pp. 361-2.

12. "A audácia da esperança", no já citado *Nós somos a mudança que buscamos*; "Declaration of Candidacy" e "A More Perfect Union", em *Change We Can Believe In.*

13. Obama cita Faulker em "A More Perfect Union", em *Change We Can Believe In*, e em *Dreams from My Father: A Story of Race and Inheritance* Nova York: Crown, 1995, 2004, p. x. As outras citações são de *The Audacity of Hope.*

14. E. J. Dionne e Joy-Ann Reid notaram que "poucos outros presidentes (Lincoln era um deles) têm sido mais insistentes do que Obama em oferecer uma aula rápida de história americana e seu significado". Ver *Nós somos a mudança que buscamos.*

15. Estas citações e as seguintes reaparecerão de forma mais completa e serão devidamente assinaladas no livro.

16. "New Hampshire Primary Night: *January 8, 2008, Nashua, New Hampshire*", em *Change We Can Believe In*; "Remarks by the President at the 50th Anniversary of the Selma to Montgomery Marches, Edmund Pettus Bridge, Selma, Alabama". Casa Branca, Secretaria de Imprensa, 7 mar. 2015. Disponível online: <https://obamawhitehouse.archives.gov/the-press-office/2015/03/07/remarks-president-50th-anniversary-selma--montgomery-marches>.

17. Em todo caso, historiadores acadêmicos às vezes também usam essas técnicas. E todos nós cometemos erros — eu com certeza cometi alguns. Não, não vou dizer quais ou onde estão.

18. *The Audacity of Hope*. Como um britânico que vive na França e trabalha em uma universidade francesa, sei que o "nosso" e o "nós" de Barack Obama não se aplicam a mim. Mas não posso me incomodar, e não quero incomodá-lo, com a extensa edição de citações ou explicações necessárias para ser claro sobre esse fato em todas as ocasiões em que ele surgir. Por isso, vamos citar isso aqui e seguir em frente sem mais delongas.

PRÓLOGO

1. A mídia perdeu ou subestimou muitos aspectos dos contextos desses discursos, como o fato de o reverendo Wright estar citando o ex-embaixador dos Estados Unidos, Edward Peck, que citava Malcolm X usando o provérbio baseado em aves em relação ao assassinato do presidente John F. Kennedy. A mídia também prestou pouca atenção à longa e distinta carreira de Wright no serviço público. Ou pelo menos não permitiram que o contexto diminuísse o impacto do conteúdo mais vendável. Para mais, veja "A More Perfect Union: *March 18, 2008, National Constitution Center, Philadelphia, Pennsylvania*". In: BERRY, Mary France; GOTTHEIMER, Josh (Orgs.). *Power In Words: The Stories Behind Barack Obama's Speeches, from the State House to the White House*. Boston: Beacon Press, 2010, pp. 175-81, 195-6; e REMNICK, David. *A ponte: Vida e ascensão de Barack Obama*. São Paulo: Companhia

das Letras, 2010.

2. *Power in Words*, p. 175.

3. Michael Powell, "Following Months of Criticism, Obama Quits His Church". *New York Times*, 1º de junho de 2008. Disponível online: <http://www.nytimes.com/2008/06/01/us/politics/01obama.html>.

4. SHARPLEY-WHITING, T. Denean. (Org.). *The Speech: Race and Barack Obama's "A More Perfect Union"* (Londres/ Nova York: Bloomsbury, 2009). As citações são retiradas de "A More Perfect Union": *March 18, 2008, Philadelphia, Pennsylvania"*, em *Change We Can Believe In*, pp. 215-32. Para a entrega e recepção do discurso, veja os livros *Power In Words* e *A ponte*.

5. "A More Perfect Union", em *Change We Can Believe In*, pp. 222, 224.

6. Ibid.

7. Veja *Dreams from My Father; The Audacity of Hope;* e "A More Perfect Union", em *Change We Can Believe In*, p. 227.

8. Ibid., p. 215.

9. *The Audacity of Hope*. As maiúsculas foram mantidas, respeitando como foram escritas por Obama. As possíveis razões para isso são exploradas mais adiante no prólogo e ainda em outras partes do livro.

10. "A More Perfect Union", em *Change We Can Believe In*, p. 227.

11. *The Audacity of Hope*.

12. "A More Perfect Union", em *Change We Can Believe In*, p. 216.

13. Ver GREENE II, Robert. "Barack Obama Radically Expanded Our Appreciation of African-American History". *The Nation*, 2 fev. 2017. Disponível online: <https://www.thenation.com/article/barack-obama-radically-expanded-our-appreciation-of-african-american-history/>.

14. FERRARA, Mark S. *Barack Obama and the Rhetoric of Hope*. Londres: Macfarlane, 2013, pp. 14, 23.

15. Ibid., p. 15.

16. *The Audacity of Hope*. "Remarks by the President at the 50th Anniversary of the Selma to Montgomery Marches, Edmund Pettus Bridge, Selma, Alabama", Casa Branca, Secretaria de Imprensa, 7 mar. 2015. Disponível online: <https://obamawhitehouse.archives.gov/the-press-office/2015/03/07/remarks-president-50th-anniversary-selma-montgomery-marches>.

17. "A More Perfect Union", em *Change We Can Believe In*, p. 215.

18. Ibid., p. 230. Dionne e Reid já notaram algo que vemos aqui e veremos ao longo deste livro: como Obama usa frequentemente "perfeito" como um sentido maior do que o de simples adjetivo. Veja *Nós somos a mudança que procuramos*.

19. *The Audacity of Hope*.

20. *The Audacity of Hope*; KLOPPENBERG, James T. *Reading Obama: Dreams, Hope, and the American Political Tradition*. Princeton: Princeton University Press, 2011, pp. xi-xiii, 17-8, 62-4, 83, 110-1, 169-72, 193.

21. Thomas J. Sugrue também se referiu à "história whig" de Barack Obama do movimento americano pelos direitos civis em seu *Not Even Past: Barack Obama and the Burden of Race*. Princeton: Princeton University Press, 2010, pp. 4, 52. Pela natureza da historiografia, recomendo *The Whig Interpretation of History*. Londres: G. Bell, 1931, de Herbert Butterfield, que permanece útil.

22. O termo "Pais Fundadores", que se refere tanto aos signatários da Declaração de Independência ou da Constituição, quanto às vezes aos revolucionários americanos em geral, foi usado pela primeira vez por Warren G. Harding em um discurso à Convenção Nacional Republicana, em 1916, e depois em seu discurso de posse presidencial, em 1921, embora seja creditado ao seu "escriturário literário", Judson. T. Welliver (ver *Power In Words*, p. xxvi). Obama alterna entre esse termo e apenas a palavra "Fundadores", que era comumente usada no século XIX.

23. Ver VALLANCE, Edward. *The Glorious Revolution: 1688-Britain's Fight for Liberty*. Londres: Little, Brown, 2006; HARRIS, Tim. *Revolution: The Great Crisis of the British Monarchy, 1685-1720*. Londres: Allen Lane, 2006; PINCUS, Steve. *1688: The First Modern Revolution*. New Haven: Yale University Press, 2011.

24. LOCKE, John. *Dois tratados do governo civil*. Editora 70, 2006; LASLETT, Peter (Org.). *Cambridge Texts in the History of Political Thought* (Cambridge: Cambridge University Press, 1988); HAMOWY, Ronald (Org.). *Cato's Letters: Or, Essays on Liberty, Civil and Religious, and Other Important Subjects*, dois volumes. Indianapolis: Liberty Fund, 1995; ROBBINS, Caroline. *The Eighteenth Century Commonwealthman:*

Studies in the Transmission, Development, and Circumstance of English Liberal Thought from the Restoration of Charles II until the War with the Thirteen Colonies. Cambridge, MA: Harvard University Press, 1959; BAILYN, Bernard. *The Ideological Origins of the American Revolution.* Cambridge, MA: Harvard University Press, 1966.

25. *The Audacity of Hope;* MYRDAL, Gunnar. *An American Dilemma: The Negro Problem and Modern Democracy.* Nova York: Harper, 1944; MAIER, Pauline. *American Scripture: How America Declared its Independence from Britain.* Nova York: Alfred A. Knopf, 1997. Robert N. Bellah escreveu pela primeira vez sobre a questão em "Civil Religion in America", *Dædalus: Journal of the American Academy of Arts and Sciences*, v. 96, n. 1, inverno de 1967, pp. 1-21.

26. LEITH, Sam. *You Talkin' to Me: Rhetoric from Aristotle to Obama.* Londres: Profile Books, 2011, pp. 221-2, 224-8; FERRARA, *Rhetoric of Hope*, pp. 18, 113-5; MIEDER, Wolfgang. *"Yes We Can": Barack Obama's Proverbial Rhetoric.* Nova York: Peter Lang, 2009, pp. 71-2; TARDY, Camille. "Transcendentalism and the Way to Freedom", dissertação de mestrado. Université Jean Moulin-Lyon 3, 2016, pp. 96-106. "Remarks at the 50th Anniversary of the Selma to Montgomey Marches".

27. *The Audacity of Hope.*

28. "Inaugural Address by President Barack Obama, United States Capitol", Casa Branca, Secretaria de Imprensa, 21 de janeiro de 2013. Disponível online: <https://obamawhitehouse.archives.gov/the-press-office/2013/01/21/inaugural-address-president-barack-obama>.

29. Os melhores entre tais críticos são talvez Mark Lawrence McPhail em seu debate com David A. Frank no incomum e excelente ensaio dialético "Barack Obama's Address to the 2004 Democratic National Convention: Trauma, Compromise, Consilience, and the (Im)possibility of Racial Reconciliation", *Rhetoric and Public Affairs*, v. 8, n. 4 (2005), pp. 571-94. E, em relação a "A More Perfect Union", veja UTLEY, Ebony; HEYSE, Amy L. "Barack Obama's (Im)perfect Union: An Analysis of the Strategic Failures and Success of His Speech on Race", *Western Journal of Black Studies*, v. 33, n. 3, outono de 2009, pp. 153-63.

30. "Remarks by the President in a Farewell Address, McCormick

Place, Chicago, Illinois", Casa Branca, Secretaria de Imprensa, 10 de janeiro de 2017. Disponível online: <https://obamawhitehouse.archives.gov/the-press-office/2017/01/10/remarks-president-farewell-address>.

31. Ibid.

32. *The Audacity of Hope*. Martin Luther King usou a frase com frequência: ver MIEDER, Wolfgang. *"Making a Way Out of No Way": Martin Luther King's Sermonic Proverbial Rhetoric*. Nova York: Peter Lang, 2010. O uso de Theodore Parker pode ser encontrado em *Ten Sermons of Religion by Theodore Parker, Of Justice and the Conscience*. Boston: Crosby, Nichols, 1853, pp. 84-5.

33. "How Far We've Come: Remarks at John Lewis's Sixty-fifth Birthday Gala, *Atlanta, Georgia: February 21, 2005*"; *Nós somos a mudança que buscamos*; "John Lewis's Sixty-fifth Birthday Gala: *February 21, 2005, Georgia Tech Hotel and Conference Center, Atlanta, Georgia*". In *Power In Words*, p. 51; "United States Senate Victory Speech: *November 2, 2004, Hyatt Ballroom, Chicago, Illinois*". Ibid., *Power In Words*, p. 39.

34. *The Audacity of Hope*.

35. "A More Perfect Union", *Change We Can Believe In*, pp. 230-2. David Remnick relata a história de Ashley Baia e observa que Obama tinha contado sua história em discursos anteriores — a primeira vez, uma semana antes da primária da Carolina do Sul, no aniversário de Martin Luther King Jr., em 20 de janeiro de 2008, e onde o grande líder dos direitos civis cresceu, na Igreja Batista Ebenezer em Atlanta, Geórgia. Remnick, *A ponte*.

CAPÍTULO UM: NOSSO PONTO DE PARTIDA COMO AMERICANOS

1. *The Audacity of Hope*.

2. Provavelmente a maneira mais fácil de acessar a Declaração de Independência (e a Constituição e Carta de Direitos) é através da coleção de "Documentos Fundadores" do Arquivo Nacional dos Estados Unidos, onde é possível ver originais digitalizados e transcrições. Disponível

online: <https://www.archives.gov/founding-docs>.

3. Uma das melhores introduções continua a ser *The British Atlantic World, 1500-1800*. Nova York: Palgrave Macmillan, 2002; segunda edição, 2010, editado por David Armitage e Michael J. Braddick, enquanto fiz uma tentativa de sintetizar o assunto em *British America, 1500-1800: Creating Colonies, Imagining an Empire*. Londres: Bloomsbury, 2010. Essa abordagem incentiva o uso de termos como "América inglesa" e (após a Lei de 1707 da União) "América britânica" para indicar, de fato, o brilho do início da América. No entanto, tenho deliberadamente legendado este capítulo "As colônias americanas" para indicar a ênfase de Barack Obama na americanidade no início da América. Uma notável e honrosa exceção entre os historiadores é Alan Taylor em *American Colonies: The Settling of North America*. Londres: Penguin, 2001.

4. "Weekly Address: Celebrating Independence Day", Casa Branca, Secretaria de Imprensa, 4 de julho de 2013. "Remarks by the President at Fourth of July Celebration, South Lawn", Casa Branca, Secretaria de Imprensa, 4 de julho de 2013. Disponível online: <https://obamawhitehouse.archives.gov/the-press-office/2013/07/04/weekly-address-celebrating-independence-day> e <https://obamawhtehouse.archives.gov/the-press-office/2013/07/04/remarks-president-fourth-july-celebration>.

5. Disponível online: <http://obamaspeeches.com/074-University--of-Massachusetts-at-Boston-Commencement-Address-Obama-speech.htm>.

6. "The Audacity of Hope: Keynote Address at the 2004 Democratic National Convention, *Boston, MA, July 27, 2004*", in: *Nós somos a mudança que buscamos*.

7. As "Observações na Comemoração da Marcha dos Direitos de Voto Selma em Selma, Alabama, 4 de março de 2007" de Barack Obama estão disponíveis em "The American Presidency Project", de John Woolley e Gerhard Peters. Universidade da Califórnia, Santa Barbara. Disponível online: <http://www.presidency.ucsb.edu/ws/?pid=77042>. E também em *A ponte*.

8. "A More Perfect Union: *March 18, 2008, Philadelphia, Pennsylvania*", em *Change We Can Believe In*, p. 215.

9. Para as histórias por trás da escrita do discurso, veja "A More Perfect Union: *March 18, 2008, National Constitution Center, Philadelphia, Pennsylvania*", em *Power In Words*, pp. 175-81, e em *A ponte*.

10. "President Barack Obama's Inaugural Address", Casa Branca, Secretaria de Imprensa, blog, 21 de janeiro de 2009. Disponível online: <https://obamawhitehouse.archives.gov/blog/2009/01/21/president--barack-obamas-inaugural-address>.

11. "A More Perfect Union", *Change We Can Believe In*, p. 215.

12. DICKINSON, John. *Letters from a Farmer in Pennsylvania, to the Inhabitants of the British Colonies in America*. Filadélfia: David Hall e William Sellers, 1768. p. 3.

13. "A More Perfect Union", *Change We Can Believe In*, p. 215.

14. *The Audacity of Hope*; e Universidade de Massachusetts at Boston Commencement Address.

15. Mary Frances Berry e Josh Gottheimer substituem o ";" por ","" na sua edição do discurso em *Power In Words* (p. 182), mas E.J. Dionne e Joy-Ann Reid o mantêm em *Nós somos a mudança que buscamos*. Dionne e Reid também reproduzem a versão sem vírgulas em "quem atravessou um oceano para escapar da tirania e da perseguição", de acordo com o texto original dado à imprensa em 18 de março de 2008. Tenho seguido a versão em *Change We Can Believe In*, com ponto e vírgula, produzida pela campanha "Obama for America" imediatamente após a eleição de 2008.

16. Veja BRAUDEL, Fernand. *The Mediterranean and the Mediterranean World in the Age of Philip II*, dois volumes, trad. Sian Reynolds. Nova York: Harper and Row, 1972.

17. *The Audacity of Hope*.

18. Universidade de Massachusetts na Boston Commencement Address, 2 de junho de 2006.

19. WINTHROP, John. "A Modell of Christian Charity" (1630), Collections of the Massachusetts Historical Society (Boston, 1838), 3rd series 7: 31-48. Disponível online: <https://history.hanover.edu/texts/winthmod.html>.

20. Ibid.

21. Ibid.

22. Universidade de Massachusetts na Boston Commencement Address, 2 de junho de 2006.

23. *The Audacity of Hope.*

24. Veja MIDDLEKAUFF, Robert. *The Mathers: Three Generations of Puritan Intellectuals, 1596-1728.* Los Angeles: University of California Press, 1999; FRANCIS, Richard. *Judge Sewall's Apology: The Salem Witch Trials and the Formation of an American Conscience.* Nova York: Harper Collins, 2005.

25. *The Audacity of Hope.*

26. Ibid.

27. Ibid. Esse é um ponto em que Obama repetiu palavra por palavra em "We Cannot Abandon the Field of Religious Discourse: Keynote Address at the Call to Renewal Conference, *Washington, DC, June 28, 2006*" em *Nós somos a mudança que buscamos.* Veja também "Call to Renewal Keynote Address: *June 28, 2006, National City Church, Washington, DC*", em *Power In Words*, p. 81.

28. O texto do Mayflower pode ser encontrado no Projeto Avalon da Faculdade de Direito da Universidade de Yale. Disponível online: <http://avalon.law.yale.edu/17th_century/mayflower.asp>.

29. *Reading Obama*, pp. 31-5, 172-4, 196-7.

30. "The Audacity of Hope", em *Nós somos a mudança que buscamos.*

31. *The Audacity of Hope.*

32. Há um enorme volume de trabalho nas cidades da Nova Inglaterra, mas o último livro a ser procurado é *The City-State of Boston: A Tragedy in Three Acts, 1630-1865.* New Haven: Yale University Press, no prelo, de Mark S. Peterson.

33. *The Audacity of Hope.* E também BERLIN, Isaiah. *Two Concepts of Liberty.* Oxford: Oxford University Press, 1958.

34. A citação pode ser encontrada em muitas fontes, e uma delas está no livro editado por Edmund S. Morgan, *Not Your Usual Founding Father: Selected Readings from Benjamin Franklin.* New Haven: Yale University Press, 2006, p. 141; *The Audacity of Hope*; "Weekly Address: Celebrating Independence Day", Casa Branca, Secretaria de Imprensa,

4 de julho de 2014. Disponível online: <https://obamawhitehouse. archives.gov/the-press-office/2014/07/04/weekly-address-celebrating- -independence-day>.

35. SHUANG, Nian-Heng. *Benjamin Franklin in American Thought and Culture, 1790-1990*. Filadélfia: American Philosophical Society, 1994. p. 52.

36. Discurso de Benjamin Franklin. "Observations Concerning the Increase of Mankind, 1751", *Founders Online*, Arquivo Nacional. Disponível online: <http://founders.archives.gov/documents/ Franklin/01-04-02-0080>, e nas páginas 225-234 de *The Papers of Benjamin Franklin*, v. 4, 1º julho de 1750 a 30 de junho de 1753. New Haven: Yale University Press, 1961, editado por Leonard W. Labaree.

37. O documento está digitalizado e disponível online: <https:// digitalhistory.hsp.org/pafrm/doc/memorial-pennsylvania-society- -promoting-abolition-slavery-senate-and-representatives> (Historical Society of Pennsylvania) e <https://www.archives.gov/legislative/features/ franklin> (Arquivo Nacional).

38. De acordo com *The Life of Benjamin Franklin*. Boston: Tappan e Dennet, 1844, de Jared Sparks, as palavras "uma vida longa e útil" foram ditas pelo dr. John Jones, que atendeu a Franklin em seu leito de morte. Veja também *The First American: The Life and Times of Benjamin Franklin*. Nova York: Anchor Books, 2010, de H. W. Brands.

39. Universidade de Massachusetts na Boston Commencement Address, 2 de junho de 2006.

40. Uma transcrição da carta de Rolfe a Sandys está disponível online na Biblioteca do Congresso: <http://www.loc.gov/teachers/classroom- materials/presentationsandactivities/presentations/timeline/colonial/ virginia/rolf.html>.

41. GREENE, Jack P. *Pursuits of Happiness: The Social Development of Early Modern British Colonies and the Formation of American Culture.* Chapel Hill: University of North Carolina Press, 1988; HORN, James. *A Land As God Made It: Jamestown and the Birth of America.* Nova York: Basic Books, 2005. Sobre as origens e o desenvolvimento da escravidão, veja JORDAN, Winthrop. *White over Black: American Attitudes towards*

the Negro, 1550-1812. Chapel Hill: University of North Carolina Press, 1968; MORGAN, Edmund S. *American Slavery, American Freedom: The Ordeal of Colonial Virginia*. Nova York: W.W. Norton, 1975; KENDI, Ibram X. *Stamped from the Beginning: The Definitive History of Racist Ideas in America*. Nova York: Nation Books, 2016. A lista de grandes estudos sobre escravidão ao longo da história americana inclui: BERLIN, Ira. *Many Thousands Gone: The First Two Centuries of Slavery in North America*. Cambridge, MA: Harvard University Press, 1998; e DAVIS, David Brion. *Inhuman Bondage: The Rise and Fall of Slavery in the New World*. Oxford: Oxford University Press, 2006.

42. HORN, James; MORGAN, Philip D. "Settlers and Slaves: European and African Migration to Early Modern British America". In: SHAMMAS, Carole; MANCKE, Elizabeth (Orgs.). *The Creation of the Atlantic World*. Baltimore: Johns Hopkins University Press, 2005, 24.

43. Veja *The Audacity of Hope* e "A More Perfect Union", em *Change We Can Believe In*, p. 215.

44. "A More Perfect Union", em *Change We Can Believe In*, p. 215.

45. SINHA, Manisha. *The Slave's Cause: A History of Aboltion*. New Haven: Yale University Press, 2016.

46. "A More Perfect Union", em *Change We Can Believe In*, p. 215.

47. Ibid., pp. 215-6.

CAPÍTULO DOIS: A SUBSTÂNCIA DO NOSSO CREDO COMUM

1. *The Audacity of Hope*.

2. "A More Perfect Union", em *Change We Can Believe In*, p. 215. Obama descreveu como os Fundadores "tornaram real" sua Declaração de Independência na Convenção Constitucional de 1787.

3. Disponível online: <http://www.oed.com/>.

4. Ibid.

5. "The Audacity of Hope: Keynote Address at the 2004 Democratic National Convention, *Boston, MA, July 27, 2004*", em *We Are the Change We Seek*. Todos os outros discursos citados aqui estão disponíveis online:

<https://obamawhitehouse.archives.gov/briefing-room/speeches-and-
-remarks>. "Inaugural Address by President Barack Obama, United
States Capitol", Casa Branca, Secretaria de Imprensa, 21 de janeiro
de 2013. Disponível online: <https://obamawhitehouse.archives.gov/
the-press-office/2013/01/21/inaugural-addresss-president-barack-
-obama>; "Inaugural Address by President Barack Obama, United States
Capitol", Casa Branca, Secretaria de Imprensa, 21 de janeiro de 2013.
Disponível online: <https://obamawhitehouse.archives.gov/the-press-
-office/2013/01/21/inaugural-addresss-president-barack-obama>;
"Remarks by the President in a Farewell Address, McCormick Place,
Chicago, Illinois", Casa Branca, Secretaria de Imprensa, 10 de janeiro
de 2017. Disponível online: <https://obamawhitehouse.archives.gov/
the-press-office/2017/01/10/remarks-president-farewell-address>.

6. *The Audacity of Hope.*

7. *American Scripture*, pp. 168, 154.

8. A carta de Thomas Jefferson a John Quincy Adams, de 18 de
julho de 1824, é citada em *American Scripture*, p. 186, e você encontra
os elogiadores Caleb Cushing e John Sergeant também nesse livro, nas
páginas 189 e 191.

9. Ibid., p. 202.

10. Ibid., pp. xiv, xix.

11. Ibid., p. 215.

12. Ibid., p. 208.

13. "Declaration of Candidacy: *February 10, 2007, Springfield, Illinois*",
Change We Can Believe In, pp. 195-6.

14. Universidade de Massachusetts na Boston Commencement
Address, de 2 de junho de 2006, está disponível online: <http://obamas-
peeches.com/074-University-of-Massachusetts-at-Boston-Commence-
ment-Address-Obama-speech.htm>. "Knox College Commencement
Address: June 4, 2005, Galesburg, Illinois", em *Power In Words*, p. 58.

15. "Weekly Address: Celebrating Independence Day", Casa Branca,
Secretaria de Imprensa, 4 de julho de 2013. "Remarks by the President
at Fourth of July Celebration, South Lawn", Casa Branca, Secretaria de
Imprensa, 4 de julho de 2013. Disponível online: <https://obamawhi-

tehouse.archives.gov/the-press-office/2013/07/04/weekly-address-celebrating-independence-day> e <https://obamawhitehouse.archives.gov/the-press-office/2013/07/04/remarks-president-fourth-july-celebration>.

16. Houve também uma lei de Québec que criou um tipo de governo colonial irresponsável na antiga colônia canadense francesa e redesenhou suas fronteiras para o sul para incluir território que as colônias tradicionalmente inglesas consideravam seus em suas cartas originais. Os colonos contaram este como um quinto "Ato Intolerável", embora não fosse intenção dos deputados ser um dos quatro Atos Coercivos.

17. "President Barack Obama's Inaugural Address", Casa Branca, Secretaria de Imprensa, blog, 21 de janeiro de 2009. Esta parte do discurso de posse de Obama tem sido usada às vezes para referenciar eventos no Valley Forge. Mas, na verdade, acredita-se que Washington tenha lido essas palavras (por Thomas Paine — veja mais adiante) aos seus soldados quando estavam prestes a atravessar o rio Delaware em dezembro de 1776. Este foi de fato, como diz Obama, "o ano do nascimento da América", enquanto Washington e seu exército acamparam na Valley Forge no inverno de 1777-78.

18. PAINE, Thomas. "The Crisis, Number 1, 1776". In: KUKLICK, Bruce (Org.). *Thomas Paine: Political Writings*. Cambridge: University of Cambridge Press, 2000. pp. 54, 49.

19. Adams em *Common Sense*, de Paine, é citado em *American Scripture*, p. 173.

20. FONER, Eric. *Tom Paine and Revolutionary America*. Oxford: Oxford University Press, 1976; KEANE, John. *Tom Paine: A Political Lif.e* Londres: Bloomsbury, 1995.

21. *American Scripture*, p. 41.

22. Ibid., pp. 41-4.

23. "Weekly Address", 4 de julho de 2013; John to Abigail Adams, 2 de julho de 1776. *American Scripture*, p. 162.

24. Todas as versões da Declaração de Independência (e da Constituição e Bill of Rights) estão digitalizadas e disponíveis na coleção "Founding Documents" do Arquivo Nacional dos Estados Unidos. Disponível online: <https://www.archives.gov/founding-docs>.

25. *The Audacity of Hope*; Thomas Jefferson para Henry Lee, 8 de maio de 1825, é parcialmente citado em *American Scripture*, p. 124 e em PETERSON, Merrill D. (Org.). *Jefferson: Writings*. Nova York: Library of America, 1984, p. 1500-1.

26. Jefferson a James Madison, 30 de agosto de 1823, e John Adams a Timothy Pickering, 6 de agosto de 1822, são citados em *American Scripture*, p.124.

27. ALLEN, Danielle. *Our Declaration: A Reading of the Declaration of Independence in Defense of Equality* (Nova York: Liveright, 2015), pp. 45-125; BROWN, Richard D. *Knowledge Is Power: The Diffusion of Information in Early America, 1700-1865*. Oxford: Oxford University Press, 1989.

28. *Dois tratados do governo civil*, capítulo dois.

29. *The Audacity of Hope*.

30. HOBBES, Thomas. *Leviatã*.

31. *The Audacity of Hope*; *Reading Obama*, pp. 42-4, 53, 93-4, 101-2, 273-4.

32. POCOCK, J. G. A. *The Machiavellian Moment: Florentine Political Thought and the Atlantic Republican Tradition*. Princeton: Princeton University Press, 1975.

33. *A ponte*; *Reading Obama*, pp. 16-9, 42-4, 93-4, 158-60; BAILYN, Bernard. *The Ideological Origins of the American Revolution*. Cambridge, MA: Harvard University Press, 1966; WOOD, Gordon S. *The Creation of the American Republic, 1776-1787*. Chapel Hill: The University of North Carolina Press, 1969.

34. *Cato's Letters*.

35. *The Ideological Origins of the American Revolution*; *The Creation of the American Republic*; GREENE, Jack P. *The Intellectual Construction of America: Exceptionalism and Identity from 1492 to 1800*. Chapel Hill: The University of North Carolina Press, 1997.

36. "Inaugural Address by President Barack Obama, United States Capitol", Casa Branca, Secretaria de Imprensa, 21 de janeiro de 2013.

37. Veja a coleção "Documentos Fundadores" do Arquivo Nacional dos Estados Unidos. Disponível online: <https://www.archives.gov/founding-docs>.

38. Os hífens de ligação não estão no rascunho de Jefferson ou na submissão do Comitê dos Cinco ou nas primeiras versões da Declaração do Congresso Continental. Eles aparecem pela primeira vez na "Dunlap Broadside", uma versão de página única produzida na noite de 4 de julho para divulgar a independência e suas justificativas. Mais desses traços foram depois acrescentados por Timothy Matlack, secretário do Congresso Continental, para que a versão em pergaminho fosse distribuída aos novos estados. Vale a pena notar, então, que os traços foram adicionados para ajudar outros a seguir os argumentos que estão sendo feitos. Veja *Our Declaration*, p. 152.

39. "Remarks by the President at Independence Day Celebration", Casa Branca, Secretaria de Imprensa, 6 de julho de 2010. Disponível online: <https://obamawhitehouse.archives.gov/the-press-office/remarks--president-independence-day-celebration>.

40. "Weekly Address", 4 de julho de 2013.

41. Minhas ênfases.

42. "A More Perfect Union", em *Change We Can Believe In*, p. 215.

43. Obama criou o mesmo efeito ao falar sobre os Estados Unidos de hoje, quando disse: "Foi aqui, em Springfield, onde vi que tudo o que é América convergir — fazendeiros e professores, empresários e trabalhadores, todos com uma história para contar, todos buscando um lugar à mesa, todos clamando para serem ouvidos": "Declaration of Candidacy: *February 10, 2007, Springfield, Illinois*". *Change We Can Believe In*, p. 194.

44. DICKINSON, John. *Letters from a Farmer in Pennsylvania, to the Inhabitants of the British Colonies in America*. Filadélfia: David Hall e William Sellers, 1768. p. 3.

45. "A More Perfect Union", em *Change We Can Believe In*, p. 215.

46. BECKER, Carl Lotus. *The History of Political Parties in the Province of New York, 1760-1776*. Madison: Universidade de Wisconsin, 1909. p. 22.

47. *The Audacity of Hope*. Aqui Obama cita os *Irmãos Fundadores* como fez Joseph J. Ellis em *The Revolutionary Generation*. Nova York: Vintage Books, 2002, p. 89. Na seção mencionada, Ellis observa que,

embora o ataque de Thomas Jefferson ao tráfico de escravos e à escravidão em seu esboço da Declaração tenha sido eliminado da versão final, "capturou o sentido quase rapsódico de que a Revolução Americana foi um momento triunfal e transformador na história mundial, quando todas as leis e relações humanas dependentes da coerção seriam varridas para sempre". Voltaremos ao ataque de Jefferson à escravidão em breve.

48. Thomas Jefferson para Henry Lee, 8 de maio de 1825, em *Jefferson: Writings*, p. 1501.

49. Carta de Thomas Jefferson para Edward Coles, 25 de agosto de 1814, em *Thomas Jefferson: Political Writings*, p. 493.

50. Veja a coleção "Founding Documents" do Arquivo Nacional dos Estados Unidos. Disponível online: <https://www.archives.gov/founding-docs>.

51. Ibid.

52. *Notes on the State of Virginia*, questão xviii, "Manners", em *Jefferson: Writings*, p. 289.

53. *Notes on the State of Virginia*, questão xiv, "Laws", em *Jefferson: Writings*, p. 264.

54. Ibid., pp. 264-5.

55. Ibid.

56. Ibid., pp. 265-6.

57. Ibid., p. 266.

58. Ibid., p. 265.

59. Ibid., pp. 266-7.

60. Ibid., pp. 264, 270.

61. Ibid., p. 270.

62. Ela nasceu Sarah, mas ficou conhecida como Sally. Annette Gordon-Reed, a principal historiadora de Sally Hemings e Thomas Jefferson, estiliza a sua Sally e por isso sigo seu exemplo. Veja *The Hemingses of Monticello: An American Family*. Nova York: W.W. Norton, 2008. Uma obra-prima de pesquisa forense e bela escrita.

63. BRODIE, Fawn. *Thomas Jefferson: An Intimate History*. Nova York: W.W. Norton, 1974; GORDON-REED, Annette. *Thomas Jefferson and Sally Hemings: An American Controversy*. Charlottesville: University of Virgin-

ia Press, 1997 e *The Hemingses of Monticello*. Veja também GORDON-REED; ONUF, Peter S. *"Most Blessed of the Patriarchs": Thomas Jefferson and the Empire of the Imagination*. Nova York: Liveright, 2016; e ONUF, *The Mind of Thomas Jefferson*. Charlottesville: University of Virginia Press, 2007. Eu digo crianças "negras", mas Betty era filha de uma mulher africana chamada Susanna e um capitão de mar inglês, John Hemings, e era, portanto, o que podemos chamar de "meio branca". Como Sally era filha de Betty e John Wayles, ela era "três quartos branca". Como os seus filhos foram criados por Thomas Jefferson, eram "sete oitavos brancos". Eles eram, no entanto, legalmente negros de acordo com a "regra de uma gota" da América, e foram escravizados porque a escravidão era uma herança matrilinear. Quando os Hemings se mudaram para Ohio, porém, eles "se tornaram" brancos.

64. FORD, Paul Leicester (Org.). *The Autobiography of Thomas Jefferson, 1743-1790*. Filadélfia: University of Pennsylvania Press, 2005. pp. 76-7. Essas palavras também se encontram em *Jefferson: Writings*, p. 44.

65. Veja FREY, Sylvia. *Water from the Rock: Black Resistance in a Revolutionary Age*. Princeton: Princeton University Press, 1991.

66. O texto completo da petição pode ser encontrado em CAMERON, Christopher. *The Abolitionist Movement: Documents Decoded*. Santa Barbara, CA: ABC-Clio, 2014, pp. 20-2.

67. O texto completo da petição pode ser encontrado em KURLAND, Philip B.; LERNER, Raplph. (Orgs.). *The Founders' Constitution*. v 1, Cap. 14, Doc. 9. Chicago: University of Chicago Press, 1987.

68. O texto completo desta petição pode ser encontrado em *The Abolitionist Movement*, pp. 25-7.

69. OTIS, James. *The Rights of the British Colonies Asserted and Proved*. Boston: Edes and Gill, 1764. p. 29.

70. "A More Perfect Union", *Change We Can Believe In*. pp. 230-2.

71. Mais detalhes e todas as fontes primárias ligadas a este caso estão disponíveis online na Massachusetts Historical Society: <https://www.masshist.org/endofslavery/index.php>.

72. Ibid.

73. ZILVERSMIT, Arthur. *The First Emancipation: The Abolition of*

Slavery in the North. Chicago: University of Chicago Press, 1967; DAVIS, David Brion. *The Problem of Slavery in the Age of Revolution, 1770-1823.* Ithaca: Cornell University Press, 1975; Oxford: Oxford University Press, 1999.

74. *The Audacity of Hope.*

75. *The Audacity of Hope;* "A More Perfect Union", *Change We Can Believe In.* p. 215.

CAPÍTULO TRÊS: A FUNDAÇÃO DO NOSSO GOVERNO

1. *The Audacity of Hope.*

2. A Declaração dos Direitos da Virgínia está disponível online: <http://edu.lva.virginia.gov/docs/hires/VirginiaDeclarationofRights.pdf> (Biblioteca da Virgínia). John Hancock a "Certos Estados", Filadélfia, 6 de julho de 1776, citado em *American Scripture*, p. 126.

3. *The First Emancipation.* Documentos relacionados ao fim da escravidão em Massachusetts estão disponíveis online na Massachusetts Historical Society: <https://www. masshist.org/endofslavery/index.php>.

4. É verdade que a Declaração dos Direitos da Virgínia foi incorporada à constituição desse estado, mas os escravos do Velho Domínio poderiam, naturalmente, confiar em si mesmos para não interpretar sua aplicabilidade de forma que não podiam confiar em todos os seus outros compatriotas.

5. "A More Perfect Union", em *Change We Can Believe In*, p.215.

6. Ibid., p. 215. A capitalização de "NÓS, O POVO", bem como a elisão de "dos Estados Unidos", está neste livro, que, produzido por "Obama for America" após a campanha de 2008, eu tomo como a versão autorizada.

7. Já listei as cláusulas constitucionais que são (quase) explícitas sobre escravidão. Mas, como David Waldstreicher aponta em *Slavery's Constituion: From Revolution to Ratification*. Nova York: Hill and Wang, 2009, seis das 84 cláusulas da Constituição afetaram diretamente a escravidão e outras cinco o fizeram indiretamente. A Constituição e a Declaração dos Direitos, assim como a Declaração de Independência

estão digitalizadas e disponíveis na coleção de "Founding Documents" do Arquivo Nacional dos Estados Unidos. Disponível online: <https://www. archives.gov/founding-docs>.

8. "A More Perfect Union", em *Change We Can Believe In*, p.215.

9. Ibid.

10. *Our Declaration: A Reading of the Declaration of Independence in Defense of Equality*, especialmente as páginas 45-125.

11. Os Artigos da Confederação também estão disponíveis no site do Arquivo Nacional dos Estados Unidos: <https://www.archives.gov/historical-docs/articles-of-confederation>.

12. "Proceedings of Commissioners to Remedy Defects of the Federal Government", 1786, está disponível online através do Projeto Avalon do Departamento de Direito da Universidade de Yale: <http://avalon. law.yale.edu/18th_century/annapoli.asp>.

13. BEARD, Charles A. *An Economic Interpretation of the Constitution of the United States*. Nova York: Macmillan, 1913. Uma excelente e breve explicação da Constituição foi feita por Jack N. Rakove em seu *The Annotated U.S. Constitution and Declaration of Independence*. Cambridge, MA: Harvard University Press, 2009. Veja também RAKOVE, *The Beginnings of National Politics: An Interpretive History of the Continental Congress*. Nova York: Alfred A. Knopf, 1979.

14. "A More Perfect Union", em *Change We Can Believe In*, pp. 215-6. Relatos da educação de Obama e avaliações de sua influência podem ser encontrados em *A ponte* — onde você lerá sobre o ensino de direito constitucional de Obama na Universidade de Chicago — e *Reading Obama*, pp. 1-84.

15. Tanto para a Declaração de Independência quanto para a Constituição, consulte a coleção "Founding Documents" do Arquivo Nacional dos Estados Unidos. Disponível online:_<https://www.archives.gov/founding-docs>.

16. MADISON, James. "Vices of the Political System of the United States". Também disponível no Arquivo Nacional dos Estados Unidos: <https://founders.archives.gov/documents/Madison/01-09-02-0187>.

17. *The Audacity of Hope*.

18. "A More Perfect Union", em *Change We Can Believe In*, pp. 215-6. O discurso de Abraham Lincoln em Gettysburg, de 19 novembro de 1863, está disponível através do Arquivo Nacional dos Estados Unidos: <https://www.loc.gov/rr/program/bib/ourdocs/Gettysburg.html>.

19. *The Audacity of Hope.*

20. Ibid.

21. Ibid.

22. Ibid.

23. Ibid.

24. Ibid.

25. MADISON, James. "Federalist No. 10, 1788". In: KRAMNICK, Isaac (Org.). *The Federalist Papers.* Londres: Penguin, 1987. p. 124.

26. Ibid., p. 126.

27. Ibid., pp. 126-7.

28. Ibid., p. 127.

29. Ibid., pp. 127-8.

30. *The Audacity of Hope.*

31. ADAIR, Douglass. *Fame and the Founding Fathers.* Editado por Trevor Colbourn. Nova York: W.W. Norton, 1974.

32. *The Audacity of Hope.*

33. Havia originalmente doze emendas na Declaração dos Direitos. Uma delas, não adotada na época, enumerava a proporção de parlamentares na população, mas desde então foi substituída por leis. A outra também tinha sido ultrapassada e foi também praticamente esquecida, até que o texano Gregory Watson lançou uma campanha que a ajudou a ser adotada em 1992. A 27ª alteração define que "nenhuma lei, variando a compensação pelos serviços dos senadores e representantes, deve entrar em vigor, até que uma eleição de representantes intervenha". Veja também MAIER, Pauline. *Ratification: The People Debate the Constitution.* Nova York: Simon e Schuster, 2010.

34. *The Audacity of Hope.*

35. O texto da sentença *Marbury vs. Madison* está disponível online no Centro da Suprema Corte: <https://supreme.justia.com/cases/federal/us/5/137/case.html>.

36. "Thomas Jefferson to William Charles Jarvis, September 28, 1820", em *Thomas Jefferson: Politic Writings*, p. 381.

37. *The Audacity of Hope.*

38. Ibid.

39. Ibid.

40. Ibid.

41. Ibid.

42. "Inaugural Address by President Barack Obama, United States Capitol", Casa Branca, Secretaria de Imprensa, 21 de janeiro de 2013. Disponível online: <https://obamawhitehouse.archives.gov/the-press-office/2013/01/21/inaugural-address-president-barack-obama>.

43. Ibid.

44. *The Audacity of Hope.*

45. Ibid.

46. WILLS, Garry. "Two Speeches on Race", *The New York Review of Books*, 1º de maio de 2008. Disponível online: <http://www.nybooks.com/articles/2008/05/01/two-speeches-on-race/>. Como estudante de Direito em Harvard, Barack Obama ajudou o professor Laurence H. Tribe com um artigo intitulado "The Curvature of Constitutional Space: What Lawyers Can Learn from Modern Physics", para a *Harvard Law Review* (novembro de 1989). O artigo argumentou, em oposição ao conceito conservador de neutralidade judicial e contenção, que o poder e a autoridade do Estado afetam todos os aspectos da cultura, incluindo a lei, assim como uma estrela curva luz e gravidade ao seu redor. Além disso, em *On Reading the Constitution*. Cambridge, MA: Harvard University Press, 1991, Tribe e Michael C. Dorf creditaram Obama e o colega Robert Fisher com a história de comparar a interpretação constitucional a uma "conversa" (o tema ao qual Obama voltou em *The Audacity of Hope*). Os autores disseram que os dois alunos "influenciaram nosso pensamento em praticamente todos os assuntos discutidos nessas páginas". Para mais informações, veja *Reading Obama*, pp. 56-62.

47. *The Audacity of Hope.*

48. Ibid.

49. Ibid.

50. Ibid.

51. Para Kloppenberg, sobre o "pragmatismo filosófico" de Obama, veja *Reading Obama*, mais especialmente pp. xi-xiii, 3-4, 17-8, 62-4, 83, 110-11, 169-72 e 193. Para a influência de outros pensadores além de James e Dewey, especialmente Reinhold Niebuhr, John Rawls, Richard Rorty e Richard J. Bernstein, veja todo o capítulo dois. E para a educação jurídica e o pensamento de Obama, especialmente a influência de Laurence Tribe, veja pp. 37-62, 69-71, 109, 153-72, 174-7 e 184-5. Na verdade, leia o livro todo — é ótimo. Não que eu concorde com tudo o que o professor Kloppenberg escreve. Ele tende, por exemplo, a enfatizar o "historicismo" e o "particularismo" de Obama, enquanto minha ênfase na crença de Obama na "intenção evolucionária" tende (como visto neste capítulo) a colocar mais ênfase no seu "universalismo", apesar de ser um tipo historicizado de universalismo. Essa diferença pode ser apenas uma questão de ênfase, ou pode ser um resultado de Kloppenberg abordar Obama como um pensador social, jurídico e político e eu abordar Obama mais como um historiador, ou pode ser um pouco de ambos. Dito isso, o capítulo três da *Reading Obama* é chamado de "Obama's American History", embora novamente sua abordagem seja mais da perspectiva da teoria política do que a minha, que vem mais do ângulo da historiografia. Por uma coincidência notável, a propósito, a neta de John Dewey, a professora Alice Dewey, supervisionou a tese de doutorado de Stanley Ann Dunham sobre "Peasant Blacksmithing in Indonesia: Surviving and Thriving Against All Odds" (Universidade do Havaí, 1992), e as duas se ornaram amigas pessoais. Stanley Ann Dunham (29/11/1942-7/11/1995) era a mãe de Barack Obama. Kloppenberg, 255, 268, e *A ponte*, de Remnick.

52. *The Audacity of Hope*; BISSETTE, Joseph M. "Deliberative Democracy: The Majority Principle in Republican Government". In: GOLDWIN, Robert A.; SCHAMBRA, William A. (Orgs.). *How Democratic Is the Constitution?* Washington: American Enterprise Institute, 1980, pp. 102-16; BESSETTE. *The Mild Voice of Reason: Deliberative Democracy and American National Government.* Chicago: University of Chicago Press, 1994.

53. *The Audacity of Hope*. O sucessor do presidente Obama também

comentou sobre as verificações e os balanços testados da Constituição, e parece ter significativamente menos reverência pelas leis fundamentais da América e pelo sistema de governo do que Obama. "É um sistema muito duro. É um sistema arcaico. É realmente uma coisa ruim para o país", disse. ROZSA, Matthew. "Donald Trump doesn't like the 'archaic' Constitutuion: 'It's really a bad thing for the country.'" *Salon*, 1º de maio de 2017.

54. "A More Perfect Union", em *Change We Can Believe In*; *The Audacity of Hope*; University of Massachusetts at Boston Commencement Address, 2 de junho de 2006, disponível online: <http://obamaspeeches.com/074-University-of-Massachusetts-at-Boston-Commencement--Address-Obama-speech.htm>.

55. *The Audacity of Hope*.

56. Ibid.

57. Fotos da lápide estão disponíveis online para visualização através da Fundação Thomas Jefferson em Monticello: <https://www.monticello.org/site/research-and-collections/jeffersons-gravestone>.

58. O Estatuto da Virgínia para a Liberdade Religiosa está disponível online no Arquivo Nacional dos Estados Unidos: <https://founders.archives.gov/documents/Jefferson/01-02-02-0132-0004-0082>.

59. Ibid.

60. Ibid.

61. Veja a coleção "Founding Documents" do Arquivo Nacional dos Estados Unidos. Disponível online: <https://www.archives.gov/founding-docs>.

62. Para John Adams, 11 de abril de 1823. Disponível online no Arquivo Nacional dos Estados Unidos: <https://founders.archives.gov/documents/Jefferson/98-01-02-3446>.

63. *The Audacity of Hope*.

64. Ibid.

65. Ibid.

66. Ibid.

67. Ibid. John Leland também é famoso pelo Cheshire Mammoth Cheese. Sim, é sério! Em 1º de janeiro de 1802, em nome do povo de

Cheshire, Massachusetts, Leland apresentou ao presidente Jefferson um bloco de 1.235 libras de queijo feito com leite de vacas "republicanas" e com a legenda "Rebelião aos tiranos é obediência a Deus" em sua crosta vermelha. Leland também fez o sermão de domingo dois dias depois na Câmara dos Deputados, e Jefferson fez uma rara viagem a Capitol Hill para a ocasião especial.

68. "We Cannot Abandon the Field of Religious Discourse: Keynote Address at the Call to Renewal Conference, *Washington, DC, June 28, 2006*", em *We Are the Change We Seek*.

69. *The Audacity of Hope*. Claro que não faço ideia se Barack Obama pensou em John Lennon quando escreveu estas palavras. Mas vale a pena notar que, durante o comício contrário à guerra iraquiana feito em Chicago, em 2 de outubro de 2002, "Give Peace a Chance" de Lennon estava tocando. Obama se inclinou para seu amigo e companheiro ativista do Projeto Vote e ativista de direitos civis Bettylu Saltzman e disse: "Eles não podem tocar outra coisa?" Veja *A ponte*.

70. *The Audacity of Hope*.

71. Ibid. Obama repetiu essas mesmas palavras em seu discurso na Call to Renewal Conference, em junho de 2006: "We Cannot Abandon the Field of Religious Discourse", em *We Are the Change We Seek*; e "Call to Renewal Keynote Address: *June 28, 2006, National City Church, Washington, DC*"; *Power In Words*, pp. 66-85.

72. "The Audacity of Hope: Keynote Address at the 2004 Democratic National Convention, *Boston, MA, July 27, 2004*". *We Are the Change We Seek*.

73. *The Audacity of Hope*.

74. Ibid.

75. Ibid.

76. Ibid.

77. Ibid. Claro que Obama publicou estas palavras em 2006, muito antes da eleição do 45º presidente, que também não gosta de estrangeiros nem da liberdade de imprensa.

78. *The Audacity of Hope*. Um dos temas do meu livro anterior, *The Tobacco-Plantation South in the Early American Atlantic World*. Nova

York: Palgrave Macmillan, 2013, é que a república agrária de Jefferson foi em grande parte uma coisa de sua.

79. *The Audacity of Hope.*

80. O primeiro discurso de posse de Thomas Jefferson está disponível no site da Biblioteca do Congresso: <https://www.loc.gov/rr/program/bib/inaugurations/jefferson/index.html>.

81. Ibid.

82. *The Audacity of Hope.*

83. Ibid.

84. Primeiro discurso de posse de Jefferson: <https://www.loc.gov/rr/program/bib/inaugurations/jefferson/index.html>.

85. *The Audacity of Hope.*

86. *Notes on the State of Virginia*, questão XVIII, "Manners", em *Jefferson: Writings*, p. 289; "A More Perfect Union", *Change We Can Believe In*, p. 215.

CAPÍTULO QUATRO: UM NOVO NASCIMENTO DA LIBERDADE

1. "A More Perfect Union", em *Change We Can Believe In*, p. 215.

2. *The Audacity of Hope.*

3. A Constituição e a Declaração dos Direitos, bem como a Declaração de Independência estão digitalizadas e mais acessíveis na coleção "Founding Documents" do Arquivo Nacional dos Estados Unidos. Disponível online: <https://www.archives.gov/founding-docs>.

4. Como David Waldstreicher menciona em *Slavery's Constitution*, havia seis cláusulas que afetavam diretamente a escravidão e outras cinco indiretamente, algumas delas seguindo as implicações da cláusula dos três quintos. Eu me concentrei naquelas que são (quase) explicitamente sobre escravidão. Além disso, como constata Waldstreicher, a escravidão estava tão profundamente enraizada na vida americana que "era tão importante na elaboração da Constituição quanto a Constituição era para a sobrevivência da escravidão" (p. 17).

5. "Remarks by the First Lady at the Democratic National Conven-

tion", Casa Branca, Gabinete da primeira-dama, 25 de julho de 2016. Disponível online: <https://obamawhitehouse.archives.gov/the-press--office/2016/07/25/remarks-first-lady-democratic-national-convention>.

6. "Q&A: Did Slaves Build the White House", a Associação Histórica da Casa Branca. Disponível online: <https://www.whitehousehistory.org/questions/did-slaves-build-the-white-house>.

7. Ibid.

8. "Original Notes on the Debates in the Federal Convention", de James Madison, estão disponíveis online no Arquivo Nacional dos Estados Unidos: <https://www.loc.gov/item/mjm023093/convention>.

9. Detalhes e documentos sobre o fim da escravidão em Massachusetts estão disponíveis online na Massachusetts Historical Society: <https://www.masshist.org/endofslavery/index.php>.

10. Ibid.

11. "A More Perfect Union", em *Change We Can Believe In*, p. 215-16; *The Audacity of Hope*.

12. *The Audacity of Hope*; "A More Perfect Union", em *Change We Can Believe In*, p. 216.

13. "The Audacity of Hope: Keynote Address at the 2004 Democratic National Convention, Boston, MA, July 27, 2004", em *We Are the Change We Seek*.

14. Dou este exemplo como apresentado no filme *Doze Anos de Escravidão* (de 2013, dirigido por Steve McQueen), baseado na narrativa de Solomon Northup. Para mais informações sobre religião dos escravos, veja: GENOVESE, Eugene D. *Roll, Jordan, Roll: The World the Slaves Made*. Nova York: Vintage Books, 1976; RABOTEAU, Albert J. *Slave Religion: The "Invisible Institution" in the Antebellum South*. Oxford: Oxford University Press, 1978; edição atualizada, 2004. Para origens e desenvolvimento inicial, veja: FREY, Sylvia R.; WOOD, Betty. *Come Shouting to Zion: African American Protestantism in the American South and British Caribbean to 1830*. Chapel Hill: University of North Carolina Press, 1998.

15. *Dreams from my Father*, p. 294. Obama repetiu a passagem quando falou sobre o reverendo Jeremiah Wright na Filadélfia, em março de 2008. "A More Perfect Union", *Change We Can Believe In*, p. 220.

16. "Remarks by the First Lady at the Democratic National Convention", "President Barack Obama's Inaugural Address", Casa Branca, Secretaria de Imprensa, blog, 21 de janeiro 2009. Disponível online: <https://obamawhitehouse.archives.gov/blog/2009/01/21/president-barack-obamas-inaugural-address>; "Inaugural Address by President Barack Obama, United States Capitol", Casa Branca, Secretaria de Imprensa, 21 de janeiro de 2013. Disponível online: <https://obamawhitehouse.archives.gov/the-press-office/2013/01/21/inaugural-address-president-barack-obama>.

17. "The Audacity of Hope", em *We Are the Change We Seek*.

18. "President Barack Obama's Inaugural Address".

19. "Inaugural Address by President Barack Obama".

20. Durante a campanha de 2008, Barack Obama foi acusado oportunamente de ser tudo isso, mas conseguiu evitar que tais alegações continuassem. O movimento ganhou força depois da eleição de Obama a presidente, pois o local de nascimento é uma qualificação ao cargo. Claro que não passava de uma campanha racista má disfarçada para deslegitimar sua presidência com notícias falsas divulgadas por pessoas desonestas.

21. "Remarks by the President at the Groundbreaking Ceremony of the National Museum of African American History and Culture, The National Mall", Casa Branca, Secretaria de Imprensa, 22 de fevereiro de 2012. Disponível online: <https://obamawhitehouse.archives.gov/the-press-office/2012/02/22/remarks-president-groundbreaking-ceremony-national-museum-african-americ>; "Weekly Address: Celebrating the National Museum of African American History and Culture", Casa Branca, Secretaria de Imprensa, 24 de setembro de 2016. Disponível online: <https://obamawhitehouse.archives.gov/the-press-office/2016/09/24/weekly-address-celebrating-national-museum-african-american-history-and>.

22. "Remarks by the President at the Groundbreaking Ceremony of the National Museum of African American History and Culture".

23. "Remarks by the President at Commemoration of the 150th Anniversary of the 13th Amendment, U.S. Capitol, Washington, D.C.", Casa

Branca, Secretaria de Imprensa, 9 de dezembro de 2015. Disponível online: <https://obamawhitehouse.archives.gov/the-press-office/2015/12/09/remarks-president-commemoration-150th-anniversary-13th-amendment>.

24. "Remarks by the President at the Groundbreaking Ceremony of the National Museum of African American History and Culture"; "Remarks by the First Lady at the Democratic National Convention"; "Remarks by the President at Reception in Honor of the National Museum of African American History and Culture, Grand Foyer", Casa Branca, Secretaria de Imprensa, 23 de setembro de 2016. Disponível online: <https://obamawhitehouse.archives.gov/the-press-office/2016/09/23/remarks-president-reception- honor-national-museum-african-american>.

25. "Remarks by the President at the 50th Anniversary of the Selma to Montgomery Marches, Edmund Pettus Bridge, Selma, Alabama", Casa Branca, Secretaria de Imprensa, 7 de março de 2015. Disponível online: <https://obamawhitehouse.archives.gov/the-press-office/2015/03/07/remarks-president-50th-anniversary-selma-montgomery-marches>.

26. Ibid.

27. "A More Perfect Union", em *Change We Can Believe In*, p. 217.

28. "Remarks by the President at the Groundbreaking Ceremony of the National Museum of African American History and Culture".

29. "Remarks by the President at Commemoration of the 150th Anniversary of the 13th Amendment"; "A More Perfect Union", em *Change We Can Believe In*, p. 215; *The Audacity of Hope*.

30. "A More Perfect Union", em *Change We Can Believe In*, p. 215.

31. "Letter to John Holmes, August 22, 1820", em *Thomas Jefferson: Political Writings*, p. 496.

32. O texto completo da exposição e do protesto está disponível online graças a South Carolina State Library: <https://dc.statelibrary.sc.gov/handle/10827/21911>.

33. "Election Night: *November 4, 2008, Chicago, Illinois*", em *Change We Can Believe In*, p. 275.

34. Várias versões do discurso de Gettysbury estão disponíveis no Arquivo Nacional dos Estados Unidos: <https://www.loc.gov/rr/program/bib/ourdocs/Gettysburg.html>.

35. "Second Reply to Hayne", de Daniel Webster, está disponível online graças à Livraria do Congresso norte-americano: <https://www.loc.gov/item/2005687410/>.

36. Ibid.

37. Citado em WILENTZ, Sean. *The Rise of American Democracy: Jefferson to Lincoln*. Nova York: Norton, 2005. p. 322.

38. FREEHLING, William W. *Prelude to Civil War: The Nullification Controversy in Southern Carolina, 1816-1836*. Nova York: Harper and Row, 1965. Lincoln provavelmente pegou emprestado a frase do abolicionista e ministro Theodore Parker, que disse, tomando emprestado de Webster, que "a democracia é um autogoverno direto, acima de todos, por todos, para todos", no discurso intitulado "The effect of slavery on the American people: A sermon preached at the Music hall, Boston, on Sunday, July 4, 1858". Lincoln tinha cópias dos sermões de Parker. Essa frase pode ter sido dita por John Wycliffe, que em 1384 disse "a Bíblia é o governo do povo, pelo povo, para o povo", de acordo com a edição de 1951 de *Familiar Quotations*, de John Bartlett.

39. *The Audacity of Hope.*

40. Disponível na coleção "Founding Documents", no Arquivo Nacional dos Estados Unidos. Disponível online: <https://www.archives.gov/founding-docs>.

41. "Remarks by the President at Commemoration of the 150th Anniversary of the 13th Amendment". Uma versão publicada do discurso "The Crime Against Kansas", de Charles Sumner, disponível no site do Senado dos Estados Unidos: <https://www.senate.gov/artandhistory/history/resources/pdf/CrimeAgainstKSSpeech.pdf>.

42. Para mais, veja FREEMAN, Joanne. *The Field of Blood: Congressional Violence and the Road to Civil War*, seguido de Farrar, Straus e Giroux. A professora Freeman também demonstra como a violência é comum e ritualizada. Veja *Affairs of Honor: National Politics in the New Republic*. New Haven: Yale University Press, 2002.

43. É assim que Barack Obama chama Lincoln em "Declaration of Candidacy: *February 10, 2007, Springfield, Illinois*", em *Change We Can Believe In*, p. 201.

44. *The Audacity of Hope.*

45. Material relevante para o caso de Dred Scott está disponível no site da Biblioteca do Congresso dos Estados Unidos: <https://www.loc.gov/rr/program/bib/ourdocs/DredScott.html>. O texto na íntegra da decisão *Scott vs Sandford* está disponível no site da Suprema Corte norte-americana: <https://supreme.justia.com/cases/federal/us/60/393/case.html>.

46. Ibid.

47. Há muitas fontes para os discursos de Lincoln. Uma transcrição completa do discurso "House Divided" está disponível em National Parks Service Lincoln Home National Historic Site, originado de NEELY Jr., Mark E. *The Abraham Lincoln Encyclopedia.* Nova York: Da Capo Press, 1982: <https://www.nps.gov/liho/learn/historyculture/housedivided.htm>.

48. Ibid.

49. JOHANNSEN, Robert W. (Org.). *The Lincoln-Douglas Debates of 1858.* Oxford: Oxford University Press, 1965.

50. *The Audacity of Hope.*

51. Ibid.

52. Ibid.

53. "Remarks by the President at Commemoration of the 150th Anniversary of the 13th Amendment".

54. *The Audacity of Hope.*

55. HINKS, Peter P. (Org.). *David Walker's Appeal to the Coloured Citizens of the World.* University Park: Penn State University Press, 2000.

56. Todos os artigos de *The Liberator* estão disponíveis online: <http://fair-use.org/the-liberator/>.

57. MAYER, Henry. *All on Fire: William Lloyd Garrison and the Abolition of Slavery.* Nova York: St. Martin's Press, 1998. Para ver Garrison e outros abolicionistas mencionados por Obama, e para abolicionistas negros e brancos que trabalharam juntos, veja o brilhante e épico livro novo de Manisha Sinha, *The Slave's Cause: A History of Abolition.* New Haven: Yale University Press, 2016.

58. EGERTON, Douglas R. *He Shall Go Out Free: The Lives of Denmark*

Vesey. 2. ed. Lanham: Rowman and Littlefield, 2004.

59. DOUGLASS, Frederick. "The Meaning of the Fourth of July for the Negro". In: FONER, Philip S. (Org.). *Frederick Douglass: Selected Speeches and Writings, A bridged and Adapted by Yuval Taylor.* Chicago: Lawrence Hill, 1999, pp. 196-7 (o discurso inteiro está nas páginas 188-205).

60. Ibid., p. 191.

61. Ibid., p. 204.

62. Ibid., pp. 204-5.

63. MCFEELY, William S. *Frederick Douglass.* Nova York: W.W. Norton, 1991. "The Meaning of the Fourth of July", p. 191. "President Barack Obama's Inaugural Address"; "A More Perfect Union", *Change We Can Believe In*, p. 215; *The Audacity of Hope.* Barack Obama citou Frederick Douglass diretamente: "E, como Frederick Douglass disse uma vez: 'O poder não entrega nada de graça. Nunca entregou, e nunca entregará'". In "An Honest Government, A Hopeful Future: *August 28, 2006, University of Nairobi, Nairobi, Kenya*", em *Power In Words,* p. 94. Douglass falou essas famosas palavras em seu discurso "West India Emancipation" em 3 de agosto de 1857: "West India Emancipation, speech delivered in Canandaigua, New York, August 3, 1857", em *Frederick Douglass*, p. 367. Para o curso "Current Issues in Racism and the Law" na Universidade de Chicago, o professor Obama indicou a leitura de "The Right to Criticize the American Institutions", de Douglass (um discurso anterior à Sociedade Americana Antiescravidão, 11 de maio de 1847) e "Is It Right and Wise to Kill a Kidnapper" (artigo publicado em *The North Star*, 28 de julho de 1848). Veja também *A ponte*. Nele Remnick nos conta que o grande Henry Louis Gates Jr. fala que vê Obama como um "Frederick Douglass pós-moderno". Wolfgang Mieder faz observações similares na retórica de Douglass e Obama em *"Yes We Can": Barack Obama's Proverbial Rhetoric.* Nova York: Peter Lang, 2009, pp. 14, 69-70. O sucessor de Obama também admira Douglass, pois no começo do Black History Month em 2017 disse que "Frederick Douglass é um exemplo de alguém que fez um trabalho incrível e está sendo reconhecido cada vez mais". Veja GRAHAM, David A. "Donald Trump's Narrative of the Life of Frederick Douglass", *The Atlantic*, 1º de fevereiro de 2017. Dis-

ponível online: <https://www.theatlantic.com/politics/archive/2017/02/frederick-douglass-trump/515292/>.

64. BRADFORD, Sarah Hopkins. *Harriet, the Moses of Her People*. Nova York: Geo. R. Lockwood & Son, 1886; Chapel Hill: University of North Carolina Press, 2012. pp. 72-3.

65. Entrevista com Henry Stewart, Canadá, 1863, in BLASSINGAME, John W. (Org.) *Slave Testmony: Two Centuries of Letters, Speeches, Interviews, and Autobiographies*. Baton Rouge: Louisiana State University Press, 1977. p. 415.

66. *Harriet, The Moses of Her People*, p. 22.

67. CLINTON, Catherine. *Harriet Tubman: The Road to Freedom*. Nova York: Little, Brown, 2005.

68. LARSON, Kate Clifford. *Bound for the Promised Land: Harriet Tubman: Portrait of an American Hero*. Nova York: Ballantine Books, 2004. p. 177.

69. *The Audacity of Hope*; MCGLONE, Robert E. *John Brown's War against Slavery*. Cambridge: Cambridge University Press, 2009.

70. *The Audacity of Hope*.

71. Ibid.

72. Ibid.

73. "Declaration of Candidacy", em *Change We Can Believe In*, p. 201.

74. Ibid.

75. Disponível online: <https://www.nps.gov/liho/learn/historyculture/firstinaugural.htm>.

76. Ibid.

77. Ibid.

78. Ibid.

79. GOODWIN, Doris Kearns. *Team of Rivals: The Political Genius of Abraham Lincoln*. Nova York: Simon and Schuster, 2005; FONER, Eric. *The Fiery Trial: Abraham Lincoln and the War against Slavery*. Nova York: W. W. Norton, 2011. O sucessor de Obama também comentou sobre a Guerra Civil: "Se Andrew Jackson chegasse um pouco atrasado, não haveria Guerra Civil. Ele era uma pessoa difícil, mas tinha um grande coração. Viu, com grande pesar, o que estava acontecendo e disse: 'Não

há razão para isso." As pessoas não entenderam, sabe, a Guerra Civil, e por quê? Não se perguntavam isso, mas por que houve a Guerra Civil? Por que aquela questão não foi resolvida?" As pessoas realmente se perguntam isso com certa frequência de vez em quando. Para encontrar respostas, veja as declarações de líderes defendendo a escravidão com determinação. Ou o 45º presidente não está ciente dessas declarações ou não acredita que a escravidão fosse motivo importante o suficiente para uma guerra. BROMWICH, Jonah Engel. "Trump on the Civil War: 'Why Could That One Not Have Been Worked Out?'". *The New York Times*, 1º de maio de 2017. Disponível online: <https://www.nytimes.com/2017/05/01/us/politics/trump-andrew-jackson-fact-check.html>.

80. "Declaration of Candidacy", em *Change We Can Believe In*, p. 195. Está disponível no site da Biblioteca do Congresso, em Abraham Lincoln Papers: <https:// memory.loc.gov/cgibin/ampage?collId=mal&fileName=mal2/423/4233400/malpage.db&recNum=0>.

81. "Remarks by the President at Commemoration of the 150th Anniversary of the 13th Amendment."

82. *The Audacity of Hope.*

83. "Declaration of Candidacy", em *Change We Can Believe In*, p. 195; "What I Am Opposed to Is a Dumb War: Speech against the Iraq War, *Chicago, IL, October 2, 2002*", em *Nós somos a mudança que buscamos*, pp. 1-2.

84. "Remarks by the President at Commemoration of the 150th Anniversary of the 13th Amendment."

CAPÍTULO CINCO: NÓS VAMOS VENCER

1. "A More Perfect Union", em *Change We Can Believe In*, p. 215.

2. A Constituição e o Bill of Rights, assim como a Declaração de Independência, estão digitalizadas e disponíveis na coleção "Founding Documents", no Arquivo Nacional dos Estados Unidos: <https://www.archives.gov/founding-docs>.

3. "A More Perfect Union", em *Change We Can Believe In*, p. 216;

"Remarks by the President at Commemoration of the 150th Anniversary of the 13th Amendment, US Capitol, Washington, DC", Casa Branca, Secretaria de Imprensa, 9 de dezembro de 2015. Disponível online: <https://obamawhitehouse.archives.gov/the-press-office/2015/12/09/remarks-president--commemoration-150th-anniversary-13th-amendment>. DU BOIS, W.E.B. *Black Reconstruction in America*. Nova York: The Free Press, 1935. p. 30.

4. "Remarks by the President at the 50th Anniversary of the Selma to Montgomery Marches, Edmund Pettus Bridge, Selma, Alabama", Casa Branca, Secretaria de Imprensa, 7 de março de 2015. Disponível online: <https://obamawhitehouse.archives.gov/the-press-office/2015/03/07/remarks-president-50th-anniversary-selma-montgomery-marches>.

5. Disponível no site do National Parks Service: <https://www.nps.gov/history/local-law/anti1906.htm>.

6. Gregory Downs e Kate Masur foram entrevistados por Kritika Agarwal, "Monumental Effort: Historians and the Creation of the Nation Monument to Reconstruction", *AHA Today*, 24 de janeiro de 2017. Disponível online: <http://blog.historians.org/2017/01/national-monument--reconstruction/>; FONER, Eric. *Reconstruction: America's Unfinished Revolution, 1863-1877*. Nova York: Harper Collins, 1988; ROSE, Willie Lee. *Rehearsal for Reconstruction: The Port Royal Experiment*. Oxford: Oxford University Press, 1976.

7. "Proclamation for the Establishment of the Reconstruction Era National Monument", Casa Branca, Secretaria de Imprensa, 12 de janeiro de 2017. Disponível online: <https://obamawhitehouse.archives.gov/the-press-office/2017/01/12/presidential-proclamations-establishment--reconstruction-era-national>.

8. Ibid.

9. Ibid.

10. *The Audacity of Hope.*

11. Ibid.

12. "'The President and his Speeches': *Douglass' Monthly*, September, 1862", in *Frederick Douglass*, p. 511. Lincoln citado em "Lincoln and Citizenship", de Mark E. Steiner. In: HUBBARD, Charles M. (Org.). *Lincoln, the Law, and Presidential Leadership*. Carbondale: Southern Illinois University

Press, 2015. pp. 47-8.

13. "Proclamation for the Establishment of the Reconstruction Era National Monument".

14. DU BOIS, W.E.B. *The Negro*. original 1915; Nova York: Cosimo Classics, 2010, p. 125.

15. "Proclamation for the Establishment of the Reconstruction Era National Monument".

16. "Remarks by the President at Commemoration of the 150th Anniversary of the 13th Amendment".

17. A lei dos Direitos Civis está disponível no site da Biblioteca do Congresso dos Estados Unidos: <https://memory.loc.gov/cgibin/ ampage?collId=llsl&fileName=014/llsl014.db&recNum=58>.

18. "Proclamation for the Establishment of the Reconstruction Era National Monument".

19. Ibid.; *Reconstruction*, pp. 354-5.

20. Ibid.

21. *Black Reconstruction in America*, p. 30. Vale lembrar que a forma mais comum de fraudar uma eleição nos Estados Unidos era e ainda é a supressão racial dos eleitores.

22. "Proclamation for the Establishment of the Reconstruction Era National Monument".

23. Ibid.

24. Ibid.

25. Ibid.

26. Ibid.

27. Ibid.

28. Ibid.

29. "Remarks by the President at Howard University Commencement Ceremony", Universidade Howard, Casa Branca, Secretaria de Imprensa, 7 de maio de 2016. Disponível online: <https://obamawhitehouse.archives. gov/the-press-office/2016/05/07/remarks-president-howard-university- -commencement-ceremony>.

30. "Proclamation for the Establishment of the Reconstruction Era National Monument".

31. Ibid.

32. Ibid.

33. Como já mencionado, um dos livros do professor Foner se refere à Reconstrução como *America's Unfinished Revolution*, e o outro se chama *Nothing but Freedom: Emancipation and Its Legacy*. Baton Rouge: Louisiana State University Press, 2007.

34. Disponível online: <https://eji.org/reports/lynching-in-america>.

35. "Remarks by the President at Commemoration of the 150th Anniversary of the 13th Amendment".

36. "Remarks by the President at the 50th Anniversary of the Selma to Montgomery Marches".

37. Para a lei dos Direitos Civis de 1875, veja BARRON, Jerome A.; DIENES, C. Thomas; MCCORMACK, Wayne; REDISH, Martin H. *Constitutional Law: Principles and Policy, Cases and Materials*, 8. ed. Nova York: Lexis Nexis, 2012, p. 106. O texto das leis dos direitos civis de 1883 está disponível no site da Suprema Corte dos Estados Unidos: <https://supreme.justia.com/cases/federal/us/109/3/case.html>.

38. *Plessy vs. Ferguson* está disponível em: <https://supreme.justia.com/cases/federal/us/163/537/case.html>.

39. *Williams vs. Mississipi* está disponível em: <https://supreme.justia.com/cases/federal/us/170/213/case.html>.

40. *Giles vs. Harris* está disponível em: <https://supreme.justia.com/cases/federal/us/189/475/case.html>.

41. "How Far We've Come: Remarks at John Lewis's Sixty-fifth Birthday Gala, *Atlanta, Georgia: February 21, 2005*", em *We Are the Change We Seek*.

42. "Remarks by the President at the 50th Anniversary of the Selma to Montgomery Marches"; "Proclamation for the Establishment of the Reconstruction Era National Monument". Como professor de Direito na Universidade de Chicago, em um curso chamado "Current Issues in Racism and the Law", Barack Obama apresentou as fontes primárias para a proclamação da emancipação, as emendas da Reconstrução, os códigos da Carolina do Sul negra, o processo *Plessy vs.Ferguson* e trechos das obras de Frederick Douglass, Booker T. Washington, W.E.B. Du Bois,

Marcus Garvey, Martin Luther King e Malcolm X. E incluiu obras de juristas conservadores contemporâneos que se opuseram à ação afirmativa, incluindo Robert Bork, Charles Cooper e Lino Graglia. Outras leituras incluíam George M. Fredrickson, *The Arrogance of Race: Historical Perspectives on Slavery, Racism, and Social Inequality* (Middletown, CT: Wesleyan University Press, 1988) e "The Uncompleted Argument: Du Bois and the Illusion of Race", de Kwame Anthony Appiah, em *Critical Inquiry*, v. 12, n. 1; "'Race' Writing, and Difference" (outono de 1985), pp. 21-37. Veja *A ponte*.

43. "Remarks by the President at the 50th Anniversary of the Selma to Montgomery Marches".

44. Em agosto de 1917, A. Philip Randolph e Chandler Owen fundaram *The* Messenger como "a única revista negra radical da América". Para a explicação da expressão "New Negro", veja o artigo deles, "The New Negro — What Is He?", da edição de agosto de 1920 da revista, disponível online: <http://nationalhumanitiescenter.org/ows/seminars/aahistory/NewNegro.pdf>. E veja o artigo de J. Hector St. John de Crèvecouer, "What Is an American?", em *Letters from an American Farmer and Sketches of Eighteenth-Century America*, organizado por Albert E. Stone. Harmondsworth: Penguin, 1986, pp. 66-105.

45. "Remarks by the President at Reception in Honor of the National Museum of African American History and Culture, Grand Foyer", Casa Branca, Secretaria de Imprensa, 23 de setembro de 2016. Disponível online: <https://obamawhitehouse.archives.gov/the-press-office/2016/09/23/remarks-president-reception-honor-national-museum-african-american>.

46. "To Secure These Rights" está disponível na Biblioteca Presidencial Harry S. Truman e no Museu da Universidade do Missouri: <https://www.trumanlibrary.org/civilrights/srights1.htm>.

47. O veredito *Brown vs. Board of Education* está disponível no site da Suprema Corte dos Estados Unidos: <https://supreme.justia.com/cases/federal/us/347/483/case.html>.

48. Ibid. É interessante que Obama ou seus escritores de discursos ou os digitadores que postaram o discurso no site da Casa Branca usou

a expressão "estudantes que ultrapassaram multidões raivosas", em vez de "estudantes que caminharam por multidões raivosas".

49. Para a decisão *Browder vs. Gayle*, veja: <https://law.justia.com/cases/federal/district-courts/FSupp/142/707/2263463/>.

50. *The Audacity of Hope.*

51. "How Far We've Come", em *We Are the Change We Seek.*

52. "Remarks by the President at the 50th Anniversary of the Selma to Montgomery Marches".

53. "A More Perfect Union", em *Change We Can Believe In*, p. 216.

54. "Remarks by the President at the 50th Anniversary of the Selma to Montgomery Marches".

55. "How Far We've Come", *We Are the Change We Seek*; "Remarks by the President at the 50th Anniversary of the Selma to Montgomery Marches".

56. Os pensamentos de Obama sobre esses artigos são tão instrutivos que em 2010 Thomas J. Sugrue, um dos historiadores mais influentes dos Estados Unidos, o chamou de "o historiador mais influente da nação sobre raça e direitos". Veja *Not Even Past: Barack Obama and the Burden of Race.* Princeton: Princeton University Press, 2010, p. 3.

57. "Remarks by the President at the 50th Anniversary of the Selma to Montgomery Marches"; "How Far We've Come", em *We Are the Change We Seek.*

58. "Remarks by the President at Howard University Commencement Ceremony, Howard University".

59. Ibid.

60. Ibid.

61. Ibid.

62. Ibid.

63. *Dreams from My Father*; *The Audacity of Hope.*

64. *Not Even Past*, p. 50. Para mais, e sobre as diferentes influências sobre o Movimento dos Direitos Civis na evolução intelectual e pessoal de Obama, veja o capítulo um, "'This Is My Story': Obama, Civil Rights, and Memory", pp. 11-55.

65. *Not Even Past*, pp. 24-5,41.

66. "Remarks by the President at the 50th Anniversary of the Selma to Montgomery Marches".

67. "How Far We've Come", em *We Are the Change We Seek*; "Remarks by the President at the 50th Anniversary of the Selma to Montgomery Marches".

68. Sugrue ressalta que Obama vê o Movimento dos Direitos Civis como um movimento popular que pressiona políticos, principalmente na p. 136. "Remarks by the President at Reception in Honor of the National Museum of African American History and Culture".

69. *The Audacity of Hope*.

70. *The Audacity of Hope*; "Remarks by the President at the 50th Anniversary of the Selma to Montgomery Marches".

71. Ibid.; "Remarks by the President at Reception in Honor of the National Museum of African American History and Culture".

72. "Remarks by the President at the 50th Anniversary of the Selma to Montgomery Marches".

73. *The Audacity of Hope*.

74. "Remarks by the President at the 50th Anniversary of the Selma to Montgomery Marches".

75. "How Far We've Come", em *We Are the Change We Seek*; "Remarks by the President at the 50th Anniversary of the Selma to Montgomery Marches".

76. "Remarks by the President at the 50th Anniversary of the Selma to Montgomery Marches". O sucessor de Obama também apoia o direito ao protesto, às vezes, descrevendo algumas daquelas estátuas da Confederação em Charlottesville, por exemplo, como "pessoas muito boas". No entanto, por vezes, ele é menos favorável e defende, por exemplo, que se um esportista protestar contra a violência aos afro-americanos, seu chefe deve "demitir o filho da puta". Adam Serwer, "Trump's War of Words with Black Athletes", *The Atlantic*, 23 de setembro de 2017. Disponível online: <https://www.theatlantic.com/politics/archive/2017/09/trump-urges-nfl-owners-to-fire-players-who-protest/540897/>.

77. "Remarks by the President at the Groundbreaking Ceremony of the National Museum of African American History and Culture, The

National Mall", Casa Branca, Secretaria de Imprensa, 22 de fevereiro de 2012. Disponível online: <https://obamawhitehouse.archives.gov/the-press-office/2012/02/22/remarks-president-groundbreaking-ceremony- national-museum-african-americ>.

78. "Remarks by the President at Reception in Honor of the National Museum of African American History and Culture".

79. "Remarks by the President at the Groundbreaking Ceremony of the National Museum of African American History and Culture".

80. "Remarks by the President at Reception in Honor of the National Museum of African American History and Culture"; "Weekly Address: Celebrating the National Museum of African American History and Culture", Casa Branca, Secretaria de Imprensa, 24 de setembro de 2016. Disponível online: <https://obamawhitehouse.archives.gov/the-press--office/2016/09/24/weekly-address-celebrating-national-museum--african-american-history-and>.

81. "Weekly Address: Celebrating the National Museum of African American History and Culture". Para detalhes do Movimento dos Direitos Civis e a trilogia "Taylor Branch": *Parting the Waters: America in the King Years, 1954-63*; *Pillar of Fire: America in the King Years, 1963-65*; e *At Canaan's Edge: America in the King Years, 1965-1968*. Nova York: Simon and Schuster, 1988, 1998, 2006.

82. "Remarks by the President at the 50th Anniversary of the Selma to Montgomery Marches".

83. "Remarks by the President at the 50th Anniversary of the Selma to Montgomery Marches"; "Remarks by the President at Commemoration of the 150th Anniversary of the 13th Amendment".

84. *A ponte.*

85. "Remarks by the President at the 50th Anniversary of the Selma to Montgomery Marches", em *We Are the Change We Seek*. Dionne e Reid classificam esse discurso de Obama como "o mais lindo", ao descrever "uma elegia americana". Vale a pena notar também que a inclusividade de Obama nesse discurso é impressionante, dada a recusa de Susan B. Anthony de apoiar os direitos dos negros a votar enquanto mulheres não tivessem o mesmo direito. Alguns viram e outros ainda veem essa

tática de Anthony motivada apenas pelo desejo de manter a coalizão forte entre negros, brancos, negras e brancas, e pelo medo de se enfraquecer se um quarto desta conseguisse o reivindicado. Outros viam e ainda veem como uma questão racista. Seja qual for o caso, Obama utiliza o mesmo padrão para Anthony que usa para Thomas Jefferson, dando--lhes crédito por ajudar a fazer a união ainda mais perfeita, apesar das imperfeições que pudessem ter.

86. *A ponte*; "The Promise", *The New Yorker*, 15 de fevereiro de 2010. Disponível em: <https://www.newyorker.com/magazine/2010/02/15/the-promise-2>.

87. "Remarks by the President at the 50th Anniversary of the Selma to Montgomery Marches".

88. "Remarks by the President at Howard University Commencement Ceremony".

89. Ibid.

90. "Remarks by the President at the 50th Anniversary of the Selma to Montgomery Marches".

91. Ibid.

92. Ibid.

93. Ibid.

94. "A More Perfect Union", em *Change We Can Believe In*, p. 222.

CAPÍTULO SEIS: O PRINCIPAL NEGÓCIO DO POVO AMERICANO

1. "Election Night: *November 4, 2008*, Chicago, Illinois", in *Change We Can Believe In*, pp. 278-9.

2. Ibid.

3. "Remarks by the President in a Farewell Address, McCormick Place, Chicago, Illinois", Casa Branca, Secretaria de Imprensa, 10 de janeiro de 2017. Disponível online: <https://obamawhitehouse.archives.gov/the-press-office/2017/01/10/remarks-president-farewell-address>.

4. *The Audacity of Hope*.

5. Ibid.

6. Ibid.

7. Ibid.

8. Ibid.

9. "Remarks by the President at Fourth of July Celebration, South Lawn", Casa Branca, Secretaria de Imprensa, 4 de julho de 2013. Disponível online: <https://obamawhitehouse.archives.gov/the-press-office/2013/07/04/remarks-president-fourth-july-celebrationJuly04>. Discurso na Universidade de Massachusetts em Boston, 2 de junho de 2006, está disponível em: <http://obamaspeeches.com/074-University-of-Massachusetts-at-Boston--Commencement-Address-Obama-speech.htm>.

10. MURRIN, John M. *Beneficiaries of Catastrophe: The English Colonies in America*. Washington, DC: American Historical Association, 1991, edição revisada, 1997.

11. THOMAS, Gabriel. *An Historical and Geographical Account of the Province and Country of Pensilvania and of West-New-Jersey in America*. Londres: A. Baldwin, 1698, pp. 28-30.

12. Ibid., pp. 30-1.

13. Ibid., pp. 31-2.

14. Ibid., pp. 32-3.

15. Ibid., pp. 33-5.

16. Ibid., pp. 35-6, 44.

17. Ibid., pp. 43-4.

18. "A More Perfect Union", em *Change We Can Believe In*, p. 215.

19. Discurso na Universidade de Massachusetts em Boston.

20. Veja o artigo de James Horn e Philip D. Morgan, "Settlers and Slaves: European and African Migration to Early Modern British America". In: SHAMMAS, Carole; MANCKE, Elizabeth. *The Creation of the Atlantic World*. Baltimore: The Johns Hopkins University Press, 2005, p. 24.

21. Ibid.

22. Ibid.

23. Ibid.

24. Ibid. Veja *Inhuman Bondage*.

25. Thomas. *An Historical and Geographical Account of the Province and*

Country of Pensilvania and of West-New-Jersey, p. 35.

26. "A More Perfect Union", em *Change We Can Believe In*, p. 215; *The Audacity of Hope*.

27. "A More Perfect Union", em *Change We Can Believe In*, p. 215.

28. *The Audacity of Hope*; "A More Perfect Union", *Change We Can Believe In*, p. 215.

29. Várias versões da Declaração de Independência, incluindo o rascunho original de Jefferson, digitalizado e disponível na coleção "Founding Documents", no Arquivo Nacional dos Estados Unidos: <https://www.archives.gov/founding-docs>.

30. A Constituição também está na coleção "Founding Documents", no Arquivo Nacional dos Estados Unidos: <https://www.archives.gov/founding--docs>.

31. Veja BECKERT, Sven. *Empire of Cotton: A Global History.* Nova York: Vintage, 2014.

32. "Remarks by the President at the Groundbreaking Ceremony of the National Museum of African American History and Culture, The National Mall", Casa Branca, Secretaria de Imprensa, 22 de fevereiro de 2012. Disponível online: <https://obamawhitehouse.archives.gov/the-press--office/2012/02/22/remarks-president-groundbreaking-ceremony-national--museum-african-americ>.

33. "Remarks by the President at Commemoration of the 150th Anniversary of the 13th Amendment, US Capitol, Washington, DC", Casa Branca, Secretaria de Imprensa, 9 de dezembro de 2015. Disponível online: <https://obamawhitehouse.archives.gov/the-press-office/2015/12/09/remarks-president-commemoration-150th-anniversary-13th-amendment>.

34. "Remarks by the President at the 50th Anniversary of the Selma to Montgomery Marches, Edmund Pettus Bridge, Selma, Alabama", Casa Branca, Secretaria de Imprensa, 7 de março de 2015. Disponível online: <https://obamawhitehouse.archives.gov/the-press-office/2015/03/07/remarks-president--50th-anniversary-selma-montgomery-marches>.

35. Vários livros têm explorado as ligações entre o império britâncio, os Estados Unidos, o capitalismo e a escravidão. Assim como *Empire of Cotton*, do professor Beckert, veja também NEWMAN, Simon P. *A New World of La-*

bor: The Development of Plantation Slavery in the British Atlantic. Filadélfia: University of Pennsylvania Press: Philadelphia, 2013; BAPTIST, Edward E. *The Half Has Never Been Told: Slavery and the Making of American Capitalism.* Nova York: Basic Books, 2014; BURNARD, Trevor. *Planters, Merchants, and Slaves: Plantation Societies in British America, 1650-1820* Chicago: University of Chicago Press, 2015; e BECKERT, Sven; ROCKMAN, Seth. (Orgs.). *Slavery's Capitalism: A New History of American Economic Development.* Filadélfia: University of Pennsylvania Press, 2017.

36. *The Audacity of Hope.*

37. *The Audacity of Hope.* Para ver a Declaração de Independência, veja a coleção "Founding Documents" no Arquivo Nacional dos Estados Unidos, disponível online: <https://www.archives.gov/founding-docs>. *Jefferson: Writings*, pp. 107-8 e 118-20.

38. *The Audacity of Hope.*

39. Ibid.

40. Ibid.

41. Ibid.

42. Ibid.

43. Ibid.

44. *Notes on the State of Virginia* (1787), questão XIX, The Present State of Manufactures, Commerce, Interior and Exterior Trade? In: *Jefferson: Writings*, pp. 290-1.

45. Ibid., 290.

46. SARSON, Steven. *The Tobacco Plantation South in the Early American Atlantic World.* Nova York: Palgrave Macmillan, 2013, e também MERRITT, Keri Leigh. *Masterless Men: Poor Whites in the Antebellum South.* Cambridge: Cambridge University Press, 2017.

47. *The Audacity of Hope.* Em alguns casos, está documentado que Hamilton nasceu em 1755. Obama admite que "Jefferson não estava totalmente errado em temer a visão de Hamilton para o país, pois sempre estivemos em um ato constante entre o interesse próprio e a comunidade, os mercados e a democracia, a concentração de riqueza e poder e a abertura de oportunidade".

48. "Report on the Subject of Manufactures" de Alexander Hamilton está disponível no site do Arquivo Nacional dos Estados Unidos: <https://founders.

archives.gov/documents/Hamilton/01-10-02-0001-0007>. "Jerusalem", de William Blake, está em STEPHENSON, W. H. (Org.). *Blake: The Complete Poems* (Abingdon: Routledge, Third Edition, 1987), p. 29A, "Preface to Milton".

49. O primeiro discurso de posse de Thomas Jefferson está disponível online na Biblioteca do Congresso dos Estados Unidos: <https://www.loc.gov/rr/program/bib/inaugurations/jefferson/index.html>.

50. MATSON, Cathy (Org.). *The Economy of Early America: Historical Perspectives and New Directions.* University Park: Penn State University Press, 2011 fornece um relato completo do pensamento e do desenvolvimento econômico norte-americanos.

51. O discurso de posse de John Quincy Adams está disponível no site da Biblioteca do Congresso dos Estados Unidos: <https://www.loc.gov/rr/program/bib/inaugurations/jqadams/index.html>.

52. *The Audacity of Hope.* Veja GOVAN, Thomas P. "Fundamental Issues of the Bank War", *The Pennsylvania Magazine of History and Biography*, v. 82, n. 3, julho 1958, p. 311.

53. WILENTZ, Sean. *Andrew Jackson.* Nova York: Henry Holt, 2005.

54. *The Audacity of Hope.*

55. Ibid.

56. Ibid.

57."Remarks by the President in a Farewell Address, McCormick Place, Chicago, Illinois".

58. *The Audacity of Hope.*

59. Ibid.

60. O texto da decisão *Pembina Consolidated Silver Mining Co. vs. Pennsylvania* está disponível no site da Suprema Corte: <https://supreme.justia.com/cases/federal/us/125/181/case.html>.

61. *The Audacity of Hope,*154.

62. "Remarks by the President on the Economy in Osawatomie, Kansas: Osawatomie High School, Osawatomie, Kansas", Casa Branca, Secretaria de Imprensa, 6 de dezembro de 2011. Disponível online: <https://obama-whitehouse.archives.gov/the-press-office/2011/12/06/remarks-president--economy-osawatomie-kansas>. EDWARDS, Rebecca. *New Spirits: Americans in the Gilded Age, 1865-1905.* Oxford: Oxford University Press, 2005; WHITE,

Richard. *The Republic for Which It Stands: The United States during Reconstruction and the Gilded Age, 1865-1896*. Oxford: Oxford University Press, 2017. Para saber mais sobre essa época da história americana, veja BRANDS, H.W. *The Money Men: Capitalism, Democracy, and the Hundred Years' War over the American Dollar*. Nova York: W.W. Norton, 2006.

63. "Remarks by the President on the Economy in Osawatomie, Kansas"; *The Audacity of Hope*.

64. "Remarks by the President on the Economy in Osawatomie, Kansas". FLANAGAN, Maureen A. *America Reformed: Progressives and Progressivisms, 1890s-1920s*. Oxford: Oxford University Press, 2007.

65. KENNEDY, David M. *Over Here: The First World War and American Society*. Nova York, Oxford: Oxford University Press, 2004 p. 65.

66. *The Audacity of Hope*.

67. BEST, Gary Dean. *The Dollar Decade: Mammon and the Machine in 1920s America*. Westport, CT: Praeger, 2003.

68. *The Audacity of Hope*.

69. Ibid.

70. Ibid.

71. Ibid.

72. Ibid.

73. Ibid.

74. Ibid.

75. Ibid.

76. Ibid.; KENNEDY, David M. *Freedom from Fear: The American People in Depression and War, 1929-1945*. Oxford: Oxford University Press, 1999; ROSEN, Elliot A. *Roosevelt, the Great Depression, and the Economics of Recovery*. Charlottesville: University of Virginia Press, 2005.

77. *The Audacity of Hope*.

78. Ibid.

79. Ibid.

80. Ibid.

81. Ibid.

82. Ibid. Obama explicou um aspecto dessa ideologia em um discurso de 2005: "É muito tentador porque cada um de nós acredita que sempre seremos

vencedores na loteria da vida, que seremos Donald Trump ou, pelo menos, que não seremos o idiota que ouve: 'Você está demitido!'" Knox College Commencement Address: *June 4, 2005, Galesburg, Illinois*", em *Power In Words*, p. 61. ROSSINOW, Doug. *The Reagan Era: A History of the 1980s.* Nova York: Columbia University Press, 2015.

83. *The Audacity of Hope.*

84. Ibid.

85. A expressão "dogmas do passado tranquilo" veio da mensagem anual de Abraham Lincoln ao Congresso em 1º de dezembro de 1862, disponível online: <https://www.archives.gov/legislative/features/sotu/lincoln.html>. Barack Obama usou a expressão em sua mensagem anual ao Congresso em 2016: "America passou por muitas mudanças — guerra e depressão, a entrada de novos imigrantes, trabalhadores que lutaram por um ideal, movimento dos direitos civis. A cada momento, houve quem dissesse que deveríamos temer o futuro, quem alegasse que poderíamos frear nossos avanços, quem prometesse restaurar a glória passada se tivéssemos algum grupo ou uma ideia que estivesse ameaçando a América, E, todas as vezes, superamos esses medos. Nas palavras de Lincoln, não publicamos 'dogmas do passado tranquilo'. Em vez disso, pensamos em algo novo e agimos." "Remarks of President Barack Obama — State of the Union Address As Delivered", Casa Branca, Secretaria de Imprensa, 13 de janeiro de 2016, disponível online: <https:// obamawhitehouse.archives.gov/the-press-office/2016/01/12/remarks-president-barack-obama-%E2%80%93-prepared-delivery-state-union-address>. Embora, como afirmo neste livro, a novidade não seja tão nova. As aspas de Obama neste parágrafo estão em *The Audacity of Hope.*

86. *The Audacity of Hope.*

87. Ibid.

88. Ibid.

89. "Remarks by the President on the Economy in Osawatomie, Kansas".

90. *The Audacity of Hope.*

91. Ibid.

92. "Remarks at the Selma Voting Rights March Commemoration in Selma, Alabama, March 4, 2007" está disponível no artigo de John Woolley e Gerhard Peters, "The American Presidency Project", para a Universidade

de California, Santa Barbara. Veja em: <http://www.presidency.ucsb.edu/ws/?pid=77042>. "A More Perfect Union", em *Change We Can Believe In*, pp. 222-3. Sobre reparações, veja ARAUJO, Ana Lucia. *Reparations for Slavery and the Slave Trade: A Transnational and Comparative History.* Londres, Nova York: Bloomsbury, 2017.

93. "A More Perfect Union", em *Change We Can Believe In*, pp. 227-8.

94. Ibid., 225. Sobre o assunto, veja WILSON, William Julius. "Why Obama's Race Speech is a Model for the Political Framing of Race and Poverty". In: *The Speech*, pp. 132-41, apesar de os outros artigos desse livro serem mais críticos sobre a perspectiva de Obama.

95. "A More Perfect Union", em *Change We Can Believe In*, p. 225.

96. Barack Obama cita essas palavras de Franklin Roosevelt em *The Audacity of Hope*. "Objections and Answers respecting the Administration of the Government", de Alexander Hamilton, está disponível em "Founders Online", no Arquivo Nacional dos Estados Unidos: <https://founders.archives.gov/documents/Hamilton/01-12-02-0184-0002>. De alguma forma, parece adequado que essa citação tenha me chamado a atenção não apenas através do trabalho acadêmico de Hamilton Joanne Freeman, mas também através de seu *tweet*. Essa frase marca a adaptação feita por Hamilton a partir de uma estrofe de *The Campaign*, Joseph Addison, poema de 1705 em homenagem à vitória de John Churchill, duque de Marlborough, na Batalha de Blenheim durante a Guerra de Sucessão Espânica. Hamilton talvez tivesse em mente o épico poema satírico *The Dunciad*, de Alexander Pope. Pope se referia especificamente a um empresário teatral que ele chamou de "The Angel of Dulness".

97. "A More Perfect Union", em *Change We Can Believe In*, p. 226.

CAPÍTULO SETE: ALÉM DAS NOSSAS FRONTEIRAS

1. *The Audacity of Hope*.

2. Ibid.

3. Todas as versões da Declaração de Independência, da Constituição e do Bill of Rights estão digitalizadas e compõem a coleção "Founding Documents",

no Arquivo Nacional dos Estados Unidos. Disponível online: <https://www.archives.gov/founding-docs>.

4. GRAY, Robert. *A Good Speed to Virginia*. Londres: William Welbie, 1609. p. 23.

5. *Dois tratados do governo civil.*

6. Veja a coleção "Founding Documents". Disponível online: <https://www.archives.gov/founding-docs>.

7. Ibid.; "A Summary View of the Rights of British America", em *Jefferson: Writings*, p. 107.

8. Estou muito cauteloso sobre analisar os comentários de Obama sobre os nativos americanos porque já recebi um sobre mim mesmo. Para comentários sobre meu eurocentrismo inadvertido, veja Merrell, James H. "Second Thoughts on Colonial Historians and American Indians", em *The William and Mary Quarterly*, v. 69, n. 3, 2012, pp. 451-512. Veja *British America, 1500-1800*. Depois de ler o artigo do professor Merrell, escrevi para ele para confessar o quanto gostei e para dizer que tentarei ser melhor. Ele foi gentil e me respondeu, dizendo que estamos todos aqui para aprender. *The Indians' New World: Catawbas and their Neighbors from European Contact through the Era of Removal*. Chapel Hill: University of North Carolina Press, 1989, de Merrell, é um dos melhores livros sobre o assunto, assim como *Facing East from Indian Country: A Native History of Early America*. Cambridge, MA: Harvard University Press, 1981, de Daniel K. Richter, e *The Middle Ground: Indians, Empires, and Republics in the Great Lakes Region, 1650-1815*. Cambridge: Cambridge University Press, 1991, de Richard White.

9. *The Audacity of Hope*; e "A More Perfect Union", em *Change We Can Believe In*, p. 215.

10. Coleção "Founding Documents", no Arquivo Nacional dos Estados Unidos: <https://www.archives.gov/founding-docs>.

11. *The Audacity of Hope.*

12. Coleção "Founding Documents", no Arquivo Nacional dos Estados Unidos: <https://www.archives.gov/founding-docs>.

13. *The Audacity of Hope.*

14. Ibid.

15. O'Sullivan é citado e o conceito de destino manifesto é explorado

por Thomas R. Hietala, em *Manifest Design: American Exceptionalism and Empire*. Ithaca: Cornell University Press, 1985, p. 255. *The Audacity of Hope*.

16. TAYLOR, Alan. *American Colonies: The Settling of North America*. Londres: Penguin, 2001, p. 40; THORNTON, Russell. *American Indian Holocaust and Survival: A Population History since 1492*. Norman: University of Oklahoma Press, 1987.

17. *The Audacity of Hope*. Os arquivos sobre o caso *Cherokee Nation vs. Geórgia* estão disponíveis no site da Suprema Corte dos Estados Unidos: <https://supreme.justia.com/cases/federal/us/30/1/case.html>.

18. *The Audacity of Hope*.

19. Os arquivos do caso *Johnson vs. M'Intosh* estão disponíveis em: <https://supreme.justia.com/cases/federal/us/21/543/case.html>.

20. Ibid.

21. *Worcester vs. Geórgia* está diponível em: <https://supreme.justia.com/cases/federal/us/31/515/case.html>.

22. Esses três casos e as decisões, as leis e os conceitos mencionados no resto deste capítulo estão disponíveis nos volumes de *Treaties with American Indians: An Encyclopedia of Rights, Conflicts, and Sovereignty*. Santa Barbara, CA: ABC-CLIO, 2008, editado por Donald L. Fixico.

23. SATZ, Ronald N. *American Indian Policy in the Jacksonian Era*. Norman: University of Oklahoma Press, 1974, p. 49. Veja também HURT, R. Douglas. *The Indian Frontier, 1763-1846*. Albuquerque: University of New Mexico Press, 2003; PERDUE, Theda. *The Cherokee Nation and the Trail of Tears*. Nova York: Viking, 2007; INSKEEP, Steve. *Jacksonland: President Andrew Jackson, Cherokee Chief John Ross, and a Great American Land Grab*. Londres: Penguin, 2015. Barack Obama estabeleceu leituras desses casos jurídicos e também trechos de *The Law of Nations, Or, Principles of the Law of Nature, Applied to the Conduct and Affairs of Nations and Sovereigns, with Three Early Essays on the Origin and Nature of Natural Law and on Luxury*, de Emer de Vattel, publicado primeiro em francês, em 1758, e em inglês, em 1760, durante as aulas sobre racismo e as leis enquanto era professor na Universidade de Chicago. Veja *A ponte*.

24. *The Audacity of Hope*.

25. Citado na Suprema Corte sobre "Indian Treaties": <https://law.justia.

com/constitution/us/article-2/19-indian-treaties.html>.

26. A coleção "Founding Documents" está no Arquivo Nacional dos Estados Unidos, digitalizada. Disponível em: <https://www.archives.gov/founding-docs>.

27. A decisão sobre *Elk vs. Wilkins* está disponível no site da Suprema Corte: <https://supreme.justia.com/cases/federal/us/112/94/case.html>.

28. "Remarks by the President During the Opening of the Tribal Nations Conference & Interactive Discussion with Tribal Leaders", Casa Branca, Secretaria de Imprensa, 5 de novembro de 2009. Disponível em: <https://obamawhitehouse.archives.gov/the-press-office/remarks-president-during--opening-tribal-nations-conference-interactive-discussion-w>.

29. HAKLUYT, Richard. "A Discourse Concerning Western Planting", em *The Original Writings and Correspondence of the Two Richard Hakluyts*, Vol II. Abingdon: Ashgate, The Hakluyt Society, 2016, p. 216.

30. FRENCH, Laurence. *Legislating Indian Country: Significant Milestones in Transforming Tribalism*. Nova York: Peter Lang, 2007, p. 126; KELLY, Lawrence C. *True and Sincere Declaration of the Purpose and Ends of the Plantation Begun in Virginia*. Londres: George Eld, 1610, p.2.

31. KELLY, Lawrence C. *The Assault on Assimilation: John Collier and the Origins of Indian Policy Reform*. Albuquerque: University of New Mexico Press, 1983.

32. "Inaugural Address by President Barack Obama, United States Capitol", Casa Branca, Secretaria de Imprensa, 21 de janeiro de 2013. Disponível online: <https://obamawhitehouse.archives.gov/the-press-office/2013/01/21/inaugural-address-president-barack-obama>; *The Audacity of Hope*; "A More Perfect Union", em *Change We Can Believe In*, p. 215.

33. *The Audacity of Hope*; "Remarks by the President in a Farewell Address, McCormick Place, Chicago, Illinois", Casa Branca, Secretaria de Imprensa, 10 de janeiro de 2017. Disponível online: <https://obamawhitehouse.archives.gov/the-press-office/2017/01/10/remarks-president-farewell-address>.

34. "Inaugural Address by President Barack Obama, United States Capitol".

35. *The Audacity of Hope*.

36. "A More Perfect Union", em *Change We Can Believe In*, p. 216; "Remarks by the President at the 50th Anniversary of the Selma to Montgomery

Marches, Edmund Pettus Bridge, Selma, Alabama", Casa Branca, Secretaria de Imprensa, 7 de março de 2015. Disponível online: <https://obamawhitehouse.archives.gov/the-press-office/2015/03/07/remarks-president-50th-anniversary-selma-montgomery-marches>.

37. *The Audacity of Hope*.

38. Ibid.

39. "Remarks by the President During the Opening of the Tribal Nations Conference & Interactive Discussion with Tribal Leaders".

40. "Remarks by the President at the White House Tribal Nations Conference", Casa Branca, Secretaria de Imprensa, 16 de dezembro de 2010. Disponível online: <https://obamawhitehouse.archives.gov/the-press-office/2010/12/16/remarks-president-white-house-tribal-nations-conference>.

41. "Remarks by the President at Tribal Nations Conference, us Department of the Interior, Washington, DC", Casa Branca, Secretaria de Imprensa, 13 de novembro de 2013. Disponível online: <https://obamawhitehouse.archives.gov/the-press-office/2013/11/13/remarks-president-tribal-nations-conference>.

42. RAKOVE, Jack N. *Original Meanings: Politics and Ideas in the Making of the Constitution*. Nova York: Vintage, 1997.

43. "Remarks by the President at the 50th Anniversary of the Selma to Montgomery Marches".

44. O Escritório de Etnologia Americana dos Estados Unidos fornece uma ortografia oficial de Sacagawea, o mais comumente usado nos diários Lewis e Clark. Hidatsa a chamou de Sakakawea, que significava "mulher-pássaro" na língua deles. É interessante que Barack Obama use Sacajawea, mais próximo de seu nome de nascimento na tribo Shoshone, que significa "puxador de barco" ou "lançador de barco" na língua deles. Veja HOXIE, Frederick E. *Lewis & Clark and the Indian Country: The Native American Perspective*. Urbana: University of Illinois Press, 2007.

45. "Remarks by the President at the 50th Anniversary of the Selma to Montgomery Marches".

46. Ibid.

47. "Remarks by the President at Tribal Nations Conference", 13 de novembro de 2013.

48. "Remarks by the President at the White House Tribal Nations Conference", 16 de dezembro de 2010; "Remarks by the President During the Opening of the Tribal Nations Conference & Interactive Discussion with Tribal Leaders, November 05, 2009"; "Remarks by the President at Tribal Nations Conference, Reagan Building, Washington, DC", Casa Branca, Secretaria de Imprensa, 5 de novembro de 2015. Disponível online: <https://obamawhitehouse.archives.gov/the-press-office/2015/11/05/remarks--president-tribal-nations-conference>.

49. *A audácia da esperança.*

50. Ibid. O discurso de despedida de George Washington está disponível no Arquivo Nacional dos Estados Unidos, digitalizado. Disponível em: <https://founders.archives.gov/documents/Washington/99-01-02-00963>.

51. *The Audacity of Hope.* O discurso de John Quincy Adams no Dia da Independência, de 4 de julho de 1821, para a Câmara dos Representantes dos Estados Unidos está disponível no site de Miller Center para assuntos públicos na Universidade de Virgínia: <https://millercenter.org/the-presidency/presidential-speeches/july-4-1821-speech-us-house-representatives-foreign--policy>.

52. *The Audacity of Hope.* Minha aluna Sarah Loustalet-Turon está escrevendo uma fascinante tese de doutorado que mostra que a história nacional e internacional dos Estados Unidos foi mais profundamente afetada pelo norte da África, pelo Oriente Médio e pelas Guerras Berberes do que se pensava até agora.

53. "The Audacity of Hope: Keynote Address at the 2004 Democratic National Convention, *Boston, MA, July 27, 2004*", em *We Are the Change We Seek*.

54. "Remarks by the President at the 50th Anniversary of the Selma to Montgomery Marches, Edmund Pettus Bridge".

55. *The Audacity of Hope.*

56. Ibid.

57. *The Audacity of Hope.*

58. Ibid.

59. Ibid.

60. Ibid. As aspas de Theodore Roosevelt vêm de seu artigo, "Nationalism and International Relations", em *Outlook*, 1º de abril de 1911, e as de Franklin

Roosevelt de sua conversa de 9 de dezembro de 1941, dois dias depois do ataque a Pearl Harbor: <https://millercenter.org/the-presidency/presidential--speeches/december-9-1941-fireside-chat-19-war-japan>.

61. *The Audacity of Hope.*

62. Ibid.

63. Ibid.

64. Ibid.

65. Ibid.

66. Ibid.

67. Ibid.

68. Ibid.

69. Ibid.

70. "A World That Stands as One: *July 24, 2008, Berlin, Germany*", em *Change We Can Believe In*, p. 264; "Remarks by the President at the 50th Anniversary of the Selma to Montgomery Marches, Edmund Pettus Bridge".

71. *The Audacity of Hope.* CROCKATT, Richard. *The Fifty Years War: The United States and the Soviet Union in World Politics, 1941-1991*. Abingdon: Routledge, 1995.

72. *The Audacity of Hope.*

Ibid. Os infelizes votos do primeiro-ministro britânico para se colocarem "ombro a ombro" com os Estados Unidos continuam, abençoadamente, não sendo mencionados.

73. *The Audacity of Hope.*

74. "What I Am Opposed to Isa Dumb War: Speech against the Iraq War, *Chicago, IL, October 2, 2002*", em *We Are the Change We Seek*.

75. "Remarks by the President at Cairo University, 6-04-09", Casa Branca, Secretaria de Imprensa, (Cairo, Egito), 4 de junho de 2009. Disponível online: <https://obamawhitehouse.archives.gov/the-press-office/remarks-president--cairo-university-6-04-09> and <https://obamawhitehouse.archives.gov/issues/foreign-policy/presidents-speech-cairo-a-new-beginning>.

76. Ibid. *Reading Obama*, pp. xi-xiii, 3-4,17-8,62-4, 83, 110-1, 169-72, 193.

77. "Remarks by the President at Cairo University".

78. Ibid.

79. Ibid.

80. "Remarks by the President at the Acceptance of the Nobel Peace Prize, Oslo City Hall, Oslo, Norway", Casa Branca, Secretaria de Imprensa, 10 de dezembro de 2009. Disponível online: <https://obamawhitehouse.archives.gov/the-press-office/remarks-president-acceptance-nobel-peace-prize>.

81. Ibid.

82. *The Audacity of Hope.*

83. Ibid.

85. Ibid.

86. Ibid. As palavras em itálico neste parágrafo e nos seguintes são generalizações de Obama sobre a política externa dos Estados Unidos em "A audácia da esperança", além da citação destacada neste livro.

87. Ibid.

88. Ibid.

89. Ibid.

90. Ibid.

91. Ibid.

92. Ibid.

93. Ibid.

94. Ibid.

95. JAWORT, Adrian. "President Obama's Adoptive Crow Father, 'Sonny' Black Eagle, Walks On", *Indian Country Today*, 29 de novembro de 2012. Disponível online: <https://indiancountrymedianetwork.com/news/native-news/president-obamas-adoptive-crow-father-sonny-black-eagle- walks-on/>.

96. "Remarks by the President at the Tribal Nations Conference, US Department of the Interior, Washington, D. C.", Casa Branca, Secretaria de Imprensa, 5 de dezembro de 2012. Disponível online: <https://obamawhitehouse.archives.gov/the-press-office/2012/12/05/remarks-president-tribal--nations-conference>.

97. Ibid.

EPÍLOGO

1. "United States Senate Victory Speech: *November 2, 2004, Hyatt Ballroom,*

Chicago, Illinois", em *Power In Words*, p. 37.

2. Ibid.

3. Ibid.; veja também *The Audacity of Hope*.

4. ANDERSON, Benedict. *Imagined Communities: Reflections on the Origin and Spread of Nationalism*. Nova York: Verso, 1983; edição revista e ampliada, 2006.

5. *Nós somos a mudança que buscamos*.

6. *Dreams from My Father*. Veja MENDELL, David. *Obama: From Promise to Power*. Nova York: Harper Collins, 2007, e *A ponte*, de David Remnick.

7. Capítulo seis de *A ponte*, sobre a autobiografia de Obama, adequadamente intitulado "A Narrative of Ascent".

8. David Remnick cita Henry Louis Gates em *A ponte*. Ele também relembra os dilemas do jovem Obama sobre raça e identidade pessoal, como o próprio Obama fez em *Dreams from My Father*. Veja também *Reading Obama*, pp. 249-65.

9. O discurso de Obama, "Remarks at the Selma Voting Rights March Commemoration in Selma, Alabama, March 4, 2007", está disponível via John Woolley e Gerhard Peters, Universidade da Califórnia, Santa Barbara, "The American Presidency Project". Veja em: <http://www.presidency.ucsb.edu/ws/?pid=77042>. David Remnick começa sua biografia épica com o prólogo intitulado "The Joshua Generation", que conta a história de Selma e como um candidato à presidência discursou na Brown Chapel em 2007. E o título do livro, *A ponte*, evoca não somente a ponte em Selma, mas como Obama abrange a comunidade e o espaço no tempo. E, realmente, nos faz lembrar o que John Lewis disse a David Remnick no dia anterior à posse do primeiro presidente negro: "Barack Obama é o que vem no fim daquela ponte em Selma" (p. 575).

10. "Remarks at the Selma Voting Rights March Commemoration in Selma, Alabama, March 4, 2007".

11. Ibid.

12. Ibid.

13. O discurso original está disponível no site <http://www.thekingcenter.org/archive/document/ive-been-mountaintop>.

14. Ibid.

15. "Remarks at the Selma Voting Rights March Commemoration in Selma,

Alabama, March 4, 2007".

16. Ibid.

17. Em *Dreams from My Father*, Obama repete o trecho sobre o reverendo Jeremiah Wright, mencionado no discurso de março de 2008 na Filadélfia: "A More Perfect Union", em *Change We Can Believe In. A ponte*, de Remnick.

18. *Not Even Past*, pp. 11, 141. Em *A ponte*, David Remnick nos conta que, um dia, Obama estava na faculdade de direito de Harvard, e um amigo o viu lendo *Parting the Waters: America in the King Years, 1954-63*. Nova York: Simon and Schuster, 1988, o número um na trilogia de Taylor Branch. Obama olhou o livro e respondeu: "Sim, é *minha* história."

19. "Remarks at the Selma Voting Rights March Commemoration in Selma, Alabama, March 4, 2007".

20. Ibid.

21. *The Audacity of Hope*.

22. "The Audacity of Hope: Keynote Address at the 2004 Democratic National Convention, *Boston, MA, July 27, 2004*", em *We Are the Change We Seek*.

23. "Declaration of Candidacy: *February 10, 2007, Springfield, Illinois*", em *Change We Can Believe In*, p. 195.

24. "Election Night: *November 4, 2008, Chicago, Illinois*", em *Change We Can Believe In*, p. 277; "Declaration of Candidacy", em *Change We Can Believe In*, pp. 201-2.

25. "Declaration of Candidacy", *Change We Can Believe In*, pp. 201,196.

26. "Declaration of Candidacy: *February 10, 2007, Springfield, Illinois*", em *Change We Can Believe In*, p. 201. Veja também *Reading Obama*, pp. 244-7, e *"Yes We Can"*, pp. 15,68-9, 138. Vale a pena notar também que, a caminho de sua posse, Barack Obama fez uma excursão de trem pela mesma rota que Lincoln em 1861 e, em seguida, prestou juramento à Bíblia de Lincoln.

27. *The Audacity of Hope*.

28. Ibid. "What I see in Lincoln's Eyes", *Time Magazine*, 27 de junho de 2005, 74. NOONAN, Peggy. "Conceit of Government: Why are our politicians so full of themselves", *Wall Street Journal*, 29 de junho de 2005. Disponível online: <https://www.wsj.com/articles/SB122487035712667167>.

29. OBAMA, Barack. "Perfecting Our Union: The President of the United States reflects on what Abraham Lincoln means to him, and to America".

The Atlantic, fevereiro de 2012. Disponível online: <https://www.theatlantic.com/magazine/archive/2012/02/perfecting-our-union/308832/>. Apesar de já familiarizado com a vida e os pensamentos de Abraham Lincoln, Obama primeiro leu o ganhador do Pulitzer *Team of Rivals: The Political Genius of Abraham Lincoln*. Nova York: Simon and Schuster, 2005, Doris Kearns Goodwin, logo após o anúncio à sua candidatura à presidência em 2007. Ele chamou a autora logo após e ela se tornou conselheira de história não oficial do presidente durante seu tempo no cargo. Veja *A ponte*, de Remnick. Garry Wills apontou as semelhanças entre Barack Obama e Abraham Lincoln, comparando a forma do discurso de 2008 "A More Perfect Union" com o da Cooper Union, em Nova York, em 1860, "Two Speeches on Race". *The New York Review of Books*, 1º de maio de 2008. Disponível online: <http://www.nybooks.com/articles/2008/05/01/two-speeches-on-race/>.

30. "The Audacity of Hope", em *We Are the Change We Seek*.

31. Ibid.

32. Ibid., pp. 6-7. Segundo David Axelrod, Obama escreveu o próprio discurso porque queria "contar minha história a partir da grande história americana", em *Power in Words*, p. 12.

33. "A More Perfect Union", em *Change We Can Believe In*, pp. 216-7.

34. "The Audacity of Hope", em *Nós somos a mudança que buscamos*.

35. *The Audacity of Hope*.

36. "The Audacity of Hope", *We Are the Change We Seek*.

37. Ibid. *The Audacity of Hope*.

38. "The Audacity of Hope", em *We Are the Change We Seek*.

39. "A More Perfect Union", em *Change We Can Believe In*; *The Audacity of Hope*. Steve Pincus apresenta uma leitura coletivista intrigante da Declaração de Independência em *The Heart of the Declaration: The Founders' Case for an Activist Government*. New Haven: Yale University Press, 2016.

40. "A More Perfect Union", em *Change We Can Believe In*. "Remarks by the President at the 50th Anniversary of the Selma to Montgomery Marches, Edmund Pettus Bridge, Selma, Alabama", Casa Branca, Secretaria de Imprensa, 7 de março de 2015. Disponível online: <https://obamawhitehouse.archives.gov/the-press-office/2015/03/07/remarks-president-50th-anniversary-selma--montgomery-marches>.

41. "Remarks by the President in a Farewell Address, McCormick Place, Chicago, Illinois", Casa Branca, Secretaria de Imprensa, 10 de janeiro de 2017. Disponível online: <https://obamawhitehouse.archives.gov/the-press-office/2017/01/10/remarks-president-fare well-address>.

42. Ibid.

43. "New Hampshire Primary Night: *January 8, 2008, Nashua, New Hampshire*", em *Change We Can Believe In*. Como Mary Frances Berry e Josh Gottheimer explicam, o refrão pode ter se originado na campanha de 1972 dos United Farm Workers' campaign of 1972 de Cesar Chavez e Dolores Huerta — "*Sí, se puede*". *Power In Words*, pp. xi, 27-33, 146, e *A ponte*. Wolfgang Mieder também aponta que o hit de 1973 das Pointer Sisters, "Yes We Can Can", não só era o título da faixa como sua letra também combinava muito com a mensagem de Barack Obama: "try to live as brothers", "respect the women of the world", "make this land a better land" e "If we want it, yes we can, can". *"Yes We Can"*, pp. 104-5,131.

44. "Election Night", em *Change We Can Believe In*.

45. "Remarks by the President in a Farewell Address".

46. *The Audacity of Hope.*

47. "Election Night", *Change We Can Believe In*.

48. Ibid. A sra. Cooper era conhecida pela campanha de Obama, pois ela também era a avó do sociólogo de atitudes raciais e relações raciais, Lawrence Bobo, o W.E.B. Du Bois professor de Ciências Sociais na Universidade Harvard, onde ele leciona no Departamento de Sociologia e no Departamento de Estudos Africanos e Afro-Americanos. Como David Remnick observa em *A ponte* numa declaração de Obama: "Ann Nixon Cooper era um símbolo não somente de sua raça, mas de sua nação."

49. "Remarks by the President in a Farewell Address".

50. *The Audacity of Hope*; "How Far We've Come: Remarks at John Lewis's Sixty-fifth Birthday Gala, *Atlanta, Georgia: February 21, 2005*"; além de *Nós somos a mudança que buscamos*; "United States Senate Victory Speech", em *Power In Words*. Wolfgang Mieder, *"Making a Way Out of No Way": Martin Luther King's Sermonic Proverbial Rhetoric*. Nova York: Peter Lang, 2010. *Ten Sermons of Religion by Theodore Parker, Of Justice and the Conscience*. Boston: Crosby, Nichols, 1853, pp. 84-5.

Ouça este e milhares de outros livros no Ubook.
Conheça o app com o **voucher promocional de 30 dias**.

Para resgatar:
1. Acesse ubook.com e clique em **Planos** no menu superior.
2. Insira o código #ubk no campo **Voucher Promocional**.
3. Conclua o processo de assinatura.

Dúvidas? Envie um e-mail para contato@ubook.com

Acompanhe o Ubook nas redes sociais!
ubookapp   ubookapp   ubookapp